MAX-PLANCK-INSTITUT
FÜR AUSLÄNDISCHES ÖFFENTLICHES RECHT
UND VÖLKERRECHT

Beiträge zum ausländischen öffentlichen Recht und Völkerrecht

Begründet von Viktor Bruns

Herausgegeben von
Armin von Bogdandy · Anne Peters

Band 276

Clemens Mattheis

Die Konstitutionalisierung des Völkerrechts aus systemtheoretischer Sichtweise

Constitutionalization of International Law from the Perspective of the Systems Theory

(English Summary)

Springer

ISSN 0172-4770 ISSN 2197-7135 (electronic)
Beiträge zum ausländischen öffentlichen Recht und Völkerrecht

ISBN 978-3-662-56817-0 ISBN 978-3-662-56818-7 (eBook)
https://doi.org/10.1007/978-3-662-56818-7

Die Deutsche Nationalbibliothek verzeichnet diese Publikation in der Deutschen Nationalbibliografie; detaillierte bibliografische Daten sind im Internet über http://dnb.d-nb.de abrufbar.

Springer

Published by Springer-Verlag GmbH Deutschland

Gedruckt auf säurefreiem und chlorfrei gebleichtem Papier

Springer ist ein Imprint der eingetragenen Gesellschaft Springer-Verlag GmbH, DE und ist ein Teil von Springer Nature.
Die Anschrift der Gesellschaft ist: Heidelberger Platz 3, 14197 Berlin, Germany

Meiner Frau Laura und meinen vier Kindern
Josefina Eva Philippa, Johann Georg, Vincent Benedikt und Anton Levi

Vorwort

Die vorliegende Arbeit wurde im Wintersemester 2015/2016 von der Georg-August-Universität Göttingen als Dissertation angenommen. Sie ist im Rahmen eines Gemeinschaftsprojekts „Precursors to International Constitutionalism“ der Universität Göttingen und der Hebräischen Universität Jerusalem entstanden.

Die Idee und Ziel des Projekts war es, den oftmals in der deutschen Rechtshistorie zu verortenden Einflusses der gegenwärtigen Debatte um die Entstehung eines internationalen Konstitutionalismus herauszuarbeiten und fruchtbar zu machen. Im Rahmen des Projekts fanden Workshops in Deutschland und Israel sowie ein international besetztes Symposium in Göttingen statt. Der Tagungsband zu diesem Symposium erschien als Sonderausgabe des Goettinger Journal of International Law (GoJIL). Der wissenschaftliche Austausch auf diesen Veranstaltungen half mir wesentlich bei der Fertigstellung dieser Arbeit. Hierfür möchte ich allen Beteiligten, allen voran Herrn Professor Dr. Tomer Broude und Johann Ruben Leiß, M.L.E., sowie den Verantwortlichen des GoJILs besonders danken. Gefördert wurde das Projekt und somit auch diese Dissertation dankenswerter Weise von der VW-Stiftung Niedersachsen.

Mein herzlichster Dank gilt meinem lieben Doktorvater, Herrn Richter des Bundesverfassungsgerichts Professor Dr. Andreas L. Paulus, der mir nicht nur beim Finden des exakten Themas geholfen, sondern mir auch größtmögliche wissenschaftliche Freiheit bei der Umsetzung zugestanden und gleichzeitig mir stets als Gesprächspartner zur Verfügung gestanden hat. Die gemeinsame Zeit am Lehrstuhl mit unzähligen wissenschaftlichen oder politischen Diskussionen, die Doktorandenseminare auf Frauenchiemsee, auf Burg Ludwigstein und in Wernigerode/Harz sowie allen voran die gemeinsame Reise nach Israel werde ich immer in bester Erinnerung behalten. Bei Herrn Professor Dr. Tobias Stoll möchte ich mich für die zügige Erstellung des Zweitgutachtens recht herzlich bedanken.

Für die Aufnahme in die Schriftenreihe des Max-Planck-Instituts für ausländisches öffentliches Recht und Völkerrecht danke ich den Direktoren des Instituts, Herrn Professor Dr. Armin von Bogdandy und Frau Professorin Dr. Anne Peters.

Schließlich ist ein solch langjähriges Dissertationsprojekt selbstverständlich nur mit der Unterstützung meiner Familie und vieler Freunde möglich. Ganz besonders bedanken möchte ich mich bei meiner Mutter, die mich in dieser Zeit stets motiviert sowie auf vielfältigste Art und Weise unterstützt hat. Auch bei meinem Vater möchte ich mich ganz herzlich für die aufmunternden und motivierenden Gespräche und seine wertvollen Hinweise bedanken. Sie beide haben mir zudem durch ihre großzügige Unterstützung mein Studium und damit letztlich auch diese Arbeit erst ermöglicht.

Stellvertretend für die zahlreichen Freunde, die in dieser Zeit für mich da waren und mich zum Weitermachen motiviert haben, möchte ich mich bei Dr. Andreas Kiontke und Dr. Felix W. Zimmermann bedanken: Ohne ihre Tipps wäre mir die Fertigstellung dieser Arbeit in dieser Form wohl kaum gelungen.

Last but not least möchte ich mich im ganz besonderen Maße bei meiner bewundernswerten Frau Laura bedanken, die meine vielen Launen über die Jahre mitgetragen hat, für unzählige Stunden die Kinderbetreuung allein übernehmen musste und in dieser Zeit immer für Rat und Austausch für mich da war – gemeinsam haben wir diese für den Familienfrieden manchmal nicht gerade zuträgliche Zeit durchgestanden und ohne deine Unterstützung hätte ich das Projekt Dissertation sicherlich nie zu Ende gebracht!

Die Arbeit wurde zu meiner großen Freude mit dem 19. Fakultätspreis der Juristischen Fakultät der Universität Göttingen sowie der Juristischen Gesellschaft zu Kassel ausgezeichnet.

Tutzing, im Dezember 2017 Clemens Mattheis

Vorwort von Andreas Paulus

Mit der „Konstitutionalisierung des Völkerrechts aus systemtheoretischer Sichtweise“ hat sich Clemens Mattheis ein zunächst sperrig erscheinendes, um nicht zu sagen der Intuition zuwiderlaufendes Thema gesucht. Konstitutionalisierung des Völkerrechts – so mag man beim Blick in die traurige Realität der letzten Zeit sagen – ist das nicht zu hoch gegriffen? Ist es nicht schon schwierig genug, ja geradezu unmöglich, das Völkerrecht an sich durchzusetzen, ob nun angesichts der russischen Annexion der Krim oder der Katastrophe des syrischen Bürgerkriegs, aber auch angesichts eines US-Präsidenten Trump, der der Rechtskontrolle der öffentlichen Gewalt so gar nichts abgewinnen zu können scheint?

Die Systemtheorie des deutschen Soziologen – und Volljuristen – Niklas Luhmann geht von einer anderen Sicht aus, von der Entwicklung und dem Eigenleben separater gesellschaftlicher Systeme. Das nationalstaatliche, auf territorialen Einheiten bezogene Weltsystem werde durch verschiedene funktionale Systeme wie Wirtschaft, Politik, Religion oder eben das Recht abgelöst. Weltweite Kommunikation, so Luhmann in seinem Aufsatz zur Weltgesellschaft schon lange vor Entstehung des Internets,[1] erzeuge ein einziges Weltsystem.

Das Rechtsystem hängt hier in gewisser Weise zurück, weil es sich – schon der Demokratie wegen – eine nationale Struktur bewahrt habe, aber „natürlich haben auch Juristen den Mut zu reisen und dabei den Geltungsbereich ihrer Rechtsordnung zu überschreiten.“[2] So gibt es denn auch ein weltweites Recht und weltweite Reaktionen auf Menschenrechtsverletzungen. Von einem Weltstaat redet Luhmann nicht. Vielmehr besteht nach seiner Auffassung aufgrund der großen Heterogenität, der Aufteilung der Weltgesellschaft in ein komplexes Zentrum und eine weniger komplexe Peripherie, sowie der „segmentären Zweit-

---

1 *N. Luhmann*, The World Society as a Social System, International Journal of General Systems 8 (1982), 131 ff.; Das Recht der Gesellschaft (1995), S. 571 ff.

2 *N. Luhmann*, Das Recht der Gesellschaft (1995), S. 573 Fn. 40.

differenzierung“ in Nationalstaaten[3] weder ein Rechtssystem, welches global Erwartungen kontrafaktisch stabilisieren kann, noch ein politisches System, welches über genügend Autonomie verfügt, um verbindliche Entscheidungen treffen zu können.

Luhmanns Schüler, allen voran Gunther Teubner, haben Luhmanns System weiterentwickelt und diagnostizieren auch hier den Zerfall in mehr oder weniger geschlossene Subsysteme, die untereinander keine Hierarchien anerkennten, aber sich quasi-osmotisch gegenseitig befruchteten.[4] Clemens Mattheis geht – wie ich finde mehr im Einklang mit Luhmann als manch einer seiner juristischen Schüler – einen anderen Weg. Er beschreibt die Entstehung einer strukturellen Kopplung zwischen dem politischen System und dem Rechtsystem in der Weltgesellschaft. Mattheis stellt sich zunächst die Frage, ob das internationale Recht überhaupt als kohärentes System aufgefasst werden kann. Auf extreme Positionen wie die eines Weltstaates beziehungsweise einer Weltverfassung geht er genauso ein wie auf Fragmentierungstendenzen. Er versucht zudem zu klären, inwieweit aus systemtheoretischer Sicht von einer Konstitutionalisierung des Völkerrechts über die strukturelle Kopplung der Funktionenbereiche gesprochen werden kann.

Nach der Analyse neuerer Ansätze, die von einer Fragmentierung des globalen Rechtssystems sprechen – die sich in dem Teilchenzoo von UN, EU, NATO, WTO, WHO etc. widerspiegelt –, beharrt Mattheis darauf, dass das allgemeine Völkerrecht eine Klammer darstellt. Er legt dar, dass das Rechtssystem jedenfalls mit einem binären Rechtscode arbeitet und Umwelteinflüsse selbständig in einem Prozess der Selbstschöpfung oder Autopoiesis verarbeitet. Er konzediert, dass dies zwar nicht für das internationale Recht als Ganzes konstatiert werden kann, erläutert aber, dass zumindest für Teilbereiche, wie das UN-Recht, das humanitäre Völkerrecht oder das WTO-Recht von einer ‚Teilautopoiesierung‘ gesprochen werden kann. Insgesamt kommt der Verfasser zum Ergebnis, dass auch aus systemtheoretischer Sicht von einer – sanften – Konstitutionalisierung gesprochen werden kann, die von einem Mindestmaß an gemeinsamen Wertvorstellungen zusammengalten wird. Zwar seien weder das Rechtssystem noch das politische System in Komplexität und Grad der Autopoiesis mit den nationalstaatlichen

---

[3] *N. Luhmann*, Die Politik der Gesellschaft (2000), S. 223.

[4] *A. Fischer-Lescano, G. Teubner*, Regime-Kollisionen: zur Fragmentierung des globalen Rechts (2006).

Systemen zu vergleichen. Auch existiere auf globaler Ebene keine mit der nationalstaatlichen Verfassung vergleichbare strukturelle Kopplung der Systeme. Dennoch hätten sich zumindest teilautopoietisch Bereiche des globalen Rechtssystems und des politischen System herausgebildet, die über die gemeinsamen Werte und der rule of law eine gegenseitige Begrenzung und Legitimation erführen.

Dass hier am Ende der Arbeit – nach der sehr kritischen Auseinandersetzung mit dem Konstitutionalisierungsansatz – ein wenig Optimismus mitschwingt, erscheint nicht zuletzt von der Überzeugung getragen, dass eine völkerrechtlichen Konstitutionalisierung – im Gegensatz zu einer (einzigen) Weltverfassung – zur Lösung der globalen Probleme unabdingbar ist. Konstitutionalisierung wird so zu einem anderen Wort für die Entstehung eines internationalen Rechtssystems, das nicht Verfassung sein muss, um Verfassungsfunktionen zu erfüllen.

In der Tat lässt sich feststellen, dass jedenfalls die wichtigsten Probleme unserer Zeit nicht an nationalen Grenzen festmachen – von der globalen Erwärmung über die Flüchtlingskrise bis hin zur Schuldenkrise. Zu einer strukturellen Kopplung zwischen internationalem Recht und internationaler Politik gibt es im Zeitalter der Globalisierung keine Alternative. Nicht alternativlos aber sind die Lösungen, die in einem weltweiten Kommunikationsprozess gesucht werden müssen, aber auch in einem europäischen und nationalen Diskurs. Es gibt ja auch hoffnungsvolle Zeichen, dass das gelingen kann, wie die Klimaverhandlungen in Paris gezeigt haben. Die Weiterentwicklung und Durchsetzung des globalen Rechts bleiben zentrale Herausforderungen unserer Zeit.

Diese Arbeit ist das Ergebnis eines langen Entstehungsprozesses. Ich kenne den Verfasser seit mehr als einem Jahrzehnt, seit seiner Münchner Studenten- (und meiner dortigen Assistenten-)zeit. Die stattliche Familie, die er währenddessen begründet hat, zeigt, dass Familie und Beruf zwar Zeit kosten, aber eine solche Arbeit nicht unmöglich machen. Ich bin ihm sehr dankbar dafür, dass er mir zeitweise als Wissenschaftlicher Mitarbeiter nach Göttingen gefolgt ist und dort auch im Rahmen des Forschungsprojekts „Precursors to Constitutionalism“ tätig war, aus dem unter anderem dieses Buch hervorging. Das war aber nur möglich im Rahmen eines Forschungsprojekts, das weitgehend von den Mitwirkungspflichten in der Lehre befreite. Der Volkswagen-Stiftung ist für die großzügige Finanzierung dieses Projekts ebenso Dank zu sagen wie meinem Jerusalemer Professorenkollegen Tomer Broude, der dieses Projekt angestoßen und mitbetrieben hat. Um so erfreulicher ist es, dass die mit dem Fakultätspreis der Göttinger Juristischen Fakultät ausgezeichnete Arbeit von Herrn Mattheis Aufnahme in ein schönes Druckwerk aus der Schwarzen Reihe der Beiträge zum ausländischen öffentlichen Recht und Völkerrecht gefunden hat.

Prof. Dr. Andreas Paulus
Richter des Bundesverfassungsgerichts
Georg-August-Universität Göttingen

Inhaltsverzeichnis

Abkürzungsverzeichnis

Abs.	Absatz
AJIL	American Journal of International Law
ARSP	Archiv für Rechts- und Sozialphilosophie
ARSP-B	Archiv für Rechts- und Sozialphilosophie – Beihefte
Art.	Artikel
ASCL	American Journal of Comparative Law
AU	Afrikanische Union
Aufl.	Auflage
AVR	Archiv des Völkerrechts
Bd.	Band
BDGIR	Bände der Deutschen Gesellschaft für Internationales Recht
BVerfG	Bundesverfassungsgericht
BVerfGE	Entscheidungssammlung des Bundesverfassungsgerichts
ca.	circa
CCAMLR	Convention on the Conservation of Antarctic Marine Living Resources
ders.	derselbe
dies.	dieselbe/n
DNS	Domain Name System
Doc.	Dokument (UN)
ebd.	ebenda
EG	Europäische Gemeinschaft
EGMR	Europäischer Gerichtshof für Menschenrechte
EJIL	European Journal of International Law
EMRK	Europäische Menschenrechtskonvention
et al.	et alii
etc.	et cetera

EU	Europäische Union
EuG	Europäisches Gericht Erster Instanz/Gericht der Europäischen Union
EuGH	Europäischer Gerichtshof
f.	folgend
ff.	fortfolgend
Fn.	Fußnote
FS	Festschrift
FYIL	Finnish Yearbook of International Law
G8	Gruppe der Acht
GATT	General Agreement on Tariffs and Trade
GG	Grundgesetz
Glob. Con.	Global Constitutionalism
GLU	Glossar zu Niklas Luhmanns Theorie sozialer Systeme
GYIL	German Yearbook of International Law
Harv Int'l LJ	Harvard International Law Journal
Hrsg.	Herausgeber
ICANN	Internet Corporation for Assigned Names and Numbers
ICJ	International Court of Justice
ICSID	International Centre for Settlement of Investment Disputes
ICTR	International Tribunal for Rwanda
ICTY	International Criminal Tribunal for the former Yugoslavia
i.d.R.	in der Regel
IGH	Internationaler Gerichtshof
ILC	International Law Commission
ILM	International Legal Materials
ILO	International Labour Organization
IMF	International Monetary Fund
Int'l J Const L	International Journal of Constitutional Law
IP	Intellectual Property

IPbpR	Internationaler Pakt bürgerlicher und politischer Rechte
IStGH	Internationaler Strafgerichtshof
IWF	Internationaler Währungsfonds
lit.	litera
LJL	Leiden Journal of Law
m.a.W.	mit anderen Worten
Mich J Int'l L	Michigan Journal of International Law
MLR	Modern Law Review
m.w.N.	mit weiteren Nachweisen
NGO	Non-governmental Organization
Nr., Nrn.	Nummer, Nummern
o.	oben
OAS	Organisation Amerikanischer Staaten
o.Ä.	oder Ähnliches
PCJI	Permanent Court of International Justice
PICT	Project on International Courts and Tribunals
PPP	Public-Private Partnership
Quangos	Quasi Non-governmental Organization
RdC	Recueil de Cours
RES	Resolution (UN)
Rn.	Randnummer
Rs.	Rechtssache
S.	Seite, siehe
SC	Security Council
Ser.	Series
Slg.	Sammlung
s.o.	siehe oben
SZ	Süddeutsche Zeitung
u.a.	unter anderem
UKHL	United Kingdom House of Lords Decisions
UN	United Nations
UNC	United Nations Charta
UNO	United Nations Organization

UNTS	United Nations Treaty Series
US	United States
vgl.	vergleiche
Vol.	Volume
VR	Volksrepublik (China)
vs.	versus
WHO	World Health Organization
WTO	World Trade Organization
WVRK	Wiener Vertragrechtskonvention
Yale L J	Yale Law Journal
ZaöRV	Zeitschrift für ausländisches öffentliches Recht und Völkerrecht
ZIB	Zeitschrift für Internationale Beziehungen
Ziff.	Ziffer/n
ZöR	Zeitschrift für öffentliches Recht

Einleitung

In den letzten Jahren wurde der Begriff „Konstitutionalisierung" mehr und mehr dazu verwendet, eine Art verfassungsrechtliche Entwicklung im internationalen Recht zu charakterisieren.[1] Es war Alfred Verdross, der bereits in den 1920er Jahren als erster im Zusammenhang mit Völkerrecht von einer Verfassung sprach.[2] Der Kern des konstitutionellen Charakters lag nach Ansicht von Verdross in der Herleitung des Völkerrechts von einer einzelnen Rechtsquelle begründet.[3] Ähnlich argumentierte Kelsen, der auch in Bezug auf das internationale Recht eine „Grundnorm" annahm.[4] Kelsen war es auch, der in seiner „Reinen Rechtslehre" und der monistischen Auffassung von der Einheit allen Rechts, des staatlichen Rechts wie des Völkerrechts, den Staat mit der Rechtsordnung gleichsetzte.[5] Dadurch relativierte er letztlich auch den Staatsbegriff in seiner Absolutheit ein Stück weit bei gleichzeitiger Sicherstellung der erkenntnismäßigen Einheit jeglichen Rechts und schuf zumindest gedanklich die Voraussetzung für eine mögliche einheitliche, zentralisierte Weltordnung.[6]

---

1 *Walter, C.*, International Law in a Process of Constitutionalization, in: Nollkaemper, A./Nijman, J. E. (Hrsg.), New Perspectives on the Divide Between National and International Law, S. 191; siehe auch *Wahl, R.*, In Defence of 'Constitution', in: Dobner, P./Loughlin, M. (Hrsg.), The Twilight of Constitutionalism?, S. 220, 241.

2 *Verdross, A.*, Die Verfassung der Völkerrechtsgemeinschaft, S. 101.

3 Ebd.; *Verdross, A.*, Die Einheit des rechtlichen Weltbildes auf Grundlage der Völkerrechtsverfassung; siehe auch *Paulus, A. L.*, The International Legal System as a Constitution, in: Dunoff, J. L./Trachtman, J. P. (Hrsg.), Ruling the World?, S. 69, 73.

4 *Kelsen, H.*, Reine Rechtslehre.

5 Ebd., S. 289 ff.

6 So *Fassbender, B./Aust, H. P.*, Basistexte: Völkerrechtsdenken, S. 67; Kelsen selbst war allerdings der Auffassung, dass die Völkerrechtsordnung „primitiv" sei und daher auch nicht von einem Weltstaat gesprochen werden könne; *Kelsen, H.*, Reine Rechtslehre, S. 289 f.

C. Mattheis, *Die Konstitutionalisierung des Völkerrechts aus systemtheoretischer Sichtweise,* Beiträge zum ausländischen öffentlichen Recht und Völkerrecht,
https://doi.org/10.1007/978-3-662-56818-7_1

Die Globalisierungsdynamik setzt die Institutionen der Nationalstaaten, aber auch die der internationalen Gemeinschaft unter Veränderungsdruck. Denn die Globalisierung des Rechts wie auch z.B. der Wirtschaft haben Ausmaße erreicht, die sowohl das klassische Völkerrecht als auch das klassische internationale Privatrecht an den Rand der Überforderung bringen.

Als Minimalkonsens darf wohl konstatiert werden, dass die Globalisierung weder das Ende des Nationalstaates bedeutet, noch die Staaten sie einfach als „business as usual“[7] betrachten können.[8] Das fundamentale Spannungsfeld des Globalisierungsprozesses zeigt sich zum Beispiel in den vielfältigen Konstellationen des Zusammenwirkens von Nationalstaaten und globalen Institutionen.[9]

Bislang herrschten in der Völkerrechtswissenschaft vor allem zwei Ansatzpunkte vor: Zum einem das universalistische Konzept („universalistic concept“), welches das internationale Rechtssystem als unitaristisch betrachtete und das allgemeine Völkerrecht als das maßgebliche „Weltrecht“ ansah. Zum anderen existierte das partikularistische Konzept („particularistic concept“), das von verschiedenen, voneinander weitgehend unabhängigen Subsystemen mit jeweils eigenen speziellen Regeln ausging und wenig Raum für die Anwendung allgemeiner, weltweit gültigen und systemübergreifenden Normen ließ.[10]

Durch den Diskurs um die Konstitutionalisierung beziehungsweise Fragmentierung des Völkerrechts sowie um das Entstehen einer postnationalen, pluralistischen Ordnung wurden diese Positionen aufgeweicht. Dennoch werden – neben einer Vielzahl von vermittelnden Ansichten – auch Extrempositionen vertreten, die mehr oder minder ein realistisches Abbild der tatsächlichen Verhältnisse der internationalen Gemeinschaft beziehungsweise Staatenwelt sind. So ist zum einen fraglich, ob die Konstitutionalisierung des Völkerrechts – oder umfassender, des internationalen Rechts – letztlich bedeutet, dass eine globale,

---

[7] *Ladeur, K.-H.*, Ein Recht der Netzwerke für die Weltgesellschaft oder Konstitutionalisierung der Völkergemeinschaft?, AVR 49 (2011), S. 246, 251 f.

[8] *Wilke, H.*, Das Recht der Weltgesellschaft, in: Calliess, G.-P. (Hrsg.), Soziologische Jurisprudenz, S. 887.

[9] Ebd., S. 888.

[10] *Simma, B./Pulkowski, D.*, Of Planets and the Universe: Self-contained Regimes in International Law, EJIL 17 (2006), S. 483, 506.

hierarchische „Superverfassung“ am Entstehen ist.[11] Zum anderen könnte es – wenn überhaupt – infolge einer parallelen (Teil-)Konstitutionalisierung vielmehr um die gegenseitige Anerkennung gemeinsamer Werte und Prinzipien wie etwa Menschenrechte und Umweltschutz, die über Kooperation und Dialog fortentwickelt werden sollten, gehen.[12] Autoren wie Kleinlein stellen beispielsweise zumindest eine „Autonomisierung des Völkerrechts“[13] fest. Dies zeige sich zum einen durch die Abkehr vom Völkerrecht als rein zwischenstaatlichen Recht und der Anerkennung von Individuen als Völkerrechtssubjekte; zum anderen durch die sich verstärkende „Binnenkonstitutionalisierung“ internationaler Organisationen und Regelsysteme.[14]

Viel hängt davon ab, ob man das Völkerrecht als kohärentes System begreifen kann. Denn nur wenn es ausreichend kohärent ist, um auf weitgehend alle Rechtsfragen rechtliche Antworten geben zu können, wird es aus rein theoretischer Betrachtungsweise überhaupt möglich sein, von einem verfassungsartigen Gebilde sprechen zu können. Nur wenn hinreichende Strukturen, zumindest annähernd funktionierende Rechtssetzungs- und Rechtsdurchsetzungsmechanismen existieren, kann das Recht seine Funktion ausüben und Verhaltenserwartungen kontrafaktisch stabilisieren. Wenn anderenfalls nicht verbindliche Rechtsnormen, sondern – willkürliche – Machterwägungen vorherrschend sind, wird kaum Raum für ein wie auch immer geartetes Rechtssystem, geschweige denn für ein konstitutionelles Gebilde sein.[15]

In der folgenden Untersuchung ist ein systemtheoretischer Ansatz gewählt worden. Als Einwand gegen den systemtheoretischen Ansatz wird bisweilen zwar angebracht, dass empirisch überprüfbare Hypothesen kaum mit systemtheoretischen Annahmen aufzustellen sind. Dieser Einwand vermag jedoch nicht wirklich zu überzeugen. Denn nach Niklas Luhmann sollen die mittels der Systemtheorie aufgestellten Prämissen gar nicht empirisch überprüfbar sein. Trotz der Theorielas-

---

[11] *Peters, A.*, Rechtsordnung und Konstitutionalisierung: Zur Neubestimmung der Verhältnisse, ZöR 65 (2010), S. 3, 4.

[12] Ebd.

[13] *Kleinlein, T.*, Konstitutionalisierung im Völkerrecht, S. 691.

[14] Ebd.

[15] *Paulus, A. L.*, The International Legal System as a Constitution, in: Dunoff, J. L./Trachtman, J. P. (Hrsg.), Ruling the World?, S. 69, 73.

tigkeit ist die Systemtheorie in der Lage, wertvolle Deutungsansätze bei der wissenschaftlichen Aufarbeitung des Konstitutionalisierungsdiskurses zu bieten. Die Systemtheorie wurde zudem auch deswegen ausgewählt, da Systembildung und Konstitutionalisierung als miteinander verbundene Konzepte angesehen werden können.[16]

Zu untersuchen wird dabei sein, ob sich das internationale Recht mehr als Chaos darstellt oder als kohärentes System aufgefasst werden kann.[17] Auf extreme Positionen wie die eines Weltstaates beziehungsweise einer Weltverfassung wird dabei genauso eingegangen wie auf mögliche Fragmentierungstendenzen. Zu klären sein wird, ob es eine Alternative zwischen diesen beiden Polen geben kann beziehungsweise gibt. Forschungsanreiz ist daher auch, ob und wie „das weite Feld dazwischen“[18] neu vermessen werden kann.

---

[16] *Diggelmann, O./Altwicker, T.*, Is There Something Like a Constitution of International Law?, ZaöRV 68 (2008), S. 623, 629.

[17] *Combacau, J.*, Le droit international: bric-à-brac ou système?, Archives de Philosophie du Droit 31 (1986), S. 85, 102 ff.

[18] *Paulus, A. L.*, Zur Zukunft der Völkerrechtswissenschaft in Deutschland: Zwischen Konstitutionalisierung und Fragmentierung des Völkerrechts, ZaöRV 67 (2007), S. 695, 699.

1. Kapitel: Theoretische Grundlagen – Systemtheorie von Niklas Luhmann

Die Systemtheorie Niklas Luhmanns wurde insbesondere von der Völkerrechtswissenschaft lange Zeit eher stiefmütterlich behandelt.[1] Selbst heute ist sie noch umstritten, auch wenn kaum ein solch drastisches Urteil gerechtfertigt ist, wie es Jürgen Habermas einst gefällt hat, der die Systemtheorie als „die Apologie des Bestehenden um seiner Bestanderhaltung willen"[2] bezeichnet hat. Kontrovers diskutiert und rezipiert wird sie jedenfalls allemal.[3]

Das mag auch zum Teil darin begründet sein, dass die Systemtheorie oftmals sehr komplex und für den Laien ohne Grundkenntnisse nur schwer zu begreifen ist. Dies ist aber nicht unbedingt gerechtfertigt, da die Systemtheorie gerade im Völkerrecht und dort hinsichtlich der Frage, wie eine Konstitutionalisierung des Völkerrechts zu begreifen und einzuordnen ist, erstaunliche Erkenntnisse liefert. Im Folgenden soll, um die Angst vor dem komplexen Aufbau der Theorie zu nehmen, ein

---

[1] *Fischer-Lescano, A.*, Die Emergenz der Globalverfassung, ZaöRV 63 (2003), S. 717, 720; *Kadelbach, S.*, Völkerrecht als Verfassungsordnung?, ZaöRV 67 (2007), S. 599, 608.

[2] *Habermas, J.*, Theorie der Gesellschaft oder Sozialtechnologie?, in: ders./Luhmann, N. (Hrsg.), Theorie der Gesellschaft oder Sozialtechnologie, S. 142, 170.

[3] Siehe z.B. *Brans, M./Rossbach, S.*, The Autopoiesis of Administrative Systems: Niklas Luhmann on Public Administration and Public Policy; *Teubner, G./Bankowski, Z.*, Law as an Autopoietic System; *Teubner, G.*, Verfassungsfragmente; *ders.*, Societal Constitutionalism Alternatives to State-Centered Constitutional Theory; *ders.*, Global Bukowina Legal Pluralism in the World-Society; *ders.*, Globale Zivilverfassungen Alternativen zur staatszentrierten Verfassungstheorie; *ders.*, Fragmented Foundations. Societal Consitutionalism beyond the Nation State; *ders.*, Verfassungen ohne Staat? Zur Konstitutionalisierung transnationaler Regimes; *Fischer-Lescano, A./ders.*, Regime-Kollisionen.

C. Mattheis, *Die Konstitutionalisierung des Völkerrechts aus systemtheoretischer Sichtweise,* Beiträge zum ausländischen öffentlichen Recht und Völkerrecht,
https://doi.org/10.1007/978-3-662-56818-7_2

Überblick über das Werk Luhmanns gegeben werden. Schwerpunktmäßig werden dabei das Rechts- sowie das Politiksystem behandelt.[4]

I. Grundbegriffe

Luhmann hatte ein sehr spezifisches Verständnis des Begriffes „Theorie". Demnach ist eine Theorie nicht eine empirisch überprüfbare Hypothese, sondern als Selbstbeschreibung selbst Teil der Gesellschaft. Daher beschreibt die Sozialtheorie – wenn sie die Gesellschaft beschreiben soll – nicht zuletzt auch sich selbst.

Die Sozialtheorie muss laut Luhmann zunächst mit diesem Selbstreferenzproblem umzugehen wissen.[5] Daran und nicht durch empirische Untersuchungen lässt sich auch die Validität einer Theorie erkennen. Dieses Verständnis hat Luhmann jedoch oftmals Kritik eingebracht. Denn die Systemtheorie von Luhmann wirkt für den Leser nicht durchgängig als ein streng durchdachtes und in sich stets schlüssiges Theoriekonzept. Der erstmalige Zugang ist somit aufwendig.

In der Tat stellt die Systemtheorie Luhmanns kein starres, logisch aufeinander aufbauendes Werk dar, sondern lässt sich eher als ein Netzwerk zusammenhängender Konzepte verstehen.[6] So benutzte Luhmann eine Vielzahl an Konzepten, um die Gesamtheit der gesellschaftlichen Phänomene zu erfassen.[7] Aufgrund dieser Herangehensweise kann man die Systemtheorie von Luhmann eben auch nicht als Theorie im herkömmlichen Sinn beschreiben, sondern vielmehr als eine – oftmals komplizierte – Art „Sprache", die interdisziplinär und sehr vielschichtig arbei-

---

[4] *Luhmann, N.*, Politische Verfassungen im Kontext des Gesellschaftssystems, 1. Teil, Der Staat (1973), S. 1, 7; Luhmann selbst sah die Systemtheorie als analytisches Instrument an.

[5] *Brans, M./Rossbach, S.*, The Autopoiesis of Administrative Systems: Niklas Luhmann on Public Administration and Public Policy, Public Administration 75 (1997), S. 417, 418.

[6] Vgl. auch: *Teubner, G./Bankowski, Z.*, Law as an Autopoietic System, S. 18.

[7] *King, M./Thornhill, C. J.*, Niklas Luhmann's Theory of Politics and Law, S. 205 f.

tet.[8] Im Folgenden werden einige wichtige Grundbegriffe dieser „Sprache" erläutert.

1. *Kommunikation*

Kommunikation muss als die grundsätzliche Beobachtungseinheit für die Einschätzung der Operationen in sozialen Systemen betrachtet werden.[9] Luhmanns Systemtheorie basiert somit nicht auf Handlungen, Personen oder Sprache, sondern auf Kommunikationen.[10]

Kommunikation ist nach Ansicht von Luhmann dreigliedrig aufgebaut und besteht aus dem Zusammenwirken von Information, Mitteilung und Verstehen:

> „Sie [Kommunikation] kommt zustande durch eine Synthese von drei verschiedenen Selektionen – nämlich Selektion einer Information, Selektion der Mitteilung dieser Information und selektives Verstehen oder Missverstehen dieser Mitteilung und ihrer Information. Keine dieser Komponenten kann für sich alleine vorkommen. Nur zusammen erzeugen sie Kommunikation."[11]

Jede Kommunikation ist nach Luhmann eine fortdauernde, ohne Unterbrechung anhaltende Operation, die sich selbst reproduziert.[12] Jede einzelne Kommunikation dauert dabei nur kurz an und verschwindet sofort wieder. Sie integriert sich aber durch rekursive Vernetzung in den Kontext von Kommunikationen.

Jede einzelne Kommunikation fügt sich zum einen in bereits abgelaufene, zum anderen in nächstmögliche Anschlussmöglichkeiten ein. Indem jede Kommunikation mitbestimmt, von welchem Systemzustand die

---

8 *Brans, M./Rossbach, S.*, The Autopoiesis of Administrative Systems: Niklas Luhmann on Public Administration and Public Policy, Public Administration 75 (1997), S. 417, 419; *King, M./Thornhill, C. J.*, Niklas Luhmann's Theory of Politics and Law, S. 206.

9 *Ziegert, K. A.*, Weltrecht und regionale Differenzierung, Rechtstheorie 39 (2008), S. 453, 457.

10 *King, M./Thornhill, C. J.*, Niklas Luhmann's Theory of Politics and Law, S. 14.

11 *Luhmann, N.*, Was ist Kommunikation?, in: ders. (Hrsg.), Soziologische Aufklärung 6, S. 109, 115.

12 *Ders.*, Einführung in die Systemtheorie, S. 111.

nachfolgende Kommunikation auszugehen hat, hat jede einzelne trotz des kurzen Moments des Bestehens eine Zeitdimension.[13]

Nach Luhmanns Verständnis ist Kommunikation der einzige Operationstypus, der die oben beschriebenen Anforderungen erfüllt. Durch die stetige Aneinanderreihung von Kommunikationsoperationen („Kommunikation aus Kommunikation“) entstehen schließlich soziale Systeme.[14] Kommunikation ist also diejenige Operation, durch die sich soziale Systeme herausbilden und aus denen sie bestehen.[15]

Die Beziehung zwischen Kommunikation und Gesellschaft ist für Luhmann wechselseitig bestimmt. Immer wenn Kommunikation stattfindet, entsteht Gesellschaft. Gesellschaft ist daher nur möglich, wo Kommunikation möglich ist. Gleichzeitig existiert Kommunikation (im Sinne Luhmanns) stets nur in einer Gesellschaft und in der Gesamtschau mit anderen Kommunikationen, also niemals als einmaliges, einzelnes Ereignis.[16] Kommunikation ist daher Gesellschaft und Gesellschaft ist Kommunikation.[17] Kommunikation trifft zudem selbst die Entscheidung darüber, was Kommunikation ist und was nicht. Sie ist somit rekursiv selbstbestimmt.[18]

Zustande kommt Kommunikation weiterhin nur, wenn eine Information mitgeteilt wird. Kommunikation ist daher zweiseitig, ähnlich wie die Differenz zwischen System und Umwelt.[19] „Abstrakt gesehen ist Kommunikation (...) die Differenz, die im System keine Differenz macht.“[20]

Ohne diese Differenz würde keine Kommunikation entstehen beziehungsweise sie wäre nicht wahrnehmbar. Über die Kommunikation schließlich unterscheiden sich die Gesellschaft sowie die einzelnen Teil-

---

[13] *Ders.*, Das Recht der Gesellschaft, S. 126.

[14] *Ders.*, Einführung in die Systemtheorie, S. 75 f.

[15] *Ders.*, Die Gesellschaft der Gesellschaft, S. 150; *ders.*, Staat und Politik, in: ders. (Hrsg.), Soziologische Aufklärung 4, S. 77, 101.

[16] *Ders.*, Die Politik der Gesellschaft, S. 16.

[17] *Stichweh, R.*, Das Konzept der Weltgesellschaft: Genese und Strukturbildung eines globalen Gesellschaftssystems, Rechtstheorie 39 (2008), S. 329.

[18] *Luhmann, N.*, Einführung in die Systemtheorie, S. 78.

[19] Ebd., S. 79.

[20] *Ders.*, Die Gesellschaft der Gesellschaft, S. 150.

systeme auch von ihrer Umwelt. Die Kommunikation ermöglicht daher erst das Entstehen einer Differenz, die für das Theoriekonstrukt von Luhmann wesentlich ist. Gesamtgesellschaftlich gesehen ist diese Grenze eine externe Grenze, von Teilsystemen aus gesehen eine interne, innergesellschaftliche Grenze.

In die Kommunikation als Operation ist zudem stets die „Differenz von Fremdreferenz qua Information und Selbstreferenz qua Mitteilung eingebaut".[21]

Ohne diese Differenzen wäre die Kommunikation nicht wahrnehmbar und als Operation unvollständig und sinnlos. Schließlich ist Kommunikation auch entscheidend für das Verhältnis der Teilsysteme zur Gesamtgesellschaft. Kommunizieren die Teilsysteme, nehmen sie an der Gesellschaft teil – wenn nicht, bleiben sie von der Gesellschaft unberücksichtigt.

Kommunikation kann daher als grundlegendes Element der Systemtheorie angesehen werden. Kommunizieren die Systeme auf verschiedene Art und Weise, etwa mittels ihren systemspezifischen Codes und Programmen, unterscheiden sie sich.[22] Durch zunehmende, vielfältige und vielfache Kommunikation wird der Komplexitätsgrad von Gesellschaften gesteigert.

Luhmann versteht dabei unter Kommunikationen nicht bloßes Sprechen nach bestimmten Regeln, sondern „ein jeweils historisch-konkret ablaufendes, also kontextabhängiges Geschehen"[23]. Denn nur durch die Kontextbezogenheit können nach Ansicht Luhmanns spezifische und sinnhafte Informationen ausgetauscht werden und die verschiedenen Selektionen stattfinden, die zur Entstehung von Differenzen führen. Luhmann stellt also den Begriff der Kommunikation in das Zentrum seiner Sozialtheorie.

Hierin unterscheidet er sich fundamental von der „üblichen" Sozialtheorie, die den Menschen und seine Verhaltensweisen als zentralen Punkt für alle theoretischen Überlegungen ansieht. In dieser Hinsicht kann man daher von einem revolutionären Schritt Luhmanns sprechen.[24]

---

21 *Ders.*, Einführung in die Systemtheorie, S. 79.

22 *Ders.*, Die Gesellschaft der Gesellschaft, S. 150.

23 Ebd., S. 70.

24 *King, M./Thornhill, C. J.*, Introduction, in: dies. (Hrsg.), Luhmann on Law and Politics, S. 1, 8.

2. *Beobachtung als Grundeinheit*

Luhmanns Systemtheorie beruht nicht auf empirisch überprüfbaren Untersuchungen. Vielmehr basiert sie auf theoretischer Beobachtung und Beschreibung.

Die Systemtheorie von Luhmann lässt sich daher – etwa in Bezug auf das Rechtssystem – als soziologische Rechtstheorie im Sinne einer Fremdbeschreibung des Rechtssystems als eines sich selbst beschreibenden Systems darstellen.[25]

Beobachten begreift Luhmann als „Unterscheiden und Bezeichnen"[26]. Der Beobachter, der ein bestimmtes Objekt oder einen Vorgang beobachtet, unterscheidet es oder ihn zugleich von anderen Objekten und Vorgängen. Das Bezeichnen und Unterscheiden ist somit ein Vorgang, eine Operation.[27] Das System beobachtet die Gesellschaft und beschreibt diese.

Da in sozialen Systemen die Operationen aus Kommunikationen bestehen, besteht die Beobachtung sozialer Systeme aus der Beobachtung von Kommunikation. Bei der Beobachtung verwendet das System wiederum selbst die eigene jeweilige systemspezifische Operationsweise über die jeweils spezifischen Kommunikationen. Im Gegensatz dazu involviert beispielsweise das Beobachten psychischer Systeme das Bewusstsein als Grundtypus psychischer Systeme.[28]

Da das System selbst Teil der Gesellschaft ist, beobachtet und beschreibt es auch sich selbst. Daher bilden letztlich vier Begriffspaare die Basis für die Systemtheorie von Luhmann: Selbstbeobachtung, Selbstbeschreibung, Fremdbeobachtung sowie Fremdbeschreibung. Problematisch ist, dass das System bei diesen Operationen als Teil der Gesellschaft beim Beobachten und Beschreiben derselben zugleich auch sich selbst beobachten und beschreiben muss. Letztlich muss der Beobachter daher zeitgleich verschiedene Perspektiven einnehmen, muss er doch bei einer Fremdbeschreibung des Systems sich selbst als Teil des Sys-

---

[25] *Schulte, M.*, Weltrecht in der Weltgesellschaft, Rechtstheorie 39 (2008), S. 143, 148; *Luhmann, N.*, Das Recht der Gesellschaft, S. 17.

[26] *Ders.*, Die Gesellschaft der Gesellschaft, S. 69.

[27] Ebd.

[28] *Ders.*, Staat und Politik, in: ders. (Hrsg.), Soziologische Aufklärung 4, S. 77, 79.

tems mitbeschreiben. Dies würde dann aber eine Selbst- und keine Fremdbeschreibung darstellen.[29]

Das hieraus resultierende Selbstreferenzproblem oder -paradoxon stellt eine der größten Schwierigkeiten in der Theorie Luhmanns dar. Jedes System, auch das Rechtssystem, erhält eine doppelte Beschreibung: eine Fremdbeschreibung (durch eine soziologische Rechtstheorie) und eine Selbstbeschreibung (durch Rechtsphilosophie und -dogmatik).[30] Dabei geht es um Referenzen auf das beschriebene System; die Selbstbeschreibung ist eine Beschreibung von innen, die Fremdbeschreibung erfolgt hingegen von außerhalb.[31]

Durch diese Unterscheidung von interner Beobachtung (Selbstbeobachtung) und externer Beobachtung (Fremdbeobachtung) versucht Luhmann, auch das Selbstreferenzproblem aufzulösen. Je nachdem, von welchem Standpunkt aus die Beobachtung stattfindet – von innen oder von außen –, stehen dem Beobachter unterschiedliche Perspektiven offen. Luhmann zufolge nimmt der Beobachter je nach Perspektive auch unterschiedliche Identitäten ein. Daher ist durch denselben Beobachter je nach Standpunkt eine Fremd- und Selbstbeobachtung sowie eine Fremd- und Selbstbeschreibung möglich, ohne dass er am Selbstreferenzproblem scheitern würde. Luhmann beschreibt dies wie folgt:

> „Wer zwischen System und Umwelt unterscheidet – ob nun im System oder in der Umwelt – muß zunächst einmal diese Unterscheidung machen, muß sie operativ benutzen und kann dann als Unterscheider in der Unterscheidung nicht mehr vorkommen."[32]

Wichtig bei der Fremd- und Selbstbeobachtung ist die Figur des sogenannten *re-entry*: Eigene Operationen können an der Unterscheidung von Selbstreferenz und Fremdreferenz orientiert werden.[33] Die Denkfigur des *re-entry* hat Luhmann ebenso wie die der Zwei-Seiten-Form

---

[29] Siehe zur Selbstbeschreibung und Reflexion: *ders.*, Die Wissenschaft der Gesellschaft, S. 469 ff.

[30] *Nowak, S.*, Die Verfassung als strukturelle Kopplung von Politik und Recht, S. 3.

[31] *Schulte, M.*, Weltrecht in der Weltgesellschaft, Rechtstheorie 39 (2008), S. 143, 146.

[32] *Luhmann, N.*, Verfassung als evolutionäre Errungenschaft, Rechtshistorisches Journal 9 (1990), S. 176, 184.

[33] *Ders.*, Die Politik der Gesellschaft, S. 373.

von Spencer Brown[34] übernommen. Diese Figur ist notwendig, weil die Systemtheorie von Luhmann auf operativ in sich geschlossenen Systemen beruht. Die Umwelt kann nur aufgrund systemischer Eigenleistungen wahrgenommen werden.

Durch den *re-entry* ist ein geschlossenes System in der Lage, die Umwelt mittels der systemspezifischen Kommunikationsmöglichkeiten in das System hineinzuspiegeln und hineinzukopieren. Das System besitzt somit die Fähigkeit, die Differenz in das durch die Differenz selbst Unterschiedene wieder eintreten zu lassen.[35]

Sowohl die Selbstbeschreibung als auch die Selbstbeobachtung des Systems dienen zur Herstellung der Systemeinheit. Bei der Selbstbeobachtung handelt es sich um auf das System abzielende Operationen; bei der Selbstbeschreibung um die Schaffung eines entsprechenden Textes.[36] Die Selbstbeschreibung ist eine Reflexion der Einheit im System, das sich wiederum selbst reflektiert. Daher muss die Selbstbeschreibung den Ansprüchen des Systems selbst genügen – und sich mit „den eigenen Normen identifizieren."[37] So lassen sich beispielsweise Rechtsdogmatik, Rechtsphilosophie und Rechtspraxis als Beobachtungs- und Beschreibungsperspektiven begreifen.[38]

Im Gegensatz zur Fremdbeobachtung ist die Selbstbeobachtung weniger willkürlich und zugleich weniger informativ – sie muss stets die Operationen des Systems verwenden und kann keine zusätzlichen Informationen durch Wechsel der Perspektiven oder Beobachtung anderer Beobachter gewinnen. Denn die Selbstbeobachtung muss mit der „Unauswechselbarkeit des Selbst" zurechtkommen; sie kann nicht durch einen anderen Beobachter ausgeführt werden, da sie sonst automatisch zur Fremdbeobachtung würde.[39]

Aufgrund der hohen Anzahl an Operationen und der großen Komplexität der Funktionssysteme in modernen Gesellschaften ist es einem

---

[34] *Spencer-Brown, G.*, Laws of Form.

[35] *Vesting, T.*, Rechtstheorie, S. 66; m.w.N.

[36] *Schulte, M.*, Weltrecht in der Weltgesellschaft, Rechtstheorie 39 (2008), S. 143, 147.

[37] Ebd.

[38] Ebd., S. 148.

[39] *Luhmann, N.*, Staat und Politik, in: ders. (Hrsg.), Soziologische Aufklärung 4, S. 77, 79.

System nicht möglich, alle Kommunikationen zu erfassen. Es muss daher simplifizieren und selektieren.

Dies spiegelt sich auch bei der Selbstbeschreibung und -beobachtung wider. Beispiele für eine solche Fokussierung sind das Selektieren auf eine gewissen Sinngebung, die Verdrängung bestimmter Aspekte oder die Unterspezifikation von Zielen.[40] Selbstbeschreibung und -beobachtung sind daher komplexitätsbezogen zu verstehen. Ein System versucht dadurch mehr Informationen über sich selbst zu erlangen. Dies ergibt jedoch Luhmann zufolge nur Sinn, wenn es sich selbst nicht vollumfänglich kennt, da ein vollständiges Wissen über sich selbst aufgrund der Komplexität nicht möglich ist.

Infolgedessen müssen die Informationen über „kontingente Selektionen" erlangt werden.[41] „Kontingent" bedeutet in der Systemtheorie Luhmanns: weder unmöglich noch notwendig.[42] Im Fall kontingenten Handelns ist sich der Akteur stets der ebenso möglichen Handlungsalternativen bewusst. In einer überkomplexen Umwelt ist auch ein kontingentes System kontingent zu seiner Umwelt.[43]

3. *Paradoxie*

Ein immer wiederkehrender Terminus in der Systemtheorie von Niklas Luhmann ist der Begriff der Paradoxie. Für Luhmann sind Paradoxien das exakte Gegenstück von Tautologien und treten immer dann auf, wenn eine Operation in einem System als Selbstbestätigung nicht einfach das stetige Wiederauftreten von sich selbst benutzt, sondern die Bestätigung über einen „positiv/negativ"-Code herbeiführt und gleichzeitig jegliche Kommunikation eines bestimmten Typus oder Bereichs unter Einschließung des Codes zu ordnen versucht.[44]

---

[40] Ebd., S. 78.

[41] Ebd.

[42] *Ders.*, Gesellschaftliche Grundlagen der Macht: Steigerung und Verteilung, in: ders. (Hrsg.), Soziologische Aufklärung 4, S. 121.

[43] *Schütz, A.*, The Twilight of Global Polis: On Losing Paradigms, Environing Systems and Observing World Society, in: Teubner, G. (Hrsg.), Global Law without a State, S. 257, 260.

[44] *Luhmann, N.*, „Distinctions directrices", in: ders. (Hrsg.), Soziologische Aufklärung 4, S. 13, 21.

Ein Beispiel für eine Paradoxie ist das angesprochene Selbstreferenzproblem eines Beobachters, der je nach Standpunkt zwischen Selbstbeobachtung und Fremdbeobachtung unterscheiden muss. Da jeder Beobachter Teil des beobachteten Systems ist, beinhaltet eine Fremdbeobachtung des Systems zugleich auch eine Selbstbeobachtung. Jede Selbstbeschreibung eines Systems hat somit mit Paradoxien oder Tautologien zu kämpfen – kein Beobachter kann gleichzeitig fremdbeobachten und sich selbst mitbeobachten. Daher ist es unerlässlich, Entparadoxierungskonzepte zu entwickeln. Luhmann löst diese Paradoxie über die Einführung einer Unterscheidung, einer Differenz. Der Beobachter kann infolge dieser Differenz unterscheiden, ob seine Unterscheidung auf eine interne Beobachtung im eigenen System oder auf eine externe in der Systemumwelt abzielt. Der Beobachter kann nun zweimal auftreten: zum einen als Fremdbeobachter, der realisieren kann, dass sich ein anderes System selbst beobachtet, zum anderen als Selbstbeobachter, der sich selbst beobachtet.[45]

Das Rechtssystem etwa weist ein grundlegendes Paradox auf. Es legt für die Umwelt fest, was Recht ist und was nicht; gleichzeitig müsste es sich jedoch selbst beobachten und feststellen, ob die Unterscheidung zu Recht getroffen wurde.[46]

Für das Rechtssystem bedeutet dies, dass eine Ebene der Beobachtung zweiter Ordnung eingeführt werden muss. Die Normenprojektionen werden nicht geschlichtet, sondern einer weiteren Unterscheidung unterworfen – das Recht arbeitet nun in Form eines codierten Systems. Erst über die Einführung der Unterscheidung „Recht/Unrecht" beziehungsweise „legal/illegal" und der Konditionalisierung „Recht ist Recht" sowie „Recht ist kein Unrecht" wird das System operabel.[47] Das politische System wiederum wird erst durch die Unterscheidung „demokratisch/undemokratisch" oder „Freiheit/staatliche Kontrolle" statt „Macht/Ohnmacht" operabel.[48] Folglich wird die Entparadoxierung durch neue Unterscheidungen herbeigeführt, die die vorhandene Paradoxie zwar nicht auflösen, sie jedoch derart umgehen, dass das System

---

45 *Ders.*, Einführung in die Systemtheorie, S. 85.

46 *Ders.*, Das Recht der Gesellschaft, S. 176.

47 Ebd., S. 168.

48 Ebd., S. 168 f.; siehe auch *King, M./Thornhill, C. J.*, Luhmann's Social Theory, in: dies. (Hrsg.), Niklas Luhmann's Theory of Politics and Law, S. 1, 22.

einwandfrei funktionieren kann. "Deparadoxification means to invent new distinctions which do not deny the paradox but displace it temporarily and thus relieve it of its paralysing power."[49]

Die Entparadoxierungskonzepte führen somit zwar nicht zur Auflösung der jeweiligen Paradoxie; über die Invisibilisierung der Paradoxien verhelfen sie einem System aber dazu, dass es operabel wird.[50]

Tautologien sind hingegen Unterscheidungen, die nicht entscheiden. Folglich blockieren Tautologien Beobachtungen. Ein Beispiel für eine Tautologie ist etwa der Satz: „Es (zum Beispiel das Recht) ist, was es ist." In diesem Satz ist keinerlei Unterscheidung zu erkennen nach dem Schema „Recht ist entweder legal oder illegal". Daher sind Tautologien für Luhmann weitgehend bedeutungslos.[51]

4. Systeme

Soziale Systeme sind schließlich ein Kernelement der Systemtheorie von Luhmann beziehungsweise das Kernelement seiner Sozialtheorie. Die Gesellschaft lässt sich als ein Gesamtsystem begreifen, das in eine Vielzahl von Sub- beziehungsweise Teilsystemen differenziert ist.[52]

Nach Luhmann sind soziale Gebilde Systeme, „die in einer übermäßig komplexen Umwelt einen weniger komplexen, sinnvollen Erwartungszusammenhang invariant halten und dadurch Handeln orientieren können."[53]

Sie setzen sich aus systemspezifischen Kommunikationen zusammen, die wiederum die systemspezifischen Komponenten herausbilden – dazu zählen Elemente, Strukturen, Prozesse, Identität, Systemgrenzen,

---

49 Ebd.; *Teubner, G.*, Economics of Gift – Positivity of Justice: The Mutual Paranoia of Jacques Derrida and Niklas Luhmann, Theory, Culture & Society 18 (2001), S. 29, 32.

50 *Luhmann, N.*, Das Recht der Gesellschaft, S. 545 f.

51 *King, M./Thornhill, C. J.*, Niklas Luhmann's Theory of Politics and Law, S. 1, 21 f.

52 *Luhmann, N.*, Machtkreislauf und Recht in Demokratien, in: ders. (Hrsg.), Soziologische Aufklärung 4, S. 148.

53 *Ders.*, Positives Recht und Ideolgie, in: ders. (Hrsg.), Soziologische Aufklärung 1, S. 224, 226.

systemeigene Umwelt, Leistungsfähigkeit des Systems sowie die systemspezifische Funktion.[54]

a. Differenzprinzip

Die Systemtheorie von Luhmann verfolgt einen differenzialistischen Ansatz. Aus erkenntnistheoretischen Gründen muss jeder Beobachtung und Beschreibung eine Unterscheidung zugrunde liegen.[55] Ohne das Vorliegen einer Differenz beziehungsweise Unterscheidung ließe sich eine Operationen weder bestimmten Teilsystemen zuordnen, noch gäbe es überhaupt eine Einteilung in Systeme und Systemumwelten. Die Systemtheorie könnte daher ohne Differenzierungen nicht arbeiten. Für die Systemtheorie ist die Einheit von Differenz und Einheit essenziell. Die Einheit ist dann wiederum – etwas paradox – ein Teil der neuen Einheit von Differenz und Einheit.[56]

Für das Konzept der Differenzierung greift Luhmann auf Positionen von Soziologen wie Spencer[57], Durkheim[58] und Parsons[59], die als Vorläufer der modernen Systemtheorie angesehen werden können und enormen Einfluss auf Luhmann hatten, zurück. Diese schon vorhandenen Konzepte der Systemdifferenzierung hat Luhmann mit der Theorie selbstreferenziell geschlossener, das heißt autopoietischer Systeme weiterentwickelt.[60]

Damit knüpft er nicht zuletzt an die platonische Tradition der begriffsbezogenen Unterscheidungskunst an, wonach die Bezeichnung eines Gegenstandes jeweils nur in Differenz zu einem anderen Gegenstand möglich ist.[61]

---

[54] *Teubner, G./Bankowski, Z.*, Law as an Autopoietic System, S. 32.

[55] *Luhmann, N.*, Das Recht der Gesellschaft, S. 26.

[56] *Di Fabio, U.*, Verfassungsstaat und Weltrecht, Rechtstheorie 39 (2008), S. 399, 417.

[57] *Spencer, H.*, The Study of Sociology.

[58] *Durkheim, É.*, Die Regeln der soziologischen Methode.

[59] *Parsons, T.*, Beiträge zur soziologischen Theorie.

[60] *Luhmann, N.*, Machtkreislauf und Recht in Demokratien, in: ders. (Hrsg.), Soziologische Aufklärung 4, S. 148, 149.

[61] *Vesting, T.*, Rechtstheorie, S. 57.

Grundlegendes Merkmal ist die Differenz im Sinne einer Unterscheidung. Unterscheidung setzt immer eine Unterscheidung in der Unterscheidung voraus.[62] Gleichzeitig muss man sich aber die Einheit der Differenz vorstellen.

Dieser nur schwer vorstellbare Gedankengang stellt eine grundlegende Paradoxie der Systemtheorie dar. Dadurch radikalisiert Luhmann den angesprochenen differenzialistischen Ansatz. Anders als beim platonischen Ansatz bewegen sich Begriff und Gegenbegriff nicht in einer vorherbestimmten Einheit des Ganzen; Luhmann verzichtet vielmehr auf eine Einheitslösung. Jegliches Beobachten basiert auf einer Unterscheidung, stets erfolgt eine Differenzsetzung, fortwährend muss eine Unterscheidung getroffen werden. Luhmann sieht daher seinen Systembegriff auch als eine Umsetzung des Formbegriffs von Spencer Brown[63], wonach eine Zwei-Seiten-Form stets aufgrund einer Trennung zu einer Unterscheidung führt.[64] Jedes System ist beispielsweise nach Luhmann insoweit eine Form, als es etwas als Umwelt von diesem System ausschließt.

> „Eine Form, die zwangsläufig zustandekommt, wenn Operationen an Operationen anschließen und damit zugleich definieren, welche Operationen weiterhin anschlußfähig sind. Differenzierung ist, mit diesem Begriff beschrieben, nichts anderes als Systembildung in Systemen."[65]

Luhmann zufolge kann man somit als Form der Differenzierung jede Art von Verknüpfung von Teilsystemen benennen, die andere Arten von Verknüpfungen ausschließt.[66]

Durch dieses Differenzprinzip können moderne von traditionalen Gesellschaftsformen unterschieden werden. Während traditionale Gesellschaften auf dem Prinzip der Stratifikation aufgebaut sind und lediglich hierarchisch sowie statisch in verschiedene, fest bestehende Schichten differenziert werden können, sind moderne Gesellschaften in verschie-

---

[62] *Luhmann, N.*, Einführung in die Systemtheorie, S. 72.

[63] *Spencer-Brown, G.*, Laws of Form.

[64] *Vesting, T.*, Rechtstheorie, S. 58.

[65] *Luhmann, N.*, Inklusion und Exklusion, in: ders. (Hrsg.), Soziologische Aufklärung 6, S. 226, 238.

[66] Ebd.

dene Funktionssysteme unterteilt; das heißt, sie sind funktional differenziert.[67]

In modernen Gesellschaften entwickeln sich die Systeme – die Kommunikationen nehmen zu und werden komplexer. Mit zunehmender Kommunikation und ansteigender Komplexität differenzieren sich die Systeme wiederum immer stärker. Luhmann versteht eine solche Differenzierung als „Wiederholung der Differenz von System und Umwelt innerhalb von Systemen".[68] Auch die Unterscheidung von System und Umwelt wird somit von Luhmann als „Differenz" betrachtet.[69] Diese Differenz konstituiert schließlich ein System.[70] Dies geschieht durch Kommunikationen, die jedoch nur innerhalb des Systems anschlussfähig sind.

b. Systeme als Differenz

Von einem sozialen System kann man mit Luhmann nur sprechen, „wenn und soweit das System sich von seiner Umwelt unterscheiden läßt".[71] Luhmann unterscheidet zwischen Interaktions-, Organisations- und Gesellschaftssystemen.[72]

Ein soziales System ist zunächst nur eine Differenz – die Unterscheidung zwischen dem System selbst und seiner Umwelt.[73] Durch diese Unterscheidung und der klaren Trennung zwischen System und der jeweiligen Umwelt wird verhindert, dass das System in seiner Umwelt aufgeht und Grenzen verwischen.[74]

---

[67] *Ders.*, Machtkreislauf und Recht in Demokratien, in: ders. (Hrsg.), Soziologische Aufklärung 4, S. 148, 149.

[68] *Ders.*, Die Politik der Gesellschaft, S. 15.

[69] *Ders.*, Einführung in die Systemtheorie, S. 72.

[70] Ebd., S. 89.

[71] *Ders.*, Soziologie des politischen Systems, in: ders. (Hrsg.), Soziologische Aufklärung 1, S. 195.

[72] *Ders.*, Interaktion, Organisation, Gesellschaft, in: ders. (Hrsg.), Soziologische Aufklärung 2, S. 9, 10.

[73] *Ders.*, Einführung in die Systemtheorie, S. 88.

[74] *Schütz, A.*, The Twilight of Global Polis: On Losing Paradigms, Environing Systems and Observing World Society, in: Teubner, G. (Hrsg.), Global Law without a State, S. 257, 259.

Die Umwelt ist durch die Differenz nämlich nicht mehr in der Lage, direkten Einfluss auf das System zu nehmen oder es gar zu kontrollieren. Für sein Bestehen und Weiterbestehen muss das System diese Differenz stetig reproduzieren. Anderenfalls würde sich das System in der Umwelt auflösen. Diese stetige Reproduktion geschieht durch die Basiseinheit der Systemtheorie, durch Kommunikation. Auf Kommunikation folgt Kommunikation folgt Kommunikation. Am Ende dieser Aneinanderreihung entsteht schließlich ein System.[75]

Die Gesamtgesellschaft ist nach Luhmann „das umfassende Sozialsystem aller kommunikativ füreinander erreichbaren Handlungen".[76] Im Rahmen dieser Gesamtgesellschaft entstehen durch Komplexitätssteigerungen und Spezifizierungen vermehrt komplexe Differenzierungen im Sinne funktionsspezifischer Teilsysteme. Die Gesamtgesellschaft ist allerdings nicht bloß die Summe sämtlicher Interaktionen beziehungsweise Teilsysteme, sondern ein grundverschiedenes System höheren Ranges.[77]

Derart herausgebildete Systeme sind nach Ansicht von Luhmann soziale Gebilde, die in einer überaus komplexen Umwelt einen nicht so komplexen, jedoch sinnvollen Erwartungshorizont „invariant" und unabhängig halten und sich somit abgrenzen.[78] Durch diese Reduktion können sie das Handeln orientieren.[79] Ohne Spezifizierungen und Komplexitätsreduzierungen wäre eine Gesellschaft aufgrund der Vielzahl an Handlungsmöglichkeiten nicht in der Lage, kontingente und sinnvolle Entscheidungen zu treffen. In der Folge wäre sie somit handlungsunfähig und nutzlos.

Soziale Systeme sind in diesem Sinne auch als Handlungssysteme[80] zu begreifen.[81] Ein System ist nach Luhmann nur in dem Maß differen-

---

[75] *Luhmann, N.*, Einführung in die Systemtheorie, S. 77.

[76] *Ders.*, Interaktion, Organisation, Gesellschaft, in: ders. (Hrsg.), Soziologische Aufklärung 2, S. 9, 12.

[77] Ebd.

[78] Ebd., S. 10; *Luhmann, N.*, Positives Recht und Ideolgie, in: ders. (Hrsg.), Soziologische Aufklärung 1, S. 224, 226.

[79] Ebd.

[80] Talcott Parsons begriff Systeme hingegen in erster Linie als Aktionssysteme, deren Handlungen voneinander abhängig sind. In dieser Abhängigkeit seien sie jedoch ebenfalls von Umweltveränderungen relativ unabhängig; siehe

ziert, in dem es sowohl für die im System Handelnden als auch für die Wissenschaft als solches und mit seinen Grenzen erkennbar ist.[82]

Die Erkennbarkeit der Grenzen ist dabei für kontingentes Handeln und die Aufrechterhaltung der Differenzierung essenziell. Somit sind Systeme gegenüber Umwelteinwirkungen mittels komplexer Kombination einfacher Kausalbeziehungen stabil und müssen dies auch sein.[83] Ein System muss daher auch diverse Arten von Umwelteinflüssen aushalten, ohne seine Systemspezifität aufzugeben und seine Auflösung in der Umwelt herbeizuführen. Ohne diese gewisse Bestandsfestigkeit gegenüber Korrumpierungsversuchen wäre die gesamte Einteilung der Gesellschaft in unterschiedliche Teilsysteme und mithin die gesamte Sozialtheorie von Luhmann nicht aufrechtzuhalten. Die Differenzierung würde indifferent. Diese Bestandsfestigkeit fußt in Beziehungen auf bestimmten Ursachen und bestimmten Wirkungen.[84] Die Systeme können damit letztlich als Anwendungsfälle der Zwei-Seiten-Form Spencer Browns angesehen werden.[85]

c. Ausdifferenzierung

Wenn durch rekursive und sich stetig reproduzierende Verknüpfungen von Kommunikationen Differenzen erzeugt werden, kann dadurch ein soziales System entstehen. Luhmann spricht hier von Ausdifferenzierung.[86] Ausdifferenzierung/Differenzierung bedeutet für Luhmann die

---

hierzu ebd., S. 12; zu Parsons allgemein: *Parsons, T.*, Beiträge zur soziologischen Theorie.

[81] *Luhmann, N.*, Funktionale Methode und Systemtheorie, in: ders. (Hrsg.), Soziologische Aufklärung 1, S. 39, 49.

[82] *Ders.*, Soziologie des politischen System, in: ders. (Hrsg.), Soziologische Aufklärung 1, S. 194, 195.

[83] Luhmann verfolgt in diesem Sinn eine kausalwissenschaftliche Methode; vgl.: *ders.*, Funktion und Kausalität, in: ders. (Hrsg.), Soziologische Aufklärung 1, S. 11, 13.

[84] Ebd., S. 14.

[85] *Vesting, T.*, Rechtstheorie, S. 58.

[86] *Luhmann, N.*, Die Gesellschaft der Gesellschaft, S. 597.

„Dekomposition des Gesellschaftssystems in Subsysteme mit mehr oder weniger hoher selbstreferenzieller Autonomie.“[87]

Die Ausdifferenzierung sozialer Systeme ist auf verschiedene Arten und verschiedenen Ebenen der Sinnbildung möglich. Zumeist geschieht dies – abstrakt – unter Bezugnahme auf bestimmte Rollen, Zwecke, Normen oder einzelne Werte. Eine Ausdifferenzierung kann aber auch „Personen in ihrer konkreten Identität erfassen, sie voll und ganz einem und nur einem Teilsystem zuweisen.“[88]

Innerhalb eines solchen (Gesamt-)systems entstehen schließlich durch rekursive Operationen Teilsysteme, die ihrerseits zwischen Teilsystem und Umwelt (das heißt dem Rest des Systems) differenzieren. Jedes Teilsystem betrachtet somit das restliche (Gesamt-)system als seine Umwelt – das Gesamtsystem wird vom Teilsystem „als Einheit der Differenz von Teilsystem und Teilsystemumwelt“ angesehen.[89] Durch die fortwährende Systemdifferenzierung werden systeminterne Umwelten geschaffen.[90]

Die Ausdifferenzierung eines Systems kommt durch eine stetige, rekursive Verknüpfung zustande. Eine Systemdifferenzierung ist daher letztlich nichts anderes als die stetige, rekursive Systembildung, also die Anwendung von Systembildung auf das eigene Ergebnis.

Luhmann betont allerdings, dass es sich bei der Ausdifferenzierung eines Systems in Teilsysteme nicht um eine Aufspaltung in Teile des Ganzen handelt – vielmehr „rekonstruiert jedes Teilsystem das umfassende System (...) durch eine eigene (teilsystemspezifische) Differenz von System und Umwelt.“[91]

Damit vervielfältigt sich das System letztlich – diverse Teilsysteme bilden immer neue Unterscheidungen von System und Umwelt im Gesamtsystem. Luhmann unterscheidet insgesamt vier verschiedene Differenzierungsnormen: segmentäre Differenzierung, Differenzierung nach Zentrum und Peripherie, funktionale Differenzierung sowie stratisfak-

---

[87] *ders.*, Machtkreislauf und Recht in Demokratien, in: ders. (Hrsg.), Soziologische Aufklärung 4, S. 148, 149.

[88] *ders.*, Soziologie des politischen System, in: ders. (Hrsg.), Soziologische Aufklärung 1, S. 194, 195.

[89] *ders.*, Die Gesellschaft der Gesellschaft, S. 597.

[90] Ebd.

[91] *Luhmann, N.*, Die Gesellschaft der Gesellschaft, S. 598.

torische Differenzierung. Im Rahmen dieser Arbeit sind vor allem die ersten drei von Bedeutung.[92]

aa. Segmentäre Differenzierung

Unter segmentärer Differenzierung versteht Luhmann eine Differenzierung nach dem Merkmal „Gleichheit". Gesellschaftliche Teilsysteme werden im Rahmen dieser Differenzierung zwar unterschieden, sind aber wesensgemäß als gleich zu behandeln. Sie bilden unterschiedliche Segmente einer Gesamtgesellschaft. Der jeweilige Komplexitätsstand und Inklusionsgrad mag unterschiedlich sein; entscheidend ist jedoch, dass die Segmente als Entität gleich zu behandeln sind. Als Beispiele sind die Nationalstaaten in der Weltgesellschaft zu nennen – sie bilden zwar unterschiedliche Segmente der Weltgesellschaft, sind aufgrund der Souveränität und der Staatengleichheit aber als gleichberechtigte Entitäten der Weltgesellschaft zu behandeln.[93]

bb. Differenzierung nach Peripherie und Zentrum

Demgegenüber basiert die Unterscheidung zwischen Peripherie und Zentrum auf Ungleichheit. Zudem wird „das Prinzip der Segmentierung transzendiert"[94].

Peripherie und Zentrum unterscheiden sich stark. Dies wird am unterschiedlichen Inklusionsgrad deutlich. Inklusion bedeutet in diesem Zusammenhang den Zugang zu gesellschaftlichen Kommunikationen, im weiteren Sinne die Teilhabemöglichkeiten von Individuen an den gesellschaftlichen Institutionen. Während im Zentrum die Inklusion sehr stark ausgeprägt ist, können Bürger/Gebiete in der Peripherie von Kommunikationen ausgeschlossen sein. Als Beispiel kann die heteronome Entwicklung von Staaten oder Regionen in der Weltgesellschaft angeführt werden. Kriegsgebiete, besetzte Gebiete, Regionen mit großer Armut ganze *Failed States* oder bestimmte Bevölkerungsgruppen

---

[92] Ebd., S. 613.

[93] Ebd.

[94] Ebd.

eines an sich funktionierenden Staatengebildes sind zum Teil von globaler Kommunikation ausgeschlossen.[95]

cc. Funktionale Differenzierung

Die funktionale Differenzierung wiederum basiert sowohl auf dem Aspekt der Gleichheit als auch der Ungleichheit. Denn „Funktionssysteme sind in ihrer Ungleichheit gleich“[96]. Beispiele sind etwa das Rechtssystem oder das politische System einer Gesellschaft, die gemäß unterschiedlichen (ungleichen) Codes und Programmierungen arbeiten, jedoch jeweils Teilsysteme einer Gesellschaft sind.[97]

Als funktional wird eine Leistung angesehen, wenn sie der Aufrechterhaltung der komplex strukturierten Einheit des Systems dient.[98] Funktionale Differenzierung und strukturelle Kopplungen bedingen sich durch die Erhöhung der Komplexität in bestimmten Bereichen und den Ausschluss von Irritation in den restlichen gegenseitig.[99] Durch die funktionale Differenzierung wird zudem eine Spezialisierung der einzelnen Systeme und damit verbunden eine weitere Komplexitätssteigerung möglich.

So kann das politische System ein bestimmtes Problem zwar nur hinsichtlich der politischen Implikationen und nicht hinsichtlich der rechtlichen, wirtschaftlichen, religiösen oder sozialen Aspekte ergründen; die politischen Implikationen können jedoch vollumfänglich und mit einer höheren Komplexität analysiert werden.[100] Die funktionale Differenzierung ist aufgrund der höheren Komplexität und weit vorangeschrittenen Ausdifferenzierung nach Ansicht von Luhmann kennzeichnend für moderne Gesellschaften.[101]

---

[95] Ebd.

[96] Ebd.

[97] Ebd.

[98] *Ders.*, Funktion und Kausalität, in: ders. (Hrsg.), Soziologische Aufklärung 1, S. 11, 12.

[99] *Lieckweg, T.*, Das Recht der Weltgesellschaft, S. 82.

[100] *Andersen, S. C.*, How to Improve the Outcome of State Welfare Services, Public Administration 83 (2005), S. 891, 896.

[101] *Kjaer, P. F.*, Law of the Worlds, in: Keller, S./Amstutz, M. (Hrsg.), Recht zwischen Dogmatik und Theorie, S. 159, 165.

d. Operative Geschlossenheit

Die Unterscheidung zwischen System und Umwelt ist jedoch nur möglich, wenn das System selbstreferenziell arbeitet und in sich selbst geschlossen ist, das heißt mit seinen eigenen, systemspezifischen Operationen Grenzen zieht, die wiederum von außen als Differenz zur Umwelt beobachtet werden können.[102] Unter operativer Geschlossenheit versteht Luhmann dass ein System „zur Herstellung eigener Operationen auf das Netzwerk eigener Operationen" angewiesen ist, die sich „selber reproduzieren".[103]

Ein System arbeitet mit eigenen, spezifischen Prozessen. Operative Geschlossenheit beziehungsweise Schließung bedeutet allerdings keine völlige Unabhängigkeit von der Umwelt.[104] Denn in diesem Fall könnte ein System entweder keine empirischen Bedingungen außerhalb des Systems aufnehmen und verarbeiten beziehungsweise es müsste die ganze Welt in das System einschließen.[105] Beide Varianten sind weder sinnvoll, noch möglich. Vielmehr sind in einer modernen, funktional differenzierten Gesellschaft die einzelnen Teilsysteme auf die Aufgabenerfüllung anderer Teilsysteme in der eigenen Systemumwelt angewiesen.

Entscheidend ist, dass das System infolge der operativen Geschlossenheit Informationen aus der Umwelt als solche erkennen und in systemeigene Prozesse verarbeiten kann.

Infolgedessen ist die „operative Schließung eines Systems Voraussetzung (...) für seine Offenheit in Bezug auf die Umwelt"[106]. Die Unterscheidung von System und Umwelt wird nur im System selbst mittels rekursiver Operationen erzeugt und reproduziert. Erst wenn das System nach innen geschlossen ist, kann es sich nach außen öffnen, ohne sofort durch systemfremde Operationen korrumpiert zu werden. Aus diesem Grund ist es einem System infolge der Systemspezifität seiner Operationen auch nicht möglich, mit seiner Umwelt direkt zu kommunizieren. Die Systeme können und sollen zwar Informationen aus der Umwelt aufnehmen und verarbeiten; dies jedoch geschieht nicht mittels

---

[102] *Luhmann, N.*, Einführung in die Systemtheorie, S. 89.

[103] *Ders.*, Das Recht der Gesellschaft, S. 44.

[104] *Teubner, G./Bankowski, Z.*, Law as an Autopoietic System, S. 21.

[105] *Luhmann, N.*, Das Recht der Gesellschaft, S. 43.

[106] *Ders.*, Die Politik der Gesellschaft, S. 105.

eines direkten Kommunikationsaustausches. Soziale Systeme kommunizieren demzufolge nicht *mit* der Umwelt, sondern nur *über* sie. Die eigene Kommunikationslogik funktioniert nur innerhalb des Systems und ist nicht in der Umwelt anschlussfähig.

Durch die operative Geschlossenheit ist allerdings die Unterscheidung von kausaler Schließung und sinnhafter Offenheit möglich. Systeme sind in der Lage, Umwelteindrücke aufzunehmen, ohne die Systemstruktur und Arbeitsweise in Form von systemspezifischen Operationen zu gefährden.[107] Umwelteindrücke können nun als solche aufgenommen und von systemeigenen Operationen unterschieden werden. Eine veränderte Rechtsprechung wird etwa als solche im politischen System wahrgenommen und die politischen Verhaltensweisen demgemäß – nach systemeigenen Prozessen – angepasst.

Infolge der operativen Schließung arbeiten die Systeme nun selbstreferenziell. Als selbstreferenzielle Systeme werden in der Systemtheorie Systeme bezeichnet, die jegliche Art von Einheit, welche sie benötigen und benutzen, selbst herstellen. Komplexere Systeme wie die der modernen Gesellschaft erlangen durch den stetigen Selbstbezug ihrer Operationen Identität und differenzieren sich somit stärker von der Umwelt. Dies gilt auch und gerade für die Einheit des Systems an sich sowie für diejenigen Elemente, aus denen das System besteht.[108] Das System reproduziert und organisiert sich stetig und ununterbrochen selbst – und zwar „in einer Form, in der die Operationen des Systems in zirkulärer Weise Elemente des Systems, seine Strukturen und Prozesse, seine Grenze und die Einheit des Systems insgesamt reproduzieren."[109]

Bedeutsam ist hierbei die Figur des *re-entry*.[110] Da die Systeme notwendige Anpassungsleistungen nicht in der Umwelt suchen und direkt aufnehmen können, funktioniert eine Anpassung nur über ein internes Steuerungsprogramm – das System organisiert seine Steuerungsprozesse derart, dass sie einer modellhaften Selbstbeschreibung entsprechen und sich das System durch seine Operationen kontinuierlich selbst

---

[107] *Ders.*, Einführung in die Systemtheorie, S. 92.

[108] *Ders.*, Rechtssoziologie, S. 354.

[109] *Teubner, G.*, Autopoiese im Recht: Zum Verhältnis von Evolution und Steuerung im Rechtssystem, S. 8.

[110] *Luhmann, N.*, Die Gesellschaft der Gesellschaft, S. 597.

reproduzieren kann – über ein Wechselspiel „Selbstbeschreibung – *re-entry* – Rekonstruktion – Selbstbeschreibung".[111]

Selbstreferenzielle Systeme sind autonom von ihrer Umwelt, das heißt die Systeme definieren und reproduzieren sich selbst – und zwar ohne dabei von der Umwelt gesteuert zu werden.[112] Die operative Schließung und selbstreferenzielle Operationsweise führen jedoch nicht die völlige Abkapselung von der Umwelt. Die Rolle der Umwelt als externer Faktor ist für die Selbstreferenz eines Systems ähnlich wichtig wie interne Faktoren.[113]

Demnach ist sinnhafte Offenheit möglich und gewollt. So stellt Luhmann fest, dass „kein System auf ausschließlich selbstreferenzieller Basis entstehen und sich reproduzieren kann".[114] Das bedeutet, dass auch in sich geschlossene Systeme Einflüsse durch die Umwelt – zumindest indirekt – in sich aufnehmen und verarbeiten müssen.

Wie Teubner darlegt, ist daher auch die Autonomie eines Systems von seiner Umwelt als graduelles Konzept zu begreifen „als kumulatives Auftauchen von selbstreferenziellen Verhältnissen, das schließlich unter bestimmten Bedingungen zur Selbstreproduktion des ganzen Systems führt."[115]

Dies ändert jedoch nichts an der grundsätzlichen und regelmäßig vollständigen Autonomie und Selbstbestimmtheit eines Systems. Die Autonomie eines Systems ist weiterhin in drei Dimensionen zu unterteilen: Die Sach-, Zeit- und Sozialdimension. Sachlich muss das System auf „zwei verschiedenen generalisierten Sinnebenen" mit der Umwelt in Verbindung stehen.

Das System benötigt zudem Zeit, die eigenen Prozesse der „Informationsverarbeitung" zum Laufen zu bringen. Schließlich muss sich die

---

[111] *Teubner, G.*, Autopoiese im Recht: Zum Verhältnis von Evolution und Steuerung im Rechtssystem, S. 9; vgl. auch in Bezug auf das Rechtssystem: *Teubner, G./Bankowski, Z.*, Law as an Autopoietic System, S. 56 ff.

[112] Ebd., S. 75.

[113] Ebd., S. 21.

[114] *Luhmann, N.*, Verfassung als evolutionäre Errungenschaft, Rechtshistorisches Journal 9 (1990), S. 176, 201.

[115] *Teubner, G.*, Autopoiese im Recht: Zum Verhältnis von Evolution und Steuerung im Rechtssystem, S. 12.

Umwelt in verschiedene „Partnersysteme" differenzieren.[116] Für das Rechtssystem würde das Prinzip der selbstreferenziellen Autonomie etwa bedeuten: „Das Recht ist, was das Recht sagt, daß es ist."[117]

e. Strukturbildung

Systeme lösen ihre Probleme durch Strukturbildung. Diese Strukturbildung erfolgt durch Selbstorganisation über die eigenen, systemspezifischen Operationen.[118] Durch Stabilisierung von Verhaltenserwartungen können Handlungen zu Systemen zusammengeschlossen werden. Dieser Zusammenschluss muss sinngemäß erfolgen – der dadurch entstehende Sinnzusammenhang erreicht wiederum Dauer, Konsistenz und Konsensfähigkeit durch die typische Erwartbarkeit von Handeln.[119] Durch die Garantie von Verhaltenserwartungen wiederum kann ein Handlungszusammenhang eine bestimmte Systemstruktur bilden, die unabhängig gehalten werden kann. Dadurch ist es möglich, das System selbst in seinem konkreten Erwarten und Handeln gegenüber seiner Umwelt relativ unabhängig und invariant zu halten.[120]

f. Programme und Codierungen

Jedes System benötigt zur Kommunikation sowohl einen bestimmten, systemspezifischen Code sowie eine ebenfalls systemspezifische Programmierung. Der Code eines Systems „schafft und dirigiert" die Entscheidungsfreiheiten des jeweiligen Systems.

Dies geschieht durch „Erzeugung und Reduktion" von Kontingenz.[121] Der Code eines Systems eine Zwei-Seiten-Form in Gestalt eines binä-

---

[116] *Luhmann, N.*, Soziologie des politischen Systems, in: ders. (Hrsg.), Soziologische Aufklärung 1, S. 194, 198.

[117] *Ders.*, Machtkreislauf und Recht in Demokratien, in: ders. (Hrsg.), Soziologische Aufklärung 4, S. 148, 150.

[118] *Ders.*, Einführung in die Systemtheorie, S. 97.

[119] *Ders.*, Funktionale Methode und Systemtheorie, in: ders. (Hrsg.), Soziologische Aufklärung 1, S. 39, 53.

[120] Ebd., S. 54 f.

[121] Siehe hierzu auch: *Christodoulidis, E. A.*, Law and Reflexive Politics, S. 91 ff.

ren Schematismus.[122] Beispiele sind etwa Binärformen wie „legal/illegal", „richtig/falsch" oder „Recht/Unrecht" im Rechtssystem oder der Code „Macht/Ohnmacht" im politischen System. Codierung bedeutet letztlich nichts anderes, als dass sich das System an der jeweiligen Differenz von positivem und negativem Wert ausrichtet.[123]

Die Programme erfüllen hingegen eine Art Filterfunktion; ohne diese wären die Anwendungen der Codes sinnlose Versuche, alle Vorgänge in der Welt auf simple binäre Funktionen zu reduzieren.[124] Programme ergänzen somit die Codierungen und erfüllen diese mit Sinn und Inhalt.[125]

Ohne Programme wären Codierungen nicht existenzfähig, da unklar wäre, welcher der beiden Codewerte einer bestimmten Operation beziehungsweise Kommunikation zugeordnet werden muss. Codes benötigen daher weitere Unterscheidungsmerkmale. Kurz gesagt, „Codes generieren Programme", da sie erst mit einer weiteren Unterscheidung – mithin der Unterscheidung Codierung/Programmierung – selbstreferenziell arbeiten können.[126]

Für die Programmierung bestehen zwei Anknüpfungspunkte (Output oder Input), die auch kombiniert werden können. Entweder wird eine bestimmte Ursache als Handlungsauslöser gesetzt, oder es wird umgekehrt eine bestimmte Wirkung als Zweck festgelegt und als Regel für die Auswahl der möglichen Ursachen verwendet.[127] Zusammengefasst lässt sich festhalten, dass die „autopoietische Selbstdetermination (...) erst durch die Differenzierung von Codierung und Programmierung zustande"[128] kommt.

---

[122] *Luhmann, N.*, Die Politik der Gesellschaft, S. 88.

[123] *Ders.*, Die Zukunft der Demokratie, in: ders. (Hrsg.), Soziologische Aufklärung 4, S. 131, 132.

[124] *King, M./Thornhill, C. J.*, Niklas Luhmann's Theory of Politics and Law, S. 1, 23.

[125] *Luhmann, N.*, Das Recht der Gesellschaft, S. 204.

[126] Ebd., S. 190.

[127] *Ders.*, Positives Recht und Ideologie, in: ders. (Hrsg.), Soziologische Aufklärung 1, S. 226, 241 f.

[128] *Ders.*, Das Recht der Gesellschaft, S. 191.

g. Komplexität

Um die Stabilisierung eines ausdifferenzierten, funktional spezifizierten Systems zu gewährleisten, muss das System ein Maß an Komplexität schaffen und erhalten, welches seiner gesellschaftlichen Umwelt entspricht. Luhmann begreift Komplexität als „Gesamtheit möglicher Ereignisse“ und unterteilt sie in Systemkomplexität (nur Ereignisse, die strukturell mit dem System übereinstimmen) und Weltkomplexität (alle Ereignisse).[129]

Ein hohes Maß an Systemkomplexität beinhaltet, dass in einem System Meinungsvielfalt und Konflikt, Alternativen und Variationsmöglichkeiten möglich sind.[130] Hierfür muss das System „in gewissen Grenzen unbestimmt, widerspruchsreich und änderbar institutionalisiert sein“, das heißt das System muss künstlich offen und zum Teil unspezifiziert gehalten werden.[131]

Mit Ansteigen der Komplexität eines Systems muss aber zugleich ein Mechanismus zur Reduzierung der Komplexität gefunden und institutionell abgesichert werden. Anderenfalls würde das System aufgrund der extremen Zunahme des Handlungspotentials die Informationsverarbeitung nicht mehr bewerkstelligen können und demzufolge keine richtigen Handlungen vornehmen und keine Entscheidungen treffen können.[132]

Die Reduzierung der Komplexität und die kontingente Selektivität eines Systems ist zudem bei der Selbstbeschreibung und -beobachtung notwendig, da es einem komplexen System nicht möglich ist, die eigene (hohe) Komplexität vollständig zu erfassen.[133] Hierzu muss es auch ausreichend reflexiv sein, mithin Mechanismen aufweisen, um die Selbstreferenz durchzuführen, sich über sich selbst zu informieren und sich falls notwendig anzupassen.[134] Nur die moderne Gesellschaft er-

---

[129] *Ders.*, Soziologie des politischen Systems, in: ders. (Hrsg.), Soziologische Aufklärung 1, S. 194, 202.

[130] Ebd.

[131] Ebd.

[132] Ebd., S. 233.

[133] *Ders.*, Staat und Politik, in: ders (Hrsg.), Soziologische Aufklärung 4, S. 77, 78.

[134] *Baraldi, C./Corsi, G./Esposito, E.*, GLU, S. 154 f.

füllt Luhmann zufolge diese Voraussetzungen und zeichnet sich insbesondere im Vergleich zu früheren Gesellschaftsformen durch ein hohes Maß an Komplexität aus.

„Die moderne Gesellschaft ist im Hinblick auf Zahl, Verschiedenartigkeit und Interdependenz möglicher Handlungen hochkomplex – sehr viel komplexer als irgendeine der regional limitierten Gesellschaftsformationen älteren Typs."[135]

5. *Autopoiesis*

Ein wesentlicher Grundbegriff in Luhmanns Systemtheorie ist schließlich der der „Autopoiesis". Der Begriff stammt aus dem Griechischen und bedeutet übersetzt in etwa „Selbstmachung" (αὐτός/autos: selbst; ποιεῖν/poiein machen).

Die Systeme arbeiten nicht nur in einer operativen Geschlossenheit und mit Selbstreferenz; vielmehr sind sie autopoietisch. Der Begriff Autopoiesis ist nicht zu verwechseln oder gleichzusetzen mit bloßer Selbstreferenz, Selbstreproduktion oder operativer Geschlossenheit. Er geht über selbstreferenzielles oder autonomes Operieren hinaus.

Luhmann gliedert die Autopoiesis vielmehr in drei interdependente Elemente: Selbstreferenz, Reflexivität und Reflexion.[136] Autopoiesis ist eine spezielle Kombination aus diesen Elementen.

Nach Luhmann kann ein System seine eigenen Operationen nur durch das Netzwerk der eigenen Operationen erzeugen. Alle Operationen, die für das Funktionieren des Systems notwendig sind, kann das System selbst herstellen und wiederum auf sich selbst beziehen und sich abgrenzen.[137]

Die Autopoiesis basiert einerseits auf dem differenzialistischen Ansatz, andererseits auf der operativen Geschlossenheit. Das System kann nur auf stets dieselbe, eine, anschlussfähige Operation zurückgreifen und

---

[135] *Luhmann, N.*, Die Funktion des Rechts: Erwartungssicherung oder Verhaltenssteuerung?, in: ders. (Hrsg.), Ausdifferenzierung des Rechts, S. 73, 80.

[136] *Neves, M.*, Symbolische Konstitutionalisierung, S. 111.

[137] *Luhmann, N.*, Die Politik der Gesellschaft, S. 126.

reproduziert sich gemäß ihrer eigenen Codes über systemspezifische Kommunikationshandlungen selbst.[138]

> „Autopoietische Systeme sind Systeme, die nicht nur ihre Strukturen, sondern auch die Elemente, aus denen sie bestehen, im Netzwerk eben dieser Elemente selbst erzeugen."[139]

Ausschlaggebend ist für Luhmann, dass über die Autopoiesis die Systeme in der Lage sind, eine Differenz zwischen dem jeweiligen System selbst und der Umwelt zu schaffen. Die Teilsysteme sind nun unabhängig von ihrer Umwelt und werden demzufolge nicht mehr durch diese determiniert. Die so entstandenen Freiräume können die Systeme zum Aufbau systemspezifischer Strukturen nutzen.[140]

> „Autopoiesis ist also, recht verstanden, zunächst Erzeugung einer systeminternen Unbestimmtheit, die nur durch systemeigene Strukturbildungen reduziert werden kann."[141]

Die autopoietischen Systeme sind nun in der Lage, infolge der Strukturbildung für ihren Selbsterhalt zu sorgen. Doch nicht nur Selbsterhalt und Selbstreproduktion zeichnen autopoietische Systeme aus: Sie beschreiben sich darüber hinaus auch noch selbst. Die Systeme entscheiden selbst, was Teil des Systems ist und was nicht.[142]

Zudem bedeutet Autopoiesis, dass die Umwelt des Systems zwar möglicherweise einen Beitrag zur Zerstörung des Systems leisten mag, jedoch niemals zum Erhalt des Systems beitragen wird.[143] Eine direkte Kommunikation mit der Umwelt, ein unmittelbares Korrumpieren der Systemgrenzen infolge von Einflüssen aus der eigenen Systemumwelt, findet nicht statt. Es gibt keine kausale Verbindung zwischen System und Umwelt mehr.

---

[138] *Ders.*, Einführung in die Systemtheorie, S. 75; Autopoiesis in der Biologie bezeichnet Luhmann als „zirkuläre Selbstproduktion"; *Andersen, S. C.*, How to Improve the Outcome of State Welfare Services, Public Administration 83 (2005), S. 891, 893.

[139] *Luhmann, N.*, Die Gesellschaft der Gesellschaft, S. 65.

[140] Ebd., S. 65 f.

[141] Ebd., S. 66.

[142] *Teubner, G./Bankowski, Z.*, Law as an Autopoietic System, S. 24.

[143] *Luhmann, N.*, Einführung in die Systemtheorie, S. 116.

Im Gegensatz zu anderen Systemtheoretikern ist Luhmann des Weiteren nicht der Ansicht, dass es eine teilweise Autopoiesis geben kann. Bezogen auf das Rechtssystem bedeutet dies etwa, dass sich das Recht entweder – autopoietisch – selbst reproduziert oder eben nicht. [144] Zwingend ist dies – wie Teubner überzeugend darlegt – jedoch nicht. So sind sehr wohl verschiedene Abstufungen von Autopoiesis und unterschiedliche Grade von Autonomie vorstellbar.[145] Denn das kumulative Ansteigen von solch zirkulären Verbindungen führt dazu, dass Autopoiesis ein gradueller Prozess ist.[146]

Kennzeichnend ist weiterhin, dass auch die Teilsysteme einer Gesellschaft auf „die Operationsweise des Gesamtsystems angewiesen sind".[147] Denn Luhmann unterscheidet die Gesellschaft in Teile und ein Ganzes. Alle Teilsysteme benutzen dieselbe Kommunikation wie die Gesamtgesellschaft. Unterscheidungen wie „Staat und Politik" oder „Politik und Gesellschaft" sind daher in der Systemtheorie sinnlos. Beide können nicht mehr wechselseitig exklusiv angesehen und gegenübergestellt werden. Vielmehr inkludiert die Gesellschaft das politische System wie auch dessen Umwelt.[148]

Die Folgen der Selbstorganisation und Autopoiesis sind zahlreich. Teubner etwa schließt, dass die in sich geschlossenen Systeme sowohl Evolution als auch Steuerung „reformulieren" müssten. Anders als bei einer Theorie offener, adaptiver Systeme mit möglichst hoher Flexibilität und Anpassungsleistung an die Umwelt müsse es aufgrund der operativen Geschlossenheit zu einer „Internalisierung von Evolutionsmechanismen" – am Beispiel Recht etwa die Internalisierung von Variation, Selektion und Stabilisierung – kommen.[149]

Mangels der Möglichkeit der direkten Beeinflussung von Systemen durch Umwelteinflüsse hänge die Steuerung zum Beispiel des Rechtssystems wiederum aufgrund der strukturellen Kopplungen von „ko-

---

[144] *Teubner, G./Bankowski, Z.*, Law as an Autopoietic System, S. 27.

[145] Ebd., S. 31.

[146] Ebd.; m.w.N.

[147] *Luhmann, N.*, Die Politik der Gesellschaft, S. 16.

[148] Ebd.

[149] *Teubner, G.*, Autopoiese im Recht: Zum Verhältnis von Evolution und Steuerung im Rechtssystem, S. 33; *ders./Bankowski, Z.*, Law as an Autopoietic System, S. 56.

evolutiven Strukturveränderungen“ ab.[150] Nicht zu verwechseln ist somit die Autopoiesis eines Systems mit völliger Unabhängigkeit von Umwelteinflüssen. Obwohl keine direkten, kausalen Beziehungen zwischen System und Umwelt möglich sind, wirkt über diesen koevolutiven Prozess die jeweilige Systemumwelt eines Systems zwar auf die Prozesse und Entscheidungen des jeweiligen Systems ein – allerdings eben nur in indirekter Weise, keinesfalls durch direkte, kausale Beeinflussung.[151]

6. *Reflexion*

Eine spezifische Form der Selbstbeobachtung des Systems liegt vor, wenn die Unterscheidung „System/Umwelt“ verwendet wird und dabei die Einheit des Systems als Gesamtheit beobachtet wird. Dadurch ist die Einheit Thema der Kommunikation.

Luhmann bezeichnet einen derartigen Vorgang als Reflexion. Reflexive Kommunikation ist folglich nur in autopoietischen Systemen möglich. Es realisiert sich ein *re-entry* der Unterscheidung „System/Umwelt“ in das System.

Die Reflexion steht in engem Zusammenhang mit der Grundparadoxie der Systemtheorie. Sie ist von enormer Bedeutung, da sie dem System mittels eines dynamischen Prozesses ermöglicht, sich über sich selbst zu informieren und gegebenenfalls Änderungen auszulösen.[152] Das System ist somit in der Lage, sich falls notwendig anzupassen, um seine Funktionsweise oder Autopoiesis nicht zu gefährden.

7. *Umwelt*

In der Umwelt eines Systems existieren stets mehr Möglichkeiten, als das System verarbeiten oder sich aneignen kann. Daher ist die Umwelt notwendigerweise komplexer als das System selbst.[153]

---

[150] *Teubner, G.*, Autopoiese im Recht: Zum Verhältnis von Evolution und Steuerung im Rechtssystem, S. 3 ff.

[151] *Ders./Bankowski, Z.*, Law as an Autopoietic System, S. 61.

[152] *Baraldi, C./Corsi, G./Esposito, E.*, GLU, S. 154 f.

[153] *Luhmann, N.*, Interaktion, Organisation, Gesellschaft, in: ders. (Hrsg.), Soziologische Aufklärung 2, S. 9, 10.

Das Verhältnis eines Systems zu seiner Umwelt ist für jedes System problematisch, da die Umwelt zwar einerseits vom System ausgeschlossen bleiben muss, um eine Differenz zu erzeugen und das System geschlossen zu halten; andererseits die Umwelt einen wichtigen Bezugspunkt für die Operationen des Systems darstellt.[154] Jede Systemumwelt ist systemspezifisch; jedes System hat also eine eigene, mit anderen Systemen nicht kongruente Umwelt. Da jedes System eine eigene Umwelt hat, gibt es folglich exakt so viele Umwelten, wie es Systeme gibt.[155] Ferner ist jede Systemumwelt außer Reichweite der Kontrolle des Systems; sie operiert mit ihren eigenen Codes.

Die Systemumwelt ist jedoch nicht nur unabhängig von dem jeweils umgebenen System, sondern auch von allen anderen Systemen. Wie Schütz festhält, sind zwar Systeme von Umwelten umgeben, aber die Umwelten nicht von Systemen („systems are environed, but environments are not ensystemed.“)[156] Da ein System durch eine Differenz entsteht und diese Differenzen stets systemspezifisch sind, kann ein System zudem niemals auch eine Umwelt darstellen.[157]

8. Strukturelle Kopplungen

Um den – indirekten – Informationsaustausch zwischen zwei Systemen zu ermöglichen, greift Luhmann auf die Figur der „Kopplung“ zurück. Er unterscheidet dabei zwischen operativen und strukturellen Kopplungen. Operative Kopplungen sind unstetig und nur kurzzeitig vorhanden. Sie spielen daher in der Systemtheorie eine eher untergeordnete Rolle. Im Gegensatz zu operativen Kopplungen ist nach Luhmann von strukturellen Kopplungen nur dann die Rede, wenn „ein System bestimmte Eigenarten seiner Umwelt dauerhaft voraussetzt und sich strukturell darauf verläßt“[158].

---

[154] *Lieckweg, T.*, Das Recht der Weltgesellschaft, S. 81.

[155] *Schütz, A.*, The Twilight of Global Polis: On Losing Paradigms, Environing Systems and Observing World Society, in: Teubner, G. (Hrsg.), Global Law without a State, S. 257, 259.

[156] Ebd., S. 261.

[157] Ebd., S. 262.

[158] *Luhmann, N.*, Das Recht der Gesellschaft, S. 440.

Die strukturellen Kopplungen sind also stetige, konstante Verbindungsmöglichkeiten. Sie gefährden allerdings trotz ihrer auf Dauer eingerichteten Existenz nicht die Autopoiesis der jeweils miteinander verbundenen Systeme. Es erfolgt nämlich keinerlei Kausalübertragung aus dem Bereich der strukturellen Kopplungen in die Autopoiesis, das heißt die verbundenen Systeme übernehmen keine Informationen aus dem jeweils anderen System direkt und unmittelbar; die Informationen werden vielmehr zunächst in die jeweils eigene Systemsprache „übersetzt“.[159]

Daher sind die Kopplungen laut Luhmann auch „voll kompatibel“ mit der Autopoiesis der verbundenen Systeme.[160] Luhmann zufolge sind strukturelle Kopplungen „evolutionäre Errungenschaften“. Dies bedeutet, dass sie schlecht planbar und nicht auf spezifische Ursachen zurückführbar sind. Vielmehr sind sie zugleich ihre eigenen Voraussetzungen, da sie „an Diskontinuitäten in der Umwelt an[knüpfen], zu deren Stabilisierung sie selber beitragen.“[161]

a. Konstruktion

Eine strukturelle Kopplung ist eine Zwei-Seiten-Form und hochselektiv. Strukturelle Kopplungen greifen also nur bestimmte Teilbereiche aus der Umwelt auf und schließen wesentlich mehr aus als sie einschließen.[162]

Für die Systeme selbst sind die strukturellen Kopplungen nicht disponibel; sie bleiben vielmehr für das System unsichtbar, da sie nicht an den Operationen im System teilhaben können.[163] Strukturelle Kopplungen können Einrichtungen verschiedenster Art sein, die dauerhaft in der Umwelt der Systeme verortet sind.[164] Sie stellen jedoch keine Zwi-

---

[159] *Ders.*, Einführung in die Systemtheorie, S. 116 f.

[160] *Ders.*, Die Politik der Gesellschaft, S. 373.

[161] *Ders.*, Verfassung als evolutionäre Errungenschaft, Rechtshistorisches Journal 9 (1990), S. 176, 208.

[162] *Ders.*, Die Politik der Gesellschaft, S. 374; *ders.*, Einführung in die Systemtheorie, S. 116.

[163] *Ders.*, Die Politik der Gesellschaft, S. 375.

[164] *Lieckweg, T.*, Strukturelle Kopplungen von Funktionssystemen „über“ Organisationen, Soziale Systeme 7 (2001), S. 267, 280.

schensysteme dar, die zwischen den verbundenen Systemen vermitteln, sondern bleiben dauerhaft strukturell beständig.[165]

Obwohl strukturelle Kopplungen dauerhafte Einrichtungen sind, führt eine Kopplung niemals zu einer stabilen Koordination oder gar zu einer Fusion der gekoppelten Systeme. Denn die Kopplung ist – in dauerhaftem Rahmen – stets nur ereignishaft und wird sofort nach dem Kopplungsereignis wieder gelöst.[166]

b. Aufgabe

Aufgrund der Autopoiesis ist es einem System – trotz seiner kognitiven Offenheit – nicht möglich, direkt mit seiner Umwelt zu kommunizieren. Infolgedessen kann ein System auch nicht von der Umwelt direkt lernen, beziehungsweise es kann sich nicht unmittelbar an veränderte Umweltbedingungen anpassen. Diese Aufgabe übernehmen strukturelle Kopplungen. Sie machen das jeweilige System responsiv zu verschiedenen Merkmalen seiner Umwelt, „indem eine bestimmte Art von Operation genau anhand einer Beobachtung von Fremdreferenzen intern ausgelöst wird."[167]

Infolge einer solchen Irritation können über die strukturellen Kopplungen Umwelteinflüsse derart in ein autopoietisches System gelangen, dass dieses zwar nicht dadurch determiniert, aber durch sie irritiert wird und sich infolgedessen durch systemspezifische Prozesse an die Umwelt anpassen kann.[168]

Die strukturellen Kopplungen erzeugen einerseits einen Ausschließungseffekt – gegenüber allem, was nicht in der strukturellen Kopplung enthalten ist, verhält sich das System indifferent. Andererseits üben die strukturellen Kopplungen auch einen Kanalisierungseffekt aus. Alles, was in der strukturellen Kopplung enthalten ist, ist für das System verwendbar, auch wenn es nicht den eigenen Operationen entspricht. Die

---

[165] Ebd., S. 270.

[166] *Baraldi, C./Corsi, G./Esposito, E.*, GLU, S. 188.

[167] *Holmes Chaves, P.*, Verfassungsevolution in der Weltgesellschaft, S. 121.

[168] *Luhmann, N.*, Die Politik der Gesellschaft, S. 373.

strukturellen Kopplungen erzeugen somit eine Filterwirkung.[169] Durch die Kopplungen ist das System schließlich in der Lage, auf „Irritationen und Kausalitäten“ im für ihn relevanten Bereich zu reagieren und seine Strukturen gegebenenfalls zu transformieren.[170]

Zudem sind sie mit der Autopoiesis des Systems kompatibel, das heißt sie ändern nicht die Differenz zwischen dem System und seiner Umwelt. Der Kontaktbereich zwischen System und Umwelt wird zudem so in einem eng begrenzten Bereich gehalten, ohne dass die Autopoiesis des Systems angegriffen wird.[171] Durch strukturelle Kopplungen ist es schließlich möglich, dass zwei gekoppelte Systeme bestimmte Einrichtungen auf verschiedene Weise gleichzeitig benutzen, ohne in ihrer Autopoiesis gestört zu werden.[172] Die gekoppelten Systeme stellen eine „wechselseitige Selbstirritation“ dar und sind daher eine Lösung für das Problem der Selbstreferenz.

Dabei bleibt es den jeweiligen Systemen überlassen, wie sie auf die durch die strukturellen Kopplungen eingebrachten Irritationen reagieren.[173] Letztere sind zunächst unspezifisch und werden erst im System spezifiziert. Über diese Irritationen werden die gekoppelten Systeme mit ihren jeweiligen spezifischen Erwartungsstrukturen mit Überraschungen und Enttäuschungen konfrontiert.[174] Die Irritationen laufen dabei stets nur in dem jeweiligen System ab, allerdings immer gleichzeitig mit der Umwelt.[175]

Die Kopplungen werden von den verbundenen Systemen auf unterschiedliche Weise benutzt. Die gekoppelten Systeme bauen die Kopplungen in die eigenen Operationen ein und können sicher sein, dass die Kopplung beziehungsweise die Einrichtung in dem jeweils anderen

[169] *Neves, M.*, Transversale Rechtsvernetzungen und Asymmetrien der Rechtsformen in der Weltgesellschaft, in: Calliess, G.-P. (Hrsg.), Soziologische Jurisprudenz, S. 841, 843.

[170] *Luhmann, N.*, Einführung in die Systemtheorie, S. 117.

[171] *Ders.*, Die Politik der Gesellschaft, S. 373.

[172] *Lieckweg, T.*, Das Recht der Weltgesellschaft, S. 81.

[173] Ebd.

[174] Ebd., S. 83.

[175] *Holmes Chaves, P.*, Verfassungsevolution in der Weltgesellschaft, S. 121.

System eine andere Bedeutung aufweist.[176] Dadurch tragen strukturelle Kopplungen letztlich auch zur Sicherung der Autopoiesis der gekoppelten Systeme bei; eine große Anzahl von strukturellen Kopplungen erhöht die Geschlossenheit des Systems.[177] Die Verbindung zwischen Autopoiesis und struktureller Kopplung macht den Begriff der „Irritation" erst möglich.[178]

Aufgrund des wechselseitigen Bedingens von funktionaler Differenzierung und struktureller Kopplung und des durch die Kopplung erzeugten engen Zusammenhangs der Entwicklungen in beiden Systemen kommt es schließlich auch zu „koordinierten Strukturentwicklungen" der strukturell gekoppelten Systeme.[179] Die jeweils gekoppelten Systeme lernen voneinander und nähern sich in gewissen Bereichen und innerhalb ihrer eigenen, systemspezifischen Parameter einander an.

Strukturelle Kopplungen bestehen Luhmann zufolge schließlich sowohl gesellschaftsextern als auch gesellschaftsintern. Laut Luhmann sind alle Funktionssysteme einer Gesellschaft über strukturelle Kopplungen miteinander verbunden.[180] Zudem sind soziale Systeme wiederum mit psychischen Systemen über strukturelle Kopplungen miteinander verbunden. Denn ohne derartige Bewusstseinssysteme – also Menschen – wäre Luhmanns Basiseinheit für den Aufbau sozialer Systeme – also Kommunikation – nicht möglich.[181]

9. *Inklusion und Exklusion*

Analog zum Formbegriff der Differenzierung bildet Luhmann auch einen Formbegriff der „Inklusion". Inklusion ist in diesem Fall die innere, positive Seite der Zwei-Seiten-Form, während „Exklusion" die äußere, negative Seite bezeichnet. Inklusion und Exklusion hängen somit untrennbar zusammen; Inklusion ist nur möglich, wenn es auch

---

176 *Lieckweg, T.*, Strukturelle Kopplungen von Funktionssystemen „über" Organisationen, Soziale Systeme 7 (2001), S. 267, 271.

177 *Luhmann, N.*, Die Politik der Gesellschaft, S. 374.

178 *Lieckweg, T.*, Das Recht der Weltgesellschaft, S. 81.

179 Ebd., S. 82; *Lieckweg, T.*, Strukturelle Kopplungen von Funktionssystemen „über" Organisationen, Soziale Systeme 7 (2001), S. 267, 281.

180 *Luhmann, N.*, Die Gesellschaft der Gesellschaft, S. 779.

181 *Baraldi, C./Corsi, G./Esposito, E.*, GLU, S. 187.

Exklusion gibt und umgekehrt. Mit den Begriffen Inklusion und Exklusion bezeichnet Luhmann „ein Verhältnis struktureller Kopplung zwischen psychischen und sozialen Systemen".[182] Unter Inklusion versteht Luhmann jedoch nicht den Einschluss aller organischen oder psychischen Operationen in ein soziales System; vielmehr versteht er darunter den Einbezug von Menschen in einen bestimmten Kommunikationszusammenhang.

Luhmann betrachtet die Differenz zwischen Inklusion und Exklusion weiterhin „als eine Art Metacode, der alle anderen Codes mediatisiert".[183] Durch die Inklusion werde infolge einer geringeren Integration größere Freiheit möglich, die Exklusion habe hingegen eine größere Integration zur Folge. Die Inklusion setze im Gegensatz zur Exklusion lediglich lose Kopplungen der einzelnen Funktionssysteme voraus.[184]

Mit Ende der ständischen Ordnung durch die bürgerlichen Revolutionen gewann dieser Metacode „Inklusion/Exklusion" erheblich an Bedeutung. Denn nun bestimmte nicht mehr die ständische Ordnung die Inklusion des Einzelnen in die Gesellschaft; die Inklusion/Exklusion läuft in modernen Gesellschaften vielmehr nach jeweiliger Maßgabe der Funktionssysteme und den ihnen eigenen Kriterien ab.[185] Eine Zuordnung qua Gruppenzugehörigkeit oder über eine kollektive Identität ist nicht mehr möglich. In segmentären Gesellschaften erfolgte die Inklusion hingegen auf Ebene von Kleinsteinheiten bis zu größeren Einheiten wie Stämmen klar, eindeutig und dauerhaft zu bestimmten Segmenten einer Gesellschaft und zwar zumeist nach Abstammung beziehungsweise festen Regeln. Ausdifferenzierte Funktionssysteme waren nicht möglich.

Auch in stratifizierten Gesellschaften fand die Inklusion nach festen Prinzipien und aufgrund der Zugehörigkeit zu einer bestimmten

---

[182] *Luhmann, N.*, Die Religion der Gesellschaft, S. 233; *ders.*, Inklusion und Exklusion, in: ders. (Hrsg.), Soziologische Aufklärung 6, S. 226, 237 ff.; siehe auch: *Chanos, A.*, Demokratie in der Weltgesellschaft – Inklusion/Exklusion als neuer Metacode?, Rechtstheorie 39 (2008), S. 383.

[183] *Luhmann, N.*, Das Recht der Gesellschaft, S. 583.

[184] *Ders.*, Inklusion und Exklusion, in: ders. (Hrsg.), Soziologische Aufklärung 6, S. 226, 243; *Chanos, A.*, Demokratie in der Weltgesellschaft – Inklusion/Exklusion als neuer Metacode?, Rechtstheorie 39 (2008), S. 383, 386.

[185] *Luhmann, N.*, Enttäuschungen und Hoffnungen, in: ders (Hrsg.), Soziologische Aufklärung 4, S. 133, 139 f.

Schicht, einer Kaste oder einem Stand statt.[186] Erst mit Aufkommen von funktional differenzierten Gesellschaften im 18. Jahrhundert änderte sich dies. Denn in modernen Gesellschaften ist es aufgrund der hohen Komplexität infolge der funktionalen Differenzierung nicht mehr möglich, von einer Einheit zu sprechen – weder über eine hierarchische Herrschaftsordnung noch über bestimmte – festgefahrene – Schichten. Eine „gesellschaftseinheitliche Regelung" von Inklusion ist nicht mehr möglich und wird stattdessen den Funktionssystemen überlassen.[187] Zur Sicherstellung, dass keinerlei ungerechtfertigte Exklusion besteht, wurden der Rechtsstaat und subjektive Rechte eingeführt.

Die Bürger- und Menschenrechte der Freiheit und Gleichheit hatten Luhmann zufolge die Aufgabe, die Unvorhersehbarkeiten von Inklusion in die verschiedenen Funktionssysteme und die daraus entstehenden Folgen sichtbar zu machen und ungerechtfertigte Ungleichheiten zu verhindern. Die Rechtfertigungen für eine Exklusion und damit verbunden eine Ungleichbehandlung konnten aber nicht mehr für die gesamte Gesellschaft getätigt werden, sondern mussten nun vom jeweiligen Funktionssystem selbst ausgehen.[188]

10. Schlussfolgerungen

Die hier vorgestellten wesentlichen Grundbegriffe der Systemtheorie von Niklas Luhmann stellen eine in Teilen neuartige „Sprache" dar und unterscheiden sich zum Teil erheblich von der herkömmlichen Verwendung und Bedeutung. Dadurch wirkt die Systemtheorie wenig zugänglich und demzufolge nicht allzu praxistauglich – sind die von Luhmann vorgenommenen Differenzierungen doch zum Teil auf den ersten Blick schwer verständlich.

Insgesamt ist das Konzept von Luhmann jedoch logisch und in sich geschlossen aufgebaut. Maßgeblich basiert es Beobachtungen als Kommunikationen und auf der stetigen Anwendung von Differenz sowie der Einheit der Differenz. Die fortwährende Unterscheidung, die stetigen Differenzierungen sind erforderlich, um Beobachtungen – gleich ob

---

[186] *Ders.*, Inklusion und Exklusion, in: ders. (Hrsg.), Soziologische Aufklärung 6, S. 226, 230 f.

[187] Ebd., S. 232.

[188] Ebd., S. 226, 232.

als Selbst- oder Fremdbeobachter – einordnen und nutzbar machen zu können sowie sie nicht willkürlich erscheinen zu lassen.

Durch die stetige Aneinanderreihung von Operationen, von Kommunikationen, entstehen Luhmann zufolge Systeme. Die Gesellschaft differenziert sich schließlich mit zunehmender Komplexität in zahlreiche Teilsysteme, die sich aufgrund der Systemspezifika, den Codes und Programmierungen, voneinander in Teilsysteme und Umwelt unterscheiden.

Die modernen Gesellschaften sind im Gegensatz zu früheren Gesellschaftsformen hochkomplex und haben sich in verschiedene Funktionssysteme ausdifferenziert. Eine solche Ausdifferenzierung in funktionale Teilsysteme ist für Luhmann auch erforderlich, um der hohen Komplexität Herr zu werden und Reduzierungen der Komplexität durch kontingente Selektion durchzuführen. Jedes Teilsystem kann nun hochspezialisiert in seinem Bereich arbeiten und Probleme aus dem jeweils systemspezifischen Blickwinkel ergründen und analysieren – die Gesamtkomplexität der Gesellschaft kann hierüber letztlich gesteigert werden.

Prägnanter Grundbegriff ist für Luhmann dabei die Autopoiesis; dieses Konzept stellt die zentrale Weiterentwicklung der Systemtheorie durch Luhmann im Gegensatz zu Brown[189] oder Parsons[190] dar.[191] Jedes Teilsystem arbeitet nicht nur selbstreferentiell und operativ geschlossen, sondern zeigt auch einen hohen Grad an Reflexion und Reflexivität; es kann die Kommunikationen selbst produzieren und auf sich anwenden. Durch die Ausdifferenzierung in autopoietische Systeme können die Systeme auch nicht mehr direkt miteinander kommunizieren; die systemeigenen Codes und Programme sind nicht mit anderen Systemen unmittelbar kompatibel.

Luhmann wählt für die dennoch notwendige und stattfindende Interaktion zwischen den verschiedenen Sub- oder Teilsystemen das Konzept der strukturellen Kopplung, einer Weiterentwicklung der Zwei-Seiten-Form von Spencer Brown.[192] Eine strukturelle Kopplung ermöglicht

---

189 *Brown, H.*, The Study of Sociology.

190 *Parsons, T.*, Beiträge zur soziologischen Theorie.

191 *Luhmann, N.*, Machtkreislauf und Recht in Demokratien, in: ders. (Hrsg.), Soziologische Aufklärung 4, S. 148, 149; *Vesting, T.*, Rechtstheorie, S. 57 f.

192 *Spencer Brown, G.*, Laws of Form, S. 1, 69 ff.; siehe *Vesting, T.*, Rechtstheorie, S. 57 f.

den Informationsaustausch und die Weiterentwicklung und Anpassung der Systeme; gleichzeitig manifestiert sie die Trennung der gekoppelten Systeme. Eine strukturelle Kopplung ist letztlich eine gedankliche Form; sie hat keine vorbestimmte äußere Form, sondern kann in zahlreichen Erscheinungsformen auftreten – maßgeblich ist der Informationsaustausch zwischen den gekoppelten, autopoietischen Systemen.

Man darf sich dabei die Systemgrenzen jedoch nicht als starre Barrieren vorstellen. Vielmehr geschieht die Zuordnung von Kommunikationen zu einem bestimmten System wechselhaft, je nach Kommunikationszusammenhang. Ein und dieselbe Kommunikation kann gleichzeitig in mehreren Systemen ablaufen; der Unterschied ist lediglich, dass sie jeweils unterschiedlich systemspezifisch rezipiert wird. Dies spiegelt nicht zuletzt die von Luhmann beschriebenen „Einheit der Differenz" wider.

II. Das Recht der Gesellschaft

Von zentraler Bedeutung für die hier vorgenommene Untersuchung ist die Stellung und Funktion des Rechtssystems in der Systemtheorie Luhmanns. Im Folgenden wird dies eingehender erläutert.

1. Definition des Rechts

Luhmann definiert Recht „als Struktur eines sozialen Systems, die auf kongruenter Generalisierung normativer Verhaltenserwartungen beruht"[193].

Interessanterweise sind – obwohl auf den ersten Blick eigentlich konträr – zwischen der Definition des Rechts von Luhmann und der von Kelsen einige Ähnlichkeiten vorhanden.

Vergleichbar mit Kelsen geht Luhmann nämlich von der Autonomie des Rechts (als autopoietisches System) aus. Im Gegensatz zur „Reinen Rechtslehre" Kelsens basiert das Rechtssystem in der Systemtheorie von Luhmann jedoch nicht auf einem stufenförmigen Aufbau, der von einer Grundnorm ausgehend angeordnet ist. Auch geht Luhmann nicht von einer Einheit des Rechtssystems als solchem aus. Die Einheit ist bei

---

193 *Luhmann, N.*, Rechtssoziologie, S. 105.

ihm „keine operative Prämisse“, sie ist weder Prinzip noch Norm.[194] Vielmehr sieht Luhmann das Rechtssystem kreislaufförmig und stellt das Differenzprinzip in den Mittelpunkt. Luhmann bezieht sich auf die „Einheit des Rechtskreislaufs stiftende innergesellschaftliche Differenz von Recht und Unrecht“[195]. Recht wird nicht hierarchisch, sondern heterarchisch über Vernetzungen determiniert.[196] Im Gegensatz zu Kelsen sind somit für Luhmann formale Kriterien wie „Hierarchie“ oder „Einheit“ keine Voraussetzungen für die Existenz einer Rechtsordnung.

Luhmanns Sichtweise des Rechts ist soziologisch-systemtheoretisch motiviert und basiert auf Fremdbeobachtung. Das Rechtssystem ist wie die anderen Teilsysteme einer modernen, funktional differenzierten Gesellschaft autopoietisch – es ist operativ geschlossen und arbeitet selbstreferenziell. Als autopoietisches System reproduziert sich das Recht somit stetig selbst. In diesem Punkt – der selbstreproduktiven Organisation – näherte sich Luhmann nach Ansicht von Teubner Hart an: Die Sekundärnormen seien letztlich ein Beispiel für eine autonome Selbstbeschreibung des Rechts.[197] Recht wird daher als spezifische Kommunikation in der Gesellschaft betrachtet, die selbstkonstituierend und selbstreproduzierend ist.[198] Wie alle anderen sozialen Systeme basiert auch das Rechtssystem auf Kommunikationen als Basisoperationen.[199]

Die Selbstreferenz des Rechtssystems bedeutet, dass das Recht das ist, was es selbst von sich sagt, dass es ist. Was Recht ist – gleich ob Gesetz oder Entscheidung – kann also nur durch Recht, mithin unter Berücksichtigung von vielfältigen als rechtlich eingestufte Entscheidungen

---

[194] *Ders.*, Das Recht der Gesellschaft, S. 59.

[195] *Neves, M.*, Grenzen der Autonomie des Rechts in einer asymmetrischen Weltgesellschaft: Von Luhmann zu Kelsen, ARSP 93 (2007), S. 363.

[196] *Luhmann, N.*, Das Recht der Gesellschaft, S. 144.

[197] *Teubner, G.*, Autopoiese im Recht: Zum Verhältnis von Evolution und Steuerung im Rechtssystem, S. 17.

[198] *Fischer-Lescano, A.*, Die Emergenz der Globalverfassung, ZaöRV 63 (2003), S. 717, 722.

[199] *Neves, M.*, Grenzen der Autonomie des Rechts in einer asymmetrischen Weltgesellschaft: Von Luhmann zu Kelsen, ARSP 93 (2007), S. 363, 372; *Wilke, H.*, Das Recht der Weltgesellschaft, in: Calliess, G.-P. (Hrsg.), Soziologische Jurisprudenz, S. 887, 894.

beziehungsweise Kommunikationen bestimmt werden und nicht etwa durch außerhalb dem Rechtssystem entsprungene Kommunikationen – seien es politische oder etwa wirtschaftliche.[200]

Von enormer Wichtigkeit für die heutige Rechtsauffassung ist nach Ansicht Luhmanns das Ende des klassischen Naturrechts zu Beginn des 18. Jahrhunderts – und zwar aufgrund der Aufspaltung von moralischen Normen, welche eine innerliche Bindung herbeiführen sollen sowie rechtlichen Normen, deren Bindungswirkung auf äußerem Zwang beruht. Laut Luhmann konnte dadurch nun das Naturrecht als Zwangsrecht aufgefasst werden und es wurde möglich, in die „Legitimation des Rechts die Legitimation des Zwangs miteinzubauen, obwohl das die moralische Motivation ausschließen musste."[201]

Diese Generalisierung schließt sowohl die Zeit-, Sozial- und Sachdimension mit ein.[202] Sie stützt sich dabei auf die Institutionalisierung, Normierung und Sinnidentifikation als Mechanismus.[203]

2. *Struktur des Rechts*

Luhmann verzichtet auf eine Hierarchisierung des Rechts. Das Rechtssystem ist nicht „durch eine referenzfähige oberste Norm (Grundnorm), ein oberstes Gesetz (Verfassung) oder eine oberste Instanz"[204] geprägt. Vielmehr ist es dynamisch, rekursiv vernetzt und auf eine Paradoxie begründet, nämlich jene, dass die Anwendung des Rechtscodes auf sich selbst nicht möglich ist. Denn die Frage, ob der Rechtscode die Unterscheidung „Recht/Unrecht" zu Recht oder zu Unrecht anwendet, ist eine Frage, die im Rechtssystem selbst nicht beantwortet werden kann.[205]

---

[200] *Luhmann, N.*, Machtkreislauf und Recht in Demokratien, in: ders. (Hrsg.), Soziologische Aufklärung 4, S. 148, 152.

[201] Ebd., S. 150; m.w.N.

[202] *Neves, M.*, Grenzen der Autonomie des Rechts in einer asymmetrischen Weltgesellschaft: Von Luhmann zu Kelsen, ARSP 93 (2007), S. 363, 373.

[203] *Luhmann, N.*, Rechtssoziologie, S. 94 ff.

[204] *Ders.*, Das Recht der Gesellschaft, S. 73.

[205] *Vesting, T.*, Rechtstheorie, S. 69.

> „Die Paradoxie des Systems ist, im Recht wie in anderer Weise auch in der Logik, der blinde Fleck des Systems, der die Operation des Beobachtens überhaupt erst ermöglicht."[206]

Zum Auflösen dieser Paradoxie trägt jedoch der Code selbst bei, indem er „verlangt, als Unterscheidung und nicht als Einheit des Unterschiedenen praktiziert zu werden."[207] Als zusätzliche Entparadoxierungsmöglichkeiten sieht Luhmann die Entfaltung, Zivilisierung oder Asymmetrisierung von Rechtsnormen an.[208]

a. Normen

Zentraler Anwendungsbereich des Rechtscodes sind Rechtsnormen verschiedener Ausprägung. Rechtsnormen sieht Luhmann als „enttäuschungsfeste, kontrafaktisch stabilisierte Erwartungen" [209] an. Sie sind nichts anderes als der normative Modus von Erwartungen.[210] Dabei ist der kontrafaktische Charakter wichtig für die Geltung des Rechts – gleich ob die gestellten Erwartungen erfüllt werden oder nicht – die Geltung der Norm wird grundsätzlich nicht angezweifelt.[211] Insofern ist die Erfüllung oder Nichterfüllung von Normen für ihre Geltung zunächst irrelevant.[212]

In einer modernen, durch funktionale Differenzierung und hohe Komplexität geprägten Gesellschaft sind alle Entscheidungen des Rechtssystems kontingent, das heißt sie könnten unter anderen Bedingungen aufgrund vorhandener Alternativen auch anders ausfallen. Weiterhin werden sie – wie oben bereits angesprochen – durch das System selbst

---

[206] *Luhmann, N.*, Das Recht der Gesellschaft, S. 176.

[207] Ebd.

[208] Ebd., S. 23.

[209] *Ders.*, Evolution des Rechts, in: ders. (Hrsg.), Ausdifferenzierung des Rechts, S. 11, 17; *ders.*, Das Recht der Gesellschaft, S. 134; *Wilke, H.*, Das Recht der Weltgesellschaft, in: Calliess, G.-P. (Hrsg.), Soziologische Jurisprudenz, S. 887, 894.

[210] *Luhmann, N.*, Das Recht der Gesellschaft, S. 133.

[211] *Neves, M.*, Grenzen der Autonomie des Rechts in einer asymmetrischen Weltgesellschaft: Von Luhmann zu Kelsen, ARSP 93 (2007), S. 363, 373; *Fischer-Lescano, A.*, Globalverfassung, S. 152.

[212] *Luhmann, N.*, Rechtssoziologie, S. 43.

reproduziert (Selbstreferenz) und kommen nicht durch direkte Einflussnahme aus der Umwelt des Systems zustande.[213]

b. Erwartungen

Luhmann unterscheidet zwischen normativen und kognitiven Erwartungen, welche die beiden Verhaltensmöglichkeiten im Enttäuschungsfall kennzeichnen.[214] Unterscheidungsmerkmal ist die Lernwilligkeit.

Normative Erwartungen sind „durch die Entschlossenheit, aus Enttäuschungen nicht zu lernen"[215] charakterisiert. Der erwartende Einzelne wird auch im Enttäuschungsfall nicht von seinen Erwartungen abrücken sondern im Gegenteil daran festhalten. Er mag aufgrund der Enttäuschung gegen die Wirklichkeit protestieren, wird sich aber nicht unmittelbar daran anpassen. Im Unterschied dazu ist der Erwartende im Fall von kognitiven Erwartungen im Enttäuschungsfall bereit, zu lernen und sich der Realität anzupassen.[216]

In dieser Unterscheidung ist der klassische Dualismus von „Sein/Sollen" enthalten – Luhmann verwendet hierzu den Dualismus „kognitive/normative Erwartungen".[217] Allerdings ist diese Unterscheidung in vormodernen Gesellschaften noch nicht möglich; sie ist vielmehr als eine evolutionäre Errungenschaft zu betrachten.[218]

Erst in komplexen, modernen Gesellschaften sind Anpassungsleistungen infolge von enttäuschten kognitiven Verhaltenserwartungen möglich, ohne dass Erwartungen bei ersten Misserfolgen – also im Falle der Kontrafaktualität – sofort aufgegeben würden. Anhand dieser Unter-

---

[213] *Ders.*, Machtkreislauf und Recht in Demokratien, in: ders (Hrsg.), Soziologische Aufklärung 4, S. 148, 152.

[214] *Neves, M.*, Grenzen der Autonomie des Rechts in einer asymmetrischen Weltgesellschaft: Von Luhmann zu Kelsen, ARSP 93 (2007), S. 363, 372; *Luhmann, N.*, Rechtssoziologie, S. 40 ff.

[215] Ebd., S. 43.

[216] Ebd., S. 42; *ders.*, Positivität des Rechts als Voraussetzung einer modernen Gesellschaft, in: ders. (Hrsg.), Ausdifferenzierung des Rechts, S. 113, 115 f.; auch *Neves, M.*, Verfassung und Positivität des Rechts in der peripheren Moderne, S. 22.

[217] Ebd., S. 22 f.

[218] *Luhmann, N.*, Rechtssoziologie, S. 44.

scheidung lässt sich auch der Normencharakter als kontrafaktisch stabilisierte Verhaltenserwartung besser verstehen. Zunächst ist das Eintreffen der Verhaltenserwartung beziehungsweise der Enttäuschungsfall für die Erwartung irrelevant. Die Erwartung wird kontrafaktisch aufrechterhalten.

c. Lernbereitschaft

Zu beachten ist allerdings, dass Normen auch durchsetzbar sein müssen, um keine nutzlose Symbolik darzustellen, die zu verwerfen ist. Ohne jegliche Aussicht auf Einhaltung sind jedoch Normen nicht dauerhaft aufrechtzuerhalten.

Daher ist eine grundsätzliche Lernbereitschaft der Normadressaten vonnöten. Wird über einen langen Zeitraum die Erwartung immer wieder aufs Neue enttäuscht, so ist möglicherweise eine Anpassung der Erwartung an die Wirklichkeit notwendig, um nicht stetig und dauerhaft falsche Erwartungen aufrechtzuerhalten.[219] In diesem Fall würde die Akzeptanz in das Rechtssystem drastisch abnehmen und das System langfristig funktionsunfähig. Die grundsätzliche Lernbereitschaft ist daher eine wesentliche Voraussetzung für das langfristige Funktionieren des Systems.

Eine ausreichend hohe Normqualität erleichtert und sichert wiederum auch in diesen Lernprozessen die Autopoiesis des Rechtssystems. Dieses kann die Informationen verarbeiten und seine Prozesse anpassen, ohne Gefahr zu laufen, in der Systemumwelt aufgelöst zu werden. Dem Recht ist im Falle einer hohen Komplexität und Qualität seiner Kommunikationshandlungen die (differente) Selbsterhaltung gegenüber seiner Umwelt möglich. Hingegen ermöglicht die kognitive Qualität die Abstimmung des Prozesses mit der Systemumwelt und erleichtert und sichert die Lern- und Anpassungsbereitschaft.[220]

---

[219] Vgl.: *Neves, M.*, Verfassung und Positivität des Rechts in der peripheren Moderne, S. 23.

[220] *Luhmann, N.*, Die Einheit des Rechtssystems, Rechtstheorie 14 (1983), S. 129, 139.

d. Positives Recht

In modernen, komplexen Gesellschaften ist das positive Recht von zentraler Bedeutung. Positives Recht sorgt in sozialen Systemen für eine Reduzierung der Komplexität sowohl des Systems als auch seiner Umwelt und macht ein einwandfreies Funktionieren der Prozesse möglich.[221]

Die Struktur, die so gebildet wird, hilft aufgrund ihrer Komplexität einerseits dem System, in seiner Umwelt bestehen zu können, andererseits bietet sie eine sinnvolle Orientierung des Erlebens und des Handelns.[222] Innerhalb des Rechtssystems existiert somit ein organisiertes Teilsystem, das die Feststellung oder Änderung des Rechts zur Aufgabe hat und daher mit rechtlich verbindlichen Entscheidungen zu tun hat – zu nennen sind die Gerichte und Parlamente beziehungsweise die Justiz und die Legislative.[223]

Die Struktur des Rechts ist laut Luhmann sodann die Kombination der beiden erwähnten Entscheidungen: zum einen die des Rechtscodes „Recht/Unrecht“, zum anderen die der Modalitäten „kognitiv/normativ“ bezüglich der Erwartungen.[224]

3. *Funktion des Rechts*

Die Funktion des Rechts muss nach Luhmann immer in Bezug auf die Gesamtgesellschaft geklärt werden, denn das Rechtssystem dient letztlich dem Gesellschaftssystem als Problemlöser – Recht löst ein Zeitproblem.[225] Luhmann sieht die Funktion des Rechts als eine kontrafaktische Erwartungsstruktur:

---

[221] *Ders.*, Positives Recht und Ideologie, in: ders. (Hrsg.), Soziologische Aufklärung 1, S. 224, 226.

[222] Ebd.

[223] *Ders.*, Das Recht der Gesellschaft, S. 145; Luhmann spricht hierbei vom organisierten Entscheidungssystem innerhalb des Rechtssystems. Dieses unterscheidet sich vom restlichen System durch die Differenz „Mitglieder/Nichtmitglieder“ und verpflichtet alle Mitglieder, Entscheidungen zu treffen.

[224] Ebd., S. 131.

[225] Ebd., S. 124 f.

„Die Funktion des Rechts hat es mit Erwartungen zu tun: und zwar (...) mit der Möglichkeit, Erwartungen zu kommunizieren und in der Kommunikation zur Anerkennung zu bringen.“[226]

Auf die Durchhaltung dieser Erwartungen (und zwar im Sinne von echten Erwartungen, also nicht bloße Verhaltensprognosen) muss sich die Gesellschaft verlassen können und kann dies auch infolge der Ausdifferenzierung des Rechtssystems.

Das Rechtssystem sorgt somit für eine gewisse Konstanz und Verlässlichkeit im Rahmen der Erwartungen. Dabei spielt die zeitliche Dimension eine bedeutsame Rolle – unter „Erwartung“ versteht Luhmann denn auch „einen Zeitaspekt des Sinnes von Kommunikationen“.[227] Die zeitliche Dimension wird dadurch erkennbar, dass die Individuen in der Regel versuchen, sich an die Normen zu halten, indem sie sich auf der Ebene der Erwartungen auf eine noch nicht feststehende, unsichere Zukunft einstellen und ihr Verhalten danach richten.[228] Recht zeichnet sich demzufolge dadurch aus, dass es „Verhaltenserwartungen verbindlich macht“[229].

Luhmann entfernt sich durch diese Schwerpunktsetzung auf den zeitlichen Aspekt explizit von vielen Rechtsoziologen, die hauptsächlich die soziale Funktion des Rechts betonen. Er verneint dabei allerdings keineswegs die soziale Bedeutung des Rechts, sieht diese jedoch vor allem darin, „daß es soziale Konsequenzen hat, wenn Erwartungen zeitstabil gesichert werden können.“[230]

Demzufolge konkretisiert Luhmann die Funktion des Rechts auch als „Stabilisierung normativer Erwartungen durch Regulierung ihrer zeitlichen, sachlichen und sozialen Generalisierung.“[231]

Die Steuerung läuft über die Ebene der Beobachtung zweiter Ordnung ab – Recht ist nur dann Recht, wenn erwartet werden kann, dass normatives Erwarten normativ erwartet wird.[232]

---

[226] Ebd., S. 125.

[227] Ebd.

[228] Ebd., S. 130.

[229] *Luhmann, N.*, Legitimation durch Verfahren, S. 143.

[230] *Ders.*, Das Recht der Gesellschaft, S. 126.

[231] Ebd., S. 131.

[232] Ebd., S. 144.

Dass das Recht primär Erwartungen enttäuschungsfest stabilisieren soll, zeigten nach Ansicht von Fischer-Lescano und Liste auch feststellende Urteile sowie Urteile, die nicht den Zustand *ex ante* herstellen wollen, sondern zum Ziel haben, unrechtes Verhalten (unerfüllte/enttäuschte Erwartungen) zu sanktionieren. Denn geklärt wird dabei eben auch, „mit welcher Erwartung man im Recht und mit welcher Erwartung man im Unrecht ist“.[233]

Wie bereits erwähnt unterscheiden sich kognitive Erwartungen von normativen Erwartungen vor allem dadurch, dass der Erwartende im ersten Fall lernbereit ist und nicht kontrafaktisch erwartet. Eine kontrafaktische, normative Erwartung liegt hingegen dann vor, wenn trotz der Erwartungsenttäuschung an der ursprünglichen Erwartung festgehalten und dies mit der Frage „Recht/Unrecht“ verknüpft wird.

> „Recht deckt das Festhalten und Weiterverfolgen von Erwartungen im Enttäuschungsfall. Man braucht jedenfalls nicht hinzunehmen, nicht nachzugeben, wenn man im Recht ist. Ob es faktisch gelingt, den Zustand herzustellen, der dem Recht entspricht, ist eine andere Frage“.[234]

Von der Funktion des Rechts zu unterscheiden sind die möglichen Leistungen des Rechtssystems. Für Luhmann ist dies zum einen die Verhaltenssteuerung, zum anderen die Konfliktlösung. Denn für eine Gesellschaft ist es einerseits unerlässlich, sich darauf verlassen zu können, dass sich die Menschen auch tatsächlich so verhalten, wie es das Recht vorschreibt. Anderenfalls wäre die Durchhaltbarkeit der normativen Erwartungen nicht möglich, ganz zu schweigen von einer Verhaltenskoordination. Das Recht muss also auch dafür sorgen, dass es grundsätzlich eingehalten wird.

Andererseits ist es von enormer Wichtigkeit, sich im Konfliktfall darauf verlassen zu können, dass das Rechtssystem die Konfliktlösung übernimmt. Das Rechtssystem muss zum einen in der Lage sein, die unberechtigten Erwartungen der unterlegenen Konfliktpartei zurückzuweisen, zum anderen muss die Gesellschaft davon ausgehen dürfen, dass

---

[233] *Fischer-Lescano, A./Liste, P.*, Völkerrechtspolitik, ZIB 12 (2005), S. 209, 214 f.

[234] *Luhmann, N.*, Die Funktion des Rechts: Erwartungssicherung oder Verhaltenssteuerung?, in: ders. (Hrsg.), Ausdifferenzierung des Rechts, S. 73, 84.

die Konfliktparteien sich auf den Rechtsweg verlassen und nicht eigene, nicht rechtliche, gewaltsame Konfliktlösungen anstreben.[235]

4. Codierung und Programmierung

Wie jedes Teilsystem operiert auch das Rechtssystem mit einem systemspezifischen Code und einer systemspezifischen Programmierung. Durch den Code „Recht/Unrecht“ beziehungsweise „legal/illegal“ wird letztlich das Recht im Sinne bestimmter Kommunikationen erzeugt. Die rechtsrelevante Kommunikation wird durch den spezifischen Code bestimmt:

> „Ins Rechtssystem selbst gehört nur eine code-orientierte Kommunikation, nur eine Kommunikation, die eine Zuordnung der Werte ‚Recht‘ und ‚Unrecht‘ behauptet; denn nur eine solche Kommunikation sucht und behauptet eine rekurrente Vernetzung im Rechtssystem“.[236]

Notwendig für die praktische Umsetzung des Codes ist aber eine entsprechende Programmierung für dessen Anwendung, ohne die er zu einer inhaltslosen Form verkümmern würde.[237] Das Rechtssystem wäre in diesem Fall nicht in der Lage, zu entscheiden, welche Seite des Codes in welcher Situation Anwendung finden muss. Erst die Programme ermöglichen dem Rechtssystem die Zuordnung der Codewerte „Recht“ und „Unrecht“ in „richtig“ und „falsch“.[238]

Die Programme des Rechtssystems sind stets Konditionalprogramme, die im Gegensatz zu Zweckprogrammen mit der Verknüpfung von Fremd- und Selbstreferenz arbeiten können und die Umweltausrichtung des Systems sowohl kognitiv als auch deduktiv formen.[239] Folglich stellen sie bestimmte Bedingungen in der Form „wenn-dann“ auf und legen durch Selbstbezugnahme auf bestimmte – zum Zeitpunkt der

---

[235] *Ders.*, Das Recht der Gesellschaft, S. 157 ff.

[236] Ebd., S. 67.

[237] *Neves, M.*, Grenzen der Autonomie des Rechts in einer asymmetrischen Weltgesellschaft: Von Luhmann zu Kelsen, ARSP 93 (2007), S. 363, 376.

[238] *Luhmann, N.*, Das Recht der Gesellschaft, S. 190.

[239] Ebd., S. 195.

Entscheidung bereits vergangene – feststellbare Tatsachen fest, was Recht und was Unrecht ist.[240]

Essenziell ist nach Luhmann dabei, dass das Rechtssystem „immer als ein nachträgliches, als ein nachgeschaltetes System“[241] operiert. Im Gegensatz zu Zweckprogrammen ist es bei der Konditionalprogrammierung des Rechtssystems zudem ausgeschlossen, dass zum Zeitpunkt der Entscheidung noch nicht festgelegte Tatsachen bei der Entscheidung zwischen Recht und Unrecht von maßgeblichem Einfluss sind.[242]

Die Wahl der konditionalen Programmierung hängt Luhmann zufolge mit der Funktion des Rechts zusammen. Für den erwartbaren Fall des Nichterfüllens würden Erwartungen in Normen umgesetzt. Sicherheit (des Erwartens) werde durch Unsicherheit (des Erfüllens) ersetzt. Diese Substitution erfordere jedoch eine strukturelle Kompensation – würde man nun auch noch von zukünftigen Ereignissen abhängig machen, ob die aufgestellten Erwartungen zu einem noch nicht festgelegten Zeitpunkt berechtigt gewesen seien, würde dies die Funktion des Rechts schlichtweg überfordern. Nur die Form der Konditionalprogramme gewährleiste, dass schon im Entscheidungszeitpunkt feststehe, ob die Erwartungen berechtigt gewesen seien oder nicht.[243]

Durch Programme würden bestimmte Umwelteinflüsse in das Rechtssystem aufgenommen, die sodann durch den Code an das Rechtssystem angepasst würden. Somit ermöglicht zwar der Code die operative Geschlossenheit des Rechtssystems, die Entscheidung zwischen Recht und Unrecht ist aber durch die Umwelt bedingt.[244]

Die Unterscheidung von Programmierung und Codierung ermöglicht es schließlich auch, den Code selbst zu tautologisieren, ohne den Funktionsablauf des Systems zu gefährden. Durch diese Unterscheidung wird Invarianz mit Veränderbarkeit kombiniert.[245] Die zu treffenden

---

[240] Ebd., S. 197

[241] Ebd. Das bedeutet jedoch nicht, dass zukünftige Ereignisse außer Acht gelassen würden – denn „Zeit ist (...) immer die Differenz von Vergangenheit und Zukunft.“

[242] Ebd., S. 198.

[243] Ebd., S. 199 f.

[244] *Neves, M.*, Grenzen der Autonomie des Rechts in einer asymmetrischen Weltgesellschaft: Von Luhmann zu Kelsen, ARSP 93 (2007), S. 363, 376.

[245] *Luhmann, N.*, Das Recht der Gesellschaft, S. 204.

Entscheidungen stellen schließlich das Medium des Rechtssystems dar. Durch sie wird die Anwendung des Codes verbindlich in die Gesellschaft transportiert.

5. *Ausdifferenzierung des Rechtssystems/Positivierung des Rechts*

In modernen Gesellschaften mit einer funktionalen Differenzierung ist das Rechtssystem operativ geschlossen und arbeitet selbstreferenziell. Entscheidender Schritt für die Ausdifferenzierung des Rechtssystems ist die bereits angesprochene Positivierung des Rechts. Diese Positivierung ist allerdings nach Ansicht von Luhmann wiederum eine der Voraussetzungen für das Entstehen einer modernen Gesellschaft.[246]

a. Positivierung des Rechts über besondere Verfahren

Zum positiven Recht zählen nach Ansicht Luhmanns neben sämtlicher Gesetzgebung auch Gerichtsurteile mit normierender Wirkung. Durch Ausdifferenzierung des Rechtssystems ist schließlich auch die Differenzierung zwischen Funktion und Leistung möglich.[247]

aa. Merkmale

Für Luhmann bedeutet Rechtspositivierung letztlich nichts anderes, als dass „das Recht nur durch das Recht selbst und nicht ab extra durch Natur oder politischen Willen erzeugt werden kann."[248]

Das System muss hinsichtlich des positiven Rechts nun keine Entscheidung mehr darüber treffen, ob dieses legal oder illegal ist. Daher wird über positives Recht auch die Entparadoxierung des Rechtssystems erreicht. Im Gegensatz zum naturrechtlichen Ansatz kann die Begrün-

---

[246] *Ders.*, Positivität des Rechts als Voraussetzung einer modernen Gesellschaft, in: ders. (Hrsg.), Ausdifferenzierung des Rechts, S. 113; siehe allgemein zur operativen Schließung des Rechtssystems: *ders.*, Closure and Openness: On the Reality in the World of Law, in: Teubner, G. (Hrsg.), Autopoietic Law, S. 335 ff.

[247] *Luhmann, N.*, Das Recht der Gesellschaft, S. 160.

[248] *Ders.*, Verfassung als evolutionäre Errungenschaft, Rechtshistorisches Journal 9 (1990), S. 176, 185.

dung für die Rechtsgeltung nach der Ausdifferenzierung des Rechtssystems nicht mehr in höherrangigen Normen gefunden werden. Hauptmerkmale des Rechts sind nun einerseits die Gesetztheit, andererseits aber auch die Möglichkeit zur Änderung des Rechts.[249] Entscheidend ist zudem nach Ansicht von Luhmann im Fall von Rechtspositivität die ausdrückliche Rechtssetzung als Verfahrensakt.[250]

Positives Recht entsteht also bereits durch die Einhaltung bestimmter Verfahren und durch die Zuständigkeit bestimmter Organe. Dadurch findet die „Legitimität reiner Legalität Anerkennung" und stellt einen Wesensunterschied zum vorpositiven Naturrecht dar.[251] Die Einhaltung bestimmter Verfahren ist für Luhmann notwendige Voraussetzung für die Legitimität des Rechtssystems, da Recht an sich nicht für Legitimität sorgen kann.[252]

Genauso bedeutsam ist aber, dass die einmal getroffene Entscheidung, die Geltung erlangt hat, durch eine erneute Entscheidung auch wieder außer Kraft gesetzt werden kann. Luhmann formuliert dies wie folgt:

> „Unter positivem Recht sind Rechtsnormen zu verstehen, die durch Entscheidung in Geltung gesetzt worden sind und demgemäß durch Entscheidung wieder außer Kraft gesetzt werden können."[253]

Veränderbarkeit wird somit zu einem Geltungsgrund des Rechts. Denn gerade dass das Recht geändert werden kann, „ist Grundlage aller Stabilität und somit aller Geltung".[254] Die Beständigkeit des Rechts wird somit auf einem „Prinzip der Variation"[255] aufgebaut.

Gleichzeitig muss das Recht aber auch grundsätzlich unabänderlich/invariant und unverfügbar sein, das heißt es kann nicht ohne weite-

---

[249] *Neves, M.*, Verfassung und Positivität des Rechts in der peripheren Moderne, S. 27.

[250] *Luhmann, N.*, Rechtssoziologie, S. 203.

[251] *Ders.*, Soziologie des politischen Systems, in: ders., Soziologische Aufklärung 1. Aufsätze zur Theorie sozialer Systeme, S. 194, 211.

[252] Siehe grundlegend: *Ders.*, Legitimation durch Verfahren.

[253] Ebd., S. 141.

[254] *Ders.*, Positives Recht und Ideologie, in: ders. (Hrsg.), Soziologische Aufklärung 1, S. 224, 227.

[255] Ebd.

res und je nach Belieben verändert werden.[256] Damit die beschriebene Variabilität des positiven Rechts nicht zur Willkür führt, muss besonderes Augenmerk auf das Verfahren zur Rechtsfindung und den Entscheidungsprozess gelegt werden. Denn durch die grundsätzliche Veränderbarkeit wird Beliebigkeit zur Institution.

Dies ist aber für ein funktionierendes Rechtssystem in modernen Gesellschaften nur aushaltbar, wenn Beliebigkeit konkretisiert wird, das heißt das Recht eine derart hohe Komplexität aufweist, dass es (im Sinne der gesamten Rechtsordnung) nur durch Umbau der bestehenden Ordnung geändert werden kann, mit Ausnahme einzelner Gesetze.[257] Recht muss daher eine verlässliche Konstante sein, die sich dem willkürlichen Zugriff der Machthabenden entzieht. Dies kann nach Ansicht Luhmanns insbesondere durch eine Institutionalisierung von Verfahren erreicht werden. Institutionalisierte Verfahren, die für jeden Betroffenen nachvollziehbar sind und für alle Änderungen gleichermaßen gelten, führen nämlich zu einer erhöhten Akzeptanz von notwendigen Rechtsänderungen. Denn das Rechtssystem dürfe schließlich „Variabilität nicht mehr ausschließen, sondern [muss sie] in sich aufnehmen."[258]

Die Variabilität der Programme trägt schließlich dazu bei, die Stabilität der Werte zu gewährleisten und die Erwartungen zu stabilisieren.[259] Gleichzeitig muss das Recht allerdings ausreichend invariant sein, um seine grundsätzliche Stabilität nicht zu gefährden. Diese Invarianz kann allerdings in dynamischen Gesellschaften Probleme aufwerfen. Denn letztlich können nur diejenigen Verhaltenserwartungen normiert werden, die realistischerweise schon immer galten und weiterhin gelten werden – anderenfalls wäre eine Unabänderlichkeit nicht sinnvoll.[260]

---

[256] *Ders.*, Legitimation durch Verfahren, S. 143.

[257] *Ders.*, Soziologie des politischen Systems, in: ders. (Hrsg.), Soziologische Aufklärung 1, S. 194, 211.

[258] *Ders.*, Legitimation durch Verfahren, S. 144.

[259] *Ders.*, Positives Recht und Ideologie, in: ders. (Hrsg.), Soziologische Aufklärung 1, S. 224, 240.

[260] *Ders.*, Legitimation durch Verfahren, S. 143.

bb. Sachliche und zeitliche Komplexität

Mit der Positivierung des Rechts erhöht sich schließlich auch seine sachliche und zeitliche Komplexität. Das Tempo der Änderungen, die Anzahl der kodifizierbaren Erwartungen sowie die Möglichkeiten der Erwartungen erhöhen sich.[261] Im Vordergrund steht die Frage nach der „adäquaten Komplexität“[262] und nach der Entscheidungskonsistenz des Rechtssystems.[263]

Der Komplexitätsgrad nimmt dabei mit zunehmender Ausdifferenzierung der Gesamtgesellschaft stetig zu. Ist für segmentierte Gesellschaften noch ein Varietätsproblem an Rechtsnormen kennzeichnend, wird in stratifizierten Gesellschaften eine ausreichende Zahl an Normen produziert – problematisch ist dort allein die richtige Selektion.

In modernen, funktional differenzierten Gesellschaften schließlich ist ein Überschuss an Normen zu beobachten. Das Selektionsproblem ist nun über die institutionalisierten Rechtsverfahren gelöst – unzureichend sind aber nach Ansicht von Teubner die vorhandenen Stabilisierungsmechanismen.[264]

b. Operative Schließung

Die Zugehörigkeit zum Rechtssystem ist nach Luhmann operativ zu bestimmen, nämlich durch die Anschlussfähigkeit rechtlicher Kommunikation an rechtliche Kommunikation.[265] Sie ist somit rekursiv begründbar.[266]

In der Folge differenziert sich das Recht als selbstreferenziell geschlossenes System heraus, das nun mit dem rechtsspezifischen binären Code „Recht/Unrecht“ arbeitet. Das Rechtssystem ist nun in der Lage, bei

---

[261] Ebd., S. 144.

[262] *Ders.*, Das Recht der Gesellschaft, S. 225 f.

[263] *Neves, M.*, Grenzen der Autonomie des Rechts in einer asymmetrischen Weltgesellschaft: Von Luhmann zu Kelsen, ARSP 93 (2007), S. 363, 379.

[264] *Teubner, G.*, Autopoiese im Recht: Zum Verhältnis von Evolution und Steuerung im Rechtssystem, S. 31 f.

[265] *Luhmann, N.*, Das Recht der Gesellschaft, S. 38 ff., 98 ff.

[266] *Solte, U.*, Völkerrecht und Weltgesellschaft aus systemtheoretischer Sicht, ARSP 89 (2003), S. 519, 524.

allen Operationen zwischen Recht und Unrecht zu unterscheiden. Das System orientiert sich zudem nicht mehr an der eigenen Einheit; es muss also nicht mehr festhalten „Recht ist Recht", sondern an der Unterscheidung zwischen Recht und Unrecht. Allerdings wird der Code sowie dessen Geltung nicht infrage gestellt. Wie Luhmann festhält, „darf keine Selbstbeschreibung zu gelassen werden, die die Frage aufwirft, ob der Code selbst Recht oder Unrecht ist."[267]

Denn das „darin liegende Paradox" müsse unsichtbar bleiben.[268] Ähnliches trifft auf die Geltungsbegründung des Rechts zu; auch sie wird letztlich über die Einheit des Rechtssystems und eine scheinbare Tautologie beziehungsweise Paradoxie herbeigeführt: „Recht gilt, wenn es mit dem Geltungssymbol als geltend bezeichnet wird – und wenn nicht, dann nicht."[269] Luhmann sucht daher weder nach einer Grundnorm noch einer *ultimate rule of recognition* und verliert sich dadurch auch nicht in „endlosen Schleifen".[270]

Durch die oben angesprochene kognitive Offenheit ist ein Lernen und Anpassen des Rechtssystems an die sich verändernde Umwelt möglich. Die normative Geschlossenheit wiederum verhindert ein Auflösen des Rechtssystems in seiner Umwelt.[271]

Durch die Ausdifferenzierung des Rechts werden diese beiden Elemente erst ermöglicht. Das Recht ist dadurch auch erst in der Lage, sich zu verändern und an die Umwelt anzupassen – allerdings nach systemspezifischen, eigenen Kriterien und Verfahren.[272] Die Differenzierung erfolgt zum Beispiel durch Positivierung des Rechts, aber auch und insbesondere durch verbindliche Gerichtsurteile, durch das Treffen von Entscheidungen nach dem Code und der Programmierung des Rechts. Dies

---

[267] *Luhmann, N.*, Verfassung als evolutionäre Errungenschaft, Rechtshistorisches Journal 9 (1990), S. 176, 185.

[268] Ebd.

[269] *Ders.*, Das Recht der Gesellschaft, S. 32.

[270] *Prien, T.*, Fragmentierte Volkssouveränität, S. 41, mit Verweis auf: *Fischer-Lescano, A.*, Globalverfassung, S. 60.

[271] *Luhmann, N.*, Die Einheit des Rechtssystems, Rechtstheorie 14 (1983), S. 129, 152 f.; *Neves, M.*, Grenzen der Autonomie des Rechts in einer asymmetrischen Weltgesellschaft: Von Luhmann zu Kelsen, ARSP 93 (2007), S. 363, 377.

[272] Ebd.

kann als Rückzug eines damit „funktionalen Systems in das funktionale System“ angesehen werden.[273]

Daher ist auch sowohl die kognitive Offenheit als auch die normative Geschlossenheit ist Voraussetzung für ein funktionierendes Rechtssystem. Wäre das System kognitiv geschlossen, das heißt könnte es sich nicht an veränderte Umweltbedingungen wie zum Beispiel veränderte Gesellschaftsauffassungen darüber, was ein strafbares Verhalten sein soll und was nicht, anpassen (lernen), würde das Rechtssystem sich von seiner Umwelt abkoppeln. Umgekehrt würde eine normative Offenheit dazu führen, dass das Recht nicht mehr mit seinem Code „Recht/Unrecht“ arbeiten könnte und somit nicht mehr anerkannte, gerechte und verbindliche Entscheidungen treffen könnte.[274] Ein ausdifferenziertes, organisiertes Entscheidungssystem im Mittelpunkt der Kommunikation im Rechtssystem trägt zudem dazu bei, den Differenzierungsdruck zu vermindern.[275] Eine graduelle kognitive oder normative Offenheit besteht nicht, demzufolge besteht Luhmann zufolge auch keine graduelle Autonomie des Rechtssystems.

Teubner hingegen, der auch graduelle Autonomie und unterschiedlich stark ausgeprägte Autopoiesis als möglich ansieht, unterscheidet drei Phasen rechtlicher Autonomie. Die erste Phase sei von einem sehr sozialen, diffusen Recht geprägt: Die rechtlichen Kommunikationen unterschieden sich nicht beziehungsweise kaum von den übrigen sozialen Kommunikationen. In Phase zwei sei das Recht zumindest teilweise autonom. Der rechtliche Diskurs beginne eigene, rechtsspezifische Komponenten herauszubilden und diese auch operativ zu nutzen. Erst in Phase drei schließlich werde das Recht zu einem autopoietischen System, indem alle Komponenten des Systems in einem Hyperzyklus miteinander verbunden seien.[276]

---

[273] *Ziegert, K. A.*, Weltrecht und regionale Differenzierung, Rechtstheorie 39 (2008), S. 453, 459.

[274] Ebd.

[275] Ebd.; *Luhmann, N.*, Das Recht der Gesellschaft, S. 145 f.

[276] *Teubner, G./Bankowski, Z.*, Law as an Autopoietic System, S. 37.

6. Strukturelle Kopplung

Auch das Rechtssystem ist (wie die anderen Teilsysteme) über diverse strukturelle Kopplungen mit diesen anderen Teilsystemen der Gesellschaft verknüpft, was ein gegenseitiges Lernen und Anpassen ermöglicht und vereinfacht.

Wichtigstes Beispiel für eine strukturelle Kopplung im Rahmen der vorliegenden Untersuchung ist die Kopplung über die Verfassung mit dem politischen System der Gesellschaft, wodurch das Rechtssystem eine „singuläre Kompetenz der Gesellschaftssteuerung“[277] erreicht hat. Ferner besteht etwa eine Kopplung mit dem Wirtschaftssystem über die beiden Institutionen „Vertrag“ und „Eigentum“.

7. Schlussfolgerungen

Luhmanns Rechtsverständnis basiert auf der konsequenten Anwendung des Differenzprinzips. Nur das Rechtssystem kann festlegen, was Recht ist und was Unrecht ist. Es trifft die Unterscheidung legal/illegal und kann kompensieren, dass der eine etwas für „Recht“ empfindet, was für den anderen „Unrecht“ ist. Durch die gesellschaftliche Akzeptanz des Rechtssystems wird sich dennoch grundsätzlich an die durch das Rechtssystem getroffenen Entscheidungen gehalten.

Zentrale Aufgabe des Rechtssystems ist für Luhmann die kontrafaktische Stabilisierung von Verhaltenserwartungen; das Rechtssystem übernimmt zudem – neben der Konfliktlösungsfunktion – auch eine Verhaltenssteuerungsfunktion. Im Gegensatz zu anderen Rechtssoziologen legt Luhmann allerdings das zentrale Augenmerk weniger auf die soziale Funktion, sondern betont die zeitliche Dimension des Rechts.

In modernen, ausdifferenzierten Gesellschaften arbeitet das Rechtssystem wie die anderen Teilsysteme autopoietisch; es bestimmt selbst, was Recht ist und was nicht. Im Gegensatz zu vormodernen Gesellschaften basiert das Recht nicht auf überpositivem Naturrecht, sondern ist als positives Recht grundsätzlich änderbar. Diese grundsätzliche Änderbarkeit ist auch notwendig, damit Normen ihre Funktion als enttäuschungsfeste, kontrafaktisch stabilisierte Erwartungen bei gesellschaftlichen Änderungen nicht über die Dauer verlieren können. Durch struk-

---

[277] *Wilke, H.*, Das Recht der Weltgesellschaft, in: Calliess, G.-P. (Hrsg.), Soziologische Jurisprudenz, S. 887, 894.

turelle Kopplungen mit anderen Teilsystemen ist daher auch das Rechtssystem – notwendigerweise – lern- und anpassungsfähig.

Grundlegend ist dabei für Luhmann, dass die Änderbarkeit des Rechts über institutionalisierte Verfahren abläuft – anderenfalls würde die Variabilität des Rechts Gefahr laufen, in Willkür zu enden. Recht muss zwar variabel, jedoch auch in der Lage sein, die Kontrafaktualität von Verhaltenserwartungen auszuhalten und dauerhaft eine gesellschaftliche Stabilisierungsfunktion zu übernehmen.

Interessant ist für die vorliegende Untersuchung neben der Konzentrierung auf institutionalisierte Verfahren die Funktion des Rechts als Stabilisierung kontrafaktischen Verhaltens. Das Recht der Weltgesellschaft müsste beide Funktionen aufweisen und sich darüber hinaus direkter Einflussnahme anderer Systeme/Bereiche erwehren können.

Dies bedeutet für die globale Ebene, dass Völkerrechtsverletzungen, etwa Verstöße gegen das Gewaltverbot, die rechtswidrige Auslegung und Anwendung des Rechts zur Selbstverteidigung oder die Verletzung grundlegender Menschenrechte nicht als Argumente angeführt werden können, die verletzten Normen besäßen aufgrund der Verletzung keine Geltung oder müssten geändert werden. Vielmehr legt gerade der kontrafaktische Charakter der Normen nahe, die Erwartungen auch im Fall des Nichteinhaltens aufrechtzuerhalten. Dies gilt zumindest so lange, wie die Verletzungen Einzelfälle bleiben und die Missachtung nicht dauerhaft beziehungsweise zum Regelfall wird.

III. Das politische System der Gesellschaft

Nachfolgend wird das politische System in der Systemtheorie Luhmanns eingehender untersucht. Das politische System ist für die hier vorgenommene Untersuchung von ähnlich herausragender Bedeutung wie das Rechtssystem; schließlich wäre für eine Konstitutionalisierung auf Ebene der Weltgesellschaft ein operativ geschlossenes und selbstreferentiell arbeitendes, autopoietisches politisches System erforderlich.

1. Funktion der Politik

Das politische System hat die Aufgabe, für die Gesamtgesellschaft kollektive, für alle verbindliche Entscheidungen zu treffen und dabei diejenigen Kommunikationen zu verarbeiten, die sich als „Entscheidungen“ darstellen.

Die Verbindlichkeit äußert sich für Luhmann darin, dass das Ergebnis der Entscheidung als Prämisse für weitere Entscheidungen genutzt werden kann – nicht ohne jedoch künftig abänderbar zu sein.[278] Schließlich muss die Entscheidung auch effektiv eintreten, „und dies unabhängig von der Rationalität der Entscheidung, ihrem Nutzen, ihrer normativen Geltung."[279]

Dabei geht es um legale und infolgedessen legitime Herrschaft mit Exklusionswirkung.[280]

Die Möglichkeit, verbindliche Entscheidungen zu treffen, wird erst durch die Ausdifferenzierung des politischen Systems und seine dadurch entstehende Autonomie geschaffen. Die bindende Wirkung der Entscheidungen tritt ein, wenn Erwartungen effektiv umstrukturiert werden und sich die Betroffenen aufgrund dadurch entstandener neuer Prämissen an diese Entscheidungen halten. Dabei handelt es sich also um „faktisches Lernen", nicht bloß um „formale Geltung".[281] Gelingt es den funktionalen Entscheidungsträgern also nicht, die Erwartungen gegebenenfalls zu steuern oder auf gesellschaftliche Veränderungen rechtzeitig und angemessen zu reagieren, verliert das politische System auch seine Funktion, verbindendliche Entscheidungen herbeizuführen.

Um dauerhaft verbindliche Entscheidungen treffen zu können, müssen die Entscheidungsträger dabei in zwei Richtungen offen sein. Dies betrifft einerseits die Themen, über die entschieden wird, andererseits die Motive, weshalb bestimmte Entscheidungen angenommen werden. Um ausreichend flexibel auf die sich verändernden gesellschaftlichen Problemstellungen reagieren zu können, darf sich ein ausdifferenziertes politisches System in beiderlei Hinsicht nicht zu starr festlegen und auch „keine festen Bindungen" eingehen.[282]

Weiterhin muss das politische System „Legitimität der Legalität"[283] garantieren, das heißt auch die Annahme noch unbestimmter, nicht

---

[278] *Luhmann, N.*, Die Politik der Gesellschaft, S. 85.

[279] Ebd., S. 84.

[280] *Di Fabio, U.*, Verfassungsstaat und Weltrecht, Rechtstheorie 39 (2008), S. 399, 405.

[281] *Luhmann, N.*, Soziologie des politischen Systems, in: ders. (Hrsg.), Soziologische Aufklärung 1, S. 194, 200.

[282] Ebd.

[283] Ebd., S. 201.

weiter eingegrenzter und beliebiger Entscheidungen sicherstellen. Es darf sich also nicht nur nach dem artikulierten Wählerwillen richten, sondern muss den Weitblick für künftige, noch nicht virulente Entscheidungen und Entwicklungen bewahren – anderenfalls wäre die Funktionswahrnehmung des politischen Systems nicht dauerhaft gewährleistet. Hierfür muss das politische System jederzeit eine ausreichende Kapazität bereithalten, um derartige Entscheidungen treffen zu können.

Dies bedeutet allerdings keine unveränderliche inhaltliche Festlegung künftiger Entscheidungen.[284] Auch im Rahmen legitimer Entscheidungen muss stets die Durchsetzbarkeit im Auge behalten werden – aufgrund dieser opportunistischen Betrachtungsweise ist Legitimität also auch immer die „Mitlegitimation des Opportunismus"[285]. Luhmann spricht hierbei auch von „Legitimität durch Wertbezug"[286].

Ähnlich wie im Rechtssystem spielt dabei auch im politischen System die Auswahl geeigneter Verfahren eine entscheidende Rolle. So muss das politische System im Rahmen einer „Prozeduralisierung der Legitimität"[287] auch auf eine nicht bekannte, ungewisse Zukunft eingerichtet sein, in der auch diametrale Gesichtspunkte als maßgeblich betrachtet werden können.

Die angesprochene Legitimität ist aber nicht für die Frage der Herrschaft an sich entscheidend, sondern trägt lediglich dazu bei, dauerhaft die systemspezifische Funktion der Politik, nämlich das Treffen verbindlicher Entscheidungen, erfüllen zu können. Insofern unterscheidet sich Luhmann von der politischen Philosophie der Neuzeit, die vor allem nach der legitimen Machtausübung fragte:

> „Die Grundfrage der neuzeitlichen politischen Philosophie, ob und unter welchen Bedingungen eine so eigenmächtige politische Herrschaft rechtlich zulässig ist, muß demnach umformuliert werden in die Frage, ob und unter welchen Voraussetzungen ein ausdifferenziertes, funktional auf Herstellung bindender Entscheidungen spezi-

---

[284] *Ders.*, Die Politik der Gesellschaft, S. 86.

[285] Ebd., S. 123.

[286] Ebd.

[287] Ebd., S. 124.

> fiziertes politisches System in seiner gesellschaftlichen Umwelt stabilisiert werden kann."[288]

Als weitere Funktion hat das politische System die „Erzeugung politischer Macht"[289]. Denn infolge der Ausdifferenzierung des politischen Systems kommt es auch zu einer Zunahme der in der gesamten Gesellschaft vorhandenen Macht als Kommunikationsmedium, welches die Übertragung von Entscheidungsleistungen möglich macht.[290] Das politische System ist auch in der Lage, Macht zu differenzieren, indem es ein „effektives Monopol auf legitime Entscheidung über physische Zwangsmittel" besitzt.[291]

2. Codierung und Programmierung

Das politische System operiert wie jedes Teilsystem mit einem systemspezifischen Code, der durch politikeigene Programme angewendet wird.

Wie auch andere Codes ist dieser Code des politischen Systems ein Präferenzcode. Die positive Seite (Regierung/Machtüberlegenheit) wird der negativen Seite (Opposition/Machtunterlegenheit) vorgezogen. Obwohl die positive Seite über den Machteinsatz entscheidet, sind beide Seiten des Codes an der Entscheidung beteiligt. Luhmann spricht hierbei von „Anordnung und Ausführung" der jeweiligen Entscheidung. Auf beiden Seiten wird beobachtet und findet schließlich eine Operation statt; allerdings in unterschiedlicher Form. Während auf der positiven Seite darüber entschieden wird, ob eine Anordnung erteilt wird oder nicht (Macht ausgeübt wird oder nicht), geht es auf der negativen Seite darum, ob und in welcher Art und Weise eine Anordnung ausgeführt wird.[292]

In stratisfaktorischen, vormodernen Gesellschaften arbeitete das politische System zunächst mit der Codierung „Machtüberlegenheit/ Machtunterlegenheit" beziehungsweise überlegener öffentlicher Macht

---

[288] *Ders.*, Soziologie des politischen Systems, in: ders. (Hrsg.), Soziologische Aufklärung 1, S. 194, 201.

[289] Ebd.

[290] Ebd.

[291] Ebd.

[292] *Ders.*, Die Politik der Gesellschaft, S. 88.

und unterlegener privater Macht. Die Machtdifferenz war eindeutig, ein Wechsel an der Spitze nur durch Umsturz möglich. Dies änderte sich mit zunehmender Ausdifferenzierung des politischen Systems.[293] In einer demokratisch verfassten Gesellschaft existiert der Code als eine Art Zweit- beziehungsweise Supercode „Regierung/Opposition“[294] neben dem bisherigen Code „Machtüberlegenheit/Machtunterlegenheit“.

Dieser neue, „demokratische“ Code führte zu einer Spaltung an der Spitze und löste eine fundamentale Paradoxie auf, die Luhmann zufolge in allen Systemen mit organisierten Machtdifferenzen auftritt. Denn auf der Seite der unterlegenen Macht komme stets eine „Macht der Ohnmächtigen“ sowie auf der Seite der überlegenen Macht eine „eigentümliche Ohnmacht der Mächtigen“ vor.[295] Durch den Zweitcode wird dies Luhmann zufolge entparadoxiert, denn die Opposition sei nun in der Lage, der Macht der Ohnmächtigen Geltung zukommen zu lassen.[296] Zudem werde damit verhindert, dass eine Gruppierung, sprich im modernen Rechtsstaat eine Partei, gleichzeitig die Rolle der Regierung und der Opposition übernehmen könne – vielmehr sei durch den Zweitcode ein Wechsel an der Macht möglich und auch beabsichtigt.

Als zentraler Bestandteil der Codierung des politischen Systems ist laut Luhmann die Macht das Medium des politischen Systems als „Möglichkeit, durch eigene Entscheidungen für andere eine Alternative auszuwählen, für andere Komplexität zu reduzieren.“[297]

Die Macht kommt nur unter der Bedingung doppelter Kontingenz zustande. Sowohl die Machthaber als auch diejenigen, die der Macht unterworfen sind, müssen sich stets der anderen Handlungsalternativen

---

[293] *Ders.*, Die Zukunft der Demokratie, in: ders. (Hrsg.), Soziologische Aufklärung 4, S. 131, 133.

[294] *Ders.*, Die Politik der Gesellschaft, S. 97 ff.; der Code „Regierung/Opposition“ entsteht infolge einer Recodierung des politischen Systems „für die Spitze“; die Unterscheidung „Machtüberlegenheit/Machtunterlegenheit“ bezeichnet Luhmann als „basalen“ Code; dieser wird durch den Code „Regierung/Opposition“ „überformt“.

[295] *Ders.*, Die Zukunft der Demokratie, in: ders. (Hrsg.), Soziologische Aufklärung 4, S. 131, 132.

[296] Ebd.

[297] *Ders.*, Soziologie des politischen Systems, in: ders. (Hrsg.), Soziologische Aufklärung 1, S. 194, 204.

bewusst sein.[298] Die politische Macht wiederum ist erst durch die Verfügbarkeit physischer Gewaltmittel möglich.[299]

Zentral ist dabei der Begriff der negativen Sanktion: Dem Machtunterworfenen werden im Fall des Unterlassens einer gebotenen Handlung Nachteile angedroht.[300] Allerdings ist Sinn und Zweck der Machtausübung nicht die Durchsetzung einer solch negativen Sanktion. Vielmehr soll sie beiden Seiten vor Augen führen, dass stets eine Alternative zur Befolgung der Entscheidung besteht. Eine Alternative, die beide Seiten vermeiden möchten und die nur als *ultima ratio* zur Anwendung kommt – mit dann negativeren Folgen für die Machtunterworfenen als für die Machthaber.

Optimal ist die Ausübung einer solchen Sanktion allerdings auch für die Machthabenden nicht.[301] Entscheidend für den Machtbegriff Luhmanns ist daher nicht der Einsatz physischer Zwangsmittel, sondern die Möglichkeit, legitime, für alle verbindliche Entscheidungen treffen zu können, die auch akzeptiert und befolgt werden.[302] Denn die Notwendigkeit, physische Gewalt zur Befolgung von Entscheidungen beziehungsweise als negative Sanktion für deren Nichtbefolgung anzuwenden, ist Luhmann zufolge ein Anzeichen für das Ende der Macht – Provokationen und Proteste der Machtunterlegenen sind möglich und auf Dauer laufen die Machthaber Gefahr, diese Situation nicht durchzuhalten.[303]

Erst aufgrund der Legitimität der Entscheidungen kann dauerhaft und von allen Entscheidungsempfängern erwartet werden, dass sie die Entscheidungen nicht infrage stellen, sondern sie befolgen. Wie an der zentralen Stellung des Machtbegriffs von Luhmann innerhalb des poli

---

298 *Ders.*, Gesellschaftliche Grundlagen der Macht: Steigerung und Verteilung, in: ders. (Hrsg.), Soziologische Aufklärung 4, S. 121, 121 f.

299 *Halfmann, J.*, Nationalstaat und Recht der Weltgesellschaft, Rechtstheorie 39 (2008), S. 279, 281.

300 *Luhmann, N.*, Gesellschaftliche Grundlagen der Macht: Steigerung und Verteilung, in: ders. (Hrsg.), Soziologische Aufklärung 4, S. 121, 123.

301 Ebd.

302 *Ashenden, S.*, The Problem of Power in Luhmann's Systems Theory, in: King, M./Thornhill, C. J. (Hrsg.), Luhmann on Law and Politics, S. 127, 129.

303 *Luhmann, N.*, Gesellschaftliche Grundlagen der Macht: Steigerung und Verteilung, in: ders. (Hrsg.), Soziologische Aufklärung 4, S. 121, 123.

tischen Systems deutlich wird, vertritt er im Gegensatz zu den meisten anderen soziologischen Theorieansätzen einen stark politisch geprägten Machtbegriff.[304] Systemtheoretisch gesprochen, enthält der Machtbegriff vor allem die Möglichkeit der Selektion von Kommunikationen. Macht ist daher eine „selektionsabhängige Selektion".[305]

Machtausübung liegt immer dann vor, wenn aus einer Vielzahl von Entscheidungsmöglichkeiten eine bestimmte herausgegriffen wird und diese Auswahl von den betroffenen Bürgern als „Entscheidungsprämisse" übernommen wird, das heißt sie ihr zukünftiges Handeln am Selektionsprozess der Machthabenden ausrichten.[306]

Verinnerlicht man sich die Bedeutung der autopoietischen, mit eigenen Codes arbeitenden Programme der jeweiligen Systeme, wird klar, dass der Machtcode allein dem politischen System vorbehalten ist. Denn er ist der systemspezifische Code dieses Teilsystems. Andere Teilsysteme können diesen Code zwar mit Genehmigung des politischen Systems verwenden, ihn jedoch niemals zu ihrem eigenen systemspezifischen Code machen.[307]

Die spezifischen Politikprogramme stellen die politischen Ideen und Ideologien dar. In modernen, demokratischen Gesellschaften werden die Programme durch die Parteien transportiert. Die von den Entscheidungen Betroffenen, also die Bürger, haben durch die Ausübung ihres Wahlrechts die Möglichkeit, auf den Inhalt und die genaue Ausgestaltung der Programmierung des politischen Systems Einfluss zu nehmen.

3. Ausdifferenzierung und operative Schließung des politischen Systems

Mit der Ausdifferenzierung des politischen Systems ist die auf Dauer mögliche Fähigkeit zur Erzeugung kollektiv bindender Entscheidungen

---

[304] *Ashenden, S.*, The Problem of Power in Luhmann's Systems Theory, in: King, M./Thornhill, C. J. (Hrsg.), Luhmann on Law and Politics, S. 127.

[305] *Luhmann, N.*, Soziologie des politischen Systems, in: ders. (Hrsg.), Soziologische Aufklärung 1, S. 194, 204.

[306] Ebd., S. 205.

[307] *Ashenden, S.*, The Problem of Power in Luhmann's Systems Theory, in: King, M./Thornhill, C. J. (Hrsg.), Luhmann on Law and Politics, S. 127, 130.

verknüpft.[308] Durch die Ausdifferenzierung wird auch erst Macht zur politischen Macht.[309]

Die Erkennbarkeit von Macht als politischer Macht und nicht als bloßes „Recht des Stärkeren“ ist zudem entscheidend für die operative Schließung des politischen Systems infolge der Ausdifferenzierung. Die operative Schließung führt darüber hinaus dazu, „Politik für Politik als Politik kenntlich zu machen“[310] – und ermöglicht somit, zwischen systemspezifischen (politischen) Macht-Kommunikationen und nichtsystemspezifischen Macht-Kommunikationen aus der Umwelt zu differenzieren. Im politischen System wird nun alle Macht auf Macht angewendet: Es entsteht ein rekursiv-geschlossenes, infolgedessen symmetrisches, nichthierarchisches Teilsystem.[311]

Die Ausdifferenzierung erfolgt primär auf der Ebene der Rollen beziehungsweise bestimmter politischer Ämter und nicht über bestimmte Personen.[312] Denn diese werden hauptsächlich als politische oder administrative Funktionsträger und nicht in erster Linie als konkrete Einzelpersonen von der übrigen Gesellschaft unterschieden.

Die Ausdifferenzierung erfolgt auch nicht über Normen oder Werte (auch wenn die Rollendifferenzierung zur Ausdifferenzierung von Entscheidungsprogrammen und Werten führt), da deren Anwendung nicht spezifisch für das politische System ist, sondern auch von der übrigen Gesellschaft angewendet werden und für sie Geltung beanspruchen.[313]

Das politische System kann laut Luhmann infolge der Differenzierung als „selbstregulatives autopoietisches System der Machtanwendung“[314] angesehen werden, in welchem jegliche Macht auf Macht angewendet wird. Es unterliegt also auch selbst der Machtanwendung. Es arbeitet operativ geschlossen, selbstreferentiell und ist infolge der kreislaufför-

---

[308] *Halfmann, J.*, Nationalstaat und Recht der Weltgesellschaft, Rechtstheorie 39 (2008), S. 279, 281.

[309] *Luhmann, N.*, Die Politik der Gesellschaft, S. 69.

[310] Ebd., S. 74 f.

[311] *Ders.*, Staat und Politik, in: ders. (Hrsg.), Soziologische Aufklärung 4, S. 77, 88.

[312] *Ders.*, Die Politik der Gesellschaft, S. 73.

[313] *Ders.*, Soziologie des politischen Systems, in: ders. (Hrsg.) Soziologische Aufklärung 1. Aufsätze zur Theorie sozialer Systeme, S. 194, 195.

[314] Ebd., S. 88.

migen Anwendung des Differenzprinzips symmetrisch und an sich nichthierarchisch.

4. Autonomie

Mit der Ausdifferenzierung auf Rollenebene verbunden ist schließlich in der Folge ein gewisses Maß an gesellschaftlicher Autonomie im Sinne von Selbstbestimmung auf der Ebene der Entscheidungskriterien.

Im Bereich der Politik bedeutet Autonomie, dass sich das politische System nur selbst regeln und organisieren und ausschließlich durch diese Selbstregulierung auf Probleme und Einflüsse aus dem Bereich der Umwelt antworten kann.[315] Das bedeutet, dass den jeweiligen Rollen ein Einschätzungsspielraum bei der Auswahl ihrer Entscheidungen und beim Umgang mit der Systemumwelt eingeräumt wird.[316] Mit dieser Autonomie meint Luhmann das, was wir heutzutage als Souveränität auffassen.[317]

Bei der Ausdifferenzierung des politischen Systems ist laut Luhmann wiederum die physische Gewalt als Drohmittel hilfreich. Das Vorhandensein seiner Gebrauchsmöglichkeit hilft aufgrund seiner hohen Organisationsfähigkeit nämlich zum einen „zur Erzeugung des symbolisch generalisierten Kommunikationsmediums Macht“[318] und ist zum anderen bei der Herausbildung eines spezifischen politischen Systems erforderlich. Entscheidend ist allerdings lediglich die grundsätzliche Gebrauchsmöglichkeit und den – sparsamen – Einsatz von physischer Gewalt als Drohmittel.[319]

Eine Formel der Selbstreferenz des politischen Systems ist für Luhmann das Prinzip der Demokratie, das als Zweitcode im politischen System fungiert. Er meint damit, dass das Volk über das Volk selbst

---

315 *Ders.*, Staat und Politik, in: ders. (Hrsg.), Soziologische Aufklärung 4, S. 77, 83.

316 *Ders.*, Soziologie des politischen Systems, in: ders. (Hrsg.) Soziologische Aufklärung 1. Aufsätze zur Theorie sozialer Systeme, S. 194, 197.

317 *Ders.*, Staat und Politik, in: ders. (Hrsg.), Soziologische Aufklärung 4, S. 77, 83.

318 *Ders.*, Die Politik der Gesellschaft, S. 55.

319 Ebd.

herrscht beziehungsweise es sich selbst regiert.[320] Demokratie ist letztlich eine Folge der Ausdifferenzierung des politischen Systems, das nun alle Betroffenen miteinschließt (Inklusion des Publikums).[321] Im Gegensatz zu älteren Gesellschaftsformen, die auf einer zweifachen Differenzierung und auf einem hierarchischen Ansatz basierten, ist in der Demokratie Luhmann zufolge das politische System dreifach differenziert: Ein Teilsystem ist die Verwaltung, die für das Zustandekommen der bindenden Entscheidungen zuständig ist (Regierungen, Parlamente und Bürokratie).

Ein weiteres Teilsystem ist die Politik, die sich hauptsächlich mit dem Aufbau von Macht sowie der Themen- und Personalauswahl beschäftigt – mithin also vor allem Aufgaben, die die politischen Parteien übernehmen. Schließlich existiert ein Teilsystem „Publikum", also die Wähler, die einerseits die Entscheidungen der anderen Teilsysteme akzeptieren müssen, andererseits über die politische Wahl die Grundausrichtung des ersten Teilsystems beeinflussen können.[322] Sind diese drei Bereiche verselbstständigt und separiert voneinander, entsteht laut Luhmann der idealtypische (Doppel-)Machtkreislauf:[323]

> „Das Publikum wählt Führungspersonen und politische Programme in der Politik, die Politiker verdichten Prämissen für bindendes Entscheiden, die Verwaltung entscheidet und bindet damit das Publikum, das seinerseits wiederum wählt."[324]

---

[320] *Ders.*, Machtkreislauf und Recht in Demokratien, in: ders. (Hrsg.), Soziologische Aufklärung 4, S. 148, 153.

[321] *Ders.*, Staat und Politik, in: ders. (Hrsg.), Soziologische Aufklärung 4, S. 77, 83.

[322] *Ders.*, Machtkreislauf und Recht in Demokratien, in: ders. (Hrsg.), Soziologische Aufklärung 4, S. 148, 153 f.

[323] Luhmann zufolge hat sich im modernen Verfassungsstaat eine so nicht vorgesehene Innendifferenzierung zwischen Politik und Verwaltung herausgeprägt. Die beiden „Großsysteme" für Politik und Verwaltung können bisweilen problematisch für die Gewaltenteilung innerhalb des Staates sein. Differenz beruht auf neuen Innendifferenzierungen, ist also „höher aggregiert" als das Gewaltenteilungsschema. Als Folge können schwerpunktmäßig Verschiebungen zu *einer* Gewalt auftreten; *ders.*, Politische Verfassungen im Kontext des Gesellschaftssystems, 1. Teil, Der Staat (1973), S. 1, 8 f.

[324] *Ders.*, Machtkreislauf und Recht in Demokratien, in: ders. (Hrsg.), Soziologische Aufklärung 4, S. 148, 154. Durch diesen Kreislauf entsteht wiederum

Auch die Autonomie des politischen Systems kann in drei Dimensionen unterteilt werden. In sachlich-sinnhafter Hinsicht muss es in seiner gesellschaftlichen Umwelt zum einen anerkannt sein, zum anderen einen grundsätzlichen politischen Kredit in Anspruch nehmen können, der nicht aufgrund von einzelnen (Fehl-)Entscheidungen versagt wird.[325] Die zeitliche Dimension muss dergestalt sein, dass das politische System Zeit hat, um ein eigenes Input-Output-Modell zu entwickeln und um eigene Prozesse der Selektion von Wirkung und Ursache anzuwenden.[326] Die Autonomie in sozialer Hinsicht schließlich bedeutet, dass das politische System mit seinen verschiedenartigen Umwelten in Kontakt kommen, sektoral bestimmte Leistungen in Anspruch nehmen und in Verhandlungen treten kann, um die verschiedenen Interessen auszubalancieren, ohne von anderen Systemen korrumpiert zu werden und seine integrierende Funktion zu verlieren. Notwendig ist dazu einerseits eine „stark abstrahierte Systemkultur", andererseits darf die interne Differenzierung des politischen Systems nicht mit der externen Differenzierung der Umwelt übereinstimmen.[327]

Von besonderer Wichtigkeit ist die Beziehung des politischen Systems zum Rechtssystem einer Gesellschaft. Denn die vollständige Autonomisierung des politischen Systems wird erst durch die Einführung des Rechtscodes in dieses möglich. Nur so ist die Gewaltenteilung in Judikative, Exekutive und Legislative hinreichend deutlich und die einzelnen Bereiche können einem bestimmten System zugeordnet werden. Während die Politisierung der Legislative voll und die Politisierung der Exekutive zumindest zum Teil akzeptiert wird, wird die Politisierung der Judikative blockiert.[328]

Infolge der Gewaltenteilung kann nun wiederum eine Art Verknüpfung des Machtcodes mit dem Recht erwachsen.[329] Zusätzlich zum primären

---

der (zweite) Gegenkreislauf, denn jedes Teilsystem ist aufgrund der hochkomplexen Bedingungen auf Vorarbeit des anderen angewiesen – die Politik könne z.B. kaum ohne die Entwürfe der Verwaltung arbeiten.

[325] *Ders.*, Soziologie des politischen Systems, in: ders. (Hrsg.) Soziologische Aufklärung 1. Aufsätze zur Theorie sozialer Systeme, S. 194, 198.

[326] Ebd.

[327] Ebd., S. 199.

[328] *Ders.*, Politische Verfassungen im Kontext des Gesellschaftssystems, 1. Teil, Der Staat (1973), S. 1, 10.

[329] Ebd., S. 11.

Code des politischen Systems „Macht/Nicht-Macht" beziehungsweise „Regierung/Opposition" dient nun die Differenz „Recht/Unrecht" als Zweitcodierung der Macht.[330] Mit dieser Einfügung des Rechtscodes in das politische System kann es sich letztlich auch als „dynamischer und generalisierter Machtkreislauf bilden"[331] und sich so von direkten Einflüssen aus der Umwelt und individuellen Machtausübungen freihalten.

5. *Komplexität*

Wie alle anderen Systeme einer Gesellschaft gewinnt auch das politische System mit zunehmender Ausdifferenzierung ebenfalls an Komplexität hinzu. Dies ist auf der einen Seite positiv und auch so beabsichtigt; auf der anderen Seite jedoch kann eine zu hohe Komplexität zu Selektionsproblemen führen.

Aufgrund der gesteigerten Komplexität sind mehrere Alternativen im Rahmen einer Entscheidung vorhanden; die bestehenden Variationsmöglichkeiten ermöglichen den an der Entscheidung Beteiligten nun kontingentes Handeln. Andererseits besteht die Gefahr, aufgrund der zahlreichen Handlungsmöglichkeiten mit Input überladen und deshalb in der Folge entscheidungsunfähig zu werden. Daher ist ein gut funktionierender Selektionsmechanismus notwendig, der die Entscheidungsvariationen vorselektiert. Insofern besteht ein besonderer Zusammenhang von Komplexität und Selektivität: Um weiter bindende Entscheidungen treffen zu können, ist eine funktionale Spezialisierung erforderlich[332]. Darüber hinaus muss sich die Fähigkeit, gesellschaftliche Konflikte absorbieren zu können, mit zunehmender Komplexität erhöhen. Damit ihr nicht ungleich mehr Entscheidungen getroffen werden können, jedoch ein erhebliches Mehr an Entscheidungsalternativen zur Verfügung steht, spricht Luhmann von einem geregelten Wettstreit der

---

[330] *Ders.*, Macht, S. 48 ff.

[331] *Neves, M.*, Die Staaten im Zentrum und die Staaten an der Peripherie: Einige Probleme mit Niklas Luhmanns Auffassung von den Staaten der Weltgesellschaft, in: ders./Voigt, R. (Hrsg.), Die Staaten der Weltgesellschaft, S. 181, 188.

[332] Luhmann weist darauf hin, dass auch Nichtentscheidungen als Entscheidungen zu werten sind, da eine mögliche Handlungsalternative nicht ergriffen wird.

einzelnen funktionalen Spezialisierungsbereiche um Einfluss auf die „Entscheidungszentren".[333]

Erforderlich ist im Rahmen der Selektion jedoch ein ausreichendes Maß an Flexibilität. Denn zu konkrete strukturelle Festlegungen, die auch für die Zukunft schwer veränderbar sind, setzen das politische System der Gefahr aus, funktionsunfähig zu werden, das heißt nicht mehr auf gesellschaftliche Rahmenbedingungen reagieren zu können und andere Möglichkeiten vorschnell auszuschließen.[334]

6. Öffentliche Meinung

Von zentraler Bedeutung ist hierbei die öffentliche Meinung. Sie ist für Luhmann ein Medium, über welches das politische System in der Lage ist, „eigene Beobachtungen im Modus der Beobachtung zweiter Ordnung zu beobachten"[335].

Die öffentliche Meinung ist für Luhmann zufolge für das politische System über die Beobachtung zweiter Ordnung hilfreich, um die Entscheidungsfindung überprüfen zu können. Ohne die öffentliche Meinung als Mechanismus der Beobachtung zweiter Ordnung wäre Politik letztlich nichts mehr als reine Macht- und Interessensdurchsetzung.[336] Die dauerhafte Möglichkeit, verbindliche und akzeptierte Entscheidungen treffen zu können, würde in der Folge langfristig in Gefahr geraten.

Die öffentliche Meinung übernimmt in modernen Gesellschaften zudem eine wichtige Komplementärfunktion zu politischen Wahlen – ist eine Einflussnahme der Bürger auf politische Entscheidungsträger über Wahlen nur mit zum Teil erheblicher Zeitverzögerung möglich, kann die öffentliche Meinung in der Zwischenzeit unmittelbar Einfluss auf die Entscheidungsträger nehmen.[337]

Luhmann überhöht die Bedeutung der öffentlichen Meinung jedoch nicht; eine „Oberhoheit" ist für ihn nicht erkennbar. Vielmehr hat die

---

[333] *Luhmann, N.*, Soziologie des politischen Systems, in: ders. (Hrsg.), Soziologische Aufklärung 1, S. 194, 203.

[334] Ebd., S. 202.

[335] *Luhmann, N.*, Die Politik der Gesellschaft, S. 312.

[336] Ebd., S. 287 f., 312.

[337] Ebd., S. 281.

öffentliche Meinung wichtige disziplinierende Folgen, da sich alle Äußerungen über das Medium öffentliche Meinung zugleich auch eine Beobachtung zweiter Ordnung aussetzen müssen und zumindest der Eindruck erweckt werden muss, dass die jeweilige Kommunikation an sachlichen Erwägungen und nicht am bloßen Eigennutz orientiert ist.[338]

Die öffentliche Meinung ist schließlich Voraussetzung für das Funktionieren einer Demokratie. Für Luhmann liegt das Prinzip der Demokratie nicht einen Rationalitätsvorteil, sondern „im Offenhalten der Zukunft für Entscheidungslagen mit neuen Gelegenheiten und neuen Beschränkungen“[339].

Genau dies ermöglicht die öffentliche Meinung. Sie „bildet für die Gesellschaft ein öffentliches Gedächtnis ohne bestimmten Verpflichtungsgehalt“[340] und gibt Schemata vor, mit denen es möglich ist, „zu beobachten, wie Beobachter beobachten“[341].

Die öffentliche Meinung ermöglicht es somit, bestimmte, rationale und verständliche öffentliche oder private Kommunikation aufzunehmen, beispielsweise Vorschläge für Reformen zu bringen, ohne direkt auf mögliche Implementierungsprobleme hinzuweisen. Dadurch wird es möglich, bestimmte Vorschläge zu einem Themenkreis zunächst offenzuhalten und zu einem späteren Zeitpunkt mit leicht veränderten Prämissen wieder einbringen zu können.

7. Strukturelle Kopplung

Auch das Politiksystem ist durch zahlreiche strukturelle Kopplungen mit seiner Umwelt beziehungsweise anderen Subsystemen verbunden und somit in der Lage, sich mit seiner Umwelt zu synchronisieren.

Die für die vorliegende Arbeit wichtigste Kopplung ist Kopplung mit dem Rechtssystem über die Verfassung. Von Bedeutung ist darüber hinaus zum Beispiel die Kopplung des politischen Systems mit dem System der Massenmedien, da über diese die öffentliche Meinung beeinflusst wird. Eine weitere wichtige Kopplung besteht zum Wirtschaftssystem, das in modernen Gesellschaften über das Medium Geld

338 Ebd., S. 291.

339 Ebd., S. 301.

340 Ebd., S. 300.

341 Ebd.

operiert. Über diese Kopplung ist es beispielsweise dem politischen System möglich, die Finanzierung der öffentlichen Haushalte zu gewährleisten.[342]

8. *Schlussfolgerungen*

Zentraler Begriff des politischen Systems als kreislaufförmiges, auf dem Differenzprinzip basierendes System ist der der Macht als Medium. Luhmann geht von einem strikt politisch geprägten Machtbegriff aus.

Die Möglichkeit der Machtausübung durch die Machthabenden ist zentral für das politische System. Die Funktion der Politik ist das Treffen verbindlicher Entscheidungen. Um dies dauerhaft tun zu können, müssen die politischen Entscheidungsträger auf gesellschaftliche Veränderungen sowie den Wählerwillen Rücksicht nehmen. Sinnvoll, aber nicht unbedingt notwendig ist es daher, vernünftige, nachvollziehbare Entscheidungen zu treffen, damit diese auch akzeptiert werden. Zudem muss das politische System einerseits flexibel sein und sich für künftige Entscheidungen ausreichenden Spielraum offenlassen und diese noch nicht vorwegnehmen. Es muss in der Lage sein, faktisch zu lernen. Andererseits sollten die Möglichkeiten künftiger Entscheidungen auch schon soweit möglich berücksichtigt werden.

Luhmann geht es dabei um die Legitimität der Legalität – allerdings ohne wirklichen moralischen Wertebezug. Maßgeblich ist allein, dass das politische System auch künftig verbindliche und akzeptierte Entscheidungen treffen kann. Eine gewisse *ratio* in der Entscheidung ist für die künftige Akzeptanz daher sinnvoll, ein zu starkes Moralisieren nicht wünschenswert.

In modernen Gesellschaften gewinnt der Zweitcode der Demokratie zunehmend an Bedeutung. Die Entwicklung dieses Zweitcodes ist zwar kein zwangsläufiges Ergebnis der Ausdifferenzierung des politischen Systems, aber dennoch kennzeichnend für die Entwicklung der modernen Gesellschaft, zumindest in der westlichen Hemisphäre. Zudem entwickelt das politische System ein hohes Maß an Autonomie, welche kennzeichnend für die Autopoiesis der politischen Systeme in modernen Gesellschaften ist.

---

[342] Ebd., S. 382 ff.

Als Folge werden von den Entscheidungen grundsätzlich alle Bürger als die Betroffenen inkludiert. Zwischen den Machthabenden und den Machtunterlegenen entsteht somit ein wechselseitiges Verhältnis. Ein Wechsel an der Machtbasis ist daher möglich und auch wünschenswert. Von zentraler Bedeutung sind hierfür institutionalisierte Verfahren – politische Wahlen. Die öffentliche Meinung spielt dabei als Medium für die Beobachtung zweiter Ordnung und als Komplementär für die politischen Wahlen, der zeitnah und dauerhaft zur Disziplinierung der politischen Entscheidungsträger führt, eine wichtige Rolle.

Die Gebrauchsmöglichkeit von physischer Gewalt als negative Sanktion ist zwar Grundbedingung für die Errichtung von Herrschaft und Macht, verliert durch die negativen Folgen auf beiden Seiten jedoch zunehmend an Bedeutung.

Wichtiger ist die Sicherstellung der Legitimität der Legalität und die hinreichende Konstanz, aber zugleich auch notwendige Varianz der politischen Entscheidungen. Anderenfalls ist ein dauerhaftes, verbindliches und akzeptiertes Treffen von Entscheidungen nicht möglich. In modernen Gesellschaften wird zudem das richtige Zusammenspiel von Komplexität und Selektion immer bedeutender, ohne welches das politische System nicht handlungsfähig wäre.

IV. Staat und Politik bei Niklas Luhmann

Ausführlich befasste sich Luhmann mit dem Bereich Staat und Politik. Hier werden zum Teil deutliche Differenzen zum klassischen Verständnis sichtbar. Nach dem klassischen Verständnis wurde nach Ansicht von Luhmann im 19. Jahrhundert die Trennung von Staat und Gesellschaft vollzogen. Damit wurde der oben bereits angesprochene „strukturelle Umbau von stratisfaktorischer zu funktionaler Differenzierung"[343] erstmals deutlich. Luhmann zufolge wurde dadurch der Versuch unternommen, soziale Verhältnisse nicht mehr auf eine Einheit zu gründen, sondern auf eine Unterscheidung, eine Differenz – der finale Theoriebezug wurde somit „von Einheit auf Differenz umgestellt".[344]

---

[343] *Ders.*, Die Unterscheidung von Staat und Gesellschaft, in: ders. (Hrsg.), Soziologische Aufklärung 4, S. 69, 70.

[344] Ebd., S. 69.

Der bis dahin vorherrschende Primat der Politik wurde zudem von einem Primat der Wirtschaft abgelöst. Infolgedessen war die bürgerliche Gesellschaft kein Leitsystem mehr, durch welches gemeinsame Ziele verfolgt werden konnten – vielmehr wurde sie zu einem „normalen“ sozialen System, das nun allerdings vom dominierenden wirtschaftlichen Teilsystem charakterisiert wurde, also von den „wirtschaftlichen Grundlagen und Zweckhandlungen“[345] einer Gesellschaft.

Das Handeln wurde nun von einem neuen Konstrukt übernommen: dem Staat. Dieser wurde jedoch außerhalb der Gesellschaft angesiedelt. Die Trennung von Staat und Gesellschaft beruhte daher nicht auf einer Unterscheidung im Sinne einer Systemdifferenzierung, sondern auf der „Unvollständigkeit des neuen bürgerlich-ökonomischen Gesellschaftskonzepts“.[346] Für eine systemtheoretische Differenzierung fehlte nach Ansicht Luhmanns schon für die „Einheit des so Differenzierten ein Begriff“.[347]

Notwendig für eine Differenzierung sei daher die Rückkehr zu einem ganzheitlichen, allumfassenden Gesellschaftssystem gewesen, das wie oben beschrieben verschiedene Teilsysteme aufweise und den Staat inkludiere. Die bereits bestehende Unterscheidung von Politik und Wirtschaft wurde daher laut Luhmann unter der Bezeichnung „Staat und Gesellschaft“ zum einen in das politische System, zum anderen in das Wirtschaftssystem als *re-entry* eingebracht.[348] Die Gemengelage der Begriffe „Politik“ und „Staat“, die in der Staatslehre und der politischen Wissenschaft zumeist vorherrscht, versucht Luhmann schließlich durch seine Theorie der selbstreferenziellen Systeme aufzulösen.

> „Staat – das ist (...) kein unmittelbar zugänglicher Sachverhalt, kein Weltausschnitt, nicht das Volk in Form, nicht eine Menge von Menschen (...); Staat, das ist die Formel für die Selbstbeschreibung des politischen Systems der Gesellschaft.“[349]

---

[345] *Ders.*, Politische Verfassungen im Kontext des Gesellschaftssystems, 1. Teil, Der Staat (1973), S. 1, 5.

[346] Ebd.

[347] Ebd.

[348] *Ders.*, Die Unterscheidung von Staat und Gesellschaft, in: ders. (Hrsg.), Soziologische Aufklärung 4, S. 69, 73.

[349] *Ders.*, Staat und Politik, in: ders. (Hrsg.), Soziologische Aufklärung 4, S. 77, 81.

Das politische System beschreibt sich also selbst als Staat und unterscheidet sich dadurch als Teilsystem von der üblichen Gesellschaft. Über die Selbstbeschreibung ist das politische System mit einer mitlaufenden Selbstreferenz ausgerüstet – bei jeglichem politischen Handeln gerät zugleich der Staat ins Blickfeld.[350]

Infolge der Selbstbeschreibung des politischen Systems als Staat, der in westlichen Demokratien stets als Rechtsstaat ausgestaltet ist, wird laut Luhmann das politische Medium „Macht“ semantisch überhöht. Denn politische Macht ist nun als Staatsgewalt gefasst – und kann die Entscheidungen des politischen Systems als notwendig legitimieren. Durch die Möglichkeit, dass das politische System über die Staatsgewalt jederzeit auch andere bindende Entscheidungen herbeiführen kann, wird der Politik ein erhöhter Sinn verschafft. Politik im staatlichen Sinn kann daher einerseits über „bloße Politik“ hinausgehen, andererseits aber auch hinter ihr zurückbleiben.[351]

Politik kann demzufolge auch nicht allein über den Staatsbegriff definiert werden – denn „Politik wird nicht als Staat, sondern in Beziehung auf den Staat bestimmt“.[352] Daher ist die Formel Politik = Staat eine lediglich vereinfachende Definition der Politik, da sie sich nicht im Begriff des Staates erschöpft. Das Politische orientiert sich zwar auch am Staat, allerdings – wie alle anderen Funktionssysteme auch – nie ausschließlich an einer Sache, also auch nie nur am Staat. Somit ist Politik auch nicht völlig mit dem Staat gleichzusetzen, sondern in Beziehung auf den Staat zu bestimmen. Insofern unterscheidet Luhmann zwischen dem System als solchem und der Selbstbeschreibung des jeweiligen Systems.

Luhmann verdeutlicht den Unterschied zwischen Staat und Politik am Beispiel des politischen und staatlichen Handelns. Politik bestehe immer aus Handeln und Nichthandeln, beides sei genauso relevant und nur durch beides werde das Wesen der Politik vollständig umfasst. Im Gegensatz dazu werde, wenn keine bindende staatliche Entscheidung zustande komme, nicht etwa eine andere Form staatlichen Handelns vorgenommen, sondern es liege schlichtweg keine staatliche Entscheidung vor.[353] Obwohl der Staat die Selbstbeschreibung des politischen

---

[350] Ebd., S. 89.

[351] Ebd., S. 81.

[352] Ebd.

[353] Ebd., S. 81 f.

Systems ist, können aufgrund zunehmender Ausdifferenzierung des politischen Systems Politik und Staat dennoch unterschieden werden. Das politische System kann laut Luhmann infolge der Differenzierung als „selbstregulatives autopoietisches System der Machtanwendung“[354] angesehen werden, welches jegliche Macht auf Macht angewendet wird.

Es unterliegt also selbst der Machtanwendung und ist daher rekursiv-geschlossen, symmetrisch und nichthierarchisch. Nimmt man nun die Selbstbeschreibung dieses System als Staat hinzu, wird zugleich auch die Orientierung an einer hierarchischen Ordnung möglich. Der Bindungseffekt der politischen Entscheidungen wird mit Rechtswirkung versehen. Zudem wird es erst im Staat möglich, gewisse Entscheidungen mit Vorrangigkeit zu versehen – die Politik wird dadurch mit einer Asymmetrie versehen. Darin besteht laut Luhmann auch die eigentlich Funktion des Staates: Er kann die Asymmetrisierung der Politik durchführen.[355]

In modernen Gesellschaften, die eine hohe Komplexität aufweisen und funktional differenziert sind, entwickelt das politische System zudem eine Verfassung und erkennt individuelle Rechte an, um die Unterscheidung zwischen Staat im Sinne des politischen Systems und der restlichen Gesellschaft aufrechtzuerhalten.[356] Diese Unterscheidung ermöglicht die Wiedereinführung der Komplexität des Systems in das System; dies geschieht zum einen durch das Repräsentationsprinzip, zum anderen durch das Prinzip des Rechtsstaats.[357] Die Gesellschaft ist laut Luhmann nun nicht mehr bloße Umwelt für das politische System, die Differenz von Staat und Gesellschaft wird vielmehr zur „Regel dieses Systems selbst“.[358] Die Beziehung des politischen Systems (im Sinne des Staates) zu anderen Systemen, insbesondere dem Wirtschaftssystem,

---

[354] Ebd., S. 88.

[355] Ebd.

[356] *Ders.*, Die Unterscheidung von Staat und Gesellschaft, in: ders. (Hrsg.), Soziologische Aufklärung 4, S. 69, 73.

[357] *Ders.*, Staat und Politik, in: ders. (Hrsg.), Soziologische Aufklärung 4, S. 77, 86.

[358] *Ders.*, Die Unterscheidung von Staat und Gesellschaft, in: ders. (Hrsg.), Soziologische Aufklärung 4, S. 69, 73.

ist nun wiederum die Beziehung eines Teilsystems zum anderen und nicht die Beziehung des Staats zur Gesellschaft.[359]

1. Doppelbeziehung zwischen Recht und Politik

Im Zuge der Ausdifferenzierung des politischen Systems und des Rechtssystems kommt es zu zahlreichen Verknüpfungen der beiden an sich getrennten Systeme. Die Doppelbeziehung zwischen dem Rechtssystem und dem politischen System ergibt sich Luhmann zufolge schon über die gemeinsame Kontrolle über den Einsatz physischer Gewalt. Zudem ist das Rechtssystem auf die von der Politik kontrollierte Gesetzgebung angewiesen – die Gesetzgebung durch die Politik wird wiederum durch das Rechtssystem kontrolliert. Ferner benötigt das Recht für seine Durchsetzung die Politik. Denn das Recht muss durchsetzbar sein, um seinen Zweck zu erfüllen. Ohne Aussicht auf Durchsetzung wäre eine allgemein anerkannte Normstabilisierung nicht möglich. Die Politik benutzt wiederum das Recht „zur Diversifikation des Zugriffs auf politische Macht“.[360] Aufgrund dieser Doppelstruktur besteht zwischen den beiden Funktionssystemen eine wechselseitige Abhängigkeit und Unabhängigkeit zugleich.[361] Diese wechselseitige Beziehung wird im weiteren Gang der Untersuchung noch von Bedeutung sein; schließlich wird diese Wechselbeziehung durch die Verfassung als strukturelle Kopplung institutionalisiert.

Eine hohe wechselseitige Abhängigkeit der beiden Funktionssysteme kann aber nur über eine starke Differenzierung der rechtlichen von den politischen Kommunikationen erreicht werden. Denn nur über eine deutliche Abgrenzung ist es den verschiedenen Systemen möglich, eine tiefergehende funktionale Spezifizierung zu erreichen.

Ferner gilt bei allen Teilsystemen in der Systemtheorie, dass nur durch eine möglichst geschlossene Selbstreferenz, also eine möglichst hohe Autopoiesis, eine passende Reaktion auf Einflüsse aus der Umwelt und der Austausch von Informationen möglich sind. Anderenfalls würden

---

[359] *Ders.*, Politische Verfassungen im Kontext des Gesellschaftssystems, 1. Teil, Der Staat (1973), S. 1, 6.

[360] *Ders.*, Das Recht der Gesellschaft, S. 150.

[361] *Ders.*, Ausdifferenzierung des Rechts, S. 8; *ders.*, Machtkreislauf und Recht in Demokratien, in: ders. (Hrsg.), Soziologische Aufklärung 4, S. 148, 155.

die Prozesse des Systems korrumpiert, die Systemgrenzen verwässert und die hohe Komplexität der Gesamtgesellschaft gefährdet.[362] Ist eine Selbstreferenz jedoch vorhanden, läuft die Reproduktion von Kommunikationen, also politischen oder rechtlichen Entscheidungen, jeweils über den zirkulären Bezug auf andere Kommunikationen des jeweiligen Systems ab. So können sich im Gegenzug die Systeme auf die Informationen des jeweils anderen Systems einstellen und diese verarbeiten. Eine höhere Unabhängigkeit ist daher der Schlüssel für eine höhere Abhängigkeit.[363]

2. *Demokratie bei Luhmann*

In den modernen, funktional differenzierten Gesellschaften der westlichen Hemisphäre erhält das politische System die Demokratie „als Austauschverhältnis von Regierung und Opposition“ als eine Zweitcodierung politischer Amtsmacht.

Über dieses Verhältnis muss in politischen Wahlen entschieden werden – die frei und geheim durchgeführt werden müssen. Für Luhmann ist die politische Wahl Kern seines Demokratieverständnisses. Zugleich bedeuten politische Wahlen angesichts der fehlenden Kontrollierbarkeit der Machthaber einen „Strukturbruch“ und eine „Selbstreferenzunterbrechung“. Durch den ungewissen Ausgang von Wahlen wird das politische System mit einer unbekannten Zukunft konfrontiert; durch die Institutionalisierung politischer Wahlen wird eine im „System selbst erzeugte Ungewißheit“ garantiert.[364]

Außerdem ist laut Luhmann Merkmal der Demokratie, dass Regierung und Opposition zwar im Wettbewerb stehen, sich aber gegenseitig achten, mithin den Gegner moralisch anerkennen und für die Wählerschaft als Wahloption grundsätzlich zulassen. Ein gegenseitiges Konkurrieren um Wählerstimmen mittels der besseren Wahlprogramme ist in der Demokratie erlaubt und gewünscht; unerwünscht ist hingegen ein

---

[362] Ebd., S. 155.

[363] Ebd.

[364] *Ders.*, Die Politik der Gesellschaft, S. 104.

Kampf auf Gedeih und Verderb, ein Niedermachen des politischen Gegners.[365]

> „Von Demokratie kann man sprechen, wenn der Gegensatz als solcher rechtlich und moralisch zugelassen ist, so daß nicht die eine Seite als gut und erlaubt, die andere dagegen als schlecht und verboten dargestellt wird."[366]

Demokratie ist daher für Luhmann letztlich nichts anderes als die „Vollendung der Ausdifferenzierung eines politischen Systems". Das System hat nun selbst die Voraussetzungen für politische Entscheidungen geschaffen und ihr Zustandekommen geregelt. Durch die infolge der Wahlen entstandene Ungewissheit können politische Operationen nun nicht mehr im Vorfeld kalkuliert werden, sondern müssen mittels eines politischen Prozesses als Entscheidungen getroffen werden.[367] Positivierung des Rechts und Demokratisierung der Politik sind für Luhmann eng miteinander verbunden:

> „Alles in allem stützen also die Positivierung des Rechts und die Demokratisierung von Politik einander wechselseitig, daß es schwerfällt, zwei verschiedene operativ geschlossene Systeme zu sehen."[368]

3. Der Verfassungsbegriff bei Niklas Luhmann

Im Folgenden soll das Verständnis von einer modernen Verfassung bei Niklas Luhmann erläutert werden. Im Anschluss wird dann auf das allgemeine Verständnis eingegangen. Die Verfassung ist dabei als Regulativ für die System/Umwelt-Beziehungen des politischen Systems aufzufassen.[369]

---

365 *Ders.*, Partizipation und Legitimation, in: ders. (Hrsg.), Soziologische Aufklärung 4, S. 159, 166.

366 Ebd., S. 166.

367 *Ders.*, Die Politik der Gesellschaft, S. 105.

368 *Ders.*, Das Recht der Gesellschaft, S. 492.

369 *Ders.*, Politische Verfassungen im Kontext des Gesellschaftssystems, 2. Teil, Der Staat 12 (1973), S. 165.

a. Grundlegendes

Luhmann zufolge beruht das moderne Verfassungsdenken auf dem seit dem Mittelalter akuten und problematischen Verhältnis von rechtlicher Bindung und politscher Gewalt. Durch die Verrechtlichung soll vor allem politischer Missbrauch von Macht verhindert werden.[370]

In der klassischen Staatslehre wurde die moderne Staatsverfassung somit auch als Ordnung der Willensbildung des Staates“ (Jellinek), als „Integrationsschema“ (Smend) oder mit Carl Schmitt auch als „Gesamtentscheidung über Art und Form der politischen Einheit eines Volkes“ betrachtet.[371] Mithin werden Verfassungen als Grundordnungen beziehungsweise normative Ordnungsvorstellungen angesehen, welche „die Grundzüge des Staats- oder gar des Gesellschaftslebens in ausführbaren Verhaltensanweisungen fixieren und die daher den Rang höchster Normen beanspruchen können.“[372]

Diese Verfassungsstrukturen setzten jedoch stets voraus, dass überhaupt „konstituierende Strukturen die Form normativer Verhaltenserwartungen annehmen können.“[373]

Luhmann zweifelt dies an und hält eine diesem Konzept entgegenstehende Verfassungswirklichkeit für möglich.[374] Eine auf die neuzeitliche Gesellschaft passende Verfassungstheorie fehle hingegen.[375] Luhmann zufolge könne dies auch daran liegen, dass die Verfassung auf etwas höchst Unbestimmtes verweise und einen Sinnüberschuss darstelle, „der auch theoretisch nicht einfach zu kontrollieren ist.“[376]

Für Luhmann ist die Verfassung ein auf die bereits angesprochene Paradoxie des Rechtssystems reagierendes „Entparadoxierungskonzept“.[377]

---

[370] *Ders.*, Politische Verfassungen im Kontext des Gesellschaftssystems, 1. Teil, Der Staat 12 (1973), S. 1, 3.

[371] Vgl. ebd., S. 1 m.w.N.

[372] Ebd., S. 2.

[373] Ebd., S. 2 f.

[374] Ebd.

[375] Ebd., S. 3.

[376] *Vesting, T.*, Politische Verfassung?, in: Calliess, G.-P. (Hrsg.), Soziologische Jurisprudenz, S. 609, 617.

[377] *Luhmann, N.*, Verfassung als evolutionäre Errungenschaft, Rechtshistorisches Journal 9 (1990), S. 176, 185.

Denn Verfassungsrecht ermögliche nun die Entscheidung darüber, welches Recht gelte und welches nicht. Diesbezüglich werde Verfassungsrecht auch zu einem Subsystem des Rechts.[378] Er bezeichnet die Verfassung im heutigen, modernen Verständnis als „evolutionäre Errungenschaft“ aus dem 18. Jahrhundert, die trotz des evolutionären Charakters Ausdruck einer bewussten Entscheidung und einer absichtlichen Planung gewesen sei.[379]

Letztlich sei die Verfassung aber selbst ein Paradox, nämlich ein „selbstgeschaffenes Schongebundensein.“[380] Denn das Rechtssystem bestimmt selbst, dass von nun an alle, auch es selbst, an die Vorgaben der Verfassung gebunden sind.

Luhmann schreibt:

> „Juristisch gesehen kann eine Verfassung (...) nur ein autologischer Text sein, das heißt ein Text, der sich selbst als Teil des Rechts vorsieht. Das geschieht zum Beispiel in der Form einer Kollisionsregel, vor allem dadurch, dass die Verfassung sich selbst von der Regel ausnimmt, dass neues Recht altes Recht breche; ferner dadurch, dass die Verfassung ihre eigene Änderbarkeit/Unänderbarkeit regelt; ferner dadurch, dass die Verfassung regelt, ob und durch wen kontrolliert werden kann, ob das Recht ihr entspricht oder gegen sie verstößt (...).“[381]

Hinsichtlich des Begriffs „Verfassung“ besteht laut Luhmann ein traditionell unterschiedlicher Sprachgebrauch in Jurisprudenz und Politik. Im juristischen Sprachgebrauch bezeichne der Ausdruck *constitutio* „positivrechtliche Dekrete“, die Gesetzeskraft hätten, im politischen „die Verfassung eines Körpers“, gleich ob der eines Individuums oder eines politischen Körpers. Durch die amerikanische und französische Revolution seien diese unterschiedlichen Gebrauchsarten kombiniert worden zu einem „Rechtstext, der zugleich die politische Konstitution eines Staates fixiert.“ Die damit einhergehende „neue rechtliche Fixierung der politischen Ordnung“ werde nicht mehr nur als besonders

---

378 *Holmes Chaves, P.*, Verfassungsevolution in der Weltgesellschaft, S. 197.

379 *Luhmann, N.*, Verfassung als evolutionäre Errungenschaft, Rechtshistorisches Journal 9 (1990), S. 176.

380 *Ders.*, Widerstandsrecht und politische Gewalt, in: ders. (Hrsg.), Soziologische Aufklärung 4, S. 169, 172.

381 *Ders.*, Das Recht der Gesellschaft, S. 473.

ausgeprägte politische Ordnung gesehen, sondern zugleich als Rechtsordnung.[382]

Laut Luhmann entstand zudem der heute in nationalstaatlichen Verfassungen völlig selbstverständliche Vorrang vor anderen Normen erst nach der amerikanischen Unabhängigkeitserklärung von 1776 als „politisch ausgelöste Innovation im Rechtssystem“.[383] Die Verfassung folge seit diesem Zeitpunkt nicht mehr der üblichen *lex posterior*-Regel, sondern beanspruche selbst den Vorrang vor allen anderen Gesetzen. Als Folge davon werde alles übliche Recht in „den Zustand der Fragwürdigkeit, der Kontingenz versetzt“.[384]

Die Entwicklung der modernen Verfassungen hängt Luhmann zufolge eng mit der Positivierung, mit der Ausdifferenzierung des Rechtssystems zusammen. Die „Verfassung [sei] diejenige Form, mit der das Rechtssystem auf die eigene Autonomie reagiert.“[385]

Folglich ist die Verfassung der logische Schlusspunkt der selbstreferenziellen Schließung des Rechtssystems. Weder das Naturrecht noch das Vernunftrecht spielen noch eine Rolle. Vielmehr „konstituiert [die Verfassung] das Rechtssystem als geschlossenes System durch Wiedereintritt in das System.“[386]

Das Entstehen der Verfassung stellt Luhmann mit einem erneuten Zirkelschluss dar:

> „Der Code Recht/Unrecht generiert die Verfassung, weil die Verfassung den Code Recht/Unrecht zu generieren hat. Die radikalisierte Differenz etabliert den Text, der dann die Differenz etabliert – unter der Voraussetzung freilich, daß das ganze autologische Manöver invisibilisiert wird.“[387]

Denn die Verfassung begründe positives Recht, sei aber zugleich auch selbst positives Recht. Zugleich bestimme und kontrolliere die Verfassung die Möglichkeiten ihrer Änderung; sie begründe damit als positi-

---

[382] *Ders.*, Verfassung als evolutionäre Errungenschaft, Rechtshistorisches Journal 9 (1990), S. 176, 178.

[383] Ebd., S. 182.

[384] Ebd., S. 183.

[385] Ebd., S. 187.

[386] Ebd.

[387] Ebd., S. 189.

ves Recht quasi eine Selbstverewigung.[388] Weiterhin lege die Verfassung fest, wie sämtliches positives Recht hinsichtlich seiner Rechtmäßigkeit und seiner Verfassungsmäßigkeit kontrolliert werden könne – mit Ausnahme der Verfassung selbst, die sich somit der Kontrolle entziehe.[389]

b. Verfassung als strukturelle Kopplung zwischen Politik und Recht

Zentraler Ansatzpunkt bei Luhmann ist, wie bereits oben erwähnt, dass sowohl das Rechtssystem als auch das politische System unabhängige, autopoietische und mit einem eigenen Code operierende Teilsysteme der Gesellschaft sind.

Dies ändert sich auch nicht durch die Verfassung. Beide Systeme bleiben weiterhin getrennt, auch wenn Verfassungen gleichermaßen als Einrichtungen des politischen Systems und als solche des Rechtssystems verstanden werden.[390] Im modernen demokratischen Rechtsstaat ist die Differenz von Recht und Politik im Sinne einer Interdependenz der beiden Systeme durch die Verfassung als strukturelle Kopplung zwischen ihnen verwirklicht.[391]

Der moderne Nationalstaat als Verfassungsstaat kann dann als Ausdruck der territorialen Einheit in der Differenz von Recht und Politik

---

388 *Huber, T.*, Systemtheorie des Rechts, S. 153.

389 *Luhmann, N.*, Verfassung als evolutionäre Errungenschaft, Rechtshistorisches Journal 9 (1990), S. 176, 183.

390 Ebd., S. 193; siehe auch z.B. *Neves, M.*, Symbolische Konstitutionalisierung, S. 62, der die Verfassung eher als Teilsystem des Rechtssystems versteht.

391 *Luhmann, N.*, Die Gesellschaft der Gesellschaft, S. 782; *ders.*, Das Recht der Gesellschaft, S. 470; *ders.*, Die Politik der Gesellschaft, S. 389; siehe auch *Neves, M.*, Die Staaten im Zentrum und die Staaten an der Peripherie: Einige Probleme mit Niklas Luhmanns Auffassung von den Staaten der Weltgesellschaft, in: ders./Voigt, R. (Hrsg.), Die Staaten der Weltgesellschaft, S. 181, 192; *Neves, M.*, Symbolische Konstitutionalisierung, S. 60 ff.; *ders.*, Grenzen der Autonomie des Rechts in einer asymmetrischen Weltgesellschaft: Von Luhmann zu Kelsen, ARSP 93 (2007), S. 363, 379; *Fischer-Lescano, A.*, Globalverfassung, S. 203. Allerdings ist der Begriff „Konstitutionalisierung" laut Fischer-Lescano irreleitend: Nach seiner Ansicht soll es entweder einen konstituierenden Normenbestand geben oder nicht.

angesehen werden.[392] Die Verfassung reagiert wiederum auf die Differenzierung beziehungsweise vollständige Trennung von Recht und Politik, indem sie den durch die Trennung entstehenden Verknüpfungsbedarf institutionalisiert.[393] Sie hat somit eine Doppelfunktion und „konstituiert" wie „invisibilisiert" die gesellschaftliche Kopplung von Recht und Politik in gleichem Maße.[394]

Durch die Bindung des politischen Systems an das Recht wird zudem eine „universalistische Rechtsgeltung" erzeugt. Die Politik übernimmt den Primat, die Kontingenzformel und der Code des politischen Systems strahlen auf die Gesellschaft als Ganzes aus.[395]

Letztlich führt die Kopplung der beiden Systeme dazu, dass das Recht eine politische Legitimation erfährt und umgekehrt die Politik eine rechtliche Legitimation erhält.[396] Das Verhältnis zwischen dem politischen System und dem Rechtssystem ist nun überdies auch nicht mehr vertikal-hierarchisch, sondern horizontal-funktional – mit anderen Worten, es findet ein Übergang von einer hierarchischen zu einer heterarchischen Systemarchitektur statt.[397]

aa. Merkmale

Zentrales Merkmal heutiger Verfassungen ist ihre Höherrangigkeit gegenüber einfachen Gesetzen. Systemtheoretisch gesprochen geht der Code „verfassungsgemäß/verfassungswidrig" dem Code „Recht/Un-

---

392 *Halfmann, J.*, Nationalstaat und Recht der Weltgesellschaft, Rechtstheorie 39 (2008), S. 279, 283.

393 *Luhmann, N.*, Verfassung als evolutionäre Errungenschaft, Rechtshistorisches Journal 9 (1990), S. 176, 180.

394 Ebd., S. 193; auch z.B. Habermas spricht von einer „Verkopplung" von Recht und Politik durch die Verfassung: *Habermas, J.*, Zur Verfassung Europas, S. 56.

395 *Luhmann, N.*, Politische Verfassungen im Kontext des Gesellschaftssystems, 2. Teil, Der Staat 12 (1973), S. 165, 181.

396 *Neves, M.*, Transversale Verfassungen?, in: Brunkhorst, H. (Hrsg.), Demokratie in der Weltgesellschaft, S. 75, 81.

397 *Neves, M.*, Verfassung und Positivität des Rechts in der peripheren Moderne, S. 51.

recht" vor. Hierbei spielt auch die Differenzierung im formellen und materiellen Sinn eine Rolle.[398]

Charakteristische Merkmale einer Verfassung sind darüber hinaus nach Luhmann das Vorhandensein von Kollisionsregeln (also Bestimmungen über den Vorrang der Verfassung gegenüber jeglichem anderen Recht), Regeln über die Abänderbarkeit/Nichtabänderbarkeit sowie die Einrichtung einer Kontrollinstanz, die über die Verfassungsmäßigkeit anderer Normen wacht.[399] Ferner besteht ein Zusammenhang zwischen der Verfassung als Element struktureller Kopplung und dem Vorhandensein eines sogenannten „hybriden Metacodes". Denn die Differenz „verfassungsgemäß/verfassungswidrig" stellt einen binären Metacode der ihrerseits auch wieder binär codierten, eigenständigen Systeme „Recht" und „Politik" dar.

Festzuhalten ist allerdings, dass die beiden Systeme durch diesen Metacode weder zu *einem* verschmolzen werden, noch sich das Kopplungselement „Verfassung" zu einem eigenständigen System beziehungsweise Zwischensystem herausbildet.[400]

Konkretisiert wird die strukturelle Kopplung schließlich durch verschiedene institutionalisierte Verfahren, etwa Wahl-, Abstimmungs-, Gesetzgebungs- und Verwaltungsverfahren sowie Verfahren innerhalb der Rechtsprechung.[401] Es werden somit die bereits erwähnten horizontalen intersystemischen Beziehungen aufgebaut.[402]

Notwendig für die Entstehung der Verfassung als strukturelles Kopplungselement ist dabei jedoch, dass beide Systeme voneinander getrennt und operativ geschlossen sind. Wäre dies nicht der Fall, so bestünde die Gefahr, dass die beiden Systeme sich von dem jeweils anderen Code

---

398 *Fischer-Lescano, A.*, Globalverfassung, S. 220.

399 *Luhmann, N.*, Verfassung als evolutionäre Errungenschaft, Rechtshistorisches Journal 9 (1990), S. 176, 187.

400 *Teubner, G.*, Verfassungen ohne Staat?, in: Kadelbach, S./Günther, K. (Hrsg.), Recht ohne Staat?, S. 49, 26.

401 *Neves, M.*, Transversale Verfassungen?, in: Brunkhorst, H. (Hrsg.), Demokratie in der Weltgesellschaft, S. 75, 81.

402 *Neves, M.*, Die Staaten im Zentrum und die Staaten an der Peripherie: Einige Probleme mit Niklas Luhmanns Auffassung von den Staaten der Weltgesellschaft, in: ders./Voigt, R. (Hrsg.), Die Staaten der Weltgesellschaft, S. 181, 193.

korrumpieren ließen und folglich die jeweiligen systemspezifischen Aufgaben nicht mehr einwandfrei wahrnehmen könnten.[403]

bb. Funktionen der Verfassung bei Luhmann

Laut Luhmann sind die Funktionen einer Verfassung sowohl im Rechtssystem als auch im politischen System relativ ähnlich. Daher werden sie im Folgenden auch zusammen abgehandelt.

Über die strukturelle Kopplung als Zwei-Seiten-Form wird zum einen die wechselseitige Beeinflussung ermöglicht, also durch die Verfassung legalisiert. Zum anderen wird jedoch wie generell bei jeder strukturellen Kopplung über ihre Außenseite jegliche zusätzliche Beeinflussung ausgeschlossen beziehungsweise zumindest illegalisiert:

> „Politik und Rechtspflege sollen demnach nur ‚verfassungsgemäß' und nicht anders miteinander umgehen. Unter der Bedingung, dass anderes ausgeschlossen wird (...) kann der wechselseitige Einfluss immens gesteigert werden."[404]

Luhmann zufolge hat die Verfassung für das politische System die Funktion, „Bedingungen gesellschaftlicher Kompatibilität" zu reformulieren: Sie muss dafür sorgen, dass das politische System in seiner „Funktion und Variationsfähigkeit" zur Restgesellschaft strukturell kompatibel bleibt.[405] Infolge einer gestiegenen Generalisierung gesamtgesellschaftlicher Strukturen muss die Verfassung zudem ein hohes Maß an Respezifikation aufbringen.[406]

Eine zentrale Funktion von Verfassungen ist zudem die Begrenzung von politischer Macht.[407] Die Verfassung gibt den Anwendungsbereich staatlicher Hoheitsgewalt vor und begrenzt diesen zugleich gegenüber allen anderen, nichtpolitischen sozialen Sphären. Durch diese Selbstli-

---

[403] *Luhmann, N.*, Verfassung als evolutionäre Errungenschaft, Rechtshistorisches Journal 9 (1990), S. 176, 212.

[404] Ebd., S. 205.

[405] *Ders.*, Politische Verfassungen im Kontext des Gesellschaftssystems, 1. Teil, Der Staat 12 (1973), S. 1, 6.

[406] *Ders.*, Politische Verfassungen im Kontext des Gesellschaftssystems, 2. Teil, Der Staat 12 (1973), S. 165, 181.

[407] *Peters, A.*, Rechtsordnung und Konstitutionalisierung: Zur Neubestimmung der Verhältnisse, ZöR 65 (2010), S. 3, 41.

mitierung des politischen Systems wird einerseits eine totalitäre Vereinnahmung gesellschaftlicher Bereiche durch das Politische verhindert, andererseits wird das einwandfreie Funktionieren des politischen Sektors – systemtheoretisch gesprochen: des politischen Systems – gewährleistet, da seine Überlastung durch ein Übermaß an Selektionsprozessen verhindert wird.[408]

Laut Luhmann beruht das Erfordernis einer Verfassung im politischen System auf der Souveränität. Luhmann zufolge ist der Terminus „Souveränität" eine Beschreibung für „die Einheit des Systems als Entscheidungsproblem."[409] Im politischen System müsse es möglich sein, ungebundene im Sinne von unabhängigen und freien Entscheidungen zu treffen. Anderenfalls könne das System nicht als konfliktfreie, friedliche Einheit existieren.[410]

Luhmann meint damit, dass es ohne diese „Entscheidungsinstanz" eine Vielzahl von Entscheidungen mit einer Vielzahl von Entscheidenden gäbe, die alle für sich einen Letztentscheidungsanspruch erheben könnten. Dies würde jedoch zu unüberschaubaren und wohl auch unlösbaren Konflikten führen. Allerdings entstehen auch hier Selbstreferenzprobleme und Tautologien. Im Bereich der Souveränität lauten diese: „Ich entscheide, wie ich entscheide" beziehungsweise sogar die Paradoxie: „Ich entscheide ungebunden mit Bindungseffekt für alle, also auch mich selber, da ich zum System gehöre; ich binde und entbinde mich."[411]

Im Bereich des Rechts besteht dieses Selbstreferenzproblem darin, dass der Code „Recht/Unrecht" darüber entscheiden muss, was Recht und was Unrecht ist; er muss dabei aber quasi über sich selbst auch „richten" und müsste entscheiden, ob der Code an sich rechtens ist oder nicht. Durch die Einführung des verfassungsrechtlichen Codes „verfassungsgemäß/verfassungswidrig" wird dieses Problem zwar nicht endgültig gelöst, aber zumindest derart invisibilisiert, dass die beiden Systeme störungsfrei arbeiten können. Denn der allgemeine Code des

---

[408] *Verschraegen, G.*, Systems Theory and the Paradox of Human Rights, in: King, M./Thornhill, C. J. (Hrsg.), Luhmann on Law and Politics, S. 101, 111.

[409] *Luhmann, N.*, Verfassung als evolutionäre Errungenschaft, Rechtshistorisches Journal 9 (1990), S. 176, 194.

[410] Ebd.

[411] Ebd., S. 197.

Rechtssystems „Recht/Unrecht“ ist auf den speziellen Code „verfassungsgemäß/verfassungswidrig“ nicht anwendbar beziehungsweise die Anwendung wird von diesem Code blockiert.[412]

Laut Luhmann existieren darüber hinaus die Probleme der Zirkularität und des „Wiedereintritts der Einheit in die Einheit“ sowohl im politischen System als auch im Rechtssystem. Die Verfassung hilft nun, dieses Paradox zu lösen – als rechtliche Lösung für das Selbstreferenzproblem des politischen Systems und als politische Lösung für das Selbstreferenzproblem des Rechtssystems.[413]

Allerdings wird das gemeinsame Problem auf unterschiedliche Weise angegangen. Während im politischen System die genannten Schwierigkeiten in organisatorische und strategische Wege gelenkt werden, wird im Rechtssystem ein interpretatorischer Ansatz gewählt.[414] Im politischen System werden Ämter gebildet und die Gewaltenteilung organisiert. Die Verfassung vermag nun nach Ansicht Luhmanns die erwähnten Probleme zu lösen, und zwar nicht mehr „auf Kosten des Rechts“, sondern „mit Hilfe des Rechts“.[415]

Die Verfassung ist nach Luhmann sowohl vom rechtlichen als auch vom politischen Standpunkt aus gesehen eine „Anweisung, Selbstreferenz und Fremdreferenz in systeminternen Operationen zu unterscheiden.“[416] Denn durch die Verfassung existieren nun grundlegende Regeln, an die sich jeder, auch die Machthabenden und Rechtssetzer, zu halten hat. Das politische System nimmt dabei das Rechtssystem in Anspruch, handelt also mittels „Fremdreferenz“.[417] Folge ist zudem, dass auf naturrechtliche Konstruktionen verzichtet werden kann.[418]

Beide Systeme, sowohl das politische System als auch das Rechtssystem, sind nun in der Lage, das grundlegende Paradox der Systemtheorie zu lösen, also das Selbstreferenzproblem. Letztlich ist dadurch auch ein

---

412 Ebd., S. 203.

413 Ebd., S. 202.

414 Ebd., S. 198.

415 Ebd.

416 Ebd., S. 199.

417 Ebd., S. 201.

418 Ebd., S. 198.

Komplexitätsgewinn infolge der Trennung und Wiederverknüpfung der beiden Systeme erzielt worden.[419]

Auch wenn *de facto* eine sehr enge Beziehung beziehungsweise über den Zufall hinausgehende feste Zusammenhänge zwischen den beiden Systemen bestehen, determinieren sich beide laut Luhmann nun nicht mehr gegenseitig. Über die Verfassung als strukturelle Kopplung ist vielmehr nur eine stetige Irritation möglich. Beiden Systemen ist es aber jetzt möglich, den gegenseitigen Vereinnahmungsversuchen zu widerstehen.[420] Die Verfassung ist somit eine Art „Doppelform", das heißt die „jeweils lokalen Operationen von Recht und Politik" können aneinandergeschlossen werden.[421] Die Verbindung muss aber nicht *per se* auf das Lokale begrenzt bleiben, vielmehr ist denklogisch auch eine Verknüpfung der globalen Operationen möglich.[422]

Aufgrund der Bindung des politischen Systems an das Recht bewirkt die Verfassung, dass rechtswidriges politisches Handeln „zum Misserfolg führt", da das politische System den Pfad der Legitimität und Legalität verlassen würde und somit – zumindest bei dauerhaftem rechtswidrigem Handeln – aufgrund der zu erwartenden Nichtbefolgung seiner Entscheidungen nicht mehr in der Lage wäre, bindende Entscheidungen zu treffen.[423]

Durch diesen Kopplungsmodus ist etwa das politische System in der Lage,

> „das Recht als Instrument des Erreichens politischer Ziele in Anspruch zu nehmen, und benutzt dazu die in der Staatsorganisation vorgesehenen Kommunikationsformen und -wege. Das Rechtssystem kann das politische System unter dem Code rechtmäßig/rechtswidrig beobachten".[424]

---

[419] Ebd., S. 202.

[420] Ebd., S. 203 f.

[421] *Ziegert, K. A.*, Weltgesellschaft im Wandel – globale Wege, Verbindungen und Vergleiche, Soziale Systeme 13 (2007), S. 395, 400.

[422] Siehe hierzu auch: *Kjaer, P. F.*, Constitutionalizing Governing and Governance in Europe, Comparative Sociology 9 (2010), S. 86, 89 f.

[423] *Luhmann, N.*, Die Gesellschaft der Gesellschaft, S. 782.

[424] *Ders.*, Die Politik der Gesellschaft, S. 392.

Der jeweilige Code des einen Systems wird also für das jeweils andere relevant. Für das Rechtssystem wird folglich bei der Rechtssetzung und in Rechtsverfahren der demokratische Prozess der Entscheidungsfindung des politischen Systems bedeutend – das Rechtssystem ist von den getroffenen Entscheidungen abhängig und kann sich nicht darüber hinwegsetzen.

Andererseits sind der Machtkreislauf und der Prozess der Entscheidungsfindung des politischen Systems nun an die Anforderungen des Rechtsstaats gebunden. Auch demokratisch herbeigeführte Entscheidungen können aufgrund eines Grundrechtsverstoßes oder anderer Verstöße gegen Verfassungsrecht durch Programme des Rechtssystems für verfassungswidrig und somit nichtig erklärt werden.[425] Durch die Kopplung der beiden Systeme mittels der Verfassung werden diese also in ihren Prozessen (der Rechtsprozess und der Sozialprozess des Politiksystems) wechselseitig beschränkt und ihre wechselseitigen Beeinflussungsmöglichkeiten reduziert. Die Beeinflussungen und Irritationen können jetzt nur noch über die durch die Kopplung eng begrenzten und institutionalisierten Wege erfolgen.[426]

Schließlich wird durch die wechselseitige Begrenzung und die Stabilisierungsleistung die Erwartungssicherheit in allen Gesellschaftssystemen gesteigert und damit – über die erwartbar effektive Machtdurchsetzung – auch die Legitimität erhöht.[427]

Von besonderer Bedeutung ist laut Luhmann die Herausbildung bestimmter Verfahrensnormen, die sicherstellen, dass die Inhalte der Verfassung nicht beliebig gewählt beziehungsweise ausgetauscht werden können. Demokratie spielt hier eine entscheidende Rolle. Nicht nur, dass die Demokratisierung der Politik und die Positivierung des Rechts

---

[425] *Neves, M.*, Transversale Verfassungen?, in: Brunkhorst, H. (Hrsg.), Demokratie in der Weltgesellschaft, S. 75, 80.

[426] *Fischer-Lescano, A./Teubner, G.*, Regime-Kollisionen, S. 165.

[427] Siehe *Ziegert, K. A.*, Weltgesellschaft im Wandel – globale Wege, Verbindungen und Vergleiche, Soziale Systeme 13 (2007), S. 395, 400. Durch schriftliche Fixierung der Kopplung von Recht und Politik durch die Verfassung und die damit verbundene Rechtssicherheit sowie den Ausschluss von Machtmissbrauch und Willkürherrschaft profitiert als Konsequenz zudem auch und insbesondere ein weiteres System: das Wirtschaftssystem. Wie Brunkhorst festhält, war „die geordnete Entfesselung des kapitalistischen Systems“ erst infolge der geschriebenen Verfassung möglich: *Brunkhorst, H.*, Legitimationskrisen, S. 40.

eng miteinander zusammenhingen[428], vielmehr werde auch „das Demokratie-Postulat über Verfahren faktorisiert“[429]. Luhmann führt aus:

> „Die Verführung der Erleichterung des Einflusses und der Anpassung der strukturellen Kopplung liegt genau darin Verfassungsnormen so zu wählen, daß das Rechtssystem in nahezu jedem politischen Handeln Rechtmäßigkeit erkennen kann; und umgekehrt jede Entscheidung über Verfassungsmäßigkeit/Verfassungswidrigkeit dem politischen System einen Hinweis darauf gibt, wie beliebige Entscheidungen dargestellt werden müssen (...).“[430]

Die Verfassung bewirkt also den ständigen und konzentrierten Austausch zwischen dem Rechtssystem und dem politischen System. Sie dient als Brücke zur Übertragung der wechselseitigen Leistungen.[431] Im Gegensatz zu nur zeitweise vorhandenen operativen Kopplungen ist die Verfassung dauerhaft etabliert und sorgt für den wechselseitigen Austausch von Einflüssen der beiden Systeme im Sinne von ständigen und konzentrierten Interpenetration und filtert diese zugleich.[432]

Wie Stichweh argumentiert, ist die Verfassung im Sinne einer strukturellen Kopplung diejenige Institution, die

> „bestimmte normative Grundlagen des politischen Systems dem veränderten Zugriff politischer Initiative entzieht und Instanzen der Verfassungsinterpretation als Verwalter von Identitätskonstruktionen des politischen Systems etabliert.“[433]

---

[428] *Luhmann, N.*, Die Gesellschaft der Gesellschaft, S. 783.

[429] *Ders.*, Verfassung als evolutionäre Errungenschaft, Rechtshistorisches Journal 9 (1990), S. 176, 208.

[430] Ebd.

[431] *Neves, M.*, Verfassung und Positivität des Rechts in der peripheren Moderne, S. 180 f.

[432] *Ders.*, Grenzen der Autonomie des Rechts in einer asymmetrischen Weltgesellschaft: Von Luhmann zu Kelsen, ARSP 93 (2007), S. 363, 380; *ders.*, Die Staaten im Zentrum und die Staaten an der Peripherie: Einige Probleme mit Niklas Luhmanns Auffassung von den Staaten der Weltgesellschaft, in: ders./Voigt, R. (Hrsg.), Die Staaten der Weltgesellschaft, S. 181, 192.

[433] *Stichweh, R.*, Dimensionen einer Weltrepublik, in: Münk, H. J. (Hrsg.), Die Vereinten Nationen sechs Jahrzehnte nach ihrer Gründung, S. 127, 128.

Die Verfassung wird somit von beiden Systemen als „interner Mechanismus seiner Selbstproduktion aufgefaßt“[434] – das bedeutet, dass der *re-entry* der Differenz von Politischem und Rechtlichem in die jeweiligen Systeme ermöglicht wird.

Nach Ansicht von Neves lässt sich die Verfassung auch als „systemischer Mechanismus der Souveränität“ begreifen, als „Beobachtungszentrum“ der beiden strukturell gekoppelten Systeme Recht und Politik.[435] Dadurch löse die Verfassung als strukturelle Kopplung und Zwei-Seiten-Form auch gleichzeitig das Paradox der politischen und der Rechtssouveränität durch wechselseitige Bezugnahme auf.[436]

Die Verfassung erfüllt den Verknüpfungsbedarf, der aufgrund der Differenzierung von Recht und Politik besteht.[437] Sie kann daher als „systematischer Mechanismus der Souveränität des Staates als zentraler Organisation“[438] angesehen werden. Als strukturelle Kopplung löst sie die Paradoxien der Rechtssouveränität und der politischen Souveränität. Indem sie die Bindung der souveränen Staatspolitik an rechtliche Vorgaben und der politischen Abhängigkeit der Rechtssouveränität institutionalisiert und die eine auf die andere Souveränität wechselseitig bezieht.[439] „Recht/Unrecht“ wird zum Zweitcode der Macht.[440] Sie verbindet folglich zwei verschiedene Funktionssysteme zu einer Entscheidungseinheit.

---

[434] *Neves, M.*, Grenzen der Autonomie des Rechts in einer asymmetrischen Weltgesellschaft: Von Luhmann zu Kelsen, ARSP 93 (2007), S. 363, 380; *ders.*, Die Staaten im Zentrum und die Staaten an der Peripherie: Einige Probleme mit Niklas Luhmanns Auffassung von den Staaten der Weltgesellschaft, in: ders./Voigt, R. (Hrsg.), Die Staaten der Weltgesellschaft, S. 181, 193.

[435] *Dies.*, Einleitung: Die Staaten der Weltgesellschaft, in: dies. (Hrsg.), Die Staaten der Weltgesellschaft, S. 9, 12.

[436] Ebd., S. 13.

[437] *Luhmann, N.*, Verfassung als evolutionäre Errungenschaft, Rechtshistorisches Journal 9 (1990), S. 176, 180; *Fischer-Lescano, A.*, Globalverfassung, S. 211.

[438] *Neves, M./Voigt, R.*, Einleitung: Die Staaten der Weltgesellschaft, in: dies. (Hrsg.), Die Staaten der Weltgesellschaft, S. 9, 11.

[439] Ebd., S. 12.

[440] *Luhmann, N.*, Macht, S. 34; 48 ff., 56.

Zu beachten ist aber, dass Luhmann mit „Verfassung" nicht einen bestimmten Text meinte, sondern einen „Kopplungsmodus"[441]. Die unmittelbare Beeinflussung eines der beiden Systeme durch das andere ist als Konsequenz zwar ausgeschlossen, die Möglichkeit wechselseitigen, indirekten Einflusses zugleich jedoch gesteigert.[442] Trotz oder gerade aufgrund dieser Eigenschaft als Kopplungsmodus kann die Verfassung allerdings keinem bestimmten System oder Ordnungsmechanismus (im Sinne eines Codes, Programmes oder einer Funktion) zugeordnet werden.[443]

4. Der Rechtsstaat bei Luhmann

Eng mit dem Vorhandensein einer Verfassung in funktional differenzierten Gesellschaften verbunden ist das Entstehen des Rechtsstaats. Der moderne Rechtsstaat kann nach Luhmann als Relevanz der Differenz von Recht und Unrecht für das politische System angesehen werden.[444]

Die Relevanz der Differenz bedeutet, dass politische Entscheidungen nicht willkürlich durch die jeweiligen Machthaber getroffen werden können, sondern jegliche Entscheidung im politischen System dem Recht untergeordnet ist.[445] Diese Verbindung hat zur Folge, dass eine wachsende Interdependenz des politischen Systems und des Rechtssystems entsteht.[446]

---

[441] *Fischer-Lescano, A.*, Die Emergenz der Globalverfassung, ZaöRV 63 (2003), S. 717, 731.

[442] *Neves, M.*, Verfassung und Positivität des Rechts in der peripheren Moderne, S. 181; *Luhmann, N.*, Verfassung als evolutionäre Errungenschaft, Rechtshistorisches Journal 9 (1990), S. 176, 205.

[443] *Vesting, T.*, Politische Verfassung?, in: Calliess, G.-P. (Hrsg.), Soziologische Jurisprudenz, S. 609, 617.

[444] *Neves, M.*, Die Staaten im Zentrum und die Staaten an der Peripherie: Einige Probleme mit Niklas Luhmanns Auffassung von den Staaten der Weltgesellschaft, in: ders./Voigt, R. (Hrsg.), Die Staaten der Weltgesellschaft, S. 181, 188.

[445] *Luhmann, N.*, Die Politik der Gesellschaft, S. 389 f.

[446] *Neves, M.*, Die Staaten im Zentrum und die Staaten an der Peripherie: Einige Probleme mit Niklas Luhmanns Auffassung von den Staaten der Weltge-

Anders als bei vormodernen Herrschafts- und Gesellschaftsformen ist diese Interdependenz auch nicht nur einseitig, das heißt nicht nur das Recht ist der Politik unterworfen. Vielmehr sind auch politische Entscheidungen einer Rechtskontrolle unterworfen, und auch das positive Recht kann nur über politisch kontrollierte und gesteuerte Gesetzgebungsverfahren zustande kommen. Schließlich führt dies zu „synallagmatischen Beziehungen zwischen Recht und Politik“[447].

Im liberalen Konstitutionalismus, von Luhmann letztlich gleichgesetzt mit dem Rechtsstaat, ist zudem der Einsatz physischer Gewalt vollumfassend kontrolliert.[448] Eine wesentliche Rolle spielt dabei das „organisatorische Arrangement“ in Form der Gewaltenteilung, das dem Einheitsprinzip souveräner und mit Letztwillkür herrschender Machthaber entgegenstellt wird. Ein „Umkippen von Selbstdetermination in Fremddetermination“ ist nun nicht mehr möglich.[449]

Systemtheoretisch gesprochen bewirkt die Gewaltenteilung eine Filterwirkung. Nur rechtlich zulässige Kommunikation wird ermöglicht – die alte Einheit der Gewalt wird durch eine neue Einheit des Rechts ersetzt.[450] Somit kommt es laut Luhmann zu einer „Dezentralisierung politischer Gewalt“. Die Einklagung subjektiver Rechte ist nun ebenso möglich wie die Inanspruchnahme der Staatsgewalt zur Vollstreckung.[451]

Das Rechtsstaatsprinzip sichert darüber hinaus die „Rechtlichkeit der Verfassung“ zu. Für Luhmann ist das Rechtsstaatsprinzip weder eine normale Verfassungsnorm, noch lässt es sich mit anderen Leitprinzipien wie etwa dem Sozialstaatsprinzip vergleichen. Dem politischen System wird durch das in der Verfassung enthaltene Rechtsstaatsprinzip ver-

---

sellschaft, in: ders./Voigt, R. (Hrsg.), Die Staaten der Weltgesellschaft, S. 181, 188 f.

447 Ebd., S. 189.

448 *Luhmann, N.*, Die Politik der Gesellschaft, S. 79.

449 Ebd., S. 86.

450 *Ders.*, Staat und Politik, in: ders. (Hrsg.), Soziologische Aufklärung 4, S. 77, 92.

451 Ebd., S. 92 f.

wehrt, beliebig zu handeln. Vielmehr sind die Rechtsleistungen nur in rechtlicher Form möglich.[452]

Letztlich liege die „Kontingenzformel des politischen Systems (...) in der Disjunktion von Recht und Unrecht“[453]. Daher müsse das „Kommunikationsmedium Macht (...) einen rechtsförmigen Code erhalten“.[454] Der moderne Staat arbeite daher auch stets mit der Codierung „Macht“ und „Recht“.[455]

5. Schlussfolgerungen

Luhmanns – systemtheoretisches – Verfassungsverständnis unterscheidet sich durchaus deutlich von der klassischen Staatslehre à la Smend, Jellinek oder Schmidt. Die üblicherweise mit Verfassungen verbundenen normativen Ordnungsvorstellungen stehen für ihn nicht im Vordergrund seines Verfassungsverständnisses.

Zwar wird sowohl die Entscheidungsbildung im politischen System über die Verfassung eingeschränkt; es findet eine Machtbegrenzung statt. Das politische System unterliegt einer Limitierung und ist nicht in der Lage, andere gesellschaftliche Bereiche zu vereinnahmen. Auch steht Verfassungsrecht letztlich über dem normalpositiven Recht, auch wenn nach Ansicht von Luhmann nicht das Rechtssystem hierarchisiert, sondern erst das politische System mittels seiner Selbstbeschreibung „Staat“. Somit nimmt auch für Luhmann die Verfassung eine ordnende und begrenzende Funktion ein.

Im Vordergrund steht jedoch der evolutionäre Charakter einer modernen Verfassung, die Eigenschaft als Entparadoxierungskonzept über die Entwicklung des Verfassungsrecht und des neuen Metacodes „verfassungsgemäß/verfassungswidrig“ der dem Rechtscode Recht/Unrecht vorgeht und sowohl für das politische System, als auch für das Rechtssystem von zentraler Bedeutung ist, indem er die jeweiligen systemspezifischen Codes mediatisiert.

---

452 *Ders.*, Politische Verfassungen im Kontext des Gesellschaftssystems, 2. Teil, Der Staat 12 (1973), S. 165, 180.

453 Ebd.

454 Ebd.

455 *Ders.*, Widerstandsrecht und politische Gewalt, in: ders. (Hrsg.), Soziologische Aufklärung 4, S. 169, 172.

Für das Rechtssystem bedeutet die Verfassung zudem die Unkenntlichmachung, das Invisibilisieren des Grundparadoxes des Rechtssystems. Der Code Recht/Unrecht muss nun nicht mehr selbst entscheiden, ob der Code an sich rechtens ist oder nicht; diese Aufgabe übernimmt der spezielle Code verfassungsgemäß/verfassungswidrig.

Paradox erscheint allerdings wiederum, dass die Verfassung einerseits positives Recht begründet, andererseits selbst positives Recht ist und zudem auch die Regeln über die eigene Veränderbarkeit/Nichtveränderbarkeit regelt. Dadurch wird deutlich, was Luhmann mit dem Invisibilisieren eines Paradoxes meint: Durch die Entparadoxierungskonzepte findet keine endgültige Lösung statt, die Paradoxie wird lediglich auf eine andere Ebene verlagert. Der Code Recht/Unrecht muss beispielsweise nicht mehr über seine eigene Richtigkeit befinden; der Code verfassungsgemäß/verfassungswidrig aber über seine eigene Richtigkeit/Verfassungsgemäßheit schon.

Das politische System kann schließlich erst durch das Vorhandensein einer Verfassung einwandfrei arbeiten – das politische System wird autonom gegenüber anderen gesellschaftlichen Systemen, es gewinnt über die Selbstbeschreibung als Staat Souveränität. Durch die wechselseitige Bezugnahme wird auch das Souveränitätsparadox gelöst; die Verfassung begrenzt nach innen die Souveränität. Gleichzeitig erhalten beide Systeme eine wechselseitige Legitimierung des anderen Systems.

Maßgeblich ist weiterhin die Eigenschaft der Verfassung als strukturelle Kopplung zwischen dem politischen System und dem Rechtssystem. Erst über sie wird die wechselseitige Beeinflussung der beiden Systeme institutionalisiert und fortwährend gewährleistet; gleichzeitig wird auch die dauerhafte Trennung der beiden Systeme sichergestellt.

Die beiden getrennten Systeme sind in der Lage, in verschiedenen Bereichen eng miteinander zu kommunizieren, ohne dass die Systemgrenzen von der jeweiligen Systemumwelt korrumpiert werden. Durch die Verfassung als Kopplungsmodus werden die beiden – getrennten Systeme – zu einer Entscheidungseinheit verbunden, können aber weiterhin mit ihren eigenen, systemspezifischen Codes weiterarbeiten. Die intersystemischen Beziehungen werden jedoch enger und auf einen heterarchischen Modus umgestellt. Trotz der Kopplung, trotz der Entscheidungseinheit werden die Systemgrenzen allerdings nicht aufgelöst; eine Verschmelzung findet nicht statt.

Auch wenn das politische System in modernen Gesellschaften die Vorrangstellung zunächst an das Wirtschaftssystem und den Geldkreislauf abgegeben hat, wird deutlich, welch zentrale Rolle das Politiksystem als

Selbstbeschreibung des Staates in der Systemtheorie von Luhmann hat. Aber nicht nur das politische System nimmt eine zentrale Rolle ein. Wegen der Beziehung zum politischen System kommt auch dem Rechtssystem herausragende Bedeutung zu. Dies wird durch die Gewaltenteilung im modernen Rechtsstaat und die Zweitcodierung „Demokratie“ nochmals verstärkt.

Das Verfassungsverständnis bleibt jedoch in vorliegender Untersuchung ein zentraler Ansatzpunkt. Als (schriftlich fixierter und feierlich verkündeter) Rechtstext mit Sonderstellung ermöglicht die Verfassung die Überprüfung von Handlungen der Legislative und Exekutive.

V. Weltgesellschaft

Der für diese Untersuchung zunächst bedeutendste Theoriebeitrag von Luhmann betrifft seine Überlegungen bezüglich der Weltgesellschaft. Luhmann selbst bezeichnet die Weltgesellschaft als „neuartiges System“[456].

Er war allerdings nicht der erste Systemtheoretiker, der sich mit dem internationalen Raum beschäftigt hat. Wie in so vielen Bereichen greift Luhmann zum Teil auf die theoretischen Überlegungen von Talcott Parsons zurück, der schon Anfang der 1960er-Jahre die Entwicklung einer positiv wie negativ integrierten Weltgesellschaft beschrieb und „the entire world as a social system“[457] begriff.

Zahlreiche Autoren[458] haben den Begriff der Weltgesellschaft ebenfalls aufgenommen, etwa der Soziologe John W. Meyer, der die Weltgesell-

[456] *Luhmann, N.*, Die Weltgesellschaft, in: ders. (Hrsg.), Soziologische Aufklärung 2, S. 63, 71.

[457] *Parsons, T.*, Order and Community in the International Social System, in: Rosenau, J. N. (Hrsg.), International Politics and Foreign Policy, S. 120, zitiert nach *Brunkhorst, H.*, Legitimationskrisen, S. 75.

[458] Dazu zählen z.B. Immanuel Wallerstein mit seiner Theorie des World System oder Peter Heintz, der die Weltgesellschaft ähnlich wie Luhmann als ein umfassendes System und ein sehr komplexes soziales Gebilde betrachtet, siehe hierzu: *Thelen, P.*, Vergleich in der Weltgesellschaft, S. 30 m.w.N; für einen umfassenden Überblick und zu den Vorläufern des Weltgesellschaftsbegriffs siehe: *Bornschier, V.*, Weltgesellschaft, S. 115 ff.; auch *Buzan, B.*, From Interna-

schaft allerdings eher als „sweeping cultural complex“ ansieht und im Gegensatz zu Luhmann keinen differenzialistischen Ansatz verfolgt.[459] In der neueren Systemtheorie setzt sich beispielsweise Rudolf Stichweh mit dem Konzept der Weltgesellschaft eingehender auseinander.[460]

1. Grundlegendes

Wie in jedem anderen sozialen System ist auch in der Weltgesellschaft Kommunikation die elementare Operation. Die stetige, rekursive Aneinanderreihung von Kommunikation an Kommunikation begründet erst ein soziales System in Form einer Gesellschaft, mithin auch das der Weltgesellschaft.

Der Unterschied zu anderen Systemen ist allerdings, dass in der Weltgesellschaft aufgrund ihres globalen und allumfassenden Charakters grundsätzlich jede Kommunikation enthalten ist. Insofern ist in „jeder Kommunikation Weltgesellschaft impliziert“[461] und die „Weltgesellschaft das Sich-ereignen von Welt in der Kommunikation“[462]. Aufgrund dieses inklusiven Charakters verliert – zumindest wenn der Zugang zur Weltgesellschaft idealiter ohne Hindernisse möglich ist – die Unter-

---

tional System to International Society: Structural Realism and Regime Theory meet the English School, International Organization 47 (1993), S. 327, 336 f.

[459] *Drori, G. S./Krücken, G.*, World Society: A Theory and a Research Program in Context, in: dies./Meyer, J. W. (Hrsg.), World Society, S. 3, 17, 25.

[460] *Stichweh, R.*, Die Weltgesellschaft; *ders.*, Das Konzept der Weltgesellschaft: Genese und Strukturbildung eines globalen Gesellschaftssystems, Rechtstheorie 39 (2008), S. 329; *ders.*, Funktionale Differenzierung der Weltgesellschaft, in: Albert, G./Sigmund, S. (Hrsg.), Soziologische Theorie kontrovers, S. 299; *Stichweh, R.*, Dimensionen einer Weltrepublik, in: Münk, H. J. (Hrsg.), Die Vereinten Nationen sechs Jahrzehnte nach ihrer Gründung, S. 127; Albert, M./Stichweh, R. (Hrsg.), Weltstaat und Weltstaatlichkeit.

[461] *Luhmann, N.*, Die Gesellschaft der Gesellschaft, S. 150; siehe auch: *ders.*, Globalization or World society: How to conceive of modern society?, International Review of Sociology 7 (1997), S. 67, 67 ff.

[462] *Ders.*, Die Gesellschaft der Gesellschaft, S. 150.

scheidung „lokal/global" an Bedeutung und wird in bestimmten Bereichen im Zentrum der Weltgesellschaft völlig bedeutungslos.[463]

Wie Wilke darlegt, wird der Ansatz, den Luhmann in seinem ersten Artikel mit dem Titel „Weltgesellschaft" aus dem Jahr 1971 verfolgte, allerdings oft missverstanden. Denn Luhmann argumentiert vor allem gegen die nationalstaatlich organisierte Gesellschaft als sinnvolle Form eines soziologischen Gesellschaftsbegriffs und geht letztlich nur peripher auf die Weltgesellschaft ein. Luhmann beabsichtigt daher nicht, ein mögliches Ideal einer Weltrepublik in der Weltgesellschaft zu beschreiben oder zu entwerfen – die Selbstbeschreibung des politischen Systems auf Ebene der Weltgesellschaft als Staat findet nicht statt.

Luhmann sieht vielmehr die Kombination von Politik und Recht als mögliche „Fehlspezialisierung der Menschheitsentwicklung" an und versucht, eine Weltgesellschaft ohne normative und politische Integration zu entwerfen.[464]

Daher sind die Schlüsse, die Luhmann in seinem Beitrag zieht, für die vorliegende Arbeit und die Frage nach einer Konstitutionalisierung aus systemtheoretischer Sichtweise nicht ohne kritische Überprüfung zu übernehmen, zumal Luhmann bereits von einer etwas anderen Prämisse ausgeht – im Gegensatz zu nationalstaatlichen Gesellschaften nimmt weder das Rechtssystem der Weltgesellschaft, noch das politische System oder gar die Verbindung zwischen den beiden Systemen über eine strukturelle Kopplung eine herausragende Rolle ein.

a. Neuartiges System

Luhmann sah das Sozialsystem „faktisch zur einheitlichen, alle Beziehungen zwischen Menschen umgreifenden Weltgesellschaft zusammengewachsen".[465]

---

[463] *Schütz, A.*, The Twilight of Global Polis: On Losing Paradigms, Environing Systems and Observing World Society, in: Teubner, G. (Hrsg.), Global Law without a State, S. 257, 279.

[464] So *Wilke, H.*, Politische Strukturbildung der Weltgesellschaft, in: Albert, M./Stichweh, R. (Hrsg.), Weltstaat und Weltstaatlichkeit, S. 133, 134; vgl.: *Luhmann, N.*, Die Weltgesellschaft, in: ders. (Hrsg.), Soziologische Aufklärung 2, S. 63, 71.

[465] *Ders.*, Rechtssoziologie, S. 333.

Universelle Kommunikationsmöglichkeiten und – mit „periodischen und regionalen Ausnahmen“ der universelle Weltfrieden – seien „faktisch“ hergestellt. Auf allen gesellschaftlichen Ebenen und in fast allen Teilsystemen der Gesellschaften – Wirtschaft, Wissenschaft, Religion, Kunst etc. – sei ein schnelles Anwachsen weltweiter Kohärenzen festzustellen.[466] Wissenschaft und Technik fänden „mit ihren Möglichkeitshorizonten, Implikationen und faktischen Leistungen überall erwartbare Anerkennung“ [467].

Insofern konstituiert sich die Weltgesellschaft auch in „primär kognitiven Erwartungseinstellungen“[468]. Die Erwartungen bezüglich bestimmter Sachverhalte nähern sich also global aneinander an. Aus systemtheoretischer Sichtweise bedeute dies, „daß die Welt die Gesamtheit dessen ist, was für ein jedes System System-und-Umwelt ist“[469].

Nicht zu verwechseln ist dieses Zusammenwachsen allerdings mit einer politischen Einheit. Luhmann bezieht sich zunächst allein auf Kommunikationen, die sich mit Entstehen der Weltgesellschaft nun global ereigneten.[470]

In Bezug auf Kommunikation seien aufgrund von divergierenden Grenzinteressen territoriale Gesellschaftsgrenzen nicht mehr möglich.[471] Vielmehr könne „die Gesamtheit der Funktionen nur noch in einem globalen System sozialer Interaktion, in der Weltgesellschaft“[472] erfasst werden. Alle Funktionssysteme tendieren laut Luhmann zur Globalisierung, weshalb auch der Übergang zur funktionalen Differenzierung „nur in der Etablierung eines Weltgesellschaftssystems seinen Abschluß finden kann“ [473].

---

[466] *Ders.*, Die Politik der Gesellschaft, S. 387.

[467] *Ders.*, Rechtssoziologie, S. 334.

[468] Ebd., S. 340.

[469] *Ders.*, Die Gesellschaft der Gesellschaft, S. 154.

[470] *Schütz, A.*, The Twilight of Global Polis: On Losing Paradigms, Environing Systems and Observing World Society, in: Teubner, G. (Hrsg.), Global Law without a State, S. 257, 282.

[471] *Luhmann, N.*, Rechtssoziologie, S. 335.

[472] Ebd.

[473] *Ders.*, Die Gesellschaft der Gesellschaft, S. 809; vgl. auch *Lieckweg, T.*, Das Recht der Weltgesellschaft, S. 101.

Die Entstehung der Weltgesellschaft sei daher das Ergebnis der erfolgreichen Umsetzung des Differenzprinzips.[474] Die Weltgesellschaft negiere somit die lokalen Grenzen zwischen den verschiedenen territorialen Gesellschaften in Bezug auf Kommunikation. Gleichzeitig würden die Staatsgrenzen als Umsetzungen der internen Formel der Weltpolitik neu definiert.[475] Das Konzept der Weltgesellschaft sieht somit nicht das völlige Auflösen der nationalstaatlichen Grenzen als wünschbar beziehungsweise erreichbar an. Das Entstehen eines Weltstaates als Selbstbeschreibung des politischen Systems der Weltgesellschaft ist für Luhmann nicht realistisch.

Vielmehr will Luhmann aufzeigen, dass eine neue globale Ordnung am Entstehen ist, welche die Funktionen der Grenzen in anderer Form aufrecht erhält und somit remoduliert.[476]

Durch die Entstehung der einen Weltgesellschaft sei zudem der bislang bestehende Pluralismus gesellschaftlicher Normen entfallen. Die „Vielheit unabhängiger Möglichkeiten" sei in der Weltgesellschaft nicht mehr möglich.[477] Denn aufgrund des Zusammenwachsens der globalen Kommunikationen seien diese nun nicht mehr unabhängig voneinander zu sehen, sondern verschmölzen zu einem ganzheitlichen System.

Ähnlich wie in den jeweiligen nationalen Gesellschaftssystemen stelle sich in der Weltgesellschaft mit zunehmender Ausdifferenzierung das Problem hoher Komplexität, ohne deren Reduzierung und Selektionen zielführendes Handeln nur schwer möglich sei. Die Systemreduzierung sei daher auch in der Weltgesellschaft eine Strategie der Reduktion hoher Umweltkomplexität. Die Selektivität des Systems werde durch wiederholte Systembildung in ihm selbst verstärkt. Die Weltgesellschaft als umspannendes System garantiere dann seinen Teilsystemen eine „innere

[474] *Luhmann, N.*, Rechtssoziologie, S. 335.

[475] So *Schütz, A.*, The Twilight of Global Polis: On Losing Paradigms, Environing Systems and Observing World Society, in: Teubner, G. (Hrsg.), Global Law without a State, S. 257, 276.

[476] Ebd., S. 279.

[477] *Luhmann, N.*, Rechtssoziologie, S. 335 f.

Umwelt"[478] von bereits geringerer Komplexität wie zum Beispiel Frieden.[479]

Die Teilsysteme wiederum hätten die Möglichkeit, das Systeminnere als ihre Umwelt zu behandeln und wiederum Vorteile einer „Grenzziehung und grenzgesteuerter Selektionsprozesse"[480] zu erzielen. Durch diese Wechselwirkung könnten einerseits extrem strukturierte Teilsysteme geschaffen werden, die die innere Komplexität des Gesamtsystems steigerten und diesem ermöglichten, auf zusätzliche Umweltveränderungen spezifisch zu reagieren.

Letztlich entstünden komplexe und voraussetzungsvolle Gesamtsysteme, die mit mehr möglichen Zuständen auf der Welt kompatibel seien.[481] Auch Recht und Politik bieten laut Luhmann Integrationsmöglichkeiten - allerdings nicht in einem zum Nationalstaat vergleichbaren Ausmaß.[482]

So bezeichnet auch Wilke Luhmanns Weltgesellschaft als primär „rein definitorische Leistung", wodurch die Weltgesellschaft letztlich mit dem Sozialen gleichstellt wird und die Ausweitung der Gesellschaft mit der Ausweitung von Kommunikation gleichlaufend ist.[483] Ein Modell einer Weltrepublik oder eines Weltstaates soll damit nicht gezeichnet werden.

b. Heterarchische Ordnung

Daher postuliert Luhmann – obwohl die Weltgesellschaft allumfassend ist und jegliche Kommunikation miteinschließt – auch kein einheitliches System mit einem hierarchischen Zentrum.

---

[478] *Ders.*, Die Weltgesellschaft, in: ders. (Hrsg.), Soziologische Aufklärung 2, S. 63, 73.

[479] Ebd.

[480] Ebd., S. 74.

[481] Ebd.

[482] Ebd., S. 60.

[483] *Wilke, H.*, Global Governance, S. 34; vgl. auch *Prien, T.*, Fragmentierte Volkssouveränität, S. 116.

Vielmehr sei die Weltgesellschaft heterarchisch und azentrisch organisiert.[484] Sie teile sich in „Peripherie" und „Zentrum" auf, wobei das Zentrum nicht als hierarchischer Mittelpunkt aufgefasst werden dürfe. Luhmann bezeichnet damit bestimmte Staaten – letztlich die Industrienationen –, welche vollumfänglich in die Weltkommunikation und demzufolge in die Weltgesellschaft eingegliedert sind. In der Peripherie sind hingegen Gebiete beziehungsweise Staaten, die nur in Teilbereichen und lediglich partiell an der Kommunikation teilhaben. Der Inklusionsgrad ist in dieser Peripherie ungleich niedriger als im Zentrum.

Für Luhmann beinhaltet die Weltgesellschaft daher auch keine gleichartigen Lebensbedingungen.[485] Vielmehr führe die Heterogenität der Weltgesellschaft über die Aufspaltung in Zentrum und Peripherie laut Luhmann zu einem hohen Grad an Ungleichheit. Diese Heterarchie und die Dezentralität äußere sich Luhmann zufolge darüber hinaus in der weitgehenden Autonomie der Funktionssysteme, der die Weltgesellschaft „[ihre] eigene Leistungsfähigkeit (...) verdankt." Daher sei sie auch „mit keiner Art von Zentralsteuerung zu vereinbaren"[486].

c. Von Territorialität zu Funktionalität

Luhmann vollzieht mit seinem Konzept der Weltgesellschaft und der Aufteilung in verschiedene Funktionssysteme, verbunden mit einer Abkehr von der Aufspaltung in an nationalstaatliche, territoriale Grenzen gekoppelte Systeme letztlich – zumindest in Teilen – den Schritt von der Territorialität zur Funktionalität.[487]

Die einzelnen Teilsysteme nehmen bestimmte Funktionen wahr und sind keine kleinen Kopien des Gesamtsystems mehr. Eine weitere Aufspaltung in einzelne, funktionale Teilsysteme findet dann nicht mehr statt. Die Weltgesellschaft besteht laut Luhmann dann nicht mehr aus

---

[484] *Luhmann, N.*, Die Gesellschaft der Gesellschaft, S. 157.

[485] *Schütz, A.*, The Twilight of Global Polis: On Losing Paradigms, Environing Systems and Observing World Society, in: Teubner, G. (Hrsg.), Global Law without a State, S. 257, 278.

[486] *Luhmann, N.*, Die Gesellschaft der Gesellschaft, S. 1084.

[487] Dies gilt selbstverständlich nicht uneingeschränkt; schließlich basiert das System der Weltgesellschaft durch die segmentäre Zweitdifferenzierung in Nationalstaaten teilweise durchaus noch auf dem Prinzip der Territorialität.

segmentärer, sondern funktionaler Differenzierung. Denn an die Stelle der nationalen, funktionalen Teilsysteme (wie zum Beispiel Politik, Recht, Wirtschaft, Religion etc.) treten bei vollständiger Verwirklichung der Weltgesellschaft die globalen Funktionssysteme (wie eben Weltgesellschaftspolitik, -recht, -wirtschaft, -religion etc.).

Die nationalen Teilsysteme gehen in den globalen Teilsystemen auf. Im Idealfall, bei völliger Grenzenlosigkeit der Kommunikationen, entsteht schließlich das Funktionssystem der Weltgesellschaft.[488] Nach Ansicht Luhmanns könne die funktionale Differenzierung auf globaler Ebene letztlich nur in einem Weltgesellschaftssystem enden. Die territorialen Grenzen würden durch die einzelnen, nun global vorhandenen Aufgaben der Funktionssysteme (etwa Empfang von Nachrichten, internationale Kredite etc.) und die weltweite Kommunikation weiter abgeschwächt oder sogar vollständig sinnentleert.[489] Allenfalls eine segmentäre Zweitdifferenzierung im Sinne einer untergeordneten Stellung sei weiterhin möglich.[490]

Die Welt der souveränen Nationalstaaten werde schließlich zu einer Welt aus funktionalen Institutionen – ohne allerdings in einem Weltstaat zu münden; eine derartige Selbstbeschreibung finde aufgrund der Aufspaltung in Zentrum und Peripherie und des hohen Grades an Ungleichheit nicht statt. Die entstandenen Funktionssysteme neigten allerdings zur Globalisierung, da Raumgrenzen für die spezifischen und universalen Funktionssysteme unsinnig seien.[491] Gleichzeitig arbeite das Weltsystem höchst effektiv, denn es realisiere „die Gleichzeitigkeit aller Operationen und Ereignisse“[492]. Gerade da „Gleichzeitiges nicht kausal kontrolliert werden kann“[493], ergebe sich diese Effektivität auf eine unkontrollierbare Art und Weise.[494] Diese „vollkommene“ Funktionalisierung gelte jedoch nicht für alle Teilbereiche. Die Bedeutung von Raumgrenzen sei etwa in der Abhängigkeit zwischen Rechtssystem

---

488 *Ders.*, Das Recht der Gesellschaft, S. 571.

489 *Ders.*, Die Gesellschaft der Gesellschaft, S. 809.

490 *Ders.*, Die Weltgesellschaft, in: ders. (Hrsg.), Soziologische Aufklärung 2, S. 63, 75.

491 *Ders.*, Die Gesellschaft der Gesellschaft, S. 809.

492 Ebd.

493 Ebd.

494 Ebd.

und politischem System einerseits und den übrigen Funktionssystemen andererseits noch vorhanden.[495]

d. Metacode „Inklusion/Exklusion"

Im Gegensatz zu seinen früheren Schriften spricht Luhmann in seinen späteren Veröffentlichungen von einem Metacode, einer Metadifferenz, der beziehungsweise die beginne, „die Codes der Funktionssysteme zu mediatisieren".[496]

In vormodernen, segmentären Gesellschaften spielte diese Unterscheidung kaum eine Rolle – durch die Zugehörigkeit zur Gesellschaft war jeder inkludiert.[497] Dies gilt auch für die segmentäre Differenzierung der Weltgesellschaft in Nationalstaaten: Durch die Erlangung der Staatsbürgerschaft ist grundsätzlich jeder in die jeweilige, „seine" Gesellschaft inkludiert – mit der seltenen Ausnahme von gestrandeten Staatenlosen.

Anders sei dies Luhmann zufolge hingegen in modernen, funktional differenzierten Gesellschaften. Durch die zunehmende Spezialisierung und die höhere Komplexität der Funktionssysteme sei eine Inklusion qua Verwaltungsakt oder Rechtsbefehl praktisch unmöglich. Denn nun werde die Regulierung der Inklusion von den Teilsystemen übernommen.[498] In diesem Fall gewinnt die Differenz „Inklusion/Exklusion" an Bedeutung – und beginnt die Codes der Funktionssysteme zu mediatisieren.

Gemeint ist mit dieser Mediatisierung, dass im Endeffekt nicht mehr die systemspezifischen Codes ausschlaggebend sind, sondern einer „Filterung" durch die Differenz „Inklusion/Exklusion" unterliegen, die über die Anwendung der systemspezifischen Codes entscheidet. Ist eine bestimmte Person beispielsweise vom Rechtssystem „exkludiert", ist der Code „Recht/Unrecht" für sie völlig irrelevant und kommt nicht zur Anwendung. Bezieht man diese Unterscheidung auf kommunikative Handlungen, so ist damit gemeint, dass im Fall von Inklusion eine Person nicht nur Objekt von Kommunikationen sein kann, sondern

---

495 Ebd., S. 632.

496 *Ders.*, Das Recht der Gesellschaft, S. 583.

497 *Ders.*, Die Gesellschaft der Gesellschaft, S. 622.

498 Ebd., S. 624.

selbst daran teilnehmen kann. Eine inkludierte Person kann aktiv und passiv kommunizieren. Eine exkludierte Person dagegen kann nur noch Objekt von Kommunikationen sein und nicht aktiv Kommunikationen mitgestalten.[499]

Die Leistungen der Weltgesellschaft sind daher nur für diejenigen Bürger, Gebiete, Staaten oder Regionen erfahrbar, die in die globale Kommunikation inkludiert sind. Allerdings führt die Exklusion aus einem Teilbereich der Weltgesellschaft laut Luhmann nicht automatisch zum Ausschluss aus der gesamten Weltgesellschaft. Eine Teilhabe in einzelnen Systemen – etwa im Politik- oder Wirtschaftssystem bei gleichzeitigem Ausschluss aus anderen, etwa dem Erziehungs- oder Gesundheitssystem – ist grundsätzlich weiterhin möglich.

Jedoch besteht die Gefahr einer „negativen Integration", das heißt, dass die Exklusion aus einem Teilbereich oft auch dazu führt, alle Funktionssysteme unerreichbar werden zu lassen. Denn die „Mehrfachabhängigkeit von Funktionssystemen [verstärkt] den Exklusionseffekt" vielmals. Als Beispiele führt Luhmann an:

> „Wer keine Adresse hat, kann nicht zur Schule angemeldet werden (Indien). Wer nicht lesen und schreiben kann, hat kaum Chancen auf dem Arbeitsmarkt, und man kann ernsthaft diskutieren (Brasilien), ihn vom politischen Wahlrecht auszuschließen. Wer keine Möglichkeit findet unterzukommen, als auf dem illegal besetzten Land der favelas, genießt im Ernstfall keinen Rechtsschutz"[500].

Problematisch an der Exklusion sei daher die Gefahr einer „wechselseitigen Verstärkung" der Exklusionen aus den Funktionssystemen. Die Exklusion aus einem Teilbereich habe dann das Herausfallen aus einem anderen Teilbereich zur Folge – nicht mit „zwingender Logik", aber doch mit einer „Fatalität, der nur wenige sich entziehen können."[501] Folglich „integriere" eben die Exklusion deutlich stärker als die Inklusion. Es komme zur angesprochenen negativen Integration.[502] Anderer-

---

[499] *Stichweh, R.*, Inklusion/Exklusion, funktionale Differenzierung und die Theorie der Weltgesellschaft, S. 10 f.; http://www.fiw.uni-bonn.de/demokratieforschung/personen/stichweh/pdfs/17_36stichweh-6.pdf (zuletzt besucht am 07.08.2017).

[500] *Luhmann, N.*, Die Gesellschaft der Gesellschaft, S. 631.

[501] *Ders.*, Die Religion der Gesellschaft, S. 243.

[502] *Ders.*, Die Gesellschaft der Gesellschaft, S. 630 f.

seits ist nach Ansicht von Luhmann im Fall einer Inklusion eine geringere Integration vonnöten; demzufolge sind größere Freiheiten für den Einzelnen möglich. Im Gegensatz zur Exklusion, die feste Kopplungen der Funktionssysteme erfordere, benötige die Inklusion lediglich lose Kopplungen der Funktionssysteme.[503]

Mit zunehmender Komplexität und Ausdifferenzierung gewinnt der Metacode schließlich an Bedeutung. Die Gefahr der Exklusion steigt durch die Zunahme der Komplexität. Die Exklusion ganzer Bevölkerungsgruppen wird daher oftmals auch als Folgeproblem der funktionalen Differenzierung betrachtet.[504] Denn die höhere Komplexität in den verschiedenen Funktionssystemen kann nicht von allen mitgegangen werden. Für Luhmann bestand eine große Gefahr darin, wenn große Teile der Bevölkerung tatsächlich aus den gesellschaftlichen Funktionsbereichen ausgeschlossen werden sollten.

> „The worst imaginable scenario might be that the society of the next century will have to accept the metacode of inclusion/exclusion. And this would mean that some human beings will be persons and others only individuals; that some are included into function systems for (successful or unsuccessful) careers and others are excluded from these systems, remaining bodies that try to survive the next day; that some are emancipated as persons and others are emancipated as bodies; that concern and neglect become differentiated along this boundary; that tight coupling of exclusions and loose couplings of inclusions differentiate fate and fortune: and that two forms of integration will compete: the negative integration of exclusions and the positive integration of inclusions."[505]

Problematisch wäre sicherlich auch ein Zustand, in welchem die Differenz „Inklusion/Exklusion" nicht nur einen „Metacode" darstellt, sondern auch einen „Supercode", der – insbesondere in den hier untersuchten Systemen Recht und Politik – sowohl den Rechtscode „Recht/Unrecht" als auch den Code des politischen Systems „Macht/Ohnmacht" unterlaufen könnte. Darauf deuten laut Luhmann die regional sehr unterschiedlichen Entwicklungen in Bezug auf das Rechtssys-

---

503 Vgl.: *Chanos, A.*, Demokratie in der Weltgesellschaft – Inklusion/Exklusion als neuer Metacode?, Rechtstheorie 39 (2008), S. 383, 386.

504 Ebd., S. 385.

505 Luhmann, Globalization or World Society, International Review of Sociology 7 (1997), S. 67.

tem hin. Die Unterschiede gestalteten sich derart, dass die Funktionsfähigkeit und funktionale Differenzierung in Bezug auf das Recht gefährdet sein könnten.[506] Mit anderen Worten wäre dadurch die Autopoiesis und die gesellschaftliche Autonomie dieser beiden Funktionssysteme, die „sich der Einheitsformel des demokratischen Rechtsstaats bedienen (...) bedroht."[507]

Außerdem führe es zu einer erheblichen „Erwartungsunsicherheit", wenn bestimmte Personen – insbesondere solche mit Ämtern in der öffentlichen Verwaltung – nach eigenem Gutdünken entschieden, ob das Recht für sie gelte oder nicht.[508]

2. *Weltgesellschaftsrecht*

Mit Fragen des Weltgesellschaftsrechts oder des Völkerrechts hat sich Luhmann angesichts der Vielzahl an Schriften über die Weltgesellschaft und das Rechtssystem frappierend wenig auseinandergesetzt.[509]

In einem Beitrag aus dem Jahr 1975 beschrieb Luhmann die Weltgesellschaft als „evolutionär völlig neuartiges System".[510] Als problematisch sah er jedoch bereits die stillschweigende Annahme des Primats der Politik an.[511] Die Entwicklung des internationalen Systems über ein Gebilde „archaischer Primitivität"[512] sei so kaum möglich. Trotz normativer Mechanismen wie dem Recht und damit hoher Kontingenz sowie Komplexität auf der Ebene von Regionalgesellschaften zweifelte Luhmann, ob eine strukturell stabile Kombination von Recht und Politik mit erwartbaren Handlungen auf der Ebene der Weltgesellschaft möglich sein würde.[513] Denn die Weltgesellschaft sei keine durch eine

---

[506] *Ders.*, Das Recht der Gesellschaft, S. 582.

[507] *Chanos, A.*, Demokratie in der Weltgesellschaft – Inklusion/Exklusion als neuer Metacode?, Rechtstheorie 39 (2008), S. 383, 388.

[508] *Luhmann, N.*, Die Gesellschaft der Gesellschaft, S. 632.

[509] *Solte, U.*, Völkerrecht und Weltgesellschaft aus systemtheoretischer Sicht, ARSP 89 (2003), S. 519.

[510] *Luhmann, N.*, Die Weltgesellschaft, in: ders. (Hrsg.), Soziologische Aufklärung 2, S. 63, 71.

[511] Ebd.

[512] Ebd.

[513] Ebd.

normative Erwartungsstruktur konstituierte Einheit, mithin weder ein Weltreich noch ein internationales System.[514] Allerdings waren Politik und Recht nach Ansicht Luhmanns „bis vor kurzem die wichtigsten Risikoträger gesellschaftlicher Evolution“[515]. Auf Ebene der Weltgesellschaft stellten jedoch die ausgeprägten rechtlich-politischen Strukturen ein Hindernis dar.[516] Denn nach Luhmann erfordert die Positivierung des Rechts

> „den Einbau kognitiver, lernbereiter Mechanismen in den Prozeß der Rechtsetzung, (...) und die Politik scheint nach wie vor darauf angewiesen zu sein, den benötigten Konsens aus ‚Gefahren‘, Frontenbildungen und Interessensgegensätzen zu gewinnen“.[517]

Die „Festlegung lernunwilliger, kontrafaktischer Erwartungen durch bloße Entscheidung“[518] hingegen ist nach Ansicht Luhmanns ein zu riskanter Vorgang für eine neu gebildete Systemebene.[519]

a. Grundlagen

Die Rechtsbildung ist nach Luhmann auch bei der Weltgesellschaft den Territorialstaaten und ihren jeweiligen nationalen, lokalen politischen Systemen vorbehalten.[520]

Auch in den Rechtstraditionen ließe sich kein Anknüpfungspunkt für ein Weltgesellschaftsrecht finden – weder in den begrifflichen noch in den dogmatischen Konzeptionen überstaatlichen Rechts.[521] Denn ausgehend vom naturrechtlichen Verkehrsrecht, dem *ius gentium*, das politisch nicht disponibel war, entwickelte sich seit dem 17. Jahrhundert ein

---

[514] *Neves, M.*, Verfassung und Positivität des Rechts in der peripheren Moderne, S. 75; *Luhmann, N.*, Die Weltgesellschaft, in: ders. (Hrsg.), Soziologische Aufklärung 2, S. 63, 71 f.

[515] *Ders.*, Rechtssoziologie, S. 338.

[516] Ebd., S. 333 f.

[517] *Ders.*, Die Weltgesellschaft, in: ders. (Hrsg.), Soziologische Aufklärung 2, S. 63, 71.

[518] *Ders.*, Legitimation durch Verfahren, S. 338.

[519] Ebd.

[520] *Ders.*, Rechtssoziologie, S. 333.

[521] Ebd., S. 338.

zwischenstaatliches Recht ohne naturrechtliche Begründung.[522] Durch das antagonistische Verhältnis zur Politik und der thematischen Eingrenzung auf wenige, international relevante Bereiche weise es des Weiteren keine Anknüpfungspunkte für die „Transformation von Weltgesellschaftsproblemen in Rechtssätze“[523] auf.[524]

Zwar sei auch im Rechtssystem eine funktionale Differenzierung zu beobachten. Im Unterschied zur funktionalen Differenzierung der nationalstaatlichen Rechtssysteme hänge die funktionale Differenzierung des Rechts auf der Weltgesellschaftsebene jedoch eng mit der segmentären Zweitdifferenzierung in Territorialstaaten zusammen.[525] Der Einfluss der Nationalstaaten als Segmente der Weltgesellschaft verhindere das Entstehen eines autopoietischen Systems auf globaler Ebene, trotz des Vorhandenseins positiven Rechts in Form von „Texten, Konventionen, Beschlüssen“[526]. So sei das heutige Völkerrecht beispielsweise Ausdruck der zuvorderst politischen internationalen Beziehungen.[527]

Deutlich wird, dass Luhmann ein eher „konservatives“ Völkerrechtsverständnis hat – für Luhmann sind die Nationalstaaten die einzig denkbaren Völkerrechtssubjekte.

b. Rechtsprobleme der Weltgesellschaft

Ähnlich wie das Recht auf der nationalen Ebene hat auch das Recht in der Weltgesellschaft die Aufgabe, Verhaltenserwartungen auch im Falle von Enttäuschungen aufrechtzuerhalten – es weist somit einen kontrafaktischen Charakter auf. Anderenfalls könnten sich Staaten in ihren

---

[522] Ebd., S. 339.

[523] Ebd.

[524] *Ders.*, Die Weltgesellschaft, in: ders. (Hrsg.), Soziologische Aufklärung 2, S. 63, 65.

[525] *Neves, M.*, Grenzen der Autonomie des Rechts in einer asymmetrischen Weltgesellschaft: Von Luhmann zu Kelsen, ARSP 93 (2007), S. 363, 375.

[526] *Luhmann, N.*, Recht der Gesellschaft, S. 576.

[527] So *Neves, M.*, Grenzen der Autonomie des Rechts in einer asymmetrischen Weltgesellschaft: Von Luhmann zu Kelsen, ARSP 93 (2007), S. 363, 375.

Beziehungen zu anderen Staaten schlecht auf mögliche Verhaltensweisen einstellen.[528]

Aufgrund der segmentären Zweitdifferenzierung in Nationalstaaten und der mühsamen und unzureichenden Übertragung des – durchaus vorhandenen – positiven Rechts bestehen Luhmann zufolge allerdings zahlreiche Probleme des Rechts auf Ebene der Weltgesellschaft.[529]

Auch Luhmann sah die zunehmende Diskrepanz zwischen einem globalen, sich vereinenden Gesellschaftssystem ohne globales, autopoietisches Recht und den jeweiligen nationalen Rechtssystemen, die grundsätzlich nur innerhalb der nationalen, also territorialen Jurisdiktionsgrenzen Geltung beanspruchen können, als problematisch an.[530] Die Umstrukturierung von segmentärer zu funktionaler Differenzierung hat Luhmann daher auch als Hauptproblemquelle des Rechts identifiziert.[531]

Denn dadurch, dass die Rechtsbildung weiterhin den Territorialstaaten zugewiesen sei, könnten Probleme, die auf Ebene der Weltgesellschaft gelöst werden müssten, in nationalen politischen Teilsystemen nicht mehr richtig erfasst werden beziehungsweise nur noch unter einem „lokalem Blickwinkel“.[532] Eine Problemlösung durch Rechtsbildung sei folglich nicht mehr möglich.[533]

Damit zusammen hängt auch die Problematik der Lernfähigkeit und der Legitimität des Rechts.[534] Insbesondere hinsichtlich seines Geltungsbereichs wird das Weltrecht vor große Herausforderungen gestellt. Denn grundsätzlich kann Recht nur in einem bestimmten, vorher zugewiesenen Bereich Geltung erhalten; erst dadurch wird es zum Recht. Ohne einen genau abgegrenzten Geltungsbereich des Weltrechts, in dem es eine derartige „Selbstidentifikation oder Selbstautorisation“

---

[528] So zumindest *Solte, U.*, Völkerrecht und Weltgesellschaft aus systemtheoretischer Sicht, ARSP 89 (2003), S. 519, 519 f.

[529] *Luhmann, N.*, Recht der Gesellschaft, S. 576 ff.

[530] *Ders.*, Rechtssoziologie, S. 333.

[531] *Ders.*, Ausdifferenzierung des Rechts, S. 17.

[532] *Ders.*, Rechtssoziologie, S. 333.

[533] Ebd.

[534] Ebd., S. 340.

erlangen kann, könnte es daher problematisch sein, überhaupt von „Weltrecht" zu sprechen.[535]

Auch konstatierte Luhmann, dass sich die Rechtssysteme in den verschiedenen Regionen stark unterscheiden; im Zentrum der Weltgesellschaft seien diese weitaus komplexer als in der Peripherie.[536] Eine zu große Heterogenität innerhalb eines Funktionsbereichs beeinträchtigt jedoch die systemische Kohärenz und die einheitliche Anwendung des systemspezifischen Codes und der Programme.

Für Luhmann war es somit auch letztlich offen, ob sich das Recht auf die Konstitution und Dynamik eines weltumfassenden Gesellschaftssystems einstellen lasse oder nicht.[537] Zwar seien Fortschritte erkennbar, letztlich gleiche aber

> „die Weltrechtsordnung eher den Ordnungsformen tribaler Gesellschaften (...), also auf organisierte Sanktionsgewalt und auf authentische Definition der Rechtsverstöße anhand bekannter Regeln verzichten muss".[538]

Allerdings ist fraglich, ob Luhmann hierbei wirklich das Ende einer möglichen Entwicklung gekommen sah oder lediglich feststellte, was ohnehin für ihn selbstverständlich sein musste: Strukturbeschreibungen können lediglich Möglichkeiten andeuten; ob diese Möglichkeiten sich später in reale Gegebenheiten entwickelt haben, muss mittels empirischer, konkreter Analysen überprüft werden.[539]

c. Menschenrechte

Obgleich Menschenrechte in der Soziologie eher eine untergeordnete Rolle spielen, hat sich Luhmann zumindest in einer seiner Schriften mit der Bedeutung der Menschenrechte in der Weltgesellschaft befasst.

---

535 *Ziegert, K. A.*, Weltrecht und regionale Differenzierung, Rechtstheorie 39 (2008), S. 453, 455.

536 So *Schulte, M.*, Weltrecht in der Weltgesellschaft, Rechtstheorie 39 (2008), S. 143, 145.

537 *Luhmann, N.*, Rechtssoziologie, S. 343.

538 *Ders.*, Inklusion und Exklusion, in: ders. (Hrsg.), Soziologische Aufklärung 6, S. 226, 234.

539 So *Ziegert, K. A.*, Weltrecht und regionale Differenzierung, Rechtstheorie 39 (2008), S. 453, 455.

aa. Grundlegendes

Luhmann verfolgt einen etwas anderen Erklärungsansatz im Hinblick auf Funktion und Bedeutung der Menschenrechte als sonst in philosophischen, politischen oder juristischen Arbeiten üblich ist. Er versucht nämlich, die Menschenrechte mit bestimmten sozialen Strukturen zu verknüpfen.[540] In Territorialstaaten haben Menschenrechte Luhmann zufolge eine multifunktionale Aufgabe; sie sollen die funktional differenzierten Strukturen gegen eine Entdifferenzierung und Rückbildung zu weniger beziehungsweise nicht funktional differenzierten Systemen verhindern und überdies – hierin weicht er kaum von der üblichen Auffassung ab – dem Individuum Freiheitssphären garantieren.[541]

Menschenrechte stellten Luhmann zufolge ein Gegengewicht zu den absolutistisch vereinnahmenden Tendenzen des politischen Systems dar und sind auf das Naturrecht gestützt.[542] Systemtheoretisch gesprochen, ermöglichen Menschenrechte den Zugang zu den verschiedenen, funktional differenzierten Teilsystemen einer Gesellschaft beziehungsweise der Weltgesellschaft.[543] Durch die vermehrte Teilnahme von Menschen an den Kommunikationen in verschiedenen Teilsystemen wird zugleich die Gefahr vermindert, dass ein Teilsystem – allen voran das politische System – die Kontrolle über andere Teilsysteme übernehmen kann und letztendlich die Komplexität und Differenzierung mindert. Somit tragen Menschenrechte neben dem Schutz des Einzelnen vor totalitärer Vereinnahmung durch eine Gruppe oder ein Teilsystem auch gleichzeitig zur Aufrechterhaltung der funktionalen Ausdifferenzierung bei –

---

[540] *Verschraegen, G.*, Systems Theory and the Paradox of Human Rights, in: King, M./Thornhill, C. J. (Hrsg.), Luhmann on Law and Politics, S. 101, 102 f.

[541] *Luhmann, N.*, Staat und Politik, in: ders. (Hrsg.), Soziologische Aufklärung 4, S. 77, 92; *ders.*, Grundrechte als Institution, S. 13, 79 f.; zitiert nach *Verschraegen, G.*, Systems Theory and the Paradox of Human Rights, in: King, M./Thornhill, C. J. (Hrsg.), Luhmann on Law and Politics, S. 101, 103 f.

[542] *Luhmann, N.*, Staat und Politik, in: ders. (Hrsg.), Soziologische Aufklärung 4, S. 77, 92.

[543] *Verschraegen, G.*, Systems Theory and the Paradox of Human Rights, in: King, M./Thornhill, C. J. (Hrsg.), Luhmann on Law and Politics, S. 101, 108, 115 f.

dies gelingt aufgrund der höheren Freiheit des Einzelnen in demokratisch gefassten Gesellschaften.[544]

Durch die größeren Partizipationsmöglichkeiten der Individuen und die Ausübung persönlicher Freiheiten führen Menschenrechte, zumindest jene, die fundamentale Freiheiten garantieren, mithin auch zu einer Selbstlimitierung des politischen Systems.[545] Denn anderenfalls droht wie bereits erwähnt die von Luhmann befürchtete Vereinnahmung anderer Funktionssysteme durch das politische System, also die Subsumierung aller sozialen Kommunikationen unter den politischen Code über die eigentliche Aufgabe des politischen Systems (das Generieren bindender Entscheidungen) hinaus.[546]

Die Folge wäre jedoch nicht nur eine Störung der Selektionsprozesse der anderen Funktionssysteme, sondern zugleich auch eine Störung der Entscheidungsprozesse im politischen System aufgrund einer Überlastung.[547]

bb. Menschenrechtsparadoxie

Auch bei dieser Thematik ist ein bei Luhmann so oft vorkommender Begriff vorherrschend: die Paradoxie der Menschenrechte. Zusammengefasst meint Luhmann damit, dass, obwohl die Menschenrechte der Grundidee nach dem Naturrecht entstammen, zu deren Umsetzung und Durchsetzung die künstlichen Konstrukte von Verfassungsstaaten notwendig sind.[548]

---

[544] *Luhmann, N.*, Staat und Politik, in: ders. (Hrsg.), Soziologische Aufklärung 4, S. 77, 92; *Verschraegen, G.*, Systems Theory and the Paradox of Human Rights, in: King, M./Thornhill, C. J. (Hrsg.), Luhmann on Law and Politics, S. 101, 109.

[545] Ebd., S. 110.

[546] *Luhmann, N.*, Grundrechte als Institution, S. 97; zitiert nach *Verschraegen, G.*, Systems Theory and the Paradox of Human Rights, in: King, M./Thornhill, C. J. (Hrsg.), Luhmann on Law and Politics, S. 101, 110.

[547] Ebd.

[548] Ebd., S. 123.

Denn laut Luhmann sind die heutigen allgemein anerkannten Menschenrechte das „Resultat der Dekonstruktion des Naturrechts“[549]. Mit dem Menschenrechtsschutz sei die Unterscheidung von Individuum und Recht und in der Folge die Figur des subjektiven Rechts entstanden, das gesamtgesellschaftlich als objektives Recht gelte. Der Einzelne könne jedoch gerade bei den Menschenrechten nicht sein Recht als eigenes Recht wahrnehmen, da ihm die Durchsetzungsmöglichkeiten fehlten. Dazu benötige er den Staat, der über das Recht das Individuum nicht mehr in seiner Entität als Teil der Gesellschaft betrachten könne, sondern als Einzelperson betrachten müsse.[550]

Auch hier zeigt sich, dass Luhmann ein eher konservatives, staatszentriertes Völkerrechtsverständnis hat – die Mediatisierung und die Anerkennung des Individuums als Völkerrechtssubjekt mit Rechten und Pflichten spielt bei ihm allenfalls eine marginale Rolle.

„Paradox“ ist nach Luhmann dann die Frage nach der „Rechtsform für die Einheit der Differenz von Individuum und Gesellschaft“[551]. Luhmann zufolge liegt dieses Paradox mit darin begründet, dass die Weltgesellschaft eben keiner „hochentwickelten Rechtskultur“ gleiche, sondern wie bereits erwähnt eher Ähnlichkeiten zu tribalen Gesellschaftsformen aufweise, da eine funktionierende und organisierte Sanktionsgewalt – trotz wachsender Erkenntnis der Unzulänglichkeit der staatsgarantierten Rechtspflege – nicht vorhanden sei.[552]

Notwendig ist für Luhmann ein Paradoxiemanagement – etwa in Form der Umsetzung der Positivierungsbedürftigkeit menschenrechtlicher Prinzipien als vorpositives Naturrecht. Denn die Menschenrechte seien nicht durch das Recht entstanden, sondern als soziale Strukturen beziehungsweise Institutionen prä-legal.[553] Die Geltungsgrundlage der Menschenrechte in der Weltgesellschaft – gleich ob die Positivierung über nationale Verfassungen oder internationale Konventionen erfolgt – ist für Luhmann ungeklärt, da auch internationale Verträge von der Zu-

---

[549] *Luhmann, N.*, Das Paradox der Menschenrechte und drei Formen seiner Entfaltung, in: ders. (Hrsg.), Soziologische Aufklärung 6, S. 218, 219.

[550] Ebd.

[551] Ebd., S. 220.

[552] Ebd., S. 222.

[553] *Verschraegen, G.*, Systems Theory and the Paradox of Human Rights, in: King, M./ Thornhill, C. J. (Hrsg.), Luhmann on Law and Politics, S. 101, 103.

stimmung der Territorialstaaten abhängen.[554] Wie auch bei anderen Normen wird laut Luhmann ebenso bei Menschenrechtsverletzungen die Geltung der jeweiligen Norm erst im Falle eines Verstoßes beziehungsweise einer Verletzung sichtbar: „Normen werden an Verstößen erkannt, Menschenrechte daran, daß sie verletzt werden."[555]

Die Vielzahl der Menschenrechtsverletzungen auf der Welt ist für Luhmann daher auch kein Grund, am Bestehen von Menschenrechtsgarantien zu zweifeln – im Gegenteil. Wiederum sieht man sich einer Paradoxie gegenübergestellt, wenn die Geltung einer Menschenrechtsnorm erst durch ihre Verletzung begründet werden soll. Erst durch die Skandalisierung der Verstöße kann infolge einer Entparadoxierung schließlich Recht entstehen. Luhmann benutzt die Figur der *colère publique* als „Identifizierungsverfahren" – extreme Verletzungen der Menschenwürde seien allen Kommunikationsteilnehmern gleichzeitig sichtbar, egal an welchem Ort der Erde sie sich befänden.[556] Im Gegensatz zum nationalstaatlichen Bereich steht also nicht zuerst die Norm und dann ihre mögliche Verletzung, sondern umgekehrt zunächst die Verletzung und dann am Ende des Prozesses die Norm.[557]

Speziell der subjektive Charakter von Menschenrechten kann aus Sicht der Systemtheorie zu veränderten sozialen Strukturen führen – von einer segmentären Gesellschaft zu einer funktional differenzierten Gesellschaftsform. Eng mit dieser Entwicklung verbunden ist der bereits erörterte Begriff der „Inklusion". Das Problem der Inklusion wird schließlich erst in modernen Gesellschaften relevant.

Denn in vormodernen Gesellschaften ist der Einzelne in seiner sozialen Stellung eher gefestigt und unflexibel. Die Zugehörigkeit zu einer Familie, einem Stamm oder einer Kirche bestimmt seine sozialen Interaktionen. Die Regelung dieser Interaktionen ist schließlich auch Aufgabe des Rechts; subjektive Rechte des Einzelnen spielen allenfalls nur eine untergeordnete Rolle, da die soziale Stellung und die eigene Individualität

---

554 *Luhmann, N.*, Das Paradox der Menschenrechte und drei Formen seiner Entfaltung, in: ders. (Hrsg.), Soziologische Aufklärung 6, S. 218, 221.

555 Ebd., S. 222.

556 Siehe hierzu *Fischer-Lescano, A.*, Globalverfassung: Verfassung einer Gesellschaft, ARSP 88 (2002), S. 349, 361.

557 *Luhmann, N.*, Das Recht der Gesellschaft, S. 581.

identisch sind.[558] Erst mit zunehmender Ausdifferenzierung der Gesellschaft wird das Problem der Inklusion virulent, da sich Individuen nun nicht mehr als Ganzes bestimmten Gruppen oder Schichten zuordnen lassen, sondern die Zugehörigkeit zu den diversen Subsystemen aufgrund einer Vielzahl von Kommunikationen erfolgt.[559]

3. Politisches System der Weltgesellschaft

Das politische System der Weltgesellschaft ist nach Luhmann nur in Ansätzen kohärent. Dies gelte zumindest dergestalt, dass kein Land, so groß und mächtig es auch sein möge, politische Verschiebungen auf der Welt ignorieren könne.[560] So ließe es das politische System der Weltgesellschaft auch nicht mehr zu, „die Einzelstaaten als Einheit für sich“[561] anzusehen. Dennoch bleibe die Weltgesellschaft ein System von Staaten – die Abhängigkeit einzelner Staaten untereinander sinke in dem Maße, wie die Abhängigkeit aller Staaten vom politischen System der Weltgesellschaft stärker werde.[562] Die Staatenbeziehungen beziehungsweise die Beziehungen eines politischen Systems zu anderen politischen Systemen seien somit auch als Teilsystem der Weltgesellschaft zu betrachten.[563]

Im Gegensatz dazu ist die politische Entscheidungsfindung und -produktion sowie folglich auch die politische Rationalität weniger stark zusammengewachsen.[564] Die Nationalstaaten als territoriale, segmentäre Teilsysteme der Weltgesellschaft bleiben zudem auch weiterhin die primären Adressaten und Urheber von Kommunikation im weltpolitischen System.[565] So seien die Nationalstaaten auch künftig

---

[558] *Verschraegen, G.*, Systems Theory and the Paradox of Human Rights, in: King, M./Thornhill, C. J. (Hrsg.), Luhmann on Law and Politics, S. 101, 105.

[559] Siehe z.B.: ebd., S. 106.

[560] *Luhmann, N.*, Rechtssoziologie, S. 334.

[561] *Ders.*, Die Gesellschaft der Gesellschaft, S. 808.

[562] *Ders.*, Die Politik der Gesellschaft, S. 221; m.w.N.; *Schulte, M.*, Weltrecht in der Weltgesellschaft, Rechtstheorie 39 (2008), S. 143, 159.

[563] *Luhmann, N.*, Politische Verfassungen im Kontext des Gesellschaftssystems, 1. Teil, Der Staat (1973), S. 1, 6.

[564] *Ders.*, Rechtssoziologie, S. 334.

[565] *Ders.*, Die Politik der Gesellschaft, S. 194, 225 f.

in der Selbstbeschreibung des politischen Systems der Weltgesellschaft enthalten. Luhmanns Idee einer Weltgesellschaft ist daher keineswegs als Weg zum Weltstaat aufzufassen, der an die Stelle der Nationalstaaten treten könnte. So findet sich auch kein Anzeichen für eine Selbstbeschreibung des politischen Systems der Weltgesellschaft als Weltstaat.[566]

Damit fehlt dem Weltgesellschaftssystem jedoch ein konstitutives Element: das eines handlungsfähigen sozialen Körpers. Damit einher geht außerdem der Verzicht auf Zurechnungs- und Legitimationsmittel sowie auf organisatorische Strukturen, die eine Auswahl gesamtgesellschaftlichen Handelns ermöglichen könnten.[567] Ferner ist Luhmann zufolge im politischen System der Weltgesellschaft im Gegensatz zu nationalen politischen Systemen physische Gewalt als Drohmittel zumindest nicht in vergleichbarem Maße vorhanden und einsetzbar – die Erzeugung des Kommunikationsmittels „Macht“ ist daher schwerer. Fraglich ist somit, ob das politische System der Weltgesellschaft auf andere Weise das Medium „Macht“ in ausreichendem Maße erzeugen kann. Die in engen Grenzen erlaubten Interventionsmöglichkeiten nach Kapitel VII der UN-Charta werden hierfür kaum ausreichen. Die funktionale Differenzierung des politischen Systems bleibt daher ebenso wie die des Rechtssystems hinter denen anderer Systeme wie etwa dem Wirtschaftssystem oder dem Wissenschaftssystem zurück.

4. Souveränität bei Luhmann

Der Souveränitätsbegriff wird in Luhmanns Systemtheorie – abweichend zum herkömmlichen Verständnis – als Unabhängigkeit des politischen Handelns beziehungsweise funktionsspezifische und territorialumfassende Autonomie des politischen Teilsystems gegenüber Einflüssen aus der Systemumwelt, sei es durch das Rechts-, Religions- oder Wirtschaftssystem aufgefasst.[568]

Nach Luhmann ist das politische System ein funktional ausdifferenziertes Teilsystem des Gesamtsystems „Weltgesellschaft“. Dieses unterteilt

---

[566] *Schulte, M.*, Weltrecht in der Weltgesellschaft, Rechtstheorie 39 (2008), S. 143, 160.

[567] *Luhmann, N.*, Rechtssoziologie, S. 337.

[568] *Ders.*, Die Politik der Gesellschaft, S. 213, 349, 353.

sich wiederum in segmentäre Systeme, nämlich die Territorialstaaten.[569] Die Staatssouveränität ist in der Systemtheorie daher letztlich gleichzusetzten mit der Autopoiesis des politischen Systems.[570] Die Souveränität der einzelnen Territorialstaaten erfordert dann aber mehr als reines nationalstaatliches Denken, nämlich die Übernahme politischer Verantwortung für drängende Fragen des Gesamtsystems „Weltgesellschaft". Das Souveränitätskonzept wird somit den Anforderungen der Weltgesellschaft angepasst und ist nicht mehr als regionale oder nationale Autonomie zu sehen.[571]

Letztlich ist dies, wie Neves und Voigt darlegen, der Autopoiesis des politischen Systems geschuldet, denn „über dessen operative Geschlossenheit hinaus [wird] kognitive Offenheit und infolgedessen Verantwortung für die wachsenden weltgesellschaftlichen Anforderungen an die Politik"[572] impliziert. Außer von der politischen Souveränität (Einheit von Entscheidung und Nichtentscheidung) spricht Luhmann von der Rechtssouveränität (Alternative entscheiden/nicht entscheiden, da sich das Rechtssystem einer Entscheidung nicht verweigern dürfe).[573] Das Souveränitätskonzept von Luhmann vereint somit Recht und Politik.

Die Souveränität stellt letztlich nichts anderes als eine Selbstbeschreibungsformel dar.[574] Durch die Souveränität „gewinnt erst der Anspruch Realitätsgehalt, kollektiv bindende Entscheidungen"[575] treffen zu können. Damit geht auch die uneingeschränkte Hoheit über das „territorial definierte Kollektiv" einher.[576]

---

[569] *Neves, M./Voigt, R.*, Einleitung: Die Staaten der Weltgesellschaft, in: dies. (Hrsg.), Die Staaten der Weltgesellschaft, S. 9, 13.

[570] Ebd., S. 11.

[571] Ebd., S. 13.

[572] Ebd.

[573] *Luhmann, N.*, Die Politik der Gesellschaft, S. 342.

[574] *Kastner, F.*, Luhmanns Souveränitätsparadox, in: Neves, M./Voigt, R. (Hrsg.), Die Staaten der Weltgesellschaft, S. 75, 82.

[575] *Halfmann, J.*, Nationalstaat und Recht der Weltgesellschaft, Rechtstheorie 39 (2008), S. 279, 282.

[576] Ebd.

5. Zusammenfassung

Wie eingangs bereits erwähnt, wurde das Konstrukt der Weltgesellschaft, das Luhmann vor allem in den beiden Aufsätzen mit gleichlautendem Titel beschreibt, oftmals missverstanden. Luhmann ging es hauptsächlich darum, die aufgrund der Globalisierung voranschreitende weltweite Kommunikation systemtheoretisch aufzubereiten. Es ging ihm jedoch nicht darum, die Entwicklung der Staatenwelt zu einer Weltföderation oder sogar zu einem Weltstaat zu veranschaulichen. Auch war es nicht sein Ziel, über die Beschreibung eines Weltrechtssystems die Konstitutionalisierung des Völkerrechts zu untersuchen.

Dies wäre seiner Ansicht nach aufgrund der segmentären Zweitdifferenzierung der Weltgesellschaft und des politisch stark beeinflussten Völkerrechts nicht möglich gewesen. Das Recht der Weltgesellschaft kann trotz der vielfachen Positivierung keine ähnliche Funktion wie im nationalen Bereich ausüben. Eine Autopoiesis des Rechtssystems ist nicht zu erkennen. Auch dies ist der segmentären Zweitdifferenzierung in Nationalstaaten geschuldet – anders als andere funktionelle Systeme, wie etwa dem Wirtschafts- oder Wissenschaftssystem, ist das Rechtssystem nicht global operativ. Recht in der Weltgesellschaft bleibt abhängig von der Durchsetzungsfähigkeit und dem -willen der Nationalstaaten. Darüber können nach Ansicht nach Luhmann auch nicht die kodifierten und universell anerkannten Menschenrechte hinwegtäuschen; zumal auch in diesem Bereich ein Unterschied zu den autopoietischen Rechtssystemen auf nationaler Ebene besteht: Erst durch die vielfache Verletzung und der daraus resultierende weltweite Aufschrei entstünden Normen.

Folglich unternahm er erst gar nicht den Versuch, eine Konstitutionalisierung auf Ebene der Weltgesellschaft zu beschreiben. Vielmehr verblieben die Nationalstaaten (einziges) konstitutives Element der Weltgesellschaft. Infolgedessen fehlte dem politischen System der Weltgesellschaft auch die Eigenschaft, ein handlungsfähiger sozialer Körper zu sein.

Die Selbstbeschreibung des politischen Systems der Weltgesellschaft als Weltstaat war somit nicht möglich. Schließlich ist nach Ansicht Luhmanns auch das Weltgesellschaftsrecht fern von jeglicher Autopoiesis. Autopoietische Rechtssysteme bleiben den Territorialstaaten vorbehalten. In der Weltgesellschaft stehen Politik und Recht zwar nicht bindungslos nebeneinander, Recht lässt sich jedoch auch nicht nur als Teil der Politik erfassen.[577]

Luhmanns Konzept der Weltgesellschaft berücksichtigt zwar nicht ausdrücklich lokale oder regionale Besonderheiten. Wie King/Thornhill aber festhalten, nimmt Luhmann solche Ansätze durchaus in seine Theorie auf – denn die diversen globalen Subsysteme und ihre strukturellen Kopplungen untereinander sind stets abhängig von den verschiedenen Voraussetzungen hinsichtlich der regionalen Besonderheiten und des dort vorherrschenden Grades an Komplexität der funktionellen Systeme oder dem Inklusionsniveau – und diese können je nach Lokalität durchaus sehr verschieden sein.[578] So lässst sich auch sicherlich konstatieren, dass die funktionelle Differenzierung, die Komplexität sowie das Inklusionsniveau im Zentrum der Weltgesellschaft, etwa in Europa, weitaus stärker ausgeprägt als in der sog. Peripherie, in der der Zugang zu funktionell differenzierten Teilsystemen deutlich komplizierter und „elitärer" ausgestaltet ist, etwa Afrika.

VI. Schlussfolgerungen

Luhmanns Systemtheorie ist reich an theoretischen, abstrakten Überlegungen und Paradoxien. Jegliches System basiert auf die dauerhafte und stetige Aneinanderreihung von nur kurz auftretenden Kommunikationen im Sinne von bestimmten Selektionen als grundsätzliche Beobachtungseinheit.

Die Systemtheorie stützt sich nicht auf empirisch überprüfbaren Untersuchungen, sondern auf theoretisch ablaufenden Beobachtungen und Beschreibungen. Jedes System beobachtet und beschreibt sich dabei selbst, genauso wie es Fremdbeobachtungen und -beschreibungen durchführt; es arbeitet bei den Beobachtungen und Beschreibungen mit systemspezifischen Codes und Programmen. Maßgeblich ist dabei die Anwendung des Differenzprinzips, das stetige Bilden von Unterscheidungen, ohne die die Beobachtungen von Kommunikationen sinnlos und unbrauchbar wären.

---

[577] So *Solte, U.*, Völkerrecht und Weltgesellschaft aus systemtheoretischer Sicht, ARSP 89 (2003), S. 519, 532; m.w.N.

[578] *King, M./Thornhill, C. J.*, Niklas Luhmann's Theory of Politics and Law, S. 210.

Kommunikationen können daher zwar in unterschiedlichen Systemen stattfinden, werden aber jeweils nur mit dem systemspezifischen Code aufgenommen und mittels der systemspezifischen Programme verarbeitet.

Bei komplexeren Gesellschaften, in denen ein Übermaß an Kommunikation stattfindet, sind die Systeme in funktionelle Teilsysteme ausdifferenziert. Dadurch negieren sie zwar den Anspruch auf ein allumfassendes Beobachten, Beschreiben und Verarbeiten. Die systemspezifischen Kommunikationen können dafür aber besser selektiert und verarbeitet werden; das System und die Gesamtgesellschaft arbeiten effizienter und kann nochmals an Komplexität hinzugewinnen, ohne Gefahr zu laufen, die erforderlichen Selektionsleistungen nicht mehr vollbringen zu können.

Schließlich bilden sich autopoietische Teilsysteme heraus, die operativ geschlossen sind und selbstreferentiell arbeiten. Sie sind hochspezialisiert und können nicht mehr von der Umwelt, von anderen Teilsystemen korrumpiert werden. Es wird allein nach den systemspezifischen Prozessen vorgegangen. Der politische Einfluss in das Rechtssystem ist nicht mehr ungehindert möglich, genauso wenig umgekehrt. Die Systeme werden zwar wechselseitig beeinflusst, jedoch nicht mehr direkt und kausal, sondern nur noch über strukturelle Kopplungen. Die Kopplung des Rechtssystems und des politischen Systems stellt in modernen, funktionell differenzierten Rechtsstaaten die Verfassung dar; die System werden darüber wechselseitig „interpenetriert" und beeinflusst, sie stellen auch eine Entscheidungseinheit dar, bleiben jedoch getrennte, autopoietische Systeme.

Auf Ebene der Weltgesellschaft findet zwar ebenfalls eine Ausdifferenzierung in funktionelle Teilsysteme statt. Die segmentäre Zweitdifferenzierung in Nationalstaaten verhindert jedoch eine komplexere Ausdifferenzierung des politischen Systems wie des Rechtssystems – die rechtliche Kommunikation ist beispielsweise nur in Ansätzen global; ein autopoietisches System hat sich nach Ansicht von Luhmann nicht herausgebildet. Eine Selbstbeschreibung des politischen Systems der Weltgesellschaft als Weltstaat findet nicht statt.

Insgesamt bleibt zu konstatieren, dass Luhmann im Vergleich zu seinem Gesamtwerk in einem verschwindend geringen Teil mit völkerrechtlichen Thematiken auseinandergesetzt hat; den Überlegungen zur Weltgesellschaft folgten keine tiefergehenden Untersuchungen.

Auch wenn die Systemtheorie insbesondere in der Völkerrechtswissenschaft ein etwas stiefmütterliches Dasein führt und einer breiten Rezeption eher nicht zugeführt wurde, vermittelt sie insbesondere für die Frage einer Konstitutionalisierung auf globaler Ebene dennoch einen interessanten, weil zum Teil grundlegend verschiedenen Ansatzpunkt.

Zwar fehlt der Systemtheorie mangels empirischer Überprüfbarkeit der Aussagen die notwendige Umweltadäquanz. So weist sie zwar eine hohe theoretische Komplexität auf; das theoretische Konstrukt, die neuartige „Sprache“ bleibt daher allerdings oftmals zunächst schwer zugänglich. Der normative Überschuss verringert die Praxistauglichkeit. Nicht zuletzt deshalb hat sich hat sich auch die „Kritische Systemtheorie“ zum Ziel gesetzt, wirklichkeitsnäher zu sein und scheint dabei mehr oder minder erfolgreich.[579]

Insbesondere die Ausführungen zur Autopoiesis im politischen System und dem Rechtssystem sowie deren Kopplung über die nationalstaatliche Verfassung überzeugen jedoch und bieten einen spannenden Ansatz, um die Konstitutionalisierung des Völkerrechts zu untersuchen.

So bietet Luhmanns Theorie von autopoietischen, getrennt voneinander und selbständig arbeitenden Systemen einen hilfreichen Ansatz, die Voraussetzungen einer Konstitutionalisierung auf globaler Ebene zu erörtern und eine möglicherweise bereits stattfindende Konstitutionalisierung zu beschreiben sowie zu analysieren.

Ob und inwieweit das Theoriekonstrukt auf die globale Ebene zu übertragen ist, wird in Kapitel VI erläutert. Dabei sind sicherlich viele Prämissen von Luhmann zu übernehmen; insbesondere hinsichtlich der Weltgesellschaft und einer Übertragung der Überlegungen zu der Ausdifferenzierung des Rechtssystems beziehungsweise des politischen Systems und der Frage nach dem Vorhandensein einer strukturellen Kopplung zwischen diesen Systemen wird das Konstrukt aber weitergedacht und eventuell angepasst werden müssen.

---

[579] *Fischer-Lescano, A.*, Kritische Systemtheorie Frankfurter Schule, in: Calliess, G.-P. (Hrsg.), Soziologische Jurisprudenz, S. 49, 50 f.

2. Kapitel: Konstitutionalisierung im Völkerrecht

Die Idee einer Konstitutionalisierung des Völkerrechts ist nicht neu. In der Völkerrechtstheorie wurden zahlreiche solcher Diskurse geführt.[1] Bereits Anfang des 20. Jahrhunderts befassten sich einflussreiche Völkerrechtler mit diesem Thema. 1918 gebrauchte der Zentrumspolitiker Matthias Erzberger in einer Schrift im Zusammenhang mit dem im Entstehen begriffenen Völkerbund als „höhere Gemeinschaft" den Ausdruck „Verfassung".[2] Als „Gründungsväter" des Verfassungsdenkens sind allen voran Alfred Verdross[3], Hermann Mosler[4] sowie die New Haven School um Myres McDougal und Michael Reisman[5] zu nennen.[6] Auch kann Hersch Lauterpacht als ein solcher Vorläufer der Konstitutionalisierungsthese bezeichnet werden.[7]

Der Verfassungsbegriff als solcher wird im Bereich des öffentlichen und privaten internationalen Rechts seit den 1990er-Jahren des vergangenen Jahrhunderts gebraucht.[8] Erst Ende des 20. Jahrhunderts wurde jedoch

---

1 *Broude, T.*; *Paulus, A. L.*, Precursors to International Constitutionalism: The Development of the German Constitutional Approach to International Law, Einleitung zum Symposium in „Precursors to International Constitutionalism" in Göttingen, 09.-10.03.2012, S. 1, 1 ff.

2 Siehe hierzu: *Fassbender, B.*, Grund und Grenzen der konstitutionellen Idee im Völkerrecht, in: Isensee, J./Depenheuer, O. (Hrsg.), Staat im Wort, S. 73, 74 f.

3 *Verdross, A.*, Die Verfassung der Völkerrechtsgemeinschaft.

4 *Mosler, H.*, The International Society as a Legal Community, RdC 140 (1974).

5 *Reisman, W. M.*, International Law in Contemporary Perspective.

6 *Fassbender, B.*, „We the Peoples of the United Nations": Constituent Power and Constitutional Form in International Law, in: Loughlin, M. (Hrsg.), The Paradox of Constitutionalism, S. 269, 272.

7 So *Kleinlein, T.*, Konstitutionalisierung im Völkerrecht, S. 190 f.

8 *Brunkhorst, H.*, Legitimationskrisen, S. 173. Brunkhorst weist allerdings darauf hin, dass bereits zuvor, etwa in den 1960er-Jahren, vereinzelt von verfas-

C. Mattheis, *Die Konstitutionalisierung des Völkerrechts aus systemtheoretischer Sichtweise,* Beiträge zum ausländischen öffentlichen Recht und Völkerrecht,
https://doi.org/10.1007/978-3-662-56818-7_3

im Zusammenhang mit einer möglichen verfassungsrechtlichen Entwicklung im globalen Rahmen von einer Konstitutionalisierung oder vom Entstehen eines globalen Konstitutionalismus gesprochen. Die Entwicklung soll im Folgenden kurz dargestellt und im Anschluss daran auf die zahlreichen Varianten der Konstitutionalisierung und des Konstitutionalismus eingegangen werden. Zu klären ist dabei auch der Unterschied zwischen Konstitutionalismus und Konstitutionalisierung.

Außerdem wird zu untersuchen sein, ob es sich bei den unstrittig erfolgten Entwicklungsprozessen im modernen Völkerrecht um echte Konstitutionalisierungsprozesse handelt oder lediglich um eine bloße Vertiefung des Völkerrechts im Sinne einer komplexer werdenden Verrechtlichung.[9]

A. Ausgangspunkt: Nationalstaat in der Defensive

Die Globalisierung stellt den Nationalstaat und mit ihm vor allem das nationalstaatliche Recht vor ganz erhebliche Probleme. Nicht zu Unrecht fragt beispielsweise Cohen, ob die herkömmliche Vorstellung von Staatensouveränität nicht lediglich ein Anachronismus sei, der progressive Entwicklungen behindere.[10]

Der Nationalstaat befindet sich nach Ansicht vieler Völkerrechtler in der Defensive. Aufgrund der steigenden Verlagerung von Kompetenzen auf internationale Institutionen und dem erhöhten Problemlösungsbedarf auf globaler Ebene stellt sich die Frage, ob und wie weit Staaten als

---

sungsrechtlichem Denken die Rede war, z.B. hinsichtlich der Römischen Verträge, die der EuGH als „*Charte constitutionelle*" bezeichnet hat, oder seitens des Bundesverfassungsgerichts, das die Verträge als „gewissermaßen die Verfassung" der Gemeinschaft bezeichnet hat: BVerfGE 22, 293, 296; auch *Brunkhorst, H.*, Die Legitimationskrise der Weltgesellschaft, in: Albert, M./Stichweh, R. (Hrsg.), Weltstaat und Weltstaatlichkeit, S. 63.

[9] *Schmidt, R.*, Verfassung und Verfassungskultur, in: Bach, M. (Hrsg.), Der entmachtete Leviathan, S. 281, 299.

[10] *Cohen, J. L.*, Sovereignty in the Context of Globalization: A Constitutional Pluralist Perspective, in: Besson, S./Tasioulas, J. (Hrsg.), The Philosophy of International Law, S. 261, 262.

konstitutive Elemente einer globalen Ordnung in der bisherigen Form weiter bestehen können.[11]

Denn die gesellschaftlichen Probleme lassen sich zunehmend nicht mehr in den Grenzen der Nationalstaaten lösen.[12] Die staatliche Souveränitätsfunktion im Sinne der Letztzuständigkeit wird mehr und mehr durch die Notwendigkeit der Verlagerung der Letztentscheidungskompetenz auf die globale Ebene angegriffen.[13] Mit anderen Worten ist die „Inklusivfunktion des Nationalstaats durch die Globalisierung aller Funktionssysteme strukturell überfordert."[14]

Die Krise des Nationalstaates und die Krise des modernen Konstitutionalismus können somit als zwei Seiten derselben Medaille betrachtet werden.[15] In diesem Zusammenhang reichen die Auffassungen von einer drohenden oder notwendigen „Entstaatlichung" bis hin zu einer zunehmenden und intensiver werdenden Einbindung der Nationalstaaten in einen internationalen, pluralistischen Kontext.[16]

---

[11] Kjaer sieht nicht zuletzt die Finanzkrise aus dem Jahr 2008 als Anzeichen einer Verfassungskrise; *Kjaer, P. F.*, Law and Order within and beyond National Configurations, S. 4 ff.; http://ssrn.com/abstract=1687013 (zuletzt besucht am 09.08.2017).

[12] *Bryde, B.-O.*, Das Völkerrecht zwischen Konstitutionalisierung, Hegemonie und Renationalisierung, in: Heinrich-Böll-Stiftung (Hrsg.), Die Zukunft des Völkerrechts in einer globalisierten Welt, S. 88, 89; *Pernice, I.*, The Global Dimension of Multilevel Constitutionalism: A Legal Response to the Challenges of Globalisation, in: Tomuschat, C./ Dupuy, P.-M./Fassbender, B./Shaw, M. N./Sommermann, K.-P. (Hrsg.), Völkerrecht als Wertordnung, S. 973, 976; *Kadelbach, S.*, Ethik des Völkerrechts unter Bedingungen der Globalisierung, ZaöRV 64 (2004), S. 1, 6; *Loughlin, M.*, What is Constitutionalisation?, in: Dobner, P./ders. (Hrsg.), The Twilight of Constitutionalism?, S. 47, 63; vgl. auch: *Jodoin, S.*, International Law and Alterity: The State and the Other, LJL 21 (2008).

[13] *Brunkhorst, H.*, Die Legitimationskrise der Weltgesellschaft, in: Albert, M./Stichweh, R. (Hrsg.), Weltstaat und Weltstaatlichkeit, S. 63, 74.

[14] Ebd., S. 72; *Brunkhorst, H.*, Solidarität, S. 11 ff., 153 ff.

[15] *Carrozza, P.*, Constitutionalism's Post-Modern Opening, in: Loughlin, M. (Hrsg.), The Paradox of Constitutionalism, S. 171, 184.

[16] *Frowein, J. A.*, Konstitutionalisierung des Völkerrechts, in: Dicke, K./Hummer, W./Girsberger, D. (Hrsg.), Völkerrecht und internationales Privatrecht in einem sich globalisierenden internationalen System: Auswirkungen der Entstaatlichung transnationaler Rechtsbeziehungen, S. 427, 429.

Zweifelsfrei ist das moderne Völkerrecht jedenfalls mittlerweile mehr als eine reine Koordinationsordnung; es hat sich zu einem Kooperationsvölkerrecht entwickelt.[17] In vielen Bereichen ist das ehemals schier unverrückbare Souveränitätsdogma aufgeweicht und das Völkerrecht mehr und mehr zu einer Kooperationsordnung vorangeschritten. Die Geltungsfrage des Völkerrechts wird somit neu gestellt – weg von der auf bloßem Staatenkonsens basierenden Ordnung und hin zu einer objektiven Rechtsordnung.[18] Die These einer konstitutionellen oder doch vielmehr fragmentierten Ordnung auf globaler Ebene wurde in der Vergangenheit immer öfter aufgestellt und ist bis heute aktuell – auch wenn eine mögliche Konstitutionalisierung eher nicht mit der Verfassungsordnung eines Nationalstaats zu vergleichen sein wird und wohl außerdem im Hinblick auf Legitimitätsfragen nicht zu anspruchsvoll sein sollte.[19] Dennoch ist aufgrund der vermehrten Anerkennung von verfassungsrechtlichen Prinzipien zunehmend von einer „Weltgesellschaft" die Rede.[20]

Unstrittig ist jedenfalls die These, dass das moderne Völkerrecht heutzutage Probleme regelt, die noch zu Beginn des 20. Jahrhunderts als

---

[17] Vgl. zu dieser Entwicklung: *Thürer, D.*, Modernes Völkerrecht: Ein System im Wandel und Wachstum – Gerechtigkeitsgedanke als Kraft der Veränderung?, ZaöRV 60 (2000), S. 557 ff.; auch *Rensmann, T.*, Wertordnung und Verfassung, S. 361; *Thürer, D.*, „Citizenship" und Demokratieprinzip: „Föderative" Ausgestaltungen im innerstaatlichen, europäischen und globalen Rechtskreis, in: Brunkhorst, H./Kettner, M. (Hrsg.), Globalisierung und Demokratie, S. 177, 201.

[18] *Kleinlein, T.*, Konstitutionalisierung im Völkerrecht, S. 55; m.w.N.

[19] *Frowein, J. A.*, Konstitutionalisierung des Völkerrechts, in: Dicke, K./Hummer, W./Girsberger, D. (Hrsg.), Völkerrecht und internationales Privatrecht in einem sich globalisierenden internationalen System: Auswirkungen der Entstaatlichung transnationaler Rechtsbeziehungen, S. 427, 428; *Kadelbach, S./Kleinlein, T.*, International Law … a Constitution for Mankind?, GYIL 50 (2007), S. 303, 307.

[20] Siehe: *Frowein, J. A.*, Konstitutionalisierung des Völkerrechts, in: Dicke, K./Hummer, W./Girsberger, D. (Hrsg.), Völkerrecht und internationales Privatrecht in einem sich globalisierenden internationalen System: Auswirkungen der Entstaatlichung transnationaler Rechtsbeziehungen, S. 427, 444; der allerdings hinsichtlich der rechtlichen Bewertung Bedenken äußert.

klare Angelegenheiten nationaler Zuständigkeit angesehen wurden.[21] Die Entwicklungen sind Teil eines regen Diskurses in der Völkerrechtswissenschaft der vergangenen Jahre. Vielfältige Ansätze werden dabei vertreten und reichen von einer eher formellen Konstitutionalisierung über die Gründungsverträge internationaler Organisationen wie der UN bis hin zu einer werteorientierten Konstitutionalisierung und der Fokussierung auf gemeinsame Grundprinzipien oder Fundamentalnormen.[22]

Ob die Konstitutionalisierungsthese jedoch nur ein kurzes „Aufflackern“ und ihr Stern durch das womöglich doch (nur) von machtpolitischen Erwägungen geleitete Staatenverhalten zum Verglühen gebracht wurde, wird im Folgenden genauso erörtert wie die Frage einer möglichen Fragmentierung des Völkerrechts.[23]

Zu beachten ist, dass trotz der zunehmenden Entstaatlichung und sich verdichtenden Verrechtlichung auf globaler Ebene – Prien spricht beispielsweise von einer „Überwältigung der nationalstaatlichen Verfassung zum relativen hilflosen Spielball der Systeme“[24] – das Konzept des Territorialstaates keineswegs obsolet ist. Wie Grimm festhält, ist es genauso gut möglich, dass es als Basiseinheit einer neuen politischen Ordnung übersteht – bloß werden die Staaten noch mehr Kompetenzen auf die internationale Ebene übertragen müssen.[25]

Auch wenn man sicherlich keine überzogenen Erwartungen an eine Konstitutionalisierung beziehungsweise an einen globalen Konstitutionalismus haben sollte, so wird zu überprüfen sein, ob nicht gewisse Mindeststandards und Grundprinzipien nationalstaatlicher, demokrati-

---

[21] *Crawford, J.*, Democracy and International Law, in: ders. (Hrsg.), International Law as an Open System, S. 39, 48.

[22] *Kadelbach, S./Kleinlein, T.*, International Law ... a Constitution for Mankind?, GYIL 50 (2007), S. 303; m.w.N.

[23] *Paulus, A. L.*, Zur Zukunft der Völkerrechtswissenschaft in Deutschland: Zwischen Konstitutionalisierung und Fragmentierung des Völkerrechts, ZaöRV 67 (2007), S. 695, 701 f.

[24] *Prien, T.*, Fragmentierte Volkssouveränität, S. 93.

[25] *Grimm, D.*, The Constitution in the Process of Denationalization, in: Arjomand, S. A. (Hrsg.), Constitutionalism and Political Reconstruction, S. 261, 271.

scher Verfassungen auch auf globaler Ebene vorhanden sein sollten, bevor man von einer konstitutionellen Entwicklung sprechen kann.[26]

Der globale Konstitutionalismus oder die Konstitutionalisierung des Völkerrechts umfasst in dieser Untersuchung sowohl die konstitutionellen Entwicklungen zwischen den Staaten (internationaler Konstitutionalismus) also auch Entwicklungen, die über die Staaten hinausgehen (transnationaler Konstitutionalismus; *beyond the state*).[27]

I. Globalisierung als Ausgangsentwicklung

Den Begriff „Globalisierung", der gerne als „Klammerbegriff" für den enormen Anstieg des weltweiten Güter-, Personen-, Dienstleistungs- und vor allem Kapitalverkehrs verwendet wird, kann man als Ausgangspunkt für die Debatte um die Notwendigkeit einer Konstitutionalisierung des Völkerrechts begreifen. Mit Globalisierung ist in diesem Zusammenhang der „vierte Globalisierungsschub"[28] gemeint und nicht historische Vorläufererscheinungen.

Die aktuelle Entwicklung hatte ihren Anfang bereits in den 1940er-Jahren genommen und erlangte in den 1980er-Jahren ein rasantes Ausmaß. Infolge des dramatisch erhöhten Güter-, Personen-, Dienstleistungs- und Kapitalverkehrs kam es zwangsläufig auch zu einer erhöhten Rechtskommunikation. Damit stieg der Bedarf an einer vertieften und verstärkten Verrechtlichung.[29] Dies gilt außerdem und insbesondere wegen des zunehmenden Interesses der nationalstaatlichen Bevölkerungen an globalen Problemen, die immer mehr in Form organisierter

---

[26] *Paulus, A. L.*, The International Legal System as a Constitution, in: Dunoff, J. L./Trachtman, J. P. (Hrsg.), Ruling the World?, S. 69, 90 ff.

[27] Siehe auch: *Schwöbel, C. E. J.*, Global Constitutionalism in International Legal Perspective, S. 2, die diese Einordnung auch derart vornimmt.

[28] *Brunkhorst, H.*, Legitimationskrisen, S. 83; allgemein zur Globalisierung siehe *Bornschier, V.*, Weltgesellschaft, S. 8 ff.

[29] *Dunoff, J. L./Trachtman, J. P.*, A Functional Approach to International Constitutionalization, in: dies. (Hrsg.), Ruling the World?, S. 3, 5; *Kadelbach, S.*, Ethik des Völkerrechts unter Bedingungen der Globalisierung, ZaöRV 64 (2004), S. 1, 3 f.; *Calliess, C.*, Subsidiaritäts- und Solidaritätsprinzip als rechtliches Regulativ der Globalisierung von Staat und Gesellschaft – dargestellt am Beispiel von EU und WTO, Rechtstheorie 33 (2002), S. 371, 374 f.

Protestbewegungen artikuliert werden. Eindrucksvoll belegen das die zahlreichen G8-Proteste oder die „*occupy*-Bewegungen“ im Zuge der internationalen Finanzkrise, aber auch das verstärkte Interesse an Menschenrechtsverletzungen in Krisengebieten. Nicht zu vergessen sind die „Schattengipfel“ zivilgesellschaftlicher Akteure, die jeweils parallel zu den Konferenzen der WTO, der G8 oder des Weltwirtschaftsforums veranstaltet werden und mit ihren Forderungen teilweise die Idee eines universellen Rechts und einer globalen Rechtsordnung verfolgen.[30] Denn die gesellschaftlichen und politischen Prozesse dieser „Globalisierung von unten“ oder „*grassroot*-Globalisierung“ können wiederum Einfluss auf die Normengeber haben.

Insgesamt kann man jedenfalls eine wechselseitig sich verstärkende Beziehung zwischen der Globalisierung und der Notwendigkeit einer Verrechtlichung im Sinne einer Konstitutionalisierung feststellen. Dies gilt insbesondere auf dem Gebiet des Wirtschaftsvölkerrechts, denn durch die Marktliberalisierung und die Entstehung einer globalen Ökonomie stieg auch der Bedarf an ordnenden Regeln und Kollisionsnormen.

Aber auch auf den Gebieten des Umweltvölkerrechts und des Menschenrechtsschutzes sind ähnliche Entwicklungen zu erkennen. Man kann dabei von einer Art dialektischen Beziehung sprechen.[31] Durch den technologischen Fortschritt und die sozialen Veränderungen können vermehrt internationale Wohlfahrtsgewinne erzielt werden. Um diese Wohlfahrtsgewinne dauerhaft zu sichern und planbar machen zu können, sind wiederum internationale Regelungen notwendig. Denn es geht – wie Habermas am Beispiel Europa aufzeigt und auch für die Weltgesellschaft fordert – um den „Versuch (...) durch supranationale Vergemeinschaftung einen Teil der politischen Selbststeuerungsfähigkeit zurückzugewinnen, über bloße Selbstbehauptung hinaus.“[32]

Die steigende Anzahl an Völkerrechtsnormen führt schließlich zum erhöhten Bedarf an konstitutionellen, übergeordneten Normen.[33]

---

30 *Hitzel-Cassagnes, T./Meisterhans, N.*, Konstitutionalisierungsperspektiven eines fragmentierten Weltrechts, in: Brunkhorst, H. (Hrsg.), Demokratie in der Weltgesellschaft, S. 159, 171.

31 *Habermas, J.*, Zur Verfassung Europas, S. 82.

32 Ebd.

33 *Dunoff, J. L./Trachtman, J. P.*, A Functional Approach to International Constitutionalization, in: dies. (Hrsg.), Ruling the World?, S. 3, 5 f.

Wie Diggelmann/Altwicker feststellen, ist zudem in den letzten Jahren eine sich verstärkende Differenzierung des Völkerrechts zu beobachten. Dabei seien zwei Kategorien zu unterscheiden: zum einen eine horizontale Differenzierung, zum anderen eine vertikale. Die horizontale Differenzierung sei Ausdruck der Tendenz, dass immer mehr Kompetenzen (ganz oder teilweise) auf die globale Ebene verlagert würden. Bestes Beispiel sei die bereits mehrfach angesprochene Entwicklung im internationalen Wirtschaftsrecht, aber auch die im Umweltvölkerrecht. Nach Ansicht von Diggelmann/Altwicker könne diese Differenzierung auch als Anzeichen einer Konstitutionalisierung gesehen werden, da die Regelungsbereiche oft konstitutioneller Natur seien – etwa die Normierung grundlegender Gemeinschaftswerte.[34] Mit der horizontalen Differenzierung ist die zunehmende Hierarchisierung des Völkerrechts gemeint. Zu nennen sind hier Entwicklungen der Normen des *ius cogens* und den Verpflichtungen *erga omnes* betreffend oder Art. 103 UNC.[35] Neben diesen Entwicklungen ist allerdings auch die Öffnung des Nationalstaates zu beobachten – die Staatssouveränität ist keineswegs mehr undurchdringbar, die *domaine reservé* wird zunehmend kleiner. Auch in den Nationalstaaten hat daher ein Lern- und Dezentralisierungsprozess stattgefunden, der zur „Erweiterung, Öffnung und Verschmelzung nationaler Horizonte geführt hat und als Beispiel der internationalrechtliche[n] Öffnung" zahlreicher staatlichen Verfassungen angesehen werden kann.[36]

II. Verfassung

Nicht zuletzt die Debatten um den Europäischen Verfassungsvertrag zeigen, wie umstritten der Terminus „Verfassung" bereits auf europäischer Ebene ist.[37] Zunächst soll eine Begriffsklärung erfolgen – um

---

[34] *Diggelmann, O./Altwicker, T.*, Is There Something Like a Constitution of International Law?, ZaöRV 68 (2008), S. 623, 626.

[35] Ebd., S. 626 f.

[36] *Brunkhorst, H.*, Legitimationskrisen, S. 70.

[37] *Paulus, A. L.*, Zur Zukunft der Völkerrechtswissenschaft in Deutschland: Zwischen Konstitutionalisierung und Fragmentierung des Völkerrechts, ZaöRV 67 (2007), S. 695, 699; siehe auch *Bubner, R.*, Was wird aus der Verfassung Europas?, in: Beckmann, K. et al., Eine Verfassung für Europa, S. 97, 102 ff.

anschließend darlegen zu können, ob und inwieweit die Übertragung des Verfassungsbegriffs auf die globale Ebene überhaupt möglich ist, sei es über seine strukturelle Transformation oder über ein funktionales Äquivalent auf Ebene der Weltgesellschaft.[38] Eine umfassende Klärung des Begriffs „Verfassung“ kann an dieser Stelle jedoch nicht vorgenommen werden. Vielmehr gilt es, die wesentlichen Grundmerkmale zu erläutern.

Zu untersuchen wird schließlich sein, ob der Verfassungsbegriff an Territorialstaaten gebunden ist und eine Übertragung auf die internationale Ebene daher von vornherein nicht erfolgreich sein kann.[39] Mit Dobner kann man dem Begriff „Verfassung“ zunächst diverse Bedeutungsmöglichkeiten zuweisen[40]:

1. Verfassung im wörtlichen Sinn (als Ausdruck einer Realität, in der sich etwas befindet)
2. Verfassung im expressiven Sinn (auf einen inneren Zustand rekurrierend)
3. Verfassung als Prozess im Sinne der der Herstellung einer höchsten Rechtsordnung (das heißt Konstitutionalisierung)
4. Verfassung als Textsammlung (Verfassungstext)
5. Verfassung als vorrangiger, abstrakter Begriff im Sinne von allen Verfassungen gemeinsamen Werten (Verfassung als Institution).

Entscheidend im Rahmen dieser Arbeit sind die dritte und die fünfte Bedeutungsvariation.

Verfassungen weisen insofern eine Doppelstruktur auf; sie sind zugleich als Instrument und als Symbol zu begreifen.[41] Gemein ist allen Verfas-

---

[38] *Neves, M.*, Transversale Verfassungen?, in: Brunkhorst, H. (Hrsg.), Demokratie in der Weltgesellschaft, S. 75, 85; siehe zum Verfassungsbegriff auch: *Neves, M.*, Symbolische Konstitutionalisierung, S. 53 ff.

[39] *Grimm, D.*, Die Verfassung im Prozess der Entstaatlichung, in: Brenner, M./Huber, P.-M./Möstl, M. (Hrsg.), Der Staat des Grundgesetzes – Kontinuität und Wandel, S. 145.

[40] Vgl. zu dieser Einteilung: *Dobner, P.*, Konstitutionalismus als Politikform, S. 20 f.; siehe auch z.B. *Loughlin, M.*, What is Constitutionalisation?, in: Dobner, P./ders. (Hrsg.), The Twilight of Constitutionalism?, S. 47, 47 ff.

[41] *Dobner, P.*, Konstitutionalismus als Politikform, S. 22 f.; zum reinen, symbolischen Konstitutionalismus hingegen siehe kritisch: *Neves, M.*, Symbolische Konstitutionalisierung.

sungen – zumindest den modernen, – dass sie Organisationsverfassungen sind, das heißt sie konstituieren eine formale Organisation. Diese formale Organisation ist grundsätzlich, aber nicht ausschließlich, ein Staat.[42]

Mit diesem Verständnis kann eine Verfassung sowohl als geschichtliche Institution im Sinne einer tradierten Ordnungsvorstellung begriffen werden; als demokratische Institution, da sie die Selbstgesetzgebung strukturiert; als Raumordnung, da sie den territorialen Geltungsbereich limitiert; als Machtordnung, da sie zwar Machtausübung ermöglicht, zugleich diese aber auch begrenzt; als Sozialordnung, da sie über Grundrechte und persönliche Freiheitsrechte Voraussetzungen für ein friedliches Zusammenleben und die Achtung der Menschenrechte innerhalb ihres Geltungsbereichs ermöglicht und schließlich als Funktionsbündelung, da sie territoriale Ordnung, Machtordnung und Sozialordnung verklammert.[43]

1. Grundmerkmale

Hier sind zunächst die grundlegenden Elemente einer Verfassung im modernen Sinn zu nennen, die im 18. Jahrhundert laut Luhmann ein „strukturelles Risiko der Innovation" darstellte und sich im 19. Jahrhundert in diversen Nationalstaaten durchgesetzt hat. Auch wenn die Idee der Verfassung älter sein mag, so ist für unser heutiges Verfassungsverständnis doch jenes maßgeblich, das sich durch die Revolutionen in den Vereinigten Staaten und in Frankreich ausprägte.[44]

Grundlegend ist zum einen der Menschenrechtskatalog als freiheitswahrendes Element; darüber hinaus die Bestimmungen über die Gewaltenteilung, die Veränderbarkeit im Sinn eines „Prozesscharakters" sowie Regeln zur Justiziabilität von Hoheitsakten.[45] Verfassungsrecht und

---

42 *Brunkhorst, H.*, Legitimationskrisen, S. 174.

43 *Dobner, P.*, Konstitutionalismus als Politikform, S. 25 f.

44 *Grimm, D.*, The Constitution in the Process of Denationalization, in: Arjomand, S. A. (Hrsg.), Constitutionalism and Political Reconstruction, S. 261, 262; *Grimm, D.*, The Achievement of Constitutionalism and its Prospects in a Changed World, in: Dobner, P./Loughlin, M. (Hrsg.), The Twilight of Constitutionalism?, S. 3, 5 f.

45 *Kleinlein, T.*, Konstitutionalisierung im Völkerrecht, S. 693.

verfassungsrechtliches Denken wurde zudem mit Aufkommen des modernen Verfassungsstaats zunächst vor allem als Möglichkeit zur Begrenzung von staatlicher Macht angesehen, wies also eher eine negative Komponente auf. Die positive Komponente, die Möglichkeit demokratischer Gestaltungsmacht im Rahmen eines Rechtsstaates, stand anfangs noch nicht im Vordergrund.[46]

Gleichzeitig war auch eine strukturelle Transformation von einer vormodernen, hierarchischen Gesellschaft zu einer funktional differenzierten zu beobachten. Die alte politische Herrschaftsstruktur stützte sich auf eine statische Verteilung von überlegener und unterlegener Macht. Alle Kommunikationsbereiche waren der politischen Macht und der religiös geprägten Moral der Herrschaftsschicht unterworfen – die Unterscheidung „Recht/Unrecht" war nicht eindeutig von der Unterscheidung „gut/schlecht" zu differenzieren. Vielmehr oblag es der herrschenden Schicht, „recht/gut" zu handeln; den Handlungen der beherrschten Schicht wurde in der Regel die negative Seite der Differenz, also „unrecht/schlecht", zugewiesen.[47] Politik und Recht waren nicht strikt voneinander getrennt. Dies änderte sich erst mit Aufkommen des revolutionären Konstitutionalismus gegen Ende des 18. Jahrhunderts.[48] Die Gesellschaft wurde zudem immer komplexer, multizentrisch und polykontextural.[49]

Die Geltungsfrage einer Verfassung war dabei nicht nur stets zentral, sondern auch mitunter problematisch. Denn wie Dobner darlegt, ist eine „transzendentale Begründung der Verfassung immer relativ"[50]. Genau diese Begründung der Verfassung ist aber stets paradox, denn die

---

[46] *Sejersted, F.*, Democracy and the Rule of Law: Some Historical Experiences of Contradictions in the Striving for Good Government, in: Elster, J./Slagstad, R. (Hrsg.), Constitutionalism and Democracy, S. 131, 135; etwas anders Brunkhorst, der zwischen herrschaftsbegründenden Verfassungen wie in den USA und Frankreich sowie herrschaftsbegrenzenden Verfassungen wie im Deutschen Reich unterscheidet, siehe: *Brunkhorst, H.*, Legitimationskrisen, S. 179; *ders.*, Die Legitimationskrise der Weltgesellschaft, in: Albert, M./Stichweh, R. (Hrsg.), Weltstaat und Weltstaatlichkeit, S. 63, 67.

[47] *Neves, M.*, Transversale Verfassungen?, in: Brunkhorst, H. (Hrsg.), Demokratie in der Weltgesellschaft, S. 75, 77.

[48] Ebd., S. 77 f.

[49] Vgl. o., Verfassungsbegriff bei Luhmann.

[50] *Dobner, P.*, Konstitutionalismus als Politikform, S. 19.

alte Ordnung kann die neue nicht mehr begründen, da sie nicht mehr bindend ist, und die neue ist noch nicht begründet, kann den Souverän also insofern nicht binden.[51] Als gegenüber jeglichem anderen Recht und auch der Politik höher angesiedelte Norm ist es der Verfassung selbst auferlegt, ihren Geltungsgrund zu erzeugen.

Die Geltung einer Verfassung müsse dabei stets sowohl gesellschaftstheoretische Fragen der Legitimität als auch Fragen zur Legalität beantworten können sowie entsprechende Verfahren bereitstellen und Macht- und Konsensaspekte im Auge behalten.[52] Wie Neves darlegt, ermöglichte die Verfassung die „Verflechtung zwischen der politischen und rechtlichen Einzelrationalität". Diese Verflechtung wurde erst durch die Trennung der beiden Bereiche bewirkt. Recht war mit Abschaffung der absolutistischen Souveränität nicht mehr einer unangreifbaren Macht des absolutistischen Herrschers untergeordnet, sondern zunehmend von politischen Einflüssen unabhängig. Die Verfassung ermöglicht demnach sowohl die Verflechtung der beiden Bereiche als auch ihre Trennung oder Differenz.[53]

Spätestens nach dem Zweiten Weltkrieg schließlich erstarkte in Europa das Bedürfnis nach einem „neuen Konstitutionalismus": Ein geschriebenes Verfassungsdokument, eine Grundrechtecharta und eine institutionalisierte richterliche Normenkontrolle wurden als Grundelemente einer modernen Verfassung angesehen. In allen nach 1949 in Kraft gesetzten Verfassungen sind diese Elemente sodann auch enthalten.[54] Das Ergebnis ist nicht zuletzt der demokratische Rechtsstaat in der heutigen Form. Dieser demokratische Rechtsstaat war schließlich auch als einziger in der Lage, die aufgrund der Polykontexturalität entstandenen Strukturprobleme zu lösen und zwar:

---

[51] *Nickel, R.*, Private and Public Autonomy Revisited: Habermas' Concept of Co-originality in Times of Globalization and the Militant Security State, in: Loughlin, M. (Hrsg.), The Paradox of Constitutionalism, S. 147, 149.

[52] *Dobner, P.*, Konstitutionalismus als Politikform, S. 19.

[53] *Neves, M.*, Transversale Verfassungen?, in: Brunkhorst, H. (Hrsg.), Demokratie in der Weltgesellschaft, S. 75, 80; *Chalmers, D.*, Constituent Power and the Pluralist Ethic, in: Loughlin, M. (Hrsg.), The Paradox of Constitutionalism, S. 291.

[54] *Stone Sweet, A.*, A Cosmopolitan Legal Reader: Constitutional Pluralism and Rights Adjudication in Europe, Glob. Con. 1 (2012), S. 53, 60 (mit Ausnahme der Verfassung der Fünften Republik von 1958).

> „bei gleichzeitiger Steigerung und Expansion egalitärer, kollektiver und individueller Freiheit (...) besser und effektiver als jedes andere, autoritäre oder auch nur halbautoritär-konstitutionelle Regime.“[55]

Schließlich ist für ein Verfassungsdokument von entscheidender Bedeutung, ob es auch als „Verfassung“ Akzeptanz findet.[56] Denn wie Dunoff/Trachtmann darlegen, ist jegliche Verfassungsordnung langfristig gesehen bedeutungslos, sofern ihr nicht ein Mindestmaß an gesellschaftlicher Anerkennung und sozialer Akzeptanz zukommt – systemtheoretisch gesprochen, wäre das politische System nicht mehr in der Lage, verbindliche Entscheidungen zu treffen, und das Rechtssystems könnte keine Erwartungen mehr dauerhaft stabilisieren.[57]

Nicht zwingend erforderlich – wenn auch der absolute Regelfall – ist hingegen, dass eine Verfassung als schriftlich fixiertes Dokument vorliegt.[58] Durch die feierliche Verkündung eines schriftlichen Dokuments mag zwar die Bindungswirkung erhöht werden, doch ist dies keine unerlässliche Voraussetzung für eine Anerkennung diverser Verfassungsprinzipien, wie schon das Beispiel Großbritanniens im nationalen Rahmen zeigt.[59]

Nach zumindest westlicher Auffassung mit dem modernen Verfassungsstaat untrennbar verbunden ist schließlich eine demokratische Herrschaftsform. Die moderne Demokratie basiert dabei nicht mehr auf der Mehrheitsherrschaft über die Minderheit, sondern auf der paradoxen herrschaftsbrechenden Herrschaft der Beherrschten.

Dazu gehört auch, dass vorhandene Klassen- beziehungsweise Schichtenunterschiede abgemildert werden, da jede Klasse, Schicht sowie jedes

---

55 *Brunkhorst, H.*, There Will Be Blood, in: ders. (Hrsg.), Demokratie in der Weltgesellschaft, S. 99, 100.

56 *Dunoff, J. L./Trachtman, J. P.*, A Functional Approach to International Constitutionalization, in: dies. (Hrsg.), Ruling the World?, S. 3, 22.

57 Ebd.

58 *D'Souza, C.*, World Constitutionalism, in: D'Souza, A. A./ders. (Hrsg.), World Constitutionalism, S. 1, 4.

59 Wie Schmidt ausführt, hat Großbritannien insgesamt eine etwas andere Verfassungskultur. So trete auch die gestufte Rechtsordnung nicht so deutlich zutage wie beispielsweise in den Verfassungsordnungen Kontinentaleuropas. *Schmidt, R.*, Verfassung und Verfassungskultur, in: Bach, M. (Hrsg.), Der entmachtete Leviathan, S. 281, 296.

Individuum darauf hoffen kann, durch Erlangung der Herrschaft Missstände auflösen zu können. Eine heteronome Gesellschaft wird dadurch zwar nicht notwendigerweise zur homogenen Einheit. Vielmehr bleiben fragmentierte Bereiche erhalten, werden aber zumindest miteinander versöhnt.[60] Nach Brunkhorst sind Verfassungen daher auch nicht nur bloße „Machbarkeitsillusionen", sondern (vergleichbar mit Luhmann) „normative Errungenschaften"[61], die die Aufgabe hätten, „demokratische Politik rechtlich zu ermöglichen"[62]. Wie Brunkhorst weiter ausführt, ist schließlich die normative und funktionale Errungenschaft einer Verfassung im modernen Sinne in der Exklusion von Ungleichheit zu sehen. Ungleiche Rechte und Ungleichheit wurden zugunsten von Gleichheit ausgeschlossen.[63] Durch die Verfassung soll letztlich die Inklusion aller in alle Funktionsbereiche der Gesellschaft unter einer hierarchischen Ordnung sichergestellt werden. Um es kurz mit den Worten von Walter zu beschreiben, ist die Verfassung eines modernen Nationalstaats in diesem Sinn zu charakterisieren als „bundling of different functions in a single political unit and by means of a single legal text"[64].

Konstitutionalismus zeichnet sich im innerstaatlichen Bereich zusammenfassend durch drei Elemente aus: Zum einen ist stets ein meist umfangreicher Grundrechtskatalog mit Abwehr- und Teilhaberechten enthalten. Zum anderen wird „Recht als Kommunikationsmedium" wechselseitig kontrollierbar, das heißt eine Willkürherrschaft oder eine rechtsmissbräuchliche Herrschaft wird ausgeschlossen. Recht wird politisiert und umgekehrt die Politik verrechtlicht; durch die wechsel-

60 *Brunkhorst, H.*, There Will Be Blood, in: ders. (Hrsg.), Demokratie in der Weltgesellschaft, S. 99, 100.

61 *Luhmann, N.*, Verfassung als evolutionäre Errungenschaft, Rechtshistorisches Journal 9 (1990), S. 176, 180.

62 *Brunkhorst, H.*, Legitimationskrisen, S. 153; m.w.N.

63 *Ders.*, There Will Be Blood, in: ders. (Hrsg.), Demokratie in der Weltgesellschaft, S. 99, 101.

64 *Walter, C.*, Constitutionalizing (Inter)national Governance – Possibilities for and Limits to the Development of an International Constitutional Law, GYIL 44 (2001), S. 170, 191.

seitige Bindung und Eingrenzung „die Eigenrationalität beider Sphären, der Macht und des Rechts“[65] entfesselt.[66]

Die Gewaltenteilung verhindert einen Machtmissbrauch. In diesem Zusammenhang findet eine gewisse Hierarchisierung von Rechtsgütern und Rechtsprinzipien statt, um Willkür so effektiv wie möglich zu verhindern. Schließlich ist Verfassungen in der Regel gemein, dass sie anders als einfache Gesetze nicht leicht veränderbar sind. Vielmehr regelt die Verfassung selbst, unter welchen Bedingungen und bis zu welchem Grad (Stichwort: Ewigkeitsgarantie des Grundgesetzes) sie veränderbar ist.[67]

Fraglich ist nun, ob eine Übertragung dieser Elemente auf die globale Ebene überhaupt möglich. Nach Ansicht von Niederberger etwa müsste sich eine solche Übertragung angesichts der derzeitigen Verhältnisse und der manifesten Rolle der souveränen Nationalstaaten vor allem auf das dritte Element beschränken – eine gewisse Höherrangigkeit „verfassungsrechtlichen“ Rechts also.[68]

2. *Übertragung auf die globale Ebene?*

Auch wenn Luhmann das Entstehen von Verfassungen auf nationalstaatlicher Ebene als „evolutionäre Errungenschaft“ bezeichnete und zumindest noch 1973 behauptete, dass ein vergleichbarer Prozess nie wieder stattgefunden habe, so stellt sich dennoch die Frage, inwieweit im Rahmen von Entstaatlichung auf der einen Seite und Verrechtlichung im internationalen Bereich auf der anderen Seite ähnliche Prozesse auf globaler Ebene zu beobachten sind.[69]

---

[65] *Brunkhorst, H.*, Legitimationskrisen, S. 146; vgl. auch die Ausführungen zu Luhmann oben.

[66] Ebd.

[67] *Zurn, C. F.*, Deliberative Democracy and the Institutions of Judicial Review, S. 90 f.

[68] *Niederberger, A.*, Demokratie unter Bedingungen der Weltgesellschaft?, S. 354 f.

[69] *Grimm, D.*, The Constitution in the Process of Denationalization, in: Arjomand, S. A. (Hrsg.), Constitutionalism and Political Reconstruction, S. 261.

Allerdings bestehen zweifelsohne anders als auf nationaler Ebene, auf der alle möglichen Regulierungsaspekte einer territorial begrenzten Hoheitsgewalt untergeordnet sind, auf globaler Ebene *de facto* und *de jure* unterschiedliche Rechtsregime, die einen jeweils beschränkten Regulierungsbereich umfassen.[70] Fraglich ist also, ob und inwieweit diese diversen Teilbereiche in einen gemeinsamen Konstitutionalisierungsprozess zusammengefasst werden können. Bei dieser möglichen Übertragung auf die globale Ebene geht es allerdings – wie Fassbender bemerkt – nicht um die Frage eines Verfassungsprozess im Sinne eines einfachen „Statuts“, sondern um die Frage der Übertragung verfassungsstaatlicher Prinzipien und Vorstellungen.[71]

Eine globale Verfassung beziehungsweise ein globaler Verfassungsprozess müsste zudem in der Lage sein, neben den Beziehungen zwischen den verschiedenen Bereichen auch das Verhältnis der einzelnen Regime zu den nationalstaatlichen Verfassungsordnungen einzubeziehen.

Bei dieser „neuen Verfassungsfrage“ geht es aber nicht mehr (nur) um die Freisetzung politischer Macht und deren rechtstaatlicher Begrenzung wie im aufkommenden Nationalstaat des 18. und 19. Jahrhundert, sondern (auch) um die Freisetzung von Energien anderer gesellschaftlicher Teilbereiche wie Wirtschaft, Wissenschaft und Technik sowie um deren Begrenzung.[72] Nach Teubner ist für alle Konstitutionalisierungsbestrebungen zudem entscheidend, den herkömmlichen, klassischen und nationalstaatlich geprägten Verfassungsbegriff zum einen genügend zu generalisieren, zum anderen ihn anschließend wiederum ausreichend

---

[70] *Walter, C.*, Constitutionalizing (Inter)national Governance – Possibilities for and Limits to the Development of an International Constitutional Law, GYIL 44 (2001), S. 170, 191 f.

[71] *Fassbender, B.*, Grund und Grenzen der konstitutionellen Idee im Völkerrecht, in: Isensee, J./Depenheuer, O. (Hrsg.), Staat im Wort, S. 73, 73 f.; *Fassbender, B.*, The United Nations Charter as Constitution of the International Community, Columbia Journal of Transnational Law 36 (1998), S. 531, 538 ff.

[72] *Teubner, G.*, Verfassungsfragmente, S. 11; *Allott, P.*, The Emerging Universal Legal System, International Law Forum du Droit International 3 (2001), S. 12, 16; auch: *ders.*, The Emerging Universal Legal System, in: Nollkaemper, A./Nijman, J. E. (Hrsg.), New Perspectives on the Divide Between National and International Law, S. 63; *Albert, M.*, Einleitung: Weltstaat und Weltstaatlichkeit: Neubestimmungen des Politischen in der Weltgesellschaft, in: ders./Stichweh, R. (Hrsg.), Weltstaat und Weltstaatlichkeit, S. 9; auch: *Kleinlein, T.*, Konstitutionalisierung im Völkerrecht, S. 49 ff.

zu respezifizieren, um ihn von der nationalen Ebene auf die globale Ebene übertragen zu können.[73]

Ein wirkliches Äquivalent, im Sinne einer Weltstaatsverfassung, wird jedoch – wie bereits erwähnt – auf globaler Ebene kaum zu erreichen sein.[74] Eine derart radikale Ansicht vertreten nicht einmal liberale kosmopolitische Strömungen.[75] Darüber hinaus kann und wird ein möglicher Konstitutionalisierungsprozess auch nicht in einer Kompetenz-Kompetenz auf völkerrechtlicher Ebene enden – die „Selbstentscheidung" über die eigenen Zuständigkeiten wird bei den souveränen Territorialstaaten verbleiben.[76] Alles andere ist nichts als eine Utopie oder ein fanatisches Idealbild. Vielmehr wird ein mögliches „globales Verfassungsrecht" zwar beeinflusst sein vom nationalen Verfassungsrecht, aber es wird ein Recht sein, „welches auf seinen eigenen Füßen steht"[77], wie Fassbender einprägsam formuliert. Es geht zudem darum, „Konzepte aus dem [nationalen] Verfassungsdiskurs für die internationale Ordnung fruchtbar zu machen"[78].

Um jedoch ein – wie auch immer geartetes – Äquivalent überhaupt erreichen zu können, sind insbesondere Anpassungen hinsichtlich der staatlichen Souveränität, des jeweils organisierten Kollektivs (im Sinne

---

[73] *Teubner, G.*, Globale Zivilverfassungen: Alternativen zur staatszentrierten Verfassungstheorie, in: Neves, M./Voigt, R. (Hrsg.), Die Staaten der Weltgesellschaft, S. 117, 119; mehr zu Teubner und diesem Ansatz im 5. Kapitel.

[74] Siehe hierzu u.a.: *Bryde, B.-O.*, Das Völkerrecht zwischen Konstitutionalisierung, Hegemonie und Renationalisierung, in: Heinrich-Böll-Stiftung (Hrsg.), Die Zukunft des Völkerrechts in einer globalisierten Welt, S. 88, 91.

[75] *Buchanan, A./Powell, R.*, Survey Article: Constitutional Democracy and the Rule of International Law: Are They Compatible?, Journal of Political Philosophy 16 (2008), S. 326, 331.

[76] *Paulus, A. L.*, Zur Zukunft der Völkerrechtswissenschaft in Deutschland: Zwischen Konstitutionalisierung und Fragmentierung des Völkerrechts, ZaöRV 67 (2007), S. 695, 700.

[77] *Fassbender, B.*, „We the Peoples of the United Nations": Constituent Power and Constitutional Form in International Law, in: Loughlin, M. (Hrsg.), The Paradox of Constitutionalism, S. 269 (Übersetzung durch den Autor dieser Arbeit).

[78] *Bryde, B.-O.*, Das Völkerrecht zwischen Konstitutionalisierung, Hegemonie und Renationalisierung, in: Heinrich-Böll-Stiftung (Hrsg.), Die Zukunft des Völkerrechts in einer globalisierten Welt, S. 88, 91.

eines Staatsvolkes), der Frage der Entscheidungshierarchie, der organisierten Interessensaggregation, sowie der demokratischen Willensbildung erforderlich.[79] Daher müssen auch zumindest „Hauptakteure, Rechtssetzungsorgane und Verfahrensregeln“ in hinreichender Art konstituiert werden.[80]

Ob sich darüber hinaus die Übertragung des Verfassungsdenkens auf die globale Ebene als „Konstitutionalismus jenseits des Nationalstaates“ darstellt, der sich einerseits jenseits des Nationalstaates, im transnationalen Bereich, andererseits jedoch abseits der institutionalisierten Politikpfade durch private Akteure entwickelt, ist ein Hauptgegenstand dieser Untersuchung.[81]

Möglich erscheint außerdem auch eine „Weltverfassung der Freiheit“, das heißt Konstitutionalisierungstendenzen in einzelnen Bereichen ohne globalen Staat und ohne Zentralinstanz, jedoch mit einer strukturellen Kopplung zwischen Weltpolitik und Weltrecht.[82] Ob in diesem Zusammenhang nicht mehr von einer Konstitutionalisierung, sondern vielmehr von einer Fragmentierung oder von Zivilverfassungen zu sprechen sein wird, ist womöglich nur ein semantisches Problem.

Nicht von der Hand zu weisen ist aber jedenfalls eine gewisse Dezentralisierung der Weltpolitik und des Weltrechts ebenso wie die Herausbildung verschiedener Rechtsregime. Auch die Einbeziehung von nichtstaatlichen Akteuren in diversen Bereichen stellt sich als Fakt dar. All dies bedeutet jedoch nicht notwendigerweise, dass eine Übertragung des verfassungsrechtlichen Denkens auf die globale Ebene scheitern muss.

Allerdings kann als Ziel jeglichen Verfassungsdenkens immer nur eine Weltverfassung als Maximum entstehen, nicht jedoch eine Welt*staats*verfassung. Gleichzeitig kann aber wohl angesichts einer zunehmenden Verrechtlichung und der Erschaffung verfassungsrechtlicher Institutio-

---

[79] *Teubner, G.*, Globale Zivilverfassungen: Alternativen zur staatszentrierten Verfassungstheorie, in: Neves, M./Voigt, R. (Hrsg.), Die Staaten der Weltgesellschaft, S. 117, 119.

[80] *Brunkhorst, H.*, Legitimationskrisen, S. 144; m.w.N.

[81] *Teubner, G.*, Verfassungsfragmente, S. 12.

[82] *Ders.*, Globale Zivilverfassungen: Alternativen zur staatszentrierten Verfassungstheorie, in: Neves, M./Voigt, R. (Hrsg.), Die Staaten der Weltgesellschaft, S. 117, 120.

nen auch nicht von einer „konstitutionelle[n] Leere des Transnationalen“ gesprochen werden.[83]

3. Verfassung ohne Staat[84]

Da ein Weltstaat weder realistisch noch wünschenswert erscheint, stellt sich insbesondere auch die Frage nach einer Verfassung ohne Staat auf internationaler Ebene – denn die historische Verbindung von Staat und Verfassung, die als evolutionäre Errungenschaft aus den Revolutionen im 18. Jahrhundert hervorgegangen ist, muss nicht zwingend logisch die einzige Ausprägung verfassungsrechtlichen Denkens sein.[85]

Denn wie Brunkhorst feststellt, „konstituiert nicht der Staat die Gesellschaft, sondern die Gesellschaft den Staat“. Mit dieser „Umkehr des Konstitutionsverhältnisses“ lockert sich auch die Bindung von Staat und Verfassung auf.[86] Dies belegten nach Ansicht von Brunkhorst auch die historischen Entwicklungen. Denn die Verfassungsrevolutionen des 18. Jahrhunderts setzten auch nicht den Staat, sondern eine Nation voraus, demnach sei die „Symbiose von Staat und Verfassung (...) ontologisch, rechtlich und historisch“ wieder rückführ- beziehungsweise auflösbar.[87] Die beispielsweise von Kelsen[88] propagierte Einheit von Staat und Verfassung wäre somit auflösbar.[89] Auch Kleinlein spricht von einer möglichen Wandelbarkeit und Öffnung des Verfassungsbegriffs, wodurch eine Trennung vom Staat denkbar sei.[90]

Den modernen Verfassungen ist schließlich gemein, dass sie Organisationsverfassungen sind – diese Organisationen sind zwar maßgeblich und überwiegend Staaten, sollen jedoch nach Ansicht von Brunkhorst und

---

83 So beispielsweise: *Teubner, G.*, Verfassungsfragmente, S. 21 f.

84 Grundlegend hierzu: *Kleinlein, T.*, Konstitutionalisierung im Völkerrecht, S. 99 ff.

85 *Brunkhorst, H.*, Legitimationskrisen, S. 139.

86 Ebd., S. 140.

87 Ebd., S. 141.

88 *Kelsen, H.*, Reine Rechtslehre, S. 289 ff.

89 *Ooyen, R. C. von*, Politik und Verfassung. Beiträge zu einer politikwissenschaftlichen Verfassungslehre, S. 28.

90 *Kleinlein, T.*, Konstitutionalisierung im Völkerrecht, S. 154 ff.

Teubner auch beispielsweise staatsferne öffentliche und private Regime sein können.[91] Entscheidend ist nach Ansicht von Bryde jedoch, ob Verfassungsprinzipien gefunden werden können, an die das einfache Völkerrecht gebunden ist und somit eine Art Normenhierarchie besteht, die mit einer übergeordneten Legitimationsinstanz kombiniert ist.[92]

Im Folgenden soll von einem liberalen Verfassungsbegriff ausgegangen werden. In (Staats-)Verfassungen im Sinne eines liberalen Konstitutionalismus stehen vor allem zwei Funktionen der jeweiligen Verfassung im Vordergrund: zum einen die Konstituierung von politischer Macht, zum anderen vor allem ihre rechtstaatliche Begrenzung.[93] Eine weitere wichtige Funktion ist die Etablierung von Organisations- und Verfahrensregeln.[94]

III. Unterschied zwischen Konstitutionalisierung und Konstitutionalismus

Für eine eingehendere Untersuchung ist zunächst eine Begriffserläuterung notwendig. Denn oftmals werden beide Begriffe für fast deckungsgleiche Phänomene verwendet. Erst in letzter Zeit wurde mehr und mehr der Versuch unternommen, die beiden Begriffe als Beschreibung verschiedener Entwicklungen zu erfassen.[95] Wie Grimm überzeu-

---

[91] *Brunkhorst, H.*, Legitimationskrisen, S. 180; *Teubner, G.*, Verfassungsfragmente.

[92] *Bryde, B.-O.*, Das Völkerrecht zwischen Konstitutionalisierung, Hegemonie und Renationalisierung, in: Heinrich-Böll-Stiftung (Hrsg.), Die Zukunft des Völkerrechts in einer globalisierten Welt, S. 88, 92.

[93] Zum Teil wird im Rahmen des liberalen Verfassungsbegriffs auch bloß von einer begrenzenden Funktion ausgegangen, siehe stellvertretend für viele: *Schmidt, R.*, Verfassung und Verfassungskultur, in: Bach, M. (Hrsg.), Der entmachtete Leviathan, S. 281, 300.

[94] *Teubner, G.*, Verfassungsfragmente, S. 35.

[95] Vgl u.a.: *Wiener, A.*, Oxford Bibliographies Online Datasets; *Brown, G. W.*, The Constitutionalization of What?, Glob. Con. 1 (2012), S. 201; *Dyzenhaus, D.*, Constitutionalism in an Old Key: Legality and Constituent Power, Glob. Con. 1 (2012), S. 229; *Wiener, A./Lang, A. F./Tully, J./Maduro, M. P./*

gend darlegt, ist im Rahmen der Konstitutionalisierung letztlich immer die rechtliche Komponente einer Konstitutionalisierung, nicht die faktische, gemeint.[96]

Der Unterschied liegt vor allem darin begründet, dass eine rechtliche Konstitutionalisierung zwar bestimmte Erwartungen weckt, jedoch im Gegensatz zu einer faktischen Konstitutionalisierung nicht die Wirklichkeit abbildet. Eine Konstitutionalisierung bildet somit auch nicht die politische Realität ab, sondern kann lediglich als Standard für künftiges politisches Handeln und Entscheiden angeführt werden.[97]

Anders formuliert, kann Konstitutionalisierung einen (unvollendeten) Prozess meinen, an dessen Ende nicht notwendigerweise eine Verfassungsbildung stehen muss – vielmehr enthält der Begriff die Übernahme verfassungsrechtlichen Denkens und bestimmter verfassungsrechtlicher Aspekte, die bisweilen auch dauerhaft rudimentär bleiben können. Mit Tomuschat geht es dabei insbesondere um das Vorhandensein von Meta-Regeln, welche die Rechtsbildung, die Implementierung und die Anwendung des gebildeten Rechts betreffen.[98]

Im Gegensatz dazu kann – etwas vereinfacht gesprochen – „Konstitutionalismus" als eher statische Zustandsbeschreibung aufgefasst werden. Eine derartige wenig detailreiche Einteilung kann allerdings nur einen ersten groben Umriss darstellen. Daher ist eine genaue Begriffserläuterung notwendig.

So wird Konstitutionalisierung zum Teil als Prozess der Aufnahme von konstitutionellen Normen, Werten, Prozessen oder Prinzipien verstanden, der zu einer Vertiefung des internationalen Rechts, wenn nicht gar zu einem verfassungsartigen Gebilde auf globaler Ebene führt. For-

---

Kumm, M., Global Constitutionalism: Human Rights, Democracy and the Rule of Law, Glob. Con. 1 (2012), S. 1

[96] *Grimm, D.*, The Constitution in the Process of Denationalization, in: Arjomand, S. A. (Hrsg.), Constitutionalism and Political Reconstruction, S. 261, 263.

[97] Ebd.

[98] *Tomuschat, C.*, Obligations Arising for States Without or Against Their Will, RdC 241 (1993), S. 195, 217.

schungsprojekte unternehmen in diesem Bereich oft den Versuch, diesen Prozess zu „mappen" oder zu erklären.[99]

Dies wird einerseits mittels empirischen Daten getan – so ist die Zahl an internationalen Verträgen und Organisationen seit dem Ende des Zweiten Weltkrieges (und zudem seit Ende des Kalten Krieges) gegenüber der 300-jährigen Geschichte des modernen Völkerrechts von 1648-1945 extrem gewachsen.[100] Andererseits kann die Konstitutionalisierung als normative Antwort auf die negativen Folgen globaler Krisen und die wachsende Interdependenz globaler Institutionen gesehen werden.[101]

Demgegenüber lässt sich Konstitutionalismus mehr als statischer Punkt denn als ein Prozess begreifen, der möglicherweise, also nicht zwingend den Endpunkt des vorher bezeichneten Konstitutionalisierungsvorgangs darstellen kann. Wissenschaftliche Arbeiten in diesem Bereich setzten ihren Schwerpunkt oftmals interdisziplinär und versuchen, moralische und normative Aspekte einer konstitutionellen Weltrechtsordnung einzubinden. Zudem wird versucht, die bereits vorhandenen Grundlagen und Anwendungsbereiche zu „shapen" beziehungsweise zu verbessern.[102]

Dieses „shaping" kann man mit Diggelmann/Altwicker durchaus kritisch sehen und die Frage stellen, ob zum Beispiel das „Herbeireden" einer konstitutionellen Ordnung nicht nur dazu dient, um im Sinne einer *self-fulfilling prophecy* die Sichtweise und Einstellung der maßgeblichen Akteure dergestalt zu verändern, dass eine Konstitutionalisierung angenommen, angestrebt und dadurch auch verwirklicht wird.[103] Nicht auf den ersten Blick erkennbar ist, ob und wenn ja worin der Unterschied zwischen „mapping" und „shaping" besteht. Brown etwa bejaht diesen Unterschied und macht jedenfalls einen kleinen, aber feinen Unterschied aus:

---

[99] *Brown, G. W.*, The Constitutionalization of What?, Glob. Con. 1 (2012), S. 201, 202.

[100] Ebd., S. 203; siehe auch: *Rosas, A.*, Globaler Konstitutionalismus, Menschenrechte und staatliche Souveränität, in: Brunkhorst, H./Kettner, M. (Hrsg.), Globalisierung und Demokratie, S. 151.

[101] *Brown, G. W.*, The Constitutionalization of What?, Glob. Con. 1 (2012), S. 201, 204.

[102] Ebd., S. 202.

[103] Vgl.: *Diggelmann, O./Altwicker, T.*, Is There Something Like a Constitution of International Law?, ZaöRV 68 (2008), S. 623, 642.

> „[The] distinction between constitutionalization – as an exclusive mapping exercise geared toward outlining ongoing shifts from a globalized order to a constitutionalized order – and global constitutionalism – as a more critical and normative ‚shaping' activity that seeks to improve current and future constitutional conditions."[104]

Konstitutionalisierung im Sinne eines „mappings" kann somit als grobes Skizzieren, als Beschreibungen ohne weitergehenden normativen Anspruch, der Veränderungen des internationalen Rechts im Zuge der Globalisierung aufgefasst werden. Konstitutionalismus im Sinne eines „shapings" bezeichnet hingegen eher das Feinzeichnen, das normative Bestärken einer möglicherweise bereits bestehenden oder entstehenden verfassungsrechtlichen Ordnung im globalen Rahmen.

Darüber hinaus erscheint auch eine Differenzierung nach deskriptiven und normativen Herangehensweisen sinnvoll. Mit Schwöbel kann man Schriften zum globalen Konstitutionalismus als zum größeren Teil deskriptiver Natur ansehen. Autoren beschreiben den ihrer Meinung nach bereits vorhandenen (Teil-)Konstitutionalismus. Sie betreiben daher lediglich ein „mapping". Demgegenüber sind Aussagen der Vertreter einer Konstitutionalisierung oftmals normativer Natur – eine wie auch immer geartete „Verfassung" ist noch nicht vorhanden, könnte jedoch eines Tages entstehen beziehungsweise ist bereits im Entstehen; es wird also nicht nur ein eher deskriptives „mapping" vorgenommen, sondern ein normatives „shaping". Beide Auffassungen beziehen sich häufig auf dieselben Prämissen, kommen jedoch zu einem unterschiedlichen Ergebnis.[105]

Ferner kann man auch wie Brown von einer empirischen Konstitutionalisierung im Sinne eines Normierungsprozesses (legal process) sprechen, der einerseits in einer Objektivierung (Hierarchisierung im Sinne einer Verfassung oder Einbindung in ein pluralistisches Netzwerk), andererseits über eine Subjektivierung (der Einzelne wird als juristisches Subjekt betrachtet) voranschreitet und dabei auch informelle und

---

[104] *Brown, G. W.*, The Constitutionalization of What?, Glob. Con. 1 (2012), S. 201, 227.

[105] *Schwöbel, C. E. J.*, Global Constitutionalism in International Legal Perspective, S. 12.

extra-legale Prozesse einschließt, die mehr und mehr juridifiziert werden.[106]

IV. Ansatzpunkte für die Übertragung auf den internationalen Bereich

Den verschiedenen Strömungen ist gemeinsam, dass sie versuchen, konstitutionelles Denken von der nationalen auf die internationale Ebene zu übertragen. Allerdings werden dafür verschiedene Strategien gewählt.[107]

1. Semantischer Ansatz

Der „semantische Ansatz“ zeichnet sich durch eine Anpassung konstitutioneller Begriffe aus. Grundlegende konstitutionelle Konzepte und Termini aus dem nationalen Raum werden auf die globale Ebene angepasst, um die besonderen Anforderungen an und Charakteristiken der globalen Ebene zu erfassen. Kernargument ist häufig das Vorhandensein einer internationalen Gemeinschaft.[108] Begrifflichkeiten, die derart angepasst werden, sind neben der Verfassung auch die *rule of law* oder Regierungshandeln im Allgemeinen.[109]

2. Korrespondierender Ansatz

Den zweiten Ansatz kann man – mit Diggelmann/Altwicker – als „korrespondierenden Ansatz“ bezeichnen. Im Gegensatz zum semantischen Ansatz wird hier nicht versucht, konstitutionelle Elemente von der

---

[106] *Brown, G. W.*, The Constitutionalization of What?, Glob. Con. 1 (2012), S. 201, 205 f.

[107] Siehe bezüglich dieser Einteilung: *Diggelmann, O./Altwicker, T.*, Is There Something Like a Constitution of International Law?, ZaöRV 68 (2008), S. 623, 632 ff.

[108] Siehe grundlegend zu diesem Begriff: *Paulus, A. L.*, Die internationale Gemeinschaft im Völkerrecht.

[109] *Diggelmann, O./Altwicker, T.*, Is There Something Like a Constitution of International Law?, ZaöRV 68 (2008), S. 623, 632; 634 ff.; m.w.N.

nationalen Ebene auf die internationale anzupassen. Es wird vielmehr versucht, konstitutionelle Funktionen, Elemente oder materielle Gesichtspunkte einer möglichen Verfassung auf globaler Ebene herauszuarbeiten. Charakteristisch ist hierbei die Suche nach gemeinsamen Werten oder hierarchischen Elementen.[110]

3. Ethisch-pragmatischer Ansatz

Als dritten Ansatz lässt sich der „ethisch-pragmatische Ansatz" anführen. Hierunter lassen sich verschiedene Konzepte einordnen – etwa Habermas und seine Vorstellung eines deliberativen Modells mit einem Weltparlament.[111]

V. UN-Charta als Weltverfassung

Zunächst ist zu untersuchen, inwieweit die UN-Charta bereits eine Art Weltverfassung darstellen könnte oder zumindest als Zwischenprodukt eines vorangeschrittenen Konstitutionalisierungsprozesses anzusehen ist.

Ein prominenter Vertreter einer derartigen Auffassung ist Habermas, der die Vereinten Nationen als übergeordnetes Gebilde ansieht, in dem Staaten sowie transnationale und regionale Organisationen gleichgeordnet kooperieren könnten. Hauptaufgabe der UN-Charta soll der Menschenrechtsschutz und die Kontrolle des Gewalteinsatzes sein.[112]

Auch Álvarez ging bereits 1949 von einem im Entstehen begriffenen internationalen Verfassungsrecht aus. Er sprach in diesem Zusammen-

---

[110] Ebd., S. 632 f.; 637 ff.

[111] Ebd., S. 633; zu Habermas siehe *Habermas, J.*, Konstitutionalisierung des Völkerrechts und die Legitimationsprobleme einer verfassten Weltgesellschaft, in: Brugger, W./Kirste, S./Neumann, U. (Hrsg.), Rechtsphilosophie im 21. Jahrhundert, S. 360; *Habermas, J.*, Die postnationale Konstellation.

[112] *Halberstam, D.*, Local, Global and Plural Constitutionalism, in: Búrca, G. de/Weiler, J. (Hrsg.), The Worlds of European Constitutionalism, S. 150, 159.

hang vom „new international constitutional law“ [113] und erkannte zum Beispiel in der UN-Charta einen verfassungsartigen Charakter. [114]

1. Funktionen einer nationalstaatlichen Verfassung

Auf den ersten Blick könnte die UN-Charta wichtige Funktionen nationalstaatlicher Verfassungen übernommen haben oder gar eine Art Weltverfassung darstellen. Zahlreiche Autoren erkennen einen verfassungsartigen Charakter der Charta an oder sehen zumindest einzelne verfassungsartige Elemente verwirklicht. [115]

Brunkhorst etwa bemerkt diverse wesentliche Eigenschaften einer Staatsverfassung in der UN-Charta. So seien zum Beispiel die Ziele und Grundsätze der Charta nicht nur für die Mitglieder verbindlich, sondern auch für Nichtmitglieder (Art. 1, 2 Nr. 6 UNC). Mit Art. 103 UNC werde das horizontale Koordinationsrecht um ein vertikales Subordinationsrecht ergänzt. [116] Aus Art. 1 Nrn. 2, 3 und 4 UNC sowie Art. 2 Nr. 6 UNC ließe sich ableiten, dass das klassische Koexistenzgebot des Völkerrechts durch eine darüber hinausgehende Kooperationspflicht ersetzt werde. [117] Weitere Indizien, die für einen Verfassungscha-

---

[113] *Àlvarez, A.*, Sondervotum zum Urteil des IGH, Corfu Channel Case, ICJ Reports (1949), S. 4, 43.

[114] *Ders.*, Sondervotum zum Gutachten des IGH, Conditions of Admission of a State to Membership in the United Nations, ICJ Reports (1948), S. 67, 70.

[115] So z.B. *Habermas, J.*, Hat die Konstitutionalisierung des Völkerrechts noch eine Chance?, in: ders. (Hrsg.), Der gespaltene Westen, S. 113, 157 ff.; in diesem Sinn „constitutional Charter“ auch *Àlvarez, A.*, Sondervotum zum Gutachten IGH, Conditions of Admission of a State to Membership in the United Nations, ICJ Reports (1948), S. 67, 70; *Dupuy, P.-M.*, The Constitutional Dimension of the Charter of the United Nations Revisited, in: Frowein, J. A./Wolfrum, R. (Hrsg.), Max Planck Yearbook of United Nations Law, S. 1, 19 ff.; *Rensmann, T.*, Wertordnung und Verfassung, S. 372 ff.; *Tomuschat, C.*, International Law as the Constitution of Mankind, in: ILC (Hrsg.), International Law on the Eve of the twenty-first Century, S. 37, 41 f.

[116] *Brunkhorst, M.*, There Will Be Blood, in: ders. (Hrsg.), Demokratie in der Weltgesellschaft, S. 99, 106 f.

[117] Zum Begriff Kooperationsvölkerrecht *Friedmann, W.*, Some Impacts of Social Organization of International Law, AJIL 50 (1956), S. 475, 507; *ders.*, The Changing Structure of International Law, S. 60 ff.

rakter der UN-Charta sprächen, sei zum Beispiel, dass grundlegende Rechte wie das *ius ad bellum* zugunsten des Verbotes von Angriffskriegen abgeschafft würden (Art. 2 Nr. 4 UNC, Kapitel VII). Ferner seien das Selbstbestimmungsrecht der Völker (Art. 1 Nr. 2 UNC) und grundlegende Menschenrechte (Art. 1 Nr. 3 UNC) oberste Grundsätze der Charta.[118] Dies alles deute zudem auf einen vorherigen Plan zur Errichtung einer Weltverfassung hin.[119]

Franck erkennt als einen wesentlichen Aspekt, der allen staatlichen Verfassungen gemein sei, dass im Gegensatz zu „normalen" völkerrechtlichen Verträgen und anders als zum Beispiel im Völkerbund kein Austrittsrecht vorgesehen werde.[120] Ein weiteres Merkmal staatlicher Verfassungen, das die UN-Charta aufweise, sei die grundsätzliche Unveränderbarkeit. Ergänzungen und Veränderungen der UN-Charta seien aufgrund der hohen Hürden in Art. 108 f. UNC (Erfordernis einer „Allgemeinen Konferenz" und einer Zweidrittelmehrheit der Generalversammlung sowie des Sicherheitsrates einschließlich aller ständigen Sicherheitsratsmitglieder) nur schwer möglich, wie die Vergangenheit zeige.[121] Zudem sei die UN-Charta zeitlich unbefristet und gelte für alle Staaten gleichermaßen, ob Mitglieder oder nicht.[122] Weitere vorhandene Charakteristika seien die Vorrangwirkung in Art. 103 UNC sowie die „institutional autochthony". Die UN-Charta weise diese zumindest in Ansätzen auf.[123]

---

[118] *Brunkhorst, H.*, There Will Be Blood, in: ders. (Hrsg.), Demokratie in der Weltgesellschaft, S. 99, 106 f.

[119] Ebd., S. 108.

[120] *Franck, T. M.*, Is the U.N. Charter a Constitution?, in: Frowein, J. A./Scharioth, K./Winkelmann, I./Wolfrum, R. (Hrsg.), Verhandeln für den Frieden, S. 96.

[121] Ebd., S. 97; *Johnston, D. M.*, World Constitutionalism in the Theory of International Law, in: Macdonald, R. St. J./ders. (Hrsg.), Towards World Constitutionalism, S. 3, 18; *Fassbender, B.*, The United Nations Charter as Constitution of the International Community, Columbia Journal of Transnational Law 36 (1998), S. 531, 578 f.

[122] *Doyle, M. W.*, The UN Charter – A Global Constitution?, in: Dunoff, J. L./Trachtman, J. P. (Hrsg.), Ruling the World?, S. 113, 114 f.

[123] *Franck, T. M.*, Is the U.N. Charter a Constitution?, in: Frowein, J. A./Scharioth, K./Winkelmann, I./Wolfrum, R. (Hrsg.), Verhandeln für den Frieden, S. 99 ff. Auch Dupuy spricht von einer verfassungsrechtlichen Dimen-

Auch Paulus erblickt in der UN-Charta zumindest fragmentarische Elemente einer staatlichen Verfassung. Mit dem UN-Sicherheitsrat, dem Internationalen Gerichtshof und der Vollversammlung sei jedenfalls im Ansatz eine Gewaltenteilung in Exekutive, Judikative und Legislative zu erkennen. Zusätzlich sei mit dem Internationalen Gerichtshof eine – wenn auch nur unvollständige und alles andere als allzuständige – Instanz zur Überprüfung von Entscheidungen vorhanden, ein grundlegendes Element nationalstaatlicher Verfassung. Art. 103 UNC deute zumindest auf ein Vorrangverhältnis des UN-Rechts hin, wenn auch keine echte Hierarchisierung daraus ableitbar sei. Darüber hinaus seien in Artikel 38 IGH-Statut die Rechtsquellen des Völkerrechts festgehalten. Schließlich könne auch als Argument für einen verfassungsartigen Charakter herangezogen werden, dass Art. 2 UNC grundsätzliche Staatenrechte festhielte und in Art. 55 (c) UNC ein grundlegendes Bekenntnis zur Achtung der Menschenrechte statuiert sei.[124]

Aus diesen und ähnlichen Gründen sprechen daher auch US-amerikanische Völkerrechtler von einem „constitutional framework".[125]. Hierzu zählt auch Reisman, der die UN-Charta – trotz einiger Schwächen – als Teil eines weltweiten Konstitutionalisierungsprozesses ansieht („a part of [an] ongoing world constitutive process").[126] Ebenso erkennt Frowein trotz diverser Mängel eine solche Entwicklungstendenz.[127] Ferner vergleicht Doyle die UN-Charta mit einer

---

sion des Art. 103 UNC und einer gewissen – wenn auch nicht unproblematischen – Hierarchisierung *Dupuy, P.-M.*, The Constitutional Dimension of the Charter of the United Nations Revisited, in: Frowein, J. A./Wolfrum, R. (Hrsg.), Max Planck Yearbook of United Nations Law, S. 1, 12 f., 28.

[124] *Paulus, A. L.*, The International Legal System as a Constitution, in: Dunoff, J. L./Trachtman, J. P. (Hrsg.), Ruling the World?, S. 69, 77 f.; *Fassbender, B.*, The United Nations Charter as Constitution of the International Community, Columbia Journal of Transnational Law 36 (1998), S. 531, 584.

[125] *Fischer-Lescano, A.*, Globalverfassung, S. 205, m.w.N.

[126] *Reisman, W. M.*, The Constitutional Crisis in the United Nations, AJIL 83 (1993), S. 83, 100; Falk, R. A./Johansen, R. C./Kim, S., Global Constitutionalism and the World Order, in: dies. (Hrsg.), The Constitutional Foundations of World Peace, S. 3, 9.

[127] *Frowein, J. A.*, Konstitutionalisierung des Völkerrechts, in: Dicke, K./Hummer, W./Girsberger, D. (Hrsg.), Völkerrecht und internationales Privatrecht in einem sich globalisierenden internationalen System. Band 39 – Auswirkungen der Entstaatlichung transnationaler Rechtsbeziehungen, S. 427, 445.

Verfassung indem er – etwas missverständlich – dem Sicherheitsrat durch die Möglichkeit, bindende Entscheidungen herbeizuführen, ein gewisses Maß an Supranationalität zuspricht.[128] Preuß sieht multilaterale Verträge wie die UN-Charta, die auf einer „quasi-universal[en]" Mitgliedschaft beruhen, als neue Kategorie von „world order treaties" an, die über „normale" internationale Verträge hinausgingen und ein Art Hybridmodell zwischen Vertrag und Recht darstellten. Dies beruht seiner Auffassung nach darauf, dass derartige Verträge universell geteilte Interessen und Werte enthalten und somit letztlich den gemeinsamen Willen der Menschheit darstellte.[129] Auch Verdross/Simma sahen die UN-Charta als die „gegenwärtige Verfassung der universellen Völkerrechtsgemeinschaft an".[130]

2. *UN-Charta als Verfassung im Vollsinn*

Fassbender betrachtet die UN-Charta als moderne Verfassung im Vollsinn und verweist ausdrücklich auf den herrschaftsbegründenden Charakter.[131] Die UN-Charta weist nach Ansicht Fassbenders typische Merkmale einer (Staats-)Verfassung auf – auf dieser und *nur* auf dieser Grundlage sei der Anspruch, auch Nichtmitglieder zu binden (Art. 2 Nr. 6 UNC) sowie im Konfliktfall eine Vorrangwirkung gegenüber anderem Völkervertragsrecht zu entfalten (Art. 103 UNC), verständlich.[132]

Wie Fassbender weiter argumentiert, sei den Gründungsmitgliedern außerdem bewusst gewesen, an einem Akt internationaler Verfassungsgebung teilzunehmen, wie aus dem Anfangssatz der Charta „We the

[128] *Doyle, M. W.*, The UN Charter – A Global Constitution?, in: Dunoff, J. L./Trachtman, J. P. (Hrsg.), Ruling the World?, S. 113, 115.

[129] *Preuß, U. K.*, Disconnecting Constitutions from Statehood, in: Dobner, P./Loughlin, M. (Hrsg.), The Twilight of Constitutionalism?, S. 23, 45.

[130] *Verdross, A./Simma, B.*, Universelles Völkerrecht, S. 221.

[131] *Fassbender, B.*, The United Nations Charter as Constitution of the International Community, Columbia Journal of Transnational Law 36 (1998), S. 531, 546 ff.; *ders.*, UN Security Council Reform and the Right of Veto, S. 98.

[132] Auch Brunkhorst erkennt in Art. 103 UNC „eine klare Stufenordnung zwischen Verfassung und einfachem Recht" und eindeutigem Vorrang im Konfliktfall; *Brunkhorst, H.*, Legitimationskrisen, S. 156.

Peoples of the United Nations“ deutlich werde.[133] Allerdings möchte auch er nicht die UN-Charta mit einer nationalstaatlichen Verfassung verglichen wissen. Vielmehr sei die konstitutionelle Lesart der UN-Charta im Speziellen und des internationalen Rechts im Allgemeinen als autonomes Konzept zu erachten.[134] Im Hinblick auf das Subsidiaritätsprinzip und die Kompetenzverteilung in einem Multiebenensystem sei dies auch gar nicht nötig. So müsse auch die UN-Charta als Verfassung nur bestimmte Aufgaben erfüllen, die mit dem nationalen Bereich nicht vergleichbar seien.[135]

Weiterhin gibt es zahlreiche Autoren, die den Vereinten Nationen eine noch darüber hinausgehende Rolle zusprechen und die Generalversammlung zum Weltparlament umbauen wollen. Habermas etwa spricht von zwei verfassunggebenden Subjekten, den Staatsbürgern auf der einen und den Weltbürgern auf der anderen Seite, die – beide im Weltparlament „Generalversammlung“ vertreten – die jeweilige Perspektive zu vertreten und verbindliche Mindeststandards bei der Fortentwicklung der Charta, der Menschenrechtspakte sowie des Völkerrechts im Allgemeinen zu entwickeln hat.[136] Habermas betont jedoch, dass die Weltgemeinschaft keinen staatlichen Charakter annehmen solle – die staatlichen Gewaltmonopolisten müssten sich demnach den Sicherheitsratsbeschlüssen unterordnen. Die Mitglieder sollten sich dabei nicht mehr als „souveräne Mächte“, sondern als „solidarische Mitglieder“ ansehen.[137]

---

[133] *Fassbender, B.*, Grund und Grenzen der konstitutionellen Idee im Völkerrecht, in: Isensee, J./Depenheuer, O. (Hrsg.), Staat im Wort, S. 73, 80; *Fassbender, B.*, The United Nations Charter as Constitution of the International Community, Columbia Journal of Transnational Law 36 (1998), S. 531, 573 f.; *ders.*, „We the Peoples of the United Nations“– Constituent Power and Constitutional Form in International Law, in: Loughlin, M. (Hrsg.), The Paradox of Constitutionalism, S. 269; *Fassbender, B.*, UN Security Council Reform and the Right of Veto, S. 98 ff.

[134] *Ders.*, The United Nations Charter as Constitution of the International Community, Columbia Journal of Transnational Law 36 (1998), S. 531, 572; *ders.*, „We the Peoples of the United Nations“ – Constituent Power and Constitutional Form in International Law, in: Loughlin, M. (Hrsg.), The Paradox of Constitutionalism, S. 269, 281.

[135] Ebd., S. 282.

[136] *Habermas, J.*, Zur Verfassung Europas, S. 87.

[137] Ebd., S. 88 f.

Diese Argumente sind sicherlich nicht von der Hand zu weisen und können in Teilen die Realität abbilden beziehungsweise einen realistischen Entwicklungsprozess aufzeigen. Insgesamt ist jedoch festzuhalten, dass die Realität bisweilen weit hinter den Thesen zurückbleibt.

Klar abzulehnen ist jedenfalls jeglicher Versuch, der UN-Charta Verfassungsqualität im Sinne einer Staatsverfassung zuzuschreiben – schon allein deshalb, weil kein globaler Souverän mit einer Kompetenz-Kompetenz sichtbar ist und kein Weltparlament als dessen legitimes Repräsentationsorgan. Die UN-Generalversammlung als solches zu bezeichnen, kann mangels direkt oder indirekt gewählter Repräsentanten und der mangelnden Kompetenzen nicht einmal im Ansatz überzeugen.

3. *Mangelhaftes institutionelles Gefüge*

Doch darüber hinaus ist auch der verfassungsartige Charakter als Zustandsbeschreibung nicht wirklich zielführend, denn die meisten Voraussetzungen werden schlichtweg nicht erfüllt. Auch ist fraglich, ob dies überhaupt sinnvoll wäre.[138] So hängt das Gewaltmonopol letztlich vom Willen der Mitgliedsstaaten ab. Denn mangels eigener UN-Truppen gemäß Art. 43 UNC muss die UN die Bereitstellung von Truppen und auch letztlich den Einsatz von militärischer Gewalt den sich beteiligenden Staaten überlassen und verfügt somit über kein echtes Gewaltmonopol.[139]

Das institutionelle Gefüge und die *checks and balances* sind schließlich bestenfalls rudimentär vorhanden.[140] Denn eine Gewaltenteilung ist zwar formell auf den ersten Blick erkennbar, jedoch aus materieller Sicht kaum begründbar. So garantiert die Möglichkeit der ständigen Sicherheitsratsmitglieder, durch ein Veto Sicherheitsratsresolutionen zu blockieren, einen starken nationalen Einfluss und verhindert eine echte

---

[138] *Voigt, R.*, Weltrecht – Entsteht eine „Dritte Rechtsordnung"?, Rechtstheorie 39 (2008), S. 357, 371 f.

[139] *Paulus, A. L.*, The International Legal System as a Constitution, in: Dunoff, J. L./Trachtman, J. P. (Hrsg.), Ruling the World?, S. 69, 80.

[140] *Kadelbach, S./Kleinlein, T.*, International Law … a Constitution for Mankind?, GYIL 50 (2007), S. 303, 315.

Mehrheitsbeschlussfassung im Exekutivorgan der UN.[141] Darüber hinaus sind die meisten Sicherheitsratsresolutionen nicht bindend. Die Generalversammlung ist zudem lediglich zum Erlass nichtbindender Resolutionen befugt. Der Internationale Gerichtshof als Judikativorgan hat keine umfassende Prüfungskompetenz, sondern ist von der – grundsätzlichen oder im Einzelfall – erteilten Zuweisung der Mitgliedsstaaten abhängig.[142]

Auch Fischer-Lescano kritisiert die „Verfassungsthese" aufgrund der fehlenden Legislativbefugnisse auf globaler Ebene stark. Seiner Ansicht nach führt dies zu einer Trivialisierung der Unterscheidung und Trennung globaler Herrschaftsbefugnisse. Denn trotz der Bindung von Nationalstaaten an Völkergewohnheitsrecht und bestimmte Prinzipien verblieben die Legislativbefugnisse auf nationaler Ebene, nur Exekutivbefugnisse seien auf globaler UN-Ebene vorhanden.[143] Weiterhin sei die UN-Charta auch keine „Manifestation der Selbstbestimmung der Weltgesellschaft"[144] und auch nicht von einem globalen Volkssouverän abgeleitet.

4. Keine eindeutige Hierarchisierung

Doyle hält fest, dass es eben keine klare Hierarchisierung in dem Sinn, dass alles internationale Recht der Charta untergeordnet wäre, gebe. Weder sei das gesamte Völkerrecht „subject to the UN" noch sei die UN-Charta die Rechtsquelle für *das* Völkerrecht.[145] Zudem gebe es

---

[141] Ebd., S. 14; *Paulus, A. L.*, The International Legal System as a Constitution, in: Dunoff, J. L./Trachtman, J. P. (Hrsg.), Ruling the World?, S. 69, 80.

[142] *Payandeh, M.*, Rechtskontrolle des UN-Sicherheitsrates durch staatliche und überstaatliche Gerichte, ZaöRV 66 (2006), S. 41, 49; siehe auch Art. 96 UNC.

[143] *Fischer-Lescano, A.*, Globalverfassung, S. 248.

[144] Ebd., S. 249.

[145] *Doyle, M. W.*, The UN Charter – A Global Constitution?, in: Dunoff, J. L./Trachtman, J. P. (Hrsg.), Ruling the World?, S. 113, 114; einschränkend zu Doyle ist jedoch darzulegen, dass gemäß Art. 93 Abs. 1 UNC "[A]lle Mitglieder der Vereinten Nationen (...) ohne weiteres Vertragsparteien des Status des Internationalen Gerichtshofs" sind. Die in Art. 38 IGH-Statut geregelten Feststellungen zu den völkerrechtlichen Rechtsquellen entfalten somit zumindest indirekt Wirkung.

Elemente im Völkerrecht, die der Charta vorgingen, so etwa die Verpflichtung aus der Völkermordkonvention, Völkermord zu verhindern.[146]

Fraglich ist weiterhin, ob der UN-Charta tatsächlich, wie von einigen Autoren vertreten, ein Vorrang gegenüber anderen vertragsrechtlichen Verpflichtungen der Mitgliedstaaten zukommt.[147] Art. 103 UNC legt dies seinem Wortlaut nach zwar durchaus nahe.[148] Unstrittig ist jedenfalls, dass der UN-Charta gemäß der allgemeinen *lex-posterior*-Regelung gegenüber Verträgen, die vor Inkrafttreten der Charta geschlossen wurden, Vorrang zukommt. Anders liegt es jedoch bei einem möglichen grundsätzlichen Vorrang. Denn die Bedeutung und der Anwendungsbereich des Art. 103 UNC sind nicht völlig klar.[149]

Zudem könnte die Charta aus strikt (völkerrechts-)vertragsrechtlicher Sicht ein derartiges Vorrangverhältnis nicht selbst bestimmen, sondern müsste durch eine Rechtssituation außerhalb der Charta zu begründen sein. Wie Raffeiner darlegt, ist der Vorrang jedoch durch Staatenpraxis belegt und beruht somit auf einer parallel entwickelten Norm des Gewohnheitsrechts.[150]

---

[146] *Doyle, M. W.*, The UN Charter – A Global Constitution?, in: Dunoff, J. L./Trachtman, J. P. (Hrsg.), Ruling the World?, S. 113, 114.

[147] Siehe ausführlich zu Art. 103 UNC sowie zu den Rechtsfolgen *Paulus, A./Leiß, J.*, Kommentierung zu Art. 103 UNC, in: Simma, B./Khan, D.-E./ Nolte, G./Paulus, A. (Hrsg.), The Charter of the United Nations, Rn. 1 ff.; 75 ff.

[148] Siehe hierzu auch z.B. *Cohen, J. L.*, Sovereignty in the Context of Globalization A Constitutional Pluralist Perspective, in: Besson, S./Tasioulas, J. (Hrsg.), The Philosophy of International Law, S. 261, 270; wie Paulus/Leiß jedoch betonen, legt die Wortwahl „prevail“ statt der stärkeren Formulierung „abrogate“ nahe, dass im Fall eines Konflikts die entgegenstehende Norm jedenfalls nicht völlig außer Kraft setzten sollte; *Paulus, A./Leiß, J.*, Kommentierung zu Art. 103 UNC, in: Simma, B./Khan, D.-E./Nolte, G./Paulus, A. (Hrsg.), The Charter of the United Nations, Rn. 77.

[149] *Kolb, R.*, Does Article 103 of the Charter of the United Nations Apply only to Decisions or also to Authorizations Adopted by the Security Council?, ZaöRV 64 (2004), S. 21, 34 f.

[150] *Raffeiner, S.* Wege der Konstitutionalisierung im Völkerrecht Vorrang der UN-Charta und *ius cogens*, in: Pernice, I./Müller, M./Peters, C. (Hrsg.), Konstitutionalisierung jenseits des Staates, S. 45, 47; vgl. auch insoweit Art. 30 WVRK.

Dies ist jedenfalls hinsichtlich von Rechtsakten der UN-Organe zu bejahen. Zudem wurde das Vorrangverhältnis auch in mehreren Gerichtsurteilen thematisiert und im Grundsatz anerkannt.[151] Raffeiner geht deshalb von einer Einschränkung der Vertragsautonomie der Staaten und einer Konstitutionalisierung aufgrund der rechtswirksamen Schrankensetzung aus.[152]

Nach Ansicht von Paulus ist jedoch eher von einer Norm zur Konfliktlösung auszugehen als von einem klaren Vorrangverhältnis.[153] Zudem ist die Vorrangwirkung des Art. 103 UNC gegenüber Völkergewohnheitsrecht jedenfalls nicht unumstritten – dies könnte mit Kleinlein gegen den Verfassungscharakter der UN-Charta sprechen.[154] Auch Paulus zufolge werde über Art. 103 UNC der Charta auch nicht allgemein ein höherer Rang zugestanden – vielmehr beziehe sich Art. 103 UNC auf Konflikte zwischen der UN-Charta und anderen vertraglichen Verpflichtungen; vom Völkergewohnheitsrecht sei dagegen nicht die Rede.[155] Darüber hinaus hat die UN-Charta – außer dem bereits angesprochenen grundsätzlichen Bekenntnis zur Achtung der Menschenrechte – keinen bindenden Menschenrechtskatalog.[156]

---

[151] *Raffeiner, S.* Wege der Konstitutionalisierung im Völkerrecht Vorrang der UN-Charta und *ius cogens*, in: Pernice, I./Müller, M./Peters, C. (Hrsg.), Konstitutionalisierung jenseits des Staates, S. 45, 48, der auf das IGH-Urteil im *Lockerbie*-Fall verweist (Vorrang einer Sicherheitsratsresolution gegenüber dem Montrealer Übereinkommen) *IGH*, Lockerbie, Provisional Measures, ICJ Reports (1992), S. 3, 114, Rn. 39 f. und 42 f. sowie auf den *Al-Jedda*-Fall, in dem das *House of Lords* Art. 5 EMRK hinter einer UN-Verpflichtung zurückstehen ließ; House of Lords, Al-Jedda/Secretary of State Defence, UKHL 58 (2007), S. 39.

[152] Ebd., S. 50.

[153] *Paulus, A. L.*, The International Legal System as a Constitution, in: Dunoff, J. L./Trachtman, J. P. (Hrsg.), Ruling the World?, S. 69, 78; auch *Kleinlein, T.*, Konstitutionalisierung im Völkerrecht, S. 416; siehe zum Verhältnis von Art. 103 UNC und den traditionellen „Kollisionsregeln" *Paulus, A./Leiß, J.*, Kommentierung zu Art. 103 UNC, in: Simma, B./Khan, D.-E./Nolte, G./Paulus, A. (Hrsg.), The Charter of the United Nations, Rn. 11 ff.

[154] Vgl. *Kleinlein, T.*, Konstitutionalisierung im Völkerrecht, S. 413.

[155] *Paulus, A. L.,* Die internationale Gemeinschaft im Völkerrecht, S. 308 f.

[156] Gleichfalls sind die beiden UN-Pakte kein unmittelbarer Bestandteil der UN-Charta, auch wenn sie zum „UN-System" gehören.

Auch Brunkhorst zweifelt letztlich am materiellen Verfassungscharakter der UN-Charta und begründet dies mit den schwachen egalitären Rechten und der starken, hegemonialen Position der Vetomächte sowie der schwach ausgeprägten Weltöffentlichkeit und dem auf den „exekutiven Kopf“ gestellten Gewaltenteilungsprinzip. Letztlich widerspreche das „hierarchische Völkerorganisationsrecht (...) dem egalitären Völkergrundrecht der Völkerrechtsverfassung“.[157] Ein weiteres großes Manko sei, dass die UN-Charta von ihren Mitgliedern nicht als Verfassung anerkannt werde – sofern ihre Vorschriften überhaupt beachtet werden. In den letzten Jahren gibt es dafür zahlreiche Beispiele – neben den USA, die eine quasi rechtsfreie Zone in Guantánamo geschaffen und Foltermethoden wie *water-boarding* als zulässige Verhörmethoden betrachten haben sind China und Russland zu nennen. So missachtet wiederkehrend politische und bürgerliche Rechte, allen voran die Meinungsfreiheit bei Oppositionellen. Russland missachtete in Georgien wie in der Ukraine zentrale Prinzipien wie das Gewaltverbot.[158]

Auch die erschwerten Änderungsbestimmungen gemäß Art. 108 f. UNC bedeuten keine Vorrangwirkung beziehungsweise keinen Verfassungscharakter der UN-Charta, wie Kleinlein ausführt. Dies legt schon die Tatsache nahe, dass zwar hohe Hürden zur Änderung überwunden werden müssen, die Änderung aber dennoch im Vergleich zu Art. 39 WVRK und der dort vorgesehenen allgemeinen Regel einer Übereinkunft zwischen allen Vertragsparteien leichter möglich sei.[159] Dies zeigt auch Art. 40 Abs. 4 WVRK, nachdem ohne ausdrückliche anderweitige Regelung bei einer Vertragsänderung eine Bindungswirkung nur für die zustimmenden Parteien zustande kommt – das Mehrheitsprinzip findet daher im Gegensatz zur UN-Charta im übrigen Völkervertragsrecht keine Anwendung.[160]

Somit lässt sich eine verfassungsrechtliche Wirkung der UN-Charta nach Ansicht von Kleinlein kaum begründen.[161] Kleinlein betont statt-

---

[157] *Brunkhorst, H.*, Legitimationskrisen, S. 157.

[158] Vgl. *Paulus, A. L.*, The International Legal System as a Constitution, in: Dunoff, J. L./Trachtman, J. P. (Hrsg.), Ruling the World?, S. 69, 80.

[159] *Kleinlein, T.*, Konstitutionalisierung im Völkerrecht, S. 409 f.

[160] Siehe auch *Paulus, A. L.*, Die internationale Gemeinschaft im Völkerrecht, S. 309 f.

[161] Ebd., S. 423, 425.

dessen die „Katalysatorwirkung“, die die Charta für die Entwicklung des Völkerrechts seit ihrem Bestehen gehabt habe.[162]

5. *Zwischenergebnis*

Zusammenfassend kann daher zwar festgellt werden, dass die Vereinten Nationen als Organisation aufgrund der dargestellten verfassungsrechtlichen Prinzipien wohl einen Konstitutionalisierungsprozess durchlaufen, allerdings eher im Sinne einer Verfassung einer formalen Organisation – nicht mehr und nicht weniger.[163] Die Annahme, dass die UN-Charta eine Weltverfassung darstelle, ist nach der hier vertretenen Ansicht kaum aufrechtzuerhalten. Auch wenn Prinzipien und Instrumente, wie sie aus den nationalen Verfassungen bekannt sind, in Teilen vorliegen – zu nennen sind hier etwa Gewaltenteilung, Überprüfungsmechanismen und zumindest mittelbar ein Wertekanon –, so bleibt das UN-System schon allein aufgrund der Rolle der Vetomächte im Sicherheitsrat ein zutiefst politisch geprägtes Rechtssystem. Zudem besteht trotz Artikel 103 UNC kein grundsätzlicher Vorrang der Bestimmungen der UN-Charta gegenüber dem sonstigen Völkervertragsrecht oder dem Völkergewohnheitsrecht. Daher lässt sich nicht von einer „Weltverfassung“ sprechen.[164] Vielmehr muss in der Tat von „Verfassungsillusionen“ im Sinne von „Phantasmen einer Weltstaatsverfassung“ gesprochen werden sowie der unkritischen Übernahme von nationalstaatlichem Verfassungsdenken auf die globale Ebene.[165]

---

[162] Ebd., S. 426.

[163] *Teubner, G.*, Verfassungsfragmente, S. 78; darüber hinausgehende Ambitionen sind laut Teubner allenfalls politische Impulse für Konstitutionalisierungsprozesse in anderen Bereichen, etwa der ILO, der WHO oder im menschenrechtlichen Bereich.

[164] *Paulus, A. L.*, The International Legal System as a Constitution, in: Dunoff, J. L./Trachtman, J. P. (Hrsg.), Ruling the World?, S. 69, 107 f.

[165] *Teubner, G.*, Verfassungsfragmente, S. 77; m.w.N.; *Fischer-Lescano, A.*, Globalverfassung, S. 247 ff.; *Stichweh, R.*, Dimensionen des Weltstaats im System der Weltpolitik, in: Albert, M./ders. (Hrsg.), Weltstaat und Weltstaatlichkeit, S. 25, 34 f.

B. Konstitutionalismus

Gemeinsam ist den verschiedenen Strömungen des Konstitutionalismus, dass das konstitutionelle Denken als „basic understanding of the common good“ [166] betrachtet wird. Ausgangspunkt der meisten Ansichten ist dabei der Konstitutionalismus in Europa, wie er ab dem 18. Jahrhundert langsam Verbreitung fand.[167]

Fraglich ist aber, inwieweit Konstitutionalismus mit Monismus zusammenhängt und ob für eine strukturelle Kopplung unbedingt eine hierarchische Weltordnung vorausgesetzt werden muss. In diese Richtung argumentiert etwa Cohen:

> „Hence, within global constitutionalist discourse there is a revival of the monist interpretation of the increasingly autonomous, and post-sovereign, global legal order coupled to the global political system, which is deemed primary and, on some interpretations, hierarchically superior vis-à-vis the legal orders of states.“ [168]

Allerdings ist eine solche hierarchische Auffassung eines globalen Konstitutionalismus nicht logisch zwingend. Nach Ansicht von Peters ist die inhaltliche Übereinstimmung, die institutionelle Verflechtung sowie die „funktionale Substituierbarkeit“ der Rechtsordnungen für die Frage nach der Existenz eines Konstitutionalismus auf globaler Ebene entscheidend.[169] In dieser Hinsicht ist für Peters in Anlehnung an das Bundesverfassungsgericht das Schlagwort „Verfassungsverbund“ noch am zutreffendsten.[170]

---

[166] *Koskenniemi, M.*, The Politics of International Law, S. 346.

[167] Siehe *d'Aspremont, J./Dopagne, F.*, Two Constitutionalisms in Europe: Pursuing an Articulation of the European and International Legal Orders, ZaöRV 68 (2008), S. 939.

[168] *Cohen, J. L.*, Globalization and Sovereignty, S. 43; siehe zur Herleitung auch: *Backer, L. C.*, From Constitution to Constitutionalism: A Global Framework for Legitimate Public Power Systems, Penn State Law Review 113 (2008-2009), S. 671.

[169] *Peters, A.*, Rechtsordnung und Konstitutionalisierung: Zur Neubestimmung der Verhältnisse, ZöR 65 (2010), S. 3, 26.

[170] BVerfGE, 89, 155 – Maastricht.

I. Begriffsbestimmung

Typische Bestandteile einer Verfassung sind neben Festsetzungen über die Ausübung und Errichtung von Herrschaftsgewalt (Organisations- und Verfahrensregeln) sowie über die Grenzen der Zwangsgewalt seitens der Herrschenden und individuelle Freiheiten (Grundrechte).[171]

Dies gilt zumindest für eine nationalstaatliche Verfassung im modernen Sinn. Eine deckungsgleiche Übertragung auf die globale Ebene ist jedoch kaum zielführend. Daher geht auch die Gleichung „globaler Konstitutionalismus = globale Verfassung“ (im nationalstaatlichen Sinne) nicht auf. Unklar ist hingegen, welche Elemente übertragbar sind und wie die jeweilige Form des Konstitutionalismus bezeichnet werden soll. Daher ist eine große Unübersichtlichkeit in der Literatur entstanden, mit zum Teil großen Überschneidungen.

1. Konstitutionelles Völkerrecht

Eine mögliche Herangehensweise zur näheren Bestimmung von Konstitutionalismus ist die Unterscheidung zwischen konstitutionellem und konstitutionalistischem Völkerrecht. Nach Peters ist konstitutionelles Völkerrecht auch als „internationales beziehungsweise globales Verfassungsrecht“ zu bezeichnen. Peters rekurriert dabei auf die diejenigen internationalen Regeln und Prinzipien, die aufgrund ihrer enormen Bedeutung als „konstitutionell“ bezeichnet werden könnten.[172] Peters stellt damit auf eine inhaltliche Bestimmung ab und nimmt eine normative Einteilung vor.

Globales Verfassungsrecht sollte ihrer Ansicht nach zudem funktional nach seiner „normativen Leitfunktion“ sowie „Organisationsfunktion“ bestimmt werden. Denn Verfassungsrecht enthalte regelmäßig neben einem hohen Maß an Symbolcharakter und Identifizierung eine Machtbegrenzungsfunktion, indem es die Grundzüge institutioneller Gefüge festlege. Darüber hinaus weise Verfassungsrecht den jeweiligen Mitgliedern des Verfassungsverbundes Rechte und Pflichten zu und regele die Verfahrensweisen zur Rechtserzeugung und -durchsetzung.[173] Nichts

---

[171] *Fischer-Lescano, A.*, Globalverfassung, S. 214.

[172] *Peters, A.*, Rechtsordnung und Konstitutionalisierung: Zur Neubestimmung der Verhältnisse, ZöR 65 (2010), S. 3, 12.

[173] Ebd.

anderes gelte für ein Verfassungsrecht im globalen Rahmen, auch wenn die Anforderungen an Inhalt, Tragweite und Bindungswirkung nicht mit denen des nationalen Verfassungsrechts gleichgestellt werden dürften. Denn Normen, die diese Voraussetzung im Grundsatz erfüllen könnten, seien häufig nur in rudimentärer Form vorhanden. Unterscheidungspunkt vom übrigen Völkerrecht sei zumeist der nichtkonsensuale Charakter dieser Normen.[174]

Nur wenige Grundprinzipien können daher die Anforderungen an konstitutionelles Völkerrecht erfüllen. Zu dieser Kategorie lässt sich auch der sogenannte „Normative Constitutionalism" zählen, mit Vertretern wie Emmerich-Fritsche und Delbrück, die auf ein gemeinsames Wertesystem beziehungsweise Weltrecht setzen, Vertretern wie Bryde und Ferragoli, die auf eine Normenhierarchisierung rekurrieren oder wie Byres, de Wet oder Delbrück auf einzelne Fundamentalnormen.[175]

Darüber hinaus gibt es Vertreter, welche die Vereinten Nationen als Weltverfassung betrachten, wie Fassbender, Johnston oder Macdonald[176] oder auf Teilverfassungen wie die WTO oder die ILO abstellen. Dazu zählen Petersmann, Kumm oder auch Nickel, in Ansätzen auch Kadelbach oder Kleinlein.[177]

---

[174] Vgl. *Fassbender, B.*, „We the Peoples of the United Nations": Constituent Power and Constitutional Form in International Law, in: Loughlin, M. (Hrsg.), The Paradox of Constitutionalism, S. 269, 277.

[175] *Schwöbel, C. E. J.*, Global Constitutionalism in International Legal Perspective, S. 3.

[176] *Fassbender, B.*, The United Nations Charter as Constitution of the International Community, Columbia Journal of Transnational Law 36 (1998), S. 531 ff.; *ders.*, Grund und Grenzen der konstitutionellen Idee im Völkerrecht, in: Isensee, J./Depenheuer, O. (Hrsg.), Staat im Wort, S. 73 ff.; *ders.*, „We the Peoples of the United Nations": Constituent Power and Constitutional Form in International Law, in: Loughlin, M. (Hrsg.), The Paradox of Constitutionalism, S. 269 ff.; *ders.*, UN Security Council Reform and the Right of Veto, S. 98 ff.; *Johnston, D. M.*, World Constitutionalism in the Theory of International Law, in: Macdonald, R. St. J./ders. (Hrsg.), Towards World Constitutionalism, S. 3 ff.

[177] Siehe z.B. *Petersmann, E.-U.*, The WTO Constitution and Human Rights, Journal of International Economic Law 3 (2000), S. 19; *ders.*, Human Rights, Constitutionalism and the World Trade Organization: Challenges for World Trade Organization Jurisprudence and Civil Society, LJL 19 (2006), S. 633; *Joerges, C./Petersmann, E.-U. (Hrsg.),* Constitutionalism, Multilevel

2. *Social oder Societal Constitutionalism*

Im Rahmen des „Social Constitutionalism“ oder *Societal Constitutionalism* gehen Autoren zumeist von einer „order of coexistence“ aus und behandeln vor allem Fragen der Teilhabe, des Einflusses sowie der Zurechenbarkeit internationalen Handelns. In diesem Rahmen haben sich zwei Strömungen ausgeprägt: Zum einen Autoren wie Mosler, Fassbender und Tomuschat[178], die recht weitgehend von einer Weltverfassung ausgehen; zum anderen Autoren wie Teubner, Fischer-Lescano und Allot[179], die nur von einer Teilkonstitutionalisierung verschiedener

---

Trade Governance and International Economic Law; auch *Lawrence, J. C.*, Contesting Constitutionalism: Constitutional Discourse at the WTO, Glob. Con. 2 (2013), S. 63; siehe auch *Kumm, M.*, The Best of Times and the Worst of Times Between Constitutional Triumphalism and Nostalgia, in: Dobner, P./Loughlin, M. (Hrsg.), The Twilight of Constitutionalism?, S. 201 ff.; *Kadelbach, S./Kleinlein, T.*, International Law ... a Constitution for Mankind?, GYIL 50 (2007), S. 303 ff.

[178] *Fassbender, B.*, The United Nations Charter as Constitution of the International Community, Columbia Journal of Transnational Law 36 (1998), S. 531 ff.; *ders.*, Grund und Grenzen der konstitutionellen Idee im Völkerrecht, in: Isensee, J./Depenheuer, O. (Hrsg.), Staat im Wort, S. 73 ff.; *ders.*, „We the Peoples of the United Nations“: Constituent Power and Constitutional Form in International Law, in: Loughlin, M. (Hrsg.), The Paradox of Constitutionalism, S. 269 ff.; *ders.*, UN Security Council Reform and the Right of Veto, S. 98 ff.; *Mosler, H.*, The International Society as a Legal Community, RdC 140 (1974), S. 31 ff., 100 f.; *Tomuschat, C.*, Die Internationale Gemeinschaft, AVR 33 (1995), S. 1, 7.

[179] *Teubner, G.*, Globale Zivilverfassungen Alternativen zur staatszentrierten Verfassungstheorie, ZaöRV 63 (2003), S. 1, 1 ff.; *ders.*, Verfassungen ohne Staat?, in: Kadelbach, S./Günther, K. (Hrsg.), Recht ohne Staat?, S. 49; *Teubner, G.*, Globale Zivilverfassungen Alternativen zur staatszentrierten Verfassungstheorie, ZaöRV 63 (2003), S. 1; *ders.*, Verfassungsfragmente; *ders.*, Societal Constitutionalism Alternatives to State-Centered Constitutional Theory?, in: Joerges, C./Sand, I.-J./Teubner, G. (Hrsg.), Transnational Governance and Constitutionalism, S. 3; *Allott, P.*, The Emerging Universal Legal System, in: Nollkaemper, A./Nijman, J. E. (Hrsg.), New Perspectives on the Divide Between National and International Law, S. 63; *Allott, P.*, The Emerging Universal Legal System, International Law Forum du Droit International 3 (2001), S. 12; *Kjaer, P. F.*, Law of the Worlds, in: Keller, S./Amstutz, M. (Hrsg.), Recht zwischen Dogmatik und Theorie, S. 159; *Fischer-Lescano, A.*, Globalverfassung; zum reflexiven Recht siehe *Teubner, G.*, Substantive and Reflexive Elements in Modern Law, Law & Society Review 17 (1983), S. 239, 267 ff.

Bereiche in Form globaler Zivilverfassungen bei gleichzeitiger Fragmentierung des internationalen Rechts ausgehen.

3. Demokratischer Konstitutionalismus

Ein weiterer möglicher begrifflicher Ansatzpunkt ist der des demokratischen Konstitutionalismus.[180] Bei dieser Variante steht die demokratische Mitbestimmung und Einflussnahme der Bürger im Mittelpunkt. Grundidee ist, dass jegliche Gesetze und Regelungen stets offen für Kritik, Verhandlungen, Veränderungen und Anpassungen sein müssen durch alle von dem jeweiligen Gesetz betroffenen Individuen. Auf globaler Ebene müssten daher im Grundsatz alle (Welt-)Bürger, sofern sie von bestimmten Normen betroffen sind, ein Mitspracherecht innehaben.[181] Zentral ist also die Idealvorstellung eines im Vorfeld von politischen und rechtlichen Entscheidungen angesiedelten demokratischen Dialoges sowie demokratisch organisierte Verhandlungsmöglichkeiten im Fall von Anpassungsbedarf.[182] Ein wirklich funktionierender und umfassender demokratischer Konstitutionalismus auf Ebene der Weltgesellschaft dürfte allerdings eher unerreichbares Ideal denn ein verwirklichbares Konzept darstellen.

4. Republikanischer Konstitutionalismus

Der republikanische Konstitutionalismus geht auf die Prämissen von Immanuel Kant zurück und seine Idee einer Weltrepublik oder Föderation, dic cr in der Schrift „Zum ewigen Frieden" darstellte.[183] Kant formulierte darin eine partielle vernunftrechtliche Analogie zur Postulierung eines Völkerbundes. Kant begründet die Notwendigkeit eines internationalen, öffentlichen Rechtszustands. Damit gelang es ihm, die damals vorherrschende Ansicht einer entweder vertraglichen oder mo-

---

[180] Siehe beispielsweise *Tully, J.*, The Imperial of Modern Constitutional Democracy, in: Loughlin, M. (Hrsg.), The Paradox of Constitutionalism.

[181] Ebd., S. 334 f.

[182] Ebd., S. 335.

[183] *Kant, I.*, Zum ewigen Frieden.

ralischen Selbstbindung der Staaten zu umgehen.[184] Allerdings stand für ihn über jeglicher Selbstbindung und Öffnung der Staaten weiterhin der „Primat innerstaatlicher Republikanizität".[185] Oftmals missverstanden, postulierte Kant daher nicht die Errichtung eines Weltstaates. Eine Weltrepublik stellte zwar für ihn ein wünschenswertes, aber kein notwendiges Ziel dar. Allerdings sollte diese Republik, sollte sie überhaupt zu Stande kommen, weiterhin aus souveränen Staaten bestehen. Kant sah als Idealzustand daher mehr eine Konföderation, einen Staatenverbund, als einen Weltstaat an.[186]

5. *Kosmopolitischer Konstitutionalismus*

Einen ganz anderen, viel weitergehenden Ansatz verfolgt der kosmopolitische Konstitutionalismus. Kernelement kosmopolitischer Ansichten ist zum einen eine individualistische Auffassung, das heißt das Individuum steht bei allen Überlegungen stets im Mittelpunkt. Zum anderen ist Kernelement ein Universalismus, das heißt in die Erwägungen werden permanent alle Menschen und nicht nur bestimmte Gruppen oder Völker miteinbezogen. Schließlich gilt das Prinzip der Allgemeinheit, das heißt die Prämissen und Schlussfolgerungen gelten stets für alle gegenüber allen.[187] Den Kosmopolitismus könnte man als das ethisch-politische Gegenstück zur Globalisierung begreifen.[188] Als bekannter

---

[184] *Niederberger, A.*, Demokratie unter Bedingungen der Weltgesellschaft?, S. 275.

[185] Ebd.

[186] *Kant, I.*, Zum ewigen Frieden, zweiter Definitivartikel zum ewigen Frieden, S. 164 ff.

[187] *Pogge, T. W.*, Cosmopolitanism and Sovereignty, Ethics 103 (1992), S. 48, 49; zu Pogge und „seinem" Kosmopolitismus: *Besson, S. A.*, Human Rights, Institutional Duties and Cosmopolitan Responsibilities, Oxford Journal of Legal Studies 23 (2003), S. 507; siehe auch *Kumm, M.*, The Cosmopolitan Turn in Constitutionalism: On the Relationship between Constitutionalism in and beyond the State, in: Dunoff, J. L./Trachtman, J. P. (Hrsg.), Ruling the World?, S. 258, 272 ff.; vgl. auch den „staatstheoretischen Kommunitarismus": *Höffe, O.*, Demokratie im Zeitalter der Globalisierung, S. 296 ff.

[188] *Pelfini, A.*, Konturen der Weltgesellschaft, in: Birle, P./Dewey, M./Mascareño, A. (Hrsg.), Durch Luhmanns Brille, S. 229.

Vertreter des kosmopolitischen Konstitutionalismus kann Habermas genannt werden.[189]

Ziel ist die Errichtung einer kosmopolitischen Grundordnung, die auf der Akzeptanz gemeinsamer Werte und Prinzipien und einer gemeinsamen Anerkennung gewisser (Grund-) Rechte beruht.[190] Ausgangspunkte sind oftmals kantische Ideale, und Letztbezugspunkt ist das Individuum („ultimate unit of concern").[191] Argumentiert wird zum Teil eher moralisierend – die Aufhebung oder zumindest stückweite Auflösung staatlicher Souveränität zugunsten globaler, vertikaler Regime sei beispielsweise nach Ansicht von Pogge notwendig, um die Minimalstandards in Bezug auf soziale und wirtschaftliche Menschenrechte zu gewährleisten.[192]

Im Gegensatz dazu postuliert Held die Errichtung einer kosmopolitischen, globalen Demokratie („international cosmopolitan democracy") und zwar durch einen gemeinsamen rechtlichen Überbau („overarching legal framework").[193] Er geht damit über die Forderung nach gemeinsamen Mindeststandards hinaus und hält eine stärkere Vernetzung der Staatenwelt für erforderlich. Einzelne Demokratien auf nationaler Ebene seien schlichtweg aufgrund der Globalisierung und der immer weiter voranschreitenden Vernetzung auf globaler Ebene nicht mehr in der Lage, das Ideal des „self-government" durchzuhalten.[194] Goldsmith fordert – ähnlich wie Pogge – einen „institutional turn" und die Errichtung internationaler Institutionen mit erweiterten Kompetenzen und stellt das Individuum nicht in den Mittelpunkt seiner Forderungen. Er

---

[189] *Habermas, J.*, Hat die Konstitutionalisierung des Völkerrechts noch eine Chance?, in: ders. (Hrsg.), Der gespaltene Westen, S. 113 ff.

[190] *Halberstam, D.*, Local, Global and Plural Constitutionalism, in: Búrca, G. de/Weiler, J. (Hrsg.), The Worlds of European Constitutionalism, S. 150, 157.

[191] Ebd.

[192] *Pogge, T. W.*, Cosmopolitanism and Sovereignty, Ethics 103 (1992), S. 48, 48 ff.; *Cohen, J. L.*, Sovereignty in the Context of Globalization: A Constitutional Pluralist Perspective, in: Besson, S./Tasioulas, J. (Hrsg.), The Philosophy of International Law, S. 261, 263.

[193] *Held, D.*, Democracy and the Global Order, S. 232 ff., siehe auch: *Halberstam, D.*, Local, Global and Plural Constitutionalism, in: Búrca, G. de/Weiler, J. (Hrsg.), The Worlds of European Constitutionalism, S. 150, 158.

[194] Ebd.

begründet dies damit, dass die kosmopolitischen Anforderungen für Einzelpersonen zu anspruchsvoll seien.[195]

Der kosmopolitische Konstitutionalismus führt jedoch nicht notwendigerweise zu einer zentrischen Weltrepublik. Vielmehr kann er durch die gegenseitige Anerkennung und Harmonisierung in Form der angesprochenen Mindeststandards auch als Rahmen für eine pluralistische Staatenordnung dienen. Pelfini ist darüber hinaus auch der Ansicht, dass eine kosmopolitische Herangehensweise aufgrund des abstrakten Universalismus und den normativen Ansprüchen der „Komplexität und den Ungleichheiten der Weltgesellschaft" nicht mehr gerecht werden kann.[196]

6. *Lokaler Konstitutionalismus*

Die Vertreter dieser Auffassung werden auch als *New Sovereigntists* bezeichnet. Sie vertreten als Vertreter des politischen Realismus eher klassische, „realistische" Ansichten, basierend auf der Staatensouveränität. Internationales Recht hat ihrer Auffassung nach nicht nur dann eine Daseinsberechtigung, wenn es dem staatlichen Interesse dient; es ist überhaupt erst aufgrund des Eigeninteresses der Staaten entstanden.[197] Es ist „endogenous to state interests"[198]. Sie begründen damit ein Hierarchieverhältnis im umgekehrten Sinn – internationales Recht ist dem nationalen Recht strikt untergeordnet.[199]

Konfliktfälle zwischen der internationalen und der nationalstaatlichen Ebene sollten aufgrund der strikten Unterordnung daher gar nicht erst entstehen. Sollte es dennoch zu einem Konfliktfall kommen, so sei dieser allein unter Berücksichtigung nationalstaatlicher machtpolitischer Erwägungen zu lösen. Macht und Interesse der jeweiligen Staaten ist

---

[195] *Goldsmith, J. L.*, Liberal Democracy and Cosmopolitan Duty, Stanford Law Review 55 (2003), S. 1667, 1670.

[196] *Pelfini, A.*, Konturen der Weltgesellschaft, in: Birle, P./Dewey, M./Mascareño, A. (Hrsg.), Durch Luhmanns Brille, S. 229.

[197] *Goldsmith, J. L./Posner, E. A.*, The Limits of International Law, S. 13; „product of state self-interest".

[198] Ebd.

[199] Siehe umfassend zur Hierarchie im Völkerrecht in Bezug auf Menschenrechte: *De Wet, E./Vidmar, J (Hrsg.)*, Hierarchy in International Law.

also maßgeblich; Staaten haben internationales Recht, welches ihrem – selbstbestimmten – Eigeninteresse widerspricht, auch nicht zu befolgen.[200]

Die Begründung einer normativen Ordnung, die unabhängig vom nationalen Rahmen steht, ist für die Vertreter eines lokalen Konstitutionalismus unvorstellbar; eine globale, eigenständige konstitutionelle Ordnung wird daher konsequent und resolut abgelehnt.

7. Globaler Konstitutionalismus

Halberstam unterscheidet in diesem Zusammenhang auch zwischen „local" and „global constitutionalists". Gemeinsam hätten diese zwar die Vision einer hierarchischen, normativen Ordnung im Sinn von *global governance*. Während die „local constitutionalists" eine eher realpolitische, souveränitäts- und staatszentrierte sowie nationalstaatlich-interessengeleitete Weltordnung bevorzugten, verträten die „global constitutionalists" ähnlich wie die Vertreter eines kosmopolitischen Konstitutionalismus als Vision eine kosmopolitische Weltgemeinschaft, in der Staatsinteressen nachrangig seien. Unterschiede bestünden vor allem hinsichtlich der Frage, ob Staatenkonsens die einzige Legitimationsquelle für *global governance* sei, zum anderen hinsichtlich der (gewünschten) normativen Reichweite des Völkerrechts und etwaiger moralischer Verpflichtungen sowie bezüglich der Frage, ob es ein „single hierarchically ordered system of multilevel global governance" geben solle, dem auch Staaten untergeordnet wären.[201]

Halberstam betrachtet Konstitutionalismus als „idea of limited collective self-governance" und als „theory of public authority" und stellt auf die drei Elemente Teilhabe, Rechtsgarantien und Expertenwissen ab.[202] Die Idee des globalen Konstitutionalismus geht seiner Ansicht nach aber noch weiter, indem sie einen „point of access for claims regarding the legitimacy of public power" über die herkömmliche Verfassung des modernen Rechtsstaats hinaus aufzeige.[203]

---

[200] *Halberstam, D.*, Local, Global and Plural Constitutionalism, in: Búrca, G. de/Weiler, J. (Hrsg.), The Worlds of European Constitutionalism, S. 150, 156 f.

[201] Ebd., S. 160.

[202] Ebd., S. 171.

[203] Ebd.

Allerdings sei auch ein Mittelweg zwischen diesen beiden Positionen denkbar. Der gegenseitige Respekt und die Kooperationswilligkeit innerhalb Europas könnte Halberstam zufolge eine gangbare Alternative, ein dritter Weg zwischen dem Partikularismus der „local constitutionalists“ und dem Kosmopolitismus der „global constitutionalists“ sein.[204]

8. Organischer Konstitutionalismus

Der Begriff des organischen Konstitutionalismus („organic global constitutionalism“) ist bei Schwöbel zu finden und hängt eng mit der gerade erläuterten Auffassung zusammen. Der globale Konstitutionalismus wird in diesem Sinn als Prozess verstanden und führt daher zu Vermischungen mit dem Begriff der Konstitutionalisierung. Schwöbel meint damit, dass der globale Konstitutionalismus nicht als fixer, wenig variabler Rahmen betrachtet werden dürfe, sondern ein variabler und anpassungsfähiger Prozess sei – Schwankungen inbegriffen. Insofern bestehen in der Tat große Überschneidungen mit der hier als – unstetigem – Prozess verstandenen Konstitutionalisierung des Völkerrechts.

Schwöbel begreift die Idee eines organischen Konstitutionalismus zugleich als politischen Konstitutionalismus. Darin kommt die Ablehnung einer wenig legitimierten Technokratie zum Ausdruck, die Entscheidungen mehr auferlegt als konsensual herbeiführt. Diese Technokratie sei zugunsten einer durch Diskurs herbeigeführten normativen Ordnung zurückzudrängen. Weiterhin legt Schwöbel Augenmerk auf einen Konstitutionalismus als „negative universal“. Gemeint ist damit, dass der globale Konstitutionalismus als leere Hülle ohne Inhalt begriffen werden muss, die durch Institutionen und Verfahren gefüllt werden sollte. Schließlich ist der organische globale Konstitutionalismus als Versprechen für die Zukunft zu begreifen, dessen Verwirklichung zwar offen, aber von überragender Bedeutung ist.[205]

---

[204] Ebd., S. 161.

[205] *Schwöbel, C. E. J.*, Global Constitutionalism in International Legal Perspective, S. 6.

9. *Kompensatorischer Konstitutionalismus*

Dem Ansatz des kompensatorischen Konstitutionalismus zufolge sollen sich Verfassungsinhalte, die in mehreren Rechtsordnungen in verschiedener Art ausgeprägt vorkommen, gegenseitig ergänzen. Partikuläre Normen müssen ihre Universalisierbarkeit unter Beweis stellen, gemeinsame Normen hingegen sollen Freiräume behalten, durch die sich politische und kulturelle Unterschiede entwickeln können.[206] Diese Form des Konstitutionalismus ist das Gegenteil eines hierarchischen, zentrischen Konzepts und hat keinen einheitlichen Weltstaat zum Ziel.

Vielmehr soll die gegenseitige Ergänzung und Anerkennung bestimmter Prinzipien und Werte zu größerer Rechtssicherheit, Demokratie, einer Achtung der Menschenrechte und einer Vertiefung des internationalen Rechts im Allgemeinen beitragen. Ein kompensatorischer Konstitutionalismus in Form von transnationalen demokratischen Strukturen etwa könnte ein konstitutionelles Netzwerk bilden.[207]

Eng mit der Idee des kompensatorischen Konstitutionalismus hängt die Ansicht des „Multilevel Constitutionalism" zusammen, der auf die Schaffung eines Mehrebenensystems mit gestuften Verfassungsordnungen und jeweils unterschiedlichen Kompetenzbereichen abzielt.[208]

10. *Institutioneller Konstitutionalismus*

Als ein weiterer Ansatz ist die Fokussierung auf die institutionelle Seite eines internationalen Konstitutionalismus. Auch wenn ein Konstitutionalismus auf globaler Ebene kaum wirklich vergleichbare institutionelle Strukturen aufweisen wird wie ein nationaler Verfassungsstaat, so bleibt dennoch zu fragen, ob nicht ein Mindestmaß an institutionellen Strukturen notwendig ist, um den politischen Einfluss auf das Recht zu begrenzen.[209] Vertreter dieser Auffassung setzen sich mit Fragen der

---

[206] *Peters, A.*, Rechtsordnung und Konstitutionalisierung: Zur Neubestimmung der Verhältnisse, ZöR 65 (2010), S. 3, 61.

[207] *Peters, A.*, Compensatory Constitutionalism: The Function and Potential of Fundamental International Norms and Structures, LJL 19 (2006), S. 579, 592.

[208] Siehe hierzu z.B. *Kleinlein, T.*, Konstitutionalisierung im Völkerrecht, S. 78 f.

[209] *Paulus, A. L.*, The International Legal System as a Constitution, in: Dunoff, J. L./Trachtman, J. P. (Hrsg.), Ruling the World?, S. 69, 75.

Machtverteilung in und auf internationale Organisationen und Institutionen sowie mit Aspekten der *global governance* auseinander.[210]

Im 20. Jahrhundert ist zumindest eine erstaunliche Entwicklung zu beobachten, denn im Rahmen eines „move to institutions"[211] wurde eine beträchtliche Anzahl internationaler Organisationen und Institutionen – zum Teil auch regional – geschaffen. Zu nennen ist hier etwa die Entwicklung vom Völkerbund zu den Vereinten Nationen, vom Ständigen Schiedsgericht zum Internationalen Gerichtshof (IGH), von den Nürnbergern Kriegsverbrecherprozessen zum Internationalen Strafgerichtshof (IStGH), von der Weltarbeitsorganisation und Bretton Woods zur Welthandelsorganisation (WTO).[212] Darüber hinaus entstanden Organisationen und Staatenverbünde wie die Weltgesundheitsorganisation (WHO), die Internationale Arbeitsorganisation (ILO), die Organisation Amerikanischer Staaten (OAS) sowie die Europäische Union (EU). Diese und andere Organisationen haben nicht nur vermehrt als Rechtssetzer fungiert, sondern auch als Rechtsanwender und Rechtsdurchsetzer. Das Institutionengeflecht ist in dieser Zeit extrem angewachsen und hat zu einer starken Vertiefung des internationalen Rechts beigetragen.[213] Trotz dieses nicht zu unterschätzenden Beitrages für die Fort- und Weiterentwicklung des internationalen Rechts darf die Bedeutung des globalen Institutionsgefüges allerdings auch nicht überschätzt werden. Denn die zu starke Fokussierung auf die Errichtung von Institutionen birgt die Gefahr eines inhaltsleeren, formalen Konstitutionalismus, ohne dass entsprechende Werte, Prinzipien und Überzeugungen eine große Rolle spielen könnten.

---

[210] *Schwöbel, C. E. J.*, Global Constitutionalism in International Legal Perspective, S. 3.

[211] *Kennedy, D.*, The Move to Institutions, Cardozo Law Review 8 (1987), S. 841, 841 ff.

[212] Vgl. *Paulus, A. L.*, The International Legal System as a Constitution, in: Dunoff, J. L./Trachtman, J. P. (Hrsg.), Ruling the World?, S. 69, 76; zur WTO und zu den Menschenrechten siehe: *Petersmann, E.-U.*, The WTO Constitution and Human Rights, Journal of International Economic Law 3 (2000), S. 19, 19 ff.

[213] *Halberstam, D.*, Local, Global and Plural Constitutionalism, in: Búrca, G. de/Weiler, J. (Hrsg.), The Worlds of European Constitutionalism, S. 150, 154; m.w.N.

Dies gilt umso mehr, als eine rein am hohen Komplexitätsgrad und Ausdifferenzierung nationaler Institutionen orientierte Struktur kaum durchsetzbar wäre und einen möglichen globalen Konstitutionalismus aller Voraussicht nach überfrachten würde. Denn auch wenn Institutionen große Bedeutung im Rahmen eines globalen Konstitutionalismus haben können, sind sie doch keineswegs notwendige Voraussetzungen dafür.

So fordert im Gegensatz zu manchen anderen Autoren etwa Paulus, Konstitutionalismus von der Forderung immer weitgehenderer institutioneller Verflechtungen und der Bildung neuer institutioneller Strukturen zu entkoppeln. Vielmehr sei – mit den Worten von Martti Koskenniemi – ein „constitutional mind-set“[214] erforderlich und eine konstitutionelle Lesart der bestehenden Rechtsstrukturen sinnvoll.[215]

II. Schlussfolgerungen

Die hier dargestellten Aspekte eines (globalen) Konstitutionalismus können nur ein Ausschnitt der in der Literatur vorhandenen Ansichten sein. Die Vielzahl der unterschiedlichen Ansichten führt zu einer großen Unübersichtlichkeit, zumal erhebliche Überschneidungen bestehen.

Mit Halberstam lassen sich in der Debatte zwei Extrempositionen feststellen. Diejenige, die von der nationalen Ebene ausgeht und die nationalstaatlichen Verfassungen einzig und allein als Quelle legitimen Handels der öffentlichen Hand ansieht. Im Gegensatz dazu betrachten die Verfechter von *global governance* und eines globalen Konstitutionalismus nicht die nationalen Verfassungen als Quelle legitimen Handelns, sondern fordern eine Übertragung auf die globale Ebene.[216] Ferner wird Konstitutionalismus häufig auch als bloße Machtbegrenzung internationaler Organisationen begriffen.[217] Andere Eigenschaften natio-

[214] *Koskenniemi, M.*, Constitutionalism as Mindset, Theoretical Inquiries in Law 8 (2007), S. 9.

[215] *Paulus, A. L.*, The International Legal System as a Constitution, in: Dunoff, J. L./Trachtman, J. P. (Hrsg.), Ruling the World?, S. 69, 71.

[216] *Halberstam, D.*, Local, Global and Plural Constitutionalism, in: Búrca, G. de/Weiler, J. (Hrsg.), The Worlds of European Constitutionalism, S. 150, 151.

[217] *Kadelbach, S./Kleinlein, T.*, International Law … a Constitution for Mankind?, GYIL 50 (2007), S. 303, 304.

nalstaatlicher Verfassungen spielen bei solch einem Verständnis von Konstitutionalismus eine untergeordnete Rolle.[218] Beim sogenannten „Multilevel Dimension"-Ansatz wird die Beziehung zwischen nationalem und internationalem Konstitutionalismus beschrieben und analysiert.[219]

Peters betrachtet den Konstitutionalismus beispielsweise als sich dynamisch entwickelnde „inhaltliche Konvergenz" der verschiedenen Rechtsordnungen und „institutionelle Verschränkung".[220]

Fraglich ist zudem, welche Normen dem internationalen Konstitutionalismus zugerechnet werden können. Anknüpfend an Dunoff/Trachtman wird hier vertreten, dass eher eine bestimmte Normenart und nicht eine Normenanzahl entscheidend ist.[221] Laut Koskenniemi ist zwar in den letzten Jahren vermehrte legislative Aktivität auf internationaler Ebene zu verfolgen, mangels eines gemeinsamen „Projekts" bedeutet dies jedoch keinen Konstitutionalismus.[222]

Insgesamt ist daher zu konstatieren, dass keine der dargestellten Strömungen wirklich überzeugen kann. Zweifelsohne hat die Normenfülle auf globaler Ebene in den letzten Jahren erheblich zugenommen; systemtheoretisch gesprochen hat die Rechtskommunikation zugenommen. Die nationalstaatliche Souveränität wird und wurde durch den Menschenrechtsschutz, die Anerkennung des Individuums als Völkerrechtssubjekt oder die in den letzten Jahren, etwa am Beispiel Libyens[223] zum Tragen gekommene „*Responsibility to protect*-Doktrin"[224]

---

[218] In diesem Zusammenhang kann auch die Strömung des „foundational constitutionalism" angeführt werden, der in einem globalen Konstitutionalismus vor allem das *framing* (und *taming*) der politischen Machtausübung durch Recht sieht, weniger die Übertragung anderer Aspekte nationaler Verfassungen wie etwa einen Grundrechtskatalog; *Krisch, N.*, Beyond Constitutionalism, S. 298.

[219] Weitere Nachweise siehe *Kadelbach, S./Kleinlein, T.*, International Law … a Constitution for Mankind?, GYIL 50 (2007), S. 303.

[220] *Peters, A.*, Rechtsordnung und Konstitutionalisierung: Zur Neubestimmung der Verhältnisse, ZöR 65 (2010), S. 3, 26.

[221] *Dunoff, J. L./Trachtman, J. P.*, A Functional Approach to International Constitutionalization, in: dies. (Hrsg.), Ruling the World?, S. 3 ff.

[222] *Koskenniemi, M.*, The Politics of International Law, S. 346.

[223] SR-Res. 1973 (2011) vom 17.3.2011; http://www.un.org/depts/german/sr/sr_10-11/sr1973.pdf (zuletzt besucht am 07.08.2015).

zunehmend aufgeweicht. Extreme, allein auf der nationalstaatlichen Souveränität basierende Ansichten wie die der *New Sovereigntists* sind daher kaum mehr haltbar.

Eine Weiterentwicklung des internationalen Rechts hat vielmehr stattgefunden; eine gewisse Hierarchisierung, ein Verdichten der internationalen Ordnung, sei es über die Zunahme an Normen oder an Institutionen, ist erkennbar. Gleichwohl dürfte ein wirklich konstitutioneller Rahmen (noch) nicht entstanden sein; die begonnene Entwicklung ist noch nicht beendet. In welchem Stadium dieser Prozess enden wird, ist jedoch nur schwer vorherzusehen; vielmehr dürfte er als ergebnisoffen anzusehen sein. Mit David Kennedy könnte man den derzeitigen Entwicklungstand des Konstitutionalismus daher auch als „settlement bias“[225] bezeichnen – der Gebrauch des Begriffes könnte dazu verleiten, anzunehmen, dass bereits der Prozess und jeglicher „Kampf“ beendet sei. Das Gegenteil ist jedoch der Fall.

C. Konstitutionalisierung

Eng mit der Thematik des Konstitutionalismus verbunden und letztlich nicht davon zu trennen ist die Frage nach einer Konstitutionalisierung des Völkerrechts. Ähnlich wie die Konstitutionalismusthematik ist das „Phänomen“ Konstitutionalisierung komplex und vielschichtig.

I. Grundlegendes

Über das Vorhandensein einer Konstitutionalisierung wurde insbesondere in den letzten Jahren rege debattiert; eine wirklich neue Thematik in der Völkerrechtswissenschaft ist sie gleichwohl nicht. Die Konstitutionalisierungsdebatte ist vielmehr schon seit mehreren Jahren ein vorherrschendes Thema. Auf internationaler Ebene geprägt wurde der

---

[224] Siehe hierzu http://www.un.org/en/preventgenocide/adviser/responsibi lity.shtml (zuletzt besucht am 07.08.2015); 005 World Summit Outcome, UN General Assembly Resolution 60/1 vom 16.9.2005 (Dok. A/RES/60/1), Abs. 138, 139.

[225] *Kennedy, D.*, The Mystery of Global Governance, in: Dunoff, J. L./Trachtman, J. P. (Hrsg.), Ruling the World?, S. 37, 64.

Begriff bereits in den 1980er-Jahren – wenngleich für den europäischen Rahmen.[226] In den 1990er Jahren wurde er schließlich auch für den globalen Rahmen verwendet.[227]

Wurde in den ersten Jahren dieser Debatte noch zumeist euphorisch die Konstitutionalisierung des Völkerrechts als kurz vor der Vollendung stehend angekündigt, wich diese Euphorie später eher einer Skepsis und teilweise wurde anstatt von einer Konstitutionalisierung vielmehr von einer Fragmentierung des Völkerrechts ausgegangen. Die beiden Begriffe sind daher als Extrempunkte ein und derselben Debatte anzusehen: die der Zukunft des Völkerrechts.

Zahlreiche Bücher sind zu diesem Thema bereits erschienen. Dabei existieren zum Teil sehr unterschiedliche Herangehensweisen zur Erklärung und Eingrenzung des recht umfassenden Begriffes „Konstitutionalisierung" in der Literatur. Zu Beginn soll daher zunächst eine Begriffsbestimmung vorgenommen werden. Im Anschluss daran wird versucht, die sehr umfassende Konstitutionalisierungsdebatte abzubilden und einzuordnen – wobei dies nur mit gewissen Einschränkungen möglich sein wird.

Vorab ist zu konstatieren, dass eine wachsende Institutionalisierung und Organisierung des internationalen Rechts sowie internationaler Organisationen stattgefunden hat. Fraglich ist indes, ob diese Entwicklung als Konstitutionalisierung begriffen werden kann oder ob sie sich nicht vielmehr lediglich in fragmentierten Teilbereichen vollzieht und damit etwa als Ausbildung einer Fragmentierung des Völkerrechts anzusehen ist.[228] Zu erörtern wird auch sein, ob eine Konstitutionalisierung des Völkerrechts festgestellt werden kann und wenn ja, welche konkreten positiven Folgen dies für das internationale Recht als Ganzes haben könnte. So stellen einige Autoren wie Paulus kritisch die Frage, ob die Konstitutionalisierung gleichbedeutend mit einer höheren Qualität von Völkerrecht sein kann.[229] Schließlich sind auch etwaige Gemeinsamkei-

---

[226] *Stein, E.*, Lawyers, Judges, and the Making of a Transnational Constitution, AJIL 75 (1981), S. 1; Stein untersuchte die Konstitutionalisierung der EG.

[227] *Brunkhorst, H.*, Legitimationskrisen, S. 173.

[228] Siehe *Paulus, A. L.*, The International Legal System as a Constitution, in: Dunoff, J. L./Trachtman, J. P. (Hrsg.), Ruling the World?, S. 69, 82 ff.; mehr zur Fragmentierungsthese im 3. Kapitel.

[229] *Ebd.*, S. 75.

ten zwischen nationalem und internationalem Recht im Rahmen der Konstitutionalisierung herauszuarbeiten.[230]

II. Begriffsbestimmung

Ähnlich wie beim Konstitutionalismus ist eine exakte Begriffsklärung hinsichtlich der Konstitutionalisierung des Völkerrechts aufgrund der Vielzahl an Erklärungsansätzen recht kompliziert. Die Strömungen reichen von einer eher staatsähnlichen, hierarchisch aufgebauten Ordnung hin zur eher pluralistischen Orientierung an gemeinsamen Werten. Die verschiedenen Ansätze werden im Folgenden kurz erläutert, anschließend werden dann die Funktionen einer Konstitutionalisierung des internationalen Rechts dargestellt.

So geht beispielsweise der *Public Law Approach* in Anlehnung an Kelsen und Verdross vom Erfordernis schriftlich fixierten Positivierung einer obersten Grundnorm aus. Wie bereits erwähnt, stellen andere Autoren, etwa Mosler und Tomuschat, die Notwendigkeit einer „Verfassung einer Gemeinschaft" heraus und versuchen soweit wie möglich, Analogieschlüsse zu nationalstaatlichen Verfassungen zu ziehen. Der *New Haven Approach* hingegen stellt das Erfordernis von obersten Ordnungsprinzipien eines politischen Rechts in den Vordergrund.[231] Autoren wie Cohen beharren auf dem Standpunkt, dass eine globale Konstitutionalisierung letztlich hierarchische und monistische Elemente benötige.[232] Sie lehnen daher einen Netzwerkcharakter einer globalen, konstitutionellen Ordnung als widersprüchlich ab und führen als Maßstab die aus nationalstaatlichen Verfassungen bekannte Einheit der Rechtsordnung im Sinne einer klaren Normenpyramide an. Weiterhin kann zwischen einer Konstitutionalisierung des Völkerrechts in seiner Gesamtheit, also auf der Makroebene, sowie der Konstitutionalisierung einzelner internationaler Organisationen, also der Mikroebene, unter-

230 *Knauff, M.*, Konstitutionalisierung im inner- und überstaatlichen Recht – Konvergenz oder Divergenz?, ZaöRV 68 (2008), S. 453, 488.

231 *Fischer-Lescano, A.*, Globalverfassung, S. 210.

232 *Cohen, J. L.*, Globalization and Sovereignty, S. 23.

schieden werden. Wie Peters darlegt, hängen beide Ebenen jedoch eng miteinander zusammen.[233]

Wie nachfolgend noch genauer erläutert wird, steht bei den meisten Ansätzen der Prozesscharakter der Konstitutionalisierung im Vordergrund. Die genaue Ausgestaltung, der bisher erreichte Stand und der mögliche Endpunkt hingegen differieren erheblich. Kadelbach und Kleinlein begreifen Konstitutionalisierung etwa als Prozess, der sich vor allem mit Legitimitätsfragen des Völkerrechts insgesamt auseinandersetzt.[234]

Dabei gehen sie keineswegs von einer stetigen, gleichförmigen Entwicklung aus, sondern von sehr unterschiedlichen Entwicklungen in den unterschiedlichen Teilrechtsgebieten mit zum Teil erheblichen Widersprüchen. Auch Peters gesteht ein, dass der Konstitutionalisierungsprozess kaum „allumfassend und gleichmäßig" sein, sondern stückhaft und unregelmäßig verlaufen wird.[235] Frowein hingegen, der im Unterschied zu anderen Autoren den Entwicklungsstand der Konstitutionalisierung schon als recht weit vorangeschritten betrachtet, sieht im Rahmen dieses Prozesses als Kernpunkt die Anerkennung und Akzeptanz gewisser Grundwerte und Basisinteressen der Staatengemeinschaft und hält die Einführung von verschiedenen Mechanismen zur Durchsetzung dieser Werte und Interessen für nötig und möglich.[236]

Zusammenfassend bezeichnet der Begriff zumindest die Übernahme bestimmter Elemente einer „Konstitution" im Sinne einer nationalen

---

[233] *Peters, C.*, Informelle Anpassungsmechanismen der Gründungsverträge internationaler Organisationen und ihre Bedeutung für die Konstitutionalisierung des Völkerrechts, in: Pernice, I./Müller, M./ders. (Hrsg.), Konstitutionalisierung jenseits des Staates, S. 17.

[234] *Kadelbach, S./Kleinlein, T.*, International Law ... a Constitution for Mankind?, GYIL 50 (2007), S. 303, 306; *Scheyli, M.*, Der Schutz des Klimas als Prüfstein völkerrechtlicher Konstitutionalisierung?, AVR 40 (2002), S. 273, 275; vgl. auch *Fischer-Lescano, A.*, Globalverfassung, S. 204.

[235] *Peters, A.*, Rechtsordnung und Konstitutionalisierung: Zur Neubestimmung der Verhältnisse, ZöR 65 (2010), S. 3, 11.

[236] *Frowein, J. A.*, Konstitutionalisierung des Völkerrechts, in: Dicke, K./Hummer, W./Girsberger, D. (Hrsg.), Völkerrecht und internationales Privatrecht in einem sich globalisierenden internationalen System: Auswirkungen der Entstaatlichung transnationaler Rechtsbeziehungen, S. 427, 446, 1. These zum Referat.

Verfassung.[237] Zudem kann man darunter den permanenten Prozess einer Entstehung und Entwicklung „verfassungsartiger und konstitutionalistischer Elemente“ im internationalen Rechtssystem verstehen.[238] Das Völkerrecht entwickelt aufgrund der zunehmend komplexeren Völkerrechtsordnung eine dementsprechende, ausdifferenzierte Struktur.[239] Mit anderen Worten, man kann diesen Prozess „als Versuch betrachten, globales Regierungshandeln konstitutionellen Strukturen, Prozessen, Prinzipien und Werten unterzuordnen“[240].

Zudem ist unter dem Begriff „Konstitutionalisierung“ jedenfalls auch ein Mindestmaß an rechtlicher Kontrolle des politischen Sektors zu verstehen.[241] Die zunehmende Kontrolle der Politik durch das Recht wird dabei gemeinhin als eher positive Folge, als wachsende „qualifizierte Form der Verrechtlichung“, aufgefasst werden können.[242] Eine steigende Verrechtlichung der Politik wird jedoch nicht ohne Konsequenzen für das Recht bleiben – die wechselseitigen Beziehungen und Einflussnahmen dürften insgesamt steigen. Kemmerer etwa sieht in der fortschreitenden Konstitutionalisierung auch und vor allem eine Politisierung des Rechts – mit nicht nur positiven Auswirkungen.[243]

Aus systemtheoretischer Sicht wären, um von einer Konstitutionalisierung sprechen zu können, zunächst zwei autopoietische Systeme erforderlich. Analog zur nationalen Ebene könnte eine Art Verfassung als strukturelle Kopplung den in der Folge entstehenden Verknüpfungsbe-

---

[237] So auch ebd., S. 469.

[238] *Peters, A.*, Rechtsordnung und Konstitutionalisierung Zur Neubestimmung der Verhaltnisse, ZöR 65 (2010), S. 3, 11; *Grimm, D.*, The Achievement of Constitutionalism and its Prospects in a Changed World, in: Dobner, P./Loughlin, M. (Hrsg.), The Twilight of Constitutionalism?, S. 3, 4.

[239] *Bryde, B.-O.*, Das Völkerrecht zwischen Konstitutionalisierung, Hegemonie und Renationalisierung, in: Heinrich-Böll-Stiftung (Hrsg.), Die Zukunft des Völkerrechts in einer globalisierten Welt, S. 88, 91.

[240] *Loughlin, M.*, What is Constitutionalisation?, in: Dobner, P./ders. (Hrsg.), The Twilight of Constitutionalism?, S. 47 (Übersetzung durch den Autor dieser Arbeit).

[241] *Paulus, A. L.*, The International Legal System as a Constitution, in: Dunoff, J. L./Trachtman, J. P. (Hrsg.), Ruling the World?, S. 69, 75.

[242] *Kleinlein, T.*, Konstitutionalisierung im Völkerrecht, S. 32 f.; m.w.N.

[243] *Kemmerer, A.*, Kelsen, Schmitt, Arendt, and the Possibilities of Constitutionalization in (International) Law: Introduction, LJL 23 (2010), S. 717, 720.

darf übernehmen und gewährleisten. In einem ersten Schritt wäre jedoch ein Systemcharakter der Politik und des Rechts auf globaler Ebene erforderlich und eine vollständige Trennung dieser beiden Systeme. Ebenfalls muss kritisch hinterfragt werden, ob eine Konstitutionalisierung zugleich auch eine höhere Qualität des internationalen Rechts bedeutet.[244] Dies erscheint nicht logisch zwingend.

Festzuhalten ist jedenfalls, dass die Konstitutionalisierung nicht eindimensional und auf einen bestimmten Teilbereich des internationalen Rechts beschränkt sein dürfte, sondern in unterschiedlicher Ausprägung sämtliche Facetten und Bereiche des globalen Rechts betrifft und sowohl die normative als auch die systematische Dimension einer Rechtsordnung verändert.[245] Im Folgenden wird dabei grundsätzlich von einer „Staatsfixierung" des Völkerrechts ausgegangen, die trotz der Anerkennung des Einzelnen als Völkerrechtssubjekt und Heranziehung von Rechtsprinzipien weiter besteht.[246]

1. Supranationale Konstitutionalisierung

Ein in der Literatur vorkommender, recht weitgehender Ansatz ist der einer supranationalen Konstitutionalisierung. Dies bedeutet nach Ansicht von Peters, dass das Prinzip der nationalstaatlichen Souveränität seinen Letztbegründungsanspruch des Völkerrechts aufgeben muss. Vielmehr müsse der normative Status der Souveränität aus Grundwerten und -prinzipien wie Humanität und der Sicherung menschlicher Bedürfnisse abgeleitet werden.[247]

Die staatliche Souveränität ist nach Peters für das Völkerrecht nur in ontologischer Hinsicht, zur Erklärung der Grundstrukturen des internationalen Systems, bedeutend, da durch sie der gegenseitige Respekt der Staaten im Sinn eines horizontalen Systems heterarchischen Natio-

---

[244] *Paulus, A. L.*, The International Legal System as a Constitution, in: Dunoff, J. L./Trachtman, J. P. (Hrsg.), Ruling the World?, S. 69, 75.

[245] *Peters, A.*, Rechtsordnung und Konstitutionalisierung: Zur Neubestimmung der Verhältnisse, ZöR 65 (2010), S. 3, 10.

[246] *Ladeur, K.-H.*, Ein Recht der Netzwerke für die Weltgesellschaft oder Konstitutionalisierung der Völkergemeinschaft?, AVR 49 (2011), S. 246, 247.

[247] *Peters, A.*, Rechtsordnung und Konstitutionalisierung: Zur Neubestimmung der Verhältnisse, ZöR 65 (2010), S. 3, 15.

nalstaaten zum Ausdruck gebracht wird und die Staaten weiterhin die maßgeblichen Rechtssetzer der internationalen Ordnung sind.[248] Fraglich ist allerdings, ob die Staatenwelt jemals bereit sein wird, Souveränität in großem Maß abzugeben. Notwendig wäre dann in der Folge eine deliberative Demokratisierung, um Legitimitätsanforderungen gerecht zu werden. Dieser sehr progressive Ansatz wird daher nur schwer zu verwirklichen sein.

2. *Funktionale Konstitutionalisierung*

Möglich erscheint hingegen auch, die Konstitutionalisierung als einen funktionalen Prozess zu sehen. Dies ähnelt der Auffassung und dem Verfassungsverständnis von Luhmann. Recht und Politik werden miteinander verkoppelt und begrenzen sich gegenseitig; gleichzeitig werden aber zusätzliche Gestaltungsspielräume eröffnet. Wie Brunkhorst ausführt, kann man unter diesen Gesichtspunkten einen Prozess der Konstitutionalisierung in der internationalen Gemeinschaft feststellen, zumindest auf dem Gebiet des Weltwirtschaftsrechts oder im Rahmen der Europäischen Union. Denn letztlich gehe es darum, „durch unabhängige, rechtliche Differenzierung und Kontrolle die Entfesselung politischer Gestaltungsmacht zu ermöglichen“[249].

Dies sei in den genannten Feldern bereits zu beobachten.

Einige Autoren sehen dabei als Arbeitshypothese nicht „die eine Verfassung“ als Endpunkt beziehungsweise Ziel oder Ideal, sondern anzuerkennen, dass sich die internationale Gemeinschaft in verschiedene Teilverfassungen ausdifferenziert.[250] Diese Teilverfassungen weisen zwar konstitutionelle Elemente auf, jedoch nur in einzelnen, ihren jeweiligen Funktionen entsprechenden Bereichen. Mit zunehmender Auflösung von Nationalstaaten nimmt dann auch die Konstitutionalisierung im Sinn einer Weltverfassung ab – im Gegenzug nimmt die

---

[248] Ebd.

[249] *Brunkhorst, H.*, Legitimationskrisen, S. 147.

[250] Dieser Schritt ist also ähnlich wie der der Fragmentierung.

funktionale Konstitutionalisierung der einzelnen Teilverfassungen jedoch zu.[251]

3. Partielle oder parallele Konstitutionalisierung

Eine weitere mögliche Einteilung kann mit Diggelmann/Altwicker vorgenommen werden, die neben den staatlichen Verfassungen eine partielle oder parallele Konstitutionalisierung als Trend aufzeigen. Sie bezeichnen damit Entwicklungen im modernen Völkerrecht, bei denen der Nationalstaat aufgrund der zunehmenden Komplexität des internationalen Rechts in manchen Regelungsbereichen nur noch eingeschränkt die Kontrolle ausübt und die Regelungskompetenz besitzt. In Teilbereichen sind die Mitgliedsstaaten an die Beschlüsse und Entscheidungen internationaler Organisationen und Spruchkörper gebunden. Das von den Staaten geschaffene Völkerrecht werde im Anschluss durch die internationalen Institutionen und Organisationen ohne weitere Zustimmung der Staaten interpretiert und weiterentwickelt. Charakteristisch für diese partielle oder parallele Konstitutionalisierung ist laut Diggelmann/Altwicker, dass ein „dynamischer" und „evolutiver" Ansatz gewählt wird. Zu nennen sind hier das Sanktionsregime des UN-Sicherheitsrates oder die Entscheidungen des Europäischen Gerichtshofs für Menschenrechte (EGMR), durch die die Europäische Menschenrechtskonvention (EMRK) dynamisch interpretiert wird.[252]

4. Formelle Konstitutionalisierung

Ein anderer Ansatz ist der der formellen Konstitutionalisierung. Darunter versteht man das Vorhandensein einer hierarchischen Ordnung mit einer singulären Verfassung. Ähnlich wie bei Kelsens „Grund-

---

[251] *Walter, C.*, International Law in a Process of Constitutionalization, in: Nollkaemper, A./Nijman, J. E. (Hrsg.), New Perspectives on the Divide Between National and International Law, S. 191, 198.

[252] *Diggelmann, O./Altwicker, T.*, Is There Something Like a Constitution of International Law?, ZaöRV 68 (2008), S. 623, 627, m.w.N; siehe auch *Walter, C.*, Die Europäische Menschenrechtskonvention als Konstitutionalisierungsprozeß, ZaöRV 59 (1999), S. 961, 964, der die EMRK als die nationale Verfassungen ergänzende, jedoch nicht ersetzende „Teilverfassung" ansieht.

norm"[253] muss das internationale Recht aus *einer* Rechtsquelle herleitbar sein beziehungsweise auf einer „Erkenntnisregel"[254] à la Hart beruhen.[255]

Durch Alfred Verdross und seine „Verfassung der Völkerrechtsgemeinschaft" entwickelte sich ein systematischer Diskurs über konstitutionelle Entwicklungen auf internationaler Ebene.[256] Verdross definierte die Verfassung als „jene Normen, die den Aufbau, die Gliederung und die Zuständigkeitsordnung einer Gemeinschaft zum Gegenstand haben"[257].

Dies trifft seiner Ansicht nach auch auf den allgemeinen Teil des Völkerrechts zu:

> „Wir nennen den allgemeinen Teil des Völkerrechts die ‚Verfassung der Völkerrechtsgemeinschaft', um damit zum Ausdruck zu bringen, daß auch das Völkerrecht keine bloße Sammlung von einzelnen Bruchstücken ist (...) sondern eine harmonische Ordnung von Normen bildet, die in einer einheitlichen Grundordnung verankert sind. (...) Die völkerrechtliche Grundordnung ist daher die Verfassung der Völkerrechtsgemeinschaft."[258]

Laut Verdross besteht diese Verfassung nicht aufgrund eines – möglicherweise gar universellen – Vertrages, sondern beruht auf völkerrechtlichem Gewohnheitsrecht.

Verdross hielt an dieser Auffassung noch nach dem Entstehen der Vereinten Nationen fest, erkannte aber zugleich an, dass die Staatengemeinschaft nun auch über eine Verfassung im formellen Sinn verfüge. Diese sei aber lediglich „quasi-universell" und bestehe nur im Rahmen des von ihr selbst vorausgesetzten allgemeinen Völkerrechts."[259] Erst ca. 30

---

[253] *Kelsen, H.*, Reine Rechtslehre, S. 147 ff.

[254] *Hart, H. L. A.*, Der Begriff des Rechts, S. 122 ff.

[255] *Paulus, A. L.*, The International Legal System as a Constitution, in: Dunoff, J. L./Trachtman, J. P. (Hrsg.), Ruling the World?, S. 69, 74.

[256] *Verdross, A.*, Die Verfassung der Völkerrechtsgemeinschaft, S. 59 ff.; *Fassbender, B.*, Grund und Grenzen der konstitutionellen Idee im Völkerrecht, in: Isensee, J./Depenheuer, O. (Hrsg.), Staat im Wort, S. 73, 76; *Verdross, A./Simma, B.*, Universelles Völkerrecht, S. 59 ff., 69 ff.

[257] *Verdross, A.*, Die Verfassung der Völkerrechtsgemeinschaft.

[258] Ebd., S. V.

[259] Ebd.

Jahre später änderte er seine Auffassung über die Quasiuniversalität und sah die UN-Charta als „Verfassungsrecht der universell gewordenen Staatengemeinschaft“[260] an. Daran anknüpfend entstanden viele Beiträge zum Verfassungscharakter von Gründungsverträgen internationaler Organisationen und der internationalen Gemeinschaft, die allerdings in der Regel hinter den Postulierungen von Verdross zurückblieben.

Auch Mosler oder Bindschedler zählen zu diesen Autoren. Mosler begriff unter der Verfassung der internationalen Gemeinschaft in erster Linie die Regeln über die Erzeugung sowie die Geltung von Völkerrecht. Materielle Regeln sah er hingegen eher als „common public order“ an denn als Verfassungsrecht. Ferner begegnete er einem konstitutionellen Charakter der UN-Charta mit Bedenken.[261] Auch Tomuschat erkannte bereits 1995 einen Verfassungscharakter der internationalen Gemeinschaft und geht in seinen Ansichten noch über die Ansichten von Mosler hinaus:

> „Die Einbindung aller Staaten in die internationale Gemeinschaft wird als ein unerschütterliches Grundaxiom der internationalen Ordnung der Gegenwart angesehen. Damit ist letztlich nichts anderes gesagt, als daß es eine Verfassung der internationalen Gemeinschaft gibt, durch die bestimmte Grundlagen von Frieden und Gerechtigkeit in der Welt festgeschrieben worden sind.“[262]

Nach Ansicht von Tomuschat ist die internationale Gemeinschaft zwar lediglich in Teilen kodifiziert und die Verfassung im Entstehen begriffen, dies ändere jedoch nichts am grundsätzlichen Verfassungscharakter.[263]

Allerdings schränkt Tomuschat die Bedeutung einer im Entstehen begriffenen Verfassung auf globaler Ebene stark ein und sieht sie vor allem als ein Analysewerkzeug, mit dem das Augenmerk auf substanzielle Besonderheiten einiger Völkerrechtsnormen gelegt werden könne.

---

[260] *Verdross, A./Simma, B.*, Universelles Völkerrecht, S. 5.

[261] *Mosler, H.*, The International Society as a Legal Community, RdC 140 (1974), S. 31 ff., 100 f.; *Fassbender, B.*, Grund und Grenzen der konstitutionellen Idee im Völkerrecht, in: Isensee, J./Depenheuer, O. (Hrsg.), Staat im Wort, S. 73, 82; m.w.N.

[262] *Tomuschat, C.*, Die Internationale Gemeinschaft, AVR 33 (1995), S. 1, 7.

[263] Ebd.

Darüber hinausgehende Folgerungen gingen fehl, zumal auf globaler Ebene keine verfassunggebende Gewalt existiere.[264] Tomuschat sieht daher eine globale Konstitutionalisierung durchaus nicht unkritisch. Letztlich geht es ihm um das Herausstellen bestimmter Normen, die eine konstitutionelle Wirkung zu entfalten in der Lage sind. So sieht er die UN-Charta, die beiden UN-Menschenrechtspakte sowie die Völkermordkonvention von 1948 auch als „world order treaties" an, die in der Lage seien, gewohnheitsrechtlich anerkannte Prinzipien der Völkerrechtsordnung zu konkretisieren.[265]

Eine untergeordnete Rolle spielen bei dieser formalen Betrachtungsweise substanzielle Punkte wie Gewaltenteilung, Menschenrechtsschutz, Demokratie oder rechtsstaatlichen Strukturen. Maßgeblich ist die Existenz einer Rechtsquelle im internationalen Rahmen, die als zentrales Normensystem die Legitimierungsgrundlage für jegliches weitere, sekundäre, dispositives Recht darstellt. Ähnlich wie im nationalen Bereich müsste zudem eine überpositive Legitimierungsquelle, ein Souverän, existieren.[266]

Dieser Erklärungsansatz vermag aber letztlich nicht den Konstitutionalisierungsprozess als Ganzen zu erklären. Denn das Fixieren auf eine – ähnlich der nationalstaatlichen Verfassung – Hierarchisierung des internationalen Rechts sowie auf formale Elemente nationalstaatlicher Verfassungen, die auch im globalen Rahmen vorzufinden sind, kann kaum zu einem positiven Ergebnis führen.

Schließlich ist eine echte Hierarchisierung des internationalen Rechts nicht vorhanden, auch vermag keine globale Grundnorm bei dieser Hierarchisierung helfen. Hierzu ist die staatliche Souveränität, die segmentäre Zweitdifferenzierung in Nationalstaaten zu stark ausgeprägt.

Daran kann auch letztlich Art. 103 UNC nichts ändern, der allenfalls in Ansätzen ein Vorrangverhältnis der Charta postuliert, mithin eine hie-

---

[264] *Ders.*, International Law Ensuring the Survival of Mankind on the Eve of a New Century, RdC 281 (1999), S. 88.

[265] *Fassbender, B.*, Grund und Grenzen der konstitutionellen Idee im Völkerrecht, in: Isensee, J./Depenheuer, O. (Hrsg.), Staat im Wort, S. 73, 83; *Tomuschat, C.*, Obligations Arising for States Without or Against Their Will, RdC 241 (1993), S. 195, 269; 299.

[266] Ebd., 74 f.

rarchische Stellung der Charta.[267] Eine umfassende Hierarchisierung des gesamten internationalen Rechts wird dadurch schließlich jedenfalls nicht erzielt. Zudem fehlt der Charta eine Kompetenz-Kompetenz; sie kann auch nicht als ultimative Legitimationsquelle des gesamten internationalen Rechts herhalten. (Siehe hierzu auch oben, 2. Kapitel A. V.)

Außerdem würde eine formale Konstitutionalisierung ohne die Anerkennung gemeinsamer, konstitutioneller Grundwerte und -prinzipien kaum zu einer Qualitätssteigerung des internationalen Rechts führen. Vielmehr drohte eine solche Konstitutionalisierung zur inhaltslosen Formel zu verkommen.

5. Institutionelle Konstitutionalisierung

Eine weitere in der Debatte vertretene Auffassung geht von einer voranschreitenden institutionellen Konstitutionalisierung aus. (Vgl. hierzu auch 2. Kapitel B. I. 10 oben) Aufgrund der zunehmenden Institutionalisierung sei eine Konstitutionalisierung des internationalen Rechts sichtbar. Vertreter dieser Ansicht wollen Prinzipien aus den nationalen Verfassungen auf die globale Ebene übertragen und eines Tages ein universelles Staatenrecht à la Kant erreichen. Die institutionelle Konstitutionalisierung sieht dann auch eine – ähnlich dem nationalen Bereich – kohärente, singuläre und hierarchische Ordnung für den globalen Rahmen als möglich und erstrebenswert an.[268] Sie ähnelt in dieser Hinsicht der gerade erörterten formalen Konstitutionalisierung.

Eine Verbindung von Institutionalismus und Konstitutionalisierung ist angesichts der zunehmenden Zahl internationaler Organisationen und Institutionen sicher nicht abzustreiten.[269] Im 20. Jahrhundert, zwischen den beiden Weltkriegen, wurden zum ersten Mal Statuten internationa-

---

[267] *Franck, T. M.*, Is the U.N. Charter a Constitution?, in: Frowein, J. A./Scharioth, K./Winkelmann, I./Wolfrum, R. (Hrsg.), Verhandeln für den Frieden, S. 99 ff. Auch Dupuy spricht von einer verfassungsrechtlichen Dimension des Art. 103 UNC und einer gewissen – wenn auch nicht unproblematischen – Hierarchisierung: *Dupuy, P.-M.*, The Constitutional Dimension of the Charter of the United Nations Revisited, in: Frowein, J. A./Wolfrum, R. (Hrsg.), Max Planck Yearbook of United Nations Law, S. 1, 12 f., 28.

[268] *Paulus, A. L.*, The International Legal System as a Constitution, in: Dunoff, J. L./Trachtman, J. P. (Hrsg.), Ruling the World?, S. 69.

[269] Ebd., S. 76.

ler Organisationen – wie das der ILO – als Verfassung bezeichnet.[270] Mit Brunkhorst kann man eine globale Verfassungsordnung durch die Errichtung diverser Institutionen in den 1940er-Jahren annehmen – angefangen mit der Atlantic Charta von 1941, dem Bretton Woods-Abkommen von 1944, dem IMF von 1944, der Weltbank von 1944 über die Vereinten Nationen von 1945, den Nürnberger und Tokioter Kriegsverbrechertribunalen von 1945, dem GATT-Abkommen von 1948 bis hin zur Allgemeinen Menschenrechtserklärung von 1948.[271] Diese Tendenz intensivierte sich in den vergangenen Jahrzehnten nochmals. Im Zusammenspiel der diversen internationalen Organisationen entwickelten sich die zwischenstaatlichen Beziehungen nach Ansicht mancher Völkerrechtler vom klassischen Kooperationsrecht Schritt für Schritt hin zu einer „stark dezentralisierte[n], pluralisierte[n] und fragmentierte[n] Weltstaatlichkeit ohne Staat."[272]

Auch sind die Organisationen/Institutionen zu zentralen Akteuren des internationalen Rechts geworden.[273] Denn der „move to institutions"[274] im letzten Jahrhundert hat jedenfalls – wie bereits unter 2. Kapitel B. I. 10 oben erörtert – zu einer Vertiefung des Völkerrechts geführt. So spricht auch Brunkhorst angesichts des immensen Fortschritts hinsichtlich des Menschenrechtsschutzes und politischer Institutionalisierungen auf globaler Ebene von Instanzen mit Verfassungsqualität.[275]

Der Bedeutung dieser Institutionalisierung sind jedoch enge Grenzen gesetzt. Denn auch wenn Organisationen als Schutzschirm („umbrella") oder Rückgrat („backbone") der Konstitutionalisierung angesehen werden können, darf die zunehmende Institutionalisierung nicht mit einer äquivalent verlaufenden und damit gekoppelten Konstitutionalisierung gleichgesetzt werden. So mag es zwar Überschneidungspunkte

---

[270] *Brunkhorst, H.*, There Will Be Blood, in: ders. (Hrsg.), Demokratie in der Weltgesellschaft, S. 99, 104; m.w.N.

[271] Ebd., S. 105.

[272] Ebd.

[273] *Bryde, B.-O.*, Das Völkerrecht zwischen Konstitutionalisierung, Hegemonie und Renationalisierung, in: Heinrich-Böll-Stiftung (Hrsg.), Die Zukunft des Völkerrechts in einer globalisierten Welt, S. 88, 95.

[274] *Kennedy, D.*, The Move to Institutions, Cardozo Law Review 8 (1987), S. 841.

[275] *Brunkhorst, H.*, Ist die Solidarität der Bürgergesellschaft globalisierbar?, in: ders./Kettner, M. (Hrsg.), Globalisierung und Demokratie, S. 274, 283.

geben; ferner kann ein schwach ausgeprägtes Verständnis einer „Verfassung“ mit einem Gründungsvertrag multilateraler Organisationen verglichen werden. Doch lässt eine solche Vorgehensweise außer Acht, dass zu einer Verfassung und darüber hinaus auch zu einer effektiven Konstitutionalisierung des Völkerrechts weitere Elemente gehören, etwa eine hierarchische Ordnung sowie Justiziabilität und Verantwortlichkeit („comprehensivness“).[276]

Auch wenn die UN-Charta auf den ersten Blick gewisse Kriterien erfüllt, die üblicherweise an nationalstaatliche Verfassungen angelegt werden, so ist sie kaum mit einer nationalstaatlichen Verfassung zu vergleichen.[277] Dies wird jedoch nachfolgend eingehender untersucht werden.

6. *Wertebasierte inhaltliche Konstitutionalisierung*

Die wohl überzeugendste Herangehensweise ist die einer wertebasierten, substanziellen Konstitutionalisierung. Diese Ansicht versucht erst gar nicht, die Verfassung samt ihrer formalen Aspekte aus dem nationalstaatlichen Bereich auf die internationale Ebene zu übertragen oder anzupassen. Vielmehr wird darauf abgezielt, einzelne inhaltliche verfassungsrechtliche Aspekte auf den globalen Rahmen zu übertragen.

Auch Paulus vertritt einen eher wertebasierten Konstitutionalisierungsbegriff. Allerdings hält er die beiden Begriffe („form and substance“) für untrennbar miteinander verbunden – eine Verfassung benötige sowohl gewisse substanzielle Standards als auch die Verfahrensweisen, um diese Standards umzusetzen.[278]

In Abwesenheit einer formellen Verfassung, die vergleichbar mit den nationalstaatlichen Verfassungen wäre, könnten bestimmte Grundprin-

---

[276] *Paulus, A. L.*, The International Legal System as a Constitution, in: Dunoff, J. L./Trachtman, J. P. (Hrsg.), Ruling the World?, S. 69, 76.

[277] Siehe hierzu u.a. *Ders.*, Fragmentierung und Segmentierung der internationalen Ordnung als Herausforderung prozeduraler Gemeinwohlorientierung, in: Heinig, H. M./Terhechte, J. P. (Hrsg.), Postnationale Demokratie, Postdemokratie, Neoetatismus, S. 139, 150 f.

[278] *Paulus, A. L.*, The International Legal System as a Constitution, in: Dunoff, J. L./Trachtman, J. P. (Hrsg.), Ruling the World?, S. 69, 88; 90 f.; *Peters, A.*, Rechtsordnung und Konstitutionalisierung: Zur Neubestimmung der Verhältnisse, ZöR 65 (2010), S. 3, 26; auch *Kleinlein, T.*, Konstitutionalisierung im Völkerrecht, S. 8 ff.

zipien wie das Rechtsstaats- und Demokratieprinzip, die Gewaltenteilung, die Achtung der Menschenrechte sowie eine gewisse Grundsolidarität innerhalb der Staatengemeinschaft ein bestimmtes Maß an Verfassungsfunktionen übernehmen.[279] Denn obwohl keine „single world constitutional order" bestehe, wie Paulus einräumt, steige die Notwendigkeit internationaler Kooperation und „legal regulation for individual human beings" stetig.[280] Die Konzentration auf inhaltliche Werte und Prinzipien sei auch sinnvoller als die Verengung der Debatte auf die Frage, ob das Völkerrechtssystem einen Verfassungscharakter aufweise oder nicht.[281]

Im Gegensatz zu anderen Autoren versucht Paulus nicht, eine formelle, zu nationalen Verfassungen ähnliche Struktur auf globaler Ebene zu suchen und zu fordern. Vielmehr hält er es für geboten, bestimmte Grundsätze und Prinzipien auf globaler Ebene zu untersuchen, die die Bezeichnung „konstitutionell" verdient hätten, und aufgrund derer man zumindest von einem gewissen konstitutionellen Potenzial auf globaler Ebene sprechen könne.[282] Demnach könnte sich ein gewisser „Kernbestand" an Normen herausgebildet haben, die für alle Staaten unabhängig von deren Zustimmung gelte. Paulus spricht zudem von sowohl zentralen als auch dezentralen Rechtsdurchsetzungs- und -verfolgungsmechanismen, mit denen dieser Kernbestand geahndet werden könne – auch auf Betreiben von Individuen.[283] Diese Ansicht vermeidet es, durch eine Überfrachtung der globalen Konstitutionalisierung und verbindet sie gleichzeitig substanzielle Werte mit Verfahren, die die Anwendung dieser Werte garantieren sollen und können.

---

[279] *Paulus, A. L.*, The International Legal System as a Constitution, in: Dunoff, J. L./Trachtman, J. P. (Hrsg.), Ruling the World?, S. 69, 108.

[280] Ebd., S. 70.

[281] Ebd., S. 87.

[282] Ebd., S. 71.

[283] Vgl. *Ders.*, Zur Zukunft der Völkerrechtswissenschaft in Deutschland: Zwischen Konstitutionalisierung und Fragmentierung des Völkerrechts, ZaöRV 67 (2007), S. 695, 700, der auch das „Gewaltlegitimierungsmonopol" des UN-Sicherheitsrats als wichtiges Element ansieht.

7. Konstitutionalisierung als Kompensation

Schließlich kann eine Konstitutionalisierung auch als Kompensation von zunehmendem intergouvernementalen Handeln aufgefasst werden. Dabei kann die Internationalisierung des Verfassungsrechts als Art Komplementärbewegung zur Konstitutionalisierung begriffen werden.[284] Dieser Prozess zeigt sich sowohl anhand einer „vertikalen" Öffnung der nationalstaatlichen Verfassungen als auch in einer „horizontalen" Harmonisierung des jeweiligen Verfassungsrechts auf nationaler Ebene. Diese Harmonisierung findet über gemeinsame Rechtsprinzipien statt, die von den Staaten eingebracht werden, um dann von ihnen häufig zumindest indirekt angewendet zu werden.[285]

Im Gegenzug lässt sich aber auch feststellen, dass vielfach globale Sachthemen – aktuell etwa die globalen Umweltprobleme oder die Lösung der Finanzkrise – von der nationalen auf die globale Ebene verlagert werden und so durch den Versuch, globales Regieren zu verstetigen, nationale Verfassungsprinzipien in den Hintergrund gedrängt werden. Nach Ansicht von Peters wird das Regieren dadurch „exekutivlastiger, intransparenter und (...) undemokratischer".[286] Um diesem Prozess entgegenzuwirken, sei daher ein „kompensatorischer Konstitutionalismus" notwendig, welcher die verschiedenen Rechtsordnungen als „kommunizierendes System" begreife und versuche, durch die „Verankerung konstitutioneller Grundsätze und Mechanismen" die bereits beschriebenen Probleme auszugleichen.[287]

8. Judizielle Konstitutionalisierung

Wie beispielsweise Kleinlein darlegt, ist ein weiterer wichtiger Aspekt der Verrechtlichung der internationalen Ordnung, dass diplomatische

---

[284] *Bryde, B.-O.*, Konstitutionalisierung des Völkerrechts und Internationalisierung des Verfassungsrechts, Der Staat 42 (2003), S. 61, 68 ff.; *Peters, A.*, The Globalization of State Constitutions, in: Nollkaemper, A./Nijman, J. E. (Hrsg.), New Perspectives on the Divide Between National and International Law, S. 251, 251 ff.

[285] *Peters, A.*, Rechtsordnung und Konstitutionalisierung: Zur Neubestimmung der Verhältnisse, ZöR 65 (2010), S. 3, 18.

[286] Ebd., S. 19.

[287] Ebd.

oder machtpolitisch ausgestaltete Verfahren zur Streitbeilegung mehr und mehr durch gerichtliche Verfahren ergänzt oder sogar ersetzt werden.[288]

Zahlreiche gerichtliche Verfahren – etwa im menschenrechtlichen Bereich oder im Bereich des Völkerstrafrechts – erkennen zudem Einzelpersonen oder andere zivilgesellschaftliche Akteure als Parteien in den jeweiligen Verfahren an.[289] Die zunehmende Lösung durch gerichtliche Verfahren kann mit Fischer-Lescano als Beweis für die fortschreitende Konstitutionalisierung des internationalen Rechts angesehen werden.[290] Andererseits besteht durch die Vielzahl an speziellen Gerichten auch die Gefahr eines „forum shoppings".[291]

9. Schlussfolgerungen

Im Gegensatz zum Konstitutionalismus wird bei den diversen Strömungen, soweit sie verallgemeinerungsfähig sind, auf den Prozesscharakter der Konstitutionalisierung abgestellt. Es wird also weniger von einem bereits feststehenden oder zu erreichenden finalen Zustand her argumentiert, sondern sich auf eine begonnene, noch nicht beendete Entwicklung konzentriert.

Die Ansätze zur Erklärung der globalen Konstitutionalisierung sind wie gesehen vielfältig und überschneiden sich bisweilen stark. Sie reichen von einer sehr formalen Sicht und der Notwendigkeit einer Hierarchisierung der internationalen Rechtsordnung ähnlich der von Nationalstaaten bis hin zum Versuch, eine Konstitutionalisierung in materieller Hinsicht über gemeinsame Werte und Prinzipien herbeizuführen. Vertreter dieser Ansicht sprechen zwar von einer Konstitutionalisierung und stellen zum Teil Vergleiche zur nationalstaatlichen Ebene an. Sie sind jedoch nicht zu sehr auf die analoge Übertragung der Staatsverfassungen auf die globale Ebene fokussiert, sondern rücken eine echte Weiterentwicklung, eine wirkliche Qualitätssteigerung des internationalen Rechts in den Vordergrund und überfrachten somit die Debatte

---

288 *Kleinlein, T.*, Konstitutionalisierung im Völkerrecht, S. 33 ff.

289 Ebd., S. 34.

290 *Fischer-Lescano, A.*, Die Emergenz der Globalverfassung, ZaöRV 63 (2003), S. 717, 743 f.

291 *Kleinlein, T.*, Konstitutionalisierung im Völkerrecht, S. 43 ff.

nicht. Vielmehr haben sie kein utopisches Ideal einer Weltverfassung mit einem Weltstaat vor Augen, sondern bleiben im Bereich des Verwirklichbaren.

Die vermehrte Anerkennung bestimmter konstitutioneller Werte ist auch nicht von der Hand zu weisen, wenngleich jener Prozess unstetig verlaufen wird. So ist es im vorliegenden Zusammenhang wohl nicht verfehlt, von einer Konstitutionalisierung zu sprechen, selbst wenn diese nicht in einem Weltstaat oder in einem schriftlichen Dokument im Sinne einer Weltverfassung enden wird. Ein geschriebenes Verfassungsdokument ist im Übrigen nicht zwingend notwendig.[292] Dies zeigt im nationalen Bereich auch das Beispiel Großbritanniens.

III. Funktionen der Konstitutionalisierung

Sehr umstritten ist, welche Funktionen die Konstitutionalisierung auf globaler Ebene übernehmen kann und soll. Vergleichbar zu nationalen Verfassungen könnte eine Konstitutionalisierung des internationalen Rechts etwa eine stärkere Hierarchie (über Art. 103 UNC hinaus) bewirken und zu einer institutionellen Lesart des internationalen Rechts führen, das in eine einzige, kohärente Struktur eingebettet sein könnte.[293]

Ladeur spricht in diesem Zusammenhang von einer „variable[n] Konstitutionalisierung", die Grenzen auflöst und in der wechselnde Interessenskonstellationen üblich sind. Von besonders hoher Bedeutung sind bei diesem Szenario Abwägungs- und Verhältnismäßigkeitsgedanken sowie Kompatibilisierungsversuche.[294]

---

[292] *D'Souza, C.*, World Constitutionalism, in: D'Souza, A. A./ders. (Hrsg.), World Constitutionalism, S. 1, 4.

[293] Vgl. hierzu *Paulus, A. L.*, The International Legal System as a Constitution, in: Dunoff, J. L./Trachtman, J. P. (Hrsg.), Ruling the World?, S. 69, 69 f., der dies jedoch anzweifelt.

[294] *Ladeur, K.-H.*, Ein Recht der Netzwerke für die Weltgesellschaft oder Konstitutionalisierung der Völkergemeinschaft?, AVR 49 (2011), S. 246, 261.

1. Ermöglichende Konstitutionalisierung

Eine Funktion der Konstitutionalisierung des Völkerrechts könnte in einer ermöglichenden Wirkung bestehen. Denn nach Ansicht von Dunoff/Trachtman können konstitutionelle Normen die Herausbildung von „normalem" internationalen Recht ermöglichen. In diese Kategorie fallen zum Beispiel vertragliche Regelungen, die Organen internationaler Organisationen die Möglichkeit einräumen, Normen des sekundären Völkerrechts zu schaffen. Als Beispiel können hier die bindenden Resolutionen des UN-Sicherheitsrates angeführt werden. Auch internationale Gerichte sind in der Lage, „ermöglichende Konstitutionalisierung" voranzutreiben. Allen voran ist der Gerichtshof der Europäischen Union (EuGH) zu nennen.[295]

2. Begrenzende Konstitutionalisierung

Darüber hinaus kann man – folgt man Dunoff/Trachtman – als weitere Funktion die Begrenzung der Herausbildung von Völkerrechtsnormen begreifen.[296] Diese Funktion stellt letztlich die umgekehrte Seite der ermöglichenden Konstitutionalisierung dar. Begrenzende Konstitutionalisierung finde demnach etwa über die Urteile des Europäischen Gerichtshofs für Menschenrechte oder über die Anwendung von *ius cogens* statt, wenn dadurch die Anwendung oder Herausbildung „normaler" Normen des allgemeinen Völkerrechts verhindert wird.[297] Ferner kann man Konstitutionalisierung in diesem Sinn auch als grundsätzliche Begrenzung des Rechts auffassen, das im globalen beziehungsweise transnationalen Raum, also jenseits der Nationalstaaten, existieren und gelten soll.[298]

---

[295] *Dunoff, J. L./Trachtman, J. P.*, A Functional Approach to International Constitutionalization, in: dies. (Hrsg.), Ruling the World?, S. 3, 10.

[296] Ebd., S. 10 ff.

[297] *Dunoff, J. L.*, The Politics of International Constitutions: The Curious Case of the World Trade Organization, in: ders./Trachtman, J. P. (Hrsg.), Ruling the World?, S. 178, 183 ff.; *Dunoff, J. L./Trachtman, J. P.*, A Functional Approach to International Constitutionalization, in: dies. (Hrsg.), Ruling the World?, S. 3, 11.

[298] Siehe auch *Niederberger, A.*, Demokratie unter Bedingungen der Weltgesellschaft?, S. 345.

Außerdem könnte auch durch die Verrechtlichung der Politik dem Regierungshandeln Grenzen gesetzt werden, die Konstitutionalisierung also auch hierüber „begrenzen".[299] Damit übernähme die globale Konstitutionalisierung ähnlich wie nationalstaatliche Verfassungen zumindest eine Machtbegrenzungsfunktion. Tomuschat anerkennt beispielsweise eine globale Konstitutionalisierung genau über eine solche Begrenzung politischer Herrschaftsmacht.[300]

Auch Brunkhorst spricht von zahlreichen globalen Verfassungsregimen, die alle herrschaftsbegrenzender Natur seien und somit zuvorderst die Befestigung „politischer Klassenherrschaft" zum Ziel hätten.[301]

Eine derartige Konstitutionalisierung würde aus systemtheoretischen Gesichtspunkten gesehen daher zumindest sowohl das politische System, als auch das Rechtssystem auf globaler Ebene in ihren Wirkungskreisen beschränken.

Würde man eine Konstitutionalisierung allerdings rein auf die macht- und rechtsbegrenzende Funktion reduzieren, würden jedenfalls zentrale Aufgaben einer Verfassung auf der nationalstaatlichen Ebene nicht auf die globale Ebene übertragen – anders als bei der ermöglichenden Konstitutionalisierung wäre beispielsweise die Schaffung normativer Grundlagen nicht möglich. Auch wäre eine derartige Verfassung nicht geeignet, eine Legitimationsgrundlage für das jeweils andere System zu bieten; der verfassungsrechtliche Code wäre in seinen Funktionen ebenfalls äußerst beschränkt, eine Lösung des Selbstreferenzproblems kaum zu erwarten. Mit Schmidt könnte man daher eine derartige Konstitutionalisierung aufgrund des begrenzten Regelungsumfangs auch als eine „schwache Version" von Konstitutionalisierung ansehen.[302]

Die beiden dargestellten Funktionen sind jedoch nicht nur als sich ergänzende Gegenparts anzusehen. Häufig treten ermöglichende und

---

[299] *Kemmerer, A.*, Kelsen, Schmitt, Arendt, and the Possibilities of Constitutionalization in (International) Law: Introduction, LJL 23 (2010), S. 717, 720; siehe auch *Möllers, C.*, Pouvoir Constituant – Constitution – Constitutionalisation, in: Bogdandy, A. von/Bast, J. (Hrsg.), Principles of European Constitutional Law, S. 183, 183 ff.

[300] *Tomuschat, C.*, International Law: Ensuring the Survival of Mankind on the Eve of a New Century, RdC 281 (1999), S. 23.

[301] *Brunkhorst, H.*, Legitimationskrisen, S. 245.

[302] *Schmidt, R.*, Verfassung und Verfassungskultur, in: Bach, M. (Hrsg.), Der entmachtete Leviathan, S. 281, 300.

begrenzende Konstitutionalisierung gemeinsam auf. Als Beispiel ist mit Dunoff/Trachtman Art. 24 UNC zu nennen.[303] Denn über Art. 24 Abs. 1 UNC wird der Sicherheitsrat mit der „Hauptverantwortung zur Wahrung des Weltfriedens" betraut; ihm werden hierzu also Befugnisse – von den Mitgliedsstaaten – erteilt. Zumindest im weiteren Sinne kann man an dieser Stelle von einer ermöglichenden Konstitutionalisierung sprechen. Gemäß Art. 24 Abs. 2 UNC ist der Sicherheitsrat bei Erfüllung dieser Pflichten an die Ziele und die Grundsätze der UN gebunden – seine Befugnisse werden daher gleichzeitig begrenzt.

Begrenzende Konstitutionalisierung bewirkt des Weiteren auch einen teilweise engeren Anwendungsbereich von Völkerrechtsnormen. Darüber hinaus führt eine begrenzende Konstitutionalisierung auch zur Garantie staatlicher und persönlicher Autonomie. In Konfliktfällen zwischen Menschenrechten und Wirtschaftsvölkerrecht kann die begrenzende Funktion ferner zu einer Einschränkung des Individualschutzes führen.[304] Eine begrenzende Form von Konstitutionalisierung kann auch im Hinblick auf die zunehmende internationale Gerichtsbarkeit notwendig werden. Als Beispiel sei hier der Investmentschutz angeführt.

Infolge der deutlichen Zunahme an Investmentverträgen und -streitigkeiten in den letzten Jahrzehnten ist eine Vielzahl von (ad hoc) Schiedsgerichten entstanden, die jedoch in ihrer Rechtsprechung zum Teil erheblich voneinander abweichen. Ein ständiger „appellate body", vergleichbar mit dem der WTO, könnte hier Abhilfe schaffen und die umgreifenden, inkonsistenten Schiedssprüche eindämmen.[305]

3. Ergänzende Konstitutionalisierung

Zum Dritten lässt sich schließlich eine Ergänzungsfunktion der Konstitutionalisierung bestimmen. Unter diese Kategorie fallen Normen, die die nationalen Verfassungen in bestimmten Bereichen ergänzen. Der Ergänzungsbedarf ist durch die zunehmende Globalisierung und die

---

[303] *Dunoff, J. L./Trachtman, J. P.*, A Functional Approach to International Constitutionalization, in: dies. (Hrsg.), Ruling the World?, S. 3, 11.

[304] Ebd., S. 12.

[305] Ebd., S. 13.

erhöhte Anwendungsintensität und -reichweite des internationalen Rechts entstanden.[306]

Nach Ansicht von Dunoff/Trachtman kann man von Normen sprechen, die eine gewisse konstitutionelle Subsidiarität widerspiegeln und zur Geltung kommen, wenn aufgrund technologischer Entwicklungen oder sozialer Veränderungen der Bedarf an konstitutionellen Normen sowie Werten auf der nationalen Ebene nicht mehr erfüllt werden kann. Mit anderen Worten wird die „vertikale Achse“ der Anwendung verschoben. Beispiele sind hier Fälle von sich widersprechenden nationalen Verfassungsnormen oder ein unstetiger oder ineffizienter Wettbewerb zwischen Verfassungen („unstable or inefficient competition“).[307] Dunoff/Trachtman schlagen hier vor, entweder die nationalen Normen zu harmonisieren sowie entsprechende internationale Normen zu entwickeln oder den Anwendungsbereich der nationalen Normen im Konfliktfall genau zu bestimmen, um Konflikte im Vornherein zu umgehen.[308]

Als Beispiel nennen Dunoff/Trachtman die *Solange*-Rechtsprechung des Bundesverfassungsgerichts[309] und die Reaktion des Gerichtshofs der Europäischen Union zu nennen. Nachdem das Bundesverfassungsgericht in *Solange I* noch sehr deutlich ein mangelndes Grundrechtsschutzniveau auf Ebene der Europäischen Union kritisiert hatte und aus diesem Grund auch die Letztentscheidungsgewalt für sich weiterhin grundsätzlich beanspruchte, habe der Gerichtshof der Europäischen Union auf diese grundlegende Kritik reagiert und ein stärkeres Augenmerk auf die Achtung von Grundrechten gelegt.[310]

Als weiteres Beispiel nennen Dunoff/Trachtman die UN-Sicherheitsratsresolution 1267[311] aus dem Jahr 1999 mit der in der Folge

[306] Ebd., S. 14.

[307] Ebd.

[308] Ebd., S. 15

[309] BVerfGE 37, 271 ff. (Solange I); BVerfGE 73, 339 ff. (Solange II); diese Phase kann letztlich auch als Beginn des Kooperationsverhältnisses zwischen den beiden Gerichten bezeichnet werden.

[310] So zumindest *Dunoff, J. L./Trachtman, J. P.*, A Functional Approach to International Constitutionalization, in: dies. (Hrsg.), Ruling the World?, S. 3, 15 f.

[311] *Security Council*, Resolution S/RES/1267 (1999) vom 15.10.1999.

entstandenen „*Kadi-Saga*“[312]. Denn die zunächst unzureichenden Verfahren und nicht vorhandenen Überprüfungsmechanismen im Zusammenhang mit dem mit der Resolution 1267 errichteten Sanktionskomitee seien erst durch die vehemente Kritik und der Feststellung der Verletzung nationalstaatlicher und europäischer Grundrechtsgarantien verbessert worden.[313]

Ein Bedarf an ergänzender Konstitutionalisierung könnte aufgrund der nationalen Umsetzungen der Sicherheitsratsrichtlinien gesehen werden, die zum Teil immer noch grundlegende Rechte wie den Anspruch auf ein faires Verfahren oder auf rechtliches Gehör verletzen, wie unlängst eben die *Kadi*-Entscheidung[314] vor den europäischen Gerichten aufzeigte. Der Konstitutionalisierung können somit verschiedene Funktionen zugeordnet werden, die alle mehr oder minder zusammenhängen. Wie Ladeur formuliert, könnte man die Konstitutionalisierung des Völkerrechts in diesem Zusammenhang aufgrund des sehr breit gefächerten und vagen Charakters mehr als „Beschwörungsformel“ denn als eine „normative Ordnungsmacht“ auffassen.[315]

IV. Wertegemeinschaft als Verfassung

Ein weiterer Ansatz konzentriert sich auf die Entwicklung gemeinsamer, konstitutioneller Werte. Vertreter dieser Strömung emanzipieren sich von der Notwendigkeit einer Verfassung im formellen Sinn. Die Konstitutionalisierung des Völkerrechts könnte demnach in der Verbreitung und Übernahme gemeinsamer Werte beziehungsweise Wer-

---

[312] *EuGH*, Rs. C-402/05 P und C-415/05 P (Kadi und Al Barakaat), Slg. 2008, I-6411.

[313] *Dunoff, J. L./Trachtman, J. P.*, A Functional Approach to International Constitutionalization, in: dies. (Hrsg.), Ruling the World?, S. 3, 16 f.

[314] *EuGH*, Rs. C-402/05 P und C-415/05 P (Kadi und Al Barakaat), Slg. 2008, I-6411; siehe bezüglich der Folgewirkungen: *Búrca, G. de*, The European Court of Justice and the International Legal Order After Kadi, Harv Int'l LJ 51 (2010), S. 1.

[315] *Ladeur, K.-H.*, Ein Recht der Netzwerke für die Weltgesellschaft oder Konstitutionalisierung der Völkergemeinschaft?, AVR 49 (2011), S. 246, 261.

tungen oder Prinzipien, die in der Gesamtschau als eine Art von „Verfassung" fungieren, bestehen.[316]

Dass gemeinsame Wertgrundlagen der internationalen Gemeinschaft vorhanden sind, lässt sich nach Ansicht von Tomuschat vor allem an der internationalen Strafgerichtsbarkeit ablesen. So seien die auf breite Zustimmung der internationalen Gemeinschaft gestützte Einrichtung und Durchführung der Kriegsverbrechertribunale von Nürnberg und Tokio kurz nach dem Zweiten Weltkrieg sowie für das ehemalige Jugoslawien und Ruanda Ende des 20. Jahrhunderts starke Anzeichen für einen gemeinsamen Wertekonsens.[317]

Kadelbach vertritt beispielsweise die Auffassung, dass das moderne Völkerrecht eine globale Mindestmoral im Sinne universell gerechtfertigter und gemeinsamer Erwartungen beinhalte.[318] Denn einerseits sei das Völkerrecht von ethischen Normen wie dem Gewaltverbot oder den Menschenrechtsgarantien geprägt. Darüber hinaus zeigten die beiden Normkategorien *ius cogens* und die Verpflichtungen *erga omnes*, dass universell anerkannte ethische Grundlagen existierten.[319] Beide Rechtsfiguren seien „Ausdruck eines Staatsinteressen transzendierenden Gemeinschaftsinteresses mit besonderen Rechtsfolgen".[320]

---

[316] Vgl. hierzu auch *Canaris, C.-W.*, Systemdenken und Systembegriff in der Jurisprudenz.

[317] *Tomuschat, C.*, Weltordnungsmodelle für das 21. Jahrhundert, in: ders. (Hrsg.), Weltordnungsmodelle für das 21. Jahrhundert, S. 15, 17; dieser Gedanke lässt sich, wie Tomuschat ausführt, ebenfalls für den Internationalen Strafgerichtshof weiterführen, auch wenn hier die grundsätzliche staatliche Zustimmung durch Beitritt zum Römischen Statut erforderlich ist.

[318] *Kadelbach, S.*, Ethik des Völkerrechts unter Bedingungen der Globalisierung, ZaöRV 64 (2004), S. 1, 10.

[319] Ebd., S. 10 ff.; anders aber Koskenniemi, der diese Werte oder Überzeugungen mangels Inhalt für wenig aussagekräftig beziehungsweise nutzlos hält; *Koskenniemi, M.*, International Law: between Fragmentation and Constitutionalism, Ziff. 17; http://www.helsinki.fi/eci/Publications/Koskenniemi/MCanberra-06c.pdf (zuletzt besucht am 16.08.2017).

[320] *Kleinlein, T.*, Konstitutionalisierung im Völkerrecht, S. 359.

Zum Teil betrachten Autoren, die diese Ansicht vertreten, das internationale Recht auch als zusammenhängende, hierarchisierte Rechtsordnung.[321]

Die Hierarchisierung ist allerdings für Vertreter dieser Strömung keine zwingende Voraussetzung für eine konstitutionelle Lesart des internationalen Rechts. So stellt Simma die Frage, ob, wenn schon keine wirkungsvolle Hierarchisierung auf dem Gebiet des internationalen Rechts zu verzeichnen sei, zumindest gemeinsame Werte einen systemischen Zusammenhang herstellen könnten.[322]

Auch der Internationale Gerichtshof hat bereits mehrfach auf die Existenz gemeinsamer Werte hingewiesen. Teubner und Fischer-Lescano erkennen das Vorhandensein von solchen zumindest teilweise hinsichtlich der „International Bill of Rights" bestehend aus gemeinsamen, universellen Grundwerten der Allgemeinen Erklärung der Menschenrechte[323], dem Internationalen Pakt für bürgerliche und politische Rechte[324] sowie dem Internationalen Pakt über wirtschaftliche, soziale und kulturelle Rechte[325]. Allerdings schließen sie trotz der Existenz solch gemeinsamer Werte nicht auf eine Konstitutionalisierung des Völkerrechts im Gesamten. Gegensätzlich zu den genannten Autoren argumentieren etwa Goldsmith/Posner, die in der zunehmenden Achtung der Menschenrechte nicht etwa die Befolgung internationaler – und allgemein anerkannter – Normen sehen, sondern behaupten, dass selbst im Fall einer Befolgung der entsprechenden Normen dies nur und allein im jeweiligen Staateninteresse geschehe.[326]

---

[321] *Ders.*, Non-state Actors from an International Constitutionalist Perspective: Participation matters!, in: d'Aspremont, J. (Hrsg.), Participants in the International Legal System, S. 41, 42.

[322] *Simma, B./Pulkowski, D.*, Of Planets and the Universe: Self-contained Regimes in International Law, EJIL 17 (2006), S. 483, 497.

[323] *General Assembly*, Allgemeine Erklärung der Menschenrechte, Resolution 217 A (III) der Generalversammlung vom 10.12.1948.

[324] *Internationaler Pakt über bürgerliche und politische Rechte* vom 19.12. 1966, BGBl. 1973 II, S. 1534; 999 UNTS, S. 171.

[325] *Teubner, G./Fischer-Lescano, A.*, Reply to Andreas L. Paulus, Mich J Int'l L 25 (2004), S. 1059, 1064 f.

[326] *Goldsmith, J. L./Posner, E. A.*, The Limits of International Law, S. 111.

1. *„From Form to Substance?“*

Ein gangbarer Weg scheint daher eine Entwicklung weg von formellen Kriterien hin zu materiellen Gesichtspunkten zu sein über die formale Struktur hin zu substanziellen, inhaltlichen Kriterien gewissermaßen.

Problematisch könnte hierbei jedoch sein, dass eine umfassende, globale Konstitutionalisierung womöglich ein gemeinsames Basisverständnis für gemeinsame Werte, die zumindest in ihrem Kernbereich für alle Teilsysteme gleich definiert sind, benötigt.[327]

Auch Paulus vertritt die Auffassung einer eher wertebasierten Konstitutionalisierung. Er versucht erst gar nicht, formale, zu nationalen Verfassungen ähnliche Struktur auf globaler Ebene zu beschreiben und zu fordern. Vielmehr hält er es für geboten, bestimmte Grundsätze oder Prinzipien auf globaler Ebene zu untersuchen, die die Bezeichnung „konstitutionell“ verdient hätten und aufgrund derer man zumindest von einem gewissen konstitutionellen Potenzial auf globaler Ebene sprechen könne.[328] Allerdings hält er die beiden Begriffe („form and substance“) für untrennbar miteinander verbunden – eine Verfassung benötige sowohl gewisse substanzielle Standards als auch die Verfahrensweisen, um diese Standards umzusetzen.[329] Denn obwohl keine „single world constitutional order“ bestehe, wie Paulus einräumt, steige die Notwendigkeit von internationaler Kooperation und „legal regulation for individual human beings“ stetig.[330]

Die Konzentrierung auf inhaltliche Werte und Prinzipien sei auch sinnvoller als die Verengung der Debatte auf die Frage, ob das Völkerrechtssystem einen Verfassungscharakter aufweise.[331] In Abwesenheit einer formellen Verfassung, die vergleichbar mit den nationalstaatlichen Verfassungen sei, könnten bestimmte Grundprinzipien wie das Rechts-

---

[327] Vgl. *Koskenniemi, M.*, International Law: between Fragmentation and Constitutionalism, Ziff. 9; http://www.helsinki.fi/eci/Publications/Koskenniemi/MCanberra-06c.pdf (zuletzt besucht am 16.08.2017); *D'Souza, C.*, World Constitutionalism, in: D'Souza, A. A./ders. (Hrsg.), World Constitutionalism, S. 1, 4.

[328] *Paulus, A. L.*, The International Legal System as a Constitution, in: Dunoff, J. L.,/Trachtman, J. P. (Hrsg.), Ruling the World?, S. 69, 71.

[329] Ebd., S. 88.

[330] Ebd., S. 70.

[331] Ebd., S. 87.

staats- und Demokratieprinzip, die Gewaltenteilung, die Achtung der Menschenrechte sowie eine gewisse Grundsolidarität innerhalb der Staatengemeinschaft ein bestimmtes Maß an Verfassungsfunktionen übernehmen.[332] Trotz des Vorhandenseins unterschiedlicher Subsysteme könne ein „value glue“ gemeinsamer Werter und Prinzipien als konstitutionelles Bindeglied der verschiedenen Teilbereiche beziehungsweise -systeme fungieren.[333]

Koskenniemi hingegen übt Kritik am (allerdings eher noch formellen) werteorientierten Entscheiden. Denn seiner Meinung nach sind die meisten global geltenden Normen entweder auf zu wenige Fälle anwendbar oder auf zu viele. Daher komme im Regelfall nur ein Ausbalancieren der widerstreitenden Interessen und Systeme in Betracht.[334] Koskenniemi zweifelt zudem auch die Existenz eines gemeinsamen Werteverständnisses an – mit Ausnahme vielleicht von Freihandel, wenigen grundlegenden Menschenrechten und einer sauberen Umwelt.[335] Diese sehr fragmentarischen Werte seien mangels der Existenz wirklich universeller Werte nicht ausreichend, um von einer konstitutionellen Entwicklung sprechen zu können.[336]

Darüber hinaus stelle es eine große Schwierigkeit dar, herauszufinden, welche Werte für den jeweiligen Kontext angemessen seien. Zwar sei beispielsweise der gemeinsame Freihandel relevant für das Welthandelssystem; Umweltaspekte grundlegend für Umweltschutzregime. Insgesamt fehle aufgrund der „Deformalisierung“ des internationalen Rechts und der Abwesenheit eines gemeinsamen Ziels auf globaler Ebene die

---

[332] Ebd., S. 108.

[333] *Ders.*, Commentary to Andreas Fischer-Lescano and Gunther Teubner, Mich J Int'l L 25 (2004), S. 1047, 1050.

[334] *Koskenniemi, M.*, The Politics of International Law, S. 339.

[335] *Koskenniemi, M.*, International Law: between Fragmentation and Constitutionalism, Ziff. 9; http://www.helsinki.fi/eci/Publications/Koskenniemi/MCanberra-06c.pdf (zuletzt besucht am 16.08.2017); *ders.*, The Politics of International Law, S. 346.

[336] *Ders.*, International Law in Europe Between Tradition and Renewal, EJIL 16 (2005), S. 113, 118 ff.; im Gegensatz hierzu argumentiert Dupuy, dass universelle Werte durchaus vorhanden seien *Dupuy, P-M.*, Some Reflections on Contemporary International Law and the Appeal to Universal Values A Response to Martti Koskenniemi, EJIL 16 (2005), S. 131, 133 ff.

Möglichkeit, auch bei widerstreitenden Interessen die relevanten Werte herauszufinden und abzuwägen.[337]

Beim Aufeinandertreffen widerstreitender Regeln würden zwar oftmals technische Expertisen als Hilfsmittel benutzt; da die jeweiligen Experten jedoch meist auch nur einen eingeschränkten Blickwinkel einnähmen und bestimmte Werte anderen bevorzugten, sei eine angemessene, gerechte und ausgeglichene Lösung kaum zu erwarten.[338]

2. Ius cogens-*Normen und Verpflichtungen* erga omnes *als gemeinsame Werte*

In diesem Zusammenhang verfolgen einige Autoren einen normorientieren Ansatz mit gemeinsamen Werten beziehungsweise Fundamentalnormen wie *ius cogens* und Verpflichtungen *erga omnes.*[339]

Grundlegend für diesen Ansatz ist eine gewisse Hierarchisierung des Völkerrechts.[340] Notwendig wäre ein gemeinsamer, umfassender Grundkanon an Werten. Kadelbach fokussiert daher beispielsweise auf einen gewissen moralischen Minimalstandard, der auf die Fortentwicklungen des humanitären Völkerrechts im 19. Jahrhundert zurückzuführen sei.[341] In diesem Zusammenhang kann auch Art. 2 UNC genannt werden, der die grundlegenden Rechte und Pflichten der Staaten defi-

---

[337] *Ders.*, The Politics of International Law, S. 346 f.

[338] Ebd., S. 339 f.; 346.

[339] *Tomuschat, C.*, International Law: Ensuring the Survival of Mankind on the Eve of a New Century, RdC 281 (1999), der das Internationale Recht als „global welfare regime" betrachtet, oder *Wet, E. de,* The Emergence of International and Regional Value Systems as a Manifestation of the Emerging International Constitutional Order, LJL 19 (2006), S. 611, die von einem „cosmopolitan value system" spricht; siehe hierzu auch: *Kleinlein, T.*, Non-state Actors from an International Constitutionalist Perspective: Participation matters!, in: d'Aspremont, J. (Hrsg.), Participants in the International Legal System, S. 41, 42; *Kleinlein, T.*, Konstitutionalisierung im Völkerrecht, S. 327 ff.; *Fassbender, B.*, The United Nations Charter as Constitution of the International Community, Columbia Journal of Transnational Law 36 (1998), S. 531, 589 ff.

[340] Siehe hierzu ausführlich *Kleinlein, T.*, Konstitutionalisierung im Völkerrecht, S. 343 ff., 361 ff.

[341] *Kadelbach, S./Kleinlein, T.*, International Law … a Constitution for Mankind?, GYIL 50 (2007), S. 303, 311.

niert. Vranes hingegen stellt fest, dass – mit Ausnahme des Souveränitätsgrundsatzes sowie des Prinzips *pacta sunt servanda* – im völkerrechtlichen Bereich insgesamt keine eindeutige Rangordnung beziehungsweise Hierarchisierung existiert.[342]

a. *Ius cogens*

Dieser Wertekanon könnte insbesondere die Normen des *ius cogens* umfassen. Das zwar konfliktträchtige, aber im Grunde anerkannte Konzept könnte zudem zumindest für eine gewisse Hierarchisierung sprechen.[343]

---

[342] *Vranes, E.*, Lex Superior, Lex Specialis, Lex Posterior – Zur Rechtsnatur der „Konfliktlösungsregeln", ZaöRV 65 (2005), S. 391, 395 f.

[343] Siehe grundlegend zum Konzept des *ius cogens Paulus, A.*, Jus cogens in a Time of Hegemony and Fragmentation. An Attempt at a Reappraisal, Nordic Journal of International Law 25 (2005), S. 297-334; *Simma, B./Pulkowski, D.*, Of Planets and the Universe: Self-contained Regimes in International Law, EJIL 17 (2006), S. 483, 496; *Dupuy, P.-M.*, The Constitutional Dimension of the Charter of the United Nations Revisited, in: Frowein, J. A./Wolfrum, R. (Hrsg.), Max Planck Yearbook of United Nations Law, S. 1, 4 ff.; *Prien, T.*, Fragmentierte Volkssouveränität, S. 31; sehr deutlich diesbezüglich Bryde, der von einer allgemeinen Anerkennung des *ius cogens* spricht und einer Normenhierarchie: *Bryde, B.-O.*, Das Völkerrecht zwischen Konstitutionalisierung, Hegemonie und Renationalisierung, in: Heinrich-Böll-Stiftung (Hrsg.), Die Zukunft des Völkerrechts in einer globalisierten Welt, S. 88, 93; auch *Bryde, B.-O.*, International Democratic Constitutionalism, in: Macdonald, R. St. J./ Johnston, D. M. (Hrsg.), Towards World Constitutionalism, S. 103, 108; Fischer-Lescano und Teubner weisen allerdings zu Recht darauf hin, dass bereits die momentane Ausgestaltung des Prinzips auf Widerstand einiger Staaten, beispielsweise Frankreichs, stößt; *Fischer-Lescano, A./Teubner, G.*, Regime-Kollisionen, S. 163; siehe auch: *Linderfalk, U.*, The Creation of Jus Cogens – Making Sense of Article 53 of the Vienna Convention, ZaöRV 71 (2011), S. 359; *ders.*, Normative Conflict and the Fuzziness of the International ius cogens Regime, ZaöRV 69 (2009), S. 961, 977; *Kadelbach, S.*, Ethik des Völkerrechts unter Bedingungen der Globalisierung, ZaöRV 64 (2004), S. 1, 12 f.; *Emmerich-Fritsche, A.*, Vom Völkerrecht zum Weltrecht; *Wet, E. de,* Zur Zukunft der Völkerrechtswissenschaft in Deutschland, ZaöRV 67 (2007), S. 777, 781 f.; *Danilenko, G.*, International Jus Cogens Issues of Law-Making, EJIL 2 (1991), S. 41-65.

Die Normen des *ius cogens* sind von einer besonderen normativen Kraft, da von ihnen grundsätzlich nicht abgewichen werden darf. Sie umfassen diejenigen Normen, die für die internationale Gemeinschaft als Ganze als grundlegend und bindend angesehen werden.[344] Daher kann man *ius cogens* auch als „kleinsten gemeinsamen Nenner“ an Verhaltensanforderungen ansehen.

Fassbender geht sogar noch weiter und nennt die zum *ius cogens* zählenden Normen die „Zehn Gebote der säkularisierten Welt“.[345] *Ius cogens* wird in Art. 53 S. 1 WVRK definiert:

> „Im Sinne dieses Übereinkommens ist eine zwingende Norm des allgemeinen Völkerrechts eine Norm, die von der internationalen Staatengemeinschaft in ihrer Gesamtheit angenommen und anerkannt wird als eine Norm, von der nicht abgewichen werden darf und die nur durch eine spätere Norm des allgemeinen Völkerrechts derselben Rechtsnatur geändert werden kann.“[346]

Weiterhin ist ein Vertrag gemäß Art. 53 S. 2 WVRK nichtig, wenn er im „Widerspruch zu einer zwingenden Norm des allgemeinen Völkerrechts steht.“

Um zu einer zwingenden Norm des Völkerrechts zu werden, muss die Norm von der internationalen Gemeinschaft dergestalt anerkannt sein, dass eine Abweichung nicht möglich. Strittig ist jedoch, ob dies über die Bezugnahme des Art. 53 WVRK auf das allgemeine Völkerrecht nur eine Norm des Gewohnheitsrechts sein kann, nicht eine des Vertrags-

---

[344] *Pernice, I.*, The Global Dimension of Multilevel Constitutionalism: A Legal Response to the Challenges of Globalisation, in: Tomuschat, C./Dupuy, P.-M./Fassbender, B./Shaw, M. N./Sommermann, K.-P. (Hrsg.), Völkerrecht als Wertordnung, S. 973, 1001; *Raffeiner, S.*, Wege der Konstitutionalisierung im Völkerrecht: Vorrang der UN-Charta und ius cogens, in: Pernice, I./Müller, M./Peters, C. (Hrsg.), Konstitutionalisierung jenseits des Staates, S. 45, 50 f.; *Tomuschat, C.*, Weltordnungsmodelle für das 21. Jahrhundert, in: ders. (Hrsg.), Weltordnungsmodelle für das 21. Jahrhundert, S. 15, 16.

[345] *Fassbender, B.*, „We the Peoples of the United Nations“: Constituent Power and Constitutional Form in International Law, in: Loughlin, M. (Hrsg.), The Paradox of Constitutionalism, S. 269, 279; siehe hierzu auch: *Preuß, U. K.*, Disconnecting Constitutions from Statehood, in: Dobner, P./Loughlin, M. (Hrsg.), The Twilight of Constitutionalism?, S. 23, 44.

[346] Wiener Übereinkommen über das Recht der Verträge, UNTS 1155, 331; siehe auch Art. 48 des Entwurfs zum Recht der Staatenverantwortlichkeit.

rechts.[347] Nach Ansicht von Kleinlein ist die Begrenzung auf das Völkervertragsrecht fehlgehend; vielmehr sei die herrschende Meinung mittlerweile, dass die Vorrangwirkung auch für das Völkergewohnheitsrecht eintrete. Die Regelung des Art. 53 S. 1 WVRK sei als nicht abschließend anzusehen.[348] Eine zum *ius cogens* zählende Norm stehe daher letztlich über Staatenkonsens und Reziprozität und schränke diese zugunsten höherer Interessen der gesamten Staatengemeinschaft ein.[349]

Zum *ius cogens* werden im Allgemeinen „Grundprinzipien für die internationalen Beziehungen"[350] wie das Gewaltverbot in Art. 2 UNC, fundamentale Menschenrechte (Leben, Folterverbot, Sklavereiverbot) und das Selbstbestimmungsrecht der Völker gezählt.[351] Hinzu kommen

---

[347] *Raffeiner, S.*, Wege der Konstitutionalisierung im Völkerrecht: Vorrang der UN-Charta und ius cogens, in: Pernice, I./Müller, M./Peters, C. (Hrsg.), Konstitutionalisierung jenseits des Staates, S. 45, 51.

[348] *Kleinlein, T.*, Konstitutionalisierung im Völkerrecht, S. 363 f.

[349] *Kadelbach, S./Kleinlein, T.*, International Law ... a Constitution for Mankind?, GYIL 50 (2007), S. 303, 312; Beispiele sind Verbot des Angriffskrieges („aggression"), Genozidverbot, schwere Menschenrechtsverletzungen, Kerngarantien des humanitären Völkerrechts, Selbstbestimmungsrecht der Völker und der Schutz der Umwelt vor schwerwiegenden, langfristigen Schäden; *Pernice, I.*, The Global Dimension of Multilevel Constitutionalism: A Legal Response to the Challenges of Globalisation, in: Tomuschat, C./Dupuy, P.-M./Fassbender, B./Shaw, M. N./Sommermann, K.-P. (Hrsg.), Völkerrecht als Wertordnung, S. 973, 1001.

[350] *Bryde, B.-O.*, Das Völkerrecht zwischen Konstitutionalisierung, Hegemonie und Renationalisierung, in: Heinrich-Böll-Stiftung (Hrsg.), Die Zukunft des Völkerrechts in einer globalisierten Welt, S. 88, 93.

[351] *Brunkhorst, H.*, Solidarität, S. 191; *Fassbender, B.*, „We the Peoples of the United Nations": Constituent Power and Constitutional Form in International Law, in: Loughlin, M. (Hrsg.), The Paradox of Constitutionalism, S. 269, 278; *Linderfalk, U.*, Normative Conflict and the Fuzziness of the International Ius Cogens Regime, ZaöRV 69 (2009), S. 961, 963; *Kadelbach, S./Kleinlein, T.*, International Law ... a Constitution for Mankind?, GYIL 50 (2007), S. 303, 312; Kadelbach/Kleinlein zählen auch bestimmte Umweltschutzgarantieren dazu; bezüglich des Gewaltverbots als *ius cogens*: *Paulus, A. L.*, The International Legal System as a Constitution, in: Dunoff, J. L./Trachtman, J. P. (Hrsg.), Ruling the World?, S. 69, 89; Brunkhorst zählt auch das Prinzip der souveränen Gleichheit als Völkergewohnheitsrecht hinzu, siehe: *Brunkhorst, H.*, Legitimationskrisen, S. 152.

„Fundamentalnormen“, etwa die grundlegenden „Kernverbrechen“ wie Genozid, Kriegsverbrechen, Verbrechen gegen die Menschlichkeit und Verbrechen der Aggression („crimes of aggression“) nach dem IStGH-Statut.[352]

Fischer-Lescano trifft hingegen eine etwas andere Einteilung und unterscheidet zwischen staatsbezogenen und menschenrechtlichen Normen. Staatsbezogene Fundamentalnormen oder Prinzipien seien die Grundsätze der souveränen Gleichheit, das Interventionsverbot, die friedliche Streitbeilegung sowie das Gewaltverbot.[353] Im menschenrechtlichen Bereich seien das Folterverbot, das Genozidverbot, allgemeine Verbrechen gegen die Menschlichkeit (wie etwa extralegale Hinrichtungen) sowie diejenigen Vorschriften des humanitären Völkerrechts, die direkte Verbote an Staaten und Einzelpersonen beinhalteten, zu nennen.[354]

Der Internationale Gerichtshof hat Fischer-Lescano zufolge bislang in drei Fällen auf das *ius cogens*-Prinzip rekurriert: im *Nordsee Festlandsockel*streit[355], im *Nuklearwaffengutachten*[356] sowie im *Nicaragua*-Fall.[357] Im Jahr 2005 hat der Internationale Gerichtshof im *Armed-Activities*-Fall[358] erstmals eine konkrete Norm, das Genozidverbot, als *ius cogens* eingestuft.[359] Festzuhalten gilt auch, dass – obwohl nicht alle Staaten

---

[352] Siehe bezüglich der Kernverbrechen http://www.iccnow.org/documents/FS-CICC-CoreCrimesinRS.pdf (zuletzt besucht am 25.02.2014); sowie *Kadelbach, S./Kleinlein, T.*, International Law … a Constitution for Mankind?, GYIL 50 (2007), S. 303, 311 und *Thürer, D.*, Recht der internationalen Gemeinschaft und Wandel der Staatlichkeit, in: ders./Aubert, J.-F./Müller, J. P./Diggelmann, O. (Hrsg.), Verfassungsrecht der Schweiz, § 3, Nr. 26.

[353] *Fischer-Lescano, A.*, Globalverfassung, S. 226.

[354] *Paulus, A. L.*, The International Legal System as a Constitution, in: Dunoff, J. L./Trachtman, J. P. (Hrsg.), Ruling the World?, S. 69, 89; *Fischer-Lescano, A.*, Globalverfassung, S. 228 f.

[355] *IGH, Nordsee Festlandsockel*, ICJ Reports 1969, S. 3 ff., Rn. 14 ff. (Allerdings bezog sich der IGH nur am Rande und nicht unmittelbar mit Relevanz für den Fall auf *ius cogens*).

[356] Rechtsgutachten des Internationalen Gerichtshofs vom 8.07.1996; siehe http://www.icj-cij.org/docket/files/95/7497.pdf (zuletzt besucht am 9.08.2015).

[357] Ebd., S. 224 f.; *IGH, Nicaragua Case*, ICJ Reports 1986, S. 14, 100 f.

[358] *IGH, Armed Activities*, ICJ Reports 2006, S. 6.

[359] Ebd., Rn. 64.

der Wiener Vertragsrechtskonvention beigetreten sind – die erwähnten Rechtsnormen universelle Geltung beanspruchen.[360] Für die Vertragsstaaten der WVRK gilt dies gemäß der vertraglichen Bindung, für die übrigen Staaten als Völkergewohnheitsrecht.[361]

Problematisch ist jedoch, dass der Inhalt und die konkrete Rechtswirkung von *ius cogens* schwer zu bestimmen ist.[362] Denn grundsätzliche Übereinstimmung von Werten ist relativ sinnlos, wenn diese Werte nicht auf die Staatenpraxis durchschlagen und die Rechtsfolgen von Verstößen gegen *ius cogens*-Normen nicht hinreichend klar zu bestimmen sind.[363]

Ius cogens als ein „fundamental, quasi-constitutional canon of values" könnte daher weitgehend unbrauchbar sein – zumindest in der Praxis.[364] Der genaue Inhalt und Umfang von *ius cogens*-Normen ist schließlich umstritten. So wird zum Teil nur von einem eher weiten und unkonkreten objektiven Standard mit negativem Charakter gesprochen („loose standard", „negative character").[365] Schließlich ist auch unklar, ob *ius cogens* nur auf Völkervertragsrecht angewendet werden kann oder auch auf andere Bereiche des Völkerrechts wie etwa das Gewohnheitsrecht oder das Recht der Staatenverantwortlichkeit.

Ferner ist die Durchsetzung von *ius cogens*-Normen im Streitfall unklar, nachdem das Konzept der Vertragsrechtskonvention, demzufolge die Vertragsparteien nichtiger Verträge die Feststellung der Nichtigkeit

---

[360] Ebd., Rn. 229.

[361] Siehe auch Art. 38 WVRK „Die Art. 34 bis 37 schließen nicht aus, dass eine vertragliche Bestimmung als ein Satz des Völkergewohnheitsrechts, der als solcher anerkannt ist, für einen Drittstaat verbindlich wird."

[362] *Paulus, A. L.*, Jus Cogens in a Time of Hegemony and Fragmentation – An Attempt at a Re-appraisal, Nordic Journal of International Law 74 (2005), S. 297, 298; *Rosas, A.*, Globaler Konstitutionalismus, Menschenrechte und staatliche Souveränität, in: Brunkhorst, H./Kettner, M. (Hrsg.), Globalisierung und Demokratie, S. 151, 159.

[363] *Raffeiner, S.*, Wege der Konstitutionalisierung im Völkerrecht: Vorrang der UN-Charta und ius cogens, in: Pernice, I./Müller, M./Peters, C. (Hrsg.), Konstitutionalisierung jenseits des Staates, S. 45, 51.

[364] *Simma, B./Pulkowski, D.*, Of Planets and the Universe: Self-contained Regimes in International Law, EJIL 17 (2006), S. 483, 497.

[365] *Paulus, A. L.*, The International Legal System as a Constitution, in: Dunoff, J. L./Trachtman, J. P. (Hrsg.), Ruling the World?, S. 69, 88.

vor dem Internationalen Gerichtshof beantragen können sollen (Art. 66 Ziff. a WVRK), bislang nicht erprobt wurde.[366] Auch Fassbender spricht hinsichtlich einer möglichen Hierarchisierung des internationalen Rechts durch *ius cogens* von einem eher vagen Konzept.[367] Daher ist höchst zweifelhaft, ob es als eine Art „value glue" fungieren kann.[368]

Trotz der zum Teil vehementen Kritik aufgrund der fehlenden hinreichenden inhaltlichen Bestimmtheit und dem engen Anwendungsbereich kann das *ius cogens*-Konzept allerdings grundsätzlich durchaus als ein Erfolgsfall betrachtet werden.[369] Denn auch wenn der normative Aussagewert im Einzelfall schwierig festzustellen und daher in der konkreten Abwägung bisweilen wenig zielführend ist, kann die generelle Akzeptanz und Geltung von Normen des *ius cogens* als höher gegenüber dem allgemeinen Völkerrecht eingestuft werden.

Auch *de facto* dürften die Staaten gehalten sein, insbesondere Verletzungen von Normen des *ius cogens* zu vermeiden, da der jeweilige Staat in einem solchen Fall mit einer heftigen Reaktion und zumindest moralischer Verurteilung der Staatenwelt rechnen muss.[370]

So ist Kleinlein der Ansicht, dass es „zunächst plausibel" sei, die Normen des *ius cogens* aufgrund der Nichtigkeitsfolge sowohl als formelles als auch als materielles Verfassungsrecht anzusehen:

> „Es [*ius cogens*] setzt (...) als hierarchisch übergeordnetes Verfassungsrecht und als negative Kompetenznorm der internationalen

---

[366] *Paulus, A. L.*, Fragmentierung und Segmentierung der internationalen Ordnung als Herausforderung prozeduraler Gemeinwohlorientierung, in: Heinig, H. M./Terhechte, J. P. (Hrsg.), Postnationale Demokratie, Postdemokratie, Neoetatismus, S. 139, 152 f.

[367] *Fassbender, B.*, „We the Peoples of the United Nations": Constituent Power and Constitutional Form in International Law, in: Loughlin, M. (Hrsg.), The Paradox of Constitutionalism, S. 269, 280.

[368] *Simma, B./Pulkowski, D.*, Of Planets and the Universe: Self-contained Regimes in International Law, EJIL 17 (2006), S. 483, 498.

[369] *Fischer-Lescano, A.*, Globalverfassung, S. 225.

[370] So auch: *Paulus, A. L.*, The Emergence of the International Community and the Divide Between International and Domestic Law, in: Nollkaemper, A./ Nijman, J. E. (Hrsg.), New Perspectives on the Divide Between National and International Law, S. 216, 231.

> Rechtsetzung Grenzen und dient als Maßstab für das einfache Recht."[371]

Gleichwohl bedeute dies nicht, dass die Normen des *ius cogens* als zusammenhängendes, verfassungsartiges Konzept aufgefasst werden sollten, das insgesamt in der Lage sei, das internationale Recht zu hierarchisieren. Damit würde die Bedeutung sicherlich überfrachtet und die Normen könnten ihre jeweilige Funktion nicht richtig ausüben. Zudem sprechen nach Ansicht von Kleinlein auch die stichhaltigeren Gründe dagegen – etwa, dass die Rechtsfigur des *ius cogens* dem innerstaatlichen Privatrecht entstamme und auf dieselben Quellen und dieselbe Entstehungsweise zurückzuführen sei wie das *ius dispositivum*. Daher sei es vorzugswürdig, das Prinzip des *ius cogens* eher als Kollisionsregel für Konflikte zwischen gleichrangigen Normen aufzufassen.[372]

In diese Richtung argumentiert auch Fischer-Lescano, der die Entwicklung der „Hierarchisierung von Rechtsprogrammen" kritisch sieht und als „Vereinfachung interner Entscheidungsprozesse" ohne „logische Hierarchisierung der Entscheidungsgesichtspunkte" betrachtet.[373] Ohne klare inhaltliche Festlegung und konkrete Bestimmung der normativen Wirkung werde das Konzept aber zunehmend sinnloser. Problematisch ist nach Ansicht von Fischer-Lescano weiterhin, dass weder Art. 53 noch eine andere Norm der Wiener Vertragrechtskonvention einen Prinzipienkatalog enthalte und somit für erheblichen Diskussionsstoff um die „core values" des Völkerrechts gesorgt hätten.[374]

Allerdings sei dies kein Grund, das Existieren solch „globalverfassungsrechtlicher Fundamentalnormen"[375] insgesamt infrage zu stellen. Wie Teubner und Fischer-Lescano anmerken, ist zudem zweifelhaft, ob über eine Ausweitung von *ius cogens*-Normen politischer Konsens erzielt werden könnte.[376] Um von einem wirklichen Wertekanon im Sinne von verfassungsrechtlichen Prinzipien sprechen zu können, wäre dies wohl notwendig.

---

371 *Kleinlein, T.*, Die Konstitutionalisierung des Völkerrechts, S. 367.

372 Ebd., S. 368.

373 *Fischer-Lescano, A.*, Globalverfassung, S. 220 f.

374 Ebd., S. 225.

375 Ebd., S. 226.

376 *Teubner, G./Fischer-Lescano, A.*, Reply to Andreas L. Paulus, Mich J Int'l L 25 (2004), S. 1059, 1064.

Nach Ansicht von Paulus mangelt es schließlich den eher isoliert anzusehenden Bestandteilen an Kohärenz und einem umfassenden Charakter, um als Grundlage einer Verfassung der internationalen Gemeinschaft angesehen werden zu können.[377] Daher könnte man allenfalls aus einer institutionalistischen Sichtweise Normen des *ius cogens* als „common values“[378] der internationalen Ordnung beziehungsweise als „considerable amount of value glue“ begreifen.[379]

b. Verpflichtungen *erga omnes*

Zu einem möglichen Wertekanon beitragen könnten weiterhin die Verpflichtungen *erga omnes*. Den Begriff erwähnte der Internationale Gerichtshof erstmals als *obiter dictum* im *Barcelona Traction*-Fall.[380] Verpflichtungen *erga omnes* schützen gemeinsame Interessen der internationalen Gemeinschaft, die von einem solch grundlegenden Wert sind, dass jeder Staat gegen eine Verletzung vorgehen kann, gleich ob er direkt davon betroffen ist oder nicht. Verpflichtungen *erga omnes* stellen somit mit Kadelbach/Kleinlein ein Konzept der internationalen Verantwortung dar.[381] Ein solcher „Schutzpflichtgedanke“[382] war dem klassischen Völkerrecht völlig fremd.

Mit Frowein lässt sich insbesondere aus den grundlegenden Verpflichtungen *erga omnes* ein gestiegenes „Verfassungsbewußtsein“ der Staatengemeinschaft ablesen; die Möglichkeit einer dezentralen, friedlichen Reaktion sei von großer Bedeutung. Als Beispiel lässt sich laut Frowein

---

[377] *Paulus, A. L.*, The International Legal System as a Constitution, in: Dunoff, J. L./Trachtman, J. P. (Hrsg.), Ruling the World?, S. 69, 89.

[378] *Paulus, A. L.*, International Law and International Community, in: Armstrong, D. (Hrsg.), Routledge Handbook of International Law, S. 44, 53.

[379] *Paulus, A. L.*, Commentary to Andreas Fischer-Lescano and Gunther Teubner: The Legitimacy of International Law and the Role of the State, Mich J Int'l L 25 (2004), S. 1047, 1050.

[380] *IGH*, Barcelona Traction, ICJ Reports 1970, S. 2, Rn. 126.

[381] *Kadelbach, S./Kleinlein, T.*, International Law ... a Constitution for Mankind?, GYIL 50 (2007), S. 303, 312; *Tomuschat, C.*, Weltordnungsmodelle für das 21. Jahrhundert, in: ders. (Hrsg.), Weltordnungsmodelle für das 21. Jahrhundert, S. 15, 16 f.

[382] *Rensmann, T.*, Wertordnung und Verfassung, S. 383.

die Lomé-Konvention[383] anführen.[384] In diesem Vertragssystem sei es der Europäischen Gemeinschaft gelungen, zunächst bestehende Widerstände im Zusammenhang mit dem Interventionsbegriff zu überwinden und die Vertragsstaaten auf die Einhaltung von Menschenrechten und Demokratie zu verpflichten. Bei Verletzung dieser Pflichten bestünden Sanktionsmöglichkeiten, von denen die EG allein im Zeitraum von 1989 bis 1995 mehrfach Gebrauch gemacht habe.[385]

Zwischen Verpflichtungen *erga omnes* und *ius cogens*-Normen besteht eine Teilidentität: Alle *ius cogens*-Normen sind Verpflichtungen *erga omnes* – umgekehrt sind jedoch nicht alle Verpflichtungen *erga omnes* Normen des *ius cogens.*[386] Der Internationale Gerichtshof zählt zum Beispiel das Selbstbestimmungsrecht der Völker zur Kategorie *erga omnes.*[387] Im Unterschied zu den Normen des *ius cogens* stellen die Verpflichtungen *erga omnes* lediglich formelle Rechtsfiguren dar.

Wie Raffeiner ausführt, könnten *erga-omnes*-Pflichten auch eine spezielle Rechtsfolge von Verstößen gegen *ius cogens*-Normen wie das Aggressionsverbot, das Genozidverbot sowie grundlegende Menschenrechte wie das Verbot der Sklaverei oder der Apartheid darstellen. Dies lege zumindest Art. 41 des Entwurfs zur Staatenverantwortlichkeit

---

383 Abkommen zwischen der EG und 77 AKP-Staaten vom 28.02.1975 (Lomé I), bzw. vom 31.10.1979 (Lomé II), vom 8.12.1984 (Lomé III) und vom 12.12.1985 (Lomé IV); an die Stelle der Lomé-Abkommen ist mittlerweile das Cotonou-Abkommen getreten; Partnerschaftsabkommen zwischen der EG und den AKP-Staaten vom 23.06.2000; siehe hierzu auch *Dolzer, R., Good Governance:* Neues transnationales Leitbild der Staatlichkeit, ZaöRV 64 (2004), S. 535, 543 f.

384 *Frowein, J. A.*, Konstitutionalisierung des Völkerrechts, in: Dicke, K./ Hummer, W./Girsberger, D. (Hrsg.), Völkerrecht und internationales Privatrecht in einem sich globalisierenden internationalen System Auswirkungen der Entstaatlichung transnationaler Rechtsbeziehungen, S. 427, 443.

385 Ebd., S. 436 f.

386 *Fischer-Lescano, A.*, Globalverfassung, S. 230.

387 *Paulus, A. L.*, The International Legal System as a Constitution, in: Dunoff, J. L./Trachtman, J. P. (Hrsg.), Ruling the World?, S. 69, 89; *IGH*, East Timor, ICJ Reports (1995), S. 90, 102, 79.

nahe.[388] Auch Tomuschat sieht sowohl *ius cogens* als auch Verpflichtungen *erga omnes* als von fundamentalen (primären) Verbotsnormen des Völkerrechts abgeleitete (sekundäre) Rechtsfolgen an.[389] Nach Ansicht von Raffeiner könnten die Verpflichtungen *erga omnes* letztlich dem Schutz von *ius cogens*-Normen dienen und eine von einer speziellen Norm getragene Rechtsfolge sein.[390]

Die Verpflichtungen *erga omnes* können daher eine wichtige Ergänzung zu den Normen des *ius cogens* darstellen. Problematisch ist allerdings, dass das Konzept insbesondere hinsichtlich Inhalt und Rechtsfolge letztlich noch umstrittener ist als das Konzept des *ius cogens*. Strittig ist insbesondere, was genau als Verpflichtung *erga omnes* anzusehen ist und was nicht und welche Handlungen im Fall eines Verstoßes ergriffen werden können. Auch ist unklar, auf welche Primärnormen sich das die Staatenverantwortlichkeit auslösende völkerrechtliche Delikt beziehen soll.[391] Paulus hält die Operationalisierung des Konzepts sogar für nahezu vollkommen gescheitert.[392]

c. *Lex specialis*-Prinzip als Hierarchisierung?

Zu untersuchen ist in diesem Zusammenhang auch, ob das *lex specialis*-Prinzip mit seiner Vorrangwirkung als Bestandteil einer Konstitutionalisierung des internationalen Rechts zu sehen ist.

Schließlich könnte das *lex specialis*-Prinzips geregelt in Art. 30 der Wiener Vertragrechtskonvention, aufgrund der partiellen Vorrangwirkung

---

[388] *Raffeiner, S.*, Wege der Konstitutionalisierung im Völkerrecht: Vorrang der UN-Charta und *ius cogens*, in: Pernice, I./Müller, M./Peters, C. (Hrsg.), Konstitutionalisierung jenseits des Staates, S. 45, 57.

[389] *Tomuschat, C.*, Weltordnungsmodelle für das 21. Jahrhundert, in: ders. (Hrsg.), Weltordnungsmodelle für das 21. Jahrhundert, S. 15, 17.

[390] *Raffeiner, S.*, Wege der Konstitutionalisierung im Völkerrecht: Vorrang der UN-Charta und *ius cogens*, in: Pernice, I./Müller, M./Peters, C. (Hrsg.), Konstitutionalisierung jenseits des Staates, S. 45, 57.

[391] So *Fischer-Lescano, A.*, Globalverfassung: Verfassung einer Gesellschaft, ARSP 88 (2002), S. 349, 352.

[392] *Paulus, A. L.*, Fragmentierung und Segmentierung der internationalen Ordnung als Herausforderung prozeduraler Gemeinwohlorientierung, in: Heinig, H. M./Terhechte, J. P. (Hrsg.), Postnationale Demokratie, Postdemokratie, Neoetatismus, S. 139, 153.

als informelle Hierarchisierung angeführt werden und somit einen Wesensbestandteil konstitutioneller Ordnungen darstellen.[393] Nach Ansicht von Bryde erfordere etwa eine Konstitutionalisierung einen „anspruchsvollen Vorrang abstrakter verfassungsrechtlicher Generalklauseln vor Spezialnormen".[394]

Ob ein solch anspruchsvoller Vorrang durch die Kollisionsregel gewährleistet werden kann, erscheint indes höchst fraglich. Notwendig wäre hierfür ein umfassender Vorrang, eine klare Abgrenzung im Kollisionsfall mit anderen hierarchisierenden Regeln/Prinzipien sowie eine gewisse kohärente, systemgeeignete Struktur, um die hierarchisierende Wirkung auch umfänglich entfalten zu können – systemtheoretisch gesprochen, müsste über den *lex specialis*-Grundsatz ein übergeordneter Rechtscode etabliert werden, der allen anderen Rechtkommunikationen vorgehen würde.

Zu konstatieren ist zunächst, dass über den *lex specialis*-Grundsatz in gewissen Fällen eine Vorrangwirkung erzeugt wird und infolgedessen auch von einer gewissen Hierarchisierung gesprochen werden kann. Ein solcher Vorrang gilt jedoch immer nur für wenige, im Einzelfall zu bestimmende Normen gleichen Ranges. Insgesamt fehlt es aber an einem systematischen Zusammenhang, einer kohärenten Struktur und klaren Regeln für den Konfliktfall mit anderen Kollisionsregeln.

So ist beispielsweise das Verhältnis zum *lex posterior*-Grundsatz unklar, wenn beispielsweise die spätere Norm die allgemeinere ist, der *lex specialis*-Grundsatz mithin mit dem *lex posterior*-Grundsatz konfligiert.[395] Wie die *Study Group* feststellte, sind zudem Situationen denkbar, in

---

[393] *Simma, B./Pulkowski, D.*, Of Planets and the Universe: Self-contained Regimes in International Law, EJIL 17 (2006), S. 483, 500; auch *ILC*, Fragmentation of International Law Difficulties Arising from the Diversification and Expansion of International Law Report of the Study Group – finalized by Martti Koskenniemi, General Assembly, 58th Session 2006, UN Doc. A/CN.4/L.682, S. 47, Ziff. 85; http://daccess-dds-ny.un.org/doc/UNDOC/LTD/G06/610/77/PDF/G0661077.pdf?OpenElement (zuletzt besucht am 9.08.2015).

[394] *Bryde, B.-O.*, Das Völkerrecht zwischen Konstitutionalisierung, Hegemonie und Renationalisierung, in: Heinrich-Böll-Stiftung (Hrsg.), Die Zukunft des Völkerrechts in einer globalisierten Welt, S. 88, 94.

[395] Ebd., S. 31, Ziff. 58.

denen nicht die speziellere, sondern die allgemeinere Norm – etwa eine des *ius cogens* – vorgeht.[396]

Ein zusammenhängendes, systematisches Konzept, das zu einer echten Hierarchisierung führen könnte, wird daher weder über den *lex specialis*- noch beispielsweise über den *lex posterior*-Grundsatz erreicht.

d. Schlussfolgerungen

Insgesamt ist festzuhalten, dass eine klare Definition und Inhaltsbestimmung schwerfällt, sei es bei den *ius cogens*-Normen, den Verpflichtungen *erga omnes* oder dem *lex specialis*-Prinzip.

Man kann das Konzept des *ius cogens* sowie die Verpflichtungen *erga omnes* genauso wie das *lex specialis*-Prinzip zwar als wichtige Bausteine einer Konstitutionalisierung des Völkerrechts ansehen. Der zwingende Charakter der Normen des *ius cogens* hebt sie vom restlichen Völkerrecht ab und ist grundsätzlich geeignet, ein höheres Niveau an Rechtswirkung zu entfalten. Sie sind daher von der Idee her in der Lage, für eine gewisse Hierarchisierung des Völkerrechts zu sorgen und könnten damit eine wichtige verfassungsrechtliche Funktion übernehmen.

Selbst wenn einzelne Normen verfassungsrechtliche Qualität[397] aufweisen sollten, so können insgesamt gesehen allerdings die aufgeführten Konzepte weder zu einer echten Hierarchisierung noch zu einem verfassungsartigen Wertekanon führen. Dazu sind sie entweder inhaltlich nicht hinreichend bestimmt beziehungsweise bestimmbar; ihre normative Funktion ist zu schwammig oder ihr Anwendungsbereich zu begrenzt. Auch fehlt es an inhaltlicher Kohärenz und systemischem, umfassendem Charakter, um eine konstitutionelle Lesart des internationalen Rechts zu rechtfertigen. Problematisch ist zudem dass – etwa beim *ius cogens* – die in Betracht kommenden Werte und Normen von und in jedem Teilbereich des Völkerrechts gleichermaßen anerkannt und ausgelegt werden müssten; so dürften sich keine jeweils subsystemspezifischen Werte herausbilden, die von anderen Systemen nicht anerkannt würden, etwa Menschenrechte für Menschenrechtsregime oder umwelt-

---

[396] Ebd., Section E, S. 166 ff.; Ziff. 324 ff.

[397] *Teubner, G.*, Verfassungsfragmente, S. 82.

rechtliche Normen für Umweltrechtsregime.[398] Sowohl die Normen des *ius cogens* als auch die Verpflichtungen *erga omnes* sind letztlich zu limitiert, um für eine Hierarchisierung des gesamten internationalen Rechts zu sorgen oder eine Koordinierungsfunktion desselben zu übernehmen.[399]

Systemtheoretisch gesprochen ist daher kein Konzept geeignet, um einen höherrangigen Super- oder Metacode *ius cogens* konform/nicht *ius cogens* konform zu etablieren. Auch sind sie – zumindest in ihrer derzeitigen jeweiligen Ausgestaltung – nur in Ansätzen geeignet, um ein globales Rechtssystem operativ geschlossen zu halten und unabhängig von politischen Erwägungen oder Staateneinfluss arbeiten zu lassen.

Daher können das Konzept von *ius cogens* wie die Verpflichtungen *erga omnes* allenfalls als Teil eines Gesamtkonzepts angesehen werden; ebenso das *Lex specialis*-Prinzip. Um einen verfassungsrechtlichen Kern des internationalen Rechts darstellen zu können, fehlt es aber an inhaltlicher Bestimmtheit, Kohärenz sowie einer besonderen Entstehungsquelle.[400]

Es ist aber dennoch nicht völlig verfehlt, von Fundamentalnormen zu sprechen. Problematisch ist aber, dass diese Fundamentalnormen inhaltlich zu unbestimmt und zu inkohärent sind, um eine echte Hierarchisierungs- oder Ordnungsfunktion übernehmen zu können. Sie stellen eben keinen Super- oder Metacode dar.

3. Gemeinsame Prinzipien

Eng mit den Normen des *ius cogens* beziehungsweise den Verpflichtungen *erga omnes* verbunden, jedoch nicht identisch und deckungsgleich sind bestimmte Prinzipien und Grundwerte, die in der Regel weltweite, universelle Geltung beanspruchen. Damit sind jedoch nicht konkrete

---

[398] *Koskenniemi, M.*, International Law: between Fragmentation and Constitutionalism, Ziff. 8; http://www.helsinki.fi/eci/Publications/Koskenniemi/MCanberra-06c.pdf (zuletzt besucht am 16.08.2017).

[399] *Walter, C.*, Constitutionalizing (Inter)national Governance – Possibilities for and Limits to the Development of an International Constitutional Law, GYIL 44 (2001), S. 170, 201.

[400] Vgl. hierzu auch *Kleinlein, T.*, Konstitutionalisierung im Völkerrecht, S. 406 ff.; siehe auch *Linderfalk, U.*, The Creation of Jus Cogens – Making Sense of Article 53 of the Vienna Convention, ZaöRV 71 (2011), S. 359.

Normen – etwa die des *ius cogens* – gemeint, sondern eher abstraktere Prinzipien. Gemein ist ihnen, dass sie das reine Staateninteresse transzendieren.[401]

Diese könnten den bereits angesprochenen konstitutionellen Grundkanon bilden und daher einen Konstitutionalisierungsprozess darstellen. Sie würden damit formalen Legitimationskriterien wie dem Staatenkonsens entzogen und bildeten eine davon unabhängige – hierarchisch womöglich höher anzusiedelnde – normative Grundlage. Diese normative Grundlage könnte wiederum ist infolge einer jahrelangen Rechtspraxis, durch stetige Zustimmung der Staaten sowohl zu den Normen an sich als auch zu ihrer besonderen Stellung als entstanden anzusehen sein.[402]

Einige Autoren gehen beispielsweise von einer weltweiten Akzeptanz von bestimmten Grundwerten aus; Menschenrechts- und Klimaschutz, welche durch die universelle Ratifikation multilateraler Verträge globale Geltung beanspruchen und als globale „Ordnungsverträge"[403] einen weltweiten *ordre public* errichten.[404] Zu diesen gemeinsamen Werten können formelle wie materielle Kriterien wie die Achtung der Menschenrechte, eine *rule of law*, Gerechtigkeit – auch Intergenerationengerechtigkeit –, Verhältnismäßigkeit, Subsidiarität, Verfahrensgarantien, die Verpflichtung zum schonenden Umgang mit der Umwelt (also Klimaschutz und Nachhaltigkeit) sowie das Demokratieprinzip gezählt

---

[401] *Bryde, B.-O.*, Das Völkerrecht zwischen Konstitutionalisierung, Hegemonie und Renationalisierung, in: Heinrich-Böll-Stiftung (Hrsg.), Die Zukunft des Völkerrechts in einer globalisierten Welt, S. 88, 92; siehe grundlegend zu gemeinsamen Werten: *Scheyli, M.*, Konstitutionelle Gemeinwohlorientierung im Völkerrecht; *Paulus, A. L.*, Die internationale Gemeinschaft im Völkerrecht, S. 250 ff.

[402] *Loh, W.*, Konstitutionalisierung der Selbstbestimmung, in: Pernice, I./ Müller, M./Peters, C. (Hrsg.), Konstitutionalisierung jenseits des Staates, S. 97, 98 f.; der allerdings auf das Problem des Freiwilligkeitsprinzips hinweist, da nur Regierungen von Staaten, nicht aber auch die Bevölkerungen zustimmen müssten.

[403] *Dahm, G./Delbrück, J./Wolfrum, R.*, Völkerrecht: Bd. I/2: Der Staat und andere Völkerrechtssubjekte, S. 523 und 619 ff.

[404] *Peters, A.*, Rechtsordnung und Konstitutionalisierung: Zur Neubestimmung der Verhältnisse, ZöR 65 (2010), S. 3, 16; ähnlich auch: *Bryde, B.-O.*, Das Völkerrecht zwischen Konstitutionalisierung, Hegemonie und Renationalisierung, in: Heinrich-Böll-Stiftung (Hrsg.), Die Zukunft des Völkerrechts in einer globalisierten Welt, S. 88, 91 ff.

werden.[405] Auch Freihandel könnte einen gemeinsamen Grundkonsens darstellen – so sehen einige Autoren Freihandel als ein universelles Prinzip im Völkerrecht an; auch die weitgehende Konstitutionalisierung der WTO streitet dafür.[406] Allerdings ist nicht ersichtlich, inwieweit Freihandel als gemeinsamer Wert zu einer Konstitutionalisierung des Völkerrechts insgesamt und vor allem zu einer höheren Legitimität führen sollte.

Kritisch betrachtet diese Auffassung Di Fabio. Denn die Rechtsauffassungen der einzelnen Rechtssysteme seien selbst bei Grundwerten – etwa wie den Menschenrechten – sehr unterschiedlich und könnten daher kaum zu einem gemeinsamen Wertekanon beitragen.[407] In diese Richtung argumentiert auch Nickel, der die Herausbildung einer konstitutionellen Superstruktur („constitutional superstructure") erkennt, die zwar hauptsächlich, aber nicht ausschließlich vom ökonomischen transnationalen Konstitutionalismus, der WTO, vorangetrieben werde.[408] Zu beachten ist hierbei auch, dass es, wie ebenso in jeder nationalstaatlichen Verfassungsordnung, zu Konflikten zwischen sich widersprechenden Prinzipien kommen kann. Dies ist aber kein Beleg für die

---

[405] *D'Souza, C.*, World Constitutionalism, in: D'Souza, A. A./ders. (Hrsg.), World Constitutionalism, S. 1, 11; siehe auch z.B.: *McDougal, M. S./Reisman, W. M.*, International Law in Policy-Oriented Perspective, in: Macdonald, R. St. J./Johnston, D. M. (Hrsg.), The Structure and Process of International Law: Essays in Legal Philosophy, Doctrine and Theory, S. 103, 109; auch: *Kumm, M.*, The Legitimacy of International Law: A Constitutionalist Framework of Analysis, EJIL 15 (2004), S. 907, 917 ff.

[406] *Petersmann, E.-U.*, The WTO Constitution and Human Rights, Journal of International Economic Law 3 (2000), S. 19; *Calliess, C.*, Subsidiaritäts- und Solidaritätsprinzip als rechtliches Regulativ der Globalisierung von Staat und Gesellschaft – dargestellt am Beispiel von EU und WTO, Rechtstheorie 33 (2002), S. 371, 386 ff.

[407] *Di Fabio, U.*, Verfassungsstaat und Weltrecht, Rechtstheorie 39 (2008), S. 399.

[408] *Nickel, R.*, Private and Public Autonomy Revisited: Habermas' Concept of Co-originality in Times of Globalization and the Militant Security State, in: Loughlin, M. (Hrsg.), The Paradox of Constitutionalism, S. 147, 165 f.

zu starke Heterogenität der globalen Rechtsordnung, sondern kann vielmehr Ausdruck einer differenzierten Verfassungsordnung sein.[409]

Teubner erkennt zwar durchaus das Vorhandensein von verfassungsrechtlichen Normen und Werten im Sinne von gemeinsamen Prinzipien an, verortet diese aber allesamt in der politischen Sphäre und argumentiert, dass es sich dabei lediglich um die politische Teilverfassung der Weltgesellschaft handele und nicht um eine Gesamtverfassung.[410]

a. Menschenrechte

Hinsichtlich gemeinsamer Werte ist primär die Entwicklung im völkerrechtlichen Menschenrechtsschutz anzuführen.

Die globale Menschenrechtsarchitektur ist – systemtheoretisch gesprochen – bereits recht komplex ausgeprägt; aufgrund zahlreicher Verträge und Konventionen ist die Kommunikation in diesem Bereich sehr hoch und ausgeprägt; die regionalen und globalen Menschenrechtsschutzsysteme haben zu einer funktionalen Ausdifferenzierung im Subsystem Menschenrechte geführt und den Komplexitätsgrad erhöht. Der Code „menschenrechtsgemäß/menschenrechtswidrig" kann verhältnismäßig störungsfrei arbeiten.

Der Menschenrechtsschutz nimmt somit eine Art Sonderstellung im Völkerrecht ein.[411] Mithilfe von Art. 55 Ziff. c UNC lässt sich die Ansicht vertreten, dass der Menschenrechtsschutz keine innere Angelegenheit mehr ist.[412] Wie Bryde darlegt, lassen sich Menschenrechte nur schwerlich mit der Vorstellung einer rein horizontalen, zwischenstaatli-

---

[409] Vgl. auch *Bryde, B.-O.*, Das Völkerrecht zwischen Konstitutionalisierung, Hegemonie und Renationalisierung, in: Heinrich-Böll-Stiftung (Hrsg.), Die Zukunft des Völkerrechts in einer globalisierten Welt, S. 88, 95.

[410] *Teubner, G.*, Verfassungsfragmente, S. 84. Teubner bezieht sich explizit auf die Prinzipien Legalität, Subsidiarität, Partizipation, Verantwortlichkeit sowie Grundrechte.

[411] *Bryde, B.-O.*, International Democratic Constitutionalism, in: Macdonald, R. St. J./Johnston, D. M. (Hrsg.), Towards World Constitutionalism, S. 103, 112 f.; siehe zum Wertesystem der Allgemeinen Erklärung der Menschenrechte auch: *Rensmann, T.*, Wertordnung und Verfassung, S. 9 ff., 360 ff.; *Kleinlein, T.*, Konstitutionalisierung im Völkerrecht, S. 327.

[412] *Kadelbach, S.*, Ethik des Völkerrechts unter Bedingungen der Globalisierung, ZaöRV 64 (2004), S. 1, 13.

chen Rechtsordnung vereinbaren, geht es doch um Rechte und Pflichten gegenüber Menschen als Völkerrechtssubjekten und gemeinsame Werte und Interessen der gesamten Menschheit.[413] Daher ergibt nach Ansicht von Bryde Menschenrechtsschutz nur Sinn „als Verpflichtung von Menschen gegenüber einer den Staaten übergeordneten Legitimationsinstanz."[414]

Eine staatliche „domaine réservé" gebe es daher im Bereich des Menschenrechtsschutzes mittlerweile nicht mehr.[415] Auch wenn dies ein wenig zu drastisch formuliert sein mag, so ist die staatliche Souveränität nicht zuletzt durch den Individualschutz unter Druck geraten – das Beispiel Libyen zeigt, dass massive Menschenrechtsverletzungen von der internationalen Gemeinschaft nicht mehr als innere Angelegenheit betrachtet werden und zu einer Intervention führen können.[416]

Weiterhin könnten Menschenrechte als herausragende Formulierung von normativen Erwartungen und emanzipatorischen Interessen der Schlüssel zu einer Konstitutionalisierung darstellen.[417] Peters hat die Voraussetzungen für die verfassungsrechtliche Qualität von Menschenrechtsnormen mittels fünf Kriterien herausgestellt: (1) sie begrenzen die Souveränität von Nationalstaaten; (2) sie führen zu einer Verbindlichkeit von globalen Werten; (3) sie etablieren eine Normenhierarchie; (4) sie sind positives Völkerrecht mit Verfassungsrang und nicht lediglich Programmsätze; (5) sie bilden eine verfassungsrechtliche Dogmatik und dienen so als Argumentationsbasis für richterliche Rechtsfortbildung.[418]

---

[413] *Bryde, B.-O.*, Das Völkerrecht zwischen Konstitutionalisierung, Hegemonie und Renationalisierung, in: Heinrich-Böll-Stiftung (Hrsg.), Die Zukunft des Völkerrechts in einer globalisierten Welt, S. 88, 92.

[414] Ebd., S. 92 f.

[415] Ebd., S. 93.

[416] Siehe grundlegend hierzu auch *Tomuschat, C.*, Menschenrechtsschutz und innere Angelegenheiten, www.tomuschat.rewi.hu-berlin.de/doc/icj.rtf (zuletzt besucht am 9.08.2015). Am Beispiel Syrien zeigt sich jedoch, dass eine Intervention sehr stark von den jeweiligen Macht- und Interessenspositionen abhängig ist.

[417] *Prien, T.*, Fragmentierte Volkssouveränität, S. 29.

[418] *Peters, A.*, Compensatory Constitutionalism: The Function and Potential of Fundamental International Norms and Structures, LJL 19 (2006), S. 579, 585 ff.

Grundlegende Menschenrechte sind zum Teil Normen des *ius cogens*. Insofern existieren hier Überschneidungspunkte. An dieser Stelle ist aber eher die Achtung der Menschenrechte als Grundprinzip gemeint und weniger die normativen Wirkungen einzelner Menschenrechte. Denn die wesentlichen, vom universellen Völkergewohnheitsrecht umfassten Menschenrechte können möglicherweise in ihrem Kernbestand „grundlegende, invariante Berechtigungen" darstellen.[419] Nach Ansicht von Walter etwa könnten die Menschenrechte als Prinzip als Ausgangspunkt für eine Hierarchisierung der internationalen Gemeinschaft dienen.[420] Frowein verweist darauf, dass der Schutz der Menschenrechte ein wesentliches Element der Konstitutionalisierung darstellt.[421]

Brunkhorst spricht in diesem Zusammenhang von einer globalen Rechtsrevolution, welche die Menschenrechte in globale Bürgerrechte gewandelt habe und zudem zur Völkerrechtssubjektivität von Einzelpersonen geführt habe.[422] Das gesamte Menschenrechtssystem arbeite daher in einer konstitutionalisierten Art und Weise.[423] Systemtheoretisch gesprochen, könnte das Menschenrechtsschutzsystem also einen Art Metacode gebildet haben, der sowohl dem übrigen Rechtscode vorgeht, als auch das politische System in seiner Machtausübung eingrenzt.

Die gewachsene Bedeutung der Menschenrechte in den letzten Jahrzehnten lässt sich beispielsweise an der Möglichkeit von Einzelpersonen ablesen, bei bestimmten Menschenrechtsverletzungen auch gegen

---

[419] *Di Fabio, U.*, Verfassungsstaat und Weltrecht, Rechtstheorie 39 (2008), S. 399, 411.

[420] *Walter, C.*, International Law in a Process of Constitutionalization, in: Nollkaemper, A./Nijman, J. E. (Hrsg.), New Perspectives on the Divide Between National and International Law, S. 191, 209.

[421] *Frowein, J. A.*, Konstitutionalisierung des Völkerrechts, in: Dicke, K./Hummer, W./Girsberger, D. (Hrsg.), Völkerrecht und internationales Privatrecht in einem sich globalisierenden internationalen System: Auswirkungen der Entstaatlichung transnationaler Rechtsbeziehungen, S. 427, 446; 4. These zum Referat.

[422] *Brunkhorst, H.*, There Will Be Blood, in: ders., Demokratie in der Weltgesellschaft, S. 99, 107.

[423] *Ders.*, Globalising Democracy Without a State: Weak Public, Strong Public, Global Constitutionalism, Millennium – Journal of International Studies 31 (2002), S. 675, 685.

den eigenen Staat vorgehen zu können. Nach Ansicht von Paulus kann dies als eine der größten Errungenschaften des modernen Völkerrechts angesehen werden.[424] Der Menschenrechtsschutz hat somit eine elementare Bedeutung im modernen Völkerrecht gewonnen und ist zugleich Folge wie Antrieb für den stetigen Umbau vom Koordinations- zum Kooperationsvölkerrecht.[425] Die grundsätzliche Bedeutung der Menschenrechte wird auch nicht durch die Tatsache geschmälert, dass es für jeden Staat schwer bis unmöglich sein dürfte, die „anspruchsvollen Pflichten aus der Gesamtheit der Menschenrechtspakte" vollumfänglich einzuhalten.[426]

Für Kotzur bilden die grundlegenden Menschenrechte ein gutes Beispiel für sogenanntes interkonstitutionelles Recht. Denn der Schutz der grundlegenden Rechte sei sowohl in den meisten Territorialstaaten wesentliches Verfassungsprinzip als auch auf völkerrechtlicher Ebene oberstes Prinzip. Daher wiesen die grundlegenden Menschenrechte eine „völkerrechtlich-interkonstitutionelle Doppelnatur" auf und bildeten einen Grundpfeiler der Konstitutionalisierung.[427] Auch Di Fabio erkennt die Bedeutung der Menschenrechte als Teil des „politischen Weltrechts" an. Über die universelle Geltung der Menschenrechte wachsen der nationale Verfassungsstaat und seine „elementaren Rechtsideen" auf die globale Ebene hinaus, ohne jedoch „eine politische Einheitsform jenseits des rechtlich dirigierten Konzerts freier Staaten zur Verfügung zu haben".[428]

---

[424] *Paulus, A. L.*, The International Legal System as a Constitution, in: Dunoff, J. L./Trachtman, J. P. (Hrsg.), Ruling the World?, S. 69, 103.

[425] *Calliess, C.*, Subsidiaritäts- und Solidaritätsprinzip als rechtliches Regulativ der Globalisierung von Staat und Gesellschaft – dargestellt am Beispiel von EU und WTO, Rechtstheorie 33 (2002), S. 371, 376; *Paulus, A. L./Khan, D.-E.*, Gemeinsame Werte in der Völkerrechtsgemeinschaft?, in: Erberich, I. et. al. (Hrsg.), Frieden und Recht, S. 217, 231; *Friedmann, W.*, The Changing Structure of International Law, S. 45 ff.

[426] *Bryde, B.-O.*, Das Völkerrecht zwischen Konstitutionalisierung, Hegemonie und Renationalisierung, in: Heinrich-Böll-Stiftung (Hrsg.), Die Zukunft des Völkerrechts in einer globalisierten Welt, S. 88, 95.

[427] *Kotzur, M.*, Weltrechtliche Bezüge in nationalen Verfassungstexten, Rechtstheorie 39 (2008), S. 191, 200.

[428] *Di Fabio, U.*, Verfassungsstaat und Weltrecht, Rechtstheorie 39 (2008), S. 399, 407.

Nach Ansicht von Halfmann liegt der Ursprung der Menschenrechte gerade in der „paradoxen vertragstheoretischen Fundierung“ des politischen Systems.[429] Die Rechtssetzung und Rechtsfortbildung des internationalen Rechts werde durch das vermehrte Auftreten und die zunehmende Einflussnahme neuer Akteure, die neben klassische Rechtssetzer träten, verändert. Nach seiner Ansicht nehmen gewisse internationale Konventionen die Stellung von Verfassungen ein.[430]

Die Bedeutung der Menschenrechte hat also in den letzten Jahren und Jahrzehnten zugenommen und sie stellen mittlerweile ein „umfassendes internationales Gemeinwohlprogramm“[431] auf. Trotz zahlreicher Ausnahmen und Verletzungen gilt dies auch für die Akzeptanz sowie für die Ächtung einzelner Staaten und Akteure im Falle der Missachtung. Insofern kann durchaus von einer Globalisierung des Menschenrechtsschutzes gesprochen werden – was jedoch keineswegs automatisch eine Hierarchisierung oder Konstitutionalisierung zur Folge hat. Bryde spricht zwar hinsichtlich der Überwachungsorgane der Menschenrechtspakte von „besonders gute[n] Beispiele[n] für ein konstitutionalisiertes Völkerrecht.“[432] Für Fischer-Lescano hingegen liegen die Gefahren für ein „globales Menschenrecht“ in der „Politisierung des Rechts“ beziehungsweise in der „Kurzschaltung von global remedies durch die Politik“[433]. Globale Menschenrechtsschutzmechanismen arbeiteten meist nicht völlig unabhängig von politischen Entscheidungsgremien. Fischer-Lescano befürchtet mit anderen Worten letztlich eine zu große politische Einflussnahme auf rechtliche Entscheidungen.[434] Die *global remedies* stellten jedoch – bei Ausfall des Rechtsstaats als *local remedy* –

[429] *Halfmann, J.*, Nationalstaat und Recht der Weltgesellschaft, Rechtstheorie 39 (2008), S. 279, 292.

[430] Ebd., S. 295.

[431] *Bryde, B.-O.*, Das Völkerrecht zwischen Konstitutionalisierung, Hegemonie und Renationalisierung, in: Heinrich-Böll-Stiftung (Hrsg.), Die Zukunft des Völkerrechts in einer globalisierten Welt, S. 88, 93.

[432] *Bryde, B.-O.*, Das Völkerrecht zwischen Konstitutionalisierung, Hegemonie und Renationalisierung, in: Heinrich-Böll-Stiftung (Hrsg.), Die Zukunft des Völkerrechts in einer globalisierten Welt, S. 88, 97.

[433] *Fischer-Lescano, A.*, Globalverfassung, S. 246.

[434] Ebd.

die Autopoiesis des Weltrechts dar und seien für eine Konstitutionalisierung des Völkerrechts von zentraler Bedeutung.[435]

Hofmann verweist hingegen auf die Janusgesichtigkeit der Menschenrechte. Denn einerseits stellten diese moralische Normen mit universalem Geltungsanspruch dar. Andererseits seien sie subjektive Rechte, die grundsätzlich der „lokalen Positivierung" durch den jeweiligen Gesetzgeber bedürften.[436]

Die Notwendigkeit dieser lokalen Positivierung ist allerdings bei universellen Menschenrechten stark aufgeweicht. Denn die grundlegenden Rechte sind völkerrechtliches Gewohnheitsrecht und sind zumindest im Kern von der Staatenwelt anerkannt. Richtig ist aber, dass eine effektive Klagemöglichkeit in der Regel von den Staaten garantiert werden muss, insofern ist eine staatliche Positivierung notwendig. Zwar besteht ferner durch regionale Menschenrechtsverträge – etwa der EMRK – eine Klagemöglichkeit losgelöst vom Staat. Derartige Klagemöglichkeiten sind aber von der Zustimmung des Staates in Form des Beitritts beziehungsweise der Ratifizierung eines solchen Vertrages abhängig und existieren regelmäßig nur im „Zentrum" der Weltgesellschaft und nicht in der „Peripherie".[437]

Nach Ansicht von Paulus sind weiterhin die fehlende Kontrolle der internationalen Organisationen und deren Akteure in Bezug auf Menschenrechtsverletzungen problematisch.[438] Als Beispiele seien etwa die „Terrorlisten" des UN-Sicherheitsrates[439] zu nennen sowie die fehlende Kontrolle von Sicherheitsratsresolutionen in Bezug auf etwaige Menschenrechtsverletzungen oder auch das *Behrami*-Urteil[440] des EGMR. So sei für eine Konstitutionalisierung Voraussetzung, dass auch die

---

435 Ebd.

436 *Hofmann, H.*, Rechtsphilosophie nach 1945, S. 58.

437 Vgl. ebd., S. 58 f.

438 *Paulus, A. L.*, The International Legal System as a Constitution, in: Dunoff, J. L./Trachtman, J. P. (Hrsg.), Ruling the World?, S. 69, 104.

439 Siehe *Security Council*, Resolution S/RES/1267 (1999) vom 15.10.1999, sowie die „Kadi-Saga", *EuGH*, Rs. C-402/05 P und C-415/05 P (Kadi und Al Barakaat), Slg. 2008, I-6411.

440 *EGMR*, Urteil vom 2.05.2007 (GK), Application Nr. 71412/01 – Behrami and Behrami v. France; http://hudoc.echr.coe.int./eng?i=001-80830 (zuletzt besucht am 28.08.2015).

internationalen Organisationen und Akteure an vorhandene Menschenrechtsgarantien gebunden sind und diese einhalten. Die Etablierung von Verfahren, die Menschenrechte verletzen, wie etwa das Sanktionskomitee im Zuge der Resolution 1267 sei daher genauso kontraproduktiv für eine Konstitutionalisierung wie das Freizeichnen der handelnden UN-Akteure von der Einhaltung von Menschenrechtsgarantien im *Behrami*-Urteil.[441]

Zudem hält Paulus die Heterogenität in der Weltgesellschaft für kritisch. Er rekurriert zwar nicht auf die Unterscheidung zwischen Zentrum und Peripherie, aber auf die Tatsache, dass zahlreiche demokratische Staaten ebenfalls zahlreichen nichtdemokratischen Staaten gegenüberstehen. Paulus stellt daher auch berechtigterweise die Frage, warum demokratische Staaten die Kontrolle über Menschenrechtsverletzungen durch internationale Organisationen zulassen sollten, in denen auch nichtdemokratische Staaten Mitglied sind und in denen zudem die Gefahr von Menschenrechtsverletzungen höher ist als in demokratisch organisierten Staaten.[442] Weiterhin erscheint ihm zweifelhaft, warum nichtdemokratische Staaten die Verpflichtung zur Achtung von Menschenrechten eingehen sollten, die größtenteils aus der westlichen, liberalen und demokratischen Tradition entstanden sind. Für die Lösung beider Fragen gebe es zwar eine simple Antwort: Staatenkonsens. Denn alle Staaten hätten der UN-Charta und der darin in Art. 1 Abs. 3 und Art. 55 UNC enthaltenen Verpflichtung zur Achtung von Menschenrechten zugestimmt, die meisten darüber hinaus den UN-Menschenrechtspakten.[443]

---

[441] *Paulus, A. L.*, The International Legal System as a Constitution, in: Dunoff, J. L./Trachtman, J. P. (Hrsg.), Ruling the World?, S. 69, 104.

[442] Ebd., S. 103.

[443] Ebd. Bryde spricht in diesem Zusammenhang von einem „Programm" bezüglich des Menschenrechtsschutzes, welches in der UN-Charta angelegt sei. *Bryde, B.-O.*, Das Völkerrecht zwischen Konstitutionalisierung, Hegemonie und Renationalisierung, in: Heinrich-Böll-Stiftung (Hrsg.), Die Zukunft des Völkerrechts in einer globalisierten Welt, S. 88, 93. *Paulus, A. L.*, The International Legal System as a Constitution, in: Dunoff, J. L./Trachtman, J. P. (Hrsg.), Ruling the World?, S. 69, 103f.

Da aber selbst demokratische Staaten dazu, es mit den Menschenrechtsgarantien nicht immer ernst zu nehmen, seien sowohl im nationalen als auch im internationalen Bereich Kontrollmechanismen erforderlich.[444]

b. Demokratisierung

Die demokratische Dimension der Konstitutionalisierung ist bislang recht wenig entwickelt.[445] Dabei stellt das Demokratieprinzip eines der wichtigsten und grundlegenden Prinzipien moderner nationalstaatlicher Verfassungen dar – zumindest in der westlichen Welt[446] Wie Colón-Ríos bemerkt, sind Konstitutionalismus und Demokratie letztlich zwei Seiten einer Medaille – auch wenn Konstitutionalisierung keineswegs gleichzeitig auch eine Demokratisierung bedeutet.[447]

Peters geht sogar einen Schritt weiter und bezeichnet aufgrund der tiefen Verankerung des demokratischen Prinzips als völkerrechtliche Legalitätsanforderung für die interne Staatenorganisation eine Konstitutionalisierung des Völkerrechts ohne eine – wie auch immer geartete – Demokratisierung als unvollständig und wohl auch kaum durchsetzbar.[448] Insofern kann man mit Bryde behaupten, dass einer „Neustruk-

---

[444] Ebd.

[445] *Peters, A.*, Dual Democracy, in: Klabbers, J./dies./Ulfstein, G. (Hrsg.), The Constitutionalization of International Law, S. 296, 296 ff.; *Bellamy, R.*, Political Constitutionalism, S. 141; siehe auch: *Gusy, C.*, Demokratiedefizite postnationaler Gemeinschaften unter Berücksichtigung der Europäischen Union, in: Brunkhorst, H./Kettner, M. (Hrsg.), Globalisierung und Demokratie, S. 131; *Bogdandy, A. von*, Demokratie, Globalisierung, Zukunft des Völkerrechts – eine Bestandsaufnahme, ZaöRV 63 (2003), S. 853, 858 ff.

[446] *Chanos, A.*, Demokratie in der Weltgesellschaft – Inklusion/Exklusion als neuer Metacode?, Rechtstheorie 39 (2008), S. 383.

[447] *Colon-Rios, J. I.*, Weak Constitutionalism, S. 19; *Terhechte, J. P.*, Wandel klassischer Demokratievorstellungen in der Rechtswissenschaft, in: Heinig, H. M./ders. (Hrsg.), Postnationale Demokratie, Postdemokratie, Neoetatismus, S. 193, 204.

[448] *Peters, A.*, Rechtsordnung und Konstitutionalisierung: Zur Neubestimmung der Verhältnisse, ZöR 65 (2010), S. 3, 16.

turierung völkerrechtlicher Legitimität (...) die Repräsentation der Menschen folgen [müsse].“[449]

Andererseits kann man mit Preuß auch die Frage aufwerfen, ob – unter der Prämisse, dass die internationale Sphäre eher anarchisch beziehungsweise heterarchisch organisiert, jedenfalls nicht in „Herrschende/Beherrschte“ unterteilt ist – ein globales Demokratiemodell denklogisch überhaupt funktionieren kann. Jedenfalls dann, wenn man mit Rousseau unter Demokratie eine Herrschaftsformation im Sinne der Identität von Beherrschten und Herrschenden versteht, ist eine solche Frage nicht fernliegend.[450] Systemtheoretisch gesprochen scheint fraglich, ob sich ein politisches System der Weltgesellschaft derart ausdifferenzieren könnte, dass es analog zum nationalstaatlichen Bereich zu der Einführung eines neuen Codes demokratisch/undemokratisch kommen würde. Wahrscheinlicher mutet zunächst an, dass es in seinem weniger komplexen und weniger ausdifferenzierten, eher primitiven Stadium verharren könnte. Mangels Existenz einer Weltöffentlichkeit und eines globalen *demos* bleibt aber dann zu klären, inwieweit und inwiefern Legalitäts- und Legitimitätsanforderungen auf globaler Ebene erfüllt werden könnten.

Schließlich müsste die globale Gesellschaft repräsentiert werden, es müssten Mehrheitsentscheidungen möglich sein und zugleich Verfahrensrechte der Minderheit gewährleistet werden. Zudem dürften Partikularinteressen einzelner Staaten nicht mehr automatisch Vorrang gegenüber den Gemeinschaftsinteressen der Staatenwelt beziehungsweise Weltgesellschaft eingeräumt bekommen.[451] Eine Repräsentation ist einerseits mittelbar über die Zwischenschaltung der Territorialstaaten und die verstärkte Einbindung von Nichtregierungsorganisationen möglich, wäre aber zweifelsohne nicht vollständig und nicht mit den

---

[449] *Bryde, B.-O.*, Das Völkerrecht zwischen Konstitutionalisierung, Hegemonie und Renationalisierung, in: Heinrich-Böll-Stiftung (Hrsg.), Die Zukunft des Völkerrechts in einer globalisierten Welt, S. 88, 101.

[450] *Preuß, U. K.*, Gibt es eine völkerrechtliche Demokratietheorie?, in: Heinig, H. M./Terhechte, J. P. (Hrsg.), Postnationale Demokratie, Postdemokratie, Neoetatismus, S. 169, 170; mehr zu dieser Frage im 5. Kapitel.

[451] *Bryde, B.-O.*, Das Völkerrecht zwischen Konstitutionalisierung, Hegemonie und Renationalisierung, in: Heinrich-Böll-Stiftung (Hrsg.), Die Zukunft des Völkerrechts in einer globalisierten Welt, S. 88, 101.

demokratischen Prozessen in einem Territorialstaat zu vergleichen.[452] In diese Richtung argumentiert auch Frowein, wenn er hinsichtlich der Berücksichtigung „demokratischer und rechtsstaatlicher Strukturen" von einer „angemessene[n] Entwicklung der Konstitutionalisierung" spricht.[453] Auch Peters fordert die Einführung von demokratischen Verfahren auf allen Ebenen des Regierens sowie die Festigung innerstaatlicher demokratischer Strukturen, was zumindest zu einer mittelbaren Demokratisierung des Völkerrechts führen könnte.[454] Denn würden auf nationaler Ebene in allen Staaten demokratische Strukturen geschaffen, so ist davon auszugehen, dass dies auch Auswirkungen auf die demokratischen Strukturen der globalen Ebene hätte. In der Folge könnte die derzeitige Entkopplung von Demokratie und Verfassung im globalen Rahmen auch wieder aufgehoben werden.[455]

Allerdings wäre selbst bei vollständiger nationalstaatlicher Demokratisierung ein globales Mindestniveau an demokratischer Legitimität aufgrund der eher „oligarchischen als gleichberechtigten zwischenstaatlichen Beziehungen" kaum zu erreichen.[456]

Nach Ansicht von Peters führte auch das Konzept der „Legitimationsketten" nicht zum gewünschten Ergebnis, da es ein erheblicher Unterschied sei, ob Bürger ihre Vertreter auf globaler Ebene direkt wählten oder ob nationale Vertreter seitens der durch die nationalen Parlamente legitimierten Regierungen in internationale Organisationen gesendet würden. Denn die „Summe der nationalen Wähler bildet noch keine globale Wählerschaft."[457] Zudem ist problematisch, dass viele Bürger,

---

[452] *Paulus, A. L.*, The International Legal System as a Constitution, in: Dunoff, J. L./Trachtman, J. P. (Hrsg.), Ruling the World?, S. 69, 95.

[453] *Frowein, J. A.*, Konstitutionalisierung des Völkerrechts, in: Dicke, K./Hummer, W./Girsberger, D. (Hrsg.), Völkerrecht und internationales Privatrecht in einem sich globalisierenden internationalen System: Auswirkungen der Entstaatlichung transnationaler Rechtsbeziehungen, S. 427, 446; 2. These zum Referat.

[454] *Peters, A.*, Rechtsordnung und Konstitutionalisierung: Zur Neubestimmung der Verhältnisse, ZöR 65 (2010), S. 3, 17.

[455] Siehe zur Entkopplung: *Schmidt, R.*, Verfassung und Verfassungskultur, in: Bach, M. (Hrsg.), Der entmachtete Leviathan, S. 281, 300.

[456] *Peters, A.*, Rechtsordnung und Konstitutionalisierung: Zur Neubestimmung der Verhältnisse, ZöR 65 (2010), S. 3, 17.

[457] Ebd.

nämlich die jeweilige Minderheit im demokratischen Prozess der einzelnen Staaten, auf internationaler Ebene durch die Zwischenschaltung der Territorialstaaten überhaupt nicht repräsentiert würden.[458]

Denn anders als in nationalen Parlamenten, denen auch Vertreter der jeweiligen Minderheit angehören, würden den internationalen Gremien womöglich nur Vertreter der Exekutive der Nationalstaaten, mithin also nur Vertreter der Mehrheit angehören. Gerade in Staaten mit schwach ausgeprägten demokratischen und rechtsstaatlichen Strukturen bestünde die Gefahr des dauerhaften Ausschlusses vom demokratischen Entscheidungsprozess auf globaler Ebene, mithin die dauerhafte Exklusion. Dies wäre mit einer globalen Demokratie kaum vereinbar. Denn maßgeblich bei all diesen Überlegungen ist die Differenz zwischen Inklusion und Exklusion. Eine Demokratisierung auf Ebene der Weltgesellschaft kann nur funktionieren, wenn es gelingt, grundsätzlich alle Betroffenen auf die Seite der Inklusion zu bekommen und ihnen daher die – wie auch immer gearteten – gleichen oder vergleichbaren Partizipationsmöglichkeiten zuteilwerden zu lassen.

Daher ist, um von einer globalen Demokratie sprechen zu können, auch ein gewisses Maß an deliberativer Demokratie erforderlich.[459] Alle Individuen müssten unmittelbar als Weltbürger, nicht nur mittelbar als Staatsbürger, Partizipationsmöglichkeiten haben und über globale, demokratische Verfahren mitbestimmen können. Diese Deliberation vom Nationalstaat und seinen Strukturen kann aber graduell erfolgen und muss nicht notwendigerweise in einem – wohl utopischen – Weltparlament enden.[460]

Die beschriebenen Mindestanforderungen könnten beispielsweise auch durch eine Kombination von deliberativen und staatsorganisierten Elementen erfüllt werden. Nach Ansicht von Peters weist das „duale Modell“, das heißt die Verbindung von deliberativen Elementen mit inner- und zwischenstaatlichen Elementen aber auch grundlegende Probleme auf. Letztlich wird Demokratie auf globaler Ebene durch das duale Modell mit souveränen Staaten niemals mit den demokratischen Pro-

---

[458] *Paulus, A. L.*, The International Legal System as a Constitution, in: Dunoff, J. L./Trachtman, J. P. (Hrsg.), Ruling the World?, S. 69, 96.

[459] Ebd., S. 96; *Peters, A.*, Rechtsordnung und Konstitutionalisierung: Zur Neubestimmung der Verhältnisse, ZöR 65 (2010), S. 3, 18.

[460] Siehe hierzu: *Habermas, J.*, Hat die Konstitutionalisierung des Völkerrechts noch eine Chance?, in: ders. (Hrsg.), Der gespaltene Westen, S. 113.

zessen in einem Territorialstaat vergleichbar sein. Dies heißt aber nicht, dass eine möglichst weitgehende Demokratisierung internationaler Organisationen und globaler Entscheidungsprozesse sowie die größtmögliche Einbeziehung aller Betroffenen nicht wünschenswert und möglich wären.[461] Auch Habermas fordert ein Netzwerk demokratischer Institutionen, um die Souveränitäts- und Legitimitätsverluste der Nationalstaaten auszugleichen. In einer „inderdependenten Weltgesellschaft" müsste seiner Ansicht nach ein derartiges Netzwerk von einem Parlament und vor allem von einer vitalen Öffentlichkeit mit einer globalen, die Territorialgrenzen überwindenden Meinungs- und Willensbildung getragen werden. Das Entstehen einer wirklich transnationalen Öffentlichkeit ist für Habermas dabei essenziell, um einen gemeinsamen Verfassungspatriotismus, der nicht an Staatsgrenzen haltmacht, zu etablieren. Nur über diesen Prozess sei der Zustand einer demokratischen Weltbürgergesellschaft ohne Weltregierung zu erreichen – über eine kosmopolitische Verbindung von Weltbürgern.[462]

Ein derartiger Prozess steht aber – wenn überhaupt – erst im Anfangsstadium seiner Entwicklung. Denn weder breiten sich demokratische Strukturen in den Nationalstaaten aus, noch ist eine fortschreitende Demokratisierung der Entscheidungsprozesse in internationalen Organisationen erkennbar. Zu nennen ist hier beispielsweise das weiterhin bestehende Vetorecht der fünf ständigen Mitglieder des UN-Sicherheitsrates.

Schließlich sind deliberative Elemente auf globaler Ebene kaum bis gar nicht vorhanden. Ist schon eine stärkere Einbindung direktdemokratischer Verfahren auf nationaler Ebene schwer umzusetzen, erscheint eine direkte Partizipationsmöglichkeit ohne den Staat als Mittler beziehungsweise „Repräsentant" auf globaler Ebene als aussichtslos. Notwendig wäre hierfür unter anderem eine wirkungsvolle und funktionierende globale Öffentlichkeit, in der Probleme gemeinsam und in gleicher Intensität wahrgenommen und diskutiert werden. Zwar sind erste Anzeichen für das Entstehen einer solchen globalen Öffentlichkeit und einer globalen Problemwahrnehmung im Hinblick den Klimaschutz

[461] Vgl. auch *Paulus, A. L.*, The International Legal System as a Constitution, in: Dunoff, J. L./Trachtman, J. P. (Hrsg.), Ruling the World?, S. 69, 97.

[462] *Habermas, J.*, Im Sog der Technokratie; siehe auch: SZ vom 17.07.2013, S. 14.

und Naturkatastrophen erkennbar, doch auch hier ist dies allenfalls rudimentär vorhanden.

Das Entstehen einer Konstitutionalisierung über gemeinsame Werte hinsichtlich demokratischer Prinzipien ist daher ebenfalls abzulehnen.

c. Rechtsstaatlichkeit/*rule of law*

Neben dem Demokratieprinzip ist das Rechtsstaatsprinzip beziehungsweise die *rule of law* ein weiterer Grundpfeiler nationalstaatlicher Verfassungen – zumindest westlicher Prägungsart.[463] Nichts anderes kann auch für jede Verfassungsentwicklung auf globaler Ebene gelten. Denn ohne eine globale *rule of law* oder Rechtsstaatlichkeit wäre eine globale, konstitutionelle Rechtsordnung mangels Rechtssicherheit, Verlässlichkeit und umfassender Geltung sicher nicht möglich.

Koskenniemi versteht unter der *rule of law* Folgendes:

> „The rule of law (...) approaches the task of judging within the narrow space between fixed textual understandings (positivism) on the one hand, and predetermined functional objectives (naturalism) on the other, without endorsing the proposition that the decisions emerge from a ‚legal nothing' (decisionism).“[464]

Die genaue Abgrenzung von Rechtsstaatsprinzip und *rule of law* sowie der exakte Inhalt der Prinzipien ist zwar umstritten.[465] Mittlerweile werden aber nicht nur in Staaten hohe Erwartungen hinsichtlich der Einhaltung von rechtsstaatlichen Mindeststandards gesetzt, sondern auch an internationale Organisationen und andere transnationale Ak-

---

[463] Siehe hierzu z.B. *Koskenniemi, M.*, The Politics of International Law, EJIL 4 (1990), S. 1, 7 ff.; 27 ff.

[464] *Ders.*, Constitutionalism as Mindset, Theoretical Inquiries in Law 8 (2007), S. 9, 12.

[465] Siehe allgemein *Zürn, M./Nollkaemper, A./Peerenboom, R. P.* (Hrsg.), Rule of Law Dynamics in an Era of International and Transnational Governance; *dies.*, Introduction: Rule of Law Dynamics in an Era of International and Transnational Governance, in: dies. (Hrsg.), Rule of Law Dynamics in an Era of International and Transnational Governance, S. 1, 1 ff.; 16 f.; *dies.*, Conclusion: From Rule of Law Promotion to Rule of Law Dynamics, in: dies. (Hrsg.), Rule of Law Dynamics in an Era of International and Transnational Governance, S. 305, 305 f.

teure.[466] Mit Paulus kann man aber festhalten, dass das Rechtsstaatsprinzip die institutionelle Komponente betont, während *rule of law* eher auf die inhaltliche, begrenzende Funktion abstellt.[467] Der Inhalt ist bei beiden Begriffen jedoch weitgehend derselbe. Dazu zählten neben der Vermeidung von Willkür die Gleichheit eines jeden vor dem Gesetz, die Bestimmtheit und Klarheit von Gesetzen, der Gesetzesvorbehalt sowie der Gesetzesvorrang.[468]

Darüber hinaus bilden Verfahrensnormen und materielle Normen wie etwa die effektive Garantie von Grund- und Menschenrechten die Basis des Rechtsstaates, der wiederum durch sie gebunden ist.[469] Festzuhalten gilt dabei, dass weder die *rule of law* noch das Rechtsstaatsprinzip in der hier verstandenen Bedeutung Staatlichkeit im Sinne der Drei-Elemente-Lehre von Jellinek und Weber voraussetzt.

Einige Autoren gehen darüber hinaus und schreiben dem Grundsatz der *rule of law* einen weltweiten Prinzipiencharakter zu. Mit dem Slogan „rule of law, not men"[470] fordern sie eine grundsätzliche Herrschaft des Rechts im Sinne von materiellen und formellen sowie institutionellen Rechtsgarantien im Gegensatz zur politischen Machtausübung von

---

[466] *Gemkow, T./Zürn, M.*, Constraining International Authority through the Rule of Law, in: Zürn, M./Nollkaemper, A./Peerenboom, R. P. (Hrsg.), Rule of Law Dynamics in an Era of International and Transnational Governance, S. 68, 60.

[467] *Paulus, A. L.*, The International Legal System as a Constitution, in: Dunoff, J. L./Trachtman, J. P. (Hrsg.), Ruling the World?, S. 69, 97.

[468] Ebd., S. 97; siehe auch *Chesterman, S.*, An International Rule of Law?, Am.J.Comp.L. 56 (2008), S. 331, 344 f.; *Lord Bingham*, The Rule of Law, The Sixth Sir David Williams Lecture, given at Cambridge, 16.11.2006, S. 10; http://www.cpl.law.cam.ac.uk/Legacy/Media/THE%20RULE%20OF%20LAW%202006.pdf (zuletzt besucht am 17.08.2017); *Fallon, R. H. Jr.*, „The Rule of Law" as a Concept in Constitutional Discourse, Columbia Law Review 97 (1997), S. 1, 7 f.

[469] *Paulus, A. L.*, The International Legal System as a Constitution, in: Dunoff, J. L./Trachtman, J. P. (Hrsg.), Ruling the World?, S. 69, 98; *Lord Bingham*, The Rule of Law, The Sixth Sir David Williams Lecture, given at Cambridge, 16.11.2006, S. 20; http://www.cpl.law.cam.ac.uk/Legacy/Media/THE%20RULE%20OF%20LAW%202006.pdf (zuletzt besucht am 17.08.2017).

[470] *Kotzur, M.*, Weltrechtliche Bezüge in nationalen Verfassungstexten, Rechtstheorie 39 (2008), S. 191, 210; *Hofmann, H.*, Geschichtlichkeit und Universalitätsanspruch des Rechtsstaats, Der Staat 34 (1995), S. 1 ff., 12 ff.

Individuen. Daher ist auch die Anerkennung von rechtsstaatlichen Prinzipien eine unabdingbare Voraussetzung für eine globale, rechtlich strukturierte Gesellschaft und Gemeinschaft.[471]

Nach Ansicht von Fischer-Lescano ist die globale *rule of law* ein Synonym für das Prinzip von Nähe und Abstand zwischen den beiden funktional ausdifferenzierten Systemen *global law* und *global governance*, also dem globalen Rechtssystem und dem globalen Politiksystem.[472] Fischer-Lescano knüpft dabei zum Teil an die Terminologie von Luhmann an. Denkt man dies weiter, könnte die *rule of law* zur strukturellen Kopplung zwischen dem globalen Politik- und Rechtssystem werden.

Eine zweite wichtige Komponente einer globalen *rule of law* müsste der Schutz und die Durchsetzung von Individualrechten sein. Anderenfalls würden die inhaltlichen Komponenten nicht erfüllt werden. Denn untrennbar mit der Gleichheit vor dem Gesetz und der „Rechtsherrschaft" verbunden sind zumindest nach westlichem Verständnis der Schutz der Individualrechte, allen voran der grundlegenden Menschenrechte. Auf globaler Ebene ist aber beides bestenfalls unzureichend und nur in Ansätzen gewährleistet. Paulus argumentiert, dass Konflikte auf Staatenebene nicht viel anders als im 19. Jahrhundert gelöst würden, da der zuständige Internationale Gerichtshof (Art. 92 UNC) keine weitreichenden Jurisdiktionsbefugnisse habe. Auch die Möglichkeit, Gutachten zu erstellen (Art. 96 UNC), ändere daran angesichts der fehlenden rechtlichen Verbindlichkeit wenig. Ausnahmen bestünden nur im WTO-Recht, im internationalen Strafrecht sowie im Investitionsschutzrecht und über regionale Menschenrechtssysteme, aufgrund derer alleine rechtsverbindliche Entscheidungen zwischen Staaten und Individuen getroffen werden könnten.[473] In diesem Bereich ist ein globales Rechtsstaatlichkeitsprinzip, das die hohen, aus den Nationalstaaten westlicher Prägung abgeleiteten Anforderungen erfüllen könnte, allenfalls rudimentär vorhanden. Gerade im Bereich des Individualschutzes besteht ein großes Manko.

---

[471] So *Watts, A.*, The International Rule of Law, GYIL 36 (1993), S. 15 ff., 26 ff.

[472] *Fischer-Lescano, A.*, Globalverfassung, S. 232.

[473] *Paulus, A. L.*, The International Legal System as a Constitution, in: Dunoff, J. L./Trachtman, J. P. (Hrsg.), Ruling the World?, S. 69, 99.

Allerdings ist fraglich, inwieweit dieses in absehbarer Zeit behoben werden könnte. Denn wie Paulus darlegt, ist auf globaler Ebene weniger das Fehlen entsprechender Normen das Problem, sondern vielmehr der nicht vorhandene Durchsetzungs- und Sanktionsmechanismus.[474] Eine globale Rechtsdurchsetzungskultur sei jedoch zumindest nicht in kohärenter und kontingenter Form vorhanden. Um von einer Konstitutionalisierung in diesem Bereich sprechen zu können, müsste allerdings „international adjucation" auch durch eine „global democracy" kontrolliert werden – dazu müsste möglichst für alle Akteure eine demokratische Teilhabe gewährleistet werden.[475] Dies ist jedoch ebenfalls nur in Ansätzen gegeben. So muss auch generell festgestellt werden, dass die *rule of law* als meist nur unzulänglich umgesetztes Ideal existiert und die Umsetzung und Etablierung einen langfristigen Prozess mit großen Unwägbarkeiten darstellt.[476]

Fraglich ist jedoch ganz generell, ob eine globale *rule of law* überhaupt ein erstrebenswertes Ziel ist oder ob sie vielmehr eine eher untergeordnete Rolle spielt. Wie Raz bemerkt, ist die *rule of law* ohnehin lediglich dazu da, um die negativen Auswirkungen und Schäden, die bei der Rechtsfortentwicklung vor allem bezüglich der Freiheit und Würde des Einzelnen entstehen, zu minimieren („designed to minimize the harm to freedom and dignity which the law may cause in the pursuit of its goals").[477] Allerdings ist diese Ansicht als höchst fragwürdig anzusehen, ja abzulehnen. Selbst wenn man der *rule of law* in Teilen – etwa im Bereich des Individualschutzes – eine untergeordnete Rolle zuschreiben mag, so ist sie doch zweifelsohne Kernelement einer effektiven Willkürkontrolle. Wie Aust und Nolte herausarbeiten, haben sich die normativen Erwartungen der Staaten an die *rule of law* in den letzten Jahren erheblich gewandelt. So kann die *rule of law* als „minimum stan-

---

[474] Ebd.

[475] Ebd.

[476] *Zürn, M./Nollkaemper, A./Peerenboom, R. P.*, Conclusion: From Rule of Law Promotion to Rule of Law Dynamics, in: dies. (Hrsg.), Rule of Law Dynamics in an Era of International and Transnational Governance, S. 305, 322 f.

[477] *Raz, J.*, The Rule of Law and its Virtue, in: ders. (Hrsg.), The Authority of Law, S. 210, 228.

dard of justice“ angesehen werden und als Grundvoraussetzung für die Bereitstellung und Ausübung von Hoheitsgewalt.[478]

Insgesamt ist aber – auch wenn der genaue Inhalt und die Gewichtung der oben genannten Kerninhalte einer globalen (wie auch nationalen) *rule of law* umstritten sind – zumindest eine ausreichende gemeinsame Basis für eine ungefähre Bestimmung vorhanden.[479] Wie Chesterman bemerkt, wird der Begriff sowohl als Synonym für „Recht“ und „Legalität“ gebraucht als auch mit weitergehenden Gerechtigkeitsauffassungen oder gar mit dem politischen Ideal einer Gesellschaft in Zusammenhang gebracht.[480]

Schließlich kann man die *rule of law* wie folgt zusammenfassen: Sie ist eben mehr Prinzip als Regel; vielleicht sogar eher ein nicht erreichbares Ideal, das dennoch als Richtschnur für Normen und Normenkomplexe dienen kann.[481] Um entscheidend zu einer Konstitutionalisierung des Völkerrechts beitragen zu können, ist sie jedoch inhaltlich zu unbestimmt.

d. Klimaschutz

Auch der Klimaschutz könnte einen gemeinsamen Grundkonsens darstellen und somit helfen, eine globale Verfassungskultur zu entwickeln.[482]

---

[478] *Aust, H. P./Nolte, G.*, International Law and the Rule of Law at the National Level, in: Zürn, M./Nollkaemper, A./Peerenboom, R. P. (Hrsg.), Rule of Law Dynamics in an Era of International and Transnational Governance, S. 48, 48, 51.

[479] *Fallon, R. H. Jr.*, „The Rule of Law“ as a Concept in Constitutional Discourse, Columbia Law Review 97 (1997), S. 1, 1 ff.; 7; 55.

[480] *Chesterman, S.*, An International Rule of Law?, ASCL 56 (2008), S. 331, 332 f.

[481] Vgl. auch: *Fallon, R. H. Jr.*, „The Rule of Law“ as a Concept in Constitutional Discourse, Columbia Law Review 97 (1997), S. 1, 23 f.

[482] *Schmidt, R.*, Verfassung und Verfassungskultur, in: Bach, M. (Hrsg.), Der entmachtete Leviathan, S. 281, 299.

aa. Werte

Zwar ist der Bereich des Klima- beziehungsweise Umweltschutzes ein relativ neuer Bereich des internationalen Rechts.[483] Mit den Grundprinzipien des Umweltvölkerrechts wie der Intergenerationengerechtigkeit, dem Vorsorgeprinzip oder dem nachhaltigen Handeln im Allgemeinen existieren jedoch auch umweltrechtliche Prinzipien, die zu mehr Legitimität völkerrechtlichen Handelns und zur Konstitutionalisierung des Völkerrechts insgesamt beitragen könnten.[484]

In den letzten Jahrzehnten ist jedenfalls der Abschluss zahlreicher Abkommen im Bereich des Umweltschutzes zu beobachten. Zu nennen ist hier allen voran die Klimakonvention (Rahmenabkommen von Rio de Janeiro von 1992 und Kyoto-Protokoll von 1997), das internationale Abkommen über den Schutz der Ozonschicht (Wiener Konvention von 1985, Montrealer Protokoll von 1987 sowie die Zusätze zu den Montrealer Protokollen von London 1990, Kopenhagen 1992 und Wien 1995) oder das Übereinkommen der Vereinten Nationen über biologische Vielfalt (Vertragsabschluss 1992 in Rio de Janeiro und nachfolgende Vertragsstaatenkonferenzen).[485]

Sowohl in der Klimakonvention von Rio aus dem Jahr 1992 als auch im Kyotoer Protokoll von 1997 wurden gemeinsame Werte in den Vertragstext aufgenommen. Demnach beziehen sich die Vertragspartner neben der gemeinsamen, wenn auch unterschiedlich ausgeprägten, Verantwortung hinsichtlich des Umweltschutzes und des Vorsorgeprinzips auch auf das Prinzip der Intergenerationengerechtigkeit.[486]

---

[483] *Johnston, D. M.*, World Constitutionalism in the Theory of International Law, in: Macdonald, R. St. J./ders. (Hrsg.), Towards World Constitutionalism, S. 3, 10.

[484] Siehe hierzu auch *Bodansky, D. M.*, Is There an International Environmental Constitution?, Indiana Journal of Global Legal Studies 16 (2009), S. 565, 565 ff.

[485] *Voigt, R.*, Weltrecht – Entsteht eine „Dritte Rechtsordnung"?, Rechtstheorie 39 (2008), S. 357, 373.

[486] Siehe z.B. *Koskenniemi, M.*, The Politics of International Law, S. 343.

bb. Durchsetzungsproblematik

Höchst problematisch ist aber auch hier die Durchsetzung der vereinbarten Ziele, denn ein wirkungsvoller Sanktionsmechanismus existiert nicht. Zwar wurden Sekundärnormen für den Fall der Nichteinhaltung der Ziele vereinbart; die meisten Parteien stimmten jedoch keinem unabhängigen Sanktionsregime zu, sondern gestatteten lediglich eine informelle Instanz. Somit bleibt es auch hier bei Verstößen gegen die vereinbarten Ziele bei einem Prozess des Ausgleichens und Anpassens.[487] Im Übrigen werden die grundsätzlich vorhandenen gemeinsamen Werte im Konfliktfall mit realpolitischen und wirtschaftlichen Erwägungen oftmals nur nachrangig behandelt und müssen zurückstehen, wie das Beispiel des Scheiterns der Convention on the Conservation of Antarctic Marine Living Resources (CCAMLR) hinsichtlich der Einrichtung eines Meeresschutzgebietes in der Antarktis zeigt.[488]

cc. Zusammenfassung

Auch im Bereich des Klimaschutzes sind daher gemeinsame Werte als Ausgangspunkt für eine konstitutionelle Entwicklung oder gar eine Hierarchisierung des Völkerrechts allenfalls nur in Ansätzen vorhanden und zudem noch schwächer ausgeprägt als zum Beispiel im Bereich des Menschenrechtsschutzes.

e. Verfahrensnormen und Rechtserzeugungsregeln

Staaten haben sich nicht nur auf Fundamentalregeln, sondern auch auf bestimmte prozedurale Regeln zur Rechtserzeugung geeinigt. Nach Ansicht Cremers enthält das Völkerrecht gewisse prozedurale Normen, durch die die Staaten verpflichtet seien, in einen Diskurs zu treten.[489] Bryde zählt neben Grundprinzipien auch die Regeln über „Entstehung, Anwendung und Auslegung“ von materiellrechtlichen Normen als Teil

---

[487] Ebd.

[488] Siehe Kommission für die Erhaltung der lebenden Meeresschätze in der Antarktis (CCAMLR).

[489] Dazu *Cremer, H.-J.*, Völkerrecht – Alles nur Rhetorik?, ZaöRV 67 (2007), S. 267, 292 f.

einer Völkerrechtsverfassung auf.[490] Darüber hinaus seien entsprechende Verfahren von herausragender Bedeutung, da insbesondere die Anerkennung von Gemeinschaftsinteressen und die „Bindung politischer Akteure an offene Prinzipien" Verfahren erfordere, im Rahmen derer diese Prinzipien und Interessen diskutiert und kontrolliert würden.[491]

Auch Carrozza ist der Ansicht, die Krise des postmodernen Konstitutionalismus könne durch eine Rückbesinnung auf gemeinsame Verfahren bewältigt werden. Diese prozeduralen Normen könnten seiner Ansicht nach in Techniken zum „communicative and relational decision-making" bestehen.[492] Ebenso ist Paulus der Auffassung, dass ein gewisser Zusammenhalt über gemeinsame Werte sowie gemeinsame Verfahrensnormen, etwa zur Entscheidungsfindung, bestehe.[493] Die Verfahrensnormen können vor allem in Kombination mit inhaltlichen Werten sowie der *rule of law* eine entscheidende Rolle bei einer Konstitutionalisierung einnehmen.

f. Zusammenfassung

Zusammenfassend ist zu konstatieren, dass im Grundsatz einige Werte auf globaler Ebene anerkannt sind, die auch auf nationaler Ebene wichtige Verfassungsprinzipien darstellen.

Zumeist sind diese allerdings erst im Entstehen begriffen und nur in rudimentärer Form vorhanden. Zudem ist die Umsetzung und Durchsetzung auf internationaler Ebene meist problematisch.[494] Ein dem

---

[490] *Bryde, B.-O.*, Das Völkerrecht zwischen Konstitutionalisierung, Hegemonie und Renationalisierung, in: Heinrich-Böll-Stiftung (Hrsg.), Die Zukunft des Völkerrechts in einer globalisierten Welt, S. 88, 91.

[491] Ebd., S. 95.

[492] *Carrozza, P.*, Constitutionalism's Post-Modern Opening, in: Loughlin, M. (Hrsg.), The Paradox of Constitutionalism, S. 171, 185; siehe zu dieser Thematik auch allgemein: *Michelman, F.*, Constitutionalism as Proceduralism: A Glance at the Terrain, in: Christodoulidis, E. A./Tierney, S. (Hrsg.), Public Law and Politics, S. 141, 141 ff.

[493] *Paulus, A. L.*, Subsidiarity, Fragmentation and Democracy: Towards the Demise of General International Law?, in: Shany, Y./Broude, T. (Hrsg.), The Shifting Allocation of Authority in International Law, S. 193, 211.

[494] *Paulus, A. L.*, The International Legal System as a Constitution, in: Dunoff, J. L./Trachtman, J. P. (Hrsg.), Ruling the World?, S. 69, 106.

Rechtscode übergeordneter, auch das politische System bindender neuer Super- oder Metacode ist dadurch jedenfalls nicht entstanden.

Dass sich dies in absehbarer Zukunft ändern wird, ist mangels Bereitschaft der Staaten mehr als fraglich. Die Forderung einzelner Völkerrechtler, die Anerkennung gemeinsamer Prinzipien und Gemeinschaftsinteressen sei für die Zukunftsfähigkeit des Völkerrechts von „fundamentaler Bedeutung“ und essenziell für die „Zukunfts- und Überlebensprobleme“ der globalisierten Weltgesellschaft, wird daher möglicherweise an den Individualinteressen einzelner Staaten zerschellen.[495]

Gerade im Hinblick auf die Existenz gemeinsamer Werte sollte der Maßstab, der zur Bestimmung einer Konstitutionalisierung angelegt wird, allerdings nicht zu hoch sein. Denn in vielen Bereichen sind bereits Werte und Prinzipien vorhanden, die konstitutionelle Aufgaben erfüllen und damit eine Konstitutionalisierung in Gang gebracht haben – wenn auch in einer derzeit noch unterkomplexen, „primitiven“ Art und Weise. Nichtsdestoweniger ist eine solche Entwicklung festzustellen. Zudem ist eine derartige Sichtweise in Form eines „constitutional reading of the constitutive instruments of international organizations“[496] auch zweckmäßiger denn eine Überfrachtung der Anforderungen. Dies könnte nach Ansicht von Paulus zu einem System von *checks and balances* führen, das weder den Menschenrechtsschutz noch die Staatensouveränität außer Acht ließe. Deliberation und die Einbeziehung möglichst aller *stakeholder* könnte außerdem eine größere Akzeptanz und Legitimation bewirken. Schließlich wäre ein Ausgleich zwischen den Systemen möglich und zumindest eine *rule of law* und nicht eine „rule of men oder rule of power“.[497]

Der wertebasierte Ansatz wird jedoch auch in vielerlei Hinsicht kritisiert. Hauptkritikpunkte sind zum einen die Unbestimmtheit dieser Werte (gut zu sehen am Beispiel des *ius cogens*), zum anderen die Aussagekraft solcher Werte in Konfliktfällen. Nach Ansicht von Teubner und Fischer-Lescano verlieren solche Werte ihren „Wert“ – das heißt ihre rechtliche Aussagekraft – genau dann, wenn es am Notwendigsten

---

[495] *Bryde, B.-O.*, Das Völkerrecht zwischen Konstitutionalisierung, Hegemonie und Renationalisierung, in: Heinrich-Böll-Stiftung (Hrsg.), Die Zukunft des Völkerrechts in einer globalisierten Welt, S. 88, 93.

[496] *Paulus, A. L.*, The International Legal System as a Constitution, in: Dunoff, J. L./Trachtman, J. P. (Hrsg.), Ruling the World?, S. 69, 108.

[497] Ebd., S. 109.

wäre: im Konfliktfall.[498] Letztlich helfe auch ein Ausbalancieren der jeweiligen Normen und Werte im Sinne einer praktischen Konkordanz wenig. Sinnvoll sei daher eine Unterscheidung des Rechtlichen vom Nicht-Rechtlichen. Denn letztlich kämen in den unterschiedlichen Subsystemen unterschiedliche Auffassungen zum Tragen, was die gemeinsamen Werte bedeuteten. So sei der Inhalt des Wertes „Freiheit" aus der moralischen Perspektive etwas völlig anderes als die Freiheit des Welthandels.[499]

Weiterhin kritisieren Teubner und Fischer-Lescano, dass – wenn unter „Weltrecht" nur die universellen Werte verstanden würden – das Weltrecht sehr eingeengt werde und eine Vielzahl an sozialen Phänomenen unbeachtet bliebe.[500] Eng mit der Frage nach Gemeinschaftsinteressen verbunden ist nach Ansicht von Bryde auch der Aufbau von entsprechenden Institutionen – denn „die Anerkennung eines Gemeinschaftsinteresses verlang[e] Foren, in denen es definiert [werde]."[501]

V. Schlussfolgerungen

Wie steht es nun um einen globalen Konstitutionalismus? Stellt die Konstitutionalisierung des Völkerrechts eine „realistische Utopie"[502] beziehungsweise eine „legitimization institution"[503] dar?

Ist „the best way of promoting a World Constitution (...) to promote a World Constitutionalism"[504]? Oder ist ein Weltstaat als neues Verfas-

---

[498] *Teubner, G./Fischer-Lescano, A.*, Reply to Andreas L. Paulus, Mich J Int'l L 25 (2004), S. 1059, 1066.

[499] Ebd., S. 1067.

[500] Ebd., S. 1070.

[501] *Bryde, B.-O.*, Das Völkerrecht zwischen Konstitutionalisierung, Hegemonie und Renationalisierung, in: Heinrich-Böll-Stiftung (Hrsg.), Die Zukunft des Völkerrechts in einer globalisierten Welt, S. 88, 95.

[502] *Diggelmann, O./Altwicker, T.*, Is There Something Like a Constitution of International Law?, ZaöRV 68 (2008), S. 623, 648 (Übersetzung durch den Autor dieser Arbeit).

[503] Siehe ebd., S. 650; die Autoren sprechen einer Konstitutionalisierung keinen regulierenden Effekt, sondern einen bloßen konstitutiven Effekt zu.

sungsobjekt nicht einmal mehr ein Wunschtraum?[505] Ist auf globaler Ebene wirklich eine neuartige Gesamtrechtsordnung am Entstehen, oder entwickeln sich vielmehr lediglich verschiedene Teilrechtsordnungen?[506] Rein von der Faktenlage her ist dies sicher schwer zu beurteilen.[507]

Festzuhalten ist jedenfalls, dass eine hierarchisch organisierte „Weltverfassung" derzeit als utopisches Ideal betrachtet werden muss. Analogieschlüsse von nationalen Verfassungen zu einer vergleichbaren Verfassung auf globaler Ebene verbieten sich daher. Letztlich kann daher weder von einem Konstitutionalismus noch von einer weit vorangeschrittenen Konstitutionalisierung mit dem Endergebnis einer hierarchischen Weltverfassung gesprochen werden. Dazu fehlt es an substanziellen konstitutionellen Instrumenten beziehungsweise Institutionen. Die Vereinten Nationen vermögen diese Rolle genauso wenig zu übernehmen wie andere Organisationen. Und ohne demokratische Teilhabemöglichkeiten oder rechtsstaatliche Verfahren ist eine Konstitutionalisierung ohnehin kaum denkbar.[508] So darf mit Tomuschat auch nicht der Begriff der internationalen Gemeinschaft als „Nukleus" eines möglichen zukünftigen Weltstaats angesehen werden.[509]

Realistischer erscheint vielmehr eine Konstitutionalisierung über gemeinsame Werte und Prinzipien, auch wenn diese nur in rudimentärer Form existieren. Das zu erreichende Niveau an Verfassungsqualität wäre somit zweifelsohne weitaus geringer als auf nationaler Ebene. Die internationale Rechtsordnung wird sich daher auch in Zukunft nicht als hierarchisierte Zentralordnung darstellen, sondern vielmehr weiterhin

---

[504] *D'Souza, C.*, World Constitutionalism, in: D'Souza, A. A./ders. (Hrsg.), World Constitutionalism, S. 1, 4.

[505] So Teubner, der den Weltstaat als „schlechte Utopie" bezeichnet, *Teubner, G.*, Verfassungsfragmente, S. 22.

[506] *Schmidt, R.*, Verfassung und Verfassungskultur, in: Bach, M. (Hrsg.), Der entmachtete Leviathan, S. 281, 300.

[507] So auch: *Diggelmann, O./Altwicker, T.*, Is There Something Like a Constitution of International Law?, ZaöRV 68 (2008), S. 623, 631, die von einem „sub-text" bezüglich der Konstitutionalisierung sprechen.

[508] *Paulus, A. L.*, The International Legal System as a Constitution, in: Dunoff, J. L./Trachtman, J. P. (Hrsg.), Ruling the World?, S. 69, 108.

[509] *Tomuschat, C.*, Weltordnungsmodelle für das 21. Jahrhundert, in: ders. (Hrsg.), Weltordnungsmodelle für das 21. Jahrhundert, S. 15, 23.

ein Netzwerk der Rechtsordnungen bilden. Dies schließt allerdings eine konstitutionalistische Perspektive nicht aus. Vielmehr kann mit Peters das Entstehen von Verfassungsrecht als „Normschicht innerhalb des Völkerrechts“ angenommen werden, die das Festhalten an einer Konstitutionalisierung des Völkerrechts trotz etwaiger fragmentierter Bereiche rechtfertigt.[510]

Daher ist eine Konstitutionalisierung auch als ein System wechselseitiger Selbstbeschränkung mit gleichzeitiger Inklusion möglichst aller Betroffenen zu begreifen. Neben der Erhöhung der demokratischen Anforderungen an globales Recht ist von besonderer Bedeutung, die jeweiligen Verfahrensanforderungen im Rahmen von machtteilenden und -beschränkenden Strukturen sicherzustellen.[511] Und vielleicht übersehen auch in der Tat manche Autoren die blinden Punkte in ihren Argumentationen beziehungsweise schätzen gegenläufige, fragmentierende Entwicklungen als zu unbedeutend ein, wie Diggelmann/Altwicker argumentieren.[512] Im Endeffekt ist daher vielleicht zwar keine Weltverfassung verwirklichbar, aber zumindest doch ein „world/global constitutionalist movement“[513] erkennbar, das eine moderate „Verfassungsrechtlichung“ über materielle Aspekte anstrebt.

Diese unterschiedlichen Verfassungsentwicklungen führen einerseits zu einer stärker werdenden Verrechtlichung der internationalen Ebene, sie sind vernetzt und fördern sich wechselseitig. Andererseits drängen sie aber auch den Nationalstaat mehr und mehr in die Defensive. „Verstaatlichung und Entstaatlichung der Weltgesellschaft sind [somit] zwei Seiten derselben Medaille.“[514]

Jedenfalls ist von großer Bedeutung, dass jegliche konstitutionelle Ansätze die Umsetzungswahrscheinlichkeiten nicht völlig außer Acht lassen, denn wie Paulus anmerkt:

---

[510] *Peters, A.*, Rechtsordnung und Konstitutionalisierung: Zur Neubestimmung der Verhältnisse, ZöR 65 (2010), S. 3, 49.

[511] *Hitzel-Cassagnes, T./Meisterhans, N.*, Konstitutionalisierungsperspektiven eines fragmentierten Weltrechts, in: Brunkhorst, H. (Hrsg.), Demokratie in der Weltgesellschaft, S. 159, 161.

[512] *Diggelmann, O./Altwicker, T.*, Is There Something Like a Constitution of International Law?, ZaöRV 68 (2008), S. 623, 624; 641 f.

[513] Ebd., S. 648.

[514] *Brunkhorst, H.*, Die Legitimationskrise der Weltgesellschaft, in: Albert, M./Stichweh, R. (Hrsg.), Weltstaat und Weltstaatlichkeit, S. 63, 69.

> „Eine Völkerrechtswissenschaft, die sich auf bloße Normativität zurückzieht, vergisst, dass jedes Sein-Sollen eben doch ein Mindestmaß an Verwirklichungsmöglichkeit impliziert, um Autorität beanspruchen zu können.“[515]

Eine solche Verwirklichungsmöglichkeit muss aber nicht unbedingt bedeuten, dass als realistisches und in absehbarer Zukunft zu verwirklichendes Ziel eine echte Weltverfassung stehen muss. Vielmehr rechtfertigt die Verwendung des Begriffes „Konstitutionalisierung“ bereits die zweifellos vorhandenen und bereits diskutierten Entwicklungstendenzen im modernen Völkerrecht.[516] Konstitutionalisierung beschreibt also allenfalls eine „Verfassung im Werden“[517], allerdings eben nicht in dem Sinn, dass eine dem Nationalstaat zu vergleichende Verfassung am Ende dieses Prozesses vorliegen müsste. Vielmehr bedeutet Konstitutionalisierung einen stetig fortlaufenden Prozess ohne wirkliches Ende. Dieser mag auch weder alle Bereiche des internationalen Rechts abdecken oder systemisch sein – aber er hat zumindest begonnen.[518]

Im Lauf dieses Prozesses wird jedoch zumindest über konstitutionalistische Normen eine jedenfalls sektorale Umsetzung des Konstitutionalismusprogrammes erreicht.[519] Kadelbach und Kleinlein sprechen in diesem Zusammenhang von einer Art „Konstitutionalisierung im Völkerrecht“ und meinen damit

> „zusätzliche Normen besonderer Qualität (...) die eine über die bloße Koordination auf Gegenseitigkeit hinausgehende Rolle überneh-

---

[515] *Paulus, A. L.*, Zur Zukunft der Völkerrechtswissenschaft in Deutschland: Zwischen Konstitutionalisierung und Fragmentierung des Völkerrechts, ZaöRV 67 (2007), S. 695, 704.

[516] *Sombetzki, J.*, Politische Mitverantwortung für den Prozess der Konstitutionalisierung, in: Pernice, I./Müller, M./Peters, C. (Hrsg.), Konstitutionalisierung jenseits des Staates, S. 129, 134.

[517] *Peters, A.*, Rechtsordnungen und Konstitutionalisierung: Zur Neubestimmung der Verhältnisse, ZöR 65 (2010), S. 3, 11.

[518] *Bryde, B.-O.*, International Democratic Constitutionalism, in: Macdonald, R. St. J./Johnston D. M. (Hrsg.), Towards World Constitutionalism, S. 103, 106.

[519] *Sombetzki, J.*, Politische Mitverantwortung für den Prozess der Konstitutionalisierung, in: Pernice, I./Müller, M./Peters, C. (Hrsg.), Konstitutionalisierung jenseits des Staates, S. 129, 139.

men und eine größere Autonomie der Völkerrechtsordnung vom Einzelwillen der Staaten bewirken",

jedoch keine neuartige Weltordnung postulieren beziehungsweise aufstellen.[520]

Und vielleicht ist die Entwicklung einer systemischen Rechtsordnung mit universell gültigen Normen und Prinzipien in der Tat ein dialektischer Prozess, der sowohl elitär, also in den verschiedenen inter-, super- und transnationalen Institutionen und Netzwerken, als auch egalitär durch diverse Nichtregierungsorganisationen und zivilgesellschaftliche Aktivitäten geprägt wurde.[521]

Schließlich ist eine – wie auch immer ausgestaltete – Gesamtkonstitutionalisierung mit übergreifenden Institutionen notwendig, um die verschiedenen Partikularinteressen zu vereinbaren und die Gemeinschaftsinteressen ausreichend zu berücksichtigen.[522] Eine gemeinsame, hierarchisch übergeordnete Instanz und eine „single global and comprehensive legal order" sind jedenfalls eher unwahrscheinlich.[523]

Aus systemtheoretischer Sicht ist kein dem Rechtscode übergeordneter Super- oder Metacode ersichtlich; vielmehr existiert mangels Hierarchisierung weiterhin nur der „normale" Rechtscode. Auch ist mangels Demokratisierung ein mögliches politisches System der Weltgesellschaft nicht mit dem Zweitcode demokratisch/undemokratisch ausgestattet und verbleibt allenfalls in einem primitiven Stadium.

Schließlich ist aufgrund der Auflockerung der staatlichen Souveränität zwar auch die segmentäre Zweitdifferenzierung in Nationalstaaten etwas aufgeweicht; sie verhindert jedoch weiterhin das Herausbilden

---

[520] *Kadelbach, S./Kleinlein, T.*, Überstaatliches Verfassungsrecht, AVR 44 (2006), S. 235, 236.

[521] *Hitzel-Cassagnes, T./Meisterhans, N.*, Konstitutionalisierungsperspektiven eines fragmentierten Weltrechts, in: Brunkhorst, H. (Hrsg.), Demokratie in der Weltgesellschaft, S. 159, 160.

[522] *Paulus, A. L.*, Fragmentierung und Segmentierung der internationalen Ordnung als Herausforderung prozeduraler Gemeinwohlorientierung, in: Heinig, H. M./Terhechte, J. P. (Hrsg.), Postnationale Demokratie, Postdemokratie, Neoetatismus, S. 139, 154.

[523] *Cassese, S.*, The Global Polity, in: Bäuerle, M./Dann, P./Wallrabenstein, A. (Hrsg.), Demokratie-Perspektiven, S. 511, 516; vgl. auch: *Paulus, A. L.*, The International Legal System as a Constitution, in: Dunoff, J. L./Trachtman, J. P. (Hrsg.), Ruling the World?, S. 69, 108.

von autopoietischen Rechts- und Politiksystemen auf Ebene der Weltgesellschaft. Infolgedessen ist auch eine Verknüpfung über eine strukturelle Kopplung problematisch und allenfalls in Teilen ersichtlich.

3. Kapitel: Fragmentierung

Eine Konstitutionalismus und Konstitutionalisierung vermeintlich entgegengesetzte Strömung ist die der Fragmentierung. Autoren dieser Auffassung gehen nicht von einer Tendenz hin zu einer – wie auch immer ausgeprägten – Konstitutionalisierung auf globaler Ebene aus, die in der Lage wäre, das gesamte internationale Recht zu umfassen. Vielmehr ist Kerngegenstand der Fragmentierungsthese, dass sich das Völkerrecht in verschiedene, voneinander unabhängige Teilgebiete aufspaltet und somit neue Formen der Binnendifferenzierung entstehen, die dann teilweise wiederum – wie etwa die WTO – in der Lage sind, sich zu konstitutionalisieren.[1] Das Entstehen solch neuer globaler Regime führe aber nicht zu einer Vereinheitlichung oder Harmonisierung des globalen Rechts oder zu einer Gesamtkonstitutionalisierung.

Dabei stellt sich die Frage, inwieweit die bereits beschriebene (Gesamt-) Konstitutionalisierung lediglich als normativ gewünschtes Konstrukt einer reell vorliegenden Fragmentierung und (Teil-)Konstitutionalisierung des Völkerrechts angesehen werden kann .[2] Maßgeblich geprägt wurde die Debatte durch den unter der Leitung von Martti Koskenniemi erarbeiteten Bericht der *Study Group* der Völkerrechtskommission zur Fragmentierung aus dem Jahr 2006.[3]

---

[1] Siehe z.B. *Fischer-Lescano, A./Teubner, G.*, Regime-Kollisionen, S. 35 ff.

[2] *Dunoff, J. L./Trachtman, J. P.*, A Functional Approach to International Constitutionalization, in: dies. (Hrsg.), Ruling the World?, S. 3, 9.

[3] *ILC,* Fragmentation of International Law: Difficulties Arising from the Diversification and Expansion of International Law: Report of the Study Group – finalized by Martti Koskenniemi, General Assembly, 58th Session 2006, UN Doc. A/CN.4/L.682, S. 4; http://un.org (zuletzt besucht am 17.08.2017); siehe z.B. auch *Hafner, G.*, Pros and Cons Ensuing from Fragmentation of International Law, Mich J Int'l L 25 (2003), S. 849, 849 ff.; *Kemmerer, A.*, Conference Report: Global Fragmentations. A Note on the Biennial Conference of the European Society of International Law, GLJ 7 (2006), S. 729; siehe auch: *Singh, S.*, The Potential of International Law: Fragmentation and Ethics, LJL 24 (2011), S. 23; *Martineau, A.-C.*, The Rhetoric of Fragmentation: Fear and Faith in International Law, LJL 22 (2009), S. 1.

C. Mattheis, *Die Konstitutionalisierung des Völkerrechts aus systemtheoretischer Sichtweise,* Beiträge zum ausländischen öffentlichen Recht und Völkerrecht,
https://doi.org/10.1007/978-3-662-56818-7_4

Danach habe zwar die Globalisierung einerseits zu einer weltweiten Uniformierung des sozialen Lebens geführt; gleichzeitig sei sie aber auch die Ursache seiner Fragmentierung – es hätten sich spezialisierte und relativ selbstständige Bereiche sozialer Aktivität und Strukturen herausgebildet.[4] Fragmentierung ist laut Koskenniemi letztlich das Ergebnis des steten Kampfes, welchem das allgemeine Völkerrecht und die Institutionen, die es anwenden, im Zuge der Globalisierung ausgesetzt seien.[5]

In der Folge hätten sich spezielle Regime, *self-contained regimes*, herausgebildet, die eigene spezielle Regeln für die Normenentstehung, Normenanwendung und den Normenaustausch besäßen.[6] Dadurch werde die Auftrennung und Abspaltung der einzelnen Regime vorangetrieben und die Unabhängigkeit verfestigt. Im Einzelfall griffen zwar auch die Teilregime auf Regeln des allgemeinen Völkerrechts zurück, jedoch nur, sofern keine spezielleren Normen des jeweiligen Regimes existierten.[7] Grundsätzlich setzten die verschiedene Teilbereiche jedoch unterschiedliche Werte an oder bewerteten gemeinsame Werte und Prinzipien unterschiedlich, wie etwa anhand zahlreicher WTO-Entscheidungen sichtbar werde – so seien in der *Hormonfleisch*-Entscheidung des *Appellate Bodys*[8] handelsrechtliche Gründe stärker als umweltrechtliche Erwägungen bewertet worden. Durch die zunehmende Globalisierung lösten die funktionalen, transnationalen Regime daher mehr und mehr die territoriale Aufteilung in Staaten auf: „Legal globalisation will become globalisation of the functional differentiation

---

[4] *ILC,* Fragmentation of International Law: Difficulties Arising from the Diversification and Expansion of International Law: Report of the Study Group – finalized by Martti Koskenniemi, General Assembly, 58th Session 2006, UN Doc. A/CN.4/L.682, S. 4; http://un.org (zuletzt besucht am 17.08.2017).

[5] *Koskenniemi, M*., The Politics of International Law, S. 349.

[6] Siehe hierzu: *Ders*., ILC, Study Group on Fragmentation, Fragmentation of International Law: A Study on Lex Specialis and Special Regimes in International Law, S. 8 ff.; http://untreaty.un.org/ilc/sessions/55/fragmentation_outline.pdf (zuletzt besucht am 21.02.2014).

[7] *Ders*., The Politics of International Law, S. 347.

[8] *WTO*, Communication from the Appellate Body, European Communities – Measures Concerning Meat and Meat Products (Hormones), Entscheidung vom 16.01.1998, Doc. WT/DS26/12, WT/DS48/10; https//docs.wto.org (zuletzt besucht am 10.08.2015).

that existed in the national society. Transnational regimes would replace territorial ones, regimes replace States.“[9]

Aus Sicht von Koskenniemi scheidet eine Konstitutionalisierung schon aufgrund des Fehlens eines globalen *pouvoir constituant* aus. Eine Übertragung des nationalen Verfassungsdenkens sei daher kaum möglich; weiterhin sei eine Hierarchisierung der einzelnen Regime untereinander analog zum nationalstaatlichen Bereich in absehbarer Zukunft nicht denkbar.[10] So gebe es keine beziehungsweise kaum gemeinsame Werte mit einem konkreten Norminhalt und Rechtsfolgen – daran könne auch die allgemeine Akzeptanz, dass Menschenrechte und die Umwelt schützenswert seien und der Freihandel zu stärken, mangels genauer Inhaltsbestimmung der Werte wenig ändern.[11]

Walter konzediert, dass zwar eine voranschreitende Konstitutionalisierung festzustellen sei, diese sich jedoch nur auf bestimmte Teilbereiche beziehe und nicht das internationale Recht als Ganzes umfasse.[12] Nach anderer Ansicht könnte dieses nicht nur kein einheitliches, zusammenhängendes Gebilde darstellen, sondern vielmehr doppelt fragmentiert sein – nämlich sowohl in diverse funktional differenzierte Regime als auch in verschiedene Schichten, also transnationales, supranationales und internationales Recht.[13] Die Gefahr bei einer voranschreitenden Fragmentierung ist der mögliche Verlust der Einheit des Völkerrechts und damit auch Wegfall seiner Eigenschaft als Rechtsordnung. Nach Ansicht von Peters wäre dann auch die bisher mögliche „Gesamtschau auf das Recht“ nicht mehr durchführbar.[14]

---

[9] *Koskenniemi, M.*, Global Legal Pluralism: Multiple Regimes and Multiple Modes of Thought, S. 15.

[10] Ebd., S. 12.

[11] *Ders.*, International Law: between Fragmentation and Constitutionalism, Ziff. 17; http://www.helsinki.fi/eci/Publications/Koskenniemi/MCanberra-06c.pdf (zuletzt besucht am 17.08.2017).

[12] *Walter, C.*, Constitutionalizing (Inter)national Governance – Possibilities for and Limits to the Development of an International Constitutional Law, GYIL 44 (2001), S. 170, 195.

[13] *Hitzel-Cassagnes, T./Meisterhans, N.*, Konstitutionalisierungsperspektiven eines fragmentierten Weltrechts, in: Brunkhorst, H. (Hrsg.), Demokratie in der Weltgesellschaft, S. 159.

[14] *Peters, A.*, Rechtsordnung und Konstitutionalisierung: Zur Neubestimmung der Verhältnisse, ZöR 65 (2010), S. 3, 28.

Inwieweit diese Gesamtschau aufgrund Fragmentierungsanzeichen nicht mehr möglich oder dennoch immer noch möglich ist, wird im Folgenden untersucht. Zu klären wird dabei auch sein, ob eine etwaige Fragmentierung im internationalen Bereich wirklich als wesensverschieden zu der Aufteilung der nationalstaatlichen Rechtsordnungen in verschiedene Rechtsbereiche anzusehen ist.

Vorab ist jedenfalls zu konzedieren, dass sich mit dem Welthandelsrecht, dem Investitionsschutzrecht, dem internationalen Menschenrechtsschutzsystem und dem internationalen Strafrecht, aber auch dem Seerecht, dem Flüchtlingsrecht, dem Umweltvölkerrecht oder sogar dem Sportrecht besondere Teilgebiete mit partiell eigenen Rechtsordnungen herausgebildet haben.[15] Dies muss jedoch nicht zu einer Fragmentierung des internationalen Rechts insgesamt geführt haben; vielmehr bleibt die Möglichkeit eines „value glue“ und einer kohärenten Struktur, die zu einer Konstitutionalisierung der Rechtsordnung insgesamt führen könnte, weiter bestehen. Jedenfalls ist aber die Vorstellung einer Einheit des Völkerrechts im Sinne von Verdross[16] als unrealistisch anzusehen.[17]

I. Begrifflichkeiten

Fragmentierung kann man zum einen in sektoraler Hinsicht über die Herausbildung verschiedener *self-contained regimes* im Sinne von Teilrechtsgebieten oder Subsystemen begreifen. Andererseits kann man sie auch in institutioneller Hinsicht, das heißt durch die Schaffung diverser institutioneller Organe wie Schiedsgerichte, Vertragsgerichte, internationale Gerichte sowie eigene multilaterale Vertragswerke, verstehen.[18]

---

[15] *Koskenniemi, M.*, Constitutionalism as Mindset, Theoretical Inquiries in Law 8 (2007), S. 9, 13.

[16] *Verdross, A.*, Die Einheit des rechtlichen Weltbildes auf Grundlage der Völkerrechtsverfassung.

[17] *Paulus, A. L.*, Fragmentierung und Segmentierung der internationalen Ordnung als Herausforderung prozeduraler Gemeinwohlorientierung, in: Heinig, H. M./Terhechte, J. P. (Hrsg.), Postnationale Demokratie, Postdemokratie, Neoetatismus, S. 139, 141.

[18] *Dunoff, J. L./Trachtman, J. P.*, A Functional Approach to International Constitutionalization, in: dies. (Hrsg.), Ruling the World?, S. 3, 6; *Peters, A.*,

Obwohl sich das Tempo der Fragmentierung in den letzten Jahrzehnten gesteigert hat, sind diese Phänomene keineswegs neu. So konnten bereits 1945 die Welthandelsordnung und das Bretton-Woods-System nicht in die UN-Ordnung eingegliedert werden.[19]

Die von der Völkerrechtskommission eingesetzte *Study Group* versteht unter *self-contained regimes* vereinheitlichend die Problemfelder beim Zusammentreffen von „Spezial- und Universalnormsystematiken".[20] Wie Koskenniemi ausführt, ist unter Regimen ein spezieller Verbund von Regeln zu verstehen, welche über die normale Anwendung des Grundsatzes *lex specialis* hinausgehen.

> „A regime is a union of rules laying down particular rights, duties and powers and rules having to do with the administration of such rules, including in particular rules for reacting to breaches. When such a regime seeks precedence in regard to the general law, we have a ‚self-contained regime', a special case of lex specialis."[21]

Kernthese der Analyse der Fragmentierung ist, dass sich im internationalen Recht funktional differenzierte Teilsysteme herausgebildet hätten, die die systemische Einheit des Völkerrechts gefährden und zu intrasystemischen Spannungen und Brüchen führen können.[22]

Rechtsordnung und Konstitutionalisierung: Zur Neubestimmung der Verhältnisse, ZöR 65 (2010), S. 3, 27; vgl. auch: *ILC,* Fragmentation of International Law: Difficulties Arising from the Diversification and Expansion of International Law: Report of the Study Group – finalized by Martti Koskenniemi, General Assembly, 58th Session 2006, UN Doc. A/CN.4/L.682, S. 11; http://un.org (zuletzt besucht am 17.08.2017).

[19] So *Paulus, A. L.*, Fragmentierung und Segmentierung der internationalen Ordnung als Herausforderung prozeduraler Gemeinwohlorientierung, in: Heinig, H. M./Terhechte, J. P. (Hrsg.), Postnationale Demokratie, Postdemokratie, Neoetatismus, S. 139, 143.

[20] *Report of the ILC*, General Assembly, 56th Session 2004, Supplement No. 10 (A/59/10), S. 281 ff.; http://legal.un.org/ilc/documentalia/englishreports/a_59_10.pdf (zuletzt besucht am 21.02.2014); *Fischer-Lescano, A./Teubner, G.*, Regime-Kollisionen, S. 50.

[21] *Koskenniemi, M.*, ILC, Study Group on Fragmentation, Fragmentation of International Law: A Study on Lex Specialis and Special Regimes in International Law, S. 9; http://untreaty.un.org/ilc/sessionspdfs/55/fragmentation_outline.pdf (zuletzt besucht am 18.08.2017).

[22] *Paulus, A. L.*, The International Legal System as a Constitution, in: Dunoff, J. L./Trachtman, J. P. (Hrsg.), Ruling the World?, S. 69, 82; *ILC,* Frag-

Die intra-systemischen Spannungen würden durch die unterschiedlichen Problemsichten und -lösungsansätze verstärkt. Nach Ansicht der *Study Group* bestehen diese Spezialregime aus „interrelated wholes of primary and secondary rules, sometimes referred to as ‚systems' or ‚subsystems' of rules that cover some particular problem differently from the way it would be covered under general law".[23]

Nach Ansicht von Koskenniemi würde dadurch die „structural bias" des Völkerrechts verändert, mithin seine einheitliche Ordnung. Die funktionale Differenzierung sei von der nationalen auf die internationale Ebene übertragen worden.[24] Darüber hinaus kann man das – indes nicht neue – Phänomen der Regionalisierung als Beweis einer fragmentierten Völkerrechtsordnung begreifen.

Wie Paulus darlegt, kann man sowohl von einer „Regionalisierung von oben" als auch einer „Regionalisierung von unten" sprechen. Als Beispiel für die erste Form der Regionalisierung könne das Kapitel VII der UN-Charta angeführt werden, das – über die besondere Stellung der ständigen Sicherheitsratsmitglieder – nicht zuletzt den Siegermächten des Zweiten Weltkrieges ihre jeweiligen Einflusssphären sichern sollte. Als Paradebeispiel für eine Regionalisierung von unten könne die EU genannt werden, die sich seit den Römischen Verträgen in den 1950er-Jahren mehr und mehr vom allgemeinen Völkerrecht entfernt habe und eine supranationale, quasi-verfassungsrechtliche Organisation *sui generis* geworden sei.[25]

---

mentation of International Law: Difficulties Arising from the Diversification and Expansion of International Law: Report of the Study Group – finalized by Martti Koskenniemi, General Assembly, 58th Session 2006, UN Doc. A/CN.4/L.682, S. 11; http://un.org (zuletzt besucht am 17.08.2017); *Hafner, G.*, Pros and Cons Ensuing from Fragmentation of International Law, Mich J Int'l L 25 (2003), S. 849, 850.

[23] *ILC,* Fragmentation of International Law: Difficulties Arising from the Diversification and Expansion of International Law: Report of the Study Group – finalized by Martti Koskenniemi, General Assembly, 58th Session 2006, UN Doc. A/CN.4/L.682, S. 68; http://un.org (zuletzt besucht am 17.08.2017).

[24] *Koskenniemi, M.*, The Politics of International Law, S. 334.

[25] *Paulus, A. L.*, Fragmentierung und Segmentierung der internationalen Ordnung als Herausforderung prozeduraler Gemeinwohlorientierung, in: Heinig, H. M./Terhechte, J. P. (Hrsg.), Postnationale Demokratie, Postdemokratie, Neoetatismus, S. 139, 141 f.; siehe zur verfassungsartigen Struktur vor allem die „Kadi-Saga": EuGH, Rs. C-402/05 P und C-415/05 P (Kadi und Al

Mit der zunehmenden Fragmentierung lassen sich mit Burke-White insgesamt sieben Trends festhalten. So sei eine Diversifizierung der Gerichte, die internationales Recht anwendeten, zu beobachten. Gleichzeitig sei die Gefahr von Normenkollisionen deutlich erhöht. Zudem sei der Zugang von nichtstaatlichen Akteuren zur internationalen Gerichtsbarkeit gestiegen. Ferner unterschieden internationale Gerichte immer mehr zwischen Jurisdiktionsgewalt und anwendbarem Recht. Darüber hinaus sei ein schnell wachsender interjudizieller Dialog zu beobachten, hybride Gerichte und andere Mischformen seien entstanden.[26] Auch könne das Entstehen zahlreicher internationaler Tribunale – zumindest oberflächlich betrachtet – als Hinweis auf eine zunehmende Fragmentierung gedeutet werden.[27]

Fraglich ist jedoch, ob und wenn ja bis zu welchem Grad diese Teilsysteme in das „Gesamtsystem Weltgesellschaft" eingebunden sind. Möglich ist nämlich, diese *self-contained regimes* lediglich als eine stärkere Ausprägung des *lex specialis*-Grundsatzes anzusehen, ohne tiefergehende Rückschlüsse auf eine voranschreitende Fragmentierung ziehen zu können.[28] Nach Ansicht von Teubner und Fischer-Lescano hingegen entsteht die zunehmende Rechtsfragmentierung aus der „Eigenrationalitätsmaximierung unterschiedlicher Sozialsysteme", die weit über die bloße Anwendung des Grundsatzes *lex specialis* hinausgehe. Denn es

---

Barakaat), Slg. 2008, I-6411; für andere Regionalorganisationen wie der ASEAN, dem Mercosur oder der AU gilt dies jedoch nur bedingt und keinesfalls in dem Ausmaß wie beim Beispiel der EU.

26 *Burke-White, W.*, International Legal Pluralism, Mich J Int'l L 25 (2003), S. 963, 964.

27 So *Rao, P. S.*, Multiple International Judicial Forums: A Reflection of the Growing Strength of International Law or its Fragmentation?, Mich J Int'l L 25 (2004), S. 929, 930 ff.

28 *ILC*, Fragmentation of International Law: Difficulties Arising from the Diversification and Expansion of International Law: Report of the Study Group – finalized by Martti Koskenniemi, General Assembly, 58th Session 2006, UN Doc. A/CN.4/L.682, S. 65; http://un.org (zuletzt besucht am 17.08.2017); der Bericht bezieht sich auf Art. 55 der Draft Articles on State Responsibility; siehe hierzu auch *Rao, P. S.*, Multiple International Judicial Forums: A Reflection of the Growing Strength of International Law or its Fragmentation?, Mich J Int'l L 25 (2004), S. 929, 934; es gebe lediglich feine Nuancen als Unterschied, *self-contained regimes* seien aber als komplettere und feiner ausgeprägte Form anzusehen.

bestünden zahlreiche Regime – wie etwa das der WTO oder Privatrechtsregime –, die einen „Expansionsdrang“ aufwiesen und sich über ihre „hochgezüchteten Bereichslogiken“ weiter ausgestalteten, auf Kosten eines Gesamtrechtszusammenhangs.[29]

Entscheidend könnte eine doppelte Fragmentierung des internationalen Systems sein.[30] Denn wie Teubner und Fischer-Lescano ausführen, geht es nicht um die „Ersetzung einer Binnendifferenzierung [der des Nationalstaats] durch eine andere [der der Weltgesellschaft]“, sondern um eine „Überlagerung zweier unterschiedlicher Prinzipien“.[31] Zum einen ist dies die territorial-segmentäre Differenzierung in Nationalstaaten, zum anderen die thematisch-funktionale Differenzierung in verschiedene Funktionsbereiche oder Regime, beispielsweise das WTO-System oder das internationale Menschenrechtsschutzsystem. Beide Begriffe knüpfen an die Terminologie Luhmanns bezüglich der segmentären und funktionalen Differenzierung an.

Wie Koskenniemi ausführt, hängt diese funktionale Differenzierung eng mit der Globalisierung zusammen: „Legal globalisation will become globalisation of the functional differentiation that existed in the national society. Transnational regimes would replace territorial ones, regimes replace States.“[32]

1. Territorial-segmentäre Differenzierung

Ähnlich wie in der Theorie Luhmanns und „seiner“ Weltgesellschaft ist die internationale Gemeinschaft territorial-segmentär aufgespalten. Hierunter fällt auch die bereits angesprochene Regionalisierung (EU, AU, OAS etc.). Die Territorialstaaten bilden die Grundeinheiten jeder internationalen Ordnung. Die Staatensouveränität bleibt im Wesentlichen unberührt, von regionalen Ausnahmen wie der EU abgesehen.

---

[29] *Fischer-Lescano, A./Teubner, G.*, Regime-Kollisionen, S. 29; für eine genauere Untersuchung dieser Ansicht siehe 5. Kapitel.

[30] *Teubner, G./Korth, P.*, Zwei Arten des Rechtspluralismus: Normenkollisionen in der doppelten Fragmentierung der Weltgesellschaft, in: Kötter, M./Schuppert, G. F. (Hrsg.), Normative Pluralität ordnen, S. 137, 153 f.

[31] *Fischer-Lescano, A./Teubner, G.*, Regime-Kollisionen, S. 37.

[32] *Koskenniemi, M.*, Global Legal Pluralism: Multiple Regimes and Multiple Modes of Thought, S. 15.

2. *Thematisch-funktionale Differenzierung*

Mit der thematisch-funktionalen Differenzierung ist – vergleichbar mit Luhmann – das Entstehen spezieller Regime – etwa das WTO-System oder das Investitionsschutzrecht mit dem Streitbeilegungskörper ICSID[33] – gemeint. Diese Regime oder Teilsysteme arbeiten jeweils in einem bestimmten Funktionsbereich, ohne Anspruch auf eine Jurisdiktionsgewalt insgesamt zu erheben. In ihrem Regelungsbereich entwickeln diese „lateralen Weltsysteme" jedoch eine eigene Steuerungskompetenz. Losgelöst vom Nationalstaat hat sich so teilweise eine dezentrale, plurale Selbststeuerung der einzelnen Funktionssysteme herausgebildet.[34] Nach Ansicht von Teubner und Fischer-Lescano bilden derartige Regime aufgrund der speziellen, pluralen Rechtsbildungsmechanismen *self-contained regimes* – analog zur Formulierung des Internationalen Gerichtshofs im *Teheraner Geisel*-Fall.[35]

II. Grundprobleme

Im Zusammenhang mit der Fragmentierung lassen sich diverse Grundprobleme in Bezug auf die Einheit des Völkerrechts anführen. So bringt die Herausbildung spezieller Vertragsregime eine problematische Zunahme von Normenkollisionen, Überschneidungen und Koordinationsproblemen mit sich.[36]

Durch die Zunahme an speziellen Normen erhöht sich auch die Gefahr des Aufeinandertreffens von zwei unterschiedlichen Normen, die je-

---

[33] International Centre for Settlement of Investment Disputes; https://icsid.worldbank.org/ (zuletzt besucht am 18.08.2017).

[34] *Wilke, H.*, Das Recht der Weltgesellschaft, in: Calliess, G.-P. (Hrsg.), Soziologische Jurisprudenz, S. 887, 891.

[35] *Fischer-Lescano, A./Teubner, G.*, Regime-Kollisionen, S. 48 f.; der IGH sprach bezüglich des diplomatischen Rechts von einem „in sich geschlossenen System"; IGH, Diplomatic and Consular Staff Fall, ICJ Rep. 1980, S. 1, 40, Rn. 86; auch Rn. 105 ff.; die Autoren verweisen auch auf den *Wimbledon*-Fall des Ständigen Internationalen Gerichtshofs, der die Regelungen zum Kieler Kanal als „self-contained" bezeichnet hatte; Ständiger Internationaler Gerichtshof, Case of the SS „Wimbledon", PCIJ Ser. A. No.1 (1923), S. 23 f.

[36] *Peters, A.*, Rechtsordnung und Konstitutionalisierung: Zur Neubestimmung der Verhältnisse, ZöR 65 (2010), S. 3, 28.

weils in ihrem Rechtsregime einen ähnlichen Regelungsbereich haben. Die Entscheidung für oder gegen eine Norm und die Abwägung dieser beiden gegeneinander gestaltet sich dann umso schwieriger – zumal zentralisierte Organe, die für eine einheitliche Anwendung der jeweiligen Normen sorgen könnten, fehlen.[37] Diese Problematik wird allerdings durch Querschnittsnormen und allgemeine Grundsätze, die in allen Teilrechtsregimen gelten, relativiert.

1. Erosion des allgemeinen Völkerrechts?

Ein Grundproblem der aufgezeigten Spezialisierung und funktionalen Differenzierung des Völkerrechts in mehrere Teilgebiete ist, dass durch die zunehmende Anzahl spezieller Rechtsnormen, die für die jeweiligen Teilgebiete und von den jeweils dort beheimateten Institutionen entwickelt werden, das allgemeine Völkerrecht als verbindendes Element zwischen den Teilrechtsgebieten zurückgedrängt werden könnte. Denn die Gefahr durch die ansteigende Spezialisierung und die Zunahme an systemspezifischen Prinzipien und Institutionen ist, dass zum einen Aspekte anderer Teilgebiete sowie Fragen des Gesamtzusammenhangs zu sehr vernachlässigt werden und zum anderen das Konfliktpotenzial zunimmt.[38] Durch das Nebeneinander von weitgehend autonomen Rechtsordnungen, die zusätzlich jeweils Rechtsautonomie vom allgemeinen Völkerrecht beanspruchen, könnte „das" Völkerrecht als einheitliche oder zumindest umfassende Rechtsordnung stetig mehr erodieren. Die Folge könnte zudem eine zunehmende Rechtsunsicherheit sowie ein „forum-shopping" sein.[39] Damit ist gemeint, dass die aus verschiedenen Teilgebieten jeweils passendste Norm für einschlägig

---

[37] *Hafner, G.*, Pros and Cons Ensuing from Fragmentation of International Law, Mich J Int'l L 25 (2003), S. 849, 854.

[38] *ILC,* Fragmentation of International Law: Difficulties Arising from the Diversification and Expansion of International Law: Report of the Study Group – finalized by Martti Koskenniemi, General Assembly, 58th Session 2006, UN Doc. A/CN.4/L.682, S. 245; http://un.org/ (zuletzt besucht am 17.08.2017); *Koskenniemi, M.*, Constitutionalism as Mindset, Theoretical Inquiries in Law 8 (2007), S. 9, 13.

[39] *ILC,* Fragmentation of International Law: Difficulties Arising from the Diversification and Expansion of International Law: Report of the Study Group – finalized by Martti Koskenniemi, General Assembly, 58th Session 2006, UN Doc. A/CN.4/L.682, S. 12; http://un.org/ (zuletzt besucht am 17.08.2017).

befunden wird. Ein solches „Rosinenpicken“ gilt es aber zu verhindern, will man eine möglichst hohe Kohärenz des Völkerrechts erhalten.

Problematisch ist weiterhin, dass unterschiedliche Gerichte auch teilweise sich widersprechende Auslegungen ein und derselben Rechtsnorm vornehmen. Als Beispiel kann mit Dunoff/Trachtman die mögliche Verantwortlichkeit von Serbien und Montenegro hinsichtlich der „acts of irregular forces“ während des Jugoslawienkriegs angeführt werden.[40] Der Internationale Strafgerichtshof für das frühere Jugoslawien befand die Ausführungen des Internationalen Gerichtshofs hinsichtlich der Staatenverantwortlichkeit für paramilitärische Einheiten im *Nicaragua*-Fall[41] für nicht vereinbar mit dem Völkerrecht und stellte eigene Überlegungen zu dieser Frage an.[42] Der Internationale Gerichtshof erachtete diese Ausführungen wiederum als „unpassend“ und „nicht überzeugend“.[43]

Mithin wich der Internationale Gerichtshof von den Ausführungen des Internationalen Strafgerichtshofs für das frühere Jugoslawien (ICTY) zum Teil deutlich ab. Da der Internationale Gerichtshof und der ICTY weder in einem Instanzenzug eingeordnet sind, noch der ICTY hierarchisch über dem Internationalen Gerichtshof angesiedelt ist und über seine Urteile keine Bindungswirkung für den Internationalen Gerichtshof erwirken kann, ist ein solches Abweichen zwar zulässig und wäre auf nationaler Ebene auch grundsätzlich unproblematisch. Es trägt jedoch nicht zum Entstehen eines kohärenten Rechtssystems auf globaler Ebene bei, sondern kann durchaus als Beleg einer Fragmentierung gesehen werden.

Ähnliches gilt für die Streitfrage, ob eine Norm des allgemeinen Völkerrechts infolge einer anwendbaren *lex specialis*-Norm zur Entschei-

---

[40] *Dunoff, J. L./Trachtman, J. P.*, A Functional Approach to International Constitutionalization, in: dies. (Hrsg.), Ruling the World?, S. 3, 6 f.

[41] *IGH*, Military and Paramilitary Activities in and against Nicaragua, Urteil vom 27.06.1986, ICJ Reports 1986, S. 14.

[42] *ICTY*, Prosecutor v. Tadic, Urteil vom 15.07.1999, IT-94-1-A, Ziff. 120 ff., 145, 156, 162; http://www.icty.org/x/cases/tadic/acjug/en/tad-aj990715e.pdf (zuletzt besucht am 10.08.2015).

[43] *IGH*, Bosnia and Herzegovina vs. Serbia and Montenegro, ICJ Reports 2007, S. 91, Ziff. 404; 406 (Übersetzung durch den Autor dieser Arbeit).

dung herangezogen werden kann.[44] Als Beispiel lässt sich mit Dunoff/Trachtman der „*Belilos*-Fall"[45] des Gerichtshofs der Europäischen Union für Menschenrechte anführen, in dem der Europäischen Gerichtshof für Menschenrechte einen von der Schweiz zu Art. 6 Abs. 1 EMRK abgegebenen Vorbehalt aufgrund seines allgemeinen Charakters für unzulässig erklärte und die Schweiz für gebunden an die – speziellere – EMRK ansah.[46] Darüber hinaus betrifft dies auch Fälle, in denen Rechtsnormen unterschiedlicher Teilsysteme zur Anwendung gelangen, etwa im *Schwertfischstreit*[47] zwischen der damaligen EG und Chile vor der WTO, bei dem sowohl ein Panel der WTO als auch eine Kammer des Internationalen Seegerichtshofs im Wesentlichen über denselben Streitgegenstand urteilten. In einem Streit über die Nutzung von Schwertfischbeständen im Südostpazifik leitete zunächst die Europäische Kommission ein WTO-Streitbeilegungsverfahren gegen Chile ein; Chile verlangte daraufhin die Klärung bestimmter Fragen in einem Streitbeilegungsverfahren nach dem Seerechtsübereinkommen, weshalb eine Sonderkammer des Seegerichtshofs mit dem Fall betraut wurde.[48]

---

[44] Siehe hierzu auch *Rao, P. S.*, Multiple International Judicial Forums: A Reflection of the Growing Strength of International Law or its Fragmentation?, Mich J Int'l L 25 (2004), S. 929, 933 f.; *Koskenniemi, M.*, ILC, Study Group on Fragmentation, Fragmentation of International Law: A Study on Lex Specialis and Special Regimes in International Law, S. 2 f.; http://untreaty.un.org/ilc/sessions/55/fragmentation_outline.pdf (zuletzt besucht am 21.02.2014); zu *lex specialis* allgemein ebd., S. 4 ff.

[45] *EGMR*, Urteil vom 29.04. 1998, Belilos vs. Switzerland, Eur.Ct.H.R. 132 (1988), http://hudoc.echr.coe.int/eng?i=001-57434#{%22itemid%22[%22001-57434%22]} (zuletzt besucht am 10.08.2015).

[46] *Dunoff, J. L./Trachtman, J. P.*, A Functional Approach to International Constitutionalization, in: dies. (Hrsg.), Ruling the World?, S. 3, 7.

[47] Konsultationsersuchen Chile – Measures affecting the Transit and Importing of Swordfish, 19.04.2000, WT/DS193/1, G/L/367, http://trade.ec.europa.eu/ (zuletzt besucht am 18.08.2017); ITLOS, Case No. 7, Case concerning the Conservation and Sustainable Exploitation of Swordfish Stocks in the South-Eastern Pacific Ocean (Chile / European Union); https://www.itlos.org/ (zuletzt besucht am 10.08.2015); die Parteien beendeten den Streit schließlich durch einen Vergleich.

[48] *Dunoff, J. L./Trachtman, J. P.*, A Functional Approach to International Constitutionalization, in: dies. (Hrsg.), Ruling the World?, S. 3, 7; zum Verhältnis von umweltvölkerrechtlichen Normen in WTO-Streitbeilegungsverfahren allgemein: *Böckenförde, M.*, Zwischen Sein und Wollen – Über den Einfluss

Schließlich gilt dies für Fälle, in denen Gerichte eines Teilsystems über die Anwendung und Auslegung von Normen anderer Teilsysteme entscheiden sollen.[49] Ein sehr bekanntes Beispiel ist der *Hormonfleischstreit* zwischen der EG und den USA vor dem *Appellate Body* der WTO.[50] Denn die Konstitutionalisierung der Teilbereiche ohne eine übergeordnete Entscheidungsinstanz führt nach Ansicht von Paulus dazu, dass die jeweiligen Teilsysteme die sich widerstreitenden Interessen selbst ausbalancieren müssen.[51] Dabei entsteht die Gefahr, dass im Zweifel die systemeigenen Interessen zugunsten der systemfremden übergewichtet werden. Die Folge wären je nach streitentscheidendem Spruchkörper stark divergierende Urteile selbst in ähnlich oder gleich liegenden Fällen. Die Gesamtkohärenz des internationalen Rechts würde somit herausgefordert.

2. *Fehlende Kollisionsregeln*

Problematisch könnte auch die Zunahme an Rechtskonflikten infolge der Aufspaltung des internationalen Rechts in unterschiedliche Teilbereiche sein. Diese Konflikte müssten womöglich mit neu auszuarbeitenden Kollisionsregeln gelöst werden. Zu nennen sind dabei Jurisdiktionskonflikte über das entscheidungsrelevante rechtliche Regime, über das Adressatenspektrum sowie über die Anerkennung der unterschiedlichen Arten von Rechtsansprüchen. Dies alles könnte in einen „Kampf über institutionelle Hegemonie“[52] ausarten, zu einer Vielzahl von Regimekollisionen führen und Ressourcen, die für die eigentliche Streitbeilegung benötigt würden, absorbieren. Die Fragen, welche Institution die Regelungskontrolle innehaben oder ob eine Norm eines speziellen

---

umweltvölkerrechtlicher Verträge im Rahmen eines WTO-Streitbeilegungsverfahrens, ZaöRV 63 (2003), S. 971, 971 ff.

[49] *Dunoff, J. L./Trachtman, J. P.*, A Functional Approach to International Constitutionalization, in: dies. (Hrsg.), Ruling the World?, S. 3, 8.

[50] *WTO*, Communication from the Appellate Body, European Communities – Measures Concerning Meat and Meat Products (Hormones), Entscheidung vom 16.01.1998, Doc. WT/DS26/12, WT/DS48/10; https://docs.wto.org/ (zuletzt besucht am 18.08.2017).

[51] *Paulus, A. L.*, The International Legal System as a Constitution, in: Dunoff, J. L./Trachtman, J. P. (Hrsg.), Ruling the World?, S. 69, 82.

[52] *Koskenniemi, M.*, The Politics of International Law, S. 338.

Regimes der des allgemeinen Völkerrecht vorgehen wird oder umgekehrt, bleiben mangels expliziter Kollisionsregeln offen und müssen von Fall zu Fall separat geklärt werden.[53] Dabei treten die bereits angesprochenen Gewichtungsprobleme auf. Zudem besteht die Gefahr, dass soweit möglich das eigene Teilregime bevorzugt wird, dass es also zu einer Privilegierung systeminterner Reproduktionslogiken kommt, in deren Folge letztlich die Rechtsanwendung im konkreten Einzelfall der jeweiligen systemspezifischen Eigenrationalität folgt.[54]

Die entstehenden Regime-Kollisionen im Sinne von Koordinationsschwierigkeiten finden nach Ansicht von Oeter in der heutigen – fragmentierten – Völkerrechtsordnung „keine systemische Anwort" und „kein institutionelles Gefüge", das zu einer einheitlichen Rechtsordnung verhelfen könne.[55]

Nach Ansicht der *Study Group* stellt die Wiener Vertragsrechtskonvention aber zumindest ein notwendiges (wenn auch nicht perfektes) Grundgerüst und eine Basis an Kollisionsregeln zur Verfügung. Insgesamt sind vier Kollisionsregeln zu nennen.

a. *Lex specialis*

Die erste Kollisionsregel, welche die von der Völkerrechtskommission eingesetzte *Study Group* untersuchte, war die Beziehung zwischen allgemeinen und speziellen Normen.[56] Nach dem Grundsatz *lex specialis*

---

[53] *Ders.*, International Law: between Fragmentation and Constitutionalism, Ziff. 10; http://www.helsinki.fi/eci/Publications/Koskenniemi/MCanberra-06c.pdf (zuletzt besucht am 16.08.2017); *ders.*, The Politics of International Law, S. 338; *ders.*, Global Legal Pluralism: Multiple Regimes and Multiple Modes of Thought, S. 10.

[54] *Hitzel-Cassagnes, T./Meisterhans, N.*, Konstitutionalisierungsperspektiven eines fragmentierten Weltrechts, in: Brunkhorst, H. (Hrsg.), Demokratie in der Weltgesellschaft, S. 159, 173.

[55] *Oeter, S.*, Kommentar: Fragmentierung und Segmentierung der internationalen Ordnung als Herausforderung prozeduraler Gemeinwohlorientierung, in: Heinig, H. M./Terhechte, J. P. (Hrsg.), Postnationale Demokratie, Postdemokratie, Neoetatismus, S. 159, 161.

[56] *ILC*, Fragmentation of International Law: Difficulties Arising from the Diversification and Expansion of International Law: Report of the Study Group – finalized by Martti Koskenniemi, General Assembly, 58th Session 2006,

derogat lege generali geht zwar regelmäßig die speziellere Norm der allgemeineren vor. Als Beispiel lassen sich die unterschiedlichen Bewertungen des Internationalen Strafgerichtshofs für das frühere Jugoslawien und des Internationalen Gerichtshofs im *Tadic*-[57] sowie *Nicaragua*-Fall[58] anführen. Während der Internationale Strafgerichtshof für das frühere Jugoslawien das Kriterium „overall control"[59] für eine Zurechnung von Verbrechen serbischer Milizen zu Ungunsten von Serbien und Montenegro ausreichen ließ, stellte der Internationale Gerichtshof für eine Zurechnung von Fehlverhalten der „*contras*" in Nicaragua zuungunsten der USA das Erfordernis der „effective control"[60] auf.[61]

Wie die *Study Group* feststellte, sind allerdings Situationen denkbar, in denen nicht die speziellere, sondern die allgemeinere Norm vorgeht. Dies kann beispielsweise der Fall sein, wenn die allgemeinere Norm eine Norm des *ius cogens* ist. Aber auch in Konflikten zwischen zwei Normen des Menschenrechtsschutz kann die allgemeinere der spezielleren vorgehen, wenn sie das geschützten Interesse besser schützen kann; weiterhin gibt es Fälle, in dem die allgemeinere Norm eine derart zentrale Rolle im internationalen Recht einnimmt, dass eine Derogation nicht zulässig ist.[62]

Daher ist die Kollisionsregel nur bedingt brauchbar.

UN Doc. A/CN.4/L.682, S. 30 ff.; http://un.org/ (zuletzt besucht am 17.08.2017).

[57] *ICTY*, Prosecutor v. Tadic, Urteil vom 15.07.1999, IT-94-1-A, http://www.icty.org/ (zuletzt besucht am 18.08.2017).

[58] *IGH*, Military and Paramilitary Activities in and against Nicaragua, Urteil vom 27.06.1986, ICJ Reports 1986, S. 14.

[59] *ICTY*, Prosecutor v. Tadic, Urteil vom 15.07.1999, IT-94-1-A, Ziff. 120 ff., 145, 156, 162; http://www.icty.org/ (zuletzt besucht am 18.08.2017).

[60] *IGH*, Military and Paramilitary Activities in and against Nicaragua, Urteil vom 27.06.1986, ICJ Reports 1986, S. 14, 65.

[61] Siehe hierzu auch *ILC*, Fragmentation of International Law: Difficulties Arising from the Diversification and Expansion of International Law: Report of the Study Group – finalized by Martti Koskenniemi, General Assembly, 58th Session 2006, UN Doc. A/CN.4/L.682, S. 31 f.; http://un.org/ (zuletzt besucht am 18.08.2017).

[62] Ebd., S. 59 f, Ziff. 108 ff.; zum *ius cogens:* Section E, S. 166 ff.; Ziff. 324 ff.

b. *Lex posterior*

Die zweite Konfliktregel, die die *Study Group* untersuchte, war der *lex posterior*-Grundsatz, der in Art. 30 Abs. 3 WVRK kodifiziert ist.[63]

Ähnlich wie der Grundsatz *lex specialis* wird auch der Grundsatz *lex posterior* nicht uneingeschränkt angewandt, wie die *Study Group* unter Leitung von Koskenniemi herausarbeitete. Insbesondere in Situationen, bei denen sich Mitgliedschaften in unterschiedlichen multilateralen Vertragswerken überschneiden, entstehen Probleme hinsichtlich der Anwendung.[64] Wenn die Parteien eines nachfolgenden Vertrages nicht identisch sind mit denen eines früheren, findet die spätere Regel im Konfliktfall nicht automatisch Anwendung. Der Staat bleibt vielmehr an beide, sich widersprechende Regeln gebunden, Art. 30 Abs. 4 WVRK. Er kann demzufolge nur eine Norm erfüllen und hat sich für die Verletzung der anderen Norm zu verantworten. In Betracht kommt in diesem Fall eine Beendigung oder Suspendierung des verletzten Vertrages über Art. 69 WVRK.[65]

Auch der Grundsatz *lex posterior* findet somit keine uneingeschränkte Anwendung und kann nur begrenzt als Kollisionsregel gebraucht werden.

c. Übergeordnete Normen

Darüber hinaus beschäftigte sich die *Study Group* mit Normen, denen eine hierarchisierende Wirkung zugeschrieben wird, wie den Normen des *ius cogens*, den Verpflichtungen *erga omnes* oder Art. 103 UNC.[66]

Wie im Bericht herausgearbeitet wurde, ist zwar das *ius cogens* jedenfalls bezüglich seiner Anwendung ein „so far substantially quite thin

---

[63] Ebd., S. 115 ff.

[64] *Murphy, S. D.*, Deconstructing Fragmentation: Koskenniemi's 2006 ILC Project, GW Legal Studies Research Paper No. 2013-109, S. 1, 3.

[65] *ILC,* Fragmentation of International Law: Difficulties Arising from the Diversification and Expansion of International Law: Report of the Study Group – finalized by Martti Koskenniemi, General Assembly, 58th Session 2006, UN Doc. A/CN.4/L.682, S. 125 ff.; http://un.org/ (zuletzt besucht am 18.08.2017).

[66] Ebd., S. 166 ff.

doctrine“[67], gleichzeitig seien aber zum Beispiel gemäß Art. 25 UNC für alle Staaten bindende Sicherheitsratsresolutionen nach Kapitel VII trotz Art. 103 UNC im Fall eines nicht auflösbaren Konfliktes als nachrangig gegenüber dem *ius cogens* anzusehen.[68]

Über eine harmonisierende Auslegung seien allerdings die konfligierenden Normen so interpretieren, dass beide miteinander kompatibel seien.[69] Das Konzept der übergeordneten Normen überzeugt in der Praxis aufgrund der inhaltlichen Unbestimmtheit kaum. Insbesondere als Kollisionsregeln sind die Normen und Prinzipien nur in beschränkten Ausnahmefällen tauglich.

d. Art. 31 Abs. 3 Ziff. c WVRK

Schließlich untersuchte die *Study Group* die systematische Integration von Normen.[70] Da jegliches Völkervertragsrecht seine Wirksamkeit und Gültigkeit über das allgemeine Völkerrecht erhalte und Rechte und Pflichten begründe, die neben Rechten und Pflichten aus anderem Völkervertragsrecht sowie Völkergewohnheitsrecht bestünden, finde laut der *Study Group* im Völkerrecht keine intrinsische Priorisierung statt.[71]

Bei der Anwendung und Interpretation von Normen müssten stets ihre systematische Einbettung und ihr Umfeld miteinbezogen werden. Schließlich beeinflussten die „substantive preferences, distributionary choices and political objectives“[72] die Einbindung der Norm in das Rechtssystem und somit auch ihren Anwendungsbereich und Interpretationsspielraum. Nur mittels einer Analyse ihrer systematischen Einbettung der jeweiligen Normen als Teile eines kohärenten Gesamtsystems ließe sich das Verhältnis der Normen untereinander bestimmen.[73] Mittels einer „Kohärenzfiktion“ soll damit eine Konkordanz zwischen den Normen des jeweiligen Systems und dem Völkergewohnheitsrecht

---

[67] Ebd., S. 207.

[68] Ebd., S. 117 ff.

[69] Ebd., S. 25, 206 ff.

[70] Ebd., S. 244.

[71] Ebd., S. 208.

[72] Ebd., S. 211 ff., 244.

[73] Ebd., S. 208.

sowie der Vertragspraxis bei der Anwendung und Auslegung des Völkerrechts herbeigeführt werden.[74]

Im vorliegenden Zusammenhang stellt diese systematische Kollisionsregel[75] sicherlich die Interessanteste dar. Denn über den Grundsatz des Art. 31 Abs. 3 WVRK müssen auch spezielle Subsysteme – sofern sie an die Grundsätze der WVRK gebunden sind – Regelungen anderer Subsysteme oder der Systemumwelt insgesamt mit in eine Abwägung aufnehmen. Es besteht somit eine Vermutung der gegenseitigen Konkordanz; bei der Vertragsauslegung kann somit kein Subsystem, kein Vertragsregime das restliche Völkerrecht völlig außer Acht lassen.

Die potenzielle Eigenrationalitätsmaximierung erfährt darüber eine Grenze. Art. 31 Abs. 3 Ziff. c WVRK spricht daher zu einem gewissen Grad gegen die Annahme von – zumindest vollständig – unabhängigen Teilsystemen gegenüber dem gesamten Rechtssystem. Es liegen keine *self-contained regimes* vor, die nur ihre eigene Realität betrachten und losgelöst vom übrigen Recht bestehen und operieren könnten. Vielmehr muss jedes Teilsystem seine systematische Umwelt beachten. Systemtheoretisch gesprochen könnte man argumentieren, dass das Prinzip der systemischen Interpretation gemäß Art. 31 Abs. 3 Ziff. c WVRK eine Art strukturelle Kopplung zwischen den Teilrechtssystemen darstellt, die eine dauerhafte Interpenetration und Beeinflussung ermöglicht und sicherstellt.

Die systemische Interpretation gemäß Art. 31 Abs. 3 Ziff. c. WVRK zeigt über die regime- und vertragsübergreifende Interpretation zudem auch, dass eine gewisse Gesamtkohärenz des Rechtssystems vorhanden ist. Insbesondere unbestimmte Rechtsbegriffe, oder die Füllung von Vertragslücken durch explizite (Art. XX GATT[76]) oder implizite (z.B. Notstand) sowie durch objektive Auslegung stellen „Einfallstore“ für

---

[74] *Paulus, A. L.*, Zusammenspiel der Rechtsquellen aus völkerrechtlicher Perspektive, BDGIR 46 (2014), S. 7, 18 f.

[75] Wie Paulus/Leiß betonen, stellt Art. 31 Abs. 3 Ziff. c WVRK genau genommen eher eine Konfliktvermeidungsregel denn eine echte Kollisionsregel dar; *Paulus, A./Leiß, J.*, Kommentierung zu Art. 103 UNC, in: Simma, B./ Khan, D.-E./Nolte, G./Paulus, A., The Charter of the United Nations, Rn. 17.

[76] *General Agreement on Tariffs and Trade* 1947, BGBl. 1951 II, S. 200; 55 UNTS, S. 94.

das allgemeine Völkerrecht dar.[77] Der grundlegende Rechtscode des allgemeinen Völkerrechts ist nicht vollständig zugunsten von spezifischen „Subcodes" abgelöst worden.

e. Zwischenergebnis

Es existieren somit verschiedene Kollisionsregeln, die grundsätzlich geeignet sein könnten, auf die Herausbildung verschiedener Rechtsregime zu reagieren und die Gesamtkohärenz des internationalen Rechts aufrecht zu erhalten.

Die priorisierende Wirkung von Normen kann entweder aufgrund eines spezielleren Regelungsinhalts (*lex specialis*), in zeitlicher Dimension (*lex posterior*) oder aufgrund des besonderen Status (*ius cogens*, Verpflichtungen *erga omnes*, Art. 103 UNC) bestehen; über das Prinzip der systematischen Interpretation ist zudem die systemische Einbettung der jeweiligen Norm zu beachten.[78] Allerdings ist jede der drei Kollisionsregeln für sich genommen nur bedingt geeignet, um Normenkonflikte eindeutig und umfassend zu regeln.

Zu begrenzt ist der jeweilige Anwendungsraum, zu unbestimmt die inhaltliche Reichweite. Auch das Prinzip der systematischen Interpretation kann letztlich nur als zusätzliches Hilfsmittel im Fall von Normenkonflikten herangezogen werden; es kann und wird die Herausbildung von speziellen Regimes nicht verhindern. Als Indiz für eine gewisse Gesamtkohärenz kann es indes schon fungieren. Dennoch kann die WVRK allenfalls ein Grundgerüst und eine „tool box" für die zu erwartenden Konflikte zwischen Teilgebieten darstellen. Zusammen mit den drei Kollisionsregeln führt die systemische Integration zwar nach Ansicht von Paulus auch meist zu brauchbaren Ergebnissen.[79] Einen verlässlichen Lösungsmechanismus für alle denkbaren Konfliktfälle

---

[77] *Paulus, A. L.*, Zusammenspiel der Rechtsquellen aus völkerrechtlicher Perspektive, BDGIR 46 (2014), S. 7, 19.

[78] Vgl. *ILC*, Fragmentation of International Law Difficulties Arising from the Diversification and Expansion of International Law Report of the Study Group – finalized by Martti Koskenniemi, General Assembly, 58th Session 2006, UN Doc. A/CN.4/L.682, S. 208; http://un.org/ (zuletzt besucht am 17.08.2017).

[79] *Paulus, A. L.*, Zusammenspiel der Rechtsquellen aus völkerrechtlicher Perspektive, BDGIR 46 (2014), S. 7, 18 f.

stellen die Kollisionsregeln und das Prinzip der systematischen Integration jedoch nicht dar.

Nach Ansicht der *Study Group* sei beispielsweise problematisch, dass die WVRK keine ausreichende Differenzierung zwischen bilateralen und multilateralen Verträgen vorsehe. Denn die vorstellbaren Problematiken seien unterschiedlich und sollten daher auch nach unterschiedlichen Kollisionsregeln behandelt werden, um den Problemlagen besser gerecht zu werden.[80]

Insgesamt gesehen fehlen somit verlässliche Kollisionsregeln für die zu erwartenden Konflikte zwischen den Subsystemen.

3. Fehlende Legitimität

Darüber hinaus birgt das Nebeneinander verschiedener, voneinander unabhängiger Rechtsregime die Gefahr, dass bei fortschreitender Entwicklung der Eigendynamik bei gleichzeitigem Fehlen eines normativen Überbaus nicht nur die Kohärenz des internationalen Rechts leidet, sondern durch das Nebeneinander von sich teilweise widersprechenden Jurisdiktionsansprüchen auch die Legitimität der einzelnen Regime schwinden könnte.[81] Zudem besteht das Risiko, dass Recht vor allem über Expertengremien und über Kompromisse zwischen machtvollen Interessengruppen entsteht. Im schlechtesten Fall könnte die Rechtssetzung ein reines Machtinstrument werden und Gerechtigkeitsaspekte sowie faire Interessenabwägung mangels politischer Repräsentation und Rückbindung an die Bürger und der Weltöffentlichkeit an die Machthabenden zu kurz kommen.[82]

Denn infolge der teilweise erheblich divergierenden Entscheidungen in ähnlich liegenden Streitfällen leidet jedenfalls die Rechtssicherheit und Rechtsklarheit. Letztlich hat dies negative Auswirkungen auf die Ak-

---

[80] *ILC,* Fragmentation of International Law Difficulties Arising from the Diversification and Expansion of International Law Report of the Study Group – finalized by Martti Koskenniemi, General Assembly, 58th Session 2006, UN Doc. A/CN.4/L.682, S. 251 f.; http://un.org/ (zuletzt besucht am 17.08.2017).

[81] *Hitzel-Cassagnes, T./Meisterhans, N.*, Konstitutionalisierungsperspektiven eines fragmentierten Weltrechts, in: Brunkhorst, H. (Hrsg.), Demokratie in der Weltgesellschaft, S. 159, 173.

[82] *Koskenniemi, M.*, Constitutionalism as Mindset, Theoretical Inquiries in Law 8 (2007), S. 9, 26.

zeptanz und Befolgung von Sprüchen internationaler Streitbeilegungskörper. Schließlich sind auch Folgen für die Legitimität der Entscheidungen und der Spruchkörper insgesamt zu erwarten, sofern unklar ist, ob nach objektiven Kriterien entschieden wurde oder die systemspezifische Eigenlogik sich übermäßig in der Entscheidung niedergeschlagen hat.

III. Schlussfolgerungen

Die oben beschriebene Entwicklung spezieller Regime ist gewiss nicht mehr abzustreiten. Fraglich ist vielmehr, welche Schlüsse für die Gesamtentwicklung des Völkerrechts zu ziehen sind und welche Folgen unvermeidlich sind.

Wie stark oder schwach die Fragmentierung vorangeschritten ist, lässt sich womöglich auch an der Rolle des allgemeinen Völkerrechts festmachen. Für alle Subsysteme pauschal lässt sich dies jedoch kaum klären. Denn der Einfluss und die Rolle des allgemeinen Völkerrechts sind je nach Differenzierungsgrad und Funktionsbereich in den einzelnen Teilbereichen unterschiedlich stark ausgeprägt. So gehört beispielsweise das WTO-System sicherlich zu denjenigen Subsystemen, deren Systemspezifika am weitesten ausgeprägt sind; auch verfügt es mit dem Dispute Settlement Body etwa über ein systemeigenes Gericht. Dennoch besteht auch im WTO-Recht keine „clinical isolation from international law“[83]

So wäre es nach Ansicht von Paulus auch verfehlt zu behaupten, die fragmentierten „Systeme“ entwickelten ihre Normen völlig autonom beziehungsweise – um mit Luhmann zu sprechen – autopoietisch. Dies gelte umso mehr, weil die Teilsysteme ihre Bestandskraft („authority“) nicht von einer systemspezifischen Quelle ableiteten, sondern vom allgemeinen Völkerrecht oder über die Territorialstaaten.[84] Für diese Ansicht spricht wie erörtert auch die systematische Auslegung nach Art. 31 Abs. 3 WVRK. Die Teilrechtssysteme sind eben nicht völlig unabhängig vom übrigen Recht, sondern müssen ihrer jeweiligen sys-

---

[83] *WTO*, Appellate Body Report, US: Standards for Reformulated and Conventional Gasoline, WT/DS2/AB/R; http://www.worldtradelaw.net/ (zuletzt besucht am 18.08.2017).

[84] *Paulus, A. L.*, The International Legal System as a Constitution, in: Dunoff, J. L./Trachtman, J. P. (Hrsg.), Ruling the World?, S. 69, 85.

temischen Einbettung über die Anwendung gegenseitiger Konkordanz Rechnung tragen.

Selbst nach Ansicht von Koskenniemi sind diese Systeme nicht vollständig vom restlichen Völkerrecht abgeschottet. So stellt das allgemeine Völkerrecht zumindest die normative Basis für die speziellen Primär- und Sekundärregeln des jeweiligen Systems bereit. Ein Beispiel ist das Recht der Staatennachfolge im WTO-System. Zudem kommen Sekundärnormen des allgemeinen Völkerrechts auch in autopoietischen Systemen zur Anwendung, wenn die speziellen Regeln nicht ordnungsgemäß funktionieren.[85] Daher ist selbst in sehr ausdifferenzierten Teilbereichen der Einfluss des allgemeinen Völkerrechts enorm. Dies gilt angesichts der Vielzahl an speziellen, systemspezifischen Normen weniger im Normenkollisionsfall. Bei der Normsetzung und in Verfahrensfragen hingegen hat das allgemeine Völkerrecht einen sehr großen Einfluss.

Auch die Problematik der Rechtskonflikte ist vielleicht weniger groß als mancherorts vermutet. Denn möglicherweise könnten die vorhandenen Kollisionsregeln bereits ausreichen, um Konflikte auszubalancieren und zu lösen. In diesem Fall wäre ein konstitutioneller Überbau gar nicht notwendig und die kohärente Struktur und Einheit des Systems nicht in Gefahr. Nach Ansicht von Paulus etwa reichen die Methoden der Priorisierung (*lex posterior* und *lex specialis*), der Hierarchisierung (*ius cogens*, Primär- und Sekundärnormen) sowie der Auslegung regelmäßig aus und liefern brauchbare Ergebnisse.[86]

Insgesamt gesehen lässt sich eine Entwicklung zu spezifischen Teilbereichen des internationalen Rechts nicht leugnen. Diese ist aber nicht als strikte Fragmentierung im Sinne einer vollständigen Loslösung der

---

[85] *Koskenniemi, M.*, ILC, Study Group on Fragmentation, Fragmentation of International Law: A Study on Lex Specialis and Special Regimes in International Law, S. 10; http://untreaty.un.org/ilc/sessions/reports/55/fragmentation_outline.pdf (zuletzt besucht am 18.08.2017); *Koskenniemi, M.*, Global Legal Pluralism: Multiple Regimes and Multiple Modes of Thought, S. 10; ähnlich auch: *Aust, H. P.*, Through the Prism of Diversity – The Articles on State Responsibility in the Light of the ILC Fragmentation Report, GYIL 49 (2006), S. 165, 197.

[86] *Paulus, A. L.*, The International Legal System as a Constitution, in: Dunoff, J. L./Trachtman, J. P. (Hrsg.), Ruling the World?, S. 69, 85; *ders.*, Zusammenspiel der Rechtsquellenlehre aus völkerrechtlicher Perspektive, BDGIR 46 (2014), S. 7, 18.

einzelnen Teilbereiche oder -systeme anzusehen, sondern eher als Pluralisierung der Rechtsbereiche und -ebenen.

4. Kapitel: Pluralistische Auffassungen der globalen Ordnung

In diesem Kapitel soll eine weitere mögliche Alternative zur Fragmentierung und Konstitutionalisierung untersucht werden. Eine pluralistische Perspektive der internationalen Ordnung könnte das Bindeglied zwischen den beiden Extremen „Fragmentierung" und „Konstitutionalisierung" darstellen. Mit Pluralismus ist meist – aber nicht ausschließlich – eine postnationale Konstellation gemeint.

I. Grundlegendes

„Postnational" ist in diesem Zusammenhang als Abgrenzung zum Nationalismus des 19. Jahrhunderts und des klassischen Völkerrechts mit Staaten als einzigen Akteuren auf der internationalen Ebene zu sehen und nicht als Konstellation nach Auflösung oder Abschaffung von Territorialstaaten.

In dieser Konstellation sind die souveränen Nationalstaaten zwar weiterhin die zentralen Akteure auf globaler Ebene, aber nicht mehr die einzigen. Internationale Institutionen spielen mehr als nur eine untergeordnete Rolle; zudem haben sich verschiedene Funktionsbereiche internationalisiert sowie globalisiert und sich von den Nationalstaaten zum Teil gelöst.[1] Weiterhin existiert auf globaler Ebene kein hierarchischer Normenkomplex, auch nicht eine Verfassung im engeren Sinn.

Vielmehr zeichnet sich die internationale Ordnung durch ein vielschichtiges Mehrebenensystem aus, indem segmentäre und funktionale Differenzierung gleichzeitig auftreten. In diesem Szenario ist das internationale Recht in Teilen fragmentiert, gleichzeitig bleibt ein konstituti-

[1] Siehe hierzu *Paulus, A. L.*, The Emergence of the International Community and the Divide Between International and Domestic Law, in: Nollkaemper, A./Nijman, J. E. (Hrsg.), New Perspectives on the Divide Between National and International Law, S. 216, 217 ff.

C. Mattheis, *Die Konstitutionalisierung des Völkerrechts aus systemtheoretischer Sichtweise,* Beiträge zum ausländischen öffentlichen Recht und Völkerrecht,
https://doi.org/10.1007/978-3-662-56818-7_5

oneller Überbau oder zumindest eine konstitutionelle Verknüpfungsstruktur weiterhin möglich.

Nach Ansicht von Peters gibt es nach der pluralistischen Auffassung weder eine Rangfolge der einzelnen Rechtsordnungen noch klare, übergeordnete Regeln im Kollisionsfall. Vielmehr seien grundsätzlich alle Akteure und Rechtsordnungen gleichberechtigt und im Konfliktfall gleichwertig. Die im konkreten Konfliktfall beteiligten Gerichte urteilten dementsprechend auch weitgehend nur aus ihrer eigenen Perspektive und nach den Kollisionsregeln ihrer eigenen Rechtsordnung.[2] Diesbezüglich ähnelt die pluralistische Perspektive also der Fragmentierung.

Andererseits ähnelt eine pluralistische Ordnung in Teilen auch einer konstitutionellen Struktur. Pluralismus könnte daher auch als Alternative zur Konstitutionalisierung angesehen werden. In Frage kommt dabei eine „Ordnung der Wolken" im Sinne einer offenen, instabilen und wolkigen Struktur, die keine eindeutige Hierarchisierung der einzelnen Systeme nach sich zöge.[3] Denn auch wenn die Existenz einer einzigen „Weltverfassung" als bestenfalls utopisch abgelehnt werden muss, so kann man schließlich kaum die zunehmende Vernetzung und Kooperation zwischen den Systemen leugnen.

Die Abwesenheit einer hierarchischen Ordnung muss aber jedenfalls nicht automatisch ein rechtliches oder normatives Vakuum zur Folge haben, welches die angesprochene Gesamtschau auf das Recht nicht mehr ermöglichen würde.[4] Denn anders als Vertreter einer fragmentierten Rechtsordnung sind Vertreter einer pluralistischen Ordnung nicht der Ansicht, dass die verschiedenen Regime oder Teilsysteme vollkommen unabhängig voneinander bestehen und *self-contained regimes* bilden. Die Vielzahl von Rechtsordnungen wird nicht als bloßes Nebeneinander aufgefasst. Vielmehr sind die unterschiedlichen Rechtsordnungen offen für Einflüsse anderer Rechtssysteme und stehen in einem Interdependenzverhältnis.

Als Beispiel einer pluralistischen Ordnung kann das europäische Menschenrechtsschutzsystem der Europäischen Menschenrechtskonvention

---

[2] *Peters, A.*, Rechtsordnung und Konstitutionalisierung: Zur Neubestimmung der Verhältnisse, ZöR 65 (2010), S. 3, 51.

[3] Ebd., S. 61; *Delmas-Marty, M.*, Le pluralisme ordonné, S. 255 f.

[4] *Halberstam, D.*, Local, Global and Plural Constitutionalism, in: Búrca, G. de/Weiler, J. (Hrsg.), The Worlds of European Constitutionalism, S. 150, 152.

angeführt werden. Denn sowohl die Ableitung der unterschiedlichen Rechtsgarantien als auch die unterschiedlichen der Europäischen Menschenrechtskonvention beigetretenen Jurisdiktionen überschneiden sich („sources of rights and jurisdiction overlap")[5].

II. Begriffsbestimmungen

Nicht einfach zu bestimmen ist, was genau unter „Pluralismus" zu verstehen ist. Koskenniemi etwa bezeichnet mit Pluralismus einen transnationalen Mechanismus der informellen Normsetzung, Normanwendung und Konfliktlösung („informal rule setting, rule-administering and conflict management").[6] Halberstam hingegen konzentriert sich auf die Vielzahl von Rechtsgeltungsansprüchen, die sich (dann intersystemisch) aufgrund der verschiedenen Ebenen und Rechtssysteme mit wiederum zahlreichen Rechtsakteuren (dann intrasystemisch) entwickelt hätten: „Multiple claims of legal authority can arise because of multiple legal systems or because, within a given legal system, there are multiple legal actors, sources, or norms."[7]

Er unterscheidet zudem einen Pluralismus der Systeme vom Pluralismus der Institutionen.[8] Denn einerseits gebe es eine Vielzahl an nationalen Rechtsordnungen sowie internationalen Teilregimen mit entsprechend vielen Akteuren, Normen etc. Andererseits existiere eine sehr

---

5 *Stone Sweet, A.*, A Cosmopolitan Legal Order: Constitutional Pluralism and Rights Adjudication in Europe, Glob. Con. 1 (2012), S. 53, 73.

6 *Koskenniemi, M.*, The Politics of International Law, S. 352; vgl. auch *Isiksel, T.*, Global Legal Pluralism as Fact and Norm, Glob. Con. 2 (2013), S. 160.

7 *Halberstam, D.*, Systems Pluralism and Institutional Pluralism in Constitutional Law: National, Supranational, and Global Governance, University of Michigan Public Law Working Paper No. 229 (2011), S. 1, 12.

8 *Ders.*, Local, Global and Plural Constitutionalism, in: Búrca, G. de/Weiler, J. (Hrsg.), The Worlds of European Constitutionalism, S. 150, 168; *Halberstam, D.*, Systems Pluralism and Institutional Pluralism in Constitutional Law: National, Supranational, and Global Governance, University of Michigan Public Law Working Paper No. 229 (2011), S. 1, 12; *Rosas, A.*, Globaler Konstitutionalismus, Menschenrechte und staatliche Souveränität, in: Brunkhorst, H./Kettner, M. (Hrsg.), Globalisierung und Demokratie, S. 151, 174 ff.

große Anzahl an internationalen Institutionen. Charakteristisch für einen Pluralismus der Systeme („systems pluralism") seien wiederum konfligierende Letztentscheidungsansprüche („conflict of final legal authority").[9]

Für Ladeur stellt sich letztlich Pluralismus als Entwicklung dar, die eng mit der Globalisierung verbunden sei und die zu einer „Entformalisierung" und „Pluralisierung" des Rechts führen könne. Im Ergebnis könne dann ein „globales Recht" als Alternative zu den herkömmlichen Auffassungen entstehen, das nicht mehr zwischen den klassischen Rechtsquellen und zwischen privatem und öffentlichem Recht unterscheide.[10] In diese Richtung argumentiert auch McCormick, wenn er die gegenseitige Anerkennung von verschiedenen Verfassungsordnungen ins Spiel bringt, bei der keine Superioritätsansprüche gegenüber anderen erhebt:

> „Where there is a plurality of institutional normative orders, each with a functioning constitution (at least in the sense of a body of higher-order norms establishing and conditioning relevant governmental powers), it is possible that each acknowledge the legitimacy of every other within its own sphere, while none asserts or acknowledges constitutional superiority over another."[11]

Im Mittelpunkt könnte daher eine pluralistisch verfasste Rechtsquellenlehre stehen, wie Herberg argumentiert.[12] Denn im Gegensatz zum territorialstaatlichen Recht sei das Recht der Weltgesellschaft eng mit den Regelungserfordernissen der unterschiedlichen Handlungs- und Praxisfelder verbunden, nicht allein mit dem politischen System.[13] Dies bedeute aber nicht, dass eine pluralistische Ordnung vor der Vielzahl

---

[9] *Halberstam, D.*, Systems Pluralism and Institutional Pluralism in Constitutional Law: National, Supranational, and Global Governance, University of Michigan Public Law Working Paper No. 229 (2011), S. 1, 14.

[10] *Ladeur, K.-H.*, Ein Recht der Netzwerke für die Weltgesellschaft oder Konstitutionalisierung der Völkergemeinschaft?, AVR 49 (2011), S. 246, 252.

[11] *MacCormick, N.*, Questioning Sovereignty. Law, State, and Nation in the European Commonwealth, S. 104; siehe auch *Halberstam, D.*, Local, Global and Plural Constitutionalism, in: Búrca, G. de/Weiler, J. (Hrsg.), The Worlds of European Constitutionalism, S. 150, 161.

[12] *Herberg, M.*, Innenansichten des Weltrechts, in: Calliess, G.-P. (Hrsg.), Soziologische Jurisprudenz, S. 739.

[13] Ebd.

der unterschiedlichen Rechtsquellen und Teilregime kapitulieren müsse. Im Gegenteil, über die Verbindung der unterschiedlichen Rechtsquellen sei eine Konstitutionalisierung – auf pluraler Basis – sehr gut möglich.[14]

1. Monismus vs. Dualismus

Der Pluralismus ist keinem der beiden Ansätze zuzuordnen, weder dem Monismus noch dem Dualismus.[15] Allerdings hat er mit beiden Ansätzen Berührungs- und Überschneidungspunkte. Pluralismus stellt dabei weder eine Gegenposition zum Monismus dar, noch ist er mit dem Dualismus zu vergleichen. Vielmehr ist der Pluralismus eine „Pluralität von Perspektiven"[16] und ist als „Rechtsdeutungspluralismus"[17] auf der Meta-Ebene zu verorten.

Neben der Pluralität von Perspektiven kommt eine Vielzahl an Rechtsordnungen, Konfliktlösungsregeln sowie juristischer Akteure hinzu, die allesamt die Letztentscheidungsbefugnis für sich beanspruchen.[18] In Europa hat die Pluralismusdebatte nicht zuletzt durch das *Maastricht*-Urteil[19] des Bundesverfassungsgerichts Anschub bekommen.[20] Im *Maastricht*-Urteil entwickelte das Bundesverfassungsgericht die *Solange I* und *II*-Rechtsprechung weiter und stützte eine europafreundliche Auslegung und eine Kooperationsoffenheit des Grundgesetzes. Im

---

[14] Ebd.

[15] Siehe eine vertiefte Erörterung hierzu: *Bogdandy, A. von,* Pluralism, Direct Effect, and the Ultimate Say: On the Relationship between International and Domestic Constitutional Law, Int'l J Const L 6 (2008), S. 397, 399 ff.

[16] *Peters, A.*, Rechtsordnung und Konstitutionalisierung: Zur Neubestimmung der Verhältnisse, ZöR 65 (2010), S. 3, 51.

[17] So *Jestaedt, M.*, Der Europäische Verfassungsverbund, in: Calliess, C. (Hrsg.), Verfassungswandel im europäischen Staaten- und Verfassungsverbund, S. 93, 113 ff.; 120 ff., in Bezug auf die Europäische Union.

[18] *Peters, A.*, Rechtsordnung und Konstitutionalisierung: Zur Neubestimmung der Verhältnisse, ZöR 65 (2010), S. 3, 51.

[19] BVerfGE 89, 155 – *Maastricht.*

[20] Siehe etwa bei *Baquero Cruz, J.*, The Legacy of the Maastricht-Urteil and the Pluralist Movement, Eur Law J 14 (2008), S. 389, 412 „non-hierarchical conception of the relationship between norms and courts"; *Halberstam, D.*, Local, Global and Plural Constitutionalism, in: Búrca, G. de/Weiler, J. (Hrsg.), The Worlds of European Constitutionalism, S. 150, 160.

europäischen Staaten- und Verfassungsverbund würden sich nationale und europäische Kontrollstandards wechselseitig letztlich ergänzen.[21] Das Bundesverfassungsgericht sei über ein „Kooperationsverhältnis“[22] mit dem Gerichtshof der Europäischen Union zuständig, EG-Recht (jetzt: EU-Recht) am deutschen Verfassungsrecht zu überprüfen. Der deutsche Bundestag habe zwar weitere Kompetenzübertragungen bis zur Grenze des Art. 20 Abs. 1 und 2 i.V.m. Art. 79 Abs. 3 GG auf die europäische Ebene zu kontrollieren; gleichzeitig habe die Europäische Union – neben der Rückkopplung an die Parlamente der Mitgliedstaaten – eine gewisse direkte demokratische Legitimierung über die Unionsbürger erlangt.[23] Das Bundesverfassungsgericht bekräftigte daher das Nebeneinander zweier ineinander verzahnter Rechtsordnungen und nahm eine pluralistische Perspektive der europäischen Rechtsordnung ein, in der die Letztentscheidungsbefugnis nicht mehr eindeutig bestimmt werden könne.

Nach Ansicht von Halberstam stellt der Pluralismus eine Synthese von Monismus und Dualismus dar. Zur Begründung führt er an, dass der Pluralismus für einen Wettbewerb und Ausgleich („conversation, contest and conflict“) bezüglich der unterschiedlichen Letztentscheidungsansprüche stehe. Im Unterschied zu vielen Vertretern der Fragmentierungsthese sei in einer pluralistischen Ordnung trotz der Anerkennung der unterschiedlichen Rechtssphären eine gemeinsame Referenz der jeweiligen Werte möglich.[24] Die verschiedenen Rechtssphären sind damit weniger stark getrennt als beispielsweise die nationalen Rechtsordnungen von der Völkerrechtsebene nach Ansicht des Dualismus. Auch Peters argumentiert in diese Richtung, wenn auch sie vor allem Gemeinsamkeiten zwischen dem Monismus und dem Konstitutionalismus erkennt:

> „Der klassische Monismus [von Kelsen, Scelle] ist somit als Versuch, die Macht des Staates zu beschränken, das Individuum zu ermächti-

---

[21] BVerfGE 89, 155, 183, 188 ff, – *Maastricht.*

[22] Ebd., 175.

[23] Ebd., 185 f.; 189.

[24] *Halberstam, D.*, Local, Global and Plural Constitutionalism, in: Búrca, G. de/Weiler, J. (Hrsg.), The Worlds of European Constitutionalism, S. 150, 171.

gen und die Menschenwürde zu schützen, deutbar und insofern mit dem aktuellen Konstitutionalismus verwandt".[25]

2. *Verzahnung, Interaktion und Öffnung*

Merkmale einer pluralistischen (System-)Ordnung sind, dass die einzelnen Regime zwar unabhängig voneinander bestehen können. Sie bleiben weiterhin unterschiedliche Rechtsordnungen und Rechtssphären, sind jedoch nicht mehr ohne Bezugspunkte. Vielmehr sind sie auf diversen Ebenen miteinander verzahnt sind und interagieren – oftmals im Konfliktfall und mit unterschiedlichen „claims of authority" – untereinander.[26] Eine derartige Interaktion setzt aber auch ein gewisses Maß an Öffnung und Offenheit gegenüber Systemspezifika der anderen Systeme voraus, ohne die eine nachhaltige und gehaltvolle Kommunikation und Interaktion nicht möglich wäre.[27] Die Frage ist jedoch, wie weit diese Öffnung und Offenheit und infolgedessen auch die Interaktion der verschiedenen Rechtssphären reicht.

Einige Autoren zweifeln eine derartige Verzahnung insgesamt an. Nach Ansicht etwa von Halberstam gilt die gegenseitige Öffnung zumindest nicht für alle Regime und Systeme. Auch das Ausmaß der gegenseitigen Anerkennung sei je nach Rechtsbereich und der betroffenen Regime unterschiedlich.[28] Festzuhalten ist aber, dass eine Tendenz zur gegenseitigen Verzahnung und Interaktion zu erkennen ist, wenn sie auch nicht in allen Bereichen gleich intensiv ist oder stetig verläuft.

Als Beispiel ist die bereits angesprochene Intensivierung von institutionellen Netzwerken zu nennen, außerdem die Zunahme von wechselsei-

---

[25] *Peters, A.*, Rechtsordnung und Konstitutionalisierung: Zur Neubestimmung der Verhältnisse, ZöR 65 (2010), S. 3, 25 f.

[26] *Krisch, N.*, Beyond Constitutionalism, S. 297; *Bogdandy, A. von*, Pluralism, Direct Effect, and the Ultimate Say: On the Relationship between International and Domestic Constitutional Law, Int'l J Const L 6 (2008), S. 397, 401.

[27] *Halberstam, D.*, Local, Global and Plural Constitutionalism, in: Búrca, G. de/Weiler, J. (Hrsg.), The Worlds of European Constitutionalism, S. 150, 163; *Halberstam, D.*, Systems Pluralism and Institutional Pluralism in Constitutional Law: National, Supranational, and Global Governance, University of Michigan Public Law Working Paper No. 229 (2011), S. 1, 14.

[28] *Halberstam, D.*, Local, Global and Plural Constitutionalism, in: Búrca, G. de/Weiler, J. (Hrsg.), The Worlds of European Constitutionalism, S. 150, 163.

tiger Bezugnahme und Dialog zwischen Gerichten in unterschiedlichen Rechtsordnungen, sowohl nationalen als auch internationalen. In diese Richtung argumentiert auch Slaughter, wenn sie von „judicial dialogue" und „cross-fertilization" in den unterschiedlichen Rechtssphären spricht.[29] Nollkaemper betont dabei die Rolle staatlicher Gerichte, die eine „quasi-independent role in the international legal order" einnähmen.[30]

Diese Dialogbereitschaft wird auch an der aktuellen Rechtsprechung des Bundesverfassungsgerichts deutlich, indem es bei Kompetenzstreitigkeiten zwischen der nationalen und der europäischen Ebene weniger einen direkten Konfrontationskurs mit dem Gerichtshof der Europäischen Union sucht, sondern vermehrt auf eine Dialogbereitschaft und gegenseitige Rücksichtnahme setzt.[31] Auch zwischen dem Gerichtshof der Europäischen Union und dem UN-Sicherheitsrat war ein ähnliches Vorgehen in der *„Kadi-Saga"*[32] zu erkennen.

3. Fehlende Hierarchisierung

Ein Hauptargument von Pluralisten ist die ihrer Ansicht nach fehlende Hierarchisierung der internationalen Gemeinschaft – trotz Art. 103 UNC und Art. 53 WVRK. Eine hierarchische Ordnung könnte aber – folgt man der Ansicht von Walter – notwendig sein, damit auch auf internationaler Ebene bestimmte Funktionen wahrgenommen werden können, die auf nationaler Ebene den jeweiligen nationalen Verfassungen vorbehalten bleiben.[33]

---

[29] *Slaughter, A.-M.*, A New World Order.

[30] *Nollkaemper, A.*, Internationally Wrongful Acts in Domestic Courts, AJIL 101 (2007), S. 760, 799.

[31] Vgl. z.B. den Vorlagebeschluss im Zusammenhang mit der Zulässigkeit von Maßnahmen der Europäischen Zentralbank während der Finanzkrise, mit dem das Bundesverfassungsgericht die Frage dem EuGH zur Entscheidung vorgelegt hat: BVerfGE 134, 366 – Outright Monetary Transactions (OMT).

[32] *EuGH*, Rs. C-402/05 P und C-415/05 P (Kadi und Al Barakaat), Slg. 2008, I-6411.

[33] *Walter, C.*, International Law in a Process of Constitutionalization, in: Nollkaemper, A./Nijman, J. E. (Hrsg.), New Perspectives on the Divide Between National and International Law, S. 191, 201.

Selbst wenn keine formelle Hierarchie in der internationalen Rechtsordnung bestehen sollte, so könnte allerdings zumindest aus logischen Gründen eine informelle Hierarchisierung über Prinzipien wie *lex specialis* vorhanden sein. Denn sofern nicht eine Norm des *ius cogens* entgegensteht, haben speziellere Normen oder Verträge jedenfalls Vorrang vor allgemeineren Normen oder Verträgen.

Gleiches gilt für regionales Gewohnheitsrecht und das allgemeine Gewohnheitsrecht oder für das allgemeine Gewohnheitsrecht gegenüber den allgemeinen Rechtsprinzipien gemäß Art. 38 Abs. 1 Ziff. c IGH-Statut.[34] Daher kommt bereits den „normalen" Kollisionsnormen ein gewisses Maß an hierarchisierender Wirkung zu, trotz ihrer relativen inhaltlichen Unbestimmtheit.

4. *Transnationaler Pluralismus*

Eine recht weit verbreitete Auffassung ist die des sogenannten transnationalen Pluralismus. Allerdings kann diese Lesart des Pluralismus nicht die zunehmende rechtssetzende Autorität nichtstaatlicher Akteure erklären.

Wie Kotzur konstatiert, wird die Rechtssetzungsaktivität privater Akteuren jedoch hauptsächlich durch die von den nationalen Verfassungen eingeräumte Gestaltungsfreiheit ermöglicht.[35] Daher sei die Staatensouveränität immer noch das Kernelement der internationalen Ordnung. Wie Kotzur weiter ausführt, besteht ein Bedingungszusammenhang für das Verhältnis von zivilgesellschaftlicher Rechtssetzungsaktivität und verfassungsrechtlicher Steuerung, der seiner Ansicht nach seine Entsprechung im Zusammenspiel von Völker- und Verfassungsrecht findet.[36]

---

[34] *ILC*, Fragmentation of International Law: Difficulties Arising from the Diversification and Expansion of International Law: Report of the Study Group – finalized by Martti Koskenniemi, General Assembly, 58th Session 2006, UN Doc. A/CN.4/L.682, S. 47; http://un.org/ (zuletzt besucht am 17.08.2017).

[35] *Kotzur, M.*, Weltrechtliche Bezüge in nationalen Verfassungstexten, Rechtstheorie 39 (2008), S. 191, 196.

[36] Ebd.

III. Weltrecht als pluralistisches System

Eine pluralistische Ordnung ist letztlich als Mischform der beiden erläuterten Strömungen Konstitutionalisierung und Fragmentierung zu begreifen. Diese Mischform bildet womöglich das aktuelle und in absehbarer Zukunft zu erwartende Weltrecht am besten ab.

Denn das Weltrechtssystem ist möglicherweise nicht als strenge Konstitutionalisierung anzusehen, sondern als pluralistisches Gebilde, indem globales Recht nur im Zusammenhang zu lokalen, nationalen und regionalen Rechtsordnungen zu sehen ist. Nach Ansicht von Lieckweg könnte das Recht in einer solch pluralen Ordnung ebenfalls eine plurale Struktur aufweisen, ohne völlig fragmentiert zu sein. Das Weltrecht sei in diesem Fall ein globales Funktionssystem mit nationalen Rechtsordnungen (aufgrund von strukturellen Kopplungen mit der Politik), zugleich aber auch aufgrund von funktionaler Differenzierung und Organisationsbildung mit lokalen Rechtsordnungen sowie globalen Rechtsordnungen. Die Politik würde aufgrund der souveränen Nationalstaaten weiterhin vor allem eine segmentäre Differenzierung aufweisen.[37]

Mit Fischer-Lescano könnte man in diesem Zusammenhang auch einen Verfassungspluralismus annehmen. Ähnlich wie Teubner verneint Fischer-Lescano das Vorhandensein einer Verfassung oder Konstitutionalisierung, die in der Lage wäre, sämtliche Teilbereiche des internationalen Rechts mit zu umfassen. Vielmehr geht Fischer-Lescano von einer pluralen, letztlich aber eher fragmentierten, nicht zusammenhängenden oder systemischen Ordnung aus. Demzufolge begreift er die globale Ordnung eher als spontane, nicht aufeinander aufbauende oder kohärente Weltordnung sowie als Chance, dass „die Gleichzeitigkeit funktionaler und segmentärer Differenzierungsformen in der Weltgesellschaft die Wahrscheinlichkeit verringert, dass andere Funktionsbereiche politisiert werden.“[38]

---

[37] *Lieckweg, T.*, Das Recht der Weltgesellschaft, S. 108; siehe auch *Zumbansen, P.*, Transnational Legal Pluralism, Transnational Legal Theory 10 (2010), S. 141, 141 ff.

[38] *Fischer-Lescano, A.*, Globalverfassung, S. 247.

1. Netzwerkdenken

Im Rahmen pluralistischer Vorstellungen bringen auch einige Autoren ein Netzwerkdenken als Alternative zur Konstitutionalisierung ins Spiel. Ein solches Netzwerk- oder Wolkenmodell ist zwar eine Abkehr von der Vorstellung einer staatsähnlichen, übergeordneten und hierarchischen Verfassung. Allerdings bedeutet dies nicht eine Unvereinbarkeit mit jeglichem verfassungsrechtlichem Denken. Vielmehr würde sich die Konstitutionalisierung des internationalen Rechts als ein heterarchisches Ordnungsmodell im Sinne von multiplen, gleichgestellten und in struktureller und inhaltlicher Sicht miteinander verbundenen Rechtsordnungen darstellen.[39]

Notwendig wäre hierzu nach Ansicht von Peters jedoch eine Konzipierung als „ebenenübergreifende" Verfassungsentwicklung.[40] Sowohl die nationale Ebene als auch die inter- und transnationale Ebene mit ihren jeweiligen Funktionsbereichen müssten hiervon erfasst werden. Wie Pernice hervorhebt, könnte als Beispiel und Ausgangsentwicklung auch das Netzwerkdenken im europäischen Rahmen (Verfassungsverbund) dienen.

Denn der Verfassungsverbund erfordere zwar ein hohes Maß an gemeinsamen Werten und Kohärenz, ließe jedoch gleichzeitig Raum für nationalstaatliches Handeln. Ähnliches könne im globalen Rahmen hinsichtlich der Teilregime gelten.[41]

2. Neue Stabilisierungsmechanismen

Im Fall einer solchen Netzwerkstruktur müssten schließlich auch passende Stabilisierungsmechanismen für die Gesamtrechtsordnung ver-

---

[39] *Ladeur, K.-H.*, Ein Recht der Netzwerke für die Weltgesellschaft oder Konstitutionalisierung der Völkergemeinschaft?, AVR 49 (2011), S. 246, 269; *ders.*, Der Staat der Gesellschaft der Netzwerke. Zur Notwendigkeit der Fortentwicklung des Paradigmas des Gewährleistungsstaates, Der Staat 48 (2009), S. 163, 175; *Peters, A.*, Rechtsordnung und Konstitutionalisierung: Zur Neubestimmung der Verhältnisse, ZöR 65 (2010), S. 3, 61.

[40] *Peters, A.*, Rechtsordnung und Konstitutionalisierung: Zur Neubestimmung der Verhältnisse, ZöR 65 (2010), S. 3, 61.

[41] *Pernice, I.*, La Rete Europea di Costituzionalità – Der Europäische Verfassungsverbund und die Netzwerktheorie, ZaöRV 70 (2010), S. 51, 67.

wirklicht und umgesetzt werden. Denn eine hierarchische Struktur müsste zugunsten von Stabilisierungsmechanismen wie Subsidiarität und Komplementarität (vgl. Art. 17 IStGH -Statut), dem Prinzip der funktionalen Äquivalenz sowie der gegenseitigen Anerkennung aufgegeben werden.[42] In einer pluralen, netzwerkartigen Struktur sei weiterhin das Zugestehen eines nationalen Einschätzungsspielraums notwendig. Im Gegensatz dazu müssten schließlich Kontroll- und Überwachungsmechanismen geschaffen werden.[43]

Nach Peters stellt die Konstitutionalisierungsdebatte letztlich einen Appell zur Etablierung von Konfliktvermeidungstechniken, Konfliktlösungsmechanismen sowie Koordinationstrategien dar.[44] Wie Krisch bemerkt, ist eine pluralistische Ordnung ferner nicht zwangsläufig weniger geeignet, um Kooperation zu vermehren und zu stabilisieren als ein globaler Konstitutionalismus – denn Veränderung und diverse, gleichberechtigte Akteure wären dabei nicht die Ausnahme, sondern der Regelfall.[45]

Zu beachten ist auch, dass die meisten internationalen Gerichte – trotz der funktionalen Differenzierung und der Anwendung zahlreicher Spezialnormen – Normen des allgemeinen Völkerrechts als gemeinsame „Basis" verwenden, was eher auf eine zusammenhängende, pluralistische Struktur denn auf eine Fragmentierung im Sinne einer völligen Separierung hindeutet.[46]

---

[42] Zur Anwendung des Subsidiaritätsprinzips in einer pluralistischen Ordnung: *Paulus, A. L.*, Subsidiarity, Fragmentation and Democracy: Towards the Demise of General International Law?, in: Shany, Y./Broude, T. (Hrsg.), The Shifting Allocation of Authority in International Law, S. 193.

[43] *Delmas-Marty, M.*, Le pluralisme ordonné, S. 266 ff.; siehe hierzu auch: *Peters, A.*, Rechtsordnung und Konstitutionalisierung: Zur Neubestimmung der Verhältnisse, ZöR 65 (2010), S. 3, 61.

[44] Ebd., S. 62.

[45] *Krisch, N.*, Beyond Constitutionalism, S. 263.

[46] *Burke-White, W.*, International Legal Pluralism, Mich J Int'l L 25 (2003), S. 963, 970.

a. Koordinierung durch Prinzipien

Die angesprochene Koordinierung der unterschiedlichen Rechtsordnungen im Konflikt- und Streitfall könnte durch, allseits anerkannte Prinzipien herbeigeführt werden. In diese Richtung argumentiert auch Peters und fordert eine prinzipiengeleitete Verfahrensweise zur Anpassung und Ausgleichung konkurrierender Kompetenzansprüche und Normen.[47] Dabei könnten insbesondere vier – aus der nationalen Ebene abgeleitete – Verfassungsprinzipien herangezogen werden. Zum einen ist dies Peters zufolge Legalität, darüber hinaus Subsidiarität, weiter eine angemessene Beteiligung der jeweils betroffenen Akteure sowie der grundsätzliche und umfassende Respekt vor den Menschenrechten.[48]

Eher kritisch zur Regime-Koordinierung positioniert sich Koskenniemi. Denn eine Koordinierung setze letztlich eine absolut unrealistische Stabilität der zu koordinierenden Regime voraus. Die verschiedenen Regime oder Teilsysteme seien aber vielmehr schon intern viel zu heterogen, divers und instabil, als dass ein gemeinsamer Koordinierungsansatz gefunden werden könne.[49]

b. Wechselseitig harmonisierende Auslegung

Ein weiterer Stabilisierungsmechanismus könnte die wechselseitig harmonisierende Auslegung sein, sollten die oben genannten Prinzipien nicht zum Erfolg führen. Notwendig hierzu ist ein inter-judizieller Dialog zwischen nationalen, internationalen oder supranationalen Gerichten, der zur relativen Einheit des Rechtssystems beitragen kann.[50]

Eine solch harmonisierende Auslegung kommt somit bei Normenkollisionen zum Tragen, beispielsweise hinsichtlich der Wahrung der konstitutionellen Identität des jeweiligen politischen Systems. Im Konfliktfall

---

[47] *Peters, A.*, Rechtsordnung und Konstitutionalisierung: Zur Neubestimmung der Verhältnisse, ZöR 65 (2010), S. 3, 54.

[48] Ebd., S. 54.

[49] *Koskenniemi, M.*, Global Legal Pluralism: Multiple Regimes and Multiple Modes of Thought, S. 19 f.; Koskenniemi zieht dabei einen Vergleich zum Nationalismus des 19. Jahrhunderts in Europa.

[50] *Burke-White, W.*, International Legal Pluralism, Mich J Int'l L 25 (2003), S. 963, 971 f.

ist bis zur Wortlautgrenze eine völkerrechtskonforme Auslegung des nationalen Rechts vorzunehmen.

Bei einer solchen Auslegung wird allerdings nicht die Hierarchie des Völkerrechts oder einer entsprechenden anderen Rechtsordnung anerkannt.[51] In der pluralistischen Struktur der Europäischen Union wird dies beispielsweise schon erfolgreich praktiziert – etwa über das „Kooperationsverhältnis“ und den judiziellen Dialog zwischen dem Bundesverfassungsgericht und dem Gerichtshof der Europäischen Union. Wie beispielsweise der Vorlagebeschluss des Bundesverfassungsgerichts im OMT-Verfahren[52] zeigt, beharrt das Bundesverfassungsgericht nicht auf der Letztentscheidungszuständigkeit, sondern tritt zugunsten des Gerichtshofs der Europäischen Union zurück, wenn dieser in der Lage ist, eine sachnähere und für die gesamte europäische Rechtsordnung einheitsstiftende Entscheidung zu treffen. Zudem ist das Gebot der europarechtskonformen Auslegung von nationalen Normen, dass nicht zuletzt auf dem *effet utile*-Gedanken einer möglichst effektiven Durchsetzung des Unionsrechts beruht, ein wichtiger Baustein, um die unterschiedlichen Rechtsordnungen in der EU einander anzugleichen.

Die Lösung im konkreten Kollisionsfall darf sich nicht an formalen Fragen insbesondere der Normenzugehörigkeit zu einer bestimmten Rechtsordnung entscheiden, sondern vielmehr inhaltsorientiert unter der Berücksichtigung materieller Gesichtspunkte.[53] Peters zufolge genössen dann beispielsweise wichtige Menschenrechtsverträge wie die beiden UN-Pakte[54] Vorrang gegenüber technischen Vorschriften eines unbedeutenderen bilateralen Vertrages oder gegenüber nationalen Durchführungsvorschriften.

Fraglich und entscheidend ist aber auch in einer solchen Konstellation, wer Rechtsausleger und -anwender ist. Denn die genaue Ausgestaltung und Ausprägung der Auslegung hängt, wie Peters zutreffend argumen-

---

[51] *Peters, A.*, Rechtsordnung und Konstitutionalisierung: Zur Neubestimmung der Verhältnisse, ZöR 65 (2010), S. 3, 55.

[52] BVerfGE 134, 366 – Outright Monetary Transactions (OMT).

[53] *Peters, A.*, Rechtsordnung und Konstitutionalisierung: Zur Neubestimmung der Verhältnisse, ZöR 65 (2010), S. 3, 58.

[54] *Internationaler Pakt über bürgerliche und politische Rechte* vom 19.12.1966, BGBl. 1973 II, S. 1534; 999 UNTS, S. 171 sowie *Internationaler Pakt über wirtschaftliche, soziale und kulturelle Rechte* vom 19.12.1966; BGBl. 1973 II, S. 1570; 993 UNTS, S. 3.

tiert, nicht unerheblich hiervon ab. Je nachdem, welche globale Instanz die Auslegung vornähme, würde wohl das jeweilige „bias“ einer Institution stärker als von einer anderen Instanz berücksichtigt und gewichtet.[55] Dennoch überwiegen die Vorteile einer pluralen Netzwerkstruktur gegenüber einer fragmentierten Ordnung, in der die übermäßige Berücksichtigung der systemspezifischen Eigenrationalität noch stärker zu erwarten ist.

Ein Hauptvorteil einer pluralistischen Ordnung könnte sein, dass die gesellschaftliche Diversität und damit auch verschiedene Ansichten und Rechtsauffassungen eben besser berücksichtigt werden könnten. Denn in einer pluralistischen Ordnung ist zu erwarten, dass eine Vielzahl an Kollektiven, sei es auf lokaler, nationaler, regionaler oder globaler Ebene um Einfluss kämpfen und ihre Auffassungen möglichst überzeugend vertreten werden.[56] Dieser Kampf könnte nicht nur störend und behindernd sein, sondern vielmehr befruchtend und dazu beitragen, die unterschiedlichen Ansichten zu respektieren. Ein solch gegenseitiger Respekt ist auch notwendig, wenn man wie Herdegen davon ausgeht, dass ein „konstruktives Völkerrecht“ am Entstehen ist, das bestimmte Werte enthält und den wechselseitigen Ausgleich sowie die gegenseitige Abwägung erforderlich macht.[57]

Dazu könnten auch internationale Gerichte beitragen, zumindest wenn man unterstellt, dass sie an einer harmonisierenden Auslegung internationaler Normen, die zu Bestimmtheit und Vorhersehbarkeit führen, interessiert sind. Dadurch können sie helfen, Lücken und Brüche im globalen Rechtssystem zu überbrücken.[58]

---

[55] *Peters, A.*, Rechtsordnung und Konstitutionalisierung: Zur Neubestimmung der Verhältnisse, ZöR 65 (2010), S. 3, 59.

[56] *Krisch, N.*, Beyond Constitutionalism, S. 282.

[57] *Herdegen, M.*, Asymmetrien in der Staatenwelt und die Herausforderungen des „konstruktiven Völkerrechts“, ZaöRV 64 (2004), S. 571.

[58] *Rao, P. S.*, Multiple International Judicial Forums: A Reflection of the Growing Strength of International Law or its Fragmentation?, Mich J Int’l L 25 (2004), S. 929, 961.

c. Kollisionsregeln

Von besonderer Bedeutung sind in einer pluralistischen Ordnung die „interface norms“[59], also Kollisionsregeln. Problematisch ist hierbei, dass – anders als womöglich auf nationaler Ebene oder im Fall eines hierarchischen Konstitutionalismus – keinerlei übergeordnete Instanz existiert, welche die Kollisionsregeln erschaffen könnte. Dies übernehmen vielmehr die einzelnen Rechtssphären selbst.

Somit ist die Gefahr hoch, dass sie diesen Regeln widersprechen und die jeweilige Eigenrationalität zu sehr gewichten. In diesem Fall würde die Brauchbarkeit der Kollisionsregeln stark eingeschränkt.[60]

Zudem gibt es auch Stimmen wie Teubner, die vor einer „rechtlichen Unbestimmtheit“ durch Kollisionsregeln wie Interessenabwägung, vor zunehmendem Rekurrieren auf Generalklauseln, vor höherem Einfluss von „sociological jurisprudence“, „legal economics“ und anderen Arten der „Verwissenschaftlichung des Rechts“ warnen.[61] Denn ein erhöhter Einfluss von rechtsfremden Kriterien könne letztlich dazu führen, dass das Recht seine eigentliche Funktion nicht mehr reibungsfrei wahrnehmen könne.[62]

Einigkeit besteht wohl zumindest in der grundsätzlichen Anerkennung einiger Kollisions- oder Konfliktlösungsregeln wie *lex specialis* oder *lex posterior*.[63] Problematisch ist jedoch, dass weder der genaue Inhalt, der Rang, die Rechtsfolgen und der rechtliche Status geklärt sind.[64] Wie Vranes feststellt, gilt dies nicht nur für den zwar im nationalen, nicht aber im internationalen Recht allgemein anerkannten Satz *lex specialis derogat legi generali*, sondern auch für den *lex posterior*-Grundsatz.[65] Denn selbst wenn man den *lex posterior*-Grundsatz als Völkergewohn-

---

[59] *Krisch, N.*, Beyond Constitutionalism, S. 285.

[60] Ebd., S. 286.

[61] *Teubner, G.*, Recht als autopoietisches System, S. 124.

[62] Ebd.

[63] *Burke-White, W.*, International Legal Pluralism, Mich J Int’l L 25 (2003), S. 963, 971.

[64] *Vranes, E.*, Lex Superior, Lex Specialis, Lex Posterior – Zur Rechtsnatur der “Konfliktlösungsregeln”, ZaöRV 65 (2005), S. 391; siehe auch 2. Kap. IV. 2. c und 3. Kap. II. 2.

[65] Ebd., m.w.N.

heitsrecht ansähe, so wäre gerade das Verhältnis zwischen dem *lex specialis*-Grundsatz und dem Grundsatz *lex posterior* umstritten.[66] Denn Unklarheit könnte beispielsweise bestehen, wenn eine Norm, die nach einer eigentlich spezielleren Norm geschaffen wurde, nun Vorrang gemäß dem *lex posterior*-Grundsatz beansprucht.

Darüber hinaus ist die Rechtsnatur von Kollisionsregeln bisweilen schwierig zu bestimmen. So reicht die Einordnung als rechtslogische Prinzipien über allgemeine Rechtsprinzipien und Interpretationsregeln bis zur Aberkennung des Status als Prinzip oder Regel schlechthin.[67] Fraglich ist darüber hinaus, ob grundsätzlich anerkannte Kollisionsregeln überhaupt „logische Maximen“ darstellen oder es beispielsweise beim *lex posterior*-Grundsatz nur zur Derogation aufgrund einer Ermächtigung zur Rechtsänderung in der nachfolgenden Norm kommt.[68]

Schließlich kann auf die konkreten Rechtsfolgen im Fall einer Normenkollision nicht anhand eines logischen Prinzips geschlossen werden, sondern diese sind vielmehr für jede Rechtsordnung jeweils erneut zu bestimmen. Den bekannten Kollisionsregeln kommt daher nach Ansicht von Vranes keinerlei „derogatorische Kraft“ zu; vielmehr sind sie als „Befugnis zur Rechtserzeugung und -änderung“ aufzufassen.[69]

Aus den genannten Gründen fordert schließlich auch Teubner, das Kollisionsrecht nicht mehr international aufzufassen und zu denken, sondern vielmehr intersystemisch. Denn durch die Zunahme funktionaler Teilsysteme in der Weltgesellschaft müsse ein Dominanzwechsel des Konflikts zwischen territorialen, politischen und nationalen Systemen hin zu Konflikten zwischen den funktionalen Teilsystemen herbeigeführt werden.[70] Aufgrund des intersystemischen Charakters der Konflikte laufen nach Ansicht von Teubner auch gerichtliche Inhaltskontrollen letztlich immer auf eine Interessenabwägung hinaus.[71] In diese Richtung argumentiert auch Vranes, wonach eine Einordnung der Kollisionsregeln als Interpretationskriterien sinnvoll sein soll, um zu ermitteln, welche Norm aus welchem System zur richtigen Auslegung zur

[66] Ebd., S. 395 f.

[67] Ebd., S. 393, m.w.N.

[68] Ebd., S. 398.

[69] Ebd.

[70] *Teubner, G.*, Recht als autopoietisches System, S. 131.

[71] Ebd., S. 137.

Hilfe genommen werden soll. Dies erscheint sinnvoll, da „der Zeitfaktor und die Spezialität von Normen objektive Umstände darstellen“.[72]

d. Rolle internationaler Gerichte

Eine besondere Rolle dabei nehmen wie bereits erörtert die nationalen und internationalen Gerichte ein. Denn die Interaktion und die wechselseitige Berücksichtigung der Argumente und Urteile sind mit zunehmender Verrechtlichung des globalen Rahmens angewachsen und tragen häufig dazu bei, Kollisionen zu vermeiden oder zu entschärfen.[73] Hierzu könnte ein Dialog zwischen den Gerichten maßgeblich beitragen.[74]

Entscheidend dabei ist, wie Krisch bemerkt, jedoch nicht eine gegenseitige Einschränkung des richterlichen Entscheidungsspielraums. Vielmehr dient die Hervorhebung des „margin of appreciation“ oder „marge de manouevre“ im Sinne eines weitgehenden Einschätzungsspielraums dazu, eine zu große Einengung des Entscheidungsspielraums zu vermeiden. Ein „judicial self-restraint“ ist also meist nicht zu erwarten und auch nicht gewollt, zumal dies im Ergebnis auf eine Hierarchisierung hinauslaufen würde. Als Beispiel können laut Krisch die *„Solange“*-Doktrin des Bundesverfassungsgerichts oder die *„Kadi“*-Entscheidungen[75] des Gerichtshofs der Europäischen Union angeführt werden. In den *Solange*-Entscheidungen erklärte sich das Bundesverfassungsgericht für grundsätzlich (*Solange I*[76]) beziehungsweise ausnahmsweise (*Solange II*[77]) letztständig für die Prüfung von Grundrechtsfragen; es fasste daher seinen Einschätzungsspielraum sehr weit

---

[72] *Vranes, E.*, Lex Superior, Lex Specialis, Lex Posterior – Zur Rechtsnatur der „Konfliktlösungsregeln“, ZaöRV 65 (2005), S. 391, 404.

[73] *Krisch, N.*, Beyond Constitutionalism, S. 286.

[74] Siehe auch *Walter, C.*, International Law in a Process of Constitutionalization, in: Nollkaemper, A./Nijman, J. E. (Hrsg.), New Perspectives on the Divide Between National and International Law, S. 191, 200.

[75] *EuGH*, Rs. C-402/05 P und C-415/05 P (Kadi und Al Barakaat), Slg. 2008, I-6411.

[76] BVerfGE 37, 271 ff. – Solange I.

[77] BVerfGE 73, 339 – Solange II.

und vermied es, dem Gerichtshof der Europäischen Union eine hierarchisch übergeordnete Stellung zuzugestehen.

In *Kadi* anerkannte der Gerichtshof der Europäischen Union zwar die grundsätzliche übergeordnete Stellung von UN-Sicherheitsratsresolutionen oder des Völkerrechts im Allgemeinen. Gleichwohl erklärte er die mit der Resolution 1267 etablierten Verfahren für unvereinbar mit den Grundrechtsgarantien der EU. Aufgrund der verfassungsartigen Struktur der EU seien die Verfahren am Maßstab der europäischen Grundrechte zu messen. Mithilfe der *ordre public*-Argumente fasste der Gerichtshof der Europäischen Union damit seinen Einschätzungsspielraum derart weit, dass er im Einzelfall sogar grundsätzlich höherrangiges Recht zu überprüfen habe. Krisch zufolge werden in solchen Fällen auch *ordre public*-Argumente angeführt, um nicht zu sehr auf andere Gerichte eingehen zu müssen.[78]

3. *Hybridisierung*

Eng mit der zunehmenden Pluralisierung hängt die These der Hybridisierung von Rechtsordnungen zusammen. Gemeint sind (transnationale) Rechtssysteme, die sowohl nationales als auch internationales Recht anwenden.[79] Als Beispiel können die sogenannten hybriden Straftribunale von Sierra Leone, Kambodscha oder Libanon genannt werden, die sowohl nationales, als auch internationales Strafrecht, mithin das Völkerstrafrecht, anwenden, um die Angeklagten einer Verurteilung zuzuführen.[80]

Daneben existieren auch, wie Paulus darlegt, gemischte Durchsetzungssysteme, die nicht nur staatlichen Akteuren, sondern auch nichtstaatlichen Akteuren in begrenztem Umfang Vertragsabschlusskompetenzen zugestehen und sie somit neben der Übertragung von Rechten auch in die Pflicht nehmen. Zu nennen seien die internationale Schiedsgerichtsbarkeit sowie das Investitionsschutzrecht. Im Übereinkommen zur Beilegung von Investitionsstreitigkeiten (International Centre for Settlement of Investment Disputes, ICSID) stehen sich als Parteien der

---

[78] *Krisch, N.*, Beyond Constitutionalism, S. 287.

[79] *Cohen, J. L.*, Globalization and Sovereignty, S. 43.

[80] Siehe *Paulus, A. L.*, Zusammenspiel der Rechtsquellenlehre aus völkerrechtlicher Perspektive BDGIR 46 (2014), S. 7, 10.

Streitbeilegung vor Schiedsgerichten Staaten und private Investoren gegenüber.[81] Das anwendbare Recht divergiert stark; neben dem Internationalen Privatrecht, sowie „einschlägigen Regeln des Völkerrechts" kommt gemäß Ar. 42 Abs. 2 ICSID-Übereinkommen auch das nationale Recht des beteiligten Staates zur Anwendung.[82]

Derartige Rechtssysteme sind also direkt an der Schnittstelle zwischen den nationalen Rechtssystemen sowie dem internationalem System und stellen ein Paradebeispiel dar, wie die verschiedenen Systeme miteinander kommunizieren und sich wechselseitig beeinflussen.[83] Sie sind somit Teil einer „multilevel global governance", im Rahmen derer die nationale und die internationale Ebene mehr denn je miteinander verzahnt sind.[84]

IV. Grundprobleme

In vielerlei Hinsicht erscheint die Annahme einer pluralistischen Weltordnung stichhaltig und einleuchtend, zum Beispiel bezüglich des Verzichts auf eine formelle Hierarchie zwischen internationalen und nationalen Rechtsordnungen. Zudem ist, wie Peters festhält, eine hierarchische Ordnung umso unwichtiger, je mehr eine vertikale und horizontale Konvergenz der Rechtsordnungen im Entstehen ist, wie etwa im Menschenrechtsbereich.[85] Gerade in diesem Bereich wird es aufgrund der relativ hohen Konvergenz zunehmend irrelevanter, welches Gericht eine bestimmte Norm anwendet und ob die Norm eine nationale oder

---

[81] Siehe „ICSID-Konvention": Gesetz zu dem Übereinkommen vom 18.03.1965 zur Beilegung von Investitionsstreitigkeiten zwischen Staaten und Angehörigen anderer Staaten vom 25.02.1969; BGBl. 1969 II, S. 369.

[82] Ebd. S. 11, 15 f.; *Burke-White, W.*, International Legal Pluralism, Mich J Int'l L 25 (2003), S. 963, 975 f.

[83] *Burke-White, W.*, International Legal Pluralism, Mich J Int'l L 25 (2003), S. 963, 976 f.

[84] Ebd., S. 977.

[85] *Peters, A.*, Rechtsordnung und Konstitutionalisierung: Zur Neubestimmung der Verhältnisse, ZöR 65 (2010), S. 3, 52.

eine internationale Vorschrift ist, da die Normen in der Regel inhaltlich übereinstimmen und denselben Regelungsbereich besitzen.[86]

Allerdings sind auch in einer pluralistischen Ordnung diverse Grundprobleme zu beobachten. So fällt nach Ansicht von Herberg oftmals die Differenzierung zwischen sozialen und rechtlichen Normen schwer. Zwar existierten einzelne Definitions- und Abgrenzungsmerkmale, eine abschließende Lösung sei jedoch nicht auszumachen.[87] Zudem träten auch in Bereichen, in denen eine relativ hohe Konvergenz zu beobachten sei, weiterhin zahlreiche Konfliktfälle auf. Ob diese (wie Peters argumentiert) meist als „Stimulus“ für die Weiterentwicklung des Rechts angesehen werden können oder aus politischer Sicht als ein „agreement to disagree“ zu betrachten seien, kann dahingestellt werden.[88]

1. Probleme formeller Art

In formeller Hinsicht können drei Fundamentalprobleme beobachtet werden.

a. Einheitliche Anwendung

Zum einen ist dies das Gebot der einheitlichen Anwendung von Normen mit dem größten territorialen Anwendungsbereich. Da im Fall einer pluralistischen Ordnung aufgrund des Fehlens einer hierarchischen Ordnung keine Normen mit global geltender Vorrangwirkung existieren, könnten staatliche Letztentscheidungsbefugnisse die zuvor beschriebene einheitliche Anwendung und Geltung des Völkerrechts verhindern.[89]

---

[86] *Paulus, A. L.*, The International Legal System as a Constitution, in: Dunoff, J. L./Trachtman, J. P. (Hrsg.), Ruling the World?, S. 69, 82; *Peters, A.*, Rechtsordnung und Konstitutionalisierung: Zur Neubestimmung der Verhältnisse, ZöR 65 (2010), S. 3, 52.

[87] *Herberg, M.*, Innenansichten des Weltrechts, in: Calliess, G.-P. (Hrsg.), Soziologische Jurisprudenz, S. 739, 741.

[88] *Peters, A.*, Rechtsordnung und Konstitutionalisierung: Zur Neubestimmung der Verhältnisse, ZöR 65 (2010), S. 3, 52.

[89] Ebd., S. 53.

Als Folge besteht die Gefahr, dass die systemspezifische Eigenrationalität übergewichtet wird und Entscheidungen trotz ähnlicher Sachlage sehr unterschiedlich ausfallen. Die Folgen wären unter Umständen Rechtsunsicherheit und Rechtsungleichheit.

Wie Herberg darlegt, sei allerdings zu beachten, dass in einem Verbund oder System mit verschiedenen Rechtsordnungen trotz formaler Rechtsgleichheit auch auf lokale und regionale Besonderheiten Rücksicht genommen werden müsse und dem jeweiligen Rechtsanwender ausreichend Gestaltungsspielraum überlassen werden solle. Dieser Gestaltungsspielraum dürfte jedoch nicht übermäßig in Anspruch genommen beziehungsweise missbraucht werden.[90]

Insgesamt bleibt die einheitliche Anwendung des Völkerrechts daher problematisch. Anders als im EU-Recht findet mangels klarer Vorrang- und Auslegungsregeln keine wirksame harmonisierende Auslegung statt.

b. *Pacta sunt servanda*

Das zweite Problem hängt mit dem Grundsatz *pacta sunt servanda* zusammen. Wie Peters argumentiert, könnte die Gefahr bestehen, die in einer pluralistischen Ordnung gewollten unterschiedlichen Rechtssphären mit womöglich unterschiedlichen Rechtsauffassungen über Gebühr zu berücksichtigen und alle aufgrund der gewollten Vielfalt zu akzeptieren und gleichzugewichten.

Wenn jedes Teilsystem oder jede Rechtssphäre versucht, die jeweilige Rechtsauffassung durchzusetzen, könnte dies zu zahlreichen Konflikten hinsichtlich der Ausfüllung und Auslegung von Vertragswerken führen. Problematisch könnte es sein, wenn eine klare Konfliktlösung zugunsten der Rechtsvielfalt zurückstehen müsste. Denn wenn alle Ansichten absolut gleichwertig und -berechtigt sind, müsste der Pluralismus auch über die Konsequenzen der völkerrechtlichen Haftung eines vertragsverletzenden Staates hinwegsehen.[91]

Auch an diesem Problem lässt sich exemplarisch aufzeigen, dass eine pluralistische Ordnung, die aus einem rein netzwerkartigen und wolkenhaftigen Nebeneinander ohne übergeordnete, ordnende Instanz

---

[90] Ebd.

[91] Ebd.

oder zumindest klaren Regelungen im Kollisionsfall nur eingeschränkt funktionabel sein dürfte. Eine bloße Rechtsvielfalt gleichwertiger und -berechtigter Systeme würde Gefahr laufen, im Chaos zu enden.

Die Fortentwicklung des Völkerrechts, die Herausbildung von kohärenten, systemischen Strukturen wäre gefährdet, wenn verschiedene Teilsysteme gleichzeitig den Vorrang beanspruchen würden und die Vorrangfrage ohne klare Regeln von Fall zu Fall „zufällig" entschieden würde. Systemtheoretisch gesprochen wäre die Vergrößerung der Komplexität, die stärkere funktionale Differenzierung des gesamten Rechtssystems unwahrscheinlich.

c. Rangfragen

Schließlich ist der Pluralismus auch insgesamt aus juristischer Hinsicht fraglich. Denn durch die Nichtklärung von Geltungs-, Rang- und Kompetenzstreitigkeiten werden letztlich alle Fragen bezüglich des Verhältnisses der unterschiedlichen Rechtsordnungen der Politik überlassen.[92]

Dies könnte wiederum zu einer erhöhten Rechtsunsicherheit führen, auch wenn bei einer Überbewertung einer rechtlichen Lösung nach Ansicht von Peters der Vorwurf des Legalismus im Raum stehen könnte. Schließlich sei bislang das Fehlen von allseitig anerkannten Vorrang- und Geltungsregeln kein grundsätzliches Problem für das Völkerrecht gewesen. Wichtig ist nach Ansicht von Peters vor allem, die „Beschränktheit juristischer Aussagen" nicht zu verkennen.[93] Durch eine zu rigide Anwendung juristischer Regeln bestehe mithin die Gefahr, auf die kulturelle Diversität und machtpolitischen Besonderheiten nicht angemessen reagieren zu können.[94]

Somit wäre die Entwicklung zu einem operativ geschlossenen, selbstreferentiell arbeitenden, autopoietischen Rechtssystem der Weltgesell-

---

[92] Ebd.

[93] Ebd., S. 54.

[94] Peters weist aber darauf hin, dass zwar eine „pluralistische Offenheit" einen zusätzlichen Mechanismus zur Machtbegrenzung darstellen kann, eine solche „juristische Offenheit" jedoch mit größerer Wahrscheinlichkeit zur Zementierung politischer Machtpositionen führen würde; ebd.

schaft aufgrund der direkten Einflussnahme auf den Rechtscode blockiert.

2. *Probleme materieller Art*

Zudem weist auch eine pluralistische Ordnung ähnliche Probleme wie eine konstitutionelle auf. Denn bei ihr ist ebenfalls fraglich, wie die unterschiedlichen Traditionen und Legitimitätssphären („layers“) miteinander kombiniert werden können. Problematisch erscheint dies im Hinblick auf das Demokratieprinzip sowie die *rule of law*.

a. Demokratie/Deliberation

Fraglich ist, ob in einer postnationalen, pluralistischen Ordnung auch die Übertragung von demokratischer Legitimation auf den postnationalen Raum notwendig ist. Dies gilt zumindest dann, wenn man annimmt, dass die Ausübung öffentlicher Gewalt vollständig oder teilweise auf die postnationale Ebene übergegangen ist. Denn wenn Demokratie die Ausübung öffentlicher Gewalt legitimiert und diese nun nicht mehr auf nationaler, sondern auf postnationaler Ebene ausgeübt wird, dann muss – nach zutreffender Ansicht von Krisch – auch die demokratische Legitimation auf dieser Ebene erfolgen.[95]

Problematisch erscheint jedenfalls die kaum mögliche Inklusion aller betroffenen Bürger. Zudem sind faire und gerechte Prozesse notwendig („fair processes of decision-making“).[96] Möglicherweise müssen auch Ansprüche an demokratische Teilhabe und Verfahren gesenkt werden, um der politischen Vielfalt gerecht zu werden.[97] Allerdings sind wiederum auch komplementäre Prozesse auf nationaler und internationaler Ebene möglich. Dennoch bleibt ein Grundproblem, wie man demokratische Legitimation auf globaler Ebene schaffen kann. Schließlich ist ein deliberatives Modell mit globalen Wahlen nur schwer vorstellbar, allein schon wegen der Sprachprobleme und einer fehlenden wirkungsvollen Weltöffentlichkeit (ausführlich hierzu siehe 6. Kapitel).[98]

---

95 *Krisch, N.*, Beyond Constitutionalism, S. 264; m.w.N.

96 Ebd., S. 265.

97 Ebd.

98 Ebd., S. 266; vgl. hierzu auch BVerfGE, 123, 267, 357 f. – Lissabon.

Möglicherweise sind daher nur einzelne Elemente des demokratischen Modells der nationalen Ebene auf die globale Ebene übertragbar. Laut Krisch sollten postnationale Institutionen jedenfalls Offenheit und Transparenz aufweisen, öffentliche Mitwirkungsmöglichkeiten für den Einzelnen in geregelten Verfahrensweisen bereitstellen und die Überparteilichkeit und das *Know-how* von Entscheidungsträgern garantieren. [99]

Allerdings gilt es auch, die für pluralistische Ordnungen zu erwartenden „problems of many hands" zu minimieren.[100] Schließlich ist auch die Vielzahl an Kollektiven, also demokratisch organisierten Gesellschaften oder Staaten (und letztlich auch die übrigen, nichtdemokratischen Mitglieder der Staatenwelt), welche alle die Letztentscheidungsgewalt für sich beanspruchen könnten, nicht unproblematisch, wie Krisch bemerkt.[101]

b. *Rule of law*

Auch die *rule of law* oder das Rechtsstaatsprinzip ist in pluralistischen Ordnungen diffizil.

Zwar ist ein grundsätzliches Bekenntnis zu einer globalen *rule of law* durchaus erkennbar. Dies zeigt nicht zuletzt die Aufnahme in die Milleniums-Erklärung der Vereinten Nationen[102] aus dem Jahr 2000. Andererseits ist es gerade in pluralistischen Ordnungen aufgrund der Vielzahl an Legitimationssphären schwierig, den genauen Inhalt einer globalen *rule of law* und deren Anwendungsbereich zu bestimmen. So bemerkt Cruz:

> „The first problematic aspect of radical pluralism is that it may have much to commend it in the social, economic and political spheres, and also in law-making, but not so much in judicial activity and law-application, where the rule of law, legal certainty and the effective protection of individual rights may be endangered by the lack of clear relationships among judicial institutions. ‚Heterarchical' and

---

[99] *Krisch, N.*, Beyond Constitutionalism, S. 267.

[100] Ebd., S. 268.

[101] Ebd., S. 269.

[102] UN Doc A/RES/55/2 vom 08.09.2000, S. 15, Rn. 24, http://www.un.org/ (zuletzt besucht am 19.08.2017).

> ‚horizontal' are instinctively appealing notions, while ‚hierarchy' and ‚vertical' sound old-fashioned, ‚anti-modern', almost reactionary, but any legal order would decay and collapse sooner or later without a minimum degree of predictability regarding its application."[103]

Auch nach Ansicht von Krisch ist diese Unbestimmtheit problematisch – insbesondere für Einzelpersonen. Denn deren Rechte und Pflichten würden letztlich nicht durch rechtliche Normen festgelegt, sondern unterlägen politischen Erwägungen. Bestes Beispiel hierfür sei das UN-Sanktionssystem. Die Betroffenen könnten durch die Vielzahl der beteiligten Rechtssphären und Akteure – die UN als Ersteller der Terrorlisten, die EU sowie nationale Regierungen als Rechtsanwender sowie die nicht unbedingt immer gleichlautenden Menschenrechtsgarantien in UN, EU und Nationalstaaten – ihr Verhalten nur schwer an die jeweiligen normativen Anforderungen anpassen. Dadurch würde die Stabilisierung von Erwartungshaltungen erschwert und die Vorhersagbarkeit rechtlicher Entscheidungen negativ beeinflusst.[104] Diese negative Beeinflussung und Schwierigkeit hinsichtlich der Voraussagbarkeit sei ein wesentliches Charakteristikum einer pluralistischen Ordnung.[105]

Zu bedenken ist allerdings, dass die *rule of law* ohnehin oft schwer bestimmbar ist, wie im 2. Kapitel bereits erörtert wurde. Wie Krisch bemerkt, „we cannot know what the law is until a final court judgment tells us"[106] – diese Unbestimmtheit und Unsicherheit wohnt jeder Rechtsordnung inne.

Zudem ist der Unterschied in der Unbestimmtheit zwischen Systemen, die unitaristisch („law-governed") und solchen, die pluralistisch (offen) sind, nur von gradueller Art. Ein globaler Pluralismus führt damit nach Ansicht von Krisch zu keinen substanziell größeren Problemen als ein globaler Konstitutionalismus.[107]

---

[103] *Baquero Cruz, J.*, The Legacy of the Maastricht-Urteil and the Pluralist Movement, Eur Law J 14 (2008), S. 389, 414.

[104] *Krisch, N.*, Beyond Constitutionalism, S. 277.

[105] Ebd.

[106] Ebd., S. 278.

[107] Ebd., S. 279 f.

V. Pluralismus und Konstitutionalismus

Zahlreiche Überschneidungspunkte existieren zwischen einer pluralistischen Auffassung und einem globalen Konstitutionalismus. Pluralismus und Konstitutionalismus müssen sich daher nicht notwendigerweise gegenseitig ausschließen.

Vielmehr könnten konstitutionelle Elemente auch als Bindeglied zwischen den unterschiedlichen Systemen und Regimen fungieren, um Kommunikation und wechselseitige Anerkennung von Rechtsansprüchen zu gewährleisten oder wenigstens zu vereinfachen.[108] So könnte ein konstitutioneller Pluralismus einerseits die in spezielle Regime unterteilte Rechtsordnung besser abbilden, ohne andererseits die Prämisse eines Konstitutionalismus völlig aufgeben zu müssen. Nach Ansicht von Fischer-Lescano etwa ist „konstitutioneller Pluralismus (...) eine weltgesellschaftliche Realität“[109].

Im Gegensatz zu den bereits dargestellten Varianten eines globalen Konstitutionalismus oder einer weltweiten Konstitutionalisierung kann der konstitutionelle Pluralismus als eine abgeschwächte Form einer konstitutionalisierten Ordnung angesehen werden.

Die Annahme eines solchen Pluralismus konstitutioneller Lesart widerspricht zwar Kelsens These einer einzigen Grundnorm, allerdings ist diese Sichtweise keineswegs die einzig mögliche. Ein System mit mehreren „Grundnormen“ ist – nach Ansicht von Cohen – möglich und muss sich auch keineswegs widersprechen.[110] Wie Halberstam schreibt, greift die Idee eines globalen Pluralismus letztlich lediglich die Vorstellung an, dass eine konstitutionelle Ordnung ein geschlossenes, einheitli-

---

[108] *Halberstam, D.*, Local, Global and Plural Constitutionalism, in: Búrca, G. de/Weiler, J. (Hrsg.), The Worlds of European Constitutionalism, S. 150, 164.

[109] *Fischer-Lescano, A./Liste, P.*, Konstitutioneller Pluralismus der Weltgesellschaft, in: Bäuerle, M./Dann, P./Wallrabenstein, A. (Hrsg.), Demokratie-Perspektiven, S. 569, 572.

[110] *Cohen, J. L.*, Sovereignty in the Context of Globalization: A Constitutional Pluralist Perspective, in: Besson, S./Tasioulas, J. (Hrsg.), The Philosophy of International Law, S. 261, 268; m.w.N.

ches Rechtssystem mit einer hierarchischen Struktur benötige, nicht jedoch die Existenz verbindender, konstitutioneller Elemente.[111]

Eine solche Bindung über konstitutionelle Elemente ist auch trotz bestehender Fragmentierung nicht unmöglich. Als Beispiele können eine gemeinsame Rechtsquellenlehre sowie allgemein anerkannte Rechtsprinzipien angeführt werden. Wie Koskenniemi bemerkt, ähneln sich die beiden Konzepte durchaus in einigen Punkten: „[T]he need to centralism and control on the one hand, diversity and freedom on the other."[112]

Brunkhorst hält richtig fest, dass, auch wenn die globale Rechtsgenossenschaft stark fragmentiert sein mag, die Frage zu stellen ist, ob sie wirklich stärker fragmentiert ist als Staaten wie Kamerun oder Tansania, um nur zwei Beispiele zu nennen.[113]

Auch wenn diese Staaten natürlich nicht mit der Weltgesellschaft zu vergleichen sind, so bleibt zu konstatieren, dass trotz großer Heterogenität der Gesamtzusammenhalt durch konstitutionelle Elemente möglich ist. Daran ändert auch das Fehlen einer hierarchischen, übergeordneten Verfassung nichts, welche die einzelnen Systeme ausbalancieren und steuern könnte. Dies gilt auch und umso mehr, als keine gemeinsame Instanz vorhanden ist, die im Konfliktfall einen Ausgleich der widerstreitenden Interessen und Ansichten der jeweiligen Systeme herstellen könnte.[114] Auch nach Ansicht von Peters steht eine pluralistische Mehrebenenstruktur (im Gegensatz zur nationalstaatlichen Ebene) auf globaler Ebene einer verfassungsartigen Ordnung nicht im Weg.[115]

---

[111] *Halberstam, D.*, Systems Pluralism and Institutional Pluralism in Constitutional Law: National, Supranational, and Global Governance, University of Michigan Public Law Working Paper No. 229 (2011), S. 1, 12.

[112] *Koskenniemi, M.*, Global Legal Pluralism: Multiple Regimes and Multiple Modes of Thought, S. 18.

[113] *Brunkhorst, H.*, There Will Be Blood, in: Brunkhorst, H. (Hrsg.), Demokratie in der Weltgesellschaft, S. 99, 105.

[114] *Paulus, A. L.*, The International Legal System as a Constitution, in: Dunoff, J. L./Trachtman, J. P. (Hrsg.), Ruling the World?, S. 69, 108.

[115] *Peters, C.*, Informelle Anpassungsmechanismen der Gründungsverträge internationaler Organisationen und ihre Bedeutung für die Konstitutionalisierung des Völkerrechts, in: Pernice, I./Müller, M./Peters, C. (Hrsg.), Konstitutionalisierung jenseits des Staates, S. 17, 28 f.

Halberstam ist ebenfalls dieser Ansicht. Pluralismus benötige einen „common ground", um die unterschiedlichen Anforderungen und Normgeltungsansprüche der verschiedenen Systeme, Institutionen und Akteure auszugleichen. Der Konstitutionalismus könne genau diese gemeinsame Basis bieten. „[T]he choice among multiple claims of formal legality is managed by conversation, contest, conflict and, ultimately, mutual accommodation within this common grammar of legitimacy"[116].

Ein pluraler Konstitutionalismus könnte daher die unvermeidliche Folge der Pluralität von Geltungsansprüchen sein. Nach Halberstam sind hierfür drei Elemente notwendig, die zum Teil bereits erörtert wurden. Zum einen müssten die unterschiedlichen Rechtssphären zumindest in Teilen eine Autonomie zugestanden bekommen, um die voranschreitende Fragmentierung in Funktionsbereiche und Spezialisierung nicht zu behindern („partial autonomy"). Gleichzeitig müsse jedoch eine hinreichende wechselseitige Öffnung bestehen, um Einflüsse aus anderen Rechtssphären zu ermöglichen und aufkommende Konflikte frühzeitig entschärfen zu können („mutually embedded openess"). Schließlich müssten gemeinsame konstitutionelle Werte die Basis für die Legitimität der unterschiedlichen Rechtsordnungen oder Rechtssphären und der Gesamtrechtsordnung bilden („values of constitutionalism as common grammar of legitimacy").[117]

Letztlich wird durch diese Elemente jedenfalls der Gegensatz zwischen Pluralismus und Konstitutionalismus weiter abgeschwächt. Darüber hinaus wird deutlich, dass trotz fragmentierter Bereiche und hoher Heterogenität weiterhin konstitutionelle Verbindungen möglich sind. In diese Richtung argumentiert auch Weiler. Demnach enthielten konstitutionelle Ordnungen, gleich ob nationale, transnationale oder solche auf globaler Ebene, sowohl hierarchische als auch pluralistische Elemente.[118] Daher hält Weiler den Gegensatz zwischen hierarchischem und pluralistischem Konstitutionalismus für übertrieben: „Pluralist constitutionalism – good, progressive, tolerant, non-domineering; hie-

[116] *Halberstam, D.*, Local, Global and Plural Constitutionalism, in: Búrca, G. de/Weiler, J. (Hrsg.), The Worlds of European Constitutionalism, S. 150, 175.

[117] Ebd., S. 200.

[118] *Weiler, J.*, Prologue: Global and Plural Constitutionalism – some Doubts, in: Búrca, G. de/ders. (Hrsg.), The Worlds of European Constitutionalism, S. 8, 14.

rarchical constitutionalism – bad, regressive, intolerant, domineering.“[119]

Einschränkend muss allerdings konstatiert werden, dass beide Begriffe sehr unbestimmt sind und daher genaue Abgrenzungen bisweilen nicht möglich sind. So bezeichnet auch Weiler die Begriffe als „terribly underspecified terms“, weswegen ihr Sinn und Inhalt oft kontextabhängig gebraucht werde.[120]

Festzuhalten ist zudem, dass der konstitutionelle Pluralismus einen Unterschied zum bloßen „legal pluralism“ darstellt, wie Cohen schreibt. Besonders am konstitutionellen Pluralismus sei vor allem, „that it offers a way to invoke the universal code of legality in addressing conflicts of norms or jurisdictions without impugning the autonomy claims of the relevant interacting, indeed interrelated, legal systems.“[121]

Im Unterschied zur bloßen Pluralität verschiedener Rechtsordnungen ist der pluralistische Konstitutionalismus mithin ein Mehr. Denn obwohl er auf eine hierarchische, allumfassende Normenpyramide verzichtet und die gegenseitige Autonomie der verschiedenen Rechtsordnungen anerkennt und sogar voraussetzt, ist dem Konzept eine wechselseitige Öffnung der Rechtsordnungen inhärent.[122]

Eine konstitutionelle Lesart des Pluralismus könnte zahlreiche positive Folgewirkungen aufweisen. Nach Ansicht von Cohen etwa würde eine pluralistische Ordnung auch Machtkonzentration und -missbrauch verhindern.[123] Ein konstitutioneller Pluralismus könnte somit als „Bollwerk“ gegen eine zu große Machtkonzentration auf globaler Ebene dienen.[124] Wie Bianchi zutreffend darstellt, würde außerdem die

---

[119] Ebd.

[120] Ebd., S. 18.

[121] *Cohen, J. L.*, Globalization and Sovereignty, S. 74.

[122] *Halberstam, D.*, Local, Global and Plural Constitutionalism, in: Búrca, G. de/Weiler, J. (Hrsg.), The Worlds of European Constitutionalism, S. 150, 152.

[123] *Cohen, J. L.*, Sovereignty in the Context of Globalization: A Constitutional Pluralist Perspective, in: Besson, S./Tasioulas, J. (Hrsg.), The Philosophy of International Law, S. 261, 278.

[124] *Cohen, J. L.*, Globalization and Sovereignty, S. 76.

gegenwärtige kulturelle, ökonomische, politische und rechtliche Vielfalt in einem solch netzwerkartigen Konzept besser abgebildet.[125]

Die Annahme einer Verfassung im globalen Rahmen erfordert nach der These des konstitutionellen Pluralismus folgende Elemente:

- die Herausbildung eines konstitutionellen Selbstverständnisses und eines entsprechenden Diskurses
- einen Anspruch auf Souveränität und Hoheitsgewalt
- bestimmte, genau abgegrenzte Kompetenzen
- das Vorhandensein eines Organs zur Interpretation dieser Kompetenzen
- die Existenz gewisser Institutionen, die zum Regieren geeignet sind
- Rechte und Pflichten der Bürger
- festgelegte Bedingungen der Repräsentation der Bürger.[126]

1. Rolle internationaler Organisationen

In einem konstitutionellen Pluralismus übernähmen internationale Organisationen eine herausragende Rolle. Für die bisherigen Instrumente wäre ein „constitutional reading" internationaler Organisationen notwendig. Dies sollte jedoch nicht zu einer Ausweitung der Machtfülle internationaler Organisationen führen, sondern letztlich eher zu einer Begrenzung. Denn lediglich ein bloßes Mehr an Kompetenzen würde kaum zu einer Zunahme von konstitutionellen Elementen und Auswirkungen führen. Vielmehr müssten die Kompetenzen gezielt ausgestaltet und kontrolliert werden. Darüber könnte aber letztlich eine globale *rule of law* entstehen.[127] Diese müsste dann auch für internationale Organisationen gelten.[128]

---

[125] *Bianchi, A.*, Globalization of Human Rights: The Role of Non-state Actors, in: Teubner, G. (Hrsg.), Global Law without a State, S. 179, 203.

[126] *Walker, N.*, The EU and the WTO: Constitutionalism in a New Key, in: Búrca, G. de/Scott, J. (Hrsg.), The EU and the WTO, S. 31, 31 ff., 33; zitiert nach: *Fischer-Lescano, A./Teubner, G.*, Regime-Kollisionen, S. 53.

[127] *Paulus, A. L.*, The International Legal System as a Constitution, in: Dunoff, J. L./Trachtman, J. P. (Hrsg.), Ruling the World?, S. 69, 108.

[128] *Cohen, J. L.*, Sovereignty in the Context of Globalization: A Constitutional Pluralist Perspective, in: Besson, S./Tasioulas, J. (Hrsg.), The Philosophy of International Law, S. 261, 278.

2. *Heterarchie und horizontale Vernetzung*

Wie Cohen argumentiert, bestehen auch beim konstitutionellen Pluralismus Probleme hinsichtlich der gegenseitigen Anerkennung der Rechtsordnungen und bezüglich Legitimitätsfragen. Grundvoraussetzung sei daher zunächst die Anerkennung der Existenz verschiedener Rechtsordnungen – und zudem, dass das politische System auf globaler Ebene ebenso wie die souveränen Territorialstaaten einen konstitutionellen Status, Autonomie und Vorrang beanspruche.[129]

Erforderlich seien in der Folge heterarchische und horizontale Verbindungen zwischen den verschiedenen Systemen im Gegensatz zu einer vertikalen und hierarchischen Grundordnung.[130] Heterarchie ist dabei nicht zu verwechseln mit Polyarchie. Denn anders als Polyarchie umfasst der Begriff nicht nur die Pluralität von Ordnungen, sondern setzt ein Gegengewicht zu hierarchischen Ordnungen, indem die Verteilung auf unterschiedliche – grundsätzlich gleichgestellte und geordnete – Ebenen betont wird.[131] Wie Niederberger festhält, bedeuten heterarchische Ordnungen jedoch nicht das völlige Fehlen jeglicher hierarchischer Elemente oder Strukturen. Vielmehr kann es auch in heterarchischen Ordnungen Elemente der Hierarchie geben. Diese weisen jedoch zumeist eine strukturelle Instabilität auf, das heißt sie sind nicht stetig oder auf Dauer angelegt.[132] Ein möglicherweise gangbarer Modus wäre gewissermaßen *unitas in diversitas* – fragmentierte Rechtsregime könnten durch diese Formel in ein Ordnungsschema der wechselseitigen Kooperation und Koordination eingepasst werden.[133]

---

[129] Ebd., S. 274.

[130] Siehe auch: *Walker, N.*, The Idea of Constitutional Pluralism, MLR 65 (2002), S. 317, 317 ff.; 337.

[131] *Niederberger, A.*, Demokratie unter Bedingungen der Weltgesellschaft?, S. 430, Fn. 16.

[132] Ebd., S. 446.

[133] *Hitzel-Cassagnes, T./Meisterhans, N.*, Konstitutionalisierungsperspektiven eines fragmentierten Weltrechts, in: Brunkhorst, H. (Hrsg.), Demokratie in der Weltgesellschaft, S. 159, 174; m.w.N.

3. *Konfliktlösung zwischen konfligierenden Normen*

Fraglich ist allerdings, wie die erörterten Probleme bei Normenkollisionen in einem konstitutionellen Pluralismus zu lösen wären. Denn trotz einer Kooperation und Koordination ist davon auszugehen, dass Konfliktfälle auftreten, die mit den traditionellen Kollisionsregeln nicht zu lösen sein dürften. In diesem Fall stellt sich die Frage, ob und wie diese Konflikte zu lösen sein könnten.

Cohen sieht hierin jedoch – durchaus optimistisch – kein Problem. Es könne und dürfe Fälle geben, in denen sich Normen aus unterschiedlichen Rechtsordnungen widersprechen und dieser Widerspruch unlösbar sei. Keine der beiden Normen müsse in diesem Fall dann ungültig oder illegitim sein. Vielmehr sei eine „constitutional tolerance" ratsam. Unabhängige, aber sich zum Teil überlappende Rechtsordnungen hätten nicht zwangsweise die Frage nach dem „final locus of authority" einer Norm zu suchen.[134] Eine derartiges „tolerantes" Umgehen mit Konflikten könnte allerdings dazu führen, dass die verschiedenen Rechtsordnungen sich unterschiedlich entwickeln und die Gesamtkohärenz gefährdet würde. In der Folge dürften Normenkonflikte nochmals zunehmen.

Eisenfeld spricht in diesem Zusammenhang von einem kooperativen Element bei einer Weltverfassung im Mehrebenensystem, denn seiner Ansicht nach bleibt jede Art von Weltverfassung stets auf die Gewährleistung von Legitimation und Normendurchsetzung seitens der Nationalstaaten angewiesen. Eine völlige Unabhängigkeit sei aufgrund von strukturellen Anforderungen und der kaum vollkommen ablösbaren internationalen Konstellation nicht möglich.[135]

Ein solches auf gemeinsamen Verfahren und Werten basierendes Ordnungsschema könnte schließlich auch verhindern, dass die wechselseitige Kooperation und Koordination im Chaos und Kampf zwischen den Systemen enden würde.

Auch Teubner und Fischer-Lescano betonen, dass bei der Annahme eines konstitutionellen Pluralismus keinerlei unitaristisches Zentrum existiere und auch keine hierarchisch übergeordnete Weltinstanz anzu-

---

[134] *Cohen, J. L.*, Globalization and Sovereignty, S. 41.

[135] *Eisenfeld, A.*, „Durchgriff" als Maßstab von Verfassung, in: Pernice, I./Müller, M./Peters, C. (Hrsg.), Konstitutionalisierung jenseits des Staates, S. 71, 90 f.

nehmen sei.[136] Wie Teubner und Fischer-Lescano ausführen, müssten vielmehr die autonomen Regime eine Verfahrensweise entwickeln („mutual interplay"), um ihre Konflikte untereinander, ohne übergeordnete Instanz, zu lösen.[137] Problematisch bei dieser Ansicht ist aber, wie im 6. Kapitel aufgezeigt wird, dass mangels hierarchischen Überbaus die Systeme versuchen dürften, ihre Eigenrationalität zu maximieren. Der Unterschied zur vorherigen Ansicht ist, dass bei Teubner und Fischer-Lescano der Wille zur Kooperation von unten, von den Teilsystemen selbst ausgehen muss; eine übergeordnete Lenkungs- oder Koordinierungsinstanz fehlt. Darüber dürfte den Teilsystemen jedoch zu viel zugemutet werden; die Gesamtkohärenz würde wohl von den einzelnen Systemen nicht in angemessener Weise berücksichtigt.

VI. Verknüpfungspunkte zwischen Konstitutionalisierung, Fragmentierung und Globalisierung

Fraglich ist, ob die Fragmentierung in jedem Fall als konträre Bewegung zur Konstitutionalisierung angesehen werden muss oder ob es nicht vielmehr Berührungs- und Verknüpfungspunkte gibt. Zwar stellt eine zunehmende Fragmentierung des internationalen Rechts zweifelsohne eine mögliche Gefahr für dessen Kohärenz und Rechtssicherheit dar. Die Rechtssicherheit auf dem gesamten Gebiet des internationalen Rechts und die Rechtsgleichheit jeglicher völkerrechtlicher Normen werden allerdings wiederum von beispielsweise Peters nicht zu Unrecht als „zentrale konstitutionalistische Werte" angesehen.[138]

Andererseits liegt es im Auge des Betrachters, was genau kohärent ist und was fragmentiert. Daher kommt nach Ansicht von Peters durchaus ein „pluralistischer (nicht holistischer) globaler Konstitutionalismus" als erklärendes Denkmuster für die Rechtsentwicklungen in jüngster Zeit in Betracht.[139] Zudem seien logische Widersprüche und Kohärenz-

---

[136] *Teubner, G./Fischer-Lescano, A.*, Reply to Andreas L. Paulus, Mich J Int'l L 25 (2004), S. 1059, 1069.

[137] Diese Aufgaben übernehmen nach ihrer Ansicht strukturelle Kopplungen; ebd.

[138] *Peters, A.*, Rechtsordnung und Konstitutionalisierung: Zur Neubestimmung der Verhältnisse, ZöR 65 (2010), S. 3, 28.

[139] Ebd., S. 29.

brüche in Kauf zu nehmen. Die Funktionen des Konstitutionalismus im Sinne von Machtbegrenzung, Partizipation und Rechenschaftspflichtigkeit stünden im Vordergrund und seien wichtiger als die Einheit.[140] Dies gilt insbesondere deshalb, weil es die eine Verfassung im Sinn eines formellen Dokumentes und einer vollständigen Hierarchisierung des gesamten internationalen Rechts kaum geben wird.

Auch Kleinlein begreift die Beziehung zwischen der Konstitutionalisierung und der Fragmentierung als durchaus ambivalent. So schließe ein konstitutioneller Ansatz zumindest nicht aus, die gesuchte Einheit in Kollisionsregeln zu finden.[141] Letztere wiederum deuteten aber auf eine zunehmende Fragmentierung hin. Fragmentierung und Konstitutionalisierung müssen sich daher auch nach Ansicht von Kleinlein nicht zwangsläufig ausschließen. Auch Fischer-Lescano geht bei Konstitutionalismus und Fragmentierung nicht zwangsläufig von „gegensätzlichen Begriffe[n]" aus; vielmehr beruhten beide Phänomene zum Teil aufeinander. Fischer-Lescano spricht in diesem Zusammenhang von einer „fragmentierten Konstitutionalisierung" – wenn und soweit die Herausbildung der Teilrechtsregime „den Konfliktlinien weltgesellschaftlicher Rationalitäten" folge und sich zugleich eine „konstitutionelle Verfestigung dieser Regimes" vollziehe.[142]

Nach Ansicht von Peters muss das überwölbende Verfassungsrecht zudem auch nicht einheitlich sein, da der „aktuelle Konstitutionalismus keinen Holismus, sondern im Gegenteil Pluralismus" verlange.[143] In diese Richtung argumentiert auch Tully, der einen Konstitutionalismus mit kultureller Diversität fordert.[144] Die Verfassung im Sinne einer Konstitutionalisierung solle dabei als „interkultureller Dialog" angese-

---

[140] Ebd., S. 29.

[141] *Kleinlein, T.*, Konstitutionalisierung im Völkerrecht, S. 692; siehe auch: *Carrozza, P.*, Constitutionalism's Post-Modern Opening, in: Loughlin, M. (Hrsg.), The Paradox of Constitutionalism, S. 171, 185 ff., der einen „multilevel constitutionalism" favorisiert.

[142] *Fischer-Lescano, A./Liste, P.*, Konstitutioneller Pluralismus der Weltgesellschaft, in: Bäuerle, M./Dann, P./Wallrabenstein, A. (Hrsg.), Demokratie-Perspektiven, S. 569, 579.

[143] *Peters, A.*, Rechtsordnung und Konstitutionalisierung: Zur Neubestimmung der Verhältnisse, ZöR 65 (2010), S. 3, 30.

[144] *Tully, J.*, Strange Multiplicity. Constitutionalism in an Age of Diversity, S. 131.

hen werden, der sehr wohl pluralistische Züge aufweisen könne.[145] Wie Peters argumentiert, könnten aus der Fragmentierung erwachsene Konflikte entweder durch juristische Technik, also „formalistisch-unpolitisch" gelöst werden oder mittels inhaltlicher Änderung der Vorschriften, das heißt auf politischem Weg. Nach Ansicht von Peters ist die Kombination von beidem ein „Charakteristikum von Konstitutionalismus".[146]

Die Frage bleibt allerdings, ob man aufgrund dieser Beobachtungen mit Paulus nicht viel eher – im Fall des Rückgriffes auf allgemeine Konfliktlösungsregeln – von einer Teilkonstitutionalisierung als Teil einer umfassenden Gesamtkonstitutionalisierung ausgehen muss.[147] Andererseits ist in diesem Zusammenhang auch die Möglichkeit einer „konstitutionellen Fragmentierung" zu beachten.[148] Wie Teubner ausführt, gebe es nicht einmal eine flächendeckende Verfassung des politischen Systems der Weltgesellschaft – lediglich einzelne Segmente wie die Vereinten Nationen und ihre Teilorganisationen, das globale Verwaltungsrecht und Teilgebiete des Völkerrechts hätten Verfassungsfragmente entwickelt.[149]

VII. Schlussfolgerungen

Zusammenfassend ist festzustellen, dass der Pluralismus zweifelsohne mehr als eine bloße Vielzahl („plurality") an Rechtsebenen oder

---

145 Ebd., S. 184; nach Ansicht von Lindahl ist Tullys Auffassung eines pluralistischen Konstitutionalismus aber letztlich auf einer monistischen Ansicht basierend; *Lindahl, H.*, Democracy, Political Reflexivity and Bounded Dialogues: Reconsidering the Monism-Pluralism Debate, in: Christodoulidis, E. A./Tierney, S. (Hrsg.), Public Law and Politics, S. 103, 114.

146 *Peters, A.*, Rechtsordnung und Konstitutionalisierung: Zur Neubestimmung der Verhältnisse, ZöR 65 (2010), S. 3, 30.

147 *Paulus, A. L.*, Zur Zukunft der Völkerrechtswissenschaft in Deutschland: Zwischen Konstitutionalisierung und Fragmentierung des Völkerrechts, ZaöRV 67 (2007), S. 695, 707.

148 So *Teubner, G.*, Verfassungsfragmente, S. 86; m.w.N.

149 Ebd., S. 87.

-systemen darstellt.[150] Für die Annahme konstitutioneller Elemente hingegen ist die Einzahl oder Mehrzahl der Rechtsordnungen nicht von entscheidender Bedeutung.[151] Zeichnen sich daher „im Meer der Globalität (...) nur noch Inseln des Konstitutionellen" ab?[152] Ja und nein.

Im Gegensatz zur Idee der Fragmentierung kann der Pluralismus eher als Chance gesehen werden. Er weist zumindest auch einen „normative claim" auf: Denn mangels einer hierarchischen Ordnung und in Abwesenheit demokratischer Weltinstitutionen ist der Pluralismus als Netzwerk und einer gemeinsamen, konstitutionellen Basis die bessere Alternative gegenüber einer anarchischen Ordnung.[153] Nach Ansicht von Stone Sweet ist dabei allerdings eine pluralistische, kosmopolitische Ordnung nur in liberalen Verfassungsräumen wahrscheinlich – denn nur in solchen sei die Schaffung gemeinsamer kosmopolitischer Grundwerte, Normen und Verfahrensweisen sowie gegenseitiger Respekt, Rücksichtnahme und Anerkennung von Entscheidungsprärogativen möglich.[154]

Auch in der heterogenen Weltgesellschaft ist aber eine solch konstitutionelle, kosmopolitische Basis verwirklichbar. Denn trotz einer zunehmenden Fragmentierung und einer pluralistischen Grundordnung kann man weiterhin von einem kohärenten System sprechen, denn auch die Teilsysteme sind in das Gesamtsystem „Recht" eingebunden.

> „Trotz einer Dezentralisierung von funktional prozessierendem Recht bedarf es eines universalen Fixpunktes, der in Form eines ‚Meta Codes' nicht nur die Bedingung dafür darstellt, die Vielfalt

---

[150] *Halberstam, D.*, Local, Global and Plural Constitutionalism, in: Búrca, G. de/Weiler, J. (Hrsg.), The Worlds of European Constitutionalism, S. 150, 171.

[151] *Peters, A.*, Rechtsordnung und Konstitutionalisierung: Zur Neubestimmung der Verhältnisse, ZöR 65 (2010), S. 3, 26.

[152] *Teubner, G.*, Verfassungsfragmente, S. 86.

[153] Vgl. *Halberstam, D.*, Local, Global and Plural Constitutionalism, in: Búrca, G. de/Weiler, J. (Hrsg.), The Worlds of European Constitutionalism, S. 150, 170; 201; wie Halberstam erläutert, muss eine pluralistische Ordnung eben nicht entweder „anarchy or chaos" bedeuten.

[154] *Stone Sweet, A.*, A Cosmopolitan Legal Order: Constitutional Pluralism and Rights Adjudication in Europe, Glob. Con. 1 (2012), S. 53, 83.

des Rechts einheitlich zu organisieren, sondern auch als solche erhalten zu können."[155]

Essenziell ist für eine gemeinsame Basis an konstitutionellen Elementen nach Ansicht Hitzel-Cassagnes weiterhin ein Ideal von Verfahrensgerechtigkeit – sinnvoll ist die Erarbeitung eines „prozeduralen Rahmen[s], der organisationsrechtliche Kollisions- und Inklusionsregeln beinhaltet."[156] Außerdem ist ein Hauptaugenmerk auf die „Institutionalisierung von Praxen wechselseitiger Rechtfertigung" zu legen, damit die für eine pluralistische Ordnung typische wechselseitige Öffnung und Anerkennung nicht zur inhaltslosen Formel verkommt.[157] Eine pluralistische Ordnung bietet zudem aufgrund des „jurisgenerative process", der hohen und ausdifferenzierten Fähigkeit zur Normerzeugung überdies eine gangbare Alternative zum üblichen *top-down*-Ansatz staatlicher Rechtssetzung, der vor allem die Staateninteressen im Blick hat und durch das staatliche Gewaltmonopol geleitet ist.[158]

Schließlich kann eine pluralistische Wertordnung auch als antihegemoniales Mittel verstanden werden. Wie Koskenniemi formuliert: „Multiplicity of laws and regimes – and sovereignties (...) as a receipt for freedom, innovation, novelty."[159]

Der Vorteil einer pluralistischen Ordnung könnte zudem auch darin bestehen, dass das monistische Spannungsfeld zwischen territorialen Hoheitsansprüchen und Jurisdiktionsgewalt („juridical space and territorial space") aufgelöst würde.[160] Denn beide müssten sich nun nicht mehr entsprechen – *das* eine Rechtssystem müsste keine Entsprechung in *dem* einen (Welt-)Staatsgebiet finden. Angesichts zahlreicher ineinander verzahnter, vernetzter (wie der EU) oder hybrider (wie bei-

[155] *Hitzel-Cassagnes, T./Meisterhans, N.*, Konstitutionalisierungsperspektiven eines fragmentierten Weltrechts, in: Brunkhorst, H. (Hrsg.), Demokratie in der Weltgesellschaft, S. 159, 175.

[156] Ebd.

[157] Ebd., S. 174.

[158] *Schiff Berman, P.*, A Pluralist Approach to International Law, Yale L J 32 (2007), S. 301, 326 f.

[159] *Koskenniemi, M.*, Global Legal Pluralism: Multiple Regimes and Multiple Modes of Thought, S. 5.

[160] *Robé, J.-P.*, Multinational Enterprises: The Constitution of a Pluralistic Legal Order, in: Teubner, G. (Hrsg.), Global Law without a State, S. 45, 56.

spielswiese die hybriden Straftribunale) Rechtsordnungen ist ein strenger Monismus allerdings ohnehin kaum mehr aufrechtzuerhalten.

Festzuhalten ist, dass sich pluralistische Perspektiven mit der Annahme einer Konstitutionalisierung nicht zwingend ausschließen – zumindest sofern man sich vom utopischen Ideal eines politischen Systems der Weltgesellschaft mit der Selbstbeschreibung „Weltstaat" verabschiedet. Die Annahme einer pluralistischen Struktur ist angesichts der geschilderten hybriden Elemente und der nicht abzustreitenden Herausbildung speziellerer Teilsysteme auch diejenige, die der Realität am nächsten kommen dürfte.

Die Existenz konstitutioneller, verbindender Strukturen und Elemente ist aber eben dennoch möglich. Schließlich führt eine Fragmentierung in Teilsysteme oder -gebiete nicht automatisch zu einer kompletten Aufgabe jeglicher Gesamtkohärenz und zur völligen Isolierung der Teilsegmente. Vielmehr vermögen gemeinsame Werte und das allgemeine Völkerrecht mit der für alle Teilsysteme gültigen Rechtsquellenlehre und den gemeinsamen Rechtserzeugungsregeln, sowie den Kollisionsregeln eine gewisse Kohärenz zwischen den verschiedenen Teilsystemen und den unterschiedlichen Rechtsordnungen zu vermitteln – es besteht in der Weltgesellschaft weiterhin ein Rechtscode, der grundsätzlich für alle Teilrechtsbereiche anwendbar ist und von keinem spezielleren Code verdrängt wird.

Zudem bleibt die Annahme eines gemeinsamen Super- bzw. Metacodes weiterhin möglich; auch bei Annahme einer pluralistischen Ordnung ist ein gemeinsamer (konstitutioneller), werte- oder verfahrensbezogener Ordnungsrahmen denkbar. Er ist weiterhin auch erforderlich, um die unterschiedlichen Teilbereiche nicht auseinander driften zu lassen.

5. Kapitel: Societal Constitutionalism

I. Globale Zivilverfassungen als Gegenentwurf?

Besondere Aufmerksamkeit ist auf die Strömung des *Societal Constitutionalism* zu richten, der von einer fortschreitenden Fragmentierung sowie einer zunehmenden Konstitutionalisierung der verschiedenen – staatsfernen – Teilsysteme ausgeht. [1]

Im Bereich des *Societal Constitutionalism* existieren verschiedene Ansätze. Die folgende Untersuchung konzentriert sich auf den Ansatz von Gunter Teubner und Andreas Fischer-Lescano, da diese beiden einen systemtheoretischen Ansatz verfolgen. Gemeinsam ist ihnen die Herangehensweise an die bereits beschriebenen Problematiken: Anders als diejenigen, die eine Konstitutionalisierung des globalen Raumes über das Instrument des „staatengetriebenen" Völkerrechts als Lösung ansehen, wird im Rahmen von Zivilverfassungen letztlich auf die Verrechtlichung privater, zumeist ökonomischer Interaktionen der (privaten)

---

[1] Allgemein zum „societal constitutionalism": *Teubner, G.*, Globale Zivilverfassungen: Alternativen zur staatszentrierten Verfassungstheorie, ZaöRV 63 (2003), S. 1, 1 ff.; *ders.*, Verfassungen ohne Staat?, in: Kadelbach, S./ Günther, K. (Hrsg.), Recht ohne Staat?, S. 49; *ders.*, Globale Zivilverfassungen: Alternativen zur staatszentrierten Verfassungstheorie, ZaöRV 63 (2003), S. 1; *ders.*, Verfassungsfragmente; *ders.*, Societal Constitutionalism: Alternatives to State-Centered Constitutional Theory?, in: Joerges, C./Sand, I.-J./ ders. (Hrsg.), Transnational Governance and Constitutionalism, S. 3; *Allott, P.*, The Emerging Universal Legal System, in: Nollkaemper, A./Nijman, J. E. (Hrsg.), New Perspectives on the Divide Between National and International Law, S. 63; *ders.*, The Emerging Universal Legal System, International Law Forum du Droit International 3 (2001), S. 12; *Kjaer, P. F.*, Law of the Worlds, in: Keller, S./Amstutz, M. (Hrsg.), Recht zwischen Dogmatik und Theorie, S. 159; *Fischer-Lescano, A./Teubner, G.*, Regime-Kollisionen; *Fischer-Lescano, A.*, Globalverfassung; zum reflexiven Recht siehe: *Teubner, G.*, Substantive and Reflexive Elements, Modern Law, Law & Society Review 17 (1983), S. 239, 267 ff.; *ders.*, Transnationaler Verfassungspluralismus. Neun Variationen über ein Thema von David Sciulli, ZaöRV 76 (2016), S. 661 ff.

C. Mattheis, *Die Konstitutionalisierung des Völkerrechts aus systemtheoretischer Sichtweise,* Beiträge zum ausländischen öffentlichen Recht und Völkerrecht,
https://doi.org/10.1007/978-3-662-56818-7_6

Akteure gesetzt, mithin von einer transnationalen Verrechtlichung ausgegangen.[2] Trotz einiger vorhandener Unterschiede werden die Ansichten von Teubner und Fischer-Lescano aus Übersichtsgründen nachfolgend gemeinsam behandelt.

Bei dieser „Neuen Verfassungsfrage“ geht es nach Ansicht der Vertreter jener Auffassung nicht mehr um die Freisetzung und Begrenzung politischer Machtenergien, sondern um die Freisetzung und Begrenzung anderer gesellschaftlicher Energien, die in den Bereichen Wirtschaft, Wissenschaft, Technologien oder Medizin angesiedelt sind.[3] Analoge Rechtsentwicklungen zum Staat mit seinen Institutionen werden gerade nicht angestrebt. Auch wird der Primat der Politik abgelehnt, ebenso die Vorordnung des öffentlichen Rechts vor das Privatrecht.[4]

Der Verfassungs- wie der Regimebegriff soll dabei nach Ansicht von Teubner und Fischer-Lescano von seiner politischen Dimension losgelöst und an die funktionale Verrechtlichung der globalen Kommunikation angepasst werden.[5] Die Positivierung konstitutioneller Normen findet zwar auch nach der Auffassung des *Societal Constitutionalism* sehr wohl statt, jedoch nicht im politischen System, sondern in zahlreichen anderen gesellschaftlichen Sektoren.[6] Im Mittelpunkt stehen insbesondere die Fragen nach einem möglichen konstitutionellen Charakter des Privatrechts und der Bindung von nichtstaatlichen Akteuren an Grund- und Menschenrechte. Wie Vesting festhält, wird der Verfassungsbegriff damit stärker als bei Luhmann auf „Prozesse gesellschaftlicher Selbstorganisation bezogen.“[7]

---

[2] *Holmes Chaves, P.*, Verfassungsevolution in der Weltgesellschaft, S. 185.

[3] *Teubner, G.*, Verfassungsfragmente, S. 11.

[4] *Niederberger, A.*, Demokratie unter Bedingungen der Weltgesellschaft?, S. 344 f.

[5] So zusammenfassend: *Holmes Chaves, P.*, Verfassungsevolution in der Weltgesellschaft, S. 183. Wie Teubner und Fischer-Lescano argumentieren: „Wenn man die Juridifizierung der Dejuridifizierung nachvollziehen will, kommt man mit einer Ontologisierung des Politischen nicht weiter.“; *Fischer-Lescano, A./Teubner, G.*, Regime-Kollisionen, S. 130; *Teubner, G.*, Verfassungsfragmente, S. 24 f.

[6] *Fischer-Lescano, A./Teubner, G.*, Regime-Kollisionen, S. 53; *Teubner, G.*, Verfassungsfragmente, S. 14 ff.

[7] *Vesting, T.*, Politische Verfassung?, in: Calliess, G.-P. (Hrsg.), Soziologische Jurisprudenz, S. 609, 620 f.

Der *Societal Constitutionalism* hat aufgrund der angenommenen Herausbildung autonomer Regime einerseits zahlreiche Berührungspunkte mit der Fragmentierungsthese, andererseits aufgrund der „Autokonstitutionalisierung“ der Regime auch viele gemeinsame Punkte mit der Auffassung eines konstitutionellen Pluralismus.[8] Gleichwohl sind wegen der Fokussierung auf die gesellschaftlichen, nichtstaatlichen Akteure und Teilgebiete erhebliche Unterschiede festzustellen. Infolge der Abkehr vom politisch- und staatszentrierten Verfassungsbegriff ist nach Auffassung der Vertreter des *Societal Constitutionalism* die Problemstellung auch gegenüber der „normalen“, staatlichen Konstitutionalisierung eine völlig andere. Denn die Frage nach der Konstitutionalisierung stelle sich nun desgleichen für andere autonome Teilsysteme der Gesellschaft.

Die Grundbeobachtung des *Societal Constitutionalism* ist, dass Interaktionen der Zivilgesellschaft jenseits von Staaten nicht nur diskursiv, ungeplant und ohne rechtliche Bindungswirkung geschehen, sondern zur Verstetigung und Vertiefung sowie aus Gründen der Verlässlichkeit und Rechtssicherheit auch Verträge geschlossen und Vertragsregime entwickelt werden.[9] Teubner und Fischer-Lescano gehen dabei letztlich von einer pluralistischen Ordnung aus, in der sich verschiedene, heterarchisch organisierte Netzwerke oder Verfassungsfragmente herausgebildet hätten.[10]

Maßgeblich für ihre Sichtweise ist, dass sie die Fragmentierung des globalen Rechts als weitaus radikaler begreifen, als sie durch eine „reduktionistische Einheitssicht“, gleichgültig ob politisch, ökonomisch oder juristisch, verstanden werden könne. Vielmehr sei die Fragmentierung des Rechts lediglich ein „Epiphänomen“ einer multidimensionalen und -sektoralen Fragmentierung der gesamten Weltgesellschaft.[11] Zudem gehen sowohl Teubner als auch Fischer-Lescano von einer heterar-

---

[8] Siehe hierzu z.B. *Teubner, G./Korth, P.*, Zwei Arten des Rechtspluralismus: Normenkollisionen in der doppelten Fragmentierung der Weltgesellschaft, in: Kötter, M./Schuppert, G. F. (Hrsg.), Normative Pluralität ordnen, S. 137.

[9] *Niederberger, A.*, Demokratie unter Bedingungen der Weltgesellschaft?, S. 345.

[10] *Teubner, G.*, Global Bukowina: Legal Pluralism in the World-Society, in: ders. (Hrsg.), Global Law without a State, S. 3; *Fischer-Lescano, A./ders.*, Regime-Kollisionen, S. 24.

[11] *Fischer-Lescano, A./Teubner, G.*, Regime-Kollisionen, S. 24.

chischen Ordnung aus, lehnen also die Dichotomie „Hierarchie" oder „Anarchie" ab. Sie vertreten daher letztlich eine besondere Form eines globalen Rechtspluralismus.[12]

II. Problemaufriss

Teubner begründet seine Hypothesen damit, dass der Primat der Politik vom Primat der Wirtschaft und hauptsächlich zivilgesellschaftlichen Akteuren wie Nichtregierungsorganisationen abgelöst worden sei. Bestes Beispiel hierfür sei etwa die Internetorganisation ICANN, bei der letztlich Experten ohne jegliche Rückbindung an politische Organisationen auf nationalstaatlicher oder globaler Ebene die Standards des Internetverkehrs festlegten. ICANN übernimmt also als private Organisation öffentliche Aufgaben.[13] Eine Fixierung auf eine politische Verfassung sei daher nicht mehr zeitgemäß. Vielmehr müsse man von einer Vielzahl von (Zivil-)Verfassungen ausgehen, die keinerlei spezielle Bindung zum politischen System aufwiesen.

Diese Zivilverfassungen bildeten jeweils voneinander unabhängige Subsysteme in der Weltgesellschaft.[14] Vertreter des *Societal Constitutionalism* negieren somit zwar nicht eine voranschreitende Konstitutionalisierung, lehnen aber eine Staatszentrierung ab. Teubner geht vielmehr von einer Dezentralisierung von Politik aus, die eine Übertragung der staatlichen Prämissen auf die Ebene der Weltgesellschaft unmöglich machten. Im höchst fragilen und fragmentierten Prozess der entstehenden Weltgesellschaft habe das politische System seine Führungsrolle verloren.[15] Andere gesellschaftliche Bereiche hätten Politik und auch

---

[12] *Holmes Chaves, P.*, Verfassungsevolution in der Weltgesellschaft, S. 185.

[13] Siehe hierzu z.B. *Cassese, S.*, The Global Polity, in: Bäuerle, M./Dann, P./Wallrabenstein, A. (Hrsg.), Demokratie-Perspektiven, S. 511, 513 f.

[14] *Teubner, G.*, Globale Zivilverfassungen: Alternativen zur staatszentrierten Verfassungstheorie, ZaöRV 63 (2003), S. 1, 12 f.

[15] In diesem Sinn (in Bezug auf die EU) auch: *Kjaer, P. F.*, The Societal Function of European Integration in the Context of World Society, Soziale Systeme 13 (2007), S. 369, 375.

Recht überholt und unabhängig von ihnen ihre eigenen „global villages" gegründet.[16]

Teubner zufolge seien jegliche Versuche, eine Einheit des globalen Rechts herzustellen, schlichtweg vergeblich und zum Scheitern verurteilt. Vielmehr liege eine doppelte Fragmentierung der Weltgesellschaft vor, das heißt eine Fragmentierung in weltumfassende, autonom agierende weltgesellschaftliche Teilbereiche mit Eigenverfassungen sowie eine Fragmentierung in unterschiedliche Regionalkulturen. Konzepte, die eine hierarchische Einheitsverfassung propagieren, erkennen nach Teubner die Realität nicht an. Da sie ihr – traditionelles – Verfassungsbild nicht genügend generalisierten und auf die Gegebenheiten in der Weltgesellschaft respezifizierten, verfehlten sie die Realität.[17] Schließlich sei eine Weltverfassung aufgrund der im 3. Kapitel angesprochenen doppelten Fragmentierung höchst problematisch. Wenn man jedoch wirklich an einer Weltverfassung festhalten wolle, dann käme nur folgende Formel in Betracht: „Eigenverfassungen der globalen Fragmente – der Nationen, der transnationalen Regimes, der Regionalkulturen – in einem Verfassungskollisionsrecht miteinander zu vernetzen."[18]

1. *Zunehmende Rolle privater Akteure*

Teubner begründet seine These, dass es im internationalen Bereich keinen Primat der Politik mehr gebe, vor allem mit der größer werdenden Rolle privater Akteure auf globaler Ebene.[19] Die Rechtssetzung ist nach

---

[16] *Teubner, G.*, Global Bukowina: Legal Pluralism in the World-Society, in: ders. (Hrsg.), Global Law without a State, S. 3, 6 f.

[17] Siehe hierzu beispielhaft *Nickel, R.*, Missing Link in Global Law: Regime Collisions, Societal Constitutionalism, and Participation in Global Governance, in: López Calera, N. (Hrsg.), ARSP-B 109 (2007), S. 237, 241 f.; siehe auch *Teubner, G.*, Transnationaler Verfassungspluralismus. Neun Variationen über ein Thema von David Sciulli, ZaöRV 76 (2016), S. 661, 668 ff.

[18] *Ders.*, Verfassungsfragmente, S. 31.

[19] Siehe z.B. *Burke-White, W.*, International Legal Pluralism, Mich J Int'l L 25 (2003), S. 963, 969; auch *Robé, J.-P.*, Multinational Enterprises: The Constitution of a Pluralistic Legal Order, in: Teubner, G. (Hrsg.), Global Law without a State, S. 45, 46; in Bezug auf das Umweltrecht: *Gupta, J.*, The Role of Non-State Actors in International Environmental Affairs, ZaöRV 63 (2003), S. 459.

Teubners Ansicht nicht mehr allein beziehungsweise nicht mehr größtenteils den Staaten oder Regierungsorganisationen vorbehalten.

Vielmehr finde eine De-Konstitutionalisierung des Nationalstaats durch die Verlagerung von Regierungsfunktionen auf die transnationale Ebene statt, die zum Teil von privaten Akteuren übernommen würden. Die Rechtssetzung werde aufgrund der Vielzahl privater Akteure multidimensional und finde vermehrt ohne direktes Mitwirken staatlicher Akteure statt.[20]

a. Private Regime

Nach Ansicht von Teubner und Fischer-Lescano habe die Entstehung autonomer Privatregime die Gesellschaftsfragmentierung extrem verstärkt.[21] Private Regime seien zwar nicht pauschal als neue transnationale Verfassungssubjekte anzusehen, jedoch könnten „transnationale Regime als die Träger des Konstitutionalisierungsprozesses“[22] bezeichnet werden. Teubner favorisiert also statt eines globalen, hierarchischen Konstitutionalismus „von oben“ den *Societal Constitutionalism*, der heterarchisch „von unten“ entsteht.[23]

Dass private Akteure verstärkt in die Normsetzung auf globaler Ebene eingreifen, kann kaum bezweifelt werden.[24] Demgemäß hat sich die

---

[20] *Teubner, G.*, Fragmented Foundations, in: Dobner, P./Loughlin, M. (Hrsg.), The Twilight of Constitutionalism?, S. 327, 331; *Fischer-Lescano, A.*, Globalverfassung: Verfassung einer Gesellschaft, ARSP 88 (2002), S. 349, 357; auch: *Schiff Berman, P.*, A Pluralist Approach to International Law, Yale L J 32 (2007), S. 301, 312; *Walker, N.*, The Idea of Constitutional Pluralism, MLR 65 (2002), S. 317, 320.

[21] *Fischer-Lescano, A./Teubner, G.*, Regime-Kollisionen, S. 41 ff.

[22] *Teubner, G.*, Verfassungsfragmente, S. 96; siehe auch *Calliess, G.-P./Renner, M. C.*, From Soft Law to Hard Code: The Juridification of Global Governance, Ratio Juris 22 (2009), S. 260 ff.

[23] Vgl. *Nickel, R.*, Missing Link in Global Law: Regime Collisions, Societal Constitutionalism, and Participation in Global Governance, in: López Calera, N. (Hrsg.), ARSP-B 109 (2007), S. 237, 242 f.; auch *Ladeur, K.-H./Viellechner, L.*, Die transnationale Expansion staatlicher Grundrechte, AVR 46 (2008), S. 42, 51.

[24] *Buchanan, A.*, The Legitimacy of International Law, in: Besson, S./Tasioulas, J. (Hrsg.), The Philosophy of International Law, S. 79, 87; *Bianchi,*

Basis („social substratrum") internationaler Rechtssetzung auch in Teilen verändert.[25] Walter etwa spricht in diesem Zusammenhang von einer „Dezentralisierung" des internationalen Rechts, das heißt neben staatlichen Akteuren sind nun auch private Akteure von erheblicher Bedeutung. Nach seiner Ansicht hat diese Dezentralisierung einen strukturellen Wechsel des internationalen Rechts zur Folge. Das staatszentrierte Westfälische System sei einer „subject-oriented structure" gewichen, die den Fokus auf die jeweils teilhabenden Akteure richte.[26]

Eine solche Teilhabe nichtstaatlicher Akteure kann bereits im 19. Jahrhundert mit der „Anti-Slavery International Organisation" und deren Mitwirken bei der Normierung des Sklavereiverbots festgestellt werden. Auch an der Aufnahme von Menschenrechtspassagen in die Charta der Vereinten Nationen waren diverse Nichtregierungsorganisationen beteiligt. Erstmals institutionalisiert wurde das Mitwirken privater Akteure schließlich im Rahmen der ILO.[27]

b. Staaten als ermöglichende Instanz

Zu konstatieren ist zwar, dass nichtstaatliche Akteure in erhöhtem Maß zur Rechtssetzung beitragen. Allerdings wird dies letztlich erst durch

---

A., Globalization of Human Rights: The Role of Non-state Actors, in: Teubner, G. (Hrsg.), Global Law without a State, S. 179, 180; *Kleinlein, T.*, Non-state Actors from an International Constitutionalist Perspective: Participation matters!, in: d'Aspremot, J. (Hrsg.), Participants in the International Legal System, S. 41, 45; im Jahr 2006 wurden 61.345 gezählt; *Cassese, S.*, The Global Polity, in: Bäuerle, M./Dann, P./Wallrabenstein, A. (Hrsg.), Demokratie-Perspektiven, S. 511, 514.

[25] *Noortmann, M.*, Towards an Interdisciplinary Approach to non-state Participation in the Formation of Global Law and Order, in: d'Aspremont, J. (Hrsg.), Participants in the International Legal System, S. 76, 79.

[26] *Walter, C.*, Constitutionalizing (Inter)national Governance – Possibilities for and Limits to the Development of an International Constitutional Law, GYIL 44 (2001), S. 170, 188 f.

[27] Siehe *Bianchi, A.*, Globalization of Human Rights: The Role of Non-state Actors, in: Teubner, G. (Hrsg.), Global Law without a State, S. 179, 186, der auch den Einfluss von Amnesty International bezüglich der Normierung des Folterverbots in den 1970-er Jahren besonders hervorhebt.

die Gestaltungsfreiheit möglich, die ihnen durch die jeweiligen nationalen Verfassungen zugestanden wird.[28]

Nichtstaatliche Akteure nehmen auch ohne Zweifel über das direkte Mitwirken auf einen Normgebungsprozess erheblichen Einfluss – hauptsächlich im menschenrechtlichen Bereich, indem sie die Öffentlichkeit informieren und sensibilisieren und staatliches Fehlverhalten an den Pranger stellen.[29] Nichtregierungsorganisationen wirken also nicht nur bei der Normierung vor allem menschenrechtlicher Normen mit, sondern auch bei ihrer Auslegung und ihrer Durchsetzung.[30]

Aber selbst wenn Nationalstaaten nicht mehr das Monopol auf Rechtssetzung haben, so bleiben sie doch die mit Abstand wichtigsten Rechtssetzungsakteure.[31] Denn sie verhandeln und beschließen internationale Verträge, und nur sie verfügen jeweils über das Gewaltmonopol. Staatliche Vertreter entscheiden über den Einsatz von militärischen Mitteln in Krisenregionen und – auch wenn sie der größte Verursacher von Menschenrechtsverletzungen sein mögen – sie tragen nach zutreffender Ansicht von Walter auch am meisten zum Menschenrechtsschutz bei.[32]

c. Zwischenfazit

Insgesamt ist jedenfalls ein „shift“ weg vom staatszentrierten Modell hin zu einem kosmopolitischen Modell, welches das Individuum als

---

[28] So *Kotzur, M.*, Weltrechtliche Bezüge in nationalen Verfassungstexten, Rechtstheorie 39 (2008), S. 191, 194.

[29] *Bianchi, A.*, Globalization of Human Rights: The Role of Non-state Actors, in: Teubner, G. (Hrsg.), Global Law without a State, S. 179, 198.

[30] Ebd., S. 200.

[31] *Cohen, J. L.*, Globalization and Sovereignty, S. 21; *Robé, J.-P.*, Multinational Enterprises: The Constitution of a Pluralistic Legal Order, in: Teubner, G. (Hrsg.), Global Law without a State, S. 45, 49; *Walter, C.*, Constitutionalizing (Inter)national Governance – Possibilities for and Limits to the Development of an International Constitutional Law, GYIL 44 (2001), S. 170, 171; *d'Aspremont, J.*, Non-state Actors from the Perspective of Legal Positivism: the Communitarian Semantics for the Secondary Rules of International Law, in: ders. (Hrsg.), Participants in the International Legal System, S. 23, 25.

[32] *Walter, C.*, Constitutionalizing (Inter)national Governance – Possibilities for and Limits to the Development of an International Constitutional Law, GYIL 44 (2001), S. 170, 171.

„ultimate unit of moral concern“ ansieht, zu beobachten, wie Cohen festhält.[33] Letztlich ist trotz allem Pluralismus und der Fragmentierungsströmungen der Territorialstaat die bedeutendste internationale Gesetzgebungsinstanz. Denn auch Normen, an deren Entstehung größtenteils Nichtregierungsorganisationen beteiligt waren, werden erst durch die Umsetzung oder Autorisierung durch die Territorialstaaten geltendes Völkerrecht.[34]

2. *Zivilverfassungen*

Zentraler Bestandteil der Ansicht von Teubner ist das Entstehen von Zivilverfassungen in den jeweiligen Privatrechtsregimen.

Über eine fortlaufende Konstitutionalisierung des globalen Rahmens bildet sich laut Teubner keine kohärente einheitliche kosmopolitische Gesamtverfassung; vielmehr entwickelten sich zahlreiche Zivilverfassungen, die voneinander unabhängig bestünden.[35] Teubner erkennt darin ein „Grunddefizit des Konstitutionalismus der Neuzeit“, da die moderne Verfassungspraxis stets zwischen den Polen „Globalverfassung“ und „autonome Eigenverfassungen“ geschwankt habe.[36] So hätten beispielsweise auch die Nationalstaaten zivilgesellschaftliche Teilverfassungen gekannt – der liberale Konstitutionalismus im 18. Jahrhundert habe sich aber gegenüber den zivilgesellschaftlichen Ordnungen „blind gestellt“ und lediglich das politische Gemeinwesen in seiner

---

[33] *Cohen, J. L.*, Globalization and Sovereignty, S. 22.

[34] *Paulus, A. L.*, The International Legal System as a Constitution, in: Dunoff, J. L./Trachtman, J. P. (Hrsg.), Ruling the World?, S. 69, 83.

[35] *Teubner, G.*, Verfassungsfragmente, S. 29; *ders.*, Transnationaler Verfassungspluralismus. Neun Variationen über ein Thema von David Sciulli, ZaöRV 76 (2016), S. 661 ff., 664; *ders.*, Fragmented Foundations, in: Dobner, P./Loughlin, M. (Hrsg.), The Twilight of Constitutionalism?, S. 327, 332; *Fischer-Lescano, A./Teubner, G.*, Regime-Kollisionen, S. 43; in diesem Sinn auch *Joerges, C./Rödl, F.*, Zum Funktionswandel des Kollisionsrechts II, in: Calliess, G.-P. (Hrsg.), Soziologische Jurisprudenz, S. 765, 767, die allerdings eine Asymmetrie zwischen öffentlichen und privaten Verfassungen betonen.

[36] *Teubner, G.*, Verfassungsfragmente, S. 18 f.; aus diesem Grund sei durch das Entstehen der Weltgesellschaft letztlich auch keine völlig neue Verfassungsproblematik entstanden, vielmehr seien die Probleme auch in den nationalstaatlichen Verfassungsordnungen angelegt gewesen; ebd., S. 20.

Selbstbeschreibung anerkannt.[37] In den Sozialstaatskonzepten nach 1945 sei jedoch nach dem Scheitern der totalitären Gesellschaftsverfassungen in den 20er- und 30er-Jahren des letzten Jahrhunderts diversen Teilbereichen ausreichende Autonomie garantiert worden.[38] Auf globaler Ebene sei aufgrund der Fragmentierung nur noch der Weg über die autonomen Eigenverfassungen möglich. Konstitutionalisierung stelle sich in diesem Zusammenhang also immer nur als Teilkonstitutionalisierung dar.[39]

Im Unterschied zum nationalstaatlichen Bereich sei der Bedarf an jeweils eigenen, inneren Verfassungen der Teilsysteme auch erhöht, da sich die globalen Teilsysteme unterschiedlich schnell weltweit rekursiv vernetzten und funktional differenzierten. Dieser Bedarf ergebe sich zum einen aus der verstärkten Koordinierungsproblematik der Teilsysteme untereinander, die im Endeffekt auf eine „erzwungene Limitierung“ der Teilbereiche hinauslaufe, sowie zum anderen auf der – von einer politisch-rechtlichen Konstitutionalisierung unabhängigen – Konstituierung der Teilsysteme im Sinne der Erlangung möglichst weitreichender Autonomie.[40]

Teubner (und auch Fischer-Lescano) sehen aufgrund der zunehmenden Fragmentierung des internationalen Rechts keine Möglichkeit einer einheitlichen Globalverfassung. Geschuldet sei dies auch der zunehmenden Globalisierung. Denn dadurch könnten die Staatsgrenzen nicht mehr die Aufgabe einer Sinngrenze zwischen sozialen, kulturellen und ökonomischen Bereichen erfüllen – in der Folge drifteten „die Prozesse globaler Selbstkonstituierung und die nationalstaatlicher Konstitutionalisierung endgültig auseinander.“[41]

Konstituierung bedeute daher das Erreichen eines hohen Grades an Autonomie, unter Konstitutionalisierung verstehen Teubner und Fi-

---

[37] Ebd., S. 23, 33 ff.; 37.

[38] Ebd., S. 45 f.

[39] Vgl. *Terhechte, J. P.*, Wandel klassischer Demokratievorstellungen in der Rechtswissenschaft, in: Heinig, H. M./Terhechte, J. P. (Hrsg.), Postnationale Demokratie, Postdemokratie, Neoetatismus, S. 193, 203.

[40] *Teubner, G.*, Verfassungsfragmente, S. 72 f; Teubner bezieht sich hier auf Luhmann, der eine funktionale Differenzierung vor allem in den Bereichen Wirtschaft, Wissenschaft und Religion voranschreiten sah, weniger stark jedoch in den Bereichen Politik und Recht.

[41] Ebd., S. 74.

scher-Lescano, „dass sich die jeweiligen sozialen Prozesse reflexiv auf ihre gesellschaftlichen Umwelten einstellen und so ein altera pars in ihre Systemkomponenten aufnehmen“[42].

Die „Selbstkonstitutionalisierung globaler Ordnungen ohne Staat“[43] sei ein neuartiges Phänomen, durch das die Teilsysteme jeweils selbst damit begännen, „ihre eigenen konstitutionellen Rechtsnormen herauszubilden, die ihre Selbstkonstitutionalisierung“[44] abstützten. Insofern formuliert hier Teubner nahe am Zirkelschluss.

Eine Gesamtkonstitutionalisierung analog zum Territorialstaat mit einem Primat der Politik ist nach Ansicht von Teubner und Fischer-Lescano hingegen nicht möglich. Teubner zufolge scheitert eine analoge Übersetzung der nationalstaatlichen Verfassung auf die Weltgesellschaftsebene nicht an den neuen Machtverhältnissen oder der globalisierten Wirtschaft, sondern am Recht selbst:

> „For the deconstruction to which global law is exposed comes not just from the outside, from the shrinking control potential of politics vis á vis the economy, but also and especially from within, from an erosion of fundamental validity claims of law itself.“[45]

Vielmehr seien die verschiedenen Funktionssysteme jeweils durch zahlreiche Zivilverfassungen konstitutionalisiert. Die Konstitutionalisierung des Weltrechts schwenke vom politischen System zu zivilgesellschaftlichen Sektoren um, die „parallel zu politischen Verfassungsnormen zivilgesellschaftliche Verfassungsnormen“[46] erzeugten. Denn nach Ansicht von Teubner und Fischer-Lescano seien „politikzentrierte Beschreibungen nicht komplexitätsadäquat (...) da die globale Rechtsent-

---

[42] *Fischer-Lescano, A./Teubner, G.*, Regime-Kollisionen, S. 164; mittels eines *re-entry* fremder Rationalitäten könne die soziale Responsivität hergestellt werden. Teubner unterscheidet zwischen der Limitierung/Konstituierung als Verfassungsfunktionen und der Konstituierung/Konstitutionalisierung als Verfassungsprozess; *Teubner, G.*, Verfassungsfragmente, S. 73.

[43] Ebd., S. 87.

[44] Ebd., S. 88.

[45] *Teubner, G.*, Global Private Regimes: Neo-Spontaneous Law and Dual Constitution of Autonomous Sectors?, in: Ladeur, K.-H. (Hrsg.), Public Governance in the Age of Globalization, S. 71, 73.

[46] *Fischer-Lescano, A./Teubner, G.*, Regime-Kollisionen, S. 53.

wicklung eine Eigendynamik genommen" habe.[47] Diese könnte von keinem politischen Akteur, gleichgültig wie mächtig er sei, unter Kontrolle gebracht werden. Würde man das Völkerrecht weiterhin nur auf Rechtsentwicklungen beschränken, die über das staatenkonsensuale Verfahren abliefen, so bliebe eine beträchtliche Anzahl sozialer Phänomene unberücksichtigt. Setzte man aber stets demokratische Legitimation voraus, würde man auf eine Strategie der „Exklusion und Marginalisation" setzen.[48]

Nur über die Anerkennung von Rechtssetzungsaktivitäten nichtstaatlicher Akteure und sogenannter Zivilverfassungen könne das gesamte Spektrum erfasst werden.[49] Derartige Zivilverfassungen bildeten sich über einen evolutionären Prozess und basierten auf Normen, Normenhierarchien und internen Normenkontrollen.[50] Letztlich entstehen diese Verfassungen nach Ansicht von Teubner jedoch spontan, im Rahmen der Entwicklung von *self-contained-regimes* zu „autokonstitutionellen Regimes"[51]. Sie bildeten über eigene Rechtssetzungs-, Rechtsanerkennungs- und Rechtssanktionierungsmechanismen spezielle Sekundärnormen heraus.[52]

Maßgeblich für die Herausbildung eigener verfassungsrechtlicher Normen sei schließlich, dass die Regime nicht mehr nur ihre primären Rechtsnormierungen mit anderen weltgesellschaftlichen Sektoren und nicht mehr dem politischen System koppelten, sondern auch über eine

---

[47] Ebd.

[48] Teubner und Fischer-Lescano sehen die demokratische Legitimation über Staatenkonsens angesichts der zahlreichen Normverletzungen ohnehin kritisch: Ebd., S. 165.

[49] Ebd., S. 166.

[50] So auch *Holmes Chaves, P.*, Verfassungsevolution in der Weltgesellschaft, S. 200.

[51] *Fischer-Lescano, A./Teubner, G.*, Regime-Kollisionen, S. 54; diese autokonstitutionellen Regimes verfügten im Gegensatz zu bloßen Teilrechtsgebieten oder Sonderbereichsrechten über verselbständigte Rechtsbildungsmechanismen und Institutionen und hätten sich somit von den allgemeinen Prozeduren losgelöst; siehe auch: *dies.*, Fragmentierung des Weltrechts: Vernetzung globaler Regimes statt etatistischer Rechtseinheit, in: Albert, M./Stichweh, R. (Hrsg.), Weltstaat und Weltstaatlichkeit, S. 37, 50 f.

[52] *Teubner, G.*, Fragmented Foundations, in: Dobner, P./Loughlin, M. (Hrsg.), The Twilight of Constitutionalism?, S. 327, 333.

strukturelle Kopplung von ihren sekundären Rechtsnormierungen mit anderen gesellschaftlichen Teilbereichen verfügten.[53] Die Unabhängigkeit vom politischen System werde somit nochmals verstärkt.

Derartige Teilbereichsverfassungen hätten nicht ein stabiles Gleichgewicht zum Ziel, sondern unterlägen einem „chaotischen Muster" und einem dynamischen Ungleichgewicht, das aufgrund zweier gegenläufiger Entwicklungen entstehe – der „Autonomisierung und Limitierung der Funktionslogik von Teilsystemen".[54] Strukturelle Kopplungen erfolgten wie bereits dargelegt nicht mehr zwischen dem Politik- und dem Rechtssystem, sondern vielmehr zwischen dem Organisations- und dem Spontanbereich von anderen gesellschaftlichen Bereichen eines Systems. Reflexive Sozialprozesse würden mit reflexiven Rechtsprozessen über eine strukturelle, also auf Dauer angelegte, Kopplung verknüpft und dadurch juridifiziert.[55] Darüber hinaus entwickelten sich jedoch verfassungsrechtliche Normen *ad hoc* durch „okkasionelle Kopplungen, je nach gesellschaftlichem Problembedarf."[56] Dadurch entstehe ein neuartiger konstitutioneller Pluralismus im Weltrechtssystem ohne einheitliches Zentrum oder hierarchisch übergeordneter Zentralinstanz.[57] Da die transnationalen Regime im Rahmen ihrer autonomen Rechtsentwicklung nicht nur mit einem bestimmten funktionalen Sektor der Weltgesellschaft eine strukturelle Kopplung bildeten,

---

[53] *Fischer-Lescano, A./Teubner, G.*, Regime-Kollisionen, S. 55; *Teubner, G.*, Fragmented Foundations, in: Dobner, P./Loughlin, M. (Hrsg.), The Twilight of Constitutionalism?, S. 327, 333; *Fischer-Lescano, A./Liste, P.*, Konstitutioneller Pluralismus der Weltgesellschaft, in: Bäuerle, M./Dann, P./Wallrabenstein, A. (Hrsg.), Demokratie-Perspektiven, S. 569, 572.

[54] *Teubner, G.*, Verfassungsfragmente, S. 25.

[55] *Fischer-Lescano, A./Teubner, G.*, Regime-Kollisionen, S. 55; *Fischer-Lescano, A./Liste, P.*, Konstitutioneller Pluralismus der Weltgesellschaft, in: Bäuerle, M./Dann, P./Wallrabenstein, A. (Hrsg.), Demokratie-Perspektiven, S. 569, 577.

[56] *Teubner, G.*, Verfassungsfragmente, S. 87; *Renner, M. C.*, Zwingendes transnationales Recht. Zur Struktur der Wirtschaftsverfassung jenseits des Staates, S. 233 ff.; *Teubner, G.*, Globale Zivilverfassungen: Alternativen zur staatszentrierten Verfassungstheorie, ZaöRV 63 (2003), S. 1, 17 f.

[57] *Fischer-Lescano, A./Teubner, G.*, Regime-Kollisionen, S. 164; *Teubner, G.*, Globale Zivilverfassungen: Alternativen zur staatszentrierten Verfassungstheorie, ZaöRV 63 (2003), S. 1, 27.

seien sie nicht mehr als reine *self-contained regimes* zu beurteilen.[58] Das konstitutionelle Moment sei somit nicht (mehr) auf die Politik beschränkt.[59]

Diese Ansicht kann durch die heterarchische Konstruktion der Weltgesellschaft von Luhmann durchaus gestützt werden. Denn das Fehlen einer Zentralinstanz und die Leistungsfähigkeit infolge der Autonomie der einzelnen Funktionssysteme kann in der Tat zur Herausbildung einzelner autonomen Rechtsregime und zur Loslösung des Rechtssystems vom Staat führen.[60] Für ein „global law without the state" sind aber wie im staatlich zentrierten Recht Institutionalisierungsfortschritte von Prozessen notwendig, die ihre bindenden Entscheidungen dem Binärcode des Rechtssystems unterordnen.[61]

a. Verfassungsqualität

Die Anpassung des Verfassungsbegriffs und die Erweiterung auf nichtstaatliche Gebilde sind indes nicht unproblematisch. Dies ist auch Teubner bewusst. Daher unterzieht er transnationale Regime einer Art Qualitätstest. Teubner orientiert sich dabei an einem materialen Verfassungsbegriff (originäre Rechtsautorität, autonomes Rechtssystem, das einen gesellschaftlichen Prozess strukturiert und durch diesen legitimiert ist) und konzentriert sich auf die jeweiligen Verfassungsfunktionen (limitative und konstitutive Regeln), Verfassungsbereiche (Zusammenspiel von organisierten Politikprozessen und spontaner Willensbildung der Öffentlichkeit), Verfassungsprozesse (ausreichend enger Bezug der Rechtsnormierungen zum sozialen Kontext) sowie Verfassungsstrukturen (Normenhierarchien und institutionelle Garantien).[62]

---

[58] Vgl. *Teubner, G./Korth, P.*, Zwei Arten des Rechtspluralismus: Normenkollisionen in der doppelten Fragmentierung der Weltgesellschaft, in: Kötter, M./Schuppert, G. F. (Hrsg.), Normative Pluralität ordnen, S. 137, 168.

[59] *Teubner, G.*, Verfassungsfragmente, S. 132.

[60] *Prien, T.*, Fragmentierte Volkssouveränität, S. 152.

[61] *Fischer-Lescano, A./Teubner, G.*, Regime-Kollisionen, S. 43.

[62] *Teubner, G.*, Verfassungsfragmente, S. 120.

aa. Verfassungsfunktionen

Laut Teubner stand in den letzten Jahren die konstitutive Funktion der Globalregime im Vordergrund. Ziel der Funktionsregime sei zum einen, ausreichende rechtsstaatliche Strukturen zur weltweiten funktionsspezifischen Vernetzung der Kommunikationen aufzubauen und zum anderen, die engen strukturellen Kopplungen der Funktionssysteme an die nationalstaatlichen Rechts- und Politiksysteme aufzuweichen, um den eigenen Autonomiegrad zu erhöhen.[63]

Mittlerweile sei aber ein Wendepunkt hin zu limitativen Verfassungsnormen erreicht, um das „dynamische Ungleichgewicht" zwischen Freisetzung und Begrenzung der Funktionslogik aufrechtzuerhalten. Denn die Funktionsregime seien mittlerweile nicht mehr durch nationalstaatliche Restriktionen in ihren „Maximierungsprogrammen" gehemmt und könnten sich ungehindert durch funktionsspezifische Kommunikationen miteinander vernetzen. Die Notwendigkeit limitativer Regeln ergebe sich aus der Wachstumsdynamik der Teilsysteme. Kollisionen mit anderen Teilsystemen oder mit der „Gesamtrationalität der Weltgesellschaft" seien vorprogrammiert.[64]

Problematisch hierbei ist, dass in Abwesenheit einer Gesamtverfassung kein übergeordnetes Regulativ vorhanden ist, das die Expansionsbestrebungen der Teilsysteme ausgleichen und in Einklang bringen könnte. Für Teubner bestehen insbesondere drei Kollisionsgefahren: „Selbstdestruktion des Systems, Umweltschädigung im weitesten Sinne (...), Gefährdung der Weltgesellschaft."[65]

Die „Botschaft" des gesellschaftlichen Konstitutionalismus ist nach Auffassung von Teubner, dass die zweite Option – die Umweltschädigung – vorzuziehen ist; notwendig hierzu sei aber ein massiver „externer Druck auf die Teilsysteme", damit diese sich in „internen Prozessen Selbstbeschränkungen ihrer Handlungsoptionen" auferlegten.[66]

Wie Teubner selbst zugibt, unternimmt der *Societal Constitutionalism* an dieser Stelle eine komplizierte Gratwanderung, um nicht den „Bock zum Gärtner" zu machen – die Selbststeuerung wird zwar letzten En-

[63] Ebd., S. 122.

[64] Ebd., S. 129 f.

[65] Ebd., S. 133.

[66] Ebd.

des externen Eingriffen vorgezogen; diese interne Steuerung im Sinne einer Selbstbeschränkung wird aber mittels externen Drucks – sowohl in Form von staatlichen Machtmitteln und rechtlichen Normierungen als auch durch Medien und öffentliche Diskussionen – herbeigeführt.[67] Die Anpassung des Systems an seine Umwelt kann laut Teubner aber nur durch das System selbst, mittels systeminterner Reflexion, erfolgen. Daher sei auch „keine externe politische Definition von transnationalen gesellschaftlichen Teilverfassungen möglich", sondern lediglich politische Verfassungsimpulse oder -irritationen.[68] Allerdings gibt Teubner selbst zu bedenken, dass es sich lediglich um eine „experimentelle[n] Konstitutionalisierung" handle und die genaue Ausgestaltung von niemandem vorherzusagen sei.

bb. Verfassungsprozesse

Ähnlich wie Luhmann versucht auch Teubner, den Verfassungsbegriff von Einheit auf Differenz umzustellen. Wie bereits anklang, lehnt er aber im Gegensatz zu Luhmann die Politikzentrierung ab.[69] Nach Ansicht Teubners laufen in gesellschaftlichen Verfassungen beziehungsweise Zivilverfassungen auch bekannte Verfassungsprozesse ab. Diese geschähen über eine „doppelte Schließung", einerseits käme durch die Verknüpfung selbstreproduzierter Operationen eine Schließung erster Ordnung zustande, andererseits bestünde in der reflexiven Anwendung der eigenen Operationen auf die wiederum eigenen Operationen eine Schließung zweiter Ordnung.

Zivilverfassungen wiesen somit eine doppelte Reflexivität auf:

> „Verfassungen entstehen erst, wenn Phänomene doppelter Reflexivität auftauchen – Reflexivität des sich selbstkonstituierenden Sozial-

---

[67] Ebd.

[68] Ebd., S. 134; Teubner zufolge müsste der externe Einfluss aber in systemspezifische Wachstumsdynamik umzusetzen sein – massiver Einfluss von außen ist also notwendig und wünschenswert, allerdings nur, wenn er sich mit den systeminternen Prozessen kombinieren lässt. In diesem Zusammenhang spricht Teubner auch von „kapillaren Verfassungen", über die die Änderungsimpulse ausgehen könnten bis hin zu größeren Einheiten.

[69] *Vesting, T.*, Politische Verfassung?, in: Calliess, G.-P. (Hrsg.), Soziologische Jurisprudenz, S. 609, 623 f.

> systems und Reflexivität des die Selbstkonstituierung abstützenden Rechts."[70]

Notwendig sei eine strukturelle Kopplung von reflexiven Mechanismen des Rechts mit reflexiven Mechanismen aus dem jeweiligen Gesellschaftssektor. Teubner benutzt also wie Luhmann den Begriff der strukturellen Kopplung, um das Verfassungsphänomen zu erklären. Im Gegensatz zu Luhmann beschränkt Teubner die Kopplung aber nicht auf das Politik- und das Rechtssystem. Vielmehr ist nach seiner Ansicht eine solche Kopplung auch in anderen Teilsystemen möglich – sofern man den Kopplungsbegriff zunächst spezifiziert und ihn anschließend wieder generalisiert.

Somit entstünden Eigenverfassungen der jeweiligen Teilsysteme. Laut Teubner sind die Kopplungen einerseits spezifischer, da nicht jede strukturelle Kopplung zwischen Politik und Recht eine verfassungsrechtliche Qualität aufweise – als Beispiel seien regulative Normen zu nennen, die politische Ziele mittels rechtlicher Mittel (Rechtnormen) erreichen sollen; andererseits genereller, da eine Verfassung nicht nur über eine Kopplung mit dem politischen System, sondern grundsätzlich mit Sozialsystemen entstehen könne – vorausgesetzt, der Kopplungsmechanismus werde durch sekundäre Rechtsnormen abgesichert.[71] Teubner meint damit, dass das gekoppelte Sozialsystem einen hinreichend hohen Grad an Komplexität und Reflexivität aufweisen müsse, um die Kopplung auch dauerhaft gewährleisten zu können.

Ein hierzu notwendiges Zusammenspiel zwischen autonomen Sozialprozessen sowie autonomen Rechtsprozessen ist nach Ansicht Teubners in zahlreichen Teilsystemen – etwa der Wirtschaft – im Gange und führe durch die Verknüpfung beider Prozesse (Sozial- und Rechtsprozess) zur einer „Verdopplung des Verfassungsphänomens".[72]

cc. Verfassungsstrukturen

Auch die notwendigen Verfassungsstrukturen in Form von „hybriden Metacodes" sind nach Ansicht Teubners in verschiedenen Teilsystemen vorhanden. Die Subsysteme entwickelten ihren jeweils eigenen Verfas-

---

[70] *Teubner, G.*, Verfassungsfragmente, S. 162.

[71] Ebd., S. 162 f.

[72] Ebd., S. 164 f.

sungscode, etwa im Bereich des Wirtschaftssystems. Dieser Wirtschaftsverfassungscode beanspruche Vorrang gegenüber allen anderen rechtlichen wie ökonomischen Codierungen – und zwar entweder in Form eines wirtschaftlichen oder eines rechtlichen Metacodes. Es finde ein wechselseitiger *re-entry* der Differenz Wirtschaft/Recht in das Wirtschafts- oder in das Rechtssystems statt. Grundprinzipien des Wirtschaftssystems würden in Verfassungsprinzipien umgewandelt und umgekehrt. Nach Teubners Auffassung wird dadurch auch die Rechtfertigung des materialen Verfassungsbegriffs im Gegensatz zum formalen oder funktionalen deutlich. Nicht die Einhaltung bestimmter Entscheidungsverfahren sei wesentlich, sondern die substanzielle Rechtfertigung in Form von inhaltlichen Verfassungsprinzipien.[73]

Letztlich läuft nach Ansicht von Teubner die funktionale Differenzierung der Zivilverfassungen „heimlich auf einen eigenartigen Steigerungszwang der Autopoiese hinaus", was der absoluten Fokussierung auf den jeweils systemspezifischen binären Code geschuldet sei.[74] In der Folge bestehe eine Tendenz zur „Turbo-Autopoiese" und einer fast schon zwanghaften Wachstumsdynamik, die zu einer Eigenrationalitätsmaximierung der Subsysteme führe.

dd. Zusammenfassung

Teubner löst sich damit vom Idealbild einer demokratischen Verfassung, wie sie seit der amerikanischen Unabhängigkeitserklärung und der Französischen Revolution bestand und auch von Luhmann vertreten wurde. Er erweitert die Begriffe aus der Systemtheorie von Luhmann und lässt neben kognitivem Lernen auch normatives Lernen des Rechtssystems durch andere gesellschaftliche Einflüsse zu.[75] Gleichzeitig verabschiedet er sich von der politischen Verfassung und versucht, Politik nur noch auf eine zivilgesellschaftliche Politisierung zu beziehen.

Problematisch hierbei ist allerdings, dass, wie Holmes argumentiert, so „keinerlei Instanz zur Darstellung und Herstellung der wie immer be-

---

[73] Ebd., S. 172 f.

[74] Ebd., S. 126.

[75] *Brunkhorst, H.*, Legitimationskrisen, S. 49.

grenzten Volkssouveränität" mehr zur Verfügung steht.[76] Für Teubner ist im Unterschied zu anderen Autoren dabei von großer Bedeutung, die begrenzenden Funktionen von Verfassungen zu betonen. Neue Verfassungen hätten nur konstitutive, also herrschaftsbegründende Regeln etabliert, notwendig sei aber die Etablierung limitativer Regeln, also herrschaftsbegrenzender Faktoren.[77] Notwendig sei ein grundlegender Umbau der bereits vorhandenen konstitutionellen Ordnung, damit die teils durch „politisch-rechtliche Verfassungsregeln entfesselten gesellschaftlichen Dynamiken in ihren negativen Externalitäten" eingegrenzt werden könnten.[78] Dies sei aber eben nur in globalen Zivilverfassungen möglich, die jedes autonome Funktionsregime spezifisch konstitutionalisierten und nicht mehr über eine staatszentrierte Global- oder Weltverfassung.

b. Binnendifferenzierung: Spontanbereich/organisiert-professioneller Bereich

Teubner (und auch Fischer-Lescano) vertreten wie erörtert ein Konzept der Zivilverfassungen, das systemtheoretischen Gesichtspunkten ähnelt.

An die Stelle der Normenhierarchie tritt nach Ansicht von Teubner und Fischer-Lescano die Differenz Zentrum/Peripherie. Während im Zentrum des Rechts die Gerichte stünden, setze sich die Peripherie aus „autonome[r] Rechtsregime[s] aus politischen, ökonomischen, organisationalen, religiösen Normierungskomplexen zusammen", die zwar an der Grenze zu anderen Gesellschaftssektoren stünden, aber noch Bestandteile des Rechtssystems seien.[79] Teubner geht bei transnationalen Verfassungen von einer Binnendifferenzierung aus und unterscheidet zwischen einem organisierten, professionellen und einem nicht organisierten, spontanen Bereich.[80] Während im organisierten Bereich eher for-

---

[76] *Holmes Chaves, P.*, Verfassungsevolution in der Weltgesellschaft, S. 23.

[77] *Teubner, G.*, Verfassungsfragmente, S. 26.

[78] Ebd., S. 27 – als Beispiel für solch negative Externalitäten kann die globale Finanzmarktkrise 2008 genannt werden.

[79] *Fischer-Lescano, A./Teubner, G.*, Regime-Kollisionen, S. 48.

[80] *Teubner, G.*, Verfassungsfragmente, S. 139 ff.; *ders.*, Global Bukowina: Legal Pluralism in the World-Society, in: ders. (Hrsg.), Global Law without a State, S. 3, 11 f.

melle Funktionen beheimatet seien, sei der spontane Bereich werteorientiert.[81]

Das politische System sei ein Paradebeispiel für eine derartige Differenzierung – die Binnendifferenzierung sei sehr detailliert ausgestaltet, wie Wahlrecht, politische Grundrechte sowie Kompetenz- und Verfahrensnormen zeigten. Allerdings ist nach Teubners Ansicht auch in anderen Subsystemen eine derartige Differenzierung vorhanden – etwa in der Wirtschaft (Unternehmer/Verbraucher), in der Medizin (Ärzte/Patienten), in den Medien (Medienorganisation/Publikum) oder im Rechtssystem (Gerichte/Rechtsunterworfene).[82]

Für Teubner ist die Differenz „spontan/organisiert" der Kristallisationspunkt für eine gesellschaftliche Konstitutionalisierung – maßgeblich sei, ob es gelinge, die Unterwerfungstendenzen des organisierten Bereichs über den spontanen zu kontrollieren und das Verhältnis ausgewogen zu gestalten.[83] Im Rahmen einer gesellschaftlichen Konstitutionalisierung müssten daher auch aus beiden Bereichen Impulse für eine Verfassungsrechtlichung kommen – im organisiert-professionellen Bereich etwa in Form der bereits angesprochenen „Lern-Pressionen"[84] von außen auf die jeweiligen transnationalen Organisationen.[85] Entscheidend sei eine Änderung der Rechtsstruktur in der Weltgesellschaft.

Derartige Lernpressionen bestehen laut Teubner einerseits im kognitiven Lernen, durch Einflüsse aus Gesellschaft und Politik in Form von Verhaltensmodellen, Prinzipien oder *best practices*. Andererseits käme ein Zwangselement hinzu, etwa in Form von ökonomischen Sanktionen durch Verbraucher.[86]

---

[81] *Ders.*, Globale Zivilverfassungen: Alternativen zur staatszentrierten Verfassungstheorie, ZaöRV 63 (2003), S. 1, 25 f.

[82] *Ders.*, Verfassungsfragmente, S. 140 f.

[83] Ebd., S. 141.

[84] Teubner bezieht sich diesbezüglich auf Luhmann, der auch von einem „Problem lernender Anpassung" sprach: *Luhmann, N.*, Die Weltgesellschaft, in: ders. (Hrsg.), Soziologische Aufklärung 2, S. 63, 78, zitiert nach *Teubner, G.*, Verfassungsfragmente, S. 147.

[85] Ebd., S. 146 f.

[86] Ebd., S. 148 f.

aa. *Code of conduct/private ordering*

Ein Beispiel ist laut Teubner in den zahlreichen unternehmensinternen Organisationsregeln, im *corporate constitutionalism* oder in den *codes of conduct* trans- und multinationaler Unternehmen zu sehen, die zwar nichtstaatliches private ordering darstellten, aber nichtsdestotrotz geltendes Recht mit hoher Verbindlichkeit und effektiven Sanktionen seien. Derartige Organisationsregeln schotteten sich von staatlichen Regelwerken ab und bildeten einen Gegensatz zu der normalerweise bestehenden hierarchischen Beziehung zwischen staatlichem und nichtstaatlichem Recht. Denn die staatlichen Normen dienten nicht mehr als Ermächtigungs- und Geltungsgrundlage derartiger privater Codes. Vielmehr bezögen diese „ihre Geltung aus einer eigenständigen Verbindung primärer und sekundärer Normen in der Welt des private ordering" und bildeten „ein nichtstaatliches geschlossenes System normativer Geltung".[87] Laut Teubner erzeugten derartige *codes of conduct* jedoch lediglich Verfassungsimpulse – über die Weiterentwicklung und Verdichtung zu konstitutionellen Normen werde in den jeweiligen Teilsystemen über Binnenprozesse entschieden, nicht von der Staatenwelt.[88]

bb. Anwendungsbeispiele

Teubner führt vor allem zwei Beispiele an, um seine Thesen zu untermauern. Zum einen die sogenannte *lex mercatoria*, zum anderen die Internetorganisation ICANN.

aaa. *Lex mercatoria*

Ein von Teubner angeführtes prominentes Beispiel für die zunehmende Rechtssetzungsaktivität privater Akteure ist die *lex mercatoria*, die internationale Handelsbräuche, Verkehrssitten und kommerzielle Praktiken umfasst.[89] Nach Ansicht Teubners liegt die Besonderheit hierbei

---

[87] Ebd., S. 80 f., 92.

[88] Ebd., S. 82.

[89] *Teubner, G.*, Global Bukowina: Legal Pluralism in the World-Society, in: ders. (Hrsg.), Global Law without a State, S. 3, 3 f.; 9 ff.; siehe auch: *ders.*, Des Königs viele Leiber. Die Selbstdekonstruktion der Hierarchie des Rechts, Soziale Systeme 2 (1996), S. 229, 253 f.

darin, dass „lediglich private Verfügungen" Recht hervorgebracht hätten, und zwar „ohne Autorisierung oder Kontrolle des Staates."[90]

Darüber hinaus beanspruche die *lex mercatoria* „Geltung jenseits der Nationalstaaten und sogar jenseits der internationalen Beziehungen"; ihr komme somit eine Art ordnungskonstituierende Eigenschaft zu.[91] Die konstitutionelle Grundlage basiere nicht auf nationalstaatlichen Verfassungen, sondern auf kaufmännischen Praktiken des Weltmarkts, die allgemein und global als rechtlich bindend angesehen würden.[92]

Die weltweite Geltung sei über einen globalen Rechtsdiskurs zustande gekommen, der zu einer binären Codierung im Sinne von „legal/illegal" geführt habe. Das Rechtssystem im Bereich der *lex mercatoria* sei weiterhin in sich geschlossen und selbstreproduzierend.[93]

Fraglich ist aber bereits, ob die Anhäufung von Handelsbräuchen und Prinzipien seit dem 18. und 19. Jahrhundert überhaupt Recht im eigentlichen Sinn darstellt. Denn zu beachten ist, dass – egal welcher Handelsbrauch zwischen den Parteien vereinbart wurde beziehungsweise in Streit steht – dieser Brauch auch in der jeweiligen nationalen Rechtsordnung im Fall eines Schiedsspruches anerkannt sein oder werden muss. Andererseits wird die jeweils unterlegene Partei kaum gewillt sein, den Brauch anzuerkennen noch wird der Heimatstaat den Schiedsspruch im Rahmen seines Gewaltmonopols durchsetzen.[94]

Darüber hinaus wird die Meinung vertreten, dass zur Durchsetzung eines Schiedsspruchs nicht zwingend staatliche Mittel notwendig seien und jedenfalls die Rechtsqualität eines internationalen Handelsbrauchs nicht von der Kooperationsbereitschaft eines Staates abhängig gemacht werden könne.[95] Durch Schiedssprüche und Urteile entwickelten die

---

[90] *Ders.*, Global Bukowina: Legal Pluralism in the World-Society, in: ders. (Hrsg.), Global Law without a State, S. 3, 11; vgl. *Holmes Chaves, P.*, Verfassungsevolution in der Weltgesellschaft, S. 186.

[91] *Teubner, G.*, Global Bukowina: Legal Pluralism in the World-Society, in: ders. (Hrsg.), Global Law without a State, S. 3, 11.

[92] *Ders.*, Verfassungsfragmente, S. 114.

[93] *Ders.*, Global Bukowina: Legal Pluralism in the World-Society, in: ders. (Hrsg.), Global Law without a State, S. 3, 11 f.

[94] *Robé, J.-P.*, Multinational Enterprises: The Constitution of a Pluralistic Legal Order, in: Teubner, G. (Hrsg.), Global Law without a State, S. 45, 51.

[95] Ebd., S. 52.

jeweiligen Regime ein autonomes System an Werten und Prinzipien. In der *lex mercatoria* etwa wurden darüber die Grenzen des Erlaubten geregelt und sogar Normen mit quasi-grundrechtlicher Geltung entwickelt. Nach Ansicht Teubners belegen derartige Normen den konstitutionellen Charakter der *lex mercatoria*. Damit konzentriere sie sich auf eine konstitutive Verfassungsfunktion.[96] Grundlegend für solch ein autonomes System sei, dass die jeweiligen Gutachter und Richter sich selbst nicht als abhängig von den Streitparteien sähen und zudem von diesen auch nicht so gesehen würden. Vielmehr sei allen Akteuren bewusst, dass sie wegen der Verrechtlichung nicht mehr frei über den Gehalt und den Inhalt ihrer Interaktionen bestimmen könnten.[97]

bbb. ICANN

Ein weiteres von Teubner angeführtes Beispiel für eine Regulierungs- und Normsetzungstätigkeit privater Akteure ist die Internetorganisation ICANN.[98]

ICANN ist eine Non-Profit-Organisation, die die Vergabe von Internetdomänen (DNS) oder die Verteilung der IP-Adressen regelt. Sie war und ist maßgeblich an der Regulierung des Internets und der Entwicklung der hierzu erforderlichen Rechtsnormen beteiligt. In diesem Sinn geht ihr Wirken über das einer bloßen technischen Organisation hinaus – ICANN ist ein Hauptakteur im Bereich des gesamten Internetrechts mit weitreichenden globalen Folgen und hat ein detailliertes Normensystem entworfen.[99] Sie besteht allerdings – trotz der Tragweite ihrer

---

[96] *Teubner, G.*, Verfassungsfragmente, S. 123 f.

[97] So *Niederberger, A.*, Demokratie unter Bedingungen der Weltgesellschaft?, S. 346.

[98] Siehe zur Globalisierung des Internetrechts auch: *Schröder, R.*, Globalisierung des Internetrechts, Rechtstheorie 39 (2008), S. 231; *Fischer-Lescano, A./Viellechner, L.*, Globaler Rechtspluralismus, in: Bundeszentrale für politische Bildung (Hrsg.), Weltstaatengesellschaft?, S. 20, 21.

[99] *Walter, C.*, Constitutionalizing (Inter)national Governance – Possibilities for and Limits to the Development of an International Constitutional Law, GYIL 44 (2001), S. 170, 186; *Schiff Berman, P.*, A Pluralist Approach to International Law, Yale L J 32 (2007), S. 301, 313; *Teubner, G./Korth, P.*, Zwei Arten des Rechtspluralismus: Normenkollisionen in der doppelten Fragmentierung der Weltgesellschaft, in: Kötter, M./Schuppert, G. F. (Hrsg.), Normative Pluralität ordnen, S. 137, 145 ff.; *Fischer-Lescano, A./Teubner, G.*, Fragmentierung des

Entscheidungen und ihres Wirkens – zum Großteil aus privaten Akteuren. Teubner sieht ICANN daher auch als prominentes Beispiel für die Zunahme von Rechtssetzungsaktivitäten privater Akteure bei gleicher Abnahme der Bedeutung staatlichen Handelns für globale Rechtsfragen.

Die Besonderheit bei ICANN mag vielleicht auch darin begründet sein, dass die Internetregulierung aufgrund der immanenten Losgelöstheit jeglicher Internetaktivität von territorialen staatlichen Grenzen als für private Akteure besonders geeignet scheint.[100] Denn die Internetregulierung ist in weiten Teilen ohne das Mitwirken nationaler Regulierungsinstanzen möglich, was zudem den Vorteil mit sich bringt, dass keine widerstreitenden Interessen nationaler Behörden eine Regulierung nur schwerlich verhindern oder zumindest verlangsamen können. Im Gegensatz zu jeglichen anderen globalen Angelegenheiten gibt es beim Internet eben jedenfalls weniger territoriale Anknüpfungspunkte als bei anderen Thematiken, auch wenn insbesondere die USA, aber auch die EU mittlerweile verstärkt versuchen, große Internetkonzerne wie Google in ihrem Wirkungskreis einer Regulierung zu unterwerfen. Auch die Bereithaltung von Serverkapazitäten kann nur schwerlich als Konnex dienen.

Globale Standardorganisationen wie die ISO entwickelten ebenfalls autonome verfassungsrechtliche Normen – etwa zur Repräsentation von nationalen Gremien und Experten, rechtsstaatlichen Verfahren, institutionalisierten Diskursen oder auch materiellen Entscheidungsgrundsätzen.[101]

Weltrechts: Vernetzung globaler Regimes statt etatistischer Rechtseinheit, in: Albert, M./Stichweh, R. (Hrsg.), Weltstaat und Weltstaatlichkeit, S. 37, 47 f.

[100] *Walter, C.*, Constitutionalizing (Inter)national Governance – Possibilities for and Limits to the Development of an International Constitutional Law, GYIL 44 (2001), S. 170, 187.

[101] *Teubner, G.*, Verfassungsfragmente, S. 93; m.w.N.

c. Eigenrationalitätsmaximierung

Im Gegensatz zu derartigen privaten Regimen verfügten die funktionalen Regime nur über einen „Tunnelblick"[102], der es ihnen im Gegensatz zu nationalstaatlichen Verfassungen nicht möglich mache, umfassend auf gemeinwohlorientierte Aspekte Rücksicht zu nehmen und sich auf eine gemeinwohlorientierte Politik auszurichten.

Vielmehr erfolge aufgrund der Funktionsspezifizierung eine Eigenrationalitätsmaximierung. Dadurch stiegen die Rechtsnormkollisionen.[103] Nach Ansicht von Teubner ist dies ein wesentlicher Unterschied zwischen Funktionsregimeverfassungen und nationalstaatlichen Verfassungen. Im Endeffekt könne es daher im globalen Rahmen nur zu einer „kollisionsrechtlichen Form der Regime-Hegemonie" kommen.[104] Um diesen Tunnelblick und die verengte Arbeitsweise zu vermeiden oder zumindest aufzulockern und sie auch für gegenläufige Prinzipien zu öffnen, ist nach Teubners Auffassung der „substantive law approach" der geeignetste Ansatz.[105]

So sollten beispielsweise die Demokratisierungspotenziale der Privatregime über reflexive Verknüpfungen zwischen den Regimen und ihrer sozialen Umwelt freigelegt werden. Im Rahmen dieser Konstitutionalisierungsprozesse müsste „der Dualismus von formal organisierter Rationalität und informaler Spontaneität als dynamisches Zusammenspiel" gestaltet werden.[106] Auch die Gemeinwohlbindung sei nicht zentral im politischen System, sondern im jeweiligen Teilsystem vorhanden. Die Teilsysteme müssten allerdings zu einer gesellschaftsadäquaten Funktions- und Leistungserfüllung in der Lage sein.[107]

---

[102] *Ders./Korth, P.*, Zwei Arten des Rechtspluralismus: Normenkollisionen in der doppelten Fragmentierung der Weltgesellschaft, in: Kötter, M./Schuppert, G. F. (Hrsg.), Normative Pluralität ordnen, S. 137, 169.

[103] *Fischer-Lescano, A./Teubner, G.*, Fragmentierung des Weltrechts: Vernetzung globaler Regimes statt etatistischer Rechtseinheit, in: Albert, M./Stichweh, R. (Hrsg.), Weltstaat und Weltstaatlichkeit, S. 37, 42.

[104] *Teubner, G.*, Verfassungsfragmente, S. 234 f.

[105] *Ders./Korth, P.*, Zwei Arten des Rechtspluralismus: Normenkollisionen in der doppelten Fragmentierung der Weltgesellschaft, in: Kötter, M./Schuppert, G. F. (Hrsg.), Normative Pluralität ordnen, S. 137, 169.

[106] *Fischer-Lescano, A./Teubner, G.*, Regime-Kollisionen, S. 168.

[107] *Teubner, G.*, Verfassungsfragmente, S. 117.

Gerade dies ist jedoch höchst fraglich. Schließlich werden die Teilsysteme aufgrund der beschriebenen Eigenrationalitätsmaximierung gesamtgesellschaftliche Belange weniger beachten als eine politische, breiter ausgerichtete Instanz.

3. Kollisionsregeln

Weil die zahlreichen Funktionssysteme jeweils ihre Eigenlogik verfolgten, träten vermehrt Strukturkonflikte und Kollisionsfälle auf – etwa zwischen dem WTO-Recht und dem der WHO oder zwischen dem Umweltvölkerrecht und den allgemeinen Menschenrechten. Nach Ansicht von Teubner und Fischer-Lescano seien diese Konflikte das Ergebnis einer „Polykontexturalisierung“ der Rechtsfunktion“, die aufgrund der zahlreichen internen Umwelten entstanden sei.[108]

Letztlich sei das Recht nicht mehr als *ein* „Kollisionsmanagementinstrument“ – die Ursachen für die Rechtsfragmentierung sind aber nach Ansicht von Teubner und Fischer-Lescano nicht im Recht, sondern in den gesellschaftlichen Umwelten zu finden.[109] Daraus schließen sie zum einen, dass das Recht alleine ohnehin nicht mehr in der Lage sei, für eine echte systemische Kohärenz zu sorgen, welche die Fragmentierung aufheben würde. Zum anderen gebe es neben dem Recht auch zahlreiche andere Kollisionsmechanismen, sei es ökonomischen, politischen oder wissenschaftlichen Ursprungs – eine „Metaebene“ zur Aufhebung der Kollisionen selbst sei aber nicht in Sicht.[110] Daher könne das Recht lediglich Schadensbegrenzung leisten und versuchen, die „selbstzerstörerischen Tendenzen der Rationalitätenkollisionen durch ihre rechtliche „Formalisierung“ einzudämmen.“[111]

Rechtshierarchien seien zusammengebrochen, realistisch sei daher nur noch ein heterarchisches Recht, das nicht mehr als einen losen Zusam-

---

[108] *Fischer-Lescano, A./Teubner, G.*, Regime-Kollisionen, S. 51 f.

[109] *Dies.*, Fragmentierung des Weltrechts: Vernetzung globaler Regimes statt etatistischer Rechtseinheit, in: Albert, M./Stichweh, R. (Hrsg.), Weltstaat und Weltstaatlichkeit, S. 37, 53.

[110] *Dies.*, Regime-Kollisionen, S. 24; siehe zu den möglichen Kollisionsregeln auch: *Teubner, G./Korth, P.*, Zwei Arten des Rechtspluralismus: Normenkollisionen in der doppelten Fragmentierung der Weltgesellschaft, in: Kötter, M./Schuppert, G. F. (Hrsg.), Normative Pluralität ordnen, S. 137, 139 ff.

[111] *Fischer-Lescano, A./Teubner, G.*, Regime-Kollisionen, S. 24, 170.

menhang zwischen den Teilrechtsordnungen herstellen könne.[112] Recht könne mit Koskenniemi nicht mehr als ein „gentle civilizer of social systems"[113] wirken.

Vielmehr ist für die zu erwartenden Konflikte zwischen den Teilsystemen nach Auffassung Teubners ein neues, funktionales Kollisionsrecht notwendig. Ein übergreifendes Verfassungsrecht könne nicht mehr als Einheitsrecht fungieren, sondern maximal als „globales Kollisionsverfassungsrecht".[114] Seiner Ansicht nach ließen sich hierzu die Generalklauseln des Privatrechts als Musterfall heranziehen.[115] Diese seien aufgrund ihrer hochgradigen Unbestimmtheit für die Lösung von Konflikten zwischen Teilsystemen sehr geeignet. Notwendig sei, die infrage kommenden Normen nicht rein formal, sondern material im Sinn der Entwicklung von rechtlichen Sachnormen im Kollisionsfall anzuwenden.

> „Materialisierung heißt in diesem Sinne, die Abhängigkeit vertraglicher Erwartungsstrukturen von vielfältigen nicht-konsensualen Steuerungsmechanismen, darunter auch staatsinterventionistischen, sichtbar zu machen und diese vertragsintern zu koordinieren."[116]

Dazu müsse das Konzept des Vertrages über die Willensübereinstimmungen der Vertragsparteien hinaus zu einem umweltoffenen, sozialen Handlungssystem erweitert werden, um auch nicht-konsensuale Kollisionsproblematiken umfassen zu können. Die Generalklauseln müssten dabei eine „Kompatibilisierung" durchlaufen im Sinne von widersprüchlichen gesellschaftlichen Anforderungen an die jeweilige Vertragsbeziehung. Teubner spricht hier auch von einer „Vergesellschaftung" des Rechts in den Vertragsklauseln.[117] Grundsätzlich müsste das internationales Verfahrens- und Kollisionsrecht von nationalen, territorialen Konflikten auf sektorielle, funktionale Konflikte zwischen den Regimen umgestellt werden, auch und gerade hinsichtlich der Rechts-

---

[112] Ebd., S. 57.

[113] Ebd., S. 170, mit Verweis auf: *Koskenniemi, M.*, The Gentle Civilizer of Nations, S. 494 ff.

[114] *Teubner, G.*, Verfassungsfragmente, S. 30.

[115] *Ders.*, Recht als autopoietisches System, S. 140.

[116] Ebd.

[117] Ebd., S. 141 ff.

wegeröffnung.[118] Die Kollisionsnormen müssten daher von territorialer auf funktionale Regimezugehörigkeit umgestellt werden. In einem weiteren, noch radikaleren Schritt fordern Teubner und Fischer-Lescano, regelmäßig Sachnormen zur Anwendung kommen zu lassen und das Regel-Ausnahme-Verhältnis des „substantive law approach" im Internationalen Privatrecht umzukehren.[119]

Ziel der Kollisionsregeln könne letztlich nur die Herstellung und Steuerung des oben beschriebenen losen Zusammenhangs zwischen den Teilgebieten sein. Dieser Zusammenhang könne durch „punktuelle Vernetzungen" erfolgen; einerseits in Form einer internen Vernetzung der einzelnen Rechtsregime untereinander, andererseits durch eine externe Vernetzung der Rechtsregime mit anderen gesellschaftlichen Autonomiebereichen.[120] Die Generalklausel übernehme somit die Funktion einer Kollisionsnorm für das Außenverhältnis. Die Unbestimmtheit lässt sich Teubner zufolge in drei Dimensionen unterteilen: sachlich, zeitlich und sozial.[121]

4. Grund- und Menschenrechte

Nach Teubner muss wegen der zunehmenden Rolle der privaten Akteure auf globaler Ebene auch die Grundrechtsbindung verändert werden. Die transnationalen Akteure müssten direkt und nicht mehr mittelbar über die Staaten verpflichtet werden. Dabei müsse eine soziologisch orientierte Drittwirkungstheorie auch die aktivbürgerliche Rolle von Grundrechten bedenken und auch „Grundrechte als strukturelle Komponenten ganz unterschiedlicher Teilsysteme in den Blick nehmen".[122] Grundrechte sind laut Teubner im globalen Rahmen weniger subjektive Rechte oder regeln die intersubjektiven Beziehungen. Vielmehr haben sie „als soziale und rechtliche Gegeninstitutionen zu Expansionstendenzen von Sozialsystemen" zu dienen.[123] Dabei habe der transnationa-

---

118 *Fischer-Lescano, A./ders.*, Regime-Kollisionen, S. 68.

119 Ebd., S. 70.

120 Ebd., S. 57.

121 *Teubner, G.*, Recht als autopoietisches System, S. 146.

122 *Ders.*, Verfassungsfragmente, S. 28 f.

123 Ebd., S. 216. Teubner erkennt drei Dimensionen von Grundrechten: institutionelle Grundrechte, die in ihrer Drittwirkung als Kollisionsnormen zwi-

le Konstitutionalismus im Bereich der Grund- und Menschenrechte die größtmögliche Plausibilität. Denn Menschenrechte hätten weltweite Geltung und verfassungsrechtlichen Rang und gälten auch gegenüber transnationalen, privaten Akteuren. Fraglich sei allein die Herleitung.[124]

In Frage käme die Ausdehnung nationalstaatlicher Grund- und Menschenrechtsgarantien bis in transnationale Privatrechtsregime hinein.[125] Teubner sieht eine simple Ausdehnung oder Expansion jedoch höchst kritisch, da sie nicht die Geltungsfrage der Rechtsgarantien im globalen Raum beantworte. Notwendig sei vielmehr die Identifizierung eines „rechtlich strukturierten und verfassungsrechtlich (!) [sic!] legitimierten Prozess[es]", der die Grundrechte auch im transnationalen Rahmen verbindlich mache und die Geltungsfrage kläre.[126]

Daher seien für die Geltungsfrage die jeweiligen Entscheidungen in den regimespezifischen Institutionen entscheidend – „allein die Entscheidungspraxis der transnationalen Regimes selbst [kann] die Grundrechte innerhalb ihrer Grenzen in Geltung setzen".[127]

Nationale Gerichte erfüllen nach Ansicht Teubners in dieser Hinsicht eine Doppelfunktion: Ihre Entscheidungen blieben zwar „Operationen des jeweiligen nationalen Rechts", aber sie seien zugleich „Glieder in den Rechtsprechungsketten des autonomen Regimerechts" und seien in dessen Rechterzeugung ebenfalls involviert.[128] Um die Grundrechtsbindung der privaten transnationalen Akteure herzuleiten, greift Teubner erneut auf die Denkfigur der Generalisierung und Respezifizierung zurück: Die „Verengung der Grundrechte auf Individualschutz gegen

schen den verschiedenen Subsystemen fungieren, personale Grundrechte als „innergesellschaftliche Autonomieräume von Kommunikationen" sowie Menschenrechte als „negative Schranken gesellschaftlicher Kommunikation", siehe S. 218 f.

[124] Ebd., S. 189.

[125] Vgl. hierzu auch *Ladeur, K.-H./Viellechner, L.*, Die transnationale Expansion staatlicher Grundrechte, AVR 46 (2008), S. 42, 46 ff., die eine wechselseitige Durchlässigkeit nationaler und internationaler Rechtsordnungen vorschlagen beziehungsweise eine kommunikative Verbindung nationalstaatlicher Verfassungsgerichte oder die verstärkte Austauschbarkeit von staatlichem und privatem Recht.

[126] *Teubner, G.*, Verfassungsfragmente, S. 192.

[127] Ebd., S. 196.

[128] Ebd., S. 198.

den Staat" müsse generalisiert werden, um dann die Inhalte der Grundrechte auf die jeweilige „Eigenlogik und Eigennormativität" zu respezifizieren. Grundrechte hätten zudem gleichzeitig eine inklusive wie exklusive Rolle.[129]

Hinsichtlich der Drittwirkung der Grundrechte bestehe schließlich ein „Inklusionsparadox der funktionalen Differenzierung". Einerseits würde im Gegensatz zu stratifizierten Gesellschaften die Gesamtbevölkerung in jedes Funktionssystem inkludiert. Andererseits führe die innere Dynamik der Funktionssysteme und die zunehmende Komplexität wiederum zum Ausschluss ganzer Bevölkerungsgruppen. Aufgabe der Respezifizierung sei es, „die funktionsspezifischen Bedingungen so zu formulieren, die [sic!] Zugang zu den gesellschaftlichen Institutionen ermöglichen." Als Beispiel führt Teubner die Netzneutralität des Internets an, die jedem den gleichen Zugang zum Internet ermöglichen soll.[130]

Gerade dieses Beispiel zeigt allerdings, dass es mit einer Selbstregulierung nicht weit her ist. Denn die Aufrechterhaltung der Netzneutralität ist nicht mehr dem Funktionssystem überlassen, sondern Aufgabe des politischen Systems geworden. Der externe Druck geht hier auch über „Lernpressionen" hinaus zu einer direkten Einflussnahme.

III. Kritikpunkte

Die Thesen des *Societal Consitutionalism* sind zwar in vielen Punkten zustimmungswürdig. So ist die Zunahme von Rechtssetzungsaktivitäten nichtstaatlicher Akteure nicht von der Hand zu weisen. Auch ist in der Tat eine steigende Anzahl von Rechtskollisionen zu erwarten, die möglicherweise nicht mehr durch die herkömmlichen Mechanismen zur Konfliktlösung zu bewältigen sind.

Insgesamt überwiegen jedoch die Kritikpunkte an den Thesen. So geht die Annahme einer Vielzahl von Verfassungen, die nicht mehr mit dem

---

[129] Ebd., S. 200 ff.; Teubner verweist in diesem Zusammenhang auf die Lehre der strukturellen Grundrechtswirkung, die die Denkfigur der Generalisierung und Respezifizierung letztlich auch benutze; inklusiv über die politischen Mitwirkungsrechte, exklusiv aufgrund des Schutzes von gesellschaftlichen Institutionen und Individuen vor ihrer Politisierung

[130] Ebd., S. 209.

Staat unmittelbar verbunden sind und nicht mehr vom politischen System des jeweiligen Staates abhängen, zu weit. Teubner selbst zählt wesentliche Kritikpunkte auf: Fehlen eines *demos* als Kollektiv der Verfassung; mangelnde Dialektik eines *pouvoir constituant/pouvoir constitué*; nicht vorhandene Dynamik politischer Macht- und Willensbildung; fehlende demokratische Legitimation der Betroffenen; nicht existierende Infrastruktur eines politischen Pluralismus sowie fehlende „Sinnüberschüsse eines kollektiven Gründungsmythos".[131]

Teubner versucht zwar durch einige Modifizierungen diese Kritikpunkte zu entkräften. Einerseits unternimmt er den gedanklichen Versuch, Verfassung und Staat zu entkoppeln. Darüber hinaus hält er eine Entkopplung von Verfassung und institutionalisierter Politik für geboten. Letztlich fordert er eine Entkopplung von Verfassung und den im System ablaufenden Machtprozessen.[132] Auch dies überzeugt jedoch nur bedingt.

1. Fehlgehendes Verfassungsverständnis

Problematisch ist in erster Linie das grundsätzliche Verfassungsverständnis. Denn im allgemeinen Sprachgebrauch mag es sicherlich auch im nationalstaatlichen Rahmen Sozialverfassungen etwa im Bereich der Kirchen, der Finanz- oder der Wirtschaftsordnung geben.[133] Diese erfüllen auch einige Verfassungsfunktionen. Doch ist höchst zweifelhaft, ob diese Prämissen auf die globale Ebene übertragbar sind und wenn ja, ob dies wünschenswert ist und ob dies eine kohärente Gesamtkonstitutionalisierung wirklich ausschließt, so wie es Teubner und Fischer-Lescano im Endeffekt behaupten.

Problematisch ist insbesondere jedoch die Abkehr vom Primat der Politik. Denn wie Luhmann in seinen Schriften über die moderne nationalstaatliche Verfassung bereits feststellte, wurde auch vor Installierung der Verfassungen der Primat der Politik durch einen Primat zugunsten

---

[131] Ebd., S. 98.

[132] Ebd., S. 98 f.

[133] Siehe hierzu: Ebd., S. 34 ff.

der Wirtschaft ersetzt. Die *societas civilis* wird durch die „wirtschaftliche Gesellschaft", durch ein Primat des Wirtschaftssystems, ersetzt.[134]

> „In Gesellschaften mit hochentwickelter, industrialisierter, monetär gelenkter und international verflochtener Wirtschaft kann nicht mehr ernsthaft befürchtet werden, daß die Politik den Charakter der Gesellschaft bestimmt."[135]

Als Reaktion darauf wurde Luhmann zufolge aber die Unterscheidung von Staat und Gesellschaft bekräftigt.[136] Das politische System behielt somit eine zentrale Rolle. Problematisch wäre auch die „universalistische Rechtsgeltung"[137], die nach Luhmann über die Bindung des politischen Systems an das Recht erreicht wurde. Zudem war Luhmann der Auffassung, dass das Medium „Macht" dem politischen System vorenthalten bleiben müsse, da nur dieses in der Lage sei, bindende Entscheidungen zu treffen. Macht in anderen Systemen musste Luhmann also eher skeptisch gegenüberstehen.[138]

Laut Teubner besteht hingegen eine „fundamentale Asymmetrie", wenn man das Politiksystem lediglich als ein Teilsystem der Gesellschaft für die Gesamtkonstitutionalisierung verantwortlich machen möchte. Denn die Politik müsste „sowohl in ihrer Konstituierungsphase, als auch in ihrer langfristigen Kontinuierung, über den Bereich ihrer Selbstkonstituierung hinausgreifen" – nach Ansicht Teubner ist dies nicht möglich und auch nicht sinnvoll.[139]

In der heutigen, globalisierten Welt mag dieser resolute Primat der Politik nicht mehr ganz aufrechtzuhalten sein; zu viel Einfluss haben mittlerweile private Akteure wie etwa die von Teubner und Fischer-Lescano erwähnte Internetorganisation ICANN. Dennoch ist Macht in privater Hand immer noch die Ausnahme und ist allein schon aufgrund der

---

[134] *Luhmann, N.*, Positivität des Rechts als Voraussetzung einer modernen Gesellschaft, in: ders. (Hrsg.), Ausdifferenzierung des Rechts, S. 113, 150.

[135] Ebd., S. 151.

[136] *Ders.*, Politische Verfassungen im Kontext des Gesellschaftssystems, 1. Teil, Der Staat (1973), S. 1, 5.

[137] *Ders.*, Politische Verfassungen im Kontext des Gesellschaftssystems, 2. Teil, Der Staat 12 (1973), S. 165, 180.

[138] *Ashenden, S.* The Problem of Power in Luhmann's Systems Theory, in: King, M./Thornhill, C. J. (Hrsg.), Luhmann on Law and Politics, S. 127, 143.

[139] *Teubner, G.*, Verfassungsfragmente, S. 106.

Legitimitätsproblematik sehr kritisch zu betrachten. Eine „politische Konstitutionalisierung des Völkerrechts“, die in der Lage wäre, das globale Recht wie die globale Politik einer zumindest im Ansatz demokratisch organisierten Weltpolitik unterzuordnen, müsste, folgte man dem Ansatz von Teubner und Fischer-Lescano, jedenfalls aufgegeben werden.[140]

Zweifelhaft ist weiter, ob die von Teubner vorgenommene Generalisierung des Begründungsbedarfs von politischen Verfassungen (wie Luhmann ihn vornahm) auf alle funktionalen Teilsysteme des internationalen Systems einer kritischen Überprüfung standhält. Nach Ansicht Teubners habe Luhmann zumindest zwei wesentliche Funktionen von Verfassungen – Selbstkonstituierung und Selbstbegrenzung – auch im Hinblick auf andere gesellschaftliche Teilsysteme diskutiert.[141] Doch reicht dies für die Annahme einer Verfassung nicht aus. Denn bloß aus der Forderung nach einer Konstitutionalisierung aufgrund der erforderlichen Stabilisierung durch Verfassungsrecht ergibt sich keinesfalls zwingend, dass eine kohärente Gesamtkonstitutionalisierung nicht mehr möglich ist. Selbst wenn „keine unmittelbar wirksamen gesamtgesellschaftlichen Vorgaben mehr“[142] existent wären, ist nicht ausgeschlossen, diese herzustellen.

Ferner sind die bereits beschriebenen Funktionen einer Verfassung – Selbstkonstituierung und Selbstbegrenzung – zwar wesentliche Aufgaben von Verfassungen. Doch würde ein derartiges Verfassungsverständnis die Aufgaben und die Bedeutung moderner Verfassungen stark verkürzen und ist daher fehlgehend. Auch ist der Vergleich zu den Sozialstaatsverfassungen in der zweiten Hälfte des 20. Jahrhunderts nicht stichhaltig. Zwar ist es möglich, von einer Verfassungsrechtlichung von Teilbereichen, etwa der Wirtschaftsverfassung, zu sprechen.[143] Zudem wurde den Teilbereichen ein hohes Maß an Autonomie zugestanden. Maßgeblich ist aber, dass es eine Gesamtverfassung gibt, die den Teilbereichen erst die Autonomie gewährt. Ohne diese Gesamtverfassung

[140] *Holmes Chaves, P.*, Verfassungsevolution in der Weltgesellschaft, S. 184.

[141] *Teubner, G.*, Verfassungsfragmente, S. 36 f.; Teubner verweist auf *Luhmann, N.*, Die Gesellschaft der Gesellschaft, S. 601 ff.; Teubner argumentiert, dass die Übernahme dieser Doppelfunktion den Unterschied zwischen einer bloßen Juridifizierung und einer Konstitutionalisierung ausmacht.

[142] *Teubner, G.*, Verfassungsfragmente, S. 36.

[143] Siehe hierzu: Ebd., S. 56 ff.

wäre auch die Autonomisierung und Konstitutionalisierung der Teilbereiche nicht oder nur schwer möglich. Allerdings übt Teubner auch Kritik am mangelnden Respekt gegenüber der „Eigenrationalität“ und Eigennormativität gesellschaftlicher Funktionssysteme“.[144]

Teubner und Fischer-Lescano argumentieren aber, dass jeder Versuch einer hierarchischen Konstitutionalisierung mangels Zentralinstanz scheitern und auch nicht der autonomen Entwicklung der fragmentierten Bereiche des internationalen Rechts gerecht würde:[145]

> „Kein politischer Prozess kann einen bestimmten rechtlichen Output im Weltrecht determinieren. Denn das globale Recht hat sich im Zuge des weltgesellschaftlichen, funktionalen Ausdifferenzierungsprozess zunehmend autonom gesetzt“.[146]

Teubner möchte hingegen trotz der von ihm vorgenommenen Modifizierungen am Verfassungsbegriff festhalten – und hält alternative Begriffe wie „Meta-Regulierung“, „unverzichtbare Normen“ oder „Rechtsprinzipien“ für nicht weitgehend genug, da diese eine Normenhierarchie ausdrückten.[147]

2. *Rolle des Politiksystems*

Zudem unterschätzen Teubner und Fischer-Lescano auch die Rolle des politischen Systems in der Weltgesellschaft. Wie Kastner darlegt, hat zwar auch Luhmann selbst der Politik keine privilegierte Position in der Weltgesellschaft eingeräumt.[148] Dies bedeutet jedoch nicht, dass von einer vollständigen Ablösung ausgegangen werden kann. Denn ungeachtet der Tatsache, dass es nicht mehr unbedingt einen Primat der Politik gibt, nimmt das politische System immer noch eine herausragende

---

[144] Ebd., S. 55.

[145] *Holmes Chaves, P.*, Verfassungsevolution in der Weltgesellschaft, S. 184.

[146] *Fischer-Lescano, A./Teubner, G.*, Regime-Kollisionen, S. 16 f.

[147] *Teubner, G.*, Verfassungsfragmente, S. 99.

[148] *Kastner, F.*, Luhmanns Souveränitätsparadox, in: Neves, M./Voigt, R. (Hrsg.), Die Staaten der Weltgesellschaft, S. 75, 77; vielmehr sei von einer durchgreifenden Enthierarchisierung der Weltgesellschaft auszugehen.

Rolle ein, sowohl auf nationaler Ebene als auch auf Ebene der Weltgesellschaft.[149]

Ein „Primat der Ökonomie" kann gleichfalls kaum die geeignete Lösung sein. Wie Niederberger zutreffend feststellt, bedingen sich im globalen Rahmen die positive Ausübung und die negative Absicherung von Freiheit wechselseitig, sodass beide unabhängig vom politischen System kaum verwirklichbar sind.[150]

Eine umgreifende Konstitutionalisierung ist die einzige Möglichkeit, um das Wagnis der „experimentellen Konstitutionalisierung" zu umgehen. Eine Generalisierung und Übertragung der limitativen Funktion der Politik ist angesichts der Spezifika des politischen Systems – Rückkopplung an den demokratischen Souverän, Kontrolle durch Wahlen – kaum möglich.[151] Auch Vesting sieht die Argumentation der Konstitutionalisierungsprozesse außerhalb staatlicher und politischer Institutionen eher kritisch und als zu theorielastig an. Zudem sei die Konstruktion, die Teubner unter Außerachtlassung des Politischen zur Entstehung von Zivilverfassungen wähle, inkonsistent und artifiziell. Selbst Teubner führe in den Eigenverfassungen – etwa am Beispiel der Digitalverfassung – das konstitutionelle Moment mit rechtspolitischen Forderungen herbei.[152]

Darüber hinaus ist die These, dass Verfassungsprinzipien wie Legalität, Subsidiarität, Partizipation, Verantwortlichkeit und Grundrechte sich lediglich auf die politische Teilverfassung bezögen, schlichtweg nicht haltbar.[153] Denn derlei Prinzipien erfüllen Ansprüche an Verlässlichkeit, „Rechtlichkeit" und Verantwortbarkeit, ohne die eine Verfassung – gleichgültig in welchem Teilbereich – nicht bestehen kann. Wo diese Prinzipien nicht maßgebliche Leitideen sind, ist der Willkür Tür und

---

[149] Wie Grimm zutreffend darstellt, nimmt der Staat trotz Denationalisierung eine herausragende Rolle ein: *Grimm, D.*, The Constitution in the Process of Denationalization, in: Arjomand, S. A., Constitutionalism and Political Reconstruction, S. 261, 271.

[150] *Niederberger, A.*, Demokratie unter Bedingungen der Weltgesellschaft?, S. 406.

[151] Diesen Versuch unternimmt jedoch Teubner, siehe: *Teubner, G.*, Verfassungsfragmente, S. 137 f.

[152] *Vesting, T.*, Politische Verfassung?, in: Calliess, G.-P. (Hrsg.), Soziologische Jurisprudenz, S. 609, 624.

[153] *Teubner, G.*, Verfassungsfragmente, S. 84.

Tor geöffnet und eine dauerhafte, stabile Autonomie von Teilbereichen nicht möglich. Vielmehr haben derartige Grundprinzipien nicht nur eine Ausstrahlungswirkung vom politischen in andere Teilbereiche, sondern sind ein Bindeglied zwischen den Teilbereichen. Im Gegensatz zu Teubner ist daher sehr wohl von einer umfassenden Konstitutionalisierung auszugehen, deren Teil diese Prinzipien sind.

Daran ändert auch nichts, dass diese Prinzipien – allen voran die Grund- und Menschenrechte – von Teilbereich zu Teilbereich anders gewichtet und ausgelegt werden. Maßgeblich ist vielmehr, dass die grundsätzliche Geltung anerkannt wird. Hierin besteht zwar ein grundsätzlicher Unterschied zur nationalen Ebene, wo die Auslegung durch das jeweilige Verfassungsgericht für den gesamten Rechtsraum einheitlich und verbindlich stattfindet. Dies ist jedoch der Heterogenität der Weltgesellschaft geschuldet und führt nicht zum logischen Ausschluss einer einheitlichen und umfassenden Konstitutionalisierung.

Höchst problematisch ist weiterhin, den Gemeinwohlbezug nicht in einer Gesamtverfassung zu verorten und dem politischen System zu überlassen, sondern ihn in die jeweiligen Sozialverfassungen einzubinden. Denn wenn jede Eigenverfassung „die Identität eines Sozialsystems und ihre Kompatibilität mit der Gesamtgesellschaft und den anderen Umwelten“[154] bestimmt, besteht die Gefahr der Eigenrationalitätsmaximierung zuungunsten der anderen Subsysteme oder generell von Interessen Dritter oder der Allgemeinheit. Das Ergebnis wäre ein Wettkampf á la einem „survival of the fittest“ und mitnichten ein fairer und gerechter Ausgleich zwischen den verschiedenen Systemen. Diese Rolle kann letztlich nur ein möglichst umfassend legitimiertes politisches System übernehmen.[155]

---

[154] Ebd., S. 117.

[155] Die geäußerten Bedenken hinsichtlich der Eigenrationalitätsmaximierung gelten zumindest für zivilgesellschaftliche Subsysteme. Wie Regan zutreffend äußert, sind staatszentrierte Subsysteme schon allein aufgrund der dahinter stehenden Staatsinteressen offen für Allgemeininteressen; dies stellt jedoch keinen Widerspruch zu der vorliegenden Argumentation dar, da in diesem Fall das politische System maßgeblich beteiligt ist und so für die Wahrnehmung der Allgemein- und Drittinteressen sorgen kann; *Regan, D. H.*, International Adjudication: A Response to Paulus – Courts, Custom, Treaties, Regimes, and the WTO, in: Besson, S./Tasioulas, J. (Hrsg.), The Philosophy of International Law, S. 225, 235 ff.

Schließlich ist auch zu beachten, dass private Akteure wegen der angesprochenen fehlenden Legitimation letztlich nur sich selbst binden können.[156] Eine Bindungswirkung über das eigene System hinaus auch für andere Teilsysteme ist aufgrund der angeblichen Autopoiesis schon denklogisch kaum möglich. Dies steigert letztlich nochmals die Legitimationsproblematik.

3. Fehlende demokratische Legitimation

Problematisch erscheint zudem die fehlende demokratische Legitimierung zivilgesellschaftlicher Verfassungen. Denn selbst im nationalen Bereich zweifelt Teubner den Geltungsanspruch des demokratisch legitimierten Verfassungsgebers an – denn „die durchgehende Injektion uniformer politischer Macht- und Konsensprozeduren in die unterschiedlichsten gesellschaftlichen Teilbereiche wirk[e] kontraproduktiv“.[157]

Wie Teubner selbst erkennt, müssen „[g]esellschaftliche Institutionen (...) gesamtgesellschaftlich legitimiert sein“. Damit erkennt er grundsätzlich das Problem, dass jede substanzielle internationale Ordnung über eine Rückbindung an die politischen Entitäten legitimiert sein muss.[158] Er erkennt ein erhebliches Demokratiedefizit auf globaler Ebene, da extra-territoriale Effekte nationalstaatlichen Handels ein „Recht ohne demokratische Legitimation“ entstehen ließen und für die transnationale *governance* kein demokratisches Mandat existent sei.[159]

Teubner unternimmt an dieser Stelle jedoch einen Spagat. Er versucht zu argumentieren, dass zu dieser Legitimation nicht auf die Kanäle der institutionalisierten Politik zurückgegriffen werden müsse. Die Begründung hierfür bleibt er aber schuldig.[160] Daher ist Paulus zuzu-

---

[156] *Paulus, A. L.*, International Law and International Community, in: Armstrong, D. (Hrsg.), Routledge Handbook of International Law, S. 44, 51.

[157] *Teubner, G.*, Verfassungsfragmente, S. 62.

[158] *Nickel, R.*, Missing Link in Global Law: Regime Collisions, Societal Constitutionalism, and Participation in Global Governance, in: López Calera, N. (Hrsg.), ARSP-B 109 (2007), S. 237, 237 f.

[159] *Teubner, G.*, Verfassungsfragmente, S. 18.

[160] Ebd., S. 186 f.; der bloße Verweis auf die Sozialverantwortung dezentraler Kollektivakteure ist hierfür nicht ausreichend.

stimmen, wenn er von einer schlichten Ignorierung des Legitimationsproblems durch Teubner und Fischer-Lescano spricht.[161] Die Verbindung zwischen *pouvoir constituant* und *pouvoir constitué* ist in zivilgesellschaftlichen Verfassungen im globalen Rahmen sogar letztlich komplett aufgehoben – die Legitimation muss – zum Teil zweifelhaften – Eliten oder Büro- und Technokraten überlassen werden.

Denn trotz der Zunahme der Rechtssetzungsaktivität nichtstaatlicher Akteure und Organisationen wie ICANN[162] bleibt der klassische Nationalstaat die wichtigste Legitimationsquelle. Mangels deliberativer Modelle auf globaler Ebene sind demokratische Entscheidungsverfahren mit Teilhabe der Bürger oder zumindest deren Repräsentanten nur in Territorialstaaten vorhanden.[163] Auch wenn diese Verfahren bislang kaum oder nur unzureichend etabliert sind, so bieten sie dennoch bessere Voraussetzungen als eine allenfalls technokratische Legitimation in Zivilverfassungen. Denn nur über das Medium „Macht" und über das politische System ist eine möglichst weitreichende Beteiligung von Bürgern oder gewählten Repräsentanten über demokratische Verfahren möglich.

Selbst wenn jedes Teilregime ein eigenes Diskursnetzwerk aufweisen sollte, stellt sich jedenfalls dann ein Inklusions- und in der Folge auch ein Legitimationsproblem, wenn ein Teilregime über Problemstellungen diskutiert, die in den Bereich eines anderen fallen. Dass die Entscheidung treffende Sub-System wird kaum in der Lage sein, die Wirkungen auf andere Sub-Systeme richtig zu analysieren und wird eine entsprechende Analyse auch gar nicht vornehmen wollen.[164] Die von der gefundenen Problemlösung ausgeschlossenen Betroffenen im anderen Teilregime werden die – ohne sie – erreichte Problemlösung kaum ak-

---

[161] *Paulus, A. L.*, Fragmentierung und Segmentierung der internationalen Ordnung als Herausforderung prozeduraler Gemeinwohlorientierung, in: Heinig, H. M./Terhechte, J. P. (Hrsg.), Postnationale Demokratie, Postdemokratie, Neoetatismus, S. 139, 140.

[162] http://www.icann.org/ (zuletzt besucht am 21.08.2017).

[163] *Paulus, A. L.*, Commentary to Andreas Fischer-Lescano and Gunther Teubner: The Legitimacy of International Law and the Role of the State, Mich J Int'l L 25 (2004), S. 1047, 1048.

[164] *Ders.*, Subsidiarity, Fragmentation and Democracy: Towards the Demise of General International Law?, in: Shany, Y./Broude, T. (Hrsg.), The Shifting Allocation of Authority in International Law, S. 193, 207.

zeptieren, zumal zu erwarten ist, dass die Eigenrationalität übergewichtet und die Fremdrationalität des anderen Regimes nicht genügend berücksichtigt und im Entscheidungsprozess abgewogen wurde.[165] Eine wirklich demokratische Legitimation wird sodann nur über eine gemeinsame Verfassung beziehungsweise über einen gemeinsamen Verfassungsprozess zu erreichen sein, die/der im politischen System verortet ist.[166] Dass eine Zivilgesellschaft nicht nur über Technokratismus oder Sachzwänge legitimiert wird, sondern ein „Produkt von unzähligen Entscheidungen unter Ungewissheit über Alternativen"[167] ist und damit mittels dieses politischen Elements das Legitimationsdefizit ausgleiche, trifft schlichtweg nicht zu. Denn die „unzähligen Entscheidungen", von denen Teubner spricht, werden eben nicht von gewählten Repräsentanten oder gar den Betroffenen selbst generiert, sondern von einer nicht-demokratisch und intransparent ausgewählten Elite. Zudem mag eine Technokratie oder Expertokratie zwar höchst effizient sein in gewissen Belangen – die Gefahr, Allgemeininteressen und Folgekosten einer vermeintlich effizienten Entscheidung zu vernachlässigen, steigt jedoch in einem solchen „technical mindset" extrem an.[168]

Wie Paulus festhält, sind Demokratie und Expertenwissen – selbst wenn es wohlwollend eingesetzt wird und mitunter notwendig zur Entscheidungsfindung ist – zwei verschiedene Dinge.[169] Technokraten sind kaum in der Lage, den Legitimationsbedarf des *pouvoir constituant* zu erfüllen. Besonders deutlich kann man dies an der Rolle des Juristen als Technokraten sehen. So ist er in den speziellen, von der Politik weitgehend unabhängigen Privatrechtsregimen nicht nur Normanwender

---

[165] *Oeter, S.*, Kommentar: Fragmentierung und Segmentierung der internationalen Ordnung als Herausforderung prozeduraler Gemeinwohlorientierung, in: Heinig, H. M./Terhechte, J. P. (Hrsg.), Postnationale Demokratie, Postdemokratie, Neoetatismus, S. 159, 164.

[166] *Walter, C.*, Constitutionalizing (Inter)national Governance – Possibilities for and Limits to the Development of an International Constitutional Law, GYIL 44 (2001), S. 170, 195 f.

[167] *Teubner, G.*, Verfassungsfragmente, S. 59.

[168] Siehe hierzu auch: *Koskenniemi, M.*, Constitutionalism as Mindset, Theoretical Inquiries in Law 8 (2007), S. 9, 30.

[169] *Paulus, A. L.*, Subsidiarity, Fragmentation and Democracy: Towards the Demise of General International Law?, in: Shany, Y./Broude, T. (Hrsg.), The Shifting Allocation of Authority in International Law, S. 193, 198 f.

und Experte, sondern auch Rechtssetzer hinsichtlich neuer, funktionaler Normen. Allerdings ist ein Jurist im Regelfall nicht dazu berechtigt, Normen, die in demokratischen, rechtsstaatlichen Verfahren umgesetzt wurden, zu verwerfen – mit Ausnahme der Verfassungsgerichte in den Nationalstaaten wie etwa dem Bundesverfassungsgericht.[170] Teubner selbst spricht sodann auch von „Macht- und Interessenskonstellationen innerhalb der globalen Fragmente“[171]. Somit besteht die Gefahr, dass der „move from territoriality to functionality“ auch von einer Entwicklung „from democracy to technocracy“ begleitet würde.[172] Zudem bestehen Bedenken hinsichtlich Transparenz und Unabhängigkeit zivilgesellschaftlicher Akteure.[173]

Darüber hinaus steigt die Gefahr, dass Partikularinteressen einer machtvollen Gruppe „konstitutionalisiert“ werden, mangels demokratischer Kontrolle extrem an.[174] Darin ist auch der wesentliche Unterschied zu solchen Konstellationen innerhalb eines politischen Verfassungskonzepts zu sehen – durch demokratische Legitimation und Kontrolle ist die Gefahr der Durchsetzung von Partikularinteressen und der Ausnutzung von Machtpositionen zwar nicht ausgeschlossen, aber ungleich geringer. Recht wird nicht oder zumindest weniger stark korrumpierbar.

Darin liegt auch nicht zuletzt eine der zivilisatorischen Errungenschaften der strukturellen Kopplungen zwischen dem Politiksystem und dem Rechtssystem – einerseits ist die Rechtsverfassung gegenüber politischen Einflüssen relativ unabhängig, andererseits kann sie durch die

---

170 *Paulus, A. L.*, Commentary to Andreas Fischer-Lescano and Gunther Teubner: The Legitimacy of International Law and the Role of the State, Mich J Int’l L 25 (2004), S. 1047, 1055 f.

171 *Teubner, G.*, Verfassungsfragmente, S. 89.

172 *Paulus, A. L.*, International Law and International Community, in: Armstrong, D. (Hrsg.), Routledge Handbook of International Law, S. 44, 52; *ders.*, Commentary to Andreas Fischer-Lescano and Gunther Teubner: The Legitimacy of International Law and the Role of the State, Mich J Int’l L 25 (2004), S. 1047, 1055.

173 *Nanz, P./Steffek, J.*, Zivilgesellschaftliche Partizipation und die Demokratisierung internationalen Regierens, in: Niesen, P./Herborth, B. (Hrsg.), Anarchie der kommunikativen Freiheit, S. 87, 106 ff.

174 *Koskenniemi, M.*, Constitutionalism as Mindset, Theoretical Inquiries in Law 8 (2007), S. 9, 26.

rechtsstaatlichen Institutionen „moderierenden Einfluss auf die Politik ausüben“, wie Teubner zutreffend bemerkt.[175] Teubner zweifelt sodann auch selbst, ob die autonomen Fragmente einem Vergleich diesbezüglich standhalten werden können und fordert Unterstützung durch die Umwelt – vor allem in Form von nationalen Gerichten und der institutionalisierten Politik.[176] Wie diese Unterstützung genau geregelt werden soll, ohne die Autonomie der Teilsysteme zu gefährden, erläutert Teubner allerdings nicht.

Dieses transnationale Demokratiedefizit kann auch mangels ausreichender Rückbindung an die demokratisch legitimierten nationalen Entitäten durch die Eigenschaft des Rechts als Kollisionsmanagementinstrument ausgeglichen werden.[177] Wie Brunkhorst bemerkt, führt eine „[f]ortschreitende Verrechtlichung bei gleichzeitiger Entdemokratisierung (...) zwangsläufig zu einer (...) Wiederkehr der Legitimationsprobleme“, die im demokratisch verfassten Nationalstaat durch soziale Inklusion aller Bürger gelöst schienen.[178]

Die Dialektik des *pouvoir constituant/pouvoir constitué* versucht Teubner zu umgehen, indem er die Begriffe systemtheoretisch umformuliert und in der *pouvoir constituant* ein „kommunikatives Potenzial“[179] sieht. Zudem gebe es statt eines solchen politischen Potenzials eine Vielzahl von anderen sozialen Potenzialen wie etwa die „labour power“. Teubner sieht also kollektive Identitäten auch in anderen Sozialsystemen als existent an, die „Konstituierung durch das Kollektiv und die Konstituierung des Kollektivs“ seien also nicht dem politischen Bereich vorbehalten.[180] Teubner verkennt diesbezüglich allerdings, dass der *pouvoir constituant* wohl einmalig ist und sich nicht einfach in verschiedene Teilbereiche aufspalten kann. Desgleichen ist unter systemtheoretischen

---

[175] *Teubner, G.*, Verfassungsfragmente, S. 89.

[176] Ebd., S. 90.

[177] *Nickel, R.*, Missing Link in Global Law: Regime Collisions, Societal Constitutionalism, and Participation in Global Governance, in: López Calera, N. (Hrsg.), ARSP-B 109 (2007), S. 237, 237 f.

[178] *Brunkhorst, H.*, Legitimationskrisen, S. 229.

[179] *Teubner, G.*, Verfassungsfragmente, S. 102. Teubner argumentiert, dass eine Verfassung schließlich auch nur Kommunikationen strukturiere und keineswegs Menschen verfasse.

[180] Ebd., S. 108.

Gesichtspunkten eine Aufteilung der Kommunikationen schwer möglich.

Auch die von Teubner vorgeschlagene Selbststeuerung in Form von Lernpressionen wird in der Praxis nur schwer realisierbar sein und kann keine demokratische Kontrolle ersetzen. So mag im Einzelfall ein kognitives Lernen noch möglich und vielleicht sogar gewollt sein; allerdings wird es mit dem Zwangselement schon deutlich schwieriger. Denn oftmals bleiben realistischerweise keine Möglichkeiten, wirklichen Einfluss auf das jeweilige System auszuüben – ökonomische Sanktionen wären zwar vielleicht im Bereich transnationaler Unternehmen noch theoretisch denkbar, allerdings etwa im Bereich der ICANN kaum möglich. Auch die Proklamation der Umwandlung von Inklusionsgrundrechten in gesellschaftliche Aktivbürgerrechte, die Partizipation jenseits der institutionalisierten Politik ermöglichen sollen, verfängt nicht. Denn derartige Verfahren sind weder in Ansätzen vorhanden noch wäre eine Durchführung mangels Verfahrensgarantien sowie transparenter und homogener Ausgestaltung in jedem Funktionsbereich wünschenswert.

Indes ist auch unklar, wie das Recht genau die ihm von Teubner und Fischer-Lescano zugedachte Funktion des Kollisionsmanagementinstruments erfüllen soll. Schließlich müsste auch das Kollisionsrecht eine gemeinsame Verankerung über die jeweiligen Teilrechtsregime aufweisen, wollte es in der Lage sein, die Systemkonflikte mit Blick auf die gesamtgesellschaftlichen Probleme und die gesamtgesellschaftlichen Allgemeininteressen zu lösen.[181] Darin liegt aber genau die Gefahr des *Societal Constitutionalism*: Die am Konflikt beteiligten Regime und die Gerichtsinstanzen dieser Regime lösen den Konflikt lediglich unter Beachtung und Durchsetzung der jeweiligen Eigenrationalität. Abweichende Meinungen oder Interessen Dritter werden hierbei mangels „procedural safeguards" möglicherweise nicht ausreichend gewahrt.[182]

---

[181] In diese Richtung auch *Paulus, A. L.*, Fragmentierung und Segmentierung der internationalen Ordnung als Herausforderung prozeduraler Gemeinwohlorientierung, in: Heinig, H. M./Terhechte, J. P. (Hrsg.), Postnationale Demokratie, Postdemokratie, Neoetatismus, S. 139, 156.

[182] So auch: *Nickel, R.*, Missing Link in Global Law: Regime Collisions, Societal Constitutionalism, and Participation in Global Governance, in: López Calera, N. (Hrsg.), ARSP-B 109 (2007), S. 237, 245 f.; vgl. auch: *Nanz, P./ Steffek, J.*, Zivilgesellschaftliche Partizipation und die Demokratisierung inter-

Die Einhaltung von Verfahrensstandards, die Berücksichtigung und Abwägung aller Interessen sowie ein effektiver Minderheitenschutz sind jedoch wesentliche Elemente demokratischer Legitimation – Elemente, die das heterarchische Konzept von Teubner nicht enthält.

a. Rating-Agenturen

Besonders virulent ist in Zeiten der Finanzkrise das Problem der fehlenden demokratischen Legitimation in einem anderen Bereich globalen Handelns, in dem private Akteure die maßgebliche Rolle spielen, nämlich bei den (zumindest derzeit) ausschließlich privaten Rating-Agenturen.

Mit ihren Ratings entscheiden diese Agenturen letztlich fast alleine, ob und zu welchen Konditionen private Firmen, Banken, aber eben auch Staaten Kredite auf dem internationalen Finanzmarkt bekommen. Die Aufsicht und Kontrolle der Ratings ist derzeit mangelhaft. In Deutschland arbeiten die Agenturen beispielsweise auf Basis des Verhaltenskodex der Wertpapieraufsehervereinigung IOSCO statt, der wiederum auf einer bloßen Selbstverpflichtung fußt.[183]

Welche Auswirkungen auf die Weltwirtschaft und auf ganze Staaten die teilweise intransparenten Entscheidungen der Agenturen haben können, wurde zuletzt anlässlich der Schuldenkrise in Europa am Beispiel Griechenlands oder Italiens sichtbar.[184] Dennoch unterliegen diese Agenturen keiner demokratischen Kontrolle. Wenige Wettbewerber kontrollieren den Markt.[185] Die Ratings als solche müssen allenfalls nur geringe Transparenzanforderungen erfüllen.

---

nationalen Regierens, in: Niesen, P./Herborth, B. (Hrsg.), Anarchie der kommunikativen Freiheit, S. 87, 107.

183 Siehe *Konrad Adenauer Stiftung*, Welche Rolle spielten die Ratingagenturen bei der Entstehung der Finanzkrise, http://www.kas.de/wf/de/71.7074/ (zuletzt besucht am 21.08.2017).

184 Die Welt, Die Rolle der Ratingagenturen in der Finanzkrise, 5.02.2009, http://www.welt.de/welt_print/article3149951/Die-Rolle-der-Ratingagenturen-in-der-Finanzkrise.html (zuletzt besucht am 21.08.2017).

185 So lag der Marktanteil der drei großen Ratingagenturen Moody's, Standard and Poor's und Fitch im Jahr 2011 weltweit bei ca. 85 %; https://de.statista.com/statistik/daten/studie/199155/umfrage/marktanteile-der-drei-grossen-ratingagenturen-weltweit/ (zuletzt besucht am 21.08.2017).

Die Vermutung liegt daher nicht fern, dass die Rating-Agenturen nicht unabhängig und nach rein wirtschaftlichen Kriterien einen bestimmten Rang vergeben, also eigene wirtschaftliche Interessen verfolgen und sich von Interessen bestimmter Kunden leiten lassen. Daher liegt es nahe, eine demokratische Kontrolle von Rating-Agenturen zu fordern.[186]

b. Keine Lösung in Sicht

Eine Lösung für dieses Problem des demokratischen Defizits internationaler Organisationen und Institutionen ist hingegen nicht abzusehen.[187] Insbesondere das *bottom-up*-Verfahren ist vor diesem Hintergrund kritisch zu betrachten. Auch die Legitimation durch eine „Expertokratie“ kann kaum ausreichen. Dies mag vielleicht bei technischen Regelungserfordernissen wie etwa beim Internet noch anders zu sehen sein. Eine fehlende Legitimation über einen wie auch immer gearteten Volkswillen ist jedoch etwa bei menschenrechtlichen Angelegenheiten kaum vorstellbar.

Fraglich ist im Übrigen, ob die einzelnen Systeme überhaupt in der Lage sind, die verschiedenen Interessen auszugleichen, wenn kein „allzuständiges“ politisches System vorhanden ist. Die Steuerungs- und Kontrollfunktion des Rechts bleibt so ebenfalls fragmentär.[188] Staaten können mit zunehmender Aktivität privater Akteure im globalen Rahmen ihre Regulations- und Kontrollabsichten nicht mehr vollumfänglich ausüben. Daher ist die Gefahr der Unterminierung demokratischer Verfahren durch private Akteure und der Beginn eines globalen *race to the bottom* nicht von der Hand zu weisen.[189]

Zudem gilt es zu beachten, dass private Akteure zwar wie Nichtregierungsorganisationen und globale Konzerne oft staatlichen Standards und Auflagen ausweichen können und ihrer eigenen Logik folgen. Der

---

[186] Siehe z.B. *Walter, C.*, Constitutionalizing (Inter)national Governance – Possibilities for and Limits to the Development of an International Constitutional Law, GYIL 44 (2001), S. 170, 187.

[187] *Paulus, A. L.*, Commentary to Andreas Fischer-Lescano and Gunther Teubner: The Legitimacy of International Law and the Role of the State, Mich J Int'l L 25 (2004), S. 1047, 1048.

[188] *Niederberger, A.*, Demokratie unter Bedingungen der Weltgesellschaft?, S. 351.

[189] Siehe hierzu ebd., S. 450.

„Blick über den Tellerrand" auf gesamtgesellschaftliche Zusammenhänge und Probleme fehlt oder ist jedenfalls zu gering ausgeprägt. Dennoch bleiben diese Akteure *summa summarum* an gesetzgeberische Maßnahmen gebunden – auf transnationaler Ebene. Häufig stoßen sie daher selbst regulative Maßnahmen an. Nicht zuletzt deswegen sind demokratisch nichtlegitimierte Konstrukte wie ICANN entstanden.[190] Die Problematik der wenig systematisch legitimitätsstiftenden Bestimmungen des Privatrechts sowie Fragen einer allgemeinen Gesellschaftstheorie und Fragen der normativen Demokratie- oder Gerechtigkeitstheorie werden im Konzept Teubners jedoch kaum problematisiert. Somit käme es zu einer „[s]ystematische[n] Verkürzung gegenüber anderen Legitimitäts- und Herrschaftstheorien".[191]

Nicht gering zu schätzen ist ferner auch das Problem der Grundrechtsbindung. Letztlich ist nur ein demokratisch legitimiertes politisches System in der Lage, einen wirklich effektiven, dauerhaften, für alle Bürger und in allen vergleichbaren Sachverhalten gleichen Grund- und Menschenrechtsschutz zu garantieren.

4. Problematische Rolle der Schiedsgerichtsbarkeit/fehlende Gerichte

Über die fehlende demokratische Legitimation hinaus birgt das Konzept der Zivilverfassungen beziehungsweise des *Societal Constitutionalism* weitere problematische Bereiche. So ist unklar, ob und inwieweit im Kollisionsfall zwischen zwei oder mehreren Regimen auch Gemeinschaftsinteressen – wie etwa die Achtung der Menschenrechte – oder Interessen Dritter gewährleistet werden.

In vielen Belangen mögen die Gerichtsinstanzen der beteiligten Regime zu einem gerechten Ausgleich kommen. Doch sind zahlreiche Szenarien denkbar, in denen ein Ausgleich zulasten Dritter geschlossen werden könnte. Um die berechtigten Interessen Unbeteiligter (und vielleicht auch nichtrepräsentierter Dritter) und der Allgemeinheit ausreichend zu wahren, sind Stellvertreterdiskurse in den Regimeinstanzen nicht ausreichend. Notwendig wäre eine neutrale Instanz außerhalb des je-

---

[190] *Grimm, D.*, The Constitution in the Process of Denationalization, in: Arjomand, S. A. (Hrsg.), Constitutionalism and Political Reconstruction, S. 261, 276.

[191] *Niederberger, A.*, Demokratie unter Bedingungen der Weltgesellschaft?, S. 350.

weiligen Regimes, die Allgemeininteressen wahrnimmt und wenn möglich den globalen öffentlichen Diskurs miteinbindet.[192]

Wie Niederberger festhält, kommt an dieser Stelle das Problem des „Befähigungsanspruchs" zum Tragen: Selbst wenn man davon ausgeht, dass derjenige, der einen Vertrag mit einem bestimmten Inhalt abschließt, diesen Vertrag auch verstehen können und in der Lage sein muss, etwaige Recht später einzuklagen, so wird dieser Anspruch eher „advokatorisch" erfüllt – der individuell Betroffene hat möglicherweise das Nachsehen.[193]

Auch besteht die Gefahr einer ungerechten Lastenverteilung und „unintendierte[r] Effekte". So könnten Ressourcen auf Kosten von Dritten verschoben oder Folgelasten Dritten aufgebürdet werden, da private Akteure „das große Ganze" nicht so stark wie staatliche oder zwischenstaatliche oder globale Akteure berücksichtigen, wie Niederberger zutreffend bemerkt.[194] Vor allem im Bereich von Umweltverschmutzungen mache sich das Fehlen globaler Strukturen und Verfahren und der Möglichkeit, Zwangsmittel zu ergreifen und Staaten oder andere Akteure auch gegen ihren Willen zu einem bestimmten Verhalten zu bewegen, bemerkbar.[195] Schiedsgerichte können diesen Nachteil nur begrenzt und auch nur im Nachhinein ausgleichen. Da die Schiedsrichter zudem einen großen Einschätzungsspielraum haben, welches Recht sie anwenden – nationales oder internationales (Internationales Privatrecht oder Völkerrecht, vgl. Art. 42 Abs. 2 ICSID-Übereinkommen) – besteht die Gefahr, dass die Schiedsrichtersprüche in vergleichbaren Sachlagen stark divergierende Entscheidungen treffen.[196] Auch wenn Schiedsrichtersprüche nur *inter partes* Geltung entfalten, so könnte dies

---

[192] *Nickel, R.*, Missing Link in Global Law: Regime Collisions, Societal Constitutionalism, and Participation in Global Governance, in: López Calera, N. (Hrsg.), ARSP-B 109 (2007), S. 237, 244 f.; *Paulus, A. L.*, International Adjudication, in: Besson, S./Tasioulas, J. (Hrsg.), The Philosophy of International Law, S. 207, 215 ff.

[193] *Niederberger, A.*, Demokratie unter Bedingungen der Weltgesellschaft?, S. 349.

[194] Ebd., S. 451.

[195] Ebd., S. 451 f.

[196] Vgl. Siehe *Paulus, A. L.*, Zusammenspiel der Rechtsquellenlehre aus völkerrechtlicher Perspektive, BDGIR 46 (2014), S. 7, 16.

negative Folgen für Rechtssicherheit und Gesamtkohärenz mit sich bringen.

Die problematische Rolle von Schiedsgerichten gibt indirekt auch Teubner zu. Denn Schiedsgerichte fingierten beispielsweise die konstitutionelle Qualität sozialer Praktiken im Bereich der *lex mercatoria* und bezögen sich auf Schiedssprüche aus der Vergangenheit, in denen nach Billigkeit entschieden wurde, „plötzlich als rechtlich bindende Präjudizien". Darüber finde eine „konstitutionelle Selbstvalidierung" der *lex mercatoria* statt – und das durch rechtsstaatlich höchst fragliche und intransparente Vorgehensweisen von demokratisch nicht legitimierten und von den Parteien selbst ausgewählten Schiedsrichtern.[197]

Im Übrigen ist die Vollstreckung der Entscheidungen derartiger Schiedsgerichtstribunale immer noch von der Anerkennung durch die Nationalstaaten abhängig.[198]

5. *Allgemeines Völkerrecht*

Schließlich ist das allgemeine Völkerrecht außerdem in der Lage, Rechtssetzungsregeln und bis zu einem gewissen Grad auch Regeln zur Umsetzung und Durchsetzung für alle Teilbereiche der internationalen Ordnung bereitzustellen.[199]

Die Argumentation Teubners, das Recht sei nur noch eines von mehreren Kollisionsinstrumenten, überzeugt auch im Hinblick auf Art. 31 Abs. 3 Ziff. c WVRK nicht. Denn danach haben die einzelnen speziellen Regimes letztlich auch systemfremde Werte zu berücksichtigen. Wird das Recht aber zugunsten gesellschaftlicher Faktoren zurückgedrängt, besteht die Gefahr, dass in der Folge auch die Anwendung des Art. 31 Abs. 3 Ziff. c WVRK zurückgedrängt wird, obwohl dadurch die Eigenrationalitätsmaximierung im Kollisionsfall eingedämmt werden könnte. Das allgemeine Völkerrecht wird somit von

197 *Teubner, G.*, Verfassungsfragmente, S. 114 f.

198 *Paulus, A. L.*, Fragmentierung und Segmentierung der internationalen Ordnung als Herausforderung prozeduraler Gemeinwohlorientierung, in: Heinig, H. M./Terhechte, J. P. (Hrsg.), Postnationale Demokratie, Postdemokratie, Neoetatismus, S. 139, 145.

199 *Paulus, A. L.*, International Law and International Community, in: Armstrong, D. (Hrsg.), Routledge Handbook of International Law, S. 44, 51.

Teubner und Fischer-Lescano zu Unrecht als untauglich für den Umgang mit den speziellen Regimen angesehen.

Denn wie Paulus darlegt, gelangen die herkömmlichen Kollisionsregeln (*lex posterior, lex specialis, ius cogens*) zusammen mit dem Prinzip der systemischen Integration gemäß Art. 31 Abs. 3 Ziff. c WVRK bei der Anwendung und Auslegung des Völkerrechts in der Regel zu brauchbaren Ergebnissen. Über eine Kohärenzfiktion werden die unterschiedlichen Systeme mit dem allgemeinen Völkerrecht zum Ausgleich gebracht – eine ungebremste Eigenrationalitätsmaximierung wird dadurch „von oben" und nicht von den Teilsystemen selbst, also „von unten", verhindert.[200]

IV. Schlussfolgerungen

Maßgeblich für die Vertreter des *Societal Constitutionalism* ist die Annahme, dass durch die Globalisierung transnationale Verfassungssubjekte entstanden seien, die sich aufgrund der zunehmenden Entstaatlichung und eines hohen Grades an Autonomie zu funktionalen Regimen entwickelt hätten. Die Nationalstaaten seien nicht mehr in der Lage, den globalen Realitäten gerecht zu werden und müssten in ihrem Jurisdiktions- und Herrschaftsanspruch mehr und mehr zurückweichen. Anders als im nationalstaatlichen Bereich sei eine umfassende Konstitutionalisierung wegen der asymmetrischen Verhältnisse in der Weltgesellschaft nicht möglich – das politische System sei daher nicht in der Lage, eine einheitliche Verfassung mit Wirkungen für alle anderen Teilsysteme auszuarbeiten. Um den derzeitigen Bedingungen gerecht werden zu können, seien, wie erörtert, daher drei Schritte möglich: (1) Neben dem Nationalstaat müssen andere Verfassungssubjekte anerkannt werden. (2) Es existiert eine zunehmende Fragmentierung von Verfassungsprozessen in diversen funktionalen Regimen. (3) Neben dem politischen Kollektiv gibt es weitere verschiedene gesellschaftliche Teilsysteme, die verfassungsfähig sind.[201] Teubner und Fischer-Lescano lehnen daher eine (Gesamt-)Konstitutionalisierung des internationalen Rechts ab. Vielmehr gehen sie von einer fortschreitenden Fragmentierung der

---

[200] Siehe *Paulus, A. L.*, Zusammenspiel der Rechtsquellenlehre aus völkerrechtlicher Perspektive, BDGIR 46 (2014), S. 7, 18 ff.

[201] *Teubner, G.*, Verfassungsfragmente, S. 118.

internationalen Ordnung aus. Die verschiedenen transnationalen Regime machten jeweils für sich wiederum einen Konstitutionalisierungsprozess durch – insofern kann man von einem konstitutionellen Pluralismus sprechen, den Teubner und Fischer-Lescano vertreten.

Ist die Rolle von Recht wirklich derart gering einzuschätzen und taugt es nicht zu mehr als zum bloßen Kompensationsinstrument? Eine derartige Ansicht ist letztlich abzulehnen. Teubner und Fischer-Lescano trauen dem Recht zu wenig zu und sind zu skeptisch. Teubner hält eine Weltverfassung beispielsweise allenfalls als Verfassungskollisionsrecht für denkbar, das die Eigenverfassungen der globalen Fragmente (also Nationen, transnationale Regime, Regionalkulturen) vernetzt.[202]

Überzeugend ist dies jedoch nicht; zudem präsentieren Teubner und Fischer-Lescano keine wirklich gangbare Alternative. Denn die Eigenrationalitätsmaximierungen der Teilsysteme haben die – im Endeffekt für den Zusammenhalt innerhalb von und zwischen Gesellschaften essenziellen – Gemeinwohlinteressen nicht im Blick, was im schlimmsten Fall zu einem Rückschritt oder gar zu chaotischen oder anarchischen Strukturen führen könnte.

Es ist daher zweckmäßiger, dem Recht mehr zuzutrauen und ihm eine gesamtgesellschaftliche Verantwortung aufzuerlegen. Zu konstatieren ist zwar, dass eine Fragmentierung ohne Zweifel vorhanden ist. Sie schließt eine Gesamtkonstitutionalisierung jedoch keineswegs denklogisch aus, auch wenn diese kaum mit einer nationalstaatlichen, hierarchischen Verfassung vergleichbar sein wird aus. Denn das Fehlen einer hierarchischen, einheitlichen und überwölbenden Ordnung bedeutet nicht, dass es nicht eine gewisse Verbindung zwischen den verschiedenen Teilbereichen gibt.[203]

So kann die vorhandene Herausbildung neuer Strukturen und spezieller Regime auch als Chance für das Völkerrecht angesehen werden. Die internationale Ordnung könnte durch die beschriebenen Entwicklungen als pluralistische Ordnung sogar noch gestärkt werden.[204] Auch Paulus sieht die fortschreitende Fragmentierung der Völkerrechtsordnung nicht als unüberbrückbaren Gegensatz zu einer Gesamtkonstitu-

---

[202] *Ebd.*, S. 31.

[203] *Paulus, A. L.*, International Law and International Community, in: Armstrong, D. (Hrsg.), Routledge Handbook of International Law, S. 44, 50.

[204] *Burke-White, W.*, International Legal Pluralism, Mich J Int'l L 25 (2003), S. 963.

tionalisierung der internationalen Gemeinschaft an.[205] Das Begreifen von Konstitutionalismus als ein „mindset" statt einer Struktur oder Architektur muss zudem nicht unbedingt als kopernikanische Wende aufgefasst werden.[206]

Insgesamt ist daher Grimm zuzustimmen, der von einer privaten Verrechtlichung gesellschaftlicher Teilbereiche im Sinne einer Juridifizierung spricht, nicht jedoch von einer Konstitutionalisierung. Denn die Normen transnationaler Regimes seien lediglich regulativen Charakters und übten keine echten konstitutionellen Funktionen aus. Schließlich fehlten eine öffentliche Meinungsbildung oder die Möglichkeit des Treffens verbindlicher Entscheidungen. Auch sei maßgeblich, dass sich die selbst gegebenen Verfassungsfunktionen – die letztlich bloße Normenhierarchien seien – nicht in demokratisch legitimierten und organisierten Prozessen rückkoppeln ließen.[207] Zudem blieben die Staaten die mit Abstand bedeutendsten Akteure in der Staatenwelt.[208] Dies gilt auch, obwohl der Einfluss von nichtstaatlichen Akteuren auf den Rechtssetzungsprozess vor allem im Hinblick auf *social practice* nicht zu unterschätzen ist.[209]

Festzuhalten bleibt somit, dass der Bedeutungsverlust der Staaten und die gleichzeitige Bedeutungszunahme nichtstaatlicher Akteure zwar nicht zu negieren ist, die Entwicklung jedoch keineswegs so dramatisch ist, wie von vielen Vertretern des *Societal Constitutionalism* darge-

---

[205] *Paulus, A. L.*, Fragmentierung und Segmentierung der internationalen Ordnung als Herausforderung prozeduraler Gemeinwohlorientierung, in: Heinig, H. M./Terhechte, J. P. (Hrsg.), Postnationale Demokratie, Postdemokratie, Neoetatismus, S. 139, 158.

[206] So aber *Koskenniemi, M.*, Constitutionalism as Mindset, Theoretical Inquiries in Law 8 (2007), S. 9, 31.

[207] *Linderfalk, U.*, Normative Conflict and the Fuzziness of the International ius cogens Regime, ZaöRV 69 (2009), S. 961, 460 ff.; vgl. auch *Teubner, G.*, Verfassungsfragmente, S. 118 f.

[208] Siehe z.B. *Christiano, T.*, Democratic Legitimacy and International Institutions, in: Besson, S./Tasioulas, J. (Hrsg.), The Philosophy of International Law, S. 119, 124.

[209] So *d'Aspremont, J.*, Non-state Actors from the Perspective of Legal Positivism: the Communitarian Semantics for the Secondary Rules of International Law, in: ders. (Hrsg.), Participants in the International Legal System, S. 23, 31, der grundsätzlich den Einfluss jedoch für begrenzt hält.

stellt.[210] Zudem kann der Verlust an Autonomie und Souveränität sowie Problemlösungskapazität infolge Kompetenzverlagerung auf die internationale Ebene und der globalisierten Problemstellungen zumindest teilweise durch einen Kompetenzgewinn über die Schaffung eines globalen Netzwerkes und der Internationalisierung staatlichen Handelns im Sinne von *international governance* aufgefangen und ausgeglichen werden.[211]

---

[210] *Kadelbach, S.*, Ethik des Völkerrechts unter Bedingungen der Globalisierung, ZaöRV 64 (2004), S. 1, 9.

[211] *Calliess, C.*, Subsidiaritäts- und Solidaritätsprinzip als rechtliches Regulativ der Globalisierung von Staat und Gesellschaft – dargestellt am Beispiel von EU und WTO, Rechtstheorie 33 (2002), S. 371, 388 f., 400.

6. Kapitel: Konstitutionalisierung aus systemtheoretischer Sichtweise

A. Weltgesellschaft?

In diesem Kapitel werden die gewonnenen Erkenntnisse noch einmal aus systemtheoretischer Sichtweise erörtert und weiterentwickelt. Zentraler Begriff wird hierbei der bereits an zahlreichen Stellen verwendete Terminus der „Weltgesellschaft“ sein. Zu untersuchen ist in diesem Zusammenhang, ob überhaupt eine Weltgesellschaft besteht, die als Basis der Konstitutionalisierungsthese dienen kann und wenn ja, ob sie wirklich „in jeder Hinsicht unbefriedigend“[1] verfasst ist. Schließlich begriff selbst Luhmann sein Konzept der Weltgesellschaft mehr als abstrakten Kommunikationsraum denn als globalisiertes Äquivalent einer nationalen Gesellschaft.

Als Einwände gegen die These einer Weltgesellschaft werden meist die zweifellos vorhandenen sozialen Ungleichheiten, die kulturelle Heterogenität oder auch die fehlende Handlungsfähigkeit als Kollektiv genannt.[2] Stichweh argumentiert diesbezüglich beispielsweise, dass der moderne Territorial- und Nationalstaat die Weltgesellschaft wie die Weltpolitik als bereits vorhandene Strukturen voraussetzt – die gemeinhin übliche Entwicklungsvorstellung Territorial-/Nationalstaat => verknüpftes Staatensystem => Weltstaat infolgedessen nicht richtig sei.[3] Diese Auffassung mag angesichts der historischen Begebenheiten während der Herausbildung von Territorial- beziehungsweise Nationalstaaten im späten 19. Jahrhundert nicht ganz unzutreffend sein, jedoch ist

---

[1] *Bryde, B.-O.*, Das Völkerrecht zwischen Konstitutionalisierung, Hegemonie und Renationalisierung, in: Heinrich-Böll-Stiftung (Hrsg.), Die Zukunft des Völkerrechts in einer globalisierten Welt, S. 88, 89.

[2] *Holzer, B.*, Wie „modern“ ist die Weltgesellschaft? Funktionale Differenzierung und ihre Alternativen, Soziale Systeme 13 (2007), S. 357.

[3] *Stichweh, R.*, Dimensionen des Weltstaats im System der Weltrepublik, in: Albert, M./ders. (Hrsg.), Weltstaat und Weltstaatlichkeit, S. 25, 26 f.

C. Mattheis, *Die Konstitutionalisierung des Völkerrechts aus systemtheoretischer Sichtweise*, Beiträge zum ausländischen öffentlichen Recht und Völkerrecht,
https://doi.org/10.1007/978-3-662-56818-7_7

sie für die vorliegende Untersuchung nicht unbedingt zielführend. Wilke geht im Anschluss an Stichweh von einer symbolischen Weltgesellschaft aus – die Globalisierung werde durch Symbolsysteme wie Macht, Wissen und Geld vorangetrieben.[4] Nach Ansicht von Brunkhorst ist darüber hinaus auch das Entstehen globaler und regionaler Gemeinschaftssemantiken deutlich erkennbar.[5]

I. Begrifflichkeiten

Laut Stichweh sind die ohne Zweifel vorhandenen Inhomogenitäten und Inegalitäten in der Weltgesellschaft als interne Differenzierung aufzufassen, deren Unterschiede als strukturelle Effekte zu erklären und analysieren sind.[6]

1. Weltstaat und Weltstaatlichkeit

Zu beachten ist, dass von einem „Weltstaat" sinnvollerweise nur dann gesprochen werden kann, wenn eine entsprechende Selbstbeschreibung des politischen Systems im Sinne einer Strukturbildung als Ergebnis politischer Prozesse stattgefunden hat. Ein solcher Weltstaat im institutionellen Sinn ist aber fern von jeglicher Realisierung und vielleicht auch nicht einmal ein wünschenswertes Ideal.[7] Brunkhorst sieht die Elemente inklusiver Weltstaatlichkeit beispielsweise als „hoffnungslos

---

[4] *Wilke, H.*, Politische Strukturbildung der Weltgesellschaft, in: Albert, M./Stichweh, R. (Hrsg.), Weltstaat und Weltstaatlichkeit, S. 133, 153.

[5] *Brunkhorst, H.*, Die Legitimationskrise der Weltgesellschaft, in: Albert, M./Stichweh, R. (Hrsg.), Weltstaat und Weltstaatlichkeit, S. 63, 70.

[6] *Stichweh, R.*, Die Weltgesellschaft, S. 13.

[7] *Wilke, H.*, Politische Strukturbildung der Weltgesellschaft, in: Albert, M./Stichweh, R. (Hrsg.), Weltstaat und Weltstaatlichkeit, S. 133; *Oeter, S.*, Internationale Organisation oder Weltföderation?, in: Brunkhorst, H./Kettner, M. (Hrsg.), Globalisierung und Demokratie, S. 208, 239; in diese Richtung auch: *Bogdandy, A. von,* Constitutionalism in International Law: Comment on a Proposal from Germany, Harv Int'l LJ 47 (2006), S. 223, 242.

zersplittert" an. Eine Verdichtung zu einem Weltstaat sei somit auch an keiner Stelle zu erkennen.[8]

Davon zu trennen ist die Frage nach einer möglichen Entwicklung von Weltstaatlichkeit. Sie setzt nicht zwangsläufig eine empirisch nachweisbare Struktur voraus, sondern kann vielmehr als epistemologische Frage nach der „analytischen Brauchbarkeit" des Begriffs „Weltstaatlichkeit" verwendet werden. Insofern ist eine deutliche Differenz zwischen Weltstaat und Weltstaatlichkeit erkennbar.[9]

Allerdings muss sich auch der Begriff „Weltstaatlichkeit" von einer womöglich lediglich komplexeren Form von *global governance* abheben. Wie Albert darlegt, ist hierzu die Emergenz von Strukturen im politischen System erforderlich, die in nachhaltiger Form von bloßer *global governance* abweichen und auch eine Verbindung (über eine strukturelle Kopplung) zum globalen Rechtssystem aufweisen.[10] Ob hierzu die Entstehung einer Globalverfassung notwendig ist, mag zunächst dahinstehen. Möglicherweise stellt der Begriff „Weltstaatlichkeit" vielmehr die Synthese zwischen der im Politiksystem stattfindenden *global governance* und der Konstitutionalisierung des Rechtssystems dar.

Die hier untersuchte Form der Konstitutionalisierung des Völkerrechts ist also nicht mit der Entstehung eines Weltstaats zu verwechseln, auch wenn sie ein wesentliches Element eines Weltstaates darstellt.[11] Aus systemtheoretischen Gesichtspunkten ist sie nicht als Synonym für

---

[8] *Brunkhorst, H.*, Die Legitimationskrise der Weltgesellschaft, in: Albert, M./Stichweh, R. (Hrsg.), Weltstaat und Weltstaatlichkeit, S. 63, 74.

[9] Siehe hierzu *Albert, M.*, Einleitung Weltstaat und Weltstaatlichkeit Neubestimmungen des Politischen in der Weltgesellschaft, in ders./Stichweh, R. (Hrsg.), Weltstaat und Weltstaatlichkeit, S. 9, 10.

[10] Ebd., S. 13 f.

[11] Hinzu treten zwei weitere Elemente, wie Stichweh darlegt Zum einen ist der Organisationscharakter des politischen Geschehens wesentlich. Politische Kommunikationen müssten auf Entscheidungen hingeführt werden, „die einem Zentrum politischer Kommunikation als seine Entscheidungen zugerechnet werden und die als Entscheidungen für das Kollektiv der Mitglieder der Organisation bindend sind." Zum anderen ist ein *re-entry* der Unterscheidung zwischen Staat und Gesellschaft in die Selbstbeschreibung des politischen Systems notwendig; *Stichweh, R.*, Dimensionen des Weltstaats im System der Weltrepublik, in: Albert, M./ders. (Hrsg.), Weltstaat und Weltstaatlichkeit, S. 25.

einen Weltstaat zu verwenden. Vielmehr kann sie als Anzeichen für eine im Entstehen begriffene Weltstaatlichkeit gesehen werden.

2. *Weltgesellschaft*

Zu erörtern wird auch sein, ob der von Luhmann geprägte und von zahlreichen Autoren verwendete Begriff überhaupt sinnvollerweise benutzt werden kann. Insbesondere wird geprüft werden, ob es ein Recht der Weltgesellschaft sowie ein politisches System der Weltgesellschaft gibt. Dabei ist „Weltgesellschaft" nicht mit einem „Weltsystem" gleichzusetzen. Mit Bornschier kann man die Weltgesellschaft als das gegenüber dem Weltsystem anspruchsvollere Konstrukt verstehen, das einen gewissen Gesamtzusammenhang und eine gewisse Abhängigkeit der einzelnen Systeme untereinander erfordert und neben staatlichen Akteuren auch die Vielzahl an nichtstaatlichen und privaten Akteure miteinbezieht. Der globale Rahmen besteht nicht nur aus einer Staatengemeinschaft in Form einer internationalen Gesellschaft, sondern ist zur transnationalen Gesellschaft modifiziert worden.[12]

Wie bereits dargelegt, bedeutete für Luhmann „Weltgesellschaft" eine Gesellschaft als Ansammlung aller füreinander erreichbarer Kommunikation,[13] mithin ist „Weltgesellschaft (…) das Sich-ereignen von Welt in der Kommunikation"[14]. Wie Wilke festhält, liegt es somit aufgrund der heutigen nahezu grenzenlosen Kommunikationsmöglichkeiten in einigen Funktionsbereichen nahe, von einer Weltgesellschaft zu sprechen.[15] Dieser kommt jedoch auch eine konstruktive Funktion zu – mithin ist die „Welt herstellende" Funktion ein wesentlicher Bestandteil des Weltgesellschaftskonzepts.[16]

---

[12] *Bornschier, V.*, Weltgesellschaft, S. 113 f., 131 f.

[13] *Wilke, H.*, Das Recht der Weltgesellschaft, in: Calliess, G.-P. (Hrsg.), Soziologische Jurisprudenz, S. 887, 896.

[14] *Luhmann, N.*, Die Gesellschaft der Gesellschaft, S. 150.

[15] *Wilke, H.*, Das Recht der Weltgesellschaft, in: Calliess, G.-P. (Hrsg.), Soziologische Jurisprudenz, S. 887; allerdings mit erheblichen Bedenken.

[16] *Tyrell, H.*, Universalgeschichte, Weltverkehr, Weltgesellschaft, Soziale Systeme 16 (2010), S. 313, 314.

Auch Prien sieht die Welt vom Prinzip der funktionalen Differenzierung erfasst und in unterschiedliche Subsysteme unterteilt.[17] Dies gilt mit Holzer zumindest im Zentrum der Weltgesellschaft, weniger in der Peripherie oder Semiperipherie (also zum Beispiel den Slums und Favelas oder *failed states*), wo die funktionale Differenzierung nur schwach ausgeprägt ist.[18] Fraglich bleibt daher, ob die globalisierte Welt wirklich als die eine – positiv wie negativ integrierte – Weltgesellschaft angesehen werden kann, in der „Politik und Recht zu Weltpolitik und Weltrecht geworden" sind.[19]

Für die eigentliche Forschungsfrage hilft dies jedoch nicht zwingend weiter, da sie noch nichts darüber aussagt, ob auch ein geschlossenes und selbstreferenziell operierendes Rechtssystem und ein ebenso geschlossenes und selbstreferenziell arbeitendes Politiksystem auf der Ebene der Weltgesellschaft anzunehmen ist. Denn möglicherweise ist hierfür weder ausreichend, dass die Weltgesellschaft aus allen Kommunikationen und allen Individuen besteht (Gesamtheit des Sozialen) und globale Institutionen aufweist (Globalisierung), noch dass eine Realität hinter der Realität der Nationalstaaten besteht (transnationale Kontexte).[20]

So geht Wilke beispielsweise davon aus, dass man von einer Weltgesellschaft erst dann sprechen könne, wenn ein „kommunikativ konstituierter Kontext der Selbststeuerung" ausgebildet wurde.[21] Hingegen ist Schulte der Ansicht, dass die heutige Welt schon aufgrund der weit fortgeschrittenen funktionalen Ausdifferenzierung in verschiedene Teilsysteme als Weltgesellschaft bezeichnet werden müsse.[22] Auch Brunkhorst spricht von einer Weltgesellschaft, die polykontextural und dezentriert sei – auch wenn er selbst einräumt, dass die Existenz einer

---

[17] *Prien, T.*, Fragmentierte Volkssouveränität, S. 17.

[18] *Holzer, B.*, Wie „modern" ist die Weltgesellschaft?, Soziale Systeme 13 (2007), S. 357, 366 f.

[19] *Brunkhorst, H.*, Legitimationskrisen, S. 71; auch: *ders.*, Co-Evolution von partikularer und kosmopolitischer Staatlichkeit in der Weltgesellschaft, in: Bach, M. (Hrsg.), Der entmachtete Leviathan, S. 49, 52.

[20] *Wilke, H.*, Das Recht der Weltgesellschaft, in: Calliess, G.-P. (Hrsg.), Soziologische Jurisprudenz, S. 887, 896 f.

[21] Ebd., S. 897.

[22] *Schulte, M.*, Weltrecht in der Weltgesellschaft, Rechtstheorie 39 (2008), S. 143, 145.

Weltgesellschaft von vielen Sozialwissenschaftlern immer noch angezweifelt wird.[23] Seiner Ansicht nach existiert jedenfalls ein autonomes weltpolitisches System, das hinreichend stabil sei – und zwar nicht nur aufgrund von „Macht und Machtbalancen", sondern auch aufgrund kultureller, wirtschaftlicher und sozialer Aspekte sowie einer verbindlichen normativen Ordnung – denn auch das Weltrecht mit seinen staatszentrierten und individualrechtlichen Ausprägungen sowie den Privatrechtsregimen verfüge über eine hinreichende faktische Stabilität.[24] Di Fabio hingegen betrachtet die Existenz einer Weltgesellschaft kritisch. Seiner Ansicht nach könne sie allenfalls als ein sehr heterogenes, nicht einheitliches Gebilde existieren. Jedenfalls sei „kulturell keine homogene Einheitsgesellschaft" möglich.[25]

Die Voraussetzung für ein globales Rechts- und Politiksystem wird jedenfalls sein, ein etwaiges Rechtssystem als getrennt vom politischen System ansehen zu können. Denn nur im Fall zweier getrennter Systeme ist die Herausbildung einer Autopoiesis und systemspezifischer Codes und Programme analog zum innerstaatlichen Bereich möglich.

Das Entstehen zweier eigenständiger Systeme hat aber nicht zwangsläufig zur Folge, dass diese ohne Berührungspunkte nebeneinanderstehen oder sie „entkoppelt" sind.[26] Vielmehr wird weiterhin entscheidend sein, ob strukturelle Kopplungen zwischen den beiden Systemen auch auf Ebene der Weltgesellschaft bestehen. Dies könnte unter systemtheoretischen Gesichtspunkten auf eine bereits stattfindende Konstitutionalisierung des Völkerrechts hindeuten. Die strukturellen Kopplungen würden – ähnlich wie im innerstaatlichen Bereich – dazu führen, dass

---

[23] *Brunkhorst, H.*, Ist die Solidarität der Bürgergesellschaft globalisierbar?, in: ders./Kettner, M. (Hrsg.), Globalisierung und Demokratie, S. 274, 284; *ders.*, Legitimationskrisen, S. 71 f .

[24] *Ders.*, Co-Evolution von partikularer und kosmopolitischer Staatlichkeit in der Weltgesellschaft, in: Bach, M. (Hrsg.), Der entmachtete Leviathan, S. 49, 53.

[25] *Di Fabio, U.*, Verfassungsstaat und Weltrecht, Rechtstheorie 39 (2008), S. 399, 415.

[26] So etwa von Bogdandy/Venzke, die von einer „Entkopplung" von Recht und Politik sprechen (allerdings im Hinblick auf eine fehlende demokratische Legitimation): *Bogdandy, A. von/Venzke, I.*, Zur Herrschaft internationaler Gerichte: Eine Untersuchung internationaler öffentlicher Gewalt und ihrer demokratischen Rechtfertigung, ZaöRV 70 (2010), S. 1, 20.

die beiden Systeme sich zwar auch künftig wechselseitig irritieren, sich aber nicht mehr gegenseitig determinieren könnten.[27] Eine Heterogenität in den Systemen und unterschiedliche Ausprägungen der Autopoiesis sprechen dabei nicht zwingend gegen die hier aufgestellte These. Auch kann die Kopplung der beiden Systeme in anderer Weise als im nationalstaatlichen Bereich ausgeprägt sein. Luhmann selbst konstatierte beispielsweise, dass durch die Kopplung keine „siamesischen Zwillinge“ entstünden.

Zu beachten ist auch, wie Albert und Schmalz-Bruns feststellen, dass in der pluralistischen Globalordnung sowohl das Rechtssystem als auch das politische System der Weltgesellschaft nicht mehr allein und eindeutig über den Primat der segmentären Differenzierung in Territorialstaaten zu beurteilen sind. Vielmehr sei eine „Vielfalt von Differenzierungsformen und Strukturbildungsprozessen am Entstehen“.[28] Als Indiz hierfür kann das Entstehen zahlreicher hybrider Rechtsordnungen angesehen werden.

Fraglich ist allerdings, ob eine systemtheoretische Sichtweise der internationalen Ordnung eher die These der Fragmentierung – wie unter anderen von Teubner und Fischer-Lescano vertreten – oder die der Konstitutionalisierung stärken könnte. Cohen etwa kritisiert die systemtheoretische Sichtweise à la Teubner und Fischer-Lescano hinsichtlich eines fragmentierten Völkerrechts. Seiner Ansicht nach ist eine derartige Argumentation problematisch, da eine politische Instrumentalisierung drohe. Vorteil einer dezentralisierten Auffassung sei jedenfalls, dass aufgrund der Annahme von diversen strukturellen Kopplungen für das Herausbilden einer Konstitutionalisierung kein zentrales Verfassungsdokument notwendig sei. Allerdings sei die systemtheoretische Sichtweise neo-kelsianisch, da „it deems the legal order of the global political system to be monist and inclusive vis-à-vis the legal orders of member states“.

Da ein zentrales Weltgericht fehle, könnten sowohl nationale als auch internationale Gerichte dazu beitragen, die globale Verfassungsordnung

27 *Luhmann, N.*, Verfassung als evolutionäre Errungenschaft, Rechtshistorisches Journal 9 (1990), S. 176, 203.

28 *Albert, M./Schmalz-Bruns, R.*, Antinomien der Global Governance: Mehr Weltstaatlichkeit, weniger Demokratie?, in: Brunkhorst, H. (Hrsg.), Demokratie in der Weltgesellschaft, S. 57, 61.

zu stärken. Hierarchie im institutionellen Sinn sei allerdings bei diesem Vorgehen nicht notwendig.[29]

Weiterhin führt Cohen aus, dass das Problem im Legalismus liege. Denn verfassungsrechtliche Elemente und strukturelle Kopplungen machten noch keinen Konstitutionalismus aus. Zudem schüfen *global remedies* und transnationale Rechtskommunikation noch kein kosmopolitisches Rechtssystem. Außerdem sei auch das Abtrennen der demokratischen Legitimität im Rahmen eines Konstitutionalismus problematisch. Wie Cohen erläutert, habe dies auch schon Kelsen vollzogen, indem er die staatliche Souveränität allein einseitig durch eine rein rechtstheoretische Sichtweise konstruiert und politiktheoretische Erwägungen komplett außer Acht gelassen habe.[30]

Ob die These von zwei getrennten, aber gekoppelten Systemen zutrifft, wird im Folgenden zunächst hinsichtlich des Rechtssystems und im Anschluss daran hinsichtlich des Politiksystems erörtert.

II. Das internationale Recht als System

Um die Konstitutionalisierung aus systemtheoretischer Sicht analysieren zu können, bedarf es zuerst einer Untersuchung, ob und inwieweit das internationale Recht überhaupt als „System" angesehen werden kann. Die Ansichten diesbezüglich gehen zum Teil auseinander.

1. Grundsätzliches

Zu trennen ist diese Frage zunächst davon, ob vom Völkerrecht auch aus systemtheoretischer Sicht von einem „System" gesprochen werden kann; mithin, ob es in sich geschlossen ist und sich über die Autopoiesis selbstreferenziell mittels systemspezifischen Kommunikationen reproduziert. Zunächst muss festgestellt werden, ob das internationale Recht überhaupt systemische Züge enthält, ob man also – die Sprache der Systemtheorie vorerst außer Betracht gelassen – auch im Sprachgebrauch der übrigen Rechtswissenschaft von einem „System" sprechen kann.

---

[29] *Cohen, J. L.*, Globalization and Sovereignty, S. 55.

[30] Ebd., S. 56.

Das innerstaatliche Recht wird häufig als unitaristisch bezeichnet, weil es einen systemischen Charakter aufweist. Auch wenn eine Übertragung auf den internationalen Bereich schon nach Luhmann höchst problematisch ist, so stellt sich dennoch die Frage, ob das internationale Recht einen systemischen Charakter aufweist – möglicherweise (aber nicht notwendigerweise) sogar infolge einer hierarchischen Ordnung.[31]

Die genaue Definition eines „Rechtssystems" fällt allerdings bisweilen schwer, da die Voraussetzungen, die hierfür genannt werden, mitunter sehr variieren. Grundkonsens dürfte aber insoweit bestehen, als dass ein Rechtssystem eine – wie auch immer geartete – geplante und kohärente Struktur verlangt und außerdem auch die Möglichkeit zur Rechtssetzung gegeben sein muss.[32] Fraglich ist ferner, ob man das internationale Recht nur entweder als einheitliches Rechtssystem oder als die bloße Summe schwach verbundener Subsysteme sehen kann, oder ob es neben dem universalistischen und dem partikularistischen Konzept eine dritte Möglichkeit geben kann.[33]

2. *Anfänge der Debatte*

Die Systemdebatte entstand bereits nach dem Ersten Weltkrieg, als wesentliche Grundlagen des Völkerrechts, so wie wir es heute kennen, gelegt wurden. Beide Ansichten – pro Systemcharakter und contra Systemcharakter – sind in der Literatur aufzufinden. Die Systemthese findet unter Völkerrechtlern eher Anerkennung, wohingegen Politikwissenschaftler den Systemcharakter des internationalen Rechts bisweilen in Abrede stellen. Kelsen etwa versuchte über die „Grundnorm" die

---

[31] So auch *Simma, B./Pulkowski, D.*, Of Planets and the Universe: Self-contained Regimes in International Law, EJIL 17 (2006), S. 483, 495.

[32] *Mertens, H.-J.*, Lex Mercatoria: A Self-applying System Beyond National Law?, in: Teubner, G. (Hrsg.), Global Law without a State, S. 31, 34; *Loh, W.*, Konstitutionalisierung der Selbstbestimmung, in: Pernice, I./Müller, M./Peters, C. (Hrsg.), Konstitutionalisierung jenseits des Staates, S. 97, 103. Buzan nennt als Voraussetzung das Vorhandensein von Einheiten, die interagieren und einem Ordnungsprinzip folgen (allerdings nur in Bezug auf ein System allgemein, nicht speziell auf ein Rechtssystem); *Buzan, B.*, From International System to International Society: Structural Realism and Regime Theory meet the English School, International Organization 47 (1993), S. 327, 331.

[33] *Simma, B./Pulkowski, D.*, Of Planets and the Universe: Self-contained Regimes in International Law, EJIL 17 (2006), S. 483, 495.

Einheit des Völkerrechts zu gewährleisten und dessen Vorrang vor nationalem Recht.[34] Dessen Schüler Verdross bezeichnete das Völkerrecht erstmals als „Verfassung".[35]

Hauptargument ist, dass das Völkerrecht von einer einzigen Quelle („single source") abgeleitet sei.[36] Auch Lauterpacht sah das Völkerrecht als eine (systemische) Einheit an.[37] Ebenfalls dieser Ansicht ist beispielsweise McDougal, der vom Völkerrecht als einem transnationalen Rechtssystem spricht.[38]

Laut Paulus hat das Völkerrecht zumindest im formellen Sinn aufgrund der Existenz von – größtenteils dispositiven – Sekundärnormen einen systemischen Charakter.[39] Simma greift die erwähnte These der interdependenten Teilsysteme auf und spricht von einzelnen Subsystemen, die eben nicht völlig unabhängig voneinander bestünden und keine vollkommen autonomen *self-contained regimes* darstellten. Als Begründung führt er an, dass kein soziales System in „splendid isolation" von seiner Umwelt bestehen könne.[40] Wilke geht von heterarchisch

---

[34] *Kelsen, H.*, Reine Rechtslehre, S. 147 ff.; siehe auch: *Paulus, A. L.*, The International Legal System as a Constitution, in: Dunoff, J. L./Trachtman, J. P. (Hrsg.), Ruling the World?, S. 69, 73; vgl. auch Luhmann, der einer Grundnorm – auch im nationalen Recht – skeptisch bzw. ablehnend gegenüber steht: *Luhmann, N.*, Verfassung als evolutionäre Errungenschaft, Rechtshistorisches Journal 9 (1990), S. 176, 187.

[35] Zumindest als erster Völkerrechtler.

[36] *Verdross, A.*, Die Verfassung der Völkerrechtsgemeinschaft.

[37] *Lauterpacht, H.*, The Function of Law in the International Community, S. 123.

[38] *McDougal, M. S./Reisman, W. M.*, International Law in Policy-Oriented Perspective, in: Macdonald, R. St. J./Johnston D. M. (Hrsg.), The Structure and Process of International Law: Essays in Legal Philosophy, Doctrine and Theory, S. 103, 113.

[39] *Paulus, A. L.*, The International Legal System as a Constitution, in: Dunoff, J. L./Trachtman, J. P. (Hrsg.), Ruling the World?, S. 69, 74.

[40] *Simma, B./Pulkowski, D.*, Of Planets and the Universe: Self-contained Regimes in International Law, EJIL 17 (2006), S. 483, 492; die auch *self-contained regimes* als nicht völlig autonome Subsysteme ansehen.

angeordneten Funktionssystemen aus, die gleichwertig nebeneinanderstehen und interdependent sind.[41]

Auch Herberg spricht von einer globalen Rechtskommunikation, die zugleich strukturelle und institutionelle Merkmale eines Systems aufweise.[42] Nach Ansicht von Fischer-Lescano ist jedenfalls die Rechtskommunikation global. Überdies habe das Völkerrecht zumindest in Teilen einen universellen Geltungsanspruch, sodass auch nach Auffassung von Fischer-Lescano die Annahme eines globalen Systems als Weltgesellschaft nicht fernliegt.[43] Allerdings zieht Fischer-Lescano hieraus andere Schlüsse und geht von einer Fragmentierung des Völkerrechts aus.

Eine andere Ansicht vertritt hingegen Hart, der dem Völkerrecht mangels Sekundärnormen („recognition", „change" und „adjucation") einen systemischen Charakter abspricht und vielmehr von einer Anhäufung von Primärnormen ohne Grundnorm ausgeht.[44] Auch Koskenniemi sieht einen systemischen Charakter des internationalen Staatensystems und demzufolge auch des internationalen Rechts nicht unkritisch. Schließlich müsse seiner womöglich davon ausgegangen werden, dass die internationale Ordnung immer noch als „anarchical society" anzusehen ist.[45] Ein systemischer Zusammenhang oder eine wertebezogene Kohärenz seien nicht vorhanden. Demzufolge stellt für Koskenniemi

---

41 *Wilke, H.*, Das Recht der Weltgesellschaft, in: Calliess, G.-P. (Hrsg.), Soziologische Jurisprudenz, S. 887, 890.

42 *Herberg, M.*, Innenansichten des Weltrechts, in: Calliess, G.-P. (Hrsg.), Soziologische Jurisprudenz, S. 739, 742.

43 *Fischer-Lescano, A.*, Die Emergenz der Globalverfassung, ZaöRV 63 (2003), S. 717, 719; an anderer Stelle spricht Fischer-Lescano sogar von einer „in Staaten segmentär zweitdifferenzierte[n] Weltgesellschaft": *ders.*, Globalverfassung: Verfassung einer Gesellschaft, ARSP 88 (2002), S. 349, 353.

44 *Hart, H. L. A.*, The Concept of Law, S. 94 ff., 213 ff.; siehe zur „rule of recognition" auch: *Shapiro, S. J.*, What is the Rule of Recognition (and Does it Exist)?; http://www.law.yale.edu/documents/pdf/Faculty/Shapiro_Rule_of_Regulation.pdf (zuletzt besucht am 21.08.2017).

45 *Koskenniemi, M.*, International Law: between Fragmentation and Constitutionalism, Ziff. 11; http://www.helsinki.fi/eci/Publications/Koskenniemi/MCanberra-06c.pdf (zuletzt besucht am 17.08.2017).

auch die Suche nach gemeinsamen Werten „westliche Nostalgie“ dar – und ist fernab jeglicher Realität.[46]

3. Systemischer Zusammenhang

Fraglich ist jedenfalls, ob das Völkerrecht als mehr oder minder kohärentes System angesehen werden kann oder ob das entscheidende Kriterium weniger das Recht, sondern vielmehr die politische Macht ist. Weiterhin stellt sich die Frage, inwieweit das Völkerrecht als geplantes, in sich schlüssiges Konstrukt aufgefasst werden kann oder vielmehr als eher zufällig erscheinendes Gebilde begriffen werden muss. Dass das Völkerrecht bisweilen politisches Recht ist und im Fall von *lacunae* ohnehin politische Entscheidungen getroffen werden müssen, kann dabei als unstrittig angesehen werden.[47]

Entscheidend wird allerdings sein, bis zu welchem Punkt der politische Einfluss vorherrschend ist. Denn ein Gebilde, das nur in Teilen seinen binären Code anwenden kann, wird kaum als kohärentes System bezeichnet werden können – und noch weniger als System mit konstitutionellen Eigenschaften. Ob das internationale Recht als ein offenes oder geschlossenes System aufgefasst werden muss, ist hinsichtlich der grundsätzlichen Systemfrage zweitrangig.[48]

Festzuhalten ist zunächst, dass – unabhängig von einer möglichen Fragmentierung in verschiedene Subsysteme – dem internationalen Recht zumindest ein grundsätzlicher Systemcharakter dergestalt zugesprochen werden kann, dass die Normen des Völkerrechts nicht ein planloses, zufälliges Bündel darstellen, sondern einen logischen Zusammenhang aufweisen. Dies gilt zumindest für das allgemeine Völkerrecht, das grundsätzlich alle Teilbereiche des internationalen Rechts umfasst. Zudem ist zu beachten, dass jegliche völkerrechtliche Norm, gleich ob Teil des allgemeinen Völkerrechts oder eines speziellen Re-

---

[46] Ebd. (Übersetzung durch den Autor dieser Arbeit).

[47] Vgl. *Fastenrath, U.*, Lücken im Völkerrecht; siehe auch *Paulus, A. L.*, The International Legal System as a Constitution, in: Dunoff, J. L./Trachtman, J. P. (Hrsg.), Ruling the World?, S. 69, 73: auch *Crawford, J./Watkins, J.*, International Responsibility, in: Besson, S./Tasioulas, J. (Hrsg.), The Philosophy of International Law, S. 283, 298.

[48] *Crawford, J.*, International Law as an Open System, in: ders. (Hrsg.), International Law as an Open System, S. 17, 17 ff.

gimes, grundsätzlich nach den identischen Normsetzungsregeln und -verfahren zustande gekommen ist. Für einen grundsätzlichen Systemcharakter sprechen weiterhin die bereits skizzierte Entwicklung zur Verrechtlichung der internationalen Gemeinschaft („move to law“) und Anzeichen zur Legalisierung und Justiziabilität in manchen Rechtsbereichen.[49]

Letztlich überzeugt jedenfalls die Annahme eines Systemcharakters hinsichtlich des internationalen Rechts schon allein deswegen, weil man kaum davon ausgehen kann, dass die Normen und Prinzipien des internationalen Rechts sowie die Entscheidungen internationaler Gerichte eine bloße zufällige Anhäufung ohne jeglichen systematischen Bezug zueinander darstellen.[50] Dafür spricht außerdem die hohe Komplexität des internationalen Rechts; das Vorhandensein von Regeln, die Aussagen über die Geltung anderer Normen treffen (etwa der Grundsatz *pacta sunt servanda* oder die Voraussetzungen bezüglich des Entstehens von Völkergewohnheitsrecht) sowie eine gewisse Hierarchisierung (*ius cogens*, Art. 103 UNC).[51]

Deutlich wird der systemische Charakter des internationalen Rechts schließlich auch durch die gemeinsame Rechtsquellenlehre des Art. 38 IGH-Statut. Schließlich enthält er die einzige allgemein anerkannte Statuierung von Völkerrechtsquellen.[52] Durch eine gemeinsame Quellenlehre wird zwar nicht zugleich auch eine grundsätzliche Einheit des gesamten Völkerrechts gewährleistet – durch den gemeinsamen „Ursprung“ und die Rückführbarkeit jeder Norm auf die in Art. 38 IGH-Statut ausformulierten Quellen wird gleichwohl der systemische Zusammenhang offenbar. Zudem stellt mit Paulus die Quellentrias des

---

[49] *Goldstein, J./Kahler, M./Keohane, R. O./Slaughter, A.-M.*, Introduction: Legalization and World Politics, International Organization 54 (2000), S. 385, 385 f.

[50] *ILC*, Fragmentation of International Law: Difficulties Arising from the Diversification and Expansion of International Law: Report of the Study Group – finalized by Martti Koskenniemi, General Assembly, 58th Session 2006, UN Doc. A/CN.4/L.682, S. 23; http://un.org (zuletzt besucht am 17.08.2017).

[51] So *Halberstam, D.*, Systems Pluralism and Institutional Pluralism in Constitutional Law: National, Supranational, and Global Governance, University of Michigan Public Law Working Paper No. 229 (2011), S. 1, 20.

[52] *Paulus, A. L.*, Zusammenspiel der Rechtsquellen aus völkerrechtlicher Perspektive, BDGIR 46 (2014), S. 7, 17 f.

Art. 38 IGH-Statut die „Blaupause“ für den Aufbau eines dezentralisierten Rechtssystems dar; die Lückenfüllung wird zudem mit dem Verweis auf die Rechtspraxis relevanter völkerrechtlicher Akteure möglich.[53]

Der systemische Charakter ist ferner schon allein deshalb zu bejahen, weil davon ausgegangen werden muss, dass Völkerrechtsnormen absichtlich, mit einem bestimmten Sinn und zu einem bestimmten Zweck sowie unter Bezugnahme auf andere Normen gesetzt werden – und eben nicht losgelöst von anderen Normen, sondern im sinnhaften Zusammenwirken. Dies gilt auch für die Normeninterpretation, die gezielt das Zusammenwirken von Normen und Prinzipien untersucht und dabei Zusammenhänge herstellt. Durch die Bezugnahme auf andere Normen und die – systematische – Interpretation wird der Systemcharakter wiederum gestärkt.[54] Durch die Kohärenzfiktion des Art. 31 Abs. 3 Ziff. c WVRK zusammen mit den Kollisionsregeln *lex posterior* oder *lex specialis*[55] und dem Hierarchisierungscharakter des *ius cogens* findet eine Konkordanz mit Normen eines spezielleren Vertragsregime und dem allgemeinen Völkerrecht statt.[56] Dadurch wird deutlich, dass völkerrechtliche Normen nicht losgelöst von dem restlichen Völkerrecht stehen, nicht Teile eines anarchischen, zufällig und ungeordnet angehäuften Gebildes sind, sondern einen systemischen Charakter aufweisen.

---

[53] Ebd., 18.

[54] *ILC,* Fragmentation of International Law: Difficulties Arising from the Diversification and Expansion of International Law: Report of the Study Group – finalized by Martti Koskenniemi, General Assembly, 58th Session 2006, UN Doc. A/CN.4/L.682, S. 24 f.; http://un.org (zuletzt besucht am 17.08.2017); im Ergebnis den Systemcharakter ebenfalls bejahend: *Paulus, A. L.*, The International Legal System as a Constitution, in: Dunoff, J. L./Trachtman, J. P. (Hrsg.), Ruling the World?, S. 69, 107.

[55] *ILC,* Fragmentation of International Law Difficulties Arising from the Diversification and Expansion of International Law Report of the Study Group – finalized by Martti Koskenniemi, General Assembly, 58th Session 2006, UN Doc. A/CN.4/L.682, S. 24 f.; http://un.org (zuletzt besucht am 17.08.2017).

[56] *Paulus, A. L.*, Zusammenspiel der Rechtsquellen aus völkerrechtlicher Perspektive, BDGIR 46 (2014), S. 7, 18 f.

III. Rechtssystem der Weltgesellschaft

Die Bejahung eines grundsätzlichen Systemcharakters des internationalen Rechts hat jedoch nicht automatisch zur Folge, dass auch ein Rechtssystem der Weltgesellschaft im Sinne eines autopoietischen, operationell geschlossenen und selbstreferenziell arbeitenden Systems existiert. Hierzu sind weitere Voraussetzungen erforderlich.

Zu beachten ist allerdings, dass die Anforderungen an die operationelle Geschlossenheit, die institutionellen Rahmenbedingungen und die Selbstreferenz nicht zu hoch angesetzt werden dürfen. Ein mit den nationalstaatlichen Systemen vergleichbares Maß an Autopoiesis und Selbstreferenz wird auf der Ebene der Weltgesellschaft kaum jemals vorzufinden sein. Dies wird schon allein an der in den Nationalstaaten nicht in diesem Ausmaß vorhandenen segmentären Zweitdifferenzierung in Form von souveränen Nationalstaaten, welche jegliche funktionale Differenzierung in der Weltgesellschaft unterteilt, deutlich. Eine derartige segmentäre Zweitdifferenzierung mit souveränen Teilsegmenten ist schließlich nicht einmal in föderalen Staaten, etwa den USA oder Deutschland existent. Die amerikanischen Bundesstaaten haben genauso wie die deutschen Bundesländer weite Bereiche ihrer Souveränität – nach innen wie nach außen – an den Bund abgegeben. Die segmentäre Zweitdifferenzierung ist demnach stark aufgeweicht; es existiert ein zentrales Rechtssystem und ein zentrales politisches System, welche für alle Teile gleichermaßen operabel sind. Der Rechtscode des Bundes genießt zudem einen klaren Vorrang gegenüber dem Rechtscode der föderalen Segmente (Art. 31 GG beziehungsweise Art. VI Section 2 US-Verfassung).

Dieses strukturelle Merkmal der Weltgesellschaft muss jedoch nicht dazu führen, dass ein selbstreferenziell arbeitendes, autopoietisches System nicht möglich wäre. Auch in Staatenverbünden wie der EU ist trotz der Unterteilung in souveräne Mitgliedstaaten ein Konstitutionalisierungsprozess existent, gleichwohl der Verfassungsvertrag gescheitert ist.

Eine vorhandene segmentäre Zweitdifferenzierung verhindert daher nicht grundsätzlich das Entstehen eines autopoietischen Rechtssystems. Denn die Ausprägung und der Grad der operationellen Geschlossenheit und Selbstreferenz sind auch in nationalstaatlichen Subsystemen unterschiedlich. Demzufolge kann auch ein geringerer Grad an Selbstreferenz und operationeller Geschlossenheit zur Annahme eines autopoietischen Systems führen. Dazu müssten die Nationalstaaten jedoch zu einer deutlichen Souveränitätsabgabe bereit sein – Anzeichen hierfür sind derzeit nicht ersichtlich.

Wie beispielsweise Brunkhorst ausführt, darf allerdings als unbestritten festgestellt werden, dass ein dichtes Netz aus Völker- und Menschenrechten sowie globalem Gewohnheitsrecht existiert.

Zudem ist das Weltrecht, wie Amstutz darlegt, ohnehin vom nationalen Recht wesensverschieden, weshalb auch daher ein Vergleich nicht zielführend ist. Denn nationales Recht hat die Aufgabe, Konflikte zu lösen und Verhalten zu steuern sowie – systemtheoretisch gesprochen – die Verhaltenserwartungen kontrafaktisch zu stabilisieren. Das Weltrecht sei im Gegensatz dazu eher ein Instrument, um den Lernprozess zwischen den verschiedenen Sphären zu erleichtern und die unterschiedlichen Rechtssphären kompatibel werden zu lassen („effects of negative integration“).[57] Ein homogenes Rechtssystem könne somit auch kaum gewollt sein. Vielmehr muss das Recht in der Weltgesellschaft dergestalt ausgeprägt sein, dass es mit den unterschiedlichen Rechtssphären und Letztentscheidungsansprüchen umgehen und trotz der Heterogenität und Heterarchie mit einem gemeinsamen Code und wechselseitig anerkannten Programmen arbeiten kann.[58]

Richtig ist jedenfalls, dass ein Weltrecht nicht mit zu hohen Erwartungen und Analogieschlüssen zu überfrachten ist. Zwar hat auch das internationale Recht die Funktion, Verhalten zu steuern sowie Konflikte zu lösen – und die an das Recht gesetzten Erwartungen kontrafaktisch aufrecht zu erhalten. Als Beispiel kann das Friedenssicherungsrecht gemäß Kapitel VI und VII der UN-Charta angeführt werden. Nach Kapitel VII der UN-Charta beispielsweise ist die Konfliktlösung mit Zwangsmittel auch unter Durchbrechung der nationalen Souveränität des Staates, gegen den eingegriffen wird, möglich (Art. 41, 42 UNC), sofern die Voraussetzungen des Art. 39 UNC vorliegen. Sowohl bei der Einschätzung, ob eine Bedrohung oder ein Bruch des Friedens beziehungsweise eine Angriffshandlung im Sinne des Art. 39 UNC vorliegt, als auch bei der Auswahl der empfehlenden oder bindenden Maßnahmen, steht dem Sicherheitsrat ein sehr weiter Spielraum zu.[59] Aufgrund der pluralistischen Struktur der Weltgesellschaft und der Segmentierung

---

[57] *Amstutz, M./Karavas, V.*, Weltrecht: Ein Derridasches Monster, in: Calliess, G.-P. (Hrsg.), Soziologische Jurisprudenz, S. 645, 655 ff.

[58] Ebd.

[59] *Herdegen, M.*, Völkerrecht, § 41, Rn. 3 f.

in Nationalstaaten kann es diese Aufgaben jedoch regelmäßig nicht in derselben Eingriffstiefe und mit demselben umfassenden Charakter übernehmen.

Fraglich ist aber, ob man die bestehenden Verflechtungen bereits als Weltrecht im Sinne eines autopoietischen Systems bezeichnen kann oder ob lediglich eine „Vorstufe zum Weltrecht" erreicht ist.[60] Nach Ansicht von Di Fabio ist es weiterhin möglich, von „Weltrecht" zu sprechen, obwohl die Rechtsauffassungen in den verschiedenen Teilbereichen sehr heterogen seien und deshalb kein einheitliches Rechtssystem existiere, sondern eine Vielzahl sich teilweise überschneidender Rechtsordnungen, die „sich wechselseitig kommunikativ als Rechtsargumente erkennen und vermehrt auch anerkennen".[61] Das Weltrecht bilde beispielsweise strukturelle Kopplungen mit dem politischen, ökonomischen und wertkulturellen System der Weltgesellschaft. Die Systeme operierten schließlich in „neuen Formzusammenhängen koevolutionär"[62]. Zudem fänden sich Funktionskreise der früher rein nationalen Gesellschaften auf Ebene der Weltgesellschaft wieder und ergänzten sich.[63]

Auch Teubner und Fischer-Lescano stellen die Existenz eines Weltrechtssystems mit dem Code „Recht/Unrecht" nicht infrage.[64] Teubner sieht darüber hinaus die nationalstaatlichen Rechtssysteme bereits als abgelöst zugunsten eines unitaristischen, globalen Funktionssystems in der Weltgesellschaft. Für ihn existiert in diesem Rechtssystem jedoch keine Rechtseinheit im normativen Sinn, wie es in den jeweiligen nationalstaatlichen Rechtssystemen der Fall ist oder war. Vielmehr zeichne sich das globale Rechtssystem durch eine Vielzahl interner Widersprüche aus. Kennzeichnend für das Weltrechtssystem sei daher dessen „Interlegalität".[65]

---

[60] *Brunkhorst, H.*, Solidarität, S. 173.

[61] *Di Fabio, U.*, Verfassungsstaat und Weltrecht, Rechtstheorie 39 (2008), S. 399.

[62] Ebd., S. 406.

[63] Ebd., S. 415.

[64] *Teubner, G./Fischer-Lescano, A.*, Reply to Andreas L. Paulus, Mich J Int'l L 25 (2004), S. 1059, 1067.

[65] *Teubner, G.*, Fragmented Foundations, in: Dobner, P./Loughlin, M. (Hrsg.), The Twilight of Constitutionalism?, S. 327, 331.

Teubner führt weiter aus, dass die Widersprüchlichkeit der Rechtseinheit in der hohen sozialen Differenzierung begründet sei, die auf das Recht einwirke. Nicht mehr allein das jeweilige politische System der Nationalstaaten sei maßgeblich für die Entwicklung des Rechts, sondern vielmehr eine große Zahl der im 5. Kapitel beschriebenen transnationalen Rechtsregime.[66] Trotz dieser zum Teil widersprüchlichen Entwicklung des globalen Rechts hat sich nach Ansicht von Fischer-Lescano im Zuge des weltgesellschaftlichen, funktionalen Ausdifferenzierungsprozesses eine weitgehende Autonomie sowie eine operative Schließung entwickelt.[67] Denn eine polyzentrische Auffassung von der Weltgesellschaft bedeute nicht, dass eine Ausdifferenzierung des Weltrechtssystems nicht mehr möglich sei.[68] Infolgedessen geschieht die normative Kommunikation im Rechtssystem – zumindest weitgehend – nach dem Maßstab der Codierung „Recht/Unrecht".[69] Hingegen ist die Reflexion, also eine besondere Art der Selbstbeobachtung und einer internen Veränderungsdynamik, im globalen Recht nach Ansicht Teubners nicht vorhanden.[70]

Brunkhorst spricht von einem durch ein „high legal level of hard-law human rights" ausgezeichneten autonomen System, das jedoch aufgrund der Abhängigkeit von den nationalstaatlichen Rechtsordnungen nicht als „self-sufficient" angesehen werden könne.[71] Zwar verfüge das globale Rechtssystem über einen eigenständigen Code, hänge aber trotzdem von der „Energie" anderer sozialer Systeme, mithin den Nationalstaaten, ab.[72] Nach Ansicht von Brunkhorst führt dies zu einem

---

[66] Ebd., S. 331.

[67] *Fischer-Lescano, A./Liste, P.*, Völkerrechtspolitik, ZIB 12 (2005), S. 209, 232.

[68] *Fischer-Lescano, A./Teubner, G.*, Regime-Kollisionen, S. 163.

[69] *Schulte, M.*, Weltrecht in der Weltgesellschaft, Rechtstheorie 39 (2008), S. 143, 145.

[70] *Teubner, G.*, Verfassungsfragmente, S. 162 ff.; *ders.*, Reflexives Recht, ARSP 69 (1982), S. 13, 13 ff.

[71] *Brunkhorst, H.*, Globalising Democracy Without a State: Weak Public, Strong Public, Global Constitutionalism, Millennium – Journal of International Studies 31 (2002), S. 675, 685. Brunkhorst bezieht sich vor allem auf die grundlegenden Rechte beziehungsweise Verbote, die dem *ius cogens* zugerechnet werden können.

[72] Ebd., S. 683.

Paradox: Die Unabhängigkeit des globalen Rechts von anderen sozialen Systemen (also auch von den Nationalstaaten) steige gleichzeitig mit der Abhängigkeit desselben von anderen sozialen Systemen (insbesondere den Nationalstaaten).[73]

Wie Teubner festhält, sei für eine Konstitutionalisierung eines Systems nicht zwingend auch eine operative Schließung erforderlich. Vielmehr genüge beispielsweise für die Konstitutionalisierung des Rechtssystems die Selbstbeschreibung im Sinne einer kollektiven Identität. Eine zusätzliche formale Organisation sei hingegen anders als im politischen System nicht erforderlich.[74] Teubner meint mit dieser Konstitutionalisierung jedoch nicht die Bildung einer strukturellen Kopplung zwischen dem Rechtssystem und dem politischen System der Weltgesellschaft – sondern eine systeminterne Konstitutionalisierung des Rechtssystems.

1. Binäre Codierung

Um von einem – zumindest in Teilen – autopoietischen Rechtssystems sprechen zu können, müsste der autopoietische Teil des Weltrechts wie das nationale Recht jedenfalls dem Grunde nach gemäß dem binären Code „Recht/Unrecht“ funktionieren. Problematisch ist hierbei, dass das Völkerrecht oft nicht ausschließlich mit diesem Code arbeitet, sondern neben rechtlichen auch politische oder moralische Prozesse einbezogen werden.[75] Dadurch könnte eine Abgrenzung beispielsweise vom Politiksystem nicht möglich sein und in der Folge auch keine operationelle Schließung und Selbstreferenz.

Die Verwendung des rechtsspezifischen Codes ist daher dringend erforderlich, um die Systemgrenzen stabilisieren zu können. Obwohl Teubner und Fischer-Lescano Anhänger der Fragmentierungsthese im Völkerrecht sind, gehen sie dennoch von einem gemeinsamen Rechtscode aus – die Verwendung eines gemeinsamen Rechtscodes sei sogar zwingende Voraussetzung für die Entwicklung der fragmentierten Privatrechtsregime. Denn die „Fragmentierung des globalen Rechts kann

---

[73] Ebd., S. 682 f. Nach Ansicht von Brunkhorst müsse der Nationalstaat also nicht wieder „ins Boot geholt“ werden, da er niemals draußen gewesen sei.

[74] *Teubner, G.*, Verfassungsfragmente, S. 165 f.

[75] *Herberg, M.*, Innenansichten des Weltrechts, in: Calliess, G.-P. (Hrsg.), Soziologische Jurisprudenz, S. 739, 741.

nur deshalb als solche wahrgenommen werden, da die Rechtsregimes innerhalb dieses Weltrechts den gleichen Code benutzen".[76]

Wie im 1. Kapitel erörtert, ist mit Luhmann „Recht" als Kommunikation zu betrachten. Auf der Ebene der Weltgesellschaft werden aber letztlich nur diejenigen Kommunikationen in Betracht kommen, die rechtsschöpfenden oder rechtsauslegenden Charakter haben, wie Halfmann klarstellt. Auf globaler Ebene kommen daher – neben den Staaten – nur Organisationen oder Institutionen als kommunizierende Akteure in Betracht.[77] Unklar ist aber, ob dazu neben inner- und zwischenstaatlichen Rechtsschöpfungsquellen auch nichtstaatliche hinzugezählt werden sollten. Autoren wie Teubner oder Fischer-Lescano bejahen dies aufgrund der zunehmenden Rechtssetzungsaktivitäten privater Akteure.

Nach Ansicht von Lieckweg könnte zudem ein Rechtspluralismus die These der Autonomie und operativen Geschlossenheit des Rechts stützen. In diesem Fall könne unter Bezugnahme auf Luhmann nur das Recht selbst bestimmen, was Recht sei und was nicht. Vor direkten, machtpolitischen Einflüssen wäre das Recht weitgehend geschützt. Die Autonomie des Rechts würde so zudem nicht allein durch die Geltung von Gesetzen begründet, sondern auch durch andere Rechtsquellen, die jedoch allesamt nicht unter politischem Einfluss stünden.[78] Fraglich ist somit, ob es ein „inneres" Weltrecht im Sinne einer dritten Weltrechtsordnung gibt, das – analog zum innerstaatlichen Recht – frei von direkten politischen Einflüssen ist und rein nach rechtsinternen, systemspezifischen Prozessen arbeiten kann.

Die gemeinsamen Werte, die grundlegenden Normen des *ius cogens* oder die Verpflichtungen *erga omnes* sowie die Basisprinzipien wie die *rule of law*, der Umweltschutz oder das Demokratieprinzip könnten als derart universell und „rechtsfest" angesehen werden, dass die Kriterien darauf zutreffen. Auch das humanitäre Völkerrecht, das UN-Recht oder das WTO-Recht könnten diese Voraussetzungen erfüllen.

Problematisch ist allerdings wiederum, dass jedenfalls hinsichtlich der gemeinsamen Werte meist weder ein genauer Inhalt noch eine normati-

---

[76] Siehe *Fischer-Lescano, A./Teubner, G.*, Regime-Kollisionen, S. 163.

[77] *Halfmann, J.*, Nationalstaat und Recht der Weltgesellschaft, Rechtstheorie 39 (2008), S. 279, 286.

[78] So *Lieckweg, T.*, Das Recht der Weltgesellschaft, S. 108; m.w.N.

ve Kraft festgestellt werden können. Nach Ansicht von Günther verfügt die Weltgesellschaft jedenfalls über den universellen Code der Legalität, der – recht unbestimmt – eine Art freischwebenden Universalcode bildet.[79]

Wie Teubner und Fischer-Lescano darlegen, ist für ein autonomes Rechtssystem jedenfalls erforderlich, „dass Einrichtungen geschaffen [werden], die die Beobachtungen erster Ordnung nach dem Code Recht/Unrecht systematisch einer Beobachtung zweiter Ordnung nach dem Rechtscode unterziehen“[80].

Notwendig sei hierzu nicht nur, dass nicht-staatliche Institutionen normativ über Verhalten in der Weltgesellschaft nach dem binären Rechtscode entscheiden, sondern auch, dass die Institutionalisierung von Prozessen stattfinde, die die Beurteilungsoperationen ebenfalls rein dem Code des Rechtssystems unterwerfen.[81] Hierzu müsste der direkte politische Einfluss stark begrenzt werden; es müssten ähnlich wie im nationalen Recht verlässliche Verfahren zur Rechtsbildung, -auslegung und -anwendung etabliert werden. Insbesondere die Rechtsanwendung ist aber zumeist nicht frei von direkter politischer Einflussnahme. Selbst beim Friedenssicherungsrecht und der Frage von bindenden Sicherheitsratsresolutionen oder sonstigen Maßnahmen nach Kapitel VII kann das Rechtssystem nicht frei nach dem Rechtscode arbeiten, sondern wird durch politische Machteinflüsse – etwa durch ein Veto im Sicherheitsrat – in seiner Code-Anwendung blockiert.

Auch fehlt ein umfassendes, globales Gerichts- und Instanzensystem, welches die Rolle als Beobachter zweiter Ordnung effektiv ausüben könnte und auch über eine Sanktionsgewalt verfügt, um die Verhaltenserwartungen auch dauerhaft kontrafaktisch stabilisieren zu können.

---

[79] *Günther, K.*, Rechtspluralismus und universaler Code der Legalität: Globalisierung als rechtstheoretisches Problem, in: Habermas, J./Wingert, L./ders. (Hrsg.), Die Öffentlichkeit der Vernunft und die Vernunft der Öffentlichkeit, S. 539, 558; *Prien, T.*, Fragmentierte Volkssouveränität, S. 137.

[80] *Fischer-Lescano, A./Teubner, G.*, Regime-Kollisionen, S. 43.

[81] Ebd.

a. Verwaltungsrecht in der Weltgesellschaft/*global governance*

Von erheblicher Bedeutung in einem Rechtssystem der Weltgesellschaft könnte das Prinzip des *global governance* sein.

Wie Nickel zutreffend darlegt, ist *global governance* letztlich nichts anderes als eine Art globales Verwaltungsrecht. Denn anders als im nationalstaatlichen Bereich sind, wie Nickel argumentiert, im internationalen Bereich die Grenzen zwischen Regierungshandeln (also *global governance* im engeren Sinn) und Verwaltungshandeln (*global governance* im weiteren Sinn) fließend. Eine genaue Unterscheidung ist daher weder nicht immer möglich noch sinnvoll.[82]

Nach Nickels Ansicht ist die globale Rechtsgemeinschaft im Grunde verwaltungsrechtlicher Natur, da sie von Regierungsnetzwerken und intergouvernementalen Handlungsvorgängen dominiert sei. Auch Slaughter begreift die globale Ordnung als eine zerstreute („disaggregated") Ordnung, deren Hauptbestandteil vertikale und horizontale Regierungsnetzwerke seien. Diese Netzwerke würden verschiedene Aufgaben (beispielsweise Informationsaustausch, Harmonisierung oder technische Hilfeleistungen) übernehmen, existierten in unterschiedlichen Ausformungen (regulierend/judiziell/legislativ), wiesen einen verschiedenen Grad an formeller Ausprägung auf und hätten unterschiedliche Mitglieder. Die Welt sei daher in einem Zustand großer Unordnung und höchst unübersichtlich.[83]

Trotz dieser Unordnung könnten die globalen Netzwerke jedoch zur Entwicklung einer globalen *rule of law* beitragen und die Lücke ausfüllen, die durch den Verlust an Problemlösungskapazität der Nationalstaaten entstanden sei; sie könnten transnationale Probleme adressieren und zu deren Lösung beitragen.[84] Erforderlich sei hierzu allerdings ein anderes Konzept nationaler Souveränität. Nationalstaaten müssten einerseits Kompetenzen an supranationale Institutionen abgeben und andererseits begreifen, dass nationalstaatliche Souveränität zu keinem Abkapseln, zu keinem Isolieren von der restlichen Staatenwelt führen

---

[82] *Nickel, R.*, Verwaltungsrecht und Rechtsverwaltung in der Weltgesellschaft, in: Brunkhorst, H. (Hrsg.), Demokratie in der Weltgesellschaft, S. 143, 148.

[83] *Slaughter, A.-M.*, A New World Order, S. 133.

[84] Ebd., S. 262 ff.

könne, sondern vielmehr immer in Beziehung zu anderen Staaten und den globalen Netzwerken zu begreifen sei.[85]

Nach Meinung von Brunkhorst wird das Verwaltungsrecht mehr und mehr regionalisiert und transnationalisiert und somit eine Domäne der nationalstaatlichen Souveränität angegriffen.[86] Albert und Schmalz-Bruns sprechen im Zusammenhang mit *global governance* von einer engen Kopplung zwischen dem Rechtssystem und dem politischen System der Weltgesellschaft, das sich strukturell konsolidiere.[87]

Nickel hält darüber hinaus allerdings fest, dass die globale Rechtsordnung keineswegs ein einheitlicher Verwaltungsraum sei, sondern vielmehr als ein von der Exekutive gesteuertes „Bündel von nicht-gesetzgeberischen und nicht-gerichtlichen Entscheidungsstrukturen" anzusehen sei.[88] Wie Nickel weiter ausführt, erscheinen aus diesem Grund insbesondere prozedurale Maßnahmen angesichts der starken Fragmentierung der Weltgesellschaft und in Ermangelung eines Welt-Rechtsstaatsprinzips sinnvoll.[89] Nickel offenbart daher einen eher skeptischen Blick auf eine mögliche Konstitutionalisierung der Weltgesellschaft. Die Schwerpunktsetzung auf prozedurale Aspekte stellt hingegen einen wichtigen Ansatzpunkt dar, selbst wenn man gemeinsame Werte ablehnen würde. Voraussetzung hierfür wäre jedoch die weitere Aufweichung nationalstaatlicher Souveränität; Staaten müssten begreifen, dass sie zur Lösung globaler Problemlagen nicht mehr fähig seien und zur Kompetenzabgabe an globale Netzwerke und Institutionen in größeren Ausmaß bereit sein müssten.

Dass ein derartiges Verständnis nicht im notwendigen Ausmaß vorhanden ist, zeigt beispielsweise der Umgang mit der Flüchtlingsproblema-

85 Ebd., S. 266 ff.

86 *Brunkhorst, H.*, Die Legitimationskrise der Weltgesellschaft, in: Albert, M./Stichweh, R. (Hrsg.), Weltstaat und Weltstaatlichkeit, S. 63, 70.

87 *Albert, M./Schmalz-Bruns R.*, Antinomien der Global Governance: Mehr Weltstaatlichkeit, weniger Demokratie?, S. 60.

88 *Nickel, R.*, Verwaltungsrecht und Rechtsverwaltung in der Weltgesellschaft, in: Brunkhorst, H. (Hrsg.), Demokratie in der Weltgesellschaft, S. 143; siehe auch: *Tietje, C.*, Internationalisiertes Verwaltungshandeln, Rechtstheorie 39 (2008), S. 255.

89 *Nickel, R.*, Verwaltungsrecht und Rechtsverwaltung in der Weltgesellschaft, in: Brunkhorst, H. (Hrsg.), Demokratie in der Weltgesellschaft, S. 143, 155 f.

tik in der EU. Trotz der Tatsache, dass die Mitgliedstaaten mit der Lösung überfordert sind, ist bislang die Erstellung eines Gesamtkonzepts zur gerechten Lastenverteilung stets an nationalstaatlichen Interessenslagen gescheitert.

Problematisch am Prinzip des *global governance* ist weiterhin, dass es über die Reduzierung auf eine Art Verwaltungshandeln globaler Netzwerke die demokratische Rückbindung und Legitimierung vernachlässigt. Nach Ansicht von Slaughter führten die globalen Netzwerke zwar nicht automatisch zu einer undemokratischen Regierungsweise, da beispielsweise die Kooperation und der Erfahrungsaustauch mit demokratisch legitimierten Regierungen in den Nationalstaaten verstärkt werde.[90] Dennoch anerkennt auch Slaughter, dass durch ein globales Regierungshandeln über Netzwerke durch die zu erwartende Besetzung der Netzwerke mit Experten die Gefahr einer technokratischer Regierungsweise aufweise. Zudem könnte ein Mangel an Transparenz bestehen.[91]

In der Tat sind dies die Hauptgefahren einer umfassenden *global governance*. Mangels unmittelbarer demokratischer Rückbindung und der hohen Komplexität und Spezialisierung globaler Netzwerke dürfte die Neigung zur intransparenten, technokratischen Eigenrationalitätsmaximierung bestehen. Denn die Rückkopplung über Nationalstaaten dürfte angesichts der hohen Komplexität globalen Regierungshandeln nicht für eine wirkungsvolle demokratische Legitimierung ausreichen. Die mittel- wie unmittelbaren Eingriffsmöglichkeiten des jeweiligen nationalen Souveräns – des Volkes – dürften gleich Null sein. Dies gilt umso mehr, als deliberative Partizipationsmöglichkeiten außer Acht gelassen werden. Wie Nickel festhält, werden die Weltbürger letztlich nur als Störfaktor gesehen.[92]

Im Ergebnis kann *global governance* daher insbesondere über eine stärkere Fokussierung auf prozedurale Regeln zu einer sich entwickelnden operativen Schließung des Rechtssystems beitragen. Die Institutionen und Netzwerke der *global governance* tragen durch ihre regulierende, judizielle oder legislative Funktion zur Entstehung eines Weltrechts bei

---

90 *Slaughter, A.-M.*, A New World Order, S. 31 ff.

91 Ebd., S. 219 ff.

92 *Nickel, R.*, Verwaltungsrecht und Rechtsverwaltung in der Weltgesellschaft, in: Brunkhorst, H. (Hrsg.), Demokratie in der Weltgesellschaft, S. 143, 148.

und wenden den binären Rechtscode auf Ebene der Weltgesellschaft an. Mangels einer zentralen politischen Instanz auf Ebene der Weltgesellschaft sowie der zu schwach ausgeprägten demokratischen Rückkopplung müssen sie allerdings „auf die Mittel und Legitimität des funktionalen Wissens“[93] zurückgreifen, dass durch die Selbstbeschreibungen des jeweiligen Teilsystems erzeugt wird.

Ohne eine stärkere demokratische Rückkopplung, der Einbindung deliberativer Verfahren und einer „Entwissenschaftlichung“ des Rechts über die Rückbindung an ein globales politisches System kann zwar *global governance* den Komplexitätsgrad des globalen Rechtssystems erhöhen, allerdings nur auf die Gefahr einer stärkeren Aufspaltung in ein Zentrum und eine Peripherie in der Weltgesellschaft, in einen kleinen Inklusionsbereich und einen großen Exklusionsbereich.

b. Rolle nationaler und internationaler Gerichte

Von zentraler Bedeutung bei der Entstehung eines autopoietischen Rechtssystems sind nationale wie internationale Gerichte. In den letzten 20 Jahren hat die Anzahl und Bedeutung internationaler Gerichte stark zugenommen. So existieren bereits weit über 100 internationale Organisationen, die über unabhängige Spruchkörper mit verfahrensabschließender Entscheidungsbefugnis verfügen.[94]

---

[93] *Holmes, P.*, Verfassungsevolution in der Weltgesellschaft, S. 229.

[94] *Fischer-Lescano, A./Teubner, G.*, Fragmentierung des Weltrechts: Vernetzung globaler Regimes statt etatistischer Rechtseinheit, in: Albert, M./Stichweh, R. (Hrsg.), Weltstaat und Weltstaatlichkeit, S. 37 mit Verweis auf das „Project on International Courts and Tribunals“ (PICT); www.pict-pcti.org (zuletzt besucht am 22.08.2017). Zu beachten ist in diesem Zusammenhang auch die *dédoublement fonctionel* von Gerichten: Urteile nationaler Gerichte können, wenn Streitgegenstände Fragen des internationalen Rechts berühren, selbst zum einem internationalen Urteil werden; siehe: *Scelle, G.*, Précis de droit des gens: principes et systématique, Bd. 1, S. 43, 54 ff.; 339; *ders.*, Le phénomène juridique de dédoublement fonctionnel, in: Schätzel, W./Schlochauer, H. J. (Hrsg.), Rechtsfragen der internationalen Organisation: Festschrift für Heinz Wehberg zu seinem 70. Geburtstag, S. 324, 324 ff.; siehe hierzu auch: *Paulus, A. L.*, International Adjudication, in: Besson, S./Tasioulas, J. (Hrsg.), The Philosophy of International Law, S. 207.

Laut Fischer-Lescano bewirkten internationale Gerichte durch ihre Urteile „Komplexitätsreduktion durch Übernahme von Selektion".[95] Gerichte hätten eine enorme Bedeutung, da nur sie einem im System selbst begründeten Entscheidungszwang unterlägen. Im Völkerrecht seien Gerichte zudem mangels eines allgemeinen Gesetzgebers noch von höherer Bedeutung. So hätten internationale Gerichte letztlich die Funktion von Rechtsgelehrten übernommen. Ferner entschieden Gerichte auf der Grundlage des Rechts, ohne moralischen oder machtpolitischen Aspekten über Gebühr Gewicht einzuräumen.[96]

Paulus verweist auf die Schwierigkeiten, mit denen internationale Gerichte umgehen können müssten. Denn die internationale Gerichtsbarkeit habe zweifelsfrei eine beachtliche Entwicklung von einem eher schiedsrichterlichen, politisch beeinflussten System hin zu einer mehr und mehr unabhängigen Stellung genommen.[97] Gleichzeitig sei aber der Staateneinfluss weiterhin groß. In Abwesenheit einer globalen *rule of law* und einem globalen, unabhängigen Justizsystem fehle daher der richtige Referenzpunkt. Daher müssten Gerichte die richtige Balance zwischen einem „judicial minimalism" finden, der eher einer auf Staatenkonsens basierenden Ordnung entspreche, sowie einer vielleicht zu weitgehenden kosmopolitischen Rolle als Rechtssetzer.[98] Bei der Anwendung und Auslegung der Grundsätze und Prinzipien hätten internationale Gerichte außerdem einen großen Interpretationsspielraum, den sie mit Blick auf die kulturelle Diversität und die zahlreichen privaten beziehungsweise nichtstaatlichen Akteuren auch ausnützen müssten.[99]

Aber auch und insbesondere die jeweiligen nationalen Gerichte haben hinsichtlich der Weiterentwicklung des internationalen Rechts eine große Bedeutung. Denn weder die internationalen Gerichte noch die internationale Ordnung insgesamt könnte ohne die Adjudikationsge-

---

[95] *Fischer-Lescano, A.*, Globalverfassung, S. 149.

[96] Ebd.

[97] Der politische Einfluss ist aber weiterhin vorhanden, wie auch Regan richtig anmerkt: *Regan, D. H.*, International Adjudication: A Response to Paulus – Courts, Custom, Treaties, Regimes, and the WTO, in: Besson, S./Tasioulas, J. (Hrsg.), The Philosophy of International Law, S. 225, 231.

[98] *Paulus, A. L.*, International Adjudication, in: Besson, S./Tasioulas, J. (Hrsg.), The Philosophy of International Law, S. 207, 222 ff.

[99] Ebd., S. 223 f.

walt nationaler Gerichte kaum für die effektive Durchsetzung und Befolgung internationaler Normen sorgen.[100] Sie wendeten zum einen internationale Normen, die in die jeweilige nationale Rechtsordnung inkorporiert würden, an und trügen mit ihrer Auslegung der Norm zur Weiterentwicklung des internationalen Rechts bei, da andere nationale und internationale Gerichte die jeweiligen Auslegungen beachteten und berücksichtigten sowie konkreten Bezug auf bestimmte Urteile anderer nationaler Gerichte nähmen.[101] Zum anderen bestehe mehr und mehr ein Dialog und ein Kooperationsverhältnis zwischen verschiedenen Gerichten, der zur einheitlichen Auslegung und Konkretisierung von Normen oder Prinzipien sowie darüber schließlich zur Fortentwicklung und Vertiefung des internationalen Rechts beitragen könne. Schließlich führt die Tätigkeit nationaler Gerichte, wie Nollkaemper herausarbeitet, zu einer höheren Effektivität der globalen *rule of law* – sei es, dass sie die Unabhängigkeit gerichtlicher Entscheidungen stärken, indem sie frei von politischer Einflussnahme sind und so zu einer konsistenten Auslegung und Anwendung internationaler Normen beitragen oder schlichtweg die Qualität von Gerichtsentscheidungen verbessern.[102]

aa. Aufgaben

Gerichte leisten zum einen Konfliktlösung und zum anderen stabilisieren sie die Verhaltenserwartungen. Dies geschieht durch die Überwachung der Kohärenz von rechtlichen Entscheidungen – und zwar als Beobachter zweiter Ordnung. Die Gerichte beobachten „Rechtskommunikation in der Peripherie des Rechts", zum Beispiel Vertragsabschlüsse, Lehrmeinungen, Protestnoten, die Staatenpraxis oder staatliche Gesetzgebung.[103] Dabei rekurrieren sie auf Programme, „deren Struktur einerseits garantieren soll, Verhaltenserwartungen enttäu-

---

[100] *Nollkaemper, A.*, National Courts and the International Rule of Law, S. 246.

[101] Ebd., S. 235 ff.

[102] Ebd., S. 299 ff.; zu nennen ist beispielsweise der „Dialog" zwischen dem BVerfG und dem EuGH in diversen grundrechtsrelevanten Fällen, etwa der *Solange*-Rechtsprechung.

[103] *Fischer-Lescano, A.*, Globalverfassung, S. 151.

schungsfest stabilisieren zu können und andererseits soziale Prozesse der Enttäuschungsbehandlung und des Lernens selbst voraussetzen".[104]

Sie werden als Teil von institutionellen Konstitutionalisierungsansätzen betrachtet und sollen neben dem eher allgemein und abstrakt anzusehenden Ziel, „zur Gerechtigkeit in der Weltgesellschaft beizutragen", helfen, die Kooperation auf globaler Ebene zwischen den verschiedenen Akteuren zu stärken und globale Ziele umzusetzen.[105]

Ferner sind Gerichte in der Lage, die bestehenden Lücken des globalen Rechts durch ihre Entscheidungspraxis und die Rechtsanwendung aufzufüllen und können somit Rechtssicherheit schaffen.[106] Darüber hinaus sind letztlich nur Gerichte in der Lage, die „Ausbalancierung verschiedener Entscheidungsprinzipien" im Rahmen eines Dialogs durchzuführen.[107]

Dadurch haben sich internationale Gerichte zu bedeutenden Akteuren entwickelt, deren Wirken nach Ansicht von Bogdandy/Venske mittlerweile auch als eine Art „internationaler öffentlicher Gewalt"[108] angesehen werden kann. Dies gelte umso mehr, als dass manche Gerichte das klassische Aufgabenfeld der Streitschlichtung verlassen hätten und aktiv an der Weiterentwicklung des Völkerrechts mitwirkten.[109] Brunkhorst erkennt sogar in der „Zentralisierung des globalisierten Rechtssystems durch eine transnationale Gerichtsorganisation" ein Element der Welt-

---

[104] Ebd., S. 152.

[105] *Bogdandy, A. von/Venzke, I.*, Zur Herrschaft internationaler Gerichte: Eine Untersuchung internationaler öffentlicher Gewalt und ihrer demokratischen Rechtfertigung, ZaöRV 70 (2010), S. 1, 3.

[106] *Paulus, A. L.*, International Adjudication, in: Besson, S./Tasioulas, J. (Hrsg.), The Philosophy of International Law, S. 207, 223.

[107] Siehe *ders.*, Zusammenspiel der Rechtsquellen aus völkerrechtlicher Perspektive, BDGIR 46 (2014), S. 7, 41.

[108] *Bogdandy, A. von/Venzke, I.*, Zur Herrschaft internationaler Gerichte: Eine Untersuchung internationaler öffentlicher Gewalt und ihrer demokratischen Rechtfertigung, ZaöRV 70 (2010), S. 1, 3.

[109] Ebd.; siehe auch Shany, der von *„no longer a weak department"* in Bezug auf internationale Gerichte spricht: *Shany, Y.*, No Longer a Weak Department of Power? Reflections on the Emergence of a New International Judiciary, EJIL 20 (2009), S. 73.

staatlichkeit.[110] Gerade im Hinblick auf die nicht zu verneinende Herausbildung von speziellen Regimen können internationale und auch nationale Gerichte eine wichtige Rolle übernehmen, um ein „comprehensive accountability regime“ (im Sinne von Verantwortlichkeit) zu installieren.[111] Darüber hinaus könnten sie die effektive Möglichkeit zur Wahrnehmung des rechtlichen Gehörs von Betroffenen garantieren.

Systemtheoretisch formuliert, sind Gerichte Beobachter zweiter Ordnung, da sie beobachten, wie die jeweiligen Vertragsparteien eines Abkommens oder multilateralen Vertragswerkes die Welt beobachtet haben.[112] Sie erfüllen durch die Anwendung des binären Codes „Recht/Unrecht“ eine zentrale Aufgabe bei der Verwirklichung eines autopoietischen Rechtssystems in der Weltgesellschaft.

bb. *Rule of law*

Eng verbunden mit der Rolle internationaler Gerichte ist weiterhin die Notwendigkeit einer einheitlichen, globalen *rule of law*, ohne die eine funktionierende internationale Gerichtsbarkeit kaum denkbar wäre.[113] Solange die internationalen Gerichte noch nicht alleine in der Lage sind, für eine effektive und durchsetzbare globale *rule of law* zu sorgen, sind sie umso mehr auf die Unterstützung durch nationale Gerichte angewiesen, die die Rolle eines „gate-keepers“ übernehmen können und den „missing link“ bei der Überprüfung von Menschenrechtsverletzungen darstellen können.[114]

---

[110] *Brunkhorst, H.*, Die Legitimationskrise der Weltgesellschaft, in: Albert, M./Stichweh, R. (Hrsg.), Weltstaat und Weltstaatlichkeit, S. 63, 70.

[111] *Wellens, K.*, Fragmentation of International Law and Establishing an Accountability Regime for International Organizations: The Role of the Judiciary in Closing the Gap, Mich J Int'l L 25 (2003), S. 1159, 1162.

[112] *Solte, U.*, Völkerrecht und Weltgesellschaft aus systemtheoretischer Sicht, ARSP 89 (2003), S. 519, 530 f.

[113] Vgl. *Paulus, A. L.*, International Adjudication, in: Besson, S./Tasioulas, J. (Hrsg.), The Philosophy of International Law, S. 207, 223.

[114] *Nollkaemper, A.*, National Courts and the International Rule of Law, S. 303; für Nollkaemper ist es in diesem Zusammenhang relativ egal, ob nationale Gerichte dabei „internationale Normen“ anwenden oder nationale, verfassungsrechtliche Normen.

Andererseits können vor allem nationale Gerichte auch mitunter negative Effekte auf die *rule of law* haben. Denn aufgrund der unterschiedlichen Jurisdiktionsbereiche und des fehlenden hierarchischen Aufbaus der globalen Ordnung können Gerichte internationale Normen, die in die jeweilige nationale Ordnung inkorporiert wurden, unterschiedlich anwenden und auslegen. Dies gilt zumindest dann, wenn nationale Gerichte sich auf einen nationalistischen Protektionismus zurückziehen und nationale Belange gegenüber internationalen über Gebühr gewichten.[115] Daher besteht die Gefahr, dass Kernaspekte der *rule of law* wie Vorhersagbarkeit und die einheitliche Anwendung von Normen negativ beeinflusst werden.[116]

cc. Legitimationsproblem

Heikel ist allerdings, dass internationale Gerichte mittlerweile – zumindest in Teilen – ein Legitimationsproblem aufweisen können. Bogdandy/Venzke sehen etwa zumindest die Tätigkeit des Investitionsschiedsgerichtshofes ICSID kritisch und zweifeln auch im Übrigen die Legitimität von den allermeisten internationalen Spruchkörpern an.

Ihrer Ansicht nach sind jedenfalls internationale Gerichte weder in konstant ausreichendem Maß funktional als Institutionen gemeinsamer Interessen legitimiert, noch seien sie „als Teil einer Legitimationsstrategie für öffentliche Gewalt anderer Institutionen“ wie Staaten oder internationale Organisationen hinreichend legitimiert.[117]

Darüber hinaus ist problematisch, dass die Reichweite ihrer Entscheidungen und deren Bindungswirkung stark eingeschränkt sind. So binden beispielsweise Urteile von Schiedsgerichten nur die beteiligten Parteien oder sind auf das jeweilige Rechtsregime beschränkt. Die Zuständigkeit des Internationalen Gerichtshofs ist gemäß Art. 36 IGH-Statut von den Vertragsparteien abhängig; die Bindungswirkung der Urteile

---

[115] Ebd.

[116] Siehe hierzu Ebd., S. 217 ff.

[117] *Bogdandy, A. von/Venzke, I.*, Zur Herrschaft internationaler Gerichte: Eine Untersuchung internationaler öffentlicher Gewalt und ihrer demokratischen Rechtfertigung, ZaöRV 70 (2010), S. 1, 4 f.

besteht zudem nur *inter partes* zwischen den beteiligten Staaten, Art. 59 IGH-Statut, Art. 94 Abs. 2 UNC.[118]

Das wohl größte Problem dürfte die fehlende Sanktionsgewalt bei Nichtbefolgung von Urteilen sein.[119] Die Sanktionsgewalt kann als zentrales Mittel zur Sicherstellung der Konstanz und Verlässlichkeit von Verhaltenserwartungen gelten. In modernen, funktional differenzierten nationalen Gesellschaften ist sie weit weniger wichtig, da die Verhaltenserwartungen und die Strukturen des Rechtssystems derart gefestigt sind, dass eine regelmäßige Befolgung von Gerichtsurteilen vorausgesetzt werden kann. Auf Ebene der Weltgesellschaft, in der die Systeme instabil und extrem heterogen sind und stets die Gefahr besteht, dass die Systemgrenzen von der Umwelt korrumpiert werden, wären effektive Sanktionsmittel jedoch von hoher Relevanz.

Mangels eines zentralen Gewaltmonopols und angesichts der segmentären Zweitdifferenzierung sind die Sanktionsmittel naturgemäß schwach ausgeprägt oder nicht vorhanden. Zwar werden die Urteile des Internationalen Gerichtshofs größtenteils befolgt; als Sanktionsmechanismus stehen allerdings größtenteils die moralische Ächtung des nichtbefolgenden Staates zur Verfügung sowie allenfalls die klassischen Repressalien des allgemeinen Völkerrechts. Auch können sich die Streitparteien an den Sicherheitsrat wenden, der Empfehlungen zur Befolgung abgeben oder Maßnahmen beschließen kann – die fünf Vetomächte können aber solche Maßnahmen verhindern.[120]

In speziellen Regimen wie etwa der WTO oder im Rahmen des ICSID-Verfahrens stehen zwar weitaus differenziertere Instrumente zur Verfügung, die hauptsächlich einen enormen wirtschaftlichen Befolgungs-

[118] Siehe ausführlich zur Bindungswirkung *Oellers-Frahm, K.*, Kommentierung zu Art. 94 UNC, in: Simma, B./Khan, D.-E./Nolte, G./Paulus, A., The Charter of the United Nations, Rn. 1 ff., 17 ff.

[119] Siehe ausführlich zur Befolgung von Urteilen des Internationalen Gerichtshofs: *Schulte, C.*, Compliance with Decisions of the International Court of Justice.

[120] So verhinderten die USA einen Sicherheitsratsbeschluss, der zur vollen Befolgung des Nicaragua-Urteils aufrufen sollte *Security Council*, Provisional Verbatim Record vom 28.10.1986, UN Dok. S/PV.2718; *Security Council*, Draft Resolution vom 28.10.1986, UN Dok. S/18428; siehe auch *Oellers-Frahm, K.*, Kommentierung zu Art. 94 UNC, in: Simma, B./Khan, D.-E./Nolte, G./Paulus, A., The Charter of the United Nations, Rn. 29.

druck entfalten können.[121] Diese Instrumente sind jedoch nicht mit den nationalen Sanktionsmechanismen vergleichbar, mithin bleibt dieser zentrale Schwachpunkt bestehen.

c. „Dritte Rechtsordnung“

Einige Autoren sprechen im Zusammenhang mit dem transnationalen Recht von einer Art „dritter Rechtsordnung“. Diese „dritte Rechtsordnung“ soll neben dem nationalstaatlichen Recht und dem „normalen“ zwischenstaatlichen Recht stehen.[122] Normen dieses Rechts gehen demnach über übliches Völkerrecht hinaus. Möglicherweise sind es diese Normen, die einen ausreichend hohen Grad an operationeller Geschlossenheit und Selbstreferenz aufweisen, um vom Gesamtrechtssystem zumindest von einem in Teilen autopoietischen System sprechen zu können.

Wie Brunkhorst darlegt, könnte ein solches „neues“ Weltrecht auch neue Räume öffentlicher Angelegenheiten öffnen und erschaffe dadurch eine globale *res publica* ohne einen Weltstaat,

> „in der hegemoniale und gegenhegemoniale Bewegungen, Abwiegler und Aufwiegler, hartgesottene Realpolitiker und engagierte Menschenrechtsaktivisten, Globalisierungsapologeten und Globalisierungskritiker, Konservative und Reformer sich erstmals global artikulieren und organisieren können und müssen.“[123]

Gemeint sind damit Normen, Verfahrensregeln und Gerichte, die die nationalstaatliche Rechtsordnung im Sinne eines transnationalen Rechts „überwölben“.[124] Nach Ansicht von Voigt können etwa Normen des Umweltschutzes hierzu gezählt werden. Die Durchsetzung von Menschenrechten hingegen sei eine Mischform aus allen drei Rechtsordnun-

---

[121] Im Völkerstrafrecht, etwa bei Verfahren vor dem IStGH, sind die Ankläger i.d.R. auf die Mitwirkung der nationalen Strafverfolgungsbehörden angewiesen.

[122] *Voigt, R.*, Weltrecht – Entsteht eine „Dritte Rechtsordnung“?, Rechtstheorie 39 (2008), S. 357, 358 ff.

[123] *Brunkhorst, H.*, There Will Be Blood, in: ders. (Hrsg.), Demokratie in der Weltgesellschaft, S. 99.

[124] *Voigt, R.*, Weltrecht – Entsteht eine „Dritte Rechtsordnung“?, Rechtstheorie 39 (2008), S. 357, 359.

gen, also aus der nationalen, der „normalen“ zwischenstaatlichen und der „dritten“ Rechtsordnung.[125]

Nach Kotzur werden von „Weltrecht“ all diejenigen Normen umfasst, die weltweite Geltung haben oder zumindest einen weltweiten Geltungsanspruch erheben und zwar unabhängig von der Rechtsquelle, aus der sie stammen. Auch das Rechtsetzungsorgan soll keine Rolle spielen.[126] Cohen spricht im Gegensatz zu Kotzur in diesem Zusammenhang von einer Übergangsphase zu einer „global public legal order“, die mit einem sich globalisierenden politischen System gekoppelt ist.[127]

Fraglich ist allerdings, inwieweit sich die staatliche Souveränität in einer derartigen Ordnung ändern oder anpassen müsste. Denn sollte sich das globale Recht zu einer „public legal order“ entwickeln, könnten die Staaten nicht mehr vollständig souverän sein.[128] Vielmehr sei ein dualistisches Konzept von staatlicher Souveränität notwendig, um das Zusammenspiel von funktionaler Differenzierung der Weltgesellschaft bei gleichzeitiger segmentärer Differenzierung in Nationalstaaten zu bewerkstelligen.

Wie Kotzur ausführt, könnte ein derartiges Weltrecht in einer solchen doppelten Differenzierung der Weltgesellschaft in einer Form der „kooperative[n] Normerzeugung und Normverwirklichung zwischen nationalstaatlich verfaßter und internationaler Gemeinschaft“ in Betracht kommen.[129] Darunter könnten Normen gefasst werden, die einerseits dem *ius cogens* zugerechnet werden oder Verpflichtungen *erga omnes* darstellen; andererseits über die Rechtsquellen des Art. 38 IGH-Statut hinaus sowohl nationales als auch internationales Recht, die schließlich ein gemeinsames Weltrecht formen könnten.[130] Erst auf dieser Ebene ist nach Ansicht Ziegerts durch die verschiedenen Operationen der lokalen Rechtsregime eine Einheit des Rechtssystems als die funktionale Diffe-

---

[125] Ebd., S. 361.

[126] *Kotzur, M.*, Weltrechtliche Bezüge in nationalen Verfassungstexten, Rechtstheorie 39 (2008), S. 191, 193.

[127] *Cohen, J. L.*, Globalization and Sovereignty, S. 22.

[128] Vgl. ebd.

[129] *Kotzur, M.*, Weltrechtliche Bezüge in nationalen Verfassungstexten, Rechtstheorie 39 (2008), S. 191, 194.

[130] Ebd., 194 f.

renzierung des Rechtssystems der Weltgesellschaft möglich.[131] Entscheidend ist die „strukturelle Kopplungsbereitschaft von Kommunikationssystemen“.[132]

Diese „dritte Rechtsordnung“ ist aber letztlich nichts anderes als die Gesamtheit der im 2. Kapitel beschriebenen Grundwerte des Völkerrechts. Diese verfügen zwar wegen ihrer besonderen Stellung und Bindungswirkung über einen etwas höheren Grad an operativer Geschlossenheit und Selbstreferenz. Eine eigene Rechtsordnung wird dadurch aber nicht begründet.

2. *„Teilautopoiesierung“ des internationalen Rechts*

Ein solch höherer Grad an operativer Geschlossenheit und Selbstreferenz dürfte darüber hinaus in bestimmten Teilbereichen des internationalen Rechts existieren, wie etwa dem UN-Recht, dem humanitären Völkerrecht oder dem WTO-Recht.

a. UN-Recht

Insbesondere in Teilen des UN-Rechts könnte eine Art Teilautopoiesierung bereits stattgefunden haben.

Schließlich ist das UN-Recht im Vergleich zum übrigen Völkerrecht sowohl in Struktur, als auch hinsichtlich der Aufgaben und Befugnisse äußerst komplex. Die UN-Charta weist zudem einige Elemente wie verbindliche Ziele und Grundsätze (Art. 1, 2 Nr. 6 UNC), grundlegende Rechte (Art. 2 Nr. 4 UNC, Kapitel VII) sowie ein Verweis auf die Achtung der Menschenrechte (Art. 1 Nr. 3 UNC) auf, die typisch für staatliche Verfassungen sind. Zudem existiert eine Art Organisationsrecht (Art. 7 UNC), über Art. 103 UNC findet zumindest in Ansätzen wirkende Hierarchisierung statt; weiterhin existiert mit Sicherheitsrat, Generalversammlung und Gerichtshof eine – wenn auch unvollkommene – Gewaltenteilung, mit institutionalisierten Verfahren (Artt. 20 ff., 28 ff., 68 ff. UNC), die eine Beobachtung zweiter Ebene zumindest teilweise (Art. 92 UNC i.V.m. IGH-Statut, Art. 96 UNC) möglich

---

[131] *Ziegert, K. A.*, Weltrecht und regionale Differenzierung, Rechtstheorie 39 (2008), S. 453, 472.

[132] Ebd.

macht. Gemäß Art. 108 f. UNC existieren institutionalisierte Verfahren zur Veränderungen und Ergänzungen des UN-Rechts; allerdings sind hierfür hohe Hürden statuiert – die Variabilität ist somit gewährleistet, ohne eine Beliebigkeit und Möglichkeiten zur willkürlichen Änderung herbeizuführen.

Mit den diversen Hauptorganen (z.B. Wirtschafts- und Sozialrat, Kapitel X UNC) sowie zahlreichen Nebenorganen hat auch eine funktionale Differenzierung in Teilbereiche stattgefunden.

Auch die segmentäre Zweitdifferenzierung in Nationalstaaten wird durch die Möglichkeit, bindende Sicherheitsratsresolutionen und weitergehende, in die territoriale Souveränität eines Staates eingreifende Maßnahmen nach Kapitel VII UN-Charta – auch bei internen Konflikten – zu treffen, jedenfalls in Ansätzen überwunden, zumal der Gestaltungsspielraum des Sicherheitsrates sehr weit ist und Art. 39 UNC aufgrund der Unbestimmtheit als „offene Ermächtigungsnorm“ ausgestaltet ist.[133]

Das UN-Recht hat somit eine Komplexität und funktionale Ausdifferenzierung erhalten, die dem Niveau nationalstaatlicher Rechtssysteme recht nahe kommt. Die Rechtskommunikation findet fast ausschließlich über den binären Code „Recht/Unrecht“ oder „UN-Charta-gemäß/UN-Charta-widrig“ statt. Durch die Möglichkeit bindende Resolutionen zu verfassen und über Individualsanktion (*smart sanctions*) auch als Art Legislativorgan aufzutreten, kann[134] der Sicherheitsrat auch in gewisser Hinsicht selbstreferentiell arbeiten.

Allerdings ist genau der Sicherheitsrat das Einfallstor für eine unmittelbare, direkte Beeinflussung der Rechtskommunikation mit machtpolitischen Aspekten. Letztlich ist der Sicherheitsrat, wie Neves betont, aufgrund seiner faktischen Überlegenheit in der Position, die Normtexte zu instrumentalisieren.[135] Über die Möglichkeit für die ständigen Sicherheitsratsmitglieder, mit ihrem Veto Sanktionen zu verhindern, obwohl grundsätzlicher Konsens in der internationalen Gemeinschaft herrscht, dass ein zu ächtendes, rechtswidriges Verhalten eines Staates

[133] Siehe *Herdegen, M.*, Völkerrecht, § 41, Rn. 8 ff..

[134] *Talmon, S.*, The Security Council as World Legislator, AJIL 99 (2005), S. 175 ff.; siehe auch grundlegend hierzu *Meerpohl, T.*, Individualsanktionen des Sicherheitsrates der Vereinten Nationen.

[135] *Neves, M.*, Transversale Verfassungen?, in: Brunkhorst, H. (Hrsg.), Demokratie in der Weltgesellschaft, S. 75, 86.

vorliegt (z.B. Giftgaseinsatz in Syrien;[136] Annexion der Krim durch Russland) wird die Anwendung des binären Rechtscodes blockiert. Eine effektive Kontrolle über einen Ermessensmissbrauch beim Gebrauch des Vetos findet letztlich nicht statt.[137] Die Generalversammlung hat indes nur die Möglichkeit, nichtbindende Resolutionen und Empfehlungen (Art. 10 ff. UNC) abzugeben; die Anwendung des Rechtscodes ist ihr somit letztlich versagt.

Schließlich hat auch der Internationale Gerichtshof nur eingeschränkte Überprüfungsmöglichkeiten (Art. 96 UNC). Auch ist der Internationale Gerichtshof nicht von vornherein für alle Streitigkeiten zwischen Staaten zuständig; die Zuständigkeit muss vielmehr über § 36 IGH-Statut begründet werden. Eine umfassende Rechtmäßigkeitskontrolle, ein stetiges Beobachten zweiter Ordnung findet somit letztlich nicht statt.

Insgesamt lässt sich daher festhalten, dass zwar der Grad der Autopoiesis im UN-Recht gegenüber dem restlichen Völkerrecht deutlich erhöht ist; ein umfassendes selbstreferentielles, operativ geschlossenes Teilsystem existiert jedoch nicht.

b. Humanitäres Völkerrecht

Auch das humanitäre Völkerrecht könnte infolge seiner hohen Komplexität und funktionalen Differenzierung einen teilautopoietischen Bereich des Weltrechts darstellen.

Die recht umfassende Kodifizierung des humanitären Völkerrechts, dessen Kernbestand die vier Genfer Abkommen von 1949 sowie die Zusatzprotokolle von 1977[138] darstellen, ermöglicht eine komplexe

---

[136] Siehe hierzu: Spiegel Online vom 04.02.2012, 18:15 Uhr, http://www.spiegel.de/politik/ausland/veto-im-uno-sicherheitsrat-russland-und-china-blockieren-syrien-resolution-a-813394.html (zuletzt besucht am 15.08.2015).

[137] Siehe *Herdegen, M.*, Völkerrecht, § 41, Rn. 24; *Chesterman, S.*, An International Rule of Law?, Am.J.Comp.L. 56 (2008), S. 331, 353 f.

[138] Genfer Abkommen zur Verbesserung des Loses der Verwundeten und Kranken der Streitkräfte im Felde vom 12.08.1949, BGBl. 1954 II, S. 783; Genfer Abkommen zur Verbesserung des Loses der Verwundeten, Kranken und Schiffbrüchigen der Streitkräfte zur See vom 12.08.1949, BGBl. 1954 II, S. 813; Genfer Abkommen über die Behandlung der Kriegsgefangenen vom 12.08.1949, BGBl. 1954 II, S. 838, Genfer Abkommen zum Schutze der Zivil-

Rechtskommunikation, die auch durch die fast universelle Ratifizierung der Genfer Konventionen sowie – mit Abstrichen – den Zusatzprotokollen global anerkannt ist.[139] Innerhalb des humanitären Völkerrechts haben sich zahlreiche Teilbereiche herausgebildet, es hat mithin eine funktionelle Differenzierung stattgefunden.

Trotz der zahlreichen und zum Teil massiven Verletzungen des humanitären Völkerrechts in bewaffneten Konflikten kann es eine zentrale Rolle des Rechts ausüben: Es kann normative Verhaltenserwartungen dauerhaft und kontrafaktisch stabilisieren; der Rechtscode kann auf breiter Basis angewendet werden. Es kann mit der Verhaltenssteuerung auch eine zentrale Leistung eines Rechtssystems übernehmen – trotz zahlreicher Verletzungen ist das humanitäre Völkerrecht global anerkannt. Mit dem Internationalen Strafgerichtshof sowie den Tribunalen für das ehemalige Jugoslawien sowie Ruanda existieren Gerichte, die über die Anwendung des Rechtscodes wachen und als Beobachter zweiter Ordnung fungieren können.

Dennoch bestehen zahlreiche Probleme, die die Herausbildung eines autopoietischen Teilbereichs verhindern. Zum einen ist das System nicht in der Lage, neues Recht auf breiter Basis selbst zu erzeugen. Es kann mithin nicht selbstreferentiell arbeiten. Zum anderen stehen keine unmittelbaren, teilsysteminternen Möglichkeiten zur zwangsweisen Durchsetzung zur Verfügung. Es kann somit die Leistung der Konfliktlösung nicht eigenständig übernehmen.

Schließlich können nur Territorialstaaten Vertragspartei der Genfer Abkommen werden. Nicht-staatliche Gruppierungen sind somit von

---

personen in Kriegszeiten vom 12.08.1949, BGBl. 1954 II, S. 917; Zusatzprotokoll über den Schutz der Opfer internationaler bewaffneter Konflikte (Protokoll I) vom 08.06.1977, BGBl. 1990 II, S. 1550 sowie Zusatzprotokoll über den Schutz der Opfer nicht-internationaler bewaffneter Konflikte (Protokoll II) vom 08.06.1977, BGBl. 1990 II, S. 1637.

[139] Insgesamt 196 Staaten haben die Genfer Abkommen bislang (Stand 2015) ratifziert; http://www.drk.de/ueber-uns/auftrag/humanitaeres-voelkerrecht/genfer-abkommen.html (zuletzt besucht am 27.03.2016); einige wenige Länder haben die Zusatzprotokolle nicht ratifiziert; http://www.unhcr.de/fileadmin/rechtsinfos/fluechtlingsrecht/1_international/1_1_voelkerrecht/1_1_1/FR_int_vr_GFK-Liste_Vertragsstaaten.pdf (zuletzt besucht am 27.03.2016); http://www.unhcr.de/fileadmin/rechtsinfos/fluechtlingsrecht/1_international/1_1_voelkerrecht/1_1_1/FR_int_vr_GFK-Bedeutung_heute.pdf (zuletzt besucht am 27.03.2016).

der Anwendung des Rechtscodes ausgeschlossen. Der Seite der Inklusion steht ein großer Bereich der Exklusion gegenüber. Das Recht ist somit äußerst heterogen – zu heterogen, um eine Autopoiesis zu entwickeln.

c. WTO-Recht

Schließlich könnte auch das WTO-Recht als sehr komplexer und ausdifferenzierter Bereich eine Teilautopoiesis aufweisen.

Zweifelsohne bildet das WTO-System[140] ähnlich wie das UN-System einen mit hoher Komplexität ausgestatteten institutionellen Rahmen, der als Grundlage für die Wirtschaftsbeziehungen der Mitgliedstaaten auf der Grundlage des reformierten GATT[141] sowie diverser weiterer Abkommen, wie das GATS[142], das TRIPS (Agreement on Trade-Related Aspects of Intellectual Property Rights) oder die Vereinbarung über die Streitbeilegung (Dispute Settlement Understanding, DSU) angeführt werden kann (Art. II:1 WTO-Abkommen) und der die starke funktionelle Ausdifferenzierung belegt.

Das WTO-System verfügt mit der Ministerkonferenz (Art. IV:1 WTO-Abkommen), dem Allgemeinen Rat (Art. IV:2 WTO-Abkommen) und weiteren Räten für die unterschiedlichen Teilbereiche (Art. IV:5 WTO-Abkommen) sowie dem Sekretariat für die laufende Geschäftsführung (Art. VI WTO-Abkommen) einen komplexen institutionellen Aufbau;

---

[140] Die WTO-Vereinbarungen sind das Ergebnis der sogenannten Uruguay-Runde, die von 1986 bis 1994 stattfand und als Ziel die Errichtung neuer institutioneller Strukturen hatte; zum WTO-System gehören ca. 60 Vereinbarungen und Entscheidungen, die im Rahmen einer Ministerkonferenz im April 1994 in Marrakesch unterzeichnet wurden; siehe *Agreement Establishing the World Trade Organization* vom 15.04.1994 („WTO-Abkommen"), BGBl. 1994 II, S. 1443; 1867 UNTS, S. 154.

[141] *General Agreement on Tariffs and Trade* vom 15.04.1994 („GATT 1994"); BGBl. 1994 II, S. 1453; 1867 UNTS, S. 187; siehe auch das „GATT 1947": *General Agreement on Tariffs and Trade* 1947, BGBl. 1951 II, S. 200; 55 UNTS, S. 94.

[142] *General Agreement on Trade in Services*, Annex 1B zum WTO-Abkommen vom 15.04.1994, BGBl. 1994 II, S. 1643.

insbesondere wurde mit dem *Dispute Settlement Understanding* (DSU) eine ständige Streitbeilegungsinstanz geschaffen.[143]

Neben der funktionalen Ausdifferenzierung, welche eine komplexe Rechtskommunikation und eine breite Anwendung des Rechtscodes ermöglicht, ist die Streitbeilegung besonders hervorzuheben.

Mit dem DSU wurde ein zweigliedriges Streitbeilegungssystem geschaffen – gemäß Art. 2. Abs. 1 DSU kann der sogenannte *Dispute Settlement Body* (DSB) ein aus Experten bestehendes Panel zur Streitbeilegung einberufen, die Entscheidungen und Empfehlungen überwachen und Sanktionsmaßnahmen für vertragswidriges Verhalten beschließen. Zur Überprüfung der Panel-Berichte wurde zudem ein ständiges Berufungsgremium (*Standing Appellate Body*) geschaffen, Art. 17 DSU. Die Berufungsentscheidungen sind – sofern nicht im Konsens gegen die Annahme entschieden wird (Art. 17 Abs. 14 DSU) – von den Streitparteien uneingeschränkt zu befolgen. Bei Missachtung der Entscheidungen besteht die Möglichkeit zur Beantragung von diversen Gegenmaßnahmen (Art. 22 DSU), die grundsätzlich symmetrisch zu den festgestellten Verletzungen sein sollen, aber auch andere Bereiche oder sogar Verträge betreffen können.[144]

Das Besondere am Streitbeilegungsmechanismus ist, dass die Entscheidungen bindend sind und keine Möglichkeit besteht, sich aus den Primärpflichten des WTO-Regimes freizukaufen.[145] Das WTO-System verfügt damit über ein Judikativorgan, welches die Beobachtung zweiter Ordnung auf breiter Basis ermöglicht und bindende Feststellungen für die jeweils am Streit beteiligten Mitgliedstaaten treffen kann. Damit hebt sich das WTO-System vom übrigen Völkerrecht deutlich ab und kann im höheren Maß selbstreferentiell arbeiten als üblich. Das Recht kann nicht nur seine Funktion, die Verhaltenserwartungen kontrafaktisch zu stabilisieren erfüllen, sondern kann auch ähnliche Leistungen vollbringen wie das nationale Rechtssystem: Es kann Konflikte lösen und das Verhalten der Mitgliedstaaten wesentlich steuern.

---

[143] Siehe hierzu auch *Herdegen, M.*, Internationales Wirtschaftsrecht, § 9, Rn. 13 ff.

[144] Ebd., § 9, Rn. 108 ff.

[145] Ebd., § 9, Rn. 121.

3. *Schlussfolgerungen*

Zusammenfassend lässt sich festhalten, dass zumindest ein enger Bereich des Weltrechts einen ausreichenden Grad an Autopoiesis hat und mithin hinreichend operativ geschlossen und selbstreferenziell aufgebaut ist. Dies trifft beispielsweise auf Verfahrensnormen wie das Rechtssetzungsverfahren zu, aber ebenso auf einige grundlegende gemeinsame Werte. Im Zuge der *global governance* hat sich eine Art globales, spezielles und technokratisches Verwaltungsrecht herausgebildet, dass die Rechtskommunikation und Komplexität auf Ebene der Weltgesellschaft deutlich erhöht hat. Zudem existieren mit dem UN-Recht, dem humanitären Völkerrecht oder dem WTO-Recht Teilbereiche des Rechts, in denen ein höherer Grad an Autopoiesis besteht.

Das Rechtssystem der Weltgesellschaft vermag zumindest in Teilen den binären Rechtscode anwenden und mit systemspezifischen Programmen operieren. Es kann daher seine Funktion, die dauerhafte, kontrafaktische Stabilisierung von Verhaltenserwartungen grundsätzlich übernehmen. Indes vermag es die typischen Leistungen eines Rechtssystems, die Verhaltenssteuerung und Konfliktlösung nur teilweise erfüllen. Insbesondere die nur eingeschränkt vorhandenen – etwa im Bereich des Friedenssicherungsrechts – Möglichkeiten zur Konfliktlösung über Zwangsmaßnahmen stellt eine stetige Bedrohung für die dauerhafte und reibungslose Funktionserfüllung des Rechts dar. Denn das Recht ist zumeist auf die Mitwirkung der Nationalstaaten angewiesen; es kann daher nicht erwartet werden, dass das Rechtssystem im Konfliktfall die Lösung übernimmt.

Zudem ist trotz der zunehmenden Aufweichung der nationalstaatlichen Souveränität die segmentäre Zweitdifferenzierung in Nationalstaaten problematisch. Die Umstrukturierung von segmentärer in funktionale Differenzierung findet zwar statt und hat, wie die zahlreichen ausdifferenzierten Teilsysteme zeigen, in einem größeren Ausmaß stattgefunden, als es Luhmann wohl vorhergesehen hat. Dennoch bleibt die segmentäre Zweitdifferenzierung ein erhebliches Problem für die Anwendung und die Durchsetzung des weltrechtlichen Binärcodes.

Weiterhin ist das Recht äußerst heterogen. Die Differenzierungen Inklusion/Exklusion und Zentrum/Peripherie übernehmen eine zu große Rolle und haben zu große externe, negative Seiten (Exklusion oder Peripherie). Dies wird beispielsweise durch das stark expertenlastige, kaum legitimierte „Verwaltungsrecht" eher gestärkt denn abgemildert. Schließlich „krankt" das Weltrecht insgesamt an einem Legitimationsproblem mangels demokratischer Rückbindung – die dauerhafte, kontrafaktische Stabilisierung von Verhaltenserwartungen wird dadurch erschwert.

Trotz dieser Probleme sieht Brunkhorst das Weltrecht „zum autopoietischen System geschlossen[e]“ [146] an, auch wenn es in sich hoch fragmentisiert, pluralisiert und heterarchisch differenziert sei.[147]

Dass das Recht nicht hierarchisch, sondern heterarchisch über Vernetzungen determiniert wird, steht zwar weder im Widerspruch zur Systemtheorie von Luhmann noch zur Annahme eines Rechtssystems. Im Gegensatz zu Kelsen sind für Luhmann formale Kriterien wie Hierarchie oder Einheit keine Voraussetzungen für die Existenz einer Rechtsordnung oder eines -systems.[148] Für den gesamten Bereich des Weltrechts sind eine Autopoiesis und eine selbstreferenzielle Geschlossenheit allerdings zu verneinen. Auch ist eine wie von Teubner geforderte Reflexion kaum möglich. Denn zu groß ist immer noch der politische Einfluss auf die Anwendung des rechtlichen Codes aufgrund der segmentären Zweitdifferenzierung in Nationalstaaten. Macht- und Interessenspolitik hindern beispielsweise im Sicherheitsrat die konsequente Anwendung des binären Rechtscodes. Das Recht ist in der Weltgesellschaft auch nicht konsequent auf einem Prinzip der Variation aufgebaut und durch komplexe Verfahren legitimiert; es besteht die Gefahr willkürlicher Vorgänge und der Durchsetzung nationalstaatlicher Souveränitätsvorstellungen – Recht ist auf Ebene der Weltgesellschaft daher nicht konsequent Recht; Recht regelt auch nicht selbst, was Recht ist und was nicht. Vielmehr ist Recht auch (politische) Macht.

Daher ist eine operative Schließung des Rechtssystems ebenso wenig wie eine klare Unterscheidung zwischen System und Umwelt möglich. Das Rechtssystem ist nicht nur sinnhaft und kognitiv offen, sondern auch kausal – eine direkte Beeinflussung durch politische Kommunikation ist weiterhin möglich.

---

[146] *Brunkhorst, H.*, Legitimationskrisen, S. 241.

[147] Ebd., S. 242; vgl. auch *Hitzel-Cassagnes, T./Meisterhans, N.*, Konstitutionalisierungsperspektiven eines fragmentierten Weltrechts, in: Brunkhorst, H. (Hrsg.), Demokratie in der Weltgesellschaft, S. 159, 172, die angesichts der Vielzahl von nicht unmittelbar in Zusammenhang stehender Rechtsregime, die zumindest in Abwägungsfragen eigene Bewertungsmaßstäbe ansetzen und in bedingtem Maß einer Eigenrationalität folgen, eine hierarchische Rechtsordnung klar ablehnt.

[148] *Luhmann, N.*, Das Recht der Gesellschaft, S. 144.

Ob eine vollständige operative Geschlossenheit des Rechtssystems jemals erreicht werden kann, erscheint zudem mehr als fraglich. Eine Tendenz zur Verrechtlichung und Justiziabilisierung ist aber jedenfalls erkennbar, auch wenn der politische Einfluss durch die segmentäre Zweitdifferenzierung weiterhin groß bleiben wird.

Eine wichtige Rolle spielen in diesem Zusammenhang die internationalen Gerichte sowie über die *dédoublement fonctionnel* auch die nationalen Gerichte. Sie tragen zu einer zunehmenden Verrechtlichung und der von Umwelteinflüssen weitgehend freien Anwendung des Rechtscodes bei und fördern daher nicht zuletzt die Autopoiesis im Rechtssystem der Weltgesellschaft. Zudem können sie als Beobachter zweiter Ordnung angesehen werden, wenn und soweit sie den Code des Rechtssystems anwenden. Allerdings ist das Gerichtssystem noch zu wenig komplex und ungeordnet sowie auf die Zuständigkeitsverweisung seitens der Nationalstaaten angewiesen, um wirklich stetig und umfassend die Anwendung des Rechtscodes überwachen zu können. Wie am Beispiel des Internationalen Gerichtshofs und des UN-Systems deutlich wird, ist nicht einmal eine effektive Kontrolle der systemeigenen Organe gewährleistet.

Eine Gefahr für diese Entwicklung könnte allerdings die bereits beschriebene Fragmentierung darstellen. Denn wie Prien darlegt, könnten die Rechtsprogramme dadurch nicht mehr nach den Vorgaben des Rechtssystems allein arbeiten, sondern sich auch wieder an gesellschaftlichen Plausibilitäten orientieren.[149] Dies könnte zu einer stärkeren direkten, kausalen Beeinflussung führen und mithin die begonnene Schließung wieder korrumpieren.

IV. Politisches System der Weltgesellschaft

Zu untersuchen wird im Folgenden sein, ob und inwieweit sich ein politisches System der Weltgesellschaft herausgebildet hat. Im Anschluss muss dann analog zum Rechtssystem der Frage nachgegangen werden, inwieweit von einem autopoietischen System gesprochen werden kann.

---

[149] *Prien, T.*, Fragmentierte Volkssouveränität, S. 155.

1. Politisches System

Vergleichbar zum globalen Recht ist jedenfalls in den letzten Jahren eine stetig fortschreitende Internationalisierung und Supranationalisierung der Politik zu beobachten.[150] Angesichts der segmentären Zweitdifferenzierung ist die Annahme eines Systems im Sinne der Systemtheorie allerdings höchst fraglich. Denn ein vollständiges Auflösen der Nationalstaaten, infolge dessen die segmentäre Differenzierung ebenfalls aufgelöst würde und schließlich ein Weltstaat mit nur einem einzigen politischen System existieren würde, ist illusorisch und darüber hinaus auch wenig zielführend.

a. Mischsystem über Souveränitätsverzicht?

Realistischer erscheint daher ein Mischsystem, in dem die segmentäre Differenzierung und somit die Territorial- beziehungsweise Nationalstaaten weiterexistieren, jedoch ein funktionales, weltweit bestehendes System hinzutritt. Hierzu müssten jedoch die Nationalstaaten zur zumindest teilweisen Souveränitätsaufgabe bereit sein. Dies ist jedoch höchst zweifelhaft. Zwar ist das Souveränitätskonzept bei Weitem nicht mehr so starr und strikt wie noch vor einigen Jahrzehnten; eine dauerhafte und nicht reversible Abgabe von Kompetenzen an ein globales System jedenfalls in großem Umfang erscheint allerdings mehr als fraglich.

Brunkhorst ist zwar der Ansicht, dass die nationalstaatliche Souveränitätsfunktion „durch gewollten oder ungewollten Hoheitsverzicht zu einem nicht unerheblichen Teil von Regional- und Globalorganisationen übernommen" wird.[151] Wie Di Fabio darlegt, wird das politische System jedoch kaum über den Status eines Aktionssystems souveräner und handlungsfähiger Territorialstaaten hinauskommen – anderenfalls würde es seine „Leistung und Einheit" gefährden.[152] Di Fabio sieht somit ein globales Politiksystem eher kritisch, auch wenn er eine solche

---

[150] *Lübbe-Wolff, G.*, Die Internationalisierung der Politik und der Machtverlust der Parlamente, in: Brunkhorst, H. (Hrsg.), Demokratie in der Weltgesellschaft, S. 127.

[151] *Brunkhorst, H.*, Legitimationskrisen, S. 188.

[152] *Di Fabio, U.*, Verfassungsstaat und Weltrecht, Rechtstheorie 39 (2008), S. 399, 406.

Entwicklung nicht vollkommen ausschließen möchte. Allerdings verharren seiner Ansicht nach die Staaten und das völkerrechtliche System der Staatenbeziehungen insgesamt in einer asymmetrischen Spannungslage. Dadurch sei zwar eine Entwicklung zu einem anderen Souveränitätskonzept blockiert, jedoch werde infolgedessen zumindest die Einheit des politischen Systems der Weltgesellschaft aufrechterhalten.[153]

Stichweh hingegen schätzt die Chancen für eine Existenz eines politischen Systems auf Ebene der Weltgesellschaft weitaus positiver ein. Allerdings unternimmt er gar nicht erst den Versuch, einen Weg zu finden, wie die segmentäre Zweitdifferenzierung aufgelöst werden kann. Vielmehr sieht er die Nationalstaaten als grundlegenden und wesentlichen Bestandteil eines solchen Systems an. Er begründet dies mit der „Institutionalisierung des souveränen Nationalstaates", die über die Mitgliedschaften in den diversen internationalen Organisationen erfolgt sei sowie mit der nun vorhandenen „egalitären Basisstruktur nationaler Souveränität".[154] Auch Meyer vertritt eine ähnliche Auffassung. Seiner Ansicht nach fungierten die Nationalstaaten als „konstitutive Bürger", wie sich an der UN-Charta ablesen lasse.[155] Wie Stichweh weiter ausführt, bestünden in der Weltgesellschaft auch besondere Rechte und Pflichten für die Nationalstaaten. Zu den Pflichten zähle zum Beispiel die Schaffung vergleichbarer institutioneller Strukturen, zu deren Errichtung Druck auf die Staaten über die Ebene der Weltgesellschaft ausgeübt werde.[156]

Auch für Brunkhorst ist infolge der „globalen Rechtsrevolution" und der „Evolution der Weltgesellschaft" die Politik zur – wenn auch äußerst heterogenen – Weltpolitik geworden, in der die jeweils unterschiedlichen Politiken „kommunikativ vernetzt" seien.[157] Er sieht das globale politische System als „autonomes System der Weltpolitik", das allerdings nicht nur durch „Macht und Machtbalancen" zusammengehalten werde, sondern auch auf Wirtschaftsbeziehungen, einer global

---

[153] Ebd., S. 406.

[154] *Stichweh, R.*, Die Weltgesellschaft, S. 24, 55.

[155] *Meyer, J. W.*, The World-Polity and the Authority of the Nation-State, in: Thomas, G. M. (Hrsg.), Institutional Structure, Constituting State, Society, and the Individual, S. 41.

[156] *Stichweh, R.*, Die Weltgesellschaft, S. 25 f.

[157] *Brunkhorst, H.*, Legitimationskrisen, S. 242.

verbindlichen normativen Ordnung sowie kulturellen Werten und Wissen basiere.[158]

b. Kein *fait accompli*

Hingegen zweifelt Cohen ein kohärentes globales politisches System – trotz einiger vorhandener struktureller Kopplungen – an. Vielmehr sei die verfassungsrechtliche Qualität eines solchen Systems ein *vérité à faire* und nicht ein *fait accompli.*[159] Auch wenn Cohen einem politischen System auf Ebene der Weltgesellschaft somit kritisch gegenübersteht, schließt er die Existenz eines solchen Systems allerdings keineswegs aus. Denn Anzeichen für die Herausbildung struktureller Elemente seien durchaus vorhanden. Die grundlegenden Menschenrechte sowie die souveräne Staatengleichheit seien zusammenhängende Elemente eines dualistischen globalen politischen Systems. Diese beiden Elemente würden die Existenz einer neuen Souveränitätsordnung belegen, in der die Nationalstaaten zwar weiterhin grundlegende Elemente darstellten und über Souveränität verfügten, jedoch in veränderter und nicht mehr ausschließlicher Form. In Teilen seien Souveränitätsaufweichungen zu beobachten, allerdings in einer sehr abgeschwächten Art und Weise. Denn auch wenn die internationale Ordnung erheblichen Veränderungen ausgesetzt sei, stellten klassische, nationalstaatliche Prinzipien wie das der Nichteinmischung, der *domestic jurisdiction* und der Selbstbestimmung grundlegende Elemente der internationalen Ordnung dar.[160]

Festzuhalten ist jedenfalls, dass der klassische Nationalstaat aufgrund der Globalisierung und weltweiten Problemlagen zunehmend unter Druck gerät. Aus systemtheoretischer Sicht müsste das Recht der Nationalstaaten als Zweitcodierung politisch organisierter Macht die Legitimität aus dem vorangeschalteten Prozess demokratischer Willensbildung erlangen.[161] Aufgrund der Entflechtung von territorial organisierten Einheiten (Nationalstaaten) hin zu funktional orientierten Problemlösungen auf der Weltebene findet dies auf der Ebene des internati-

---

[158] Ebd., S. 76.

[159] *Cohen, J. L.*, Globalization and Sovereignty, S. 75.

[160] Ebd.

[161] *Wilke, H.*, Das Recht der Weltgesellschaft, in: Calliess, G.-P. (Hrsg.), Soziologische Jurisprudenz, S. 887, 888.

onalen Systems vermehrt keine Entsprechung. Hinzu kommt, dass aus systemtheoretischer Sicht die Politik in einem national-territorial organisierten System die Aufgabe hat, kollektive und verbindliche Entscheidungen zu treffen.[162] Dies ist aber auch auf Ebene der Weltgesellschaft grundsätzlich weiterhin möglich. Dass sich die derzeitige Selbstbeschreibung des politischen Systems von der internationalen Gemeinschaft hin zu einem Weltstaat entwickeln wird, ist hingegen nicht zu erwarten.

c. Staatensystem

Von einem politischen System auf Ebene der Weltgesellschaft kann daher nur dann gesprochen werden, wenn man die segmentäre Zweitdifferenzierung über die Nationalstaaten akzeptiert und analog zum Rechtssystem zunächst eine kohärente, interdependente Struktur für die Bejahung der Systemeigenschaft ausreichen lässt.

2. *Strukturelle Elemente*

Um von einem politischen System auf globaler Ebene sprechen zu können, sind strukturelle Elemente notwendig. Aufgrund der segmentären Zweitdifferenzierung ist eine duale Struktur aus nationalstaatlichen und globalen Strukturen denkbar.

a. Nationale Strukturen

Die Nationalstaaten, die einander formal ähnlich seien, stellen nach Ansicht von Stichweh ein strukturelles Element auf Ebene der Weltgesellschaft dar.[163] Nationalstaatlichkeit ist Stichweh zufolge auf Ebene der Weltgesellschaft eine „an lokale politische Zusammenhänge zu adressierende Erwartung“ und müsse als die unterschiedlich ausgeprägte, aber interdependente Struktur des politischen Systems der Weltgesellschaft aufgefasst werden.[164] Wesentliche Aufgabe des Nationalstaates

---

[162] Ebd.

[163] *Stichweh, R.*, Die Weltgesellschaft, S. 57.

[164] Ebd., S. 40.

sei es, die vorhandenen Differenzen dauerhaft zu erhalten.[165] Über die durch die Souveränität und die grundsätzliche Gleichheit der Staaten gesicherte „egalitäre Basisstruktur" schließlich werde ein Gegengewicht geschaffen.[166]

Wie Habermas feststellt, ist zudem die Abhängigkeit von den systemischen Zwängen der interdependenten Weltgesellschaft nicht nur angestiegen, sondern auch unumkehrbar.[167] Nationalstaaten sind somit als Teil der Weltgesellschaft im Sinne von Luhmann und auch darüber hinausgehend als Teil eines politischen Systems zu betrachten.

Die Nationalstaaten bilden somit einen zentralen Bestandteil eines möglichen politischen Systems der Weltgesellschaft. Über ihre Basisstruktur bestimmen sie maßgeblich die Entwicklung des weltpolitischen Systems. Diese Grundstruktur kann und muss als unveränderlicher Faktor auf globaler Ebene angesehen werden. Ein Auflösen dieses strukturellen Elements im Sinn der Zweitdifferenzierung ist nichts anderes als eine kosmopolitische Utopie. Gleichwohl führt die Unauflösbarkeit der Zweitdifferenzierung nicht zu einer Unmöglichkeit eines autopoietischen politischen Systems auf Ebene der Weltgesellschaft.

b. Globale Ebene

Auf globaler Ebene fehlen hingegen strukturelle Elemente, die mit denen des Nationalstaats vergleichbar wären. Zwar sind wie bereits erwähnt in den letzten Jahren zahlreiche internationale Organisationen und Institutionen entstanden, die politisch operieren und vermehrt – siehe etwa das Beispiel WTO oder regional das der EU – auch verbindliche Entscheidungen treffen können. Diese Entscheidungen entfalten zwar in erster Linie nur auf die Staaten als Segmente der Weltgesellschaft Wirkung. Aber auch die unmittelbare Anwendbarkeit und die direkte Wirkung auf die Bürger in den Nationalstaaten haben zugenommen.[168]

---

[165] Ebd., S. 60.

[166] Ebd.

[167] *Habermas, J.*, Zur Verfassung Europas, S. 51.

[168] Allerdings werden derartige Normen zumindest für absehbare Zeit sicherlich die Ausnahme bleiben, wie Paulus zutreffend bemerkt: *Paulus, A. L.*, The Emergence of the International Community and the Divide Between In-

Aus diesem Grund sind Albert und Schmalz-Bruns der Ansicht, dass eine globale Strukturbildung bereits im Entstehen ist. Sie begründen dies mit der Ausweitung der Aktivitäten im Bereich der *global governance*, insbesondere der vermehrten Entscheidungsmöglichkeiten internationaler Organisationen. Dadurch sei von einer Strukturbildung auf Ebene der Weltgesellschaft auszugehen, in deren Folge zumindest die Möglichkeiten für ein Bereithalten von Kapazitäten für die Erfüllung der Hauptaufgabe politischer Systeme, also der Herbeiführung kollektiv bindender Entscheidungen, vorhanden seien.[169]

In diese Richtung argumentiert auch Habermas. Für ihn ist jedenfalls die Entwicklung zu einem kosmopolitischen Weltbürgertum oder einer „Weltbürgergemeinschaft“[170] und zu einer „politischen Verfassung der Weltgesellschaft“ keineswegs mehr eine Utopie – angesichts des immensen globalen Regelungsbedarfs und der Problemlagen, die nicht nur einzelne Nationalstaaten, sondern die Politik schlechthin beschäftigten, sei ein solcher Perspektivenwechsel nur Ausdruck der Realität.[171] Habermas geht in seinen Ansichten also anders als die meisten Autoren recht weit. Ob dies jedoch zielführend ist, ist zu bezweifeln. Denn selbst wenn ein Perspektivenwechsel stattgefunden haben mag, so hat sich dieser jedenfalls (noch) nicht wesentlich in den globalen Strukturen niedergeschlagen.

Festzuhalten ist jedoch zumindest, dass die Strukturen auf globaler Ebene in den letzten Jahrzehnten erheblich zugenommen haben. Die Entwicklung hin zu einem Weltstaat ist zwar weder empirisch nachweisbare Realität noch wünschenswertes Ideal. Doch jedenfalls sind über die zahlreichen internationalen Organisationen, der Perspektivenwechsel und das Aufweichen der nationalstaatlichen Souveränität durch die zunehmende Durchgriffswirkung von Entscheidungen internationaler Organisationen erste Anzeichen für die Wahrnehmung der zentralen

---

ternational and Domestic Law, in: Nollkaemper, A./Nijman, J. E. (Hrsg.), New Perspectives on the Divide Between National and International Law, S. 216, 249.

[169] *Albert, M./Schmalz-Bruns, R.*, Antinomien der Global Governance: Mehr Weltstaatlichkeit, weniger Demokratie?, in: Brunkhorst, H. (Hrsg.), Demokratie in der Weltgesellschaft, S. 57, 59 f.

[170] *Habermas, J.*, Zur Verfassung Europas, S. 86.

[171] Ebd., S. 83 f.

Aufgabe von politischen Systemen – dem Treffen verbindlicher Entscheidungen – zu erkennen.

3. *Operative Schließung*

Zweifellos lässt sich das politische System der Weltgesellschaft nicht mit dem politischen System von Territorialstaaten vergleichen. Dazu fehlt es – trotz der gerade beschriebenen Zunahme an internationalen Organisationen – an stabilisierenden Elementen wie politischen Institutionen[172] mit einem klaren Organisationsaufbau und klarer -verteilung.[173] Die Institutionen auf Ebene der Weltgesellschaft erfüllen diese Anforderungen nicht. Ferner findet eine Ausdifferenzierung über Rollen, vergleichbar dem nationalen System, auf der globalen Ebene allenfalls im geringen Ausmaß statt. Nur wenige Ämter oder Rollen sind auf internationaler Ebene überhaupt gemeinhin bekannt (zu nennen sind beispielsweise der UN-Generalsekretär, der Direktor der Weltbank oder des Internationalen Währungsfonds), zudem sind die Einflussmöglichkeiten äußerst beschränkt. Die im nationalen System mit der Ausdifferenzierung verbundene gesellschaftliche Autonomie als Selbstbestimmung auf der Ebene der Entscheidungskriterien ist auf globaler Ebene kaum sichtbar. Das politische System auf Ebene der Weltgesellschaft kann sich folglich nur in äußerst geringem Maß selbst regeln und organisieren und muss mangels effektiver Selbstregulierung zahlreiche Einflüsse aus dem Bereich der Umwelt hinnehmen.[174] Der Einschätzungsspielraum bei der Auswahl von Entscheidungen und beim Umgang mit der Systemumwelt ist für die Rollen auf globaler Ebene demzufolge sehr klein.[175] Besonders deutlich wird dies am „Lackmustest", der Autonomie des globalen politsichen Systems: Das globale politische

---

[172] Politische Institutionen sind zwar keine zwingende Voraussetzung für ein autopoietisches politisches System; dennoch wären sie aufgrund ihrer stabilisierenden Eigenschaften auf der globalen Ebene in besonderem Ausmaß erforderlich.

[173] So *Robé, J.-P.*, Multinational Enterprises: The Constitution of a Pluralistic Legal Order, in: Teubner, G. (Hrsg.), Global Law without a State, S. 45, 71.

[174] *Luhmann, N.*, Staat und Politik, in: ders. (Hrsg.), Soziologische Aufklärung 4, S. 77, 83.

[175] *Ders.*, Soziologie des politischen Systems, in: ders. (Hrsg.), Soziologische Aufklärung 1, S. 194, 197.

System verfügt anders als die Nationalstaaten über keine Kompetenz-Kompetenz und über keinen Souverän.

So sind eine operative Schließung und ein selbstreferenzielles Operieren wenn überhaupt nur in Ansätzen vorhanden. Politik wird demzufolge nicht oder allenfalls nur in geringem Maß für Politik als Politik kenntlich gemacht.[176]

Dies schließt zwar das Vorhandensein eines autopoietischen politischen Systems nicht zwingend aus. Dem Ansatz von Luhmann im Sinne eines „alles oder nichts" ist nicht unbedingt zu folgen. Verschiedene Ausprägungen von Autonomie und verschiedene Entwicklungsgrade an Autopoiesis eines Systems sind sehr wohl vorstellbar. Selbst Luhmann erkennt an, dass sich Autopoiesis nicht quasi „schlagartig" und im ganzen System entwickelt, sondern zuerst in einigen Bereichen. Denn auch in nationalen Systemen besteht die Selbstreferenz zunächst nur graduell, in bestimmten Bereichen. Im globalen politischen System ist diese Gradualität zwar schwach ausgeprägt, doch in Ansätzen zumindest vorhanden. So wird über zahlreiche politische Organisationen mit einem politischen Code verfahren. Dieser ist zwar nicht demokratisch ausgestaltet. Dennoch sind machtpolitische Faktoren ausschlaggebend.

Zu beachten ist weiter auch hier, dass zwischen der Konstitutionalisierung und der operativen Schließung unterschieden werden muss, wie Teubner darlegt. Für eine Konstitutionalisierung sei nach – zweifelhafter Ansicht von Teubner – die operative Schließung eines Systems nicht zwingend notwendig. Es genüge eine bloße Selbstbeschreibung im Sinne der Herstellung einer kollektiven Identität, auf die sich die Politik beziehen könne; ein zusätzlicher Kollektivakteur sei nicht notwendig.[177] Für die operative Schließung des politischen Systems sei schließlich nicht nur die Selbstbeschreibung *Staat* notwendig, sondern zudem auch die formale Organisation *Staat* erforderlich, um die spezifischen Machtprozesse der Politik gegenüber den übrigen gesellschaftlichen Machtprozessen abgrenzen zu können und eine Trennung zwischen System und Umwelt dauerhaft aufrechterhalten zu können.[178]

---

[176] *Ders.*, Die Politik der Gesellschaft, S. 74 f.

[177] *Teubner, G.*, Verfassungsfragmente, S. 109 f.

[178] Ebd., S. 110.

Ein solch „formal organisierter Kollektivakteur“[179] ist allerdings jedenfalls auf nationalstaatlicher Ebene notwendig. Auf internationaler Ebene existiert in Abwesenheit eines Weltstaats als „imaginierte“ Selbstbeschreibung allein die internationale Gemeinschaft, die aber kaum als handlungsfähiges Kollektiv angesehen werden kann.[180] Sinnvoller erscheint es daher, mit Teubner das politische System der Weltgesellschaft als Ausschnitt weltweiter Kommunikationen anzusehen, der sich auf „Macht- und Konsensbildung für Kollektiventscheidungen konzentriert“ und über die Nationalstaaten, internationale politische Regime sowie die jeweiligen Verwaltungen und Öffentlichkeiten sowohl segmentär als auch funktional binnendifferenziert ist.[181]

Mit einer derartigen Beschreibung lässt sich jedenfalls das Erfordernis eines Weltstaates als Utopie *ad acta* legen, ohne sich auch von einem möglichen politischen System auf Ebene der Weltgesellschaft zu verabschieden, welches zumindest weltstaatliche Elemente aufweisen könnte.

4. *Schlussfolgerungen*

Gewisse globalpolitische Strukturbildungen lassen sich sicherlich nicht mehr abstreiten.[182] Insofern lässt sich auch behaupten, dass ein politisches System der Weltgesellschaft am Entstehen ist. Allerdings ist zumindest derzeit nicht von einer operativen Schließung auszugehen. Ein Prozess in diese Richtung ist aber angesichts der bereits stattgefundenen Strukturbildungen eingeleitet worden, zumal ein autopoietisches Politiksystem auf Ebene der Weltgesellschaft auch keineswegs strukturell unmöglich ist.

Allerdings bestehen diverse grundsätzliche Probleme hinsichtlich einer fortschreitenden operativen Schließung des politischen Systems. Diese hängen nicht zuletzt mit der besonderen Stellung der Politik zusammen, die auch in der Weltgesellschaft bestehen bleibt. Denn das politische System ragt durch seine Aufgabe, für das Ganze verbindliche Entscheidungen treffen zu können und zu müssen, aus der heterarchischen

---

[179] Ebd.

[180] Ebd., S. 112.

[181] Ebd.

[182] *Wilke, H.*, Politische Strukturbildung der Weltgesellschaft, in: Albert, M./Stichweh, R. (Hrsg.), Weltstaat und Weltstaatlichkeit, S. 133, 153.

Gesamtordnung der Funktionssysteme heraus.[183] Innerstaatlich weist es über die Selbstbeschreibung „Staat" eine Kompetenz-Kompetenz auf. Auf Ebene der Weltgesellschaft ist weder einer vergleichbare Selbstbeschreibung, noch eine Kompetenz-Kompetenz infolge der segmentären Zweitdifferenzierung in souveräne Territorialstaaten vorhanden. Das politische System der Weltgesellschaft besitzt demgegenüber keinerlei Souveränität und nur ein äußerst geringes Maß an Autonomie und Rollendifferenzierung.

Die besondere Rolle des politischen Systems stellt sich daher etwas anders und in abgeschwächter Form dar. Dies gilt auch für die operative Schließung und die Selbstreferenz des politischen Systems auf Weltgesellschaftsebene. Denn aufgrund eines fehlenden globalen Verfassungsvolks sowie eines funktionalen Äquivalents sowie der angesprochenen segmentären Zweitdifferenzierung ist die operative Schließung des politischen Systems nur schwer vorstellbar. Darüber hinaus bleibt mangels demokratischer Rückkopplung die globale Politik asymmetrisch und arbeitet lediglich mit dem – im nationalen Bereich abgelösten – Code „überlegener/unterlegener Macht", nicht jedoch mit dem Zweitcode „Regierung/Opposition".[184] Ohne ein globales Demokratiemodell ist ein wirklich autopoietisches Politiksystem, welches ähnliche Inklusionsleistungen wie auf nationaler Ebene bereitstellen kann und eine hohe Komplexität und funktionelle Ausdifferenzierung aufweiset daher nur schwer vorstellbar.

Problematisch ist auch, dass aufgrund des Komplexitätszuwachses der Weltgesellschaft der Handlungsspielraum der Nationalstaaten immer weiter zurückgedrängt und systemisch stetig geringer wird.[185] Wie Albert darlegt, stellt das politische System auch keinen Primat imperialer Strukturbildung mehr dar, es verliert mithin aufgrund der Zunahme der Rechtssetzungsaktivität an Gestaltungs- und Bedeutungskraft.[186] Ebenso problematisch ist darüber hinaus, dass auf Ebene der Weltgesellschaft

---

[183] *Wilke, H.*, Das Recht der Weltgesellschaft, in: Calliess, G.-P. (Hrsg.), Soziologische Jurisprudenz, S. 887, 890.

[184] *Neves, M.*, Transversale Verfassungen?, in: Brunkhorst, H. (Hrsg.), Demokratie in der Weltgesellschaft, S. 75, 87.

[185] *Habermas, J.*, Zur Verfassung Europas, S. 50.

[186] *Albert, M./Schmalz-Bruns, R.*, Antinomien der Global Governance: Mehr Weltstaatlichkeit, weniger Demokratie?, in: Brunkhorst, H. (Hrsg.), Demokratie in der Weltgesellschaft, S. 57, 61.

eine Entsprechung zur Legitimität politischer Willensbildung in den Nationalstaaten nicht vorhanden ist. Demzufolge ist die Kernaufgabe des politischen Systems, nämlich das Treffen verbindlicher, weil legitimer Entscheidungen, stark gefährdet.

Eine Kompensierung dieser Probleme auf Ebene der Weltgesellschaft wäre daher dringend erforderlich. Dazu müssten jedoch die grundlegenden Probleme beseitigt werden.

V. Probleme

Mit der nationalen Ebene vergleichbare Systeme auf Ebene der Weltgesellschaft sind somit nur schwer vorstellbar. Zwar sind Anzeichen für die Ausprägung eines Rechtssystems sowie eines politischen Systems auf Ebene der Weltgesellschaft ohne Zweifel vorhanden. Allerdings ist der Grad der Autopoiesis in beiden Systemen äußerst gering. Aufgrund der beschriebenen Besonderheiten auf Ebene der Weltgesellschaft in Kombination mit den Entwicklungen des Völkerrechts und der globalisierten Welt könnten sich daher mehrere Problemfelder für das „klassische“, nationale Recht ergeben.

So löst sich das Kollektiv, das verbindliche Entscheidungen treffen soll, von den nationalstaatlichen Territorialgrenzen und hat mit den komplexen Konstellationen trans- und postnationaler Betroffenheit und Zuständigkeit zu kämpfen.[187] Dies korreliert allerdings noch nicht mit der Realität auf der Weltgesellschaftsebene. Denn ein Weltparlament oder eine globale Bürgerschaft ist noch nicht vorhanden und in absehbarer Zeit auch nicht zu erwarten. Die Territorialstaaten müssten außerdem zumindest Teile ihrer Souveränität aufgeben, um beispielsweise ein Modell der geteilten Souveränität zu ermöglichen. In der Folge könnten dann auch auf Ebene der Weltgesellschaft vom politischen System für den jeweiligen Souveränitätsbereich verbindliche Entscheidungen getroffen werden.

Darüber hinaus lassen sich Wilke zufolge in einer wachsenden Anzahl von Fällen (etwa auf dem Gebiet des Umweltrechts oder bei Problemen im Zusammenhang mit der Reaktion auf die globale Finanzmarkt- und Wirtschaftskrise) keine Entscheidungen mehr auf nationaler Ebene

---

[187] *Wilke, H.*, Das Recht der Weltgesellschaft, in: Calliess, G.-P. (Hrsg.), Soziologische Jurisprudenz, S. 887, 888.

treffen – die Reichweite nationalstaatlicher, demokratisch legitimierter Legislative wird überschritten, ohne dass es eine Entsprechung auf globaler Ebene gäbe.[188] Ein Legitimationsproblem oder gar eine manifeste Legitimationskrise ist die logische Folge eines derartigen Auseinanderdriftens. Doch selbst wenn die Staaten ihre Problemlösungskapazitäten in vielen Bereichen mittels internationaler Organisationen auszugleichen versuchen, löst dies nicht den Kern des Problems, wie Habermas in diesem Zusammenhang zutreffend bemerkt.[189] Vielmehr müssten für globale Probleme auch globale Legitimationsketten bestehen. Dies könnte beispielsweise – zumindest theoretisch – über deliberative Verfahren ermöglicht werden. Die praktische Umsetzung hingegen würde sich sehr kompliziert gestalten.

Wie Wilke weiter ausführt, ist außerdem problematisch, dass die Erwartungsstrukturen an das Recht primär normativ ausgerichtet seien, die zu behandelnden Problemfelder jedoch kognitive Steuerungselemente verlangten.[190] Diese Differenz von normativen Erwartungen und kognitiven Problemlösungsanforderungen verhindert hier eine wirkliche Problemlösung.[191] Das ist nach zutreffender Ansicht Wilkes nicht zuletzt darin begründet, dass die Nationalstaaten mit einem „entterritorialisierten Netz globaler Relevanzen und funktional spezialisierter Kompetenzen“ konfrontiert sind.[192] Der Zugriff auf die funktionalen Aufgliederungen ist aber über Elemente der segmentären Zweitdifferenzierung nur schwer möglich.

Schließlich ist, anders als im nationalstaatlichen Rechtssystem, die singuläre Kompetenz des Rechtssystems in der Weltgesellschaft durch die neuen Herausforderungen und vielfältigen Probleme in den funktionalen Teilgebieten nicht stärker gewachsen. Die grundsätzliche Lernunwilligkeit des nationalstaatlichen Systems und das darüber mögliche Durchhalten der Erwartungen – typische Eigenschaften eines ausdifferenzierten, autopoietischen Rechtssystems auf nationaler Ebene – sind

---

[188] Ebd.

[189] *Habermas, J.*, Zur Verfassung Europas, S. 50.

[190] *Wilke, H.*, Das Recht der Weltgesellschaft, in: Calliess, G.-P. (Hrsg.), Soziologische Jurisprudenz, S. 887, 888.

[191] Wilke rekurriert hierbei vor allem auf „best practice“-Lösungen oder Ratingverfahren, die vor allem über Effizienz und Effektivität gesteuert werden sollen, ebd.

[192] Ebd.

angesichts der vielfältigen Probleme und der fehlenden vollständigen Abgrenzung zwischen dem Rechtssystem und dem politischen System auf der Ebene der Weltgesellschaft kaum möglich. Dies bedeutet, dass sich ein kognitiver Stil des Erwartens gegenüber dem normativen stärker durchsetzt und darüber die „Lernfähigkeit und Veränderungsdynamik“ nochmals verstärkt wird.[193]

1. Metacodierung und Heterogenität

Problematisch sind zunächst die bereits beschriebene Heterogenität in der Weltgesellschaft sowie die damit verbundene Anwendung des Metacodes.

a. Metacode Inklusion/Exklusion

Der Metacode „Inklusion/Exklusion“ nimmt eine entscheidende Rolle für die Teilnahmemöglichkeit an den verschiedenen Funktionssystemen der Weltgesellschaft ein. Denn die Gefahr der Exklusion ist aufgrund der Heterogenität der Weltgesellschaft ungleich höher als in modernen National- beziehungsweise Territorialstaaten. Spannend wird daher die Frage sein, ob es gelingt,

> „Inklusionsdynamiken zu generieren, […um] eine Zersplitterung der Weltgesellschaft in einen immer reicheren, mächtigen Inklusionsbereich und einen immer ärmeren und machtlosen Exklusionsbereich [zu] vermeiden“[194].

Zudem ist angesichts von nachlassender Wirkmächtigkeit und Problemlösungskapazität der Nationalstaaten eine neue Form von inklusiver Weltstaatlichkeit umso dringlicher, zumal die „Inklusionsfunktion des Nationalstaates durch die Globalisierung aller Funktionssysteme strukturell überfordert ist“.[195]

Diese Differenz erlangte in den Territorialstaaten erst mit zunehmender Ausdifferenzierung der Funktionssysteme und beim Übergang von

---

[193] Ebd., S. 894 f.

[194] *Holmes Chaves, P.*, Verfassungsevolution in der Weltgesellschaft, S. 19.

[195] *Brunkhorst, H.*, Legitimationskrisen, S. 185; m.w.N.; *ders.*, Solidarität, S. 111 ff., 153 ff.

weniger komplexen, nicht differenzierten Feudal- oder Ständesystemen zum modernen Verfassungsstaat ihre enorme Bedeutung.

Mit Beginn des modernen Verfassungsstaats – systemtheoretisch gesprochen mit zunehmender Ausdifferenzierung der verschiedenen Funktionssysteme – war der einzelne Bürger nicht mehr qua seiner Gruppenzugehörigkeit gewissermaßen „als Ganzes" Teil einer Gesellschaft. Vielmehr wurde es ihm möglich, in den verschiedenen Teilsystemen an den Kommunikationshandlungen teilzunehmen. Voraussetzung war jedoch, dass ihm der Zugang zu den verschiedenen Systemen nicht verwehrt war – das heißt, dass er auf der inkludierten Seite der Zwei-Seiten-Form „Inklusion/Exklusion" stand.

Das Prinzip der Inklusion wurde somit analog zur funktionalen Differenzierung der Gesellschaft ebenfalls funktional differenziert, da jedes Individuum eben grundsätzlich zu jedem Funktionsbereich Zugang erhalten musste.[196] Im modernen Verfassungsstaat sicherten ihm dies die modernen Freiheits- und Gleichheitsrechte – jeder Bürger war vor dem Gesetz gleich und konnte zum Beispiel aktiv und passiv an den Wahlen teilnehmen (wenn auch zu Beginn der modernen Verfassungsstaaten im 18./19. Jahrhundert mit erheblichen Einschränkungen).[197] Die Möglichkeit zur Teilhabe kann als Input-Inklusion, das heißt letztlich nichts anderes als Garantie demokratischer Verfahren und Institutionen, bezeichnet werden im Gegensatz zur Output-Inklusion, das heißt die Erfüllung legitimer Ansprüche der Bürger auf gerechte Verteilung der Ressourcen und staatlicher Leistungen (im Sinne eines Wohlfahrtsstaates).[198]

Zu beachten ist allerdings, dass die Inklusion stets von der jeweiligen Systemzugehörigkeit, also von der funktionalen Differenzierung, abhängig ist sowie der jeweiligen Rollensituation des Individuums. Die Inklusion muss daher auf funktional spezifische Weise eingesetzt werden.[199] Vom Prinzip ist dies vergleichbar mit dem Gleichheitssatz aus

---

[196] *Luhmann, N.*, Partizipation und Legitimation, in: ders. (Hrsg.), Soziologische Aufklärung 4, S. 159, 160.

[197] *Verschraegen, G.*, Systems Theory and the Paradox of Human Rights, in: King, M./Thornhill, C. J. (Hrsg.), Luhmann on Law and Politics, S. 101, 117.

[198] *Stichweh, R.*, Dimensionen des Weltstaats im System der Weltrepublik, in: Albert, M./ders. (Hrsg.), Weltstaat und Weltstaatlichkeit, S. 25, 29.

[199] *Verschraegen, G.*, Systems Theory and the Paradox of Human Rights, in: King, M./Thornhill, C. J. (Hrsg.), Luhmann on Law and Politics, S. 101, 119.

Art. 3 GG, wonach ein *tertium comparationis* gesucht werden muss, um sicherzustellen, dass Gleiches gleich und Ungleiches ungleich behandelt wird. Die systemtheoretische Besonderheit liegt darin, dass die Gleichheit beziehungsweise Ungleichheit innerhalb des jeweiligen Funktionssystems zu suchen ist. Bei der Frage nach der Dringlichkeit einer Lebertransplantation etwa sind für die Vergleichbarkeit nur Unterschiede im Gesundheitssystem von Bedeutung; bei der Entscheidung über ein Stipendium nur Belange des Bildungssystems.[200]

Die Unterscheidung von Inklusion und Exklusion wird jedoch nicht über eine funktionale Differenzierung herbeigeführt und ist auch nicht mit ihr kompatibel.[201] Die Unterscheidung ist eine Art Metacode, der allen jeglichen anderen Codes in den Systemen der Weltgesellschaft vorgeschaltet ist und sie dadurch mediatisiert.[202]

So sind etwa Rechtsprogramme, die den Code „Recht/Unrecht" regeln, nur für solche Bevölkerungsgruppen von Bedeutung, die inkludiert sind. Für alle exkludierten Gruppen oder Einzelpersonen ist der Code nicht anwendbar. Wie Fischer-Lescano bemerkt, nützt einem Individuum, das keine Staatsbürgerschaft, keinen Arbeitsplatz oder keinen Wohnsitz hat, die durch die Staaten garantierte Mediatisierung des individuellen Rechtsschutzes in Bezug auf Menschenrechte kaum etwas.[203] Dies dürfte zumindest für Individuen gelten, die nicht im Zentrum der Weltgesellschaft leben, sondern in der Peripherie, in der der Zugang zu den verschiedenen Funktionssystemen ohnehin schon erschwert ist.

Eine derartige Exklusion aus der Gesellschaft oder aus einzelnen ihrer Teilbereiche ist in Industrieländern weniger stark ausgeprägt als in Entwicklungs- oder Schwellenländern, wo mitunter bestimmte Bevölkerungsgruppen oder -schichten (etwa die Bewohner von Slums) von einem verlässlichen Rechtsschutz ausgeschlossen sind. Ähnlich und noch drastischer stellt sich die Lage in *failed states* oder *failing states* dar, wie die aktuellen Beispiele Jemen, Somalia, Südsudan oder auch Kriegsgebiete wie Syrien zeigen.[204] Auf der Ebene der Weltgesellschaft gewinnt die Inklusionsproblematik jedoch eine völlig andere Bedeu-

---

[200] Ebd.

[201] *Fischer-Lescano, A.*, Globalverfassung, S. 143.

[202] Ebd.

[203] Ebd.

[204] http://fundforpeace.org (zuletzt besucht am 23.08.2017).

tung. Zwar könnte, wie Fischer-Lescano ausführt, gerade diese Exklusion aus nationalen Rechtssystemen (also segmentär zweitdifferenzierten Systemen) letztlich zu einer stärkeren Inklusion auf globaler Ebene führen und damit in einem „Weltmenschenrechts-Recht“ enden.[205]

Das genaue Gegenteil ist indes wahrscheinlicher. Denn wer schon auf nationaler Ebene von der Exklusion betroffen ist, der wird auf Ebene der Weltgesellschaft erst recht von den Funktionssystemen exkludiert sein. Zudem besteht die Gefahr der Exklusion auch für Gruppen oder Einzelpersonen, die in nationalstaatlichen Systemen vollkommen inkludiert sind und an sämtlichen Leistungen der Teilsysteme partizipieren können. Dies wird beispielsweise beim möglichen politischen System der Weltgesellschaft deutlich. Auch wenn durch Wahlen das politische System durch die Bürger, also die Betroffenen, mitgestaltet werden kann, ist dies auf Ebene der Weltgesellschaft gerade nicht möglich. Die Bürger sind im besten Fall auf eine indirekte Beeinflussung der jeweiligen nationalstaatlichen Repräsentanten auf globaler Ebene beschränkt. Bei nichtdemokratischen Nationalstaaten besteht sogar die Gefahr der völligen Exklusion der Opposition auf Weltgesellschaftsebene.

b. Zentrum/Peripherie

Größtes Problem der Weltgesellschaft ist wohl jedoch das extreme Gefälle zwischen Zentrum und Peripherie – eine spezifische Ausprägung des Metacodes „Inklusion/Exklusion“. Bornschier unterteilt die Weltgesellschaft beispielsweise in ein (westliches) Zentrum, ein Gegenzentrum in Form von staatskapitalistischen Gesellschaften (VR China und Russland), eine Semiperipherie (teilverwestliche Gesellschaften) sowie eine Peripherie (abhängige und marginalisierte Gesellschaften).[206] Diese Problematik hängt eng mit der Differenz „Inklusion/Exklusion“ zusammen, da im Zentrum die Inklusion um ein Vielfaches höher ist als in der Peripherie. Wie Holmes ausführt, ist im Zentrum der Weltgesellschaft die Inklusion in die Funktionsbereiche die Regel und die Exklusion die Ausnahme. Im Peripheriebereich verhält sich dies genau umgekehrt.[207]

---

[205] *Fischer-Lescano, A.*, Globalverfassung, S. 144.

[206] *Bornschier, V.*, Weltgesellschaft, S. 4 f.

[207] *Holmes Chaves, P.*, Verfassungsevolution in der Weltgesellschaft, S. 151.

Die Differenz „Zentrum/Peripherie“ und infolgedessen auch die Unterscheidung „Inklusion/Exklusion“ wird durch die segmentäre Zweitdifferenzierung in Nationalstaaten nochmals gestärkt, da zumindest bislang die Inklusion in die Weltgesellschaft fast ausschließlich über die Nationalstaaten gewährleistet wird. Wie Holmes feststellt, bildet Europa hierbei das Zentrum, da von dort der Aufbauprozess des politischen Weltsystems ausgeht.[208] Dabei sind geringe Exklusionsbereiche als Normalzustand zu betrachten. Problematischer sind Bereiche massiver Exklusion wie in einigen Ländern der Peripherie, speziell der Dritten Welt. Denn diese Bereiche bedeuten nicht nur „schwarze Löcher“ in der funktionalen Differenzierung, wie Stichweh ausführt, sondern gefährden mitunter auch die Autopoiesis im Inklusionsbereich, mithin das Funktionieren des gesamten Systems. Die Heterogenität der Weltgesellschaft ist somit enorm.[209]

Insbesondere die Autopoiesis des Rechts und der Politik sowie der Macht ist hiervon betroffen und wird blockiert, wie Holmes darlegt.[210] Allerdings reagierten die betroffenen Gebiete oder Systeme zum Teil mit Invisibilisierungsmaßnahmen der Kontingenz einer solchen Exklusionslage. In der Folge würden extreme Differenzen ausgeglichen oder nicht beachtet und die Systeme stabilisierten sich hinreichend.[211]

Nach Ansicht von Kjaer nimmt allerdings die Differenzierung „Zentrum/Peripherie“ stetig ab. Gleichzeitig sei ein Ansteigen der funktionalen Differenzierung in der Weltgesellschaft aufgrund der vielfach stattfindenden transnationalen Prozesse zu beobachten. Dies geschehe in doppelter Hinsicht: Zum einen werde das klassische Staatsverständnis im Sinne eines souveränen National- beziehungsweise Territorialstaates globalisiert, zum anderen komme es zu einer „Re-Konfiguration transnationaler Strukturen“.[212]

---

[208] Ebd., S. 153.

[209] Siehe hierzu *Stichweh, R.*, Die Weltgesellschaft, S. 84 ff.

[210] *Holmes Chaves, P.*, Verfassungsevolution in der Weltgesellschaft, S. 153.

[211] Ebd.

[212] *Kjaer, P. F.*, Law and Order Within and Beyond National Configurations, Normative Orders Working Paper (2/2010), S. 35 f. (Übersetzung durch den Autor dieser Arbeit); http://ssrn.com/abstract=1687013 (zuletzt besucht am 19.08.2017).

Holmes spricht in diesem Zusammenhang von semantischen Artefakten, die durch systemtheoretische Betrachtungen geschaffen würden, die als eine Art Ersatz für rechtsstaatliche und demokratische Strukturen herhielten und somit die Ordnung auch ohne Rechtsstaatlichkeit ausreichend legitimierten.[213] Die Folge sei eine „symbolische Konstitutionalisierung“[214] mit einer erheblichen Exklusion in der Peripherie, die im Gegensatz zum Zentrum der Weltgesellschaft, in der die Exklusion nach und nach verschwinde, weiter steige.[215]

c. Zwischenergebnis

Das extrem große Gefälle zwischen dem Zentrum der Weltgesellschaft und der Peripherie stellt somit eine Gefahr für die weltgesellschaftliche Kohärenz insgesamt dar. Insbesondere die damit verbundene höhere Wahrscheinlichkeit der Exklusion von Funktionsbereichen ist für die operative Schließung und das Entstehen einer Autopoiesis im Rechtssystem sowie im politischen System höchst problematisch.

Eine Abmilderung des Exklusionsproblems könnte allerdings durch ein wirkungsvolles globales Demokratieprinzip herbeigeführt werden, indem auch die Peripheriebereiche verstärkt in die weltgesellschaftliche Kommunikation inkludiert werden könnten.

2. *Demokratieprinzip*

Die schwache Ausprägung des Demokratieprinzips ist mithin größte Problem ist das im Vergleich zur nationalen Ebene. Aufgrund der tiefen Verankerung des demokratischen Prinzips als völkerrechtliche Legalitäts- und Legitimitätsanforderung wäre die Konstitutionalisierung des Völkerrechts ohne eine – wie auch immer geartete – Demokratisierung

---

[213] *Holmes Chaves, P.*, Verfassungsevolution in der Weltgesellschaft, S. 154.

[214] *Neves, M.*, Die symbolische Kraft der Menschenrechte, ARSP 91 (2005), S. 159, 162; *ders.*, Symbolische Konstitutionalisierung, S. 124. Laut Neves führt die „symbolische Konstitutionalisierung“ zu einer „Hyperausbeutung des Rechts durch die Politik“, infolgedessen die operative Autonomie des Rechtssystems erheblich gestört werde.

[215] *Holmes Chaves, P.*, Verfassungsevolution in der Weltgesellschaft, S. 157.

sicher nicht vollständig und auch kaum durchsetzbar.[216] Denn eine Weltgesellschaft ohne demokratische Legitimation wird nur eingeschränkt in der Lage sein, über das politische System auf Dauer bindende Entscheidungen zu treffen.[217] Zudem würde die Exklusionsproblematik nicht verringert oder gar langfristig vergrößert.[218]

Nicht zuletzt deshalb wird die Frage der Demokratisierung der internationalen Gemeinschaft und der globalen Entscheidungsstrukturen mit steigender Vehemenz diskutiert.[219] Durch die bereits erörterte Enthierarchisierung und Entstaatlichung der weltweiten Rechtsordnung wird die demokratische Legitimation der machthabenden Körperschaften und Personen (und in gleichem Maß die Rechtsstaatlichkeit) zunehmend infrage gestellt.[220] Zudem sind nationale Demokratien ohnehin in ihren Problemlösungskapazitäten bei regionalen oder globalen Krisen – nicht zuletzt bei der Euro- und Staatsschuldenkrise – überfordert.[221] Fraglich ist jedoch, ob demokratische Grundwerte und Legitimationsprozesse auch im globalen Konstitutionalismus der Weltgesellschaft vorhanden sind oder implementiert werden können.[222]

---

[216] *Peters, A.*, Rechtsordnung und Konstitutionalisierung: Zur Neubestimmung der Verhältnisse, ZöR 65 (2010), S. 3, 16.

[217] *Cohen, J./Sabel, C.*, Directly-Deliberative Polyarchy, Eur Law J 3 (1997), S. 313, 317; siehe grundlegend zur Demokratisierung der internationalen Ordnung: *Höffe, O.*, Demokratie im Zeitalter der Globalisierung, S. 282 ff.

[218] Siehe grundlegend zu Inklusion und Demokratie: *Young, I. M.*, Inclusion and Democracy.

[219] *Sommermann, K.-P.*, Demokratie als Herausforderung des Völkerrechts, in: Tomuschat, C./Dupuy, P.-M./Fassbender, B./Shaw, M. N./Sommermann, K.-P. (Hrsg.), Völkerrecht als Wertordnung, S. 1051, 1052.

[220] *Brunkhorst, H.*, Die Legitimationskrise der Weltgesellschaft, in: Albert, M./Stichweh, R. (Hrsg.), Weltstaat und Weltstaatlichkeit, S. 63, 77; siehe hierzu auch: *Nickel, R.*, Missing Link in Global Law: Regime Collisions, Societal Constitutionalism, and Participation in Global Governance, in: López Calera, N. (Hrsg.), ARSP-B 109 (2007), S. 237, 238 ff.

[221] *Brunkhorst, H.*, Legitimationskrisen, S. 16; auch: *Sommermann, K.-P.*, Demokratie als Herausforderung des Völkerrechts, in: Tomuschat, C./Dupuy, P.-M./Fassbender, B./Shaw, M. N./Sommermann, K.-P. (Hrsg.), Völkerrecht als Wertordnung, S. 1051, 1052.

[222] Siehe zu dieser Debatte auch u.a.: *Colon-Rios, J. I.*, Weak Constitutionalism.

Bislang ist jedenfalls ein globales Demokratieprinzip allenfalls äußerst schwach ausgeprägt. Auch der Sicherheitsrat und die UN insgesamt nehmen eine zwiespältige Rolle bei der Implementierung eines globalen Demokratiemodells ein.[223] War eine demokratische Grundordnung ohne ein konstitutionalisiertes Politik- und Rechtssystem im Nationalstaat kaum vorstellbar, wird von manchen Stimmen in der Literatur – so etwa Dobner – nicht nur angezweifelt, dass ein globaler Konstitutionalismus demokratische Prinzipien fördert, sondern sogar die Annahme vertreten, dass eine Konstitutionalisierung die Implementierung eines globalen Demokratieprinzips erschweren oder sogar verhindern könne.[224] Auch Weiler zweifelt, ob die Demokratie überhaupt eine richtige Kategorie für den globalen Rechtssetzungsprozess ist, zumindest dann, wenn man internationales Recht jedenfalls in Teilen als (bloßes) Regierungshandeln im Sinne von *governance* ansieht.[225] Vielmehr würde sich ein demokratisches Völkerrecht weiter vom Koordinationscharakter und der souveränen Staatengleichheit des klassischen Völkerrechts entfernen und wäre nicht mehr wertneutral und – wie Kokott festhält – womöglich auch als „quasi-staatsrechtlich" zu bezeichnen.[226]

Bis zum Ende des 20. Jahrhunderts war die internationale Ebene eher kein Gebiet für Demokratieforschung, auch wenn, wie Tomuschat bemerkt, zumindest die Demokratieförderung mittlerweile ganz oben auf der Agenda der internationalen Politik angekommen ist.[227] Die Gründe hierfür sind vielfältig, vor allem jedoch in der fehlenden effektiven Herrschaftsausübung auf globaler Ebene zu suchen. Außerdem spielt die nicht vorhandene Durchdringung der nationalen Grenzen durch

---

[223] Siehe hierzu: *Marauhn, T.*, The United Nations and Political Democracy, in: Bäuerle, M./Dann, P./Wallrabenstein, A. (Hrsg.), Demokratie-Perspektiven, S. 659.

[224] *Preuß, U. K.*, Disconnecting Constitutions from Statehood, in: Dobner, P./Loughlin, M. (Hrsg.), The Twilight of Constitutionalism?, S. 23, 141 ff.

[225] *Weiler, J.*, The Geology of International Law – Governance, Democracy and Legitimacy, ZaöRV 64 (2004), S. 547, 552 ff.

[226] *Kokott, J.*, Souveräne Gleichheit und Demokratie im Völkerrecht, ZaöRV 64 (2004), S. 517, 517; siehe auch *Bogdandy, A. von,* Demokratie, Globalisierung, Zukunft des Völkerrechts – eine Bestandsaufnahme, ZaöRV 63 (2003), S. 853, 865 ff.

[227] *Tomuschat, C.*, Weltordnungsmodelle für das 21. Jahrhundert, in: ders. (Hrsg.), Weltordnungsmodelle für das 21. Jahrhundert, S. 15, 20.

internationale Regulierungen eine Rolle. Entscheidend waren nach Ansicht von Deitelhoff zudem die fehlende normative Überzeugung für ein Demokratiemodell auf globaler Ebene seitens der globalen Akteure; auch fehlten gemeinsame Wertvorstellungen.[228]

Die heute allgemein anerkannte postnationale Konstellation erfordert es jedoch umso mehr, sich mit Fragen der Machtausübung und demokratischer Legitimität eingehend zu beschäftigen.[229] So kann inzwischen auch – zumindest mit Einschränkungen – die Behauptung aufgestellt werden, das Demokratiegebot sei zur Völkerrechtsnorm erstarkt und stellte ein „natürliches Anliegen des modernen Völkerrechts dar".[230] Zudem ist der schwindende Einfluss der Nationalstaaten bei gleichzeitig immer globaler werdenden Problemstellungen nicht zu leugnen. Und in dem Maß, wie der politische Handlungsspielraum der Nationalstaaten zurückgedrängt wird, ergibt sich womöglich die „Forderung, die politischen Handlungsfähigkeiten über nationale Grenzen zu erweitern, aus dem normativen Sinne der Demokratie selbst."[231]

Fraglich ist aber, ob angesichts der segmentären Zweitdifferenzierung auf globaler Ebene die Implementierung und effektive Durchsetzung demokratischer Prinzipien, Strukturen und Prozesse möglich ist. Auch Brunkhorst zweifelt, ob der institutionelle Rahmen des Weltrechts schon derart gestärkt ist, dass mangels ausreichender demokratischer Rückkopplung an die (Welt-)Bürger nicht lediglich undemokratische Herrschaft stabilisiert wird.[232] Wie Bast festhält, ist „die institutionelle

---

[228] *Deitelhoff, N.*, Fairness oder Demokratie?, in: Brunkhorst, H. (Hrsg.), Demokratie in der Weltgesellschaft, S. 303.

[229] Ebd.

[230] *Kokott, J.*, Souveräne Gleichheit und Demokratie im Völkerrecht, ZaöRV 64 (2004), S. 517, 525 – natürlich gehören die inneren Angelegenheiten der Staaten immer noch zur *domaine reservé.* Da demokratische Staaten diejenige Staatsform ist, die gewalttätige Auseinandersetzungen am ehesten vermeiden könne, sei die Aufgabenerfüllung des modernen Völkerrechts – Kriegsvermeidung und Menschenrechtsschutz – unter demokratischen Staaten am ehesten möglich; siehe auch *Franck, T.*, The Emerging Right to Democratic Governance, AJIL 86 (1992), S. 46; siehe auch *Fox, G./Roth, B.* (Hrsg.), Democratic Governance and International Law.

[231] *Habermas, J.*, Zur Verfassung Europas, S. 50.

[232] *Brunkhorst, H.*, There Will Be Blood, in: ders. (Hrsg.), Demokratie in der Weltgesellschaft, S. 99.

Un-Ordnung internationaler Herrschaftsausübung, die globale Non-Governance, ein Problem für die Effektivität und die Kohärenz überstaatlichen Regierens" und zugleich auch ein Problem demokratischer Herrschaft.[233]

Zu bedenken ist allerdings auch, dass nicht nur auf globaler Ebene die Verankerung demokratischer Prinzipien bislang größtenteils ausgeblieben ist. Auch in den Bereichen der segmentären Differenzierung, mithin den Territorialstaaten, zählen demokratische Prinzipien keineswegs überall zum Grundbestand der verfassungsrechtlichen Ordnung. So mag das 20. Jahrhundert vielleicht als das Jahrhundert in die Geschichte eingehen, in dem die Konsolidierung der repräsentativen Demokratie gelungen ist.[234] Wirft man jedoch einen Blick auf die Mitgliedstaaten der Vereinten Nationen, so fällt auf, dass sich zwar der Anteil der – nicht bloß formell, das heißt symbolisch oder nominell an Verfassungstexte gebundenen – demokratisch organisierten Staaten seit der dritten Demokratisierungswelle Ende der 1980er-Jahre erhöht hat. Allerdings sind immer noch zahlreiche Länder mit autoritären Regierungsformen Mitglieder.[235]

Mithin hat sich das Demokratieprinzip nicht einmal in den Territorialstaaten wirklich durchgesetzt, ganz zu schweigen von den globalen Institutionen. Bislang ist also keine demokratische Weltordnung, sei es über eine demokratische Staatenwelt oder gar einen demokratischen Weltstaat, in Sicht.[236] Und mit zunehmender Verlagerung von Rechtssetzung und Politikgestaltung von der nationalen Ebene auf genau diese globalen, supra- oder internationalen Institutionen wird die Frage des Demokratiedefizites, respektive des damit einhergehenden Legitimationsverlustes virulenter.[237] Denn ohne eine wie auch immer geartete,

---

[233] *Bast, J.*, Das Demokratiedefizit fragmentierter Institutionalisierung, in: Brunkhorst, H. (Hrsg.), Demokratie in der Weltgesellschaft, S. 185, 188.

[234] So *Held, D.*, Prospects for Democracy. North, South, East, West, S. 21, der von einem Phänomen spricht; siehe auch *Brunkhorst, H.*, Legitimationskrisen, S. 85, der diese Entwicklung etwas positiver darstellt.

[235] *Steinforth, C.*, Demokratie lite?, ZaöRV 71 (2011), S. 475, 476.

[236] *Brunkhorst, H.*, Legitimationskrisen, S. 85.

[237] *Bernstorff, J. von,* Zivilgesellschaftliche Partizipation in internationalen Organisationen: Form globaler Demokratie oder Baustein westlicher Expertenherrschaft?, in: Brunkhorst, H. (Hrsg.), Demokratie in der Weltgesellschaft, S. 277, 278.

legitimationsbegründende Rückbindung der von den auf Ebene der Weltgesellschaft getroffenen Entscheidungen an die Betroffenen (Welt-) Bürger ist eine konstitutionalisierte Weltgesellschaft nur schwer vorstellbar.

Notwendig hierzu sind „reflexive Formen der Selbstbeobachtung und Selbsteinwirkung einer inklusiv zu denkenden Weltbürgerschaft", denn ohne ein gewisses Maß an Selbstreflexion und Teilhabewillen wird eine legitimatorische Wirkung von Entscheidungen auf globaler Ebene nur schwerlich erzielt werden können.[238] Notwendig ist des Weiteren auch eine gewisse demokratische Offenheit, die Konflikten und abweichenden Meinungen gegenüber aufgeschlossen ist und diese ausdrücklich zulässt, wenn nicht sogar fördert.[239]

Im Zuge der Transnationalisierungen sowohl von Problemstellungen als auch von -lösungen durch Globalisierung und Denationalisierung in Bereichen wie Wirtschaft, Politik und Soziales wirken internationale Normen und Institutionen nun zunehmend intensiver in nationale normative Ordnungen ein, wenn auch Verfahren für legitime Meinungs- und Willensbildung auf globaler Ebene sowie die bereits angesprochene Rückkopplung mit dem nationalen Bereich mit den substanziellen Vertiefungen und Verrechtlichungen nicht parallel mitentwickelt werden können.[240] So ist zwar durchaus aufgrund der Entwicklung globaler, zumindest in Ansätzen die demokratische Kultur fördernden Verfassungsregime die „kommunikative Macht" der Demokratie gestiegen. Da die Letztentscheidungskompetenz der Nationalstaaten und damit auch ihrer demokratisch organisierten Verfassungssysteme zurückgeht, wird aber die „Organisationsmacht" der Demokratie geringer.[241] Daher muss es das Ziel sein, die Rückkopplung den Entwicklungen möglichst weitgehend anzupassen.

Außerdem gilt allerdings auch im Hinblick auf ein etwaiges globales Demokratieprinzip, dass man – ähnlich wie bei der Verfassungsfrage

---

[238] Vgl. *Albert, M./Schmalz-Bruns, R.*, Antinomien der Global Governance: Mehr Weltstaatlichkeit, weniger Demokratie?, in: Brunkhorst, H. (Hrsg.), Demokratie in der Weltgesellschaft, S. 57.

[239] *Colon-Rios, J. I.*, Weak Constitutionalism, S. 57 f.

[240] *Deitelhoff, N.*, Fairness oder Demokratie?, in: Brunkhorst, H. (Hrsg.), Demokratie in der Weltgesellschaft, S. 303; m.w.N.

[241] *Brunkhorst, H.*, Die Legitimationskrise der Weltgesellschaft, in: Albert, M./Stichweh, R. (Hrsg.), Weltstaat und Weltstaatlichkeit, S. 63, 78.

insgesamt – kaum mit nationalen Maßstäben wird arbeiten können.[242] Vielmehr wird das Demokratieprinzip, wie es aus nationalen Staaten bekannt ist, remoduliert und an die globalen Maßstäbe angepasst werden müssen, um zumindest in Teilen oder im Ansatz übertragbar zu sein.

Es ergibt aber wenig Sinn, die globalen Rechtssetzungsstrukturen von den nationalen vollständig zu separieren. Vielmehr erscheint es ratsam, nationalstaatliche und trans- beziehungsweise postnationale Demokratiestrukturen miteinander zu verbinden und Synergieeffekte zu nutzen. Im Ergebnis würde so eine polyzentrale sowie -kontexturale demokratische (Welt-)Gesellschaft entstehen können und zwar nicht nur auf zwischenstaatlicher Ebene, sondern auch innerhalb der Staaten selbst („not only among and beyond the states, but also within the states themselves").[243] Und schließlich ist klar, dass ein globales Demokratiemodell nur als normatives Projekt aufgefasst werden und keinesfalls bereits empirisch durch die Realität abgebildet werden kann.[244]

a. Begriffsbestimmungen

Um zu verstehen, was sich hinter einem globalen Demokratiemodell verbergen könnte, muss zunächst der Begriff „Demokratie" mit Luhmann eingegrenzt werden. Demokratie ist nach Ansicht Luhmanns weder Herrschaft des Volkes über das Volk, noch bedeutet Demokratie, dass alle Entscheidungen partizipationsfähig sein müssen. Demokratie ist also nicht „kurzgeschlossene Selbstreferenz im Begriff der Macht" und auch nicht „Aufhebung von Herrschaft, Annullierung von Macht durch Macht".[245] Darüber hinaus bedeute Demokratie auch nicht, dass „alle Entscheidungen in Entscheidungen über Entscheidungen aufzulösen" seien. Denn die Folge wäre eine Überlastung des politischen Systems infolge von endlosen Entscheidungsketten und letztlich eine In-

---

[242] Siehe etwa: *Buchanan, A.*, The Legitimacy of International Law, in: Besson, S./Tasioulas, J. (Hrsg.), The Philosophy of International Law, S. 79, 87.

[243] *Besson, S.*, Institutionalizing Global Demoi-cracy, in: Lukas H. Meyer (Hrsg.), Legitimacy, Justice and Public International Law, S. 67.

[244] Siehe auch *Prien, T.*, Fragmentierte Volkssouveränität, S. 21.

[245] *Luhmann, N.*, Die Zukunft der Demokratie, in: ders. (Hrsg.), Soziologische Aufklärung 4, S. 131, 132.

transparenz der Machtverhältnisse durch die Unübersichtlichkeit der massiven Anzahl von Entscheidungen.[246]

Luhmann verstand daher unter Demokratie vielmehr die „Spaltung der Spitze". Das politische System werde durch demokratische Prinzipien in die Unterscheidung „Regierung" und „Opposition" unterteilt – in die Codierung des politischen Systems.[247] Um diese Teilung herbeiführen zu können, müssten den Bürgern Partizipationsmöglichkeiten zur Verfügung stehen, zumindest in Form von Wahlen. Entscheidend sei, dass die Spaltung sich nicht statisch und dauerhaft manifestiere, sondern durch regelmäßige Wahlen neu getroffen werde. Dieser demokratische Code des politischen Systems sei ähnlich wie die Verfassung eine evolutionäre Errungenschaft. Denn zunächst sei politische Macht lediglich in „Macht/Ohnmacht" codiert gewesen, ohne dass ein regelmäßiges Abwechseln an der Machtseite möglich gewesen wäre. Dies werde erst infolge des Zweitcodes und der Supercodierung „Regierung/ Opposition" in einer demokratisch verfassten Gesellschaft möglich. Die Differenz „Macht/Ohnmacht" werde dadurch zwar nicht obsolet, jedoch durch den möglichen Regierungswechsel zumindest relativiert.[248]

Von entscheidender Bedeutung sei hierbei allerdings, dass zumindest die grundsätzliche Partizipationsmöglichkeit für alle Bürger gegeben sein müsse, das heißt, möglichst alle sollten sich daher auf der inkludierten Seite des Metacodes „Inklusion/Exklusion" wiederfinden. Denn ist dies nicht der Fall, dann ist der Kerngedanke der Demokratie, die generelle Partizipationsmöglichkeit, obsolet und eine Demokratie, gleich ob im nationalen oder im globalen Rahmen wird kaum funktionieren:

> „Die Demokratie kann nur gedeihen, wenn die Masse der normalen Bürger wirklich die Gelegenheit hat, sich durch Diskussionen und im Rahmen unabhängiger Organisationen aktiv an der Gestaltung des öffentlichen Lebens zu beteiligen – und wenn sie diese Gelegenheiten auch aktiv nutzen."[249]

Notwendige Voraussetzung für ein funktionierendes Demokratiemodell sind daher andere konstitutionelle Elemente wie die *rule of law* und gewisse institutionelle Strukturen, ohne die die verlässliche und dauer-

---

[246] Ebd.

[247] Ebd.

[248] Ebd., S. 133 f.

[249] *Crouch, C.*, Postdemokratie, S. 8 f.

hafte Partizipationsmöglichkeit der Bevölkerung gar nicht erst möglich wäre.[250] Zurn legt aufgrund der erforderlichen dauerhaften Strukturierung der demokratischen Verfahren sogar die Notwendigkeit einer gewissen Hierarchisierung des Rechts nahe – ein Schluss, der allerdings nicht als klare Normenhierarchisierung mit strikter Vorrangwirkung zu verstehen ist. Eine gewisse Höherwertigkeit des demokratischen Prinzips erscheint aber sinnvoll, um die Strukturen und Prozesse vor einer stetigen, den Funktionsablauf störenden Abänderung zu schützen.[251] Weder die Modelle „radikaler Governance" im Sinne einer „Expertokratie" noch die alleinige Herleitung von Legitimation über eine „kollektive Autonomie" im Sinne einer Einbindung möglichst aller Betroffenen überzeugen vollends.[252] Entscheidend wird dabei eine Kombination aus deliberativen Elementen, also direkte Teilhabemöglichkeit in den Funktionssystemen der Weltgesellschaft, und indirekten Legitimationsketten über Partizipationsmöglichkeiten in den segmentären Bereichen, mithin den Nationalstaaten, sein.

Trotz dieses Deutungsversuchs durch Luhmann ist es insbesondere auf der globalen Ebene sehr schwierig, einen einheitlichen Demokratiebegriff zu bestimmen. Daher sind wohl nur gewisse Mindeststandards eines transnationalen Demokratiegebots widerspruchsfrei zu ermitteln. Dazu zählen gewisse Verfahrenserfordernisse wie freie Wahlen, Transparenz von Entscheidungsprozessen, Informationszugänglichkeit sowie die Verantwortlichkeit von Entscheidungsträgern, aber auch die Verantwortlichkeit staatlicher Machthaber im Rahmen internationaler Gerichtsbarkeit und Wahrheitskommissionen.[253]

aa. Legitimität als Grundvoraussetzung

Eine zentrale Rolle bei der Suche nach einem globalen Demokratiemodell, nach gemeinsamen globalen demokratischen Grundprinzipien und

---

[250] Vgl. *Zurn, C. F.*, Deliberative Democracy and the Institutions of Judicial Review, S. 228.

[251] Ebd., S. 229.

[252] *Niederberger, A.*, Wie „demokratisch" ist die transnationale Demokratie?, in: Albert, M./Stichweh, R. (Hrsg.), Weltstaat und Weltstaatlichkeit, S. 109, 116 ff., 126.

[253] *Kokott, J.*, Souveräne Gleichheit und Demokratie im Völkerrecht, ZaöRV 64 (2004), S. 517, 528.

der Verständigung auf universelle Werte spielt die Frage nach der ausreichenden Legitimität. Im modernen, kooperationsrechtlich organisierten Völkerrecht, in dem Staaten nicht mehr die einzigen Akteure mit Rechten und Pflichten sind und in dem die staatliche Souveränität[254] im Sinne einer *domaine réservé*, der Unabhängigkeit von rechtlicher sowie tatsächlicher Einflussnahme und der vollständigen Autonomie mehr und mehr aufgeweicht wird, ist der reine Staatenkonsens nicht mehr ausreichende Legitimitätsvoraussetzung.[255]

Mit Dobner ist jedenfalls festzuhalten, dass durch die Verlagerung von Entscheidungsprozessen auf transnationale und private Akteure und dem Aufbrechen staatlicher Souveränität auch ein Verlust demokratischer Legitimität einhergegangen ist. Wie dieser Verlust aufgefangen werden kann, ist fraglich. Eine bloße Übertragung demokratischer Prozesse auf die transnationale und globale Ebene erscheint nicht ratsam. Denn, wie es Dobner formuliert, der Staat bleibe, auch wenn er in trans- und supranationale Strukturen eingebunden sei, ein Bezugspunkt, der nicht übergangen werden könne:

> „Wenn Demokratie innerstaatlich gefährdet ist, kann sie nicht transstaatlich wiedergewonnen werden, weil sich hier der Bezugsrahmen

---

254 Ausführlich zum Begriff der Souveränität im Völkerrecht *Fassbender, B.*, Die Souveränität des Staates als Autonomie im Rahmen der völkerrechtlichen Verfassung, in: Mansel, H. P. (Hrsg.), Festschrift für Erik Jayme, S. 1089 ff.

255 *Besson, S.*, Institutionalizing Global Demoi-cracy, in: Lukas H. Meyer (Hrsg.), Legitimacy, Justice and Public International Law, S. 62; *Gusy, C.*, Demokratiedefizite postnationaler Gemeinschaften unter Berücksichtigung der Europäischen Union, in: Brunkhorst, H./Kettner, M. (Hrsg.), Globalisierung und Demokratie, S. 131, 132; *Paulus, A. L.*, Zur Zukunft der Völkerrechtswissenschaft in Deutschland: Zwischen Konstitutionalisierung und Fragmentierung des Völkerrechts, ZaöRV 67 (2007), S. 695, 716. Eine andere Auffassung vertritt hingegen beispielsweise Weiler: Demnach basiere das Völkerrecht (immer noch) auf Konsens zwischen souveränen Staaten. Das Prinzip der souveränen Staatengleichheit impliziere jedoch keinerlei demokratische Verfahrensregeln. Im Gegenteil, das Konsensprinzip könne bisweilen mit dem Demokratieprinzip konfligieren – beispielsweise wenn die Mehrheit nicht verhindern könne, dass sich ein Staat dem Konsens verweigert und als *persistent objector* die Zustimmung verweigere: *Weiler, J.*, The Geology of International Law – Governance, Democracy and Legitimacy, ZaöRV 64 (2004), S. 547, 548.

zwar vergrößert, aber die Ursachen der Gefährdung nicht ausgeräumt werden."[256]

In einer darüber hinausgehenden, kosmopolitisch beeinflussten Ordnung müssten die Akteure auf globaler Ebene daher in irgendeiner Form demokratisch legitimiert sein. Dass auch das Demokratieprinzip nicht ohne Anpassungen von der nationalstaatlichen Ebene auf die internationale Ebene übertragen werden kann, leuchtet in Anbetracht der segmentären Zweitdifferenzierung ein. Eine rein mittelbare Legitimation über Legitimationsketten ist auf globaler Ebene angesichts der etwa im Vergleich zur EU nochmals erheblich größeren kulturellen und machtperspektivistischen Diversität nicht ausreichend. Vielmehr steht und fällt die demokratische Legitimation mit der Beteiligung der unmittelbar Betroffenen.[257] Habermas geht sogar über dieses Erfordernis hinaus und argumentiert, dass das Demokratieprinzip seine legitimierende Kraft grundsätzlich über die Inklusion aller Bürger und die „Verkoppelung von Mehrheitsentscheidungen mit einer deliberativen Meinungsbildung" erfahre.[258]

Interessant ist laut Weiler, dass Legitimität sowohl als empirisches Sozialphänomen als auch als normatives Konzept dynamisch sei und sich die Bedeutung daher über die Jahre oftmals verändert habe.[259] Zudem könne man auf globaler Ebene nicht von *der* Demokratie oder *dem* Demokratieprinzip reden – vielmehr seien die demokratischen Prozeduren und Prinzipien äußerst vielschichtig und schwer auf einen Nenner zu bringen. Daher sind – mit Weiler – ein Überdenken und eine Anpassung der nationalen demokratischen Verfahrensweisen und Prin-

---

[256] *Dobner, P.*, Konstitutionalismus als Politikform, S. 169.

[257] *Paulus, A. L.*, Subsidiarity, Fragmentation and Democracy: Towards the Demise of General International Law?, in: Shany, Y./Broude, T. (Hrsg.), The Shifting Allocation of Authority in International Law, S. 193, 204.

[258] *Habermas, J.*, Die Krise der Europäischen Union im Lichte einer Konstitutionalisierung des Völkerrechts – Ein Essay zur Verfassung Europas, ZaöRV 72 (2012), S. 1, 9.

[259] *Weiler, J.*, The Geology of International Law – Governance, Democracy and Legitimacy, ZaöRV 64 (2004), S. 547, 549; so z.B. auch die Charakteristika der internationalen Verträge: zunächst eher bilateral, schließlich multilateral bis hin zu quasi konstitutionellen Verträgen. Viertens regulative Vertragswerke (WTO, Umwelt, Finanzen).

zipien an die Anforderungen der globalen Ebene erforderlich.[260] Diese Auffassung wird auch eher dem Konzept von Luhmanns Weltgesellschaft als einer heterarchischen Ordnung gerecht. Notwendig ist sowohl ein verfahrensrechtliches als auch ein materielles Legitimationskonzept in Form eines globalen Demokratiemodells.[261]

Legitimität kann laut Luhmann als eine Form der Machtbegrenzung im modernen Verfassungsstaat angesehen werden. Dabei sind Luhmann zufolge verfassungsrechtliche Beschränkungen im Sinn des Liberalismus oder stärkere Teilhabe und verfahrensrechtliche Absicherungen des politischen Systems – ähnlich wie bei Habermas – gangbare Alternativen.[262] Andererseits ergibt Luhmann zufolge die Idee der Legitimität historisch gesehen nur als Rechtsprinzip und unter naturrechtlichen Bedingungen Sinn – und zwar allein in einer hierarchisch organisierten, stratifizierten Gesellschaftsform.[263] Ab Mitte des 18. Jahrhunderts, mit Aufkommen der Theorie des positiven Rechts, wurde unter Legitimation schließlich nur eine „faktisch-kompetente, durchsetzungsfähige Ausübung politischer Gewalt verstanden."[264] In der Literatur wird deshalb auch eine „demokratische Auffassung von Legitimität"[265] vertreten, wonach Legitimität zentraler Bestandteil öffentlicher Institutionen ist, um sicherzustellen, dass die Interessen der betroffenen Bürger in ausreichendem und verhältnismäßigem Umfang in einem fairen Abwägungsprozess berücksichtigt werden.[266] Staatsrechtlich betrachtet

---

[260] Ebd., S. 552 ff.

[261] *Loh, W.*, Konstitutionalisierung der Selbstbestimmung, in: Pernice, I./ Müller, M./Peters, C. (Hrsg.), Konstitutionalisierung jenseits des Staates, S. 97; *Besson, S.*, Institutionalizing Global Demoi-cracy, in: Lukas H. Meyer (Hrsg.), Legitimacy, Justice and Public International Law, S. 64.

[262] Vgl. *Ashenden, S.*, The Problem of Power in Luhmann's Systems Theory, in: King, M./Thornhill, C. J. (Hrsg.), Luhmann on Law and Politics, S. 127, 139 f.; *Luhmann, N.*, Machtkreislauf und Recht in Demokratien, in: ders. (Hrsg.), Soziologische Aufklärung 4, S. 148.

[263] *Ders.*, Partizipation und Legitimation, in: ders. (Hrsg.), Soziologische Aufklärung 4, S. 159, 161.

[264] Ebd.

[265] *Christiano, T.*, Democratic Legitimacy and International Institutions, in: Besson, S./Tasioulas, J. (Hrsg.), The Philosophy of International Law, S. 119, 121 (Übersetzung durch den Autor dieser Arbeit).

[266] Ebd.

bedeutet Legitimität ein „Mehr“ im Vergleich zur Legalität von Staatsgewalt im Sinne von Rechtmäßigkeit.[267] Bei der Frage nach der Legitimität eines bestimmten Handelns oder einer Entscheidung geht es nicht allein um die Frage nach Recht oder Unrecht. Entscheidend ist vielmehr ein „außerrechtliche[r] Maßstab, der an Entstehung und Inhalt des Rechts angelegt“[268] ist.

Die Frage nach der Legitimität ist also eine demokratietheoretische Frage nach den richtigen Verfahren zur Entscheidungsfindung. Man kann diesbezüglich auch von „Input-Legitimation“ im Vergleich zur „Output-Legitimation“ oder „Outcome-Legitimation“ sprechen, die auf die Qualität der erreichten Ergebnisse und weniger auf deren Zustandekommen abstellt.[269] Daher wird die Output-Legitimation vor allem über „die Effizienz und Effektivität ihrer Problemlösungskapazität und ihre Gemeinwohldienlichkeit“ ermittelt – Gerechtigkeitsaspekte und grundlegende Menschenrechte spielen bei derartigen Legitimitätskonzepten eine wichtige Rolle.[270] Wie Brunkhorst darlegt, weist die internationale Ordnung zwar bereits ein gewisses Maß an Output-Legitimation auf. Mangels Weltbürgerschaft sei aber die Input-Legitimation quasi nicht vorhanden.[271]

Unklar ist dabei insbesondere, ob Legitimität vor allem eine Frage der Partizipation ist.[272] Wäre dies der Fall, so könnte durch eine vermehrte

---

[267] *Stein, T.*, Demokratische Legitimierung auf supranationaler und internationaler Ebene, ZaöRV 64 (2004), S. 563.

[268] *Bernstorff, J. von,* Zivilgesellschaftliche Partizipation in internationalen Organisationen: Form globaler Demokratie oder Baustein westlicher Expertenherrschaft?, in: Brunkhorst, H. (Hrsg.), Demokratie in der Weltgesellschaft, S. 277, 290.

[269] Ebd., S. 290; m.w.N.; *Sommermann, K.-P.*, Demokratie als Herausforderung des Völkerrechts, in: Tomuschat, C./Dupuy, P.-M./Fassbender, B./Shaw, M. N./ders. (Hrsg.), Völkerrecht als Wertordnung, S. 1051, 1052; *Kleinlein, T.*, Konstitutionalisierung im Völkerrecht, S. 514.

[270] *Kleinlein, T.*, Konstitutionalisierung im Völkerrecht, S. 514.

[271] *Brunkhorst, H.*, Globalising Democracy Without a State: Weak Public, Strong Public, Global Constitutionalism, Millennium – Journal of International Studies 31 (2002), S. 675, 688.

[272] *Luhmann, N.*, Partizipation und Legitimation, in: ders. (Hrsg.), Soziologische Aufklärung 4, S. 159; bejahend z.B.: *Nanz, P./Steffek, J.*, Zivilgesellschaftliche Partizipation und die Demokratisierung internationalen Regierens,

direkte oder indirekte Partizipation der von den Entscheidungen Betroffenen auch die Legitimität der Entscheidungen erhöht werden. Dabei besteht allerdings die Gefahr von nichterfüllten Erwartungen und in der Folge von Enttäuschungen.[273] Auch für Luhmann ist es daher von herausragender Bedeutung, besonderes Augenmerk auf die Institutionalisierung von Verfahren zur Konsensfindung zu legen und weniger auf die Werte, die hinter den Termini „Legitimation" und „Partizipation" stehen.[274]

Dobner sieht die Vernachlässigung der Demokratie als Folge des Verschiebens des Fokus von Legitimität zu Effektivität, von politischem zu rechtlichem Konstitutionalismus und von Demokratie zu rechtlicher Technokratie.[275] Sie zielt damit auf die Gefahren, die bereits im 3. und 5. Kapitel in Bezug auf die Fragmentierung des Völkerrechts in verschiedene Expertenregime behandelt wurden.

bb. Globale Demokratienorm?

Zweifelhaft erscheint jedenfalls, ob man überhaupt von einer – zumindest im Entstehen befindlichen – globalen Demokratienorm oder von einem gemeinsamen Demokratieprinzip sprechen kann.[276] Denn damit

---

in: Niesen, P./Herborth, B. (Hrsg.), Anarchie der kommunikativen Freiheit, S. 87, 97.

[273] *Luhmann, N.*, Partizipation und Legitimation, in: ders. (Hrsg.), Soziologische Aufklärung 4, S. 159, 160.

[274] Ebd., S. 167.

[275] *Preuß, U. K.*, Disconnecting Constitutions from Statehood, in: Dobner, P./Loughlin, M. (Hrsg.), The Twilight of Constitutionalism?, S. 23, 161.

[276] Preuß stellt fünf verschiedene denkbare Konzepte vor: 1. Das liberal-pluralistische Modell: die Dominanz der Staaten werde nicht in Frage gestellt; gleichzeitig soll aber mehr Repräsentativität, Transparenz und Verantwortlichkeit internationaler Institutionen angestrebt werden; 2. Das demokratisch-pluralistische Modell: nach diesem Modell sollen die Fähigkeiten einer aktiven Bürgerschaft i.S. einer Pluralität selbstorganisierter Gemeinschaften auf verschiedenen räumlichen, von staatlichen Grenzen unabhängigen Ebenen; 3. Das kosmopolitische Modell: danach sollen die Grundprinzipien nationaler Demokratie möglichst auf die globale Ebene übertragen werden; Maßstab ist eine Weltföderation demokratischer Gemeinschaften; 4. Das deliberative Modell: dieses Modell setze auf eine „institutionelle Verstetigung von Prozessen der kollektiven Artikulation des Anspruchs auf politische Mitgestaltung" der Be-

die unterlegene Minderheit die Entscheidungen der Mehrheit akzeptieren kann, muss zudem ein allgemeiner, stillschweigender Konsens über die demokratische Entscheidungsfindung bestehen.[277] Im nationalen Rahmen stellt dies angesichts eines klar definierten *demos* und von Verfahrensgarantien sowie Minderheitenrechten zumindest in „älteren" Demokratien kein Problem dar. Wegen des Fehlens eines globalen *demos* ist dies auf internationaler Ebene deutlich komplizierter. So ist kaum vorstellbar, dass demokratisch legitimierte nationalstaatliche Entscheidungen durch eine nur mittelbar legitimierte internationale Instanz aufgehoben werden und dies durch den betroffenen Staat beziehungsweise *demos* akzeptiert würde.[278]

Notwendig für eine globale Demokratienorm oder ein globales Demokratieprinzip wird jedenfalls aufgrund der funktionalen wie segmentären Differenzierung der Weltgesellschaft eine teilweise oder vollständige Loslösung des Demokratieprinzips von staatlichen Strukturen oder vom Staat sein.[279] Dies ist nicht gleichzusetzen mit der Vorstellung einer Demokratie ohne *demos* – geht aber auch über die Vorstellung einer „überstaatlichen Demokratie", die lediglich auf den *demoi* der Nationalstaaten und deren Verbindungen untereinander beruht, hinaus.[280]

---

troffenen; 5. Das Zwei-Säulen-Modell (vgl. Anne Peters): dieses Demokratiekonzept setzt zum einen auf die Demokratie innerhalb der Territorialstaaten, zum anderen auf eine Bürgerschaft in einer globalen Zivilgesellschaft; *Preuß, U. K.*, Gibt es eine völkerrechtliche Demokratietheorie?, in: Heinig, H. M./Terhechte, J. P. (Hrsg.), Postnationale Demokratie, Postdemokratie, Neoetatismus, S. 169, 183; siehe zum demokratischen Konstitutionalismus und dem Prinzip der „Umstrittenheit": *Wiener, A.*, Demokratischer Konstitutionalismus jenseits des Staates?, in: Niesen, P./Herborth, B. (Hrsg.), Anarchie der kommunikativen Freiheit, S. 173, 198.

[277] *Paulus, A. L.*, Subsidiarity, Fragmentation and Democracy: Towards the Demise of General International Law?, in: Shany, Y./Broude, T. (Hrsg.), The Shifting Allocation of Authority in International Law, S. 193, 195.

[278] Ebd.

[279] *Habermas, J.*, Die Krise der Europäischen Union im Lichte einer Konstitutionalisierung des Völkerrechts – Ein Essay zur Verfassung Europas, ZaöRV 72 (2012), S. 1, 9.

[280] *Sommermann, K.-P.*, Demokratie als Herausforderung des Völkerrechts, in: Tomuschat, C./Dupuy, P.-M./Fassbender, B./Shaw, M. N./ders. (Hrsg.), Völkerrecht als Wertordnung, S. 1051, 1062; kritisch diesbezüglich: *Gusy, C.*, Demokratiedefizite postnationaler Gemeinschaften unter Berücksichtigung der

Prien spricht von einer möglichen Neufassung demokratischer Projekte, die infolge der Fragmentierung des Rechts und der damit verbundenen Loslösung der Demokratie von ihren ursprünglichen Strukturen notwendig sein könnte.[281] Auch Brunkhorst argumentiert in diese Richtung. Nach dem Recht hätten sich auch die Demokratie vom Staat und das demokratische Legitimationssubjekt vom Staatsvolk gelöst. Daher bestehe die Möglichkeit einer „Demokratisierung aller internationalen Beziehungen".[282] In Anbetracht einer globalen Menschenrechtskultur, einer – zumindest in Ansätzen vorhandenen – Weltöffentlichkeit sowie einer globalen Zivilgesellschaft gebe es deutliche Hinweise auf eine heranwachsende, globale Demokratie. Auch erfüllten Nichtregierungsorganisationen zumindest in Teilen Aufgaben nationaler politischer Parteien.[283]

Wie Steinforth herausarbeitet, wird von manchen Völkerrechtlern ein allgemeines Demokratiegebot aus dem Selbstbestimmungsrecht der Völker sowie aus partizipatorischen Menschenrechten wie dem Recht auf politische Teilhabe abgeleitet.[284] Die Existenz einer gemeinsamen Überzeugung der Staatengemeinschaft bleibe jedoch weiter fraglich. Die Gesamtschau der Resolutionen der Generalversammlung der Vereinten Nationen vermittle jedenfalls eher ein negatives Bild. Laut Steinforth kann auf UN-Ebene beispielsweise nur von einem reduzierten Demokratiekonzept im Sinne eines Konzeptes ohne theoretischen Überbau gesprochen werden.[285]

Problematisch erscheint auch, ob an internationale Organisationen höhere Anforderungen an die demokratische Legitimität gestellt werden können als an Nationalstaaten. Denn schließlich ist es aus völkerrechtlichen Gesichtspunkten letztlich irrelevant, ob ein Staat ein demo-

---

Europäischen Union, in: Brunkhorst, H./Kettner, M. (Hrsg.), Globalisierung und Demokratie, S. 131, 143 f.

[281] *Prien, T.*, Fragmentierte Volkssouveränität, S. 156.

[282] *Brunkhorst, H.*, Legitimationskrisen, S. 188.

[283] *Ders.*, Die Legitimationskrise der Weltgesellschaft, in: Albert, M./Stichweh, R. (Hrsg.), Weltstaat und Weltstaatlichkeit, S. 63, 78.

[284] *Steinforth, C.*, Demokratie lite?, ZaöRV 71 (2011), S. 475, 482 f.; m.w.N.

[285] Ebd., S. 487.

kratisches System aufweist – maßgeblich sind die Ausübung effektiver Regierungsgewalt und die Einhaltung der Regeln des Völkerrechts.[286]

Weiler ist außerdem der Ansicht, dass nationale Akteure (vor allem Gerichte) internationale Aspekte stärker berücksichtigen müssten. Zudem sollten diese Akteure die „international normativity with considerable reserve" behandeln.[287] Darüber hinaus schlägt er eine „international order as an aquis" vor – das heißt es könnte ein Impuls von denjenigen Staaten ausgehen, die liberale Demokratien sind.[288] Fraglich ist aber, ob und wie weit die Staaten überhaupt als maßgebliche Strukturen im Rahmen einer globalen Demokratie sinnvoll sind. Mehrere Autoren werfen etwa die Frage auf, ob die Nationalstaaten nicht eher hinderlich seien für das Entstehen einer Norm respektive eines Prinzips. Wie Weiler richtig darlegt, besteht zudem zwischen der *rule of law* und Demokratie ein enger Zusammenhang.[289] Denn zumindest nach modernem, westlichem Demokratieverständnis ist es kaum vorstellbar, dass Prinzipien oder Regeln (im Sinne einer *rule of law*) befolgt werden können, ohne dass diese durch einen demokratischen Akt ausreichend legitimiert sind. Ob und wie dies auf die globale Ebene übertragbar ist, bleibt jedoch weiter fraglich.

Denn wie Prien richtig darlegt, ist höchst problematisch, wie *ein* globales Demokratieprinzip die jeweils nach systemspezifischen Codes arbeitenden Funktionssysteme mit den demokratischen Programminhalten wie Freiheit, Gleichheit und Gerechtigkeit beeinflussen und steuern kann. Erforderlich wäre zudem die Implementierung und Sicherstellung von Minimalstandards in Bezug auf Verantwortlichkeit und Rechenschaftspflicht (accountability, responsibility, answerability, responsiveness) – wie Sommermann darlegt, sind dies zentrale Elemente einer funktionierenden Demokratie in der angelsächsischen Tradition und auch notwendig für das Funktionieren demokratischer Prinzipien auf globaler Ebene.[290]

---

[286] *Stein, T.*, Demokratische Legitimierung auf supranationaler und internationaler Ebene, ZaöRV 64 (2004), S. 563.

[287] *Weiler, J.*, The Geology of International Law – Governance, Democracy and Legitimacy, ZaöRV 64 (2004), S. 547, 562.

[288] Ebd.

[289] Ebd., S. 547; 561.

[290] *Sommermann, K.-P.*, Demokratie als Herausforderung des Völkerrechts, in: Tomuschat, C./Dupuy, P.-M./Fassbender, B./Shaw, M. N./ders. (Hrsg.),

cc. Globale Institutionen

Weitgehender Konsens besteht hinsichtlich der Annahme, dass eine – wie auch immer ausgestaltete – globale Demokratie auch demokratisch organisierte globale Institutionen benötigt, die wiederum – entweder direkt oder zumindest indirekt – durch die (Welt-)Bürger legitimiert sind.[291] Denn nicht nur Habermas sieht das derzeitige, von Intergouvernementalität geprägte Regierungshandeln in internationale Organisationen kritisch. Das Legitimitätsniveau sinke dadurch, demokratische Verfahren würden ausgehöhlt. Daran ändere auch der Umstand nichts, dass die Regierungsvertreter von (meist) demokratisch legitimierten Regierungen entsendet würden.[292] Letztlich würden Bürger demokratischer Staaten immer mehr – zum Teil auch direkt für sie geltenden – Normen unterworfen, die keinem demokratischen Prozess entsprungen seien. Zudem sei die Kompetenzübertragung von der staatlichen auf die globale Ebene ohne ausreichende Befugnis erfolgt.[293]

Bryde hingegen verweist darauf, dass internationale Organisationen stets auch die Gemeinschaftsinteressen im Blick hätten und auch die internationalen Beamten sowie die aus den jeweiligen Mitgliedsstaaten entsandten Mandatsträger diese verfolgten – speziell die Mandatsträger würden schneller „eine konkurrierende Identifikation mit der Organisation und ihrem Auftrag“ entwickeln, als man eigentlich annehmen könnte.[294] Brunkhorst zufolge ist die zunehmende Enthierarchisierung der globalen Rechtsordnung höchst problematisch für die demokratische Legitimation. Denn die Nationalstaaten könnten die demokrati-

---

Völkerrecht als Wertordnung, S. 1051, 1064; kritisch bezüglich einer völkerrechtlichen Demokratietheorie gegenüber: *Nolte, G.*, Kommentar: Gibt es eine völkerrechtliche Demokratietheorie?, in: Heinig, H. M./Terhechte, J. P. (Hrsg.), Postnationale Demokratie, Postdemokratie, Neoetatismus, S. 185, 187 ff.

[291] So z.B. *Iglesias, F. A.*, Global Democracy or Global Enlightened Despotism, in: D'Souza, A. A./D'Souza, C. (Hrsg.), World Constitutionalism, S. 76, 77.

[292] *Habermas, J.*, Zur Verfassung Europas, S. 50.

[293] *Buchanan, A./Powell, R.*, Survey Article: Constitutional Democracy and the Rule of International Law: Are They Compatible?, Journal of Political Philosophy 16 (2008), S. 326, 327.

[294] *Bryde, B.-O.*, Das Völkerrecht zwischen Konstitutionalisierung, Hegemonie und Renationalisierung, in: Heinrich-Böll-Stiftung (Hrsg.), Die Zukunft des Völkerrechts in einer globalisierten Welt, S. 88, 96.

sche Legitimierung aufgrund der zahlreichen nichtstaatlichen Netzwerke und Organisationen nicht mehr leisten. Eine Substitution auf globaler Ebene sei jedoch (noch) nicht vorhanden.[295] Zweifelhaft erscheint hingegen, wie die Inklusion von Demokratie in globale Institutionen erreicht werden kann und ob eine neue „global political architecture" jemals umsetzbar sein wird.[296] Denn einerseits scheint sich zwar eine demokratische Kultur auf globaler Ebene zu entwickeln, andererseits werden demokratische Entscheidungsverfahren in den Nationalstaaten immer nutzloser und verlieren an Wirkungsmacht.

Während also „die kommunikative Macht der Demokratie wächst, sinkt ihre Organisationsmacht".[297] Entscheidend ist dabei nicht unbedingt die genaue Partizipationsform, sondern dass möglichst alle Betroffenen oder zumindest so viele wie möglich in den Entscheidungsprozess und die -findung miteingebunden werden.

Möglich könnte jedoch die Implementierung von gewissen demokratischen Prinzipien in globale Institutionen sein, nicht zuletzt um die Bindung von – über nationale Regierungen jedenfalls indirekt repräsentierten – Bürgern und den – größtenteils – staatlichen Repräsentanten zu stärken.[298]

aaa. Implementierung von globalen Demokratieprinzipien

Problematisch ist, dass traditionell völkerrechtliche Institutionen eher demokratieblind sind – schon allein aufgrund der Tatsache, dass das Völkerrecht nicht als „Koalition demokratischer Staaten" aufgebaut ist, sondern alle Staatenvertreter unabhängig von der jeweiligen nationalstaatlichen Legitimation gleichgestellt und -berechtigt sind.[299]

---

[295] *Brunkhorst, H.*, Legitimationskrisen, S. 192.

[296] *Davis, T.*, Towards a Conceptual Framework to Evaluate World Parliament Proposals, in: D'Souza, A. A./D'Souza, C. (Hrsg.), World Constitutionalism, S. 138, 139.

[297] *Brunkhorst, H.*, Legitimationskrisen, S. 193.

[298] *Davis, T.*, Towards a Conceptual Framework to Evaluate World Parliament Proposals, in: D'Souza, A. A./D'Souza, C. (Hrsg.), World Constitutionalism, S. 138, 141.

[299] *Bernstorff, J. von*, Zivilgesellschaftliche Partizipation in internationalen Organisationen: Form globaler Demokratie oder Baustein westlicher Experten-

Diese Demokratieblindheit ist aber keine zwangsläufige Folge der Übertragung von Hoheitsrechten an internationale Organisationen. Wie Habermas argumentiert, komme es vor allem auf die Sicherstellung der demokratischen Verfahren an. Ließe man derartige Verfahren intakt, setze sich die Konstitutionalisierung der Staatsgewalt auch im internationalen Bereich fort. Auschlaggebend dabei sei jedoch, dass nicht nur eine Verrechtlichung auf internationaler Ebene stattfinde, sondern diese Verrechtlichung eine demokratische Verrechtlichung sei. Bürger der betroffenen Staaten müssten in Kooperation mit Bürgern anderer am jeweiligen Regime beteiligter Staaten in der Lage sein, am Rechtssetzungsprozess nach demokratischen Verfahren teilhaben zu können.[300]

bbb. Rolle zivilgesellschaftlicher Akteure

Nicht von der Hand zu weisen ist die Zunahme der Partizipation zivilgesellschaftlicher Akteure im Rahmen von *global governance*[301] – also mitunter auch und besonders von Akteuren, die keine demokratische Legitimation über den Nationalstaat aufweisen. Das Bedürfnis nach Teilhabe von zivilgesellschaftlichen Akteuren ist dabei in verschiedenen Ausprägungen und Varianten sichtbar – sei es durch verstärkte Abgabe von Expertisen in bereits vorhandenen zwischenstaatlichen Einrichtungen oder in neuen Netzwerken, den *Global Public Policy-Networks* wie dem *UN Global Compact* oder dem *Global Fund to Fight Aids*, in denen von vornherein neben staatlichen auch zivilgesellschaftliche Akteure eingebunden sind. Diese Netzwerke weisen keinerlei völkerrechtliches Gründungsstatut auf und überlassen somit den staatlichen Akteuren auch nicht den vollständigen Einfluss auf den jeweiligen Organisationsaufbau.[302] Spannend ist hier die Frage, ob solche Netzwerke trotz

herrschaft?, in: Brunkhorst, H. (Hrsg.), Demokratie in der Weltgesellschaft, S. 277, 278.

[300] *Habermas, J.*, Zur Verfassung Europas, S. 53 f.

[301] Siehe hierzu z.B.: *Risse, T.*, Global Governance und kommunikatives Handeln, in: Niesen, P./Herborth, B. (Hrsg.), Anarchie der kommunikativen Freiheit, S. 57, 74 ff.; *Albert, M./Schmalz-Bruns, R.*, Antinomien der Global Governance: Mehr Weltstaatlichkeit, weniger Demokratie?, in: Brunkhorst, H. (Hrsg.), Demokratie in der Weltgesellschaft, S. 57, 57 ff.

[302] *Bernstorff, J. von*, Zivilgesellschaftliche Partizipation in internationalen Organisationen: Form globaler Demokratie oder Baustein westlicher Experten-

der fehlenden demokratischen Legitimation über den Nationalstaat durch ihr Handeln zu einer höheren demokratischen Legitimation auf Ebene der Weltgesellschaft beitragen können oder ob sie größtenteils in einer technokratischen Arbeitsweise verhaftet bleiben und somit die globale Demokratie am Ende sogar noch schwächen. Zu beachten ist allerdings, dass der Begriff „zivilgesellschaftliche" beziehungsweise „nichtstaatliche" Akteure bisweilen schwammig und mehrdeutig sein kann. Dies liegt daran, dass sehr unterschiedliche Gruppierungen – seien es Nichtregierungsorganisationen, transnationale Unternehmen, Einzelpersonen oder hybride Akteure wie *Public-Private Partnerships* (PPP) und sogenannte Quasi Non-governmental Organizations (Quangos) – darunter gefasst werden.[303] Insofern ist es schwierig, eine pauschale Einschätzung über die positiven oder negativen Auswirkungen des Handelns zivilgesellschaftlicher Akteure abzugeben.

Gemeinsam ist den zivilgesellschaftlichen Akteuren die Forderung nach einer Art universaler Gerechtigkeitsagenda, die vor allem Fragen des Menschenrechtsschutzes, des Umweltschutzes und der Entwicklungspolitik enthält.[304] Zumeist drängen die Akteure auf eine Verbesserung institutionalisierter Rechtsverfahren und die Durchsetzung und Stärkung bereits vorhandener Garantien und Prinzipien in diesen Politikbereichen – andererseits wird aber auch bereits institutionalisiertes Recht wie etwa das der WTO scharf kritisiert. Wie von Bernstorff festhält, gibt es daher aus Sicht der zivilgesellschaftlichen Akteure gute und schlechte Institutionen.[305]

Auch wenn der direkte Einfluss und der Erfolg der Zivilgesellschaft schwer zu bemessen ist, so ist doch davon auszugehen, dass keine Re-

herrschaft?, in: Brunkhorst, H. (Hrsg.), Demokratie in der Weltgesellschaft, S. 277, 279.

[303] *Kleinlein, T.*, Non-state Actors from an International Constitutionalist Perspective: Participation matters!, in: d'Aspremont, J. (Hrsg.), Participants in the International Legal System, S. 41; zu nennen ist hier auch die gemäß Art. 71 UNC geregelte Zusammenarbeit („Abmachungen zwecks Konsultationen") zwischen dem Wirtschafts- und Sozialrat der Vereinten Nationen und nichtstaatlichen Organisationen oder nationalen Organisationen.

[304] *Bernstorff, J. von,* Zivilgesellschaftliche Partizipation in internationalen Organisationen: Form globaler Demokratie oder Baustein westlicher Expertenherrschaft?, in: Brunkhorst, H. (Hrsg.), Demokratie in der Weltgesellschaft, S. 277, 281.

[305] Ebd.

gierung die von ihr ausgehende Dynamik vollständig ignorieren kann. Jedenfalls kann, wie von Bernstorff richtig bemerkt, keine Regierung eines Staates offen und willentlich Menschenrechte verletzen oder die Umwelt zerstören, ohne hierfür zumindest verbal geächtet zu werden – auch wenn dies sicher nur zum Teil dem zivilgesellschaftlichen Engagement zuzuschreiben ist.[306]

Zivilgesellschaftliche Akteure können somit zwar vor allem durch Aggregation und Artikulation ihrer Interessen und Forderungen zu einer höheren Legitimität von Entscheidungen im internationalen Bereich beitragen. Sie verbleiben zwar zumeist in der Peripherie der Entscheidungen, sind also an der Entscheidung selbst nicht beteiligt, vergrößern aber durch ihr Wirken die Vielfalt der geäußerten Ansichten und Interessen.[307] Auch Habermas bewertet das Wirken der zivilgesellschaftlichen Akteure positiv und spricht von einer „liberalen Öffentlichkeit", die letztlich das politische System in dessen Zentrum vor Alleingängen und Verselbstständigung bewahren kann.[308] Entscheidend ist aber, dass zivilgesellschaftliche Akteure kein Ersatz für demokratisch herbeigeführte Legitimität sein können. Luhmann sah den Einfluss solcher Akteure weitaus kritischer, erkennt aber gleichwohl den Einfluss der „Peripherie" an:

> „In dem Maße (...) entsteht ein Bedarf für eine weitere Peripherie, die sich vor diesem erweiterten Zentrum des ‚korporativen Staates' durch größere Labilität, aber auch größere Offenheit für das Aufgreifen von vermeintlich vernachlässigten Themen auszeichnet. Die Zentrum/Peripherie-Differenzierung des politischen Systems paßt sich dem postliberalen Universalitätsanspruch des politischen Systems an, und das schafft die Möglichkeit, auch Themenausschlüsse noch zu thematisieren."[309]

Nach beiden Ansätzen kann daher zivilgesellschaftlichen Akteuren die Rolle als Themensetzer zugestanden werden, die als Teil der liberalen Öffentlichkeit von der Peripherie aus bestimmte Sachverhalte an das

---

[306] Ebd., S. 282.

[307] Ebd., S. 291.

[308] *Habermas, J.*, Faktizität und Geltung, S. 462 f.; vgl. auch: *Bernstorff, J. von,* Zivilgesellschaftliche Partizipation in internationalen Organisationen: Form globaler Demokratie oder Baustein westlicher Expertenherrschaft?, in: Brunkhorst, H. (Hrsg.), Demokratie in der Weltgesellschaft, S. 277, 292.

[309] *Luhmann, N.*, Die Politik der Gesellschaft, S. 315.

Zentrum der politischen Entscheider in internationalen Organisationen herantragen und dadurch zumindest eine „abstrakte Legitimität“ beanspruchen können, ohne dass der jeweilige konkrete Einfluss bemessen werden kann.[310]

Wie von Bernstorff ausführt, könnten zivilgesellschaftliche Akteure im Rahmen von Nichtregierungsorganisationen den Bedeutungsverlust der nationalen Parlamente auf globaler Ebene zum Teil auffangen, etwa in Form einer „dezentralen Institutionalisierung partizipativer Foren“[311].

Wichtig ist dabei aber, genau auf die Rolle der privaten Akteure auf internationaler Ebene zu achten. Denn zivilgesellschaftliche Akteure könnten in Konkurrenz zu Staatenrepräsentanten treten und somit den Bedeutungsverlust der Staaten eher fördern statt hemmen. Andererseits könnten sie durch ihr Handeln auch zu einem Auffangen des Bedeutungsverlustes des Staates durch eine Demokratisierung auf Ebene der Weltgesellschaft beitragen. Letztlich können zivilgesellschaftliche Akteure zwar Debatten anstoßen und Argumente einbringen, die Legitimation von Entscheidungen wird dadurch aber nur bedingt erhöht. Denn das Problem ist vor allem die Auswahl der zugelassenen Vertreter und Organisationen sowie die Gefahr eines zu starken Einflusses einzelner Vertreter, sei es aufgrund von persönlichen Fähigkeiten, Organisationszugehörigkeit oder finanziellen Möglichkeiten.[312]

Daher ist auch die mögliche Rolle als „demokratisches Korrektiv“ zweifelhaft. Denn weil es sich bei den Vertretern in Nichtregierungsorganisationen nicht um Regierungen, sondern grundsätzlich um „einfache“ Bürger handelt, die aus dem Volk kommen, sind sie weder demokratisch legitimiert noch gewählt und deshalb auch nicht abwählbar. Sie vertreten außerdem trotz zum Teil hehrer Ideale letztlich die Spezialinteressen bestimmter Gruppen. Der faire Ausgleich zwischen den verschiedenen Interessen ist nicht gewährleistet.

Wie Stein ausführt, liegt darin auch ein wesentlicher Unterschied zu dem in nationalen Parlamenten regelmäßig vorhandenen Wettstreit

---

[310] *Bernstorff, J. von,* Zivilgesellschaftliche Partizipation in internationalen Organisationen: Form globaler Demokratie oder Baustein westlicher Expertenherrschaft?, in: Brunkhorst, H. (Hrsg.), Demokratie in der Weltgesellschaft, S. 277, 293.

[311] Ebd., S. 294.

[312] Ebd., S. 299; *Deitelhoff, N.*, Fairness oder Demokratie?, in: Brunkhorst, H. (Hrsg.), Demokratie in der Weltgesellschaft, S. 303, 312.

zwischen Partikularinteressen. Denn anders als auf globaler Ebene zwischen Nichtregierungsorganisationen (schon mangels eines geeigneten Forums) ist auf nationaler Ebene ein fairer Ausgleich der verschiedenen Interessen zumeist in Form eines Kompromisses das Ziel.[313] Zudem ist eine direkte Einflussausübung durch regelmäßige Wahlen möglich.

b. Deliberatives Modell

Zur Problemlösung beitragen könnte die Implementierung deliberativer Verfahren auf globaler Ebene, die die nationalstaatlichen Demokratieprozesse ergänzen könnten.

Die Vorteile eines deliberativen Modells gegenüber zum Beispiel kosmopolitischen Demokratievorstellungen bestehen darin, dass eine dezentrale Organisation möglich ist und darüber hinaus keine grundlegenden institutionellen Veränderungen notwendig erscheinen – weder globale Wahlen noch ein globales Parlament sind unbedingt erforderlich. Auch ein globaler *demos* ist keine zwingende Voraussetzung.[314]

Der Begriff stammt wohl von Joseph Bessettes, der ihn in seinem Aufsatz „Deliberative democracy“[315] aus dem Jahr 1980 erstmals verwendet hat, auch wenn die Idee schon älter ist. Denn die Wurzeln deliberativer Verfahren sind bereits in der Antike zu finden. In der Neuzeit wurde die Idee vor allem von Edmund Burke und John Stuart Mill diskutiert, wobei es anders als in der aktuellen Debatte, die hauptsächlich universalistische und inklusive Elemente hervorhebt, eher um eine Elitendeliberation ging.[316]

---

[313] *Stein, T.*, Demokratische Legitimierung auf supranationaler und internationaler Ebene, ZaöRV 64 (2004), S. 563, 564 f.

[314] *Deitelhoff, N.*, Fairness oder Demokratie?, in: Brunkhorst, H. (Hrsg.), Demokratie in der Weltgesellschaft, S. 303, 309.

[315] *Bessette, J. M.*, Deliberative Democracy, in: Goldwin, R. A./Schambra, W. A. (Hrsg.), How Democratic is the Constitution?, S. 102; siehe auch zur direkten Demokratie im Völkerrecht auch: *Reich, J.*, Direkte Demokratie und völkerrechtliche Verpflichtungen im Konflikt, ZaöRV 68 (2008), S. 979, 979 ff.

[316] *Suntrup, J. C.*, Zur Verfassung der deliberativen Demokratie, Der Staat 49 (2010), S. 605, 606.

aa. Merkmale

Hauptmerkmal deliberativer Politik ist der freie, öffentliche Austausch stichhaltiger Argumente auf internationaler Ebene mit verschiedenen Akteuren aus dem staatlichen und nichtstaatlichen Bereich, der schließlich zu einer Entscheidung führt. Die von den Entscheidungen Betroffenen, also potenziell alle (Welt-)Bürger, müssten jedoch auch nach deliberativer Politikvorstellung nicht alle am konkreten Entscheidungsvorgang beteiligt werden. Essenziell ist zunächst die Partizipationsmöglichkeit. Deliberation muss alle Rechtsunterworfenen und Betroffenen einschließen sowie grundsätzlich jedes sachliche Argument mitaufnehmen können.[317] Darüber hinaus umfasst deliberative Politik im Vergleich zur bloßen Entscheidung von oben einen Beratungs- und Abwägungsvorgang, welcher der eigentlichen Entscheidung vorgelagert ist. Partizipationsmöglichkeiten ergeben sich daher auch und vor allem im Vorfeld der jeweiligen Entscheidung. Dazu ist stets ein Handeln im Sinne von Kommunikation der betroffenen Individuen notwendig.[318]

> „Kommunikative Handlungen sind dann deliberativ zu nennen, wenn es sich um argumentative Sprechakte handelt, bei denen Geltungsansprüche mit Gründen gestützt werden und mögliche Gegenpositionen berücksichtigt werden.“[319]

Deliberative Politik versucht also, die Legitimität von Entscheidungen durch die Einbeziehung möglichst vieler Bürger und durch einen anspruchsvollen Diskurs im Sinne einer Argumentationspraxis und eines Entscheidungs- und Abwägungsprozesses zu erhöhen.

Die Inklusion im Sinn der erwähnten Möglichkeit zur Partizipation von möglichst vielen oder gar von allen von einer Entscheidung Betroffenen

---

[317] *Brunkhorst, H.*, Zwischen transnationaler Klassenherrschaft und egalitärer Konstitutionalisierung, in: Niesen, P./Herborth, B. (Hrsg.), Anarchie der kommunikativen Freiheit, S. 321, 333.

[318] *Suntrup, J. C.*, Zur Verfassung der deliberativen Demokratie, Der Staat 49 (2010), S. 605, 606; siehe auch: *Peuker, E.*, Verwaltung im europäischen Verbund, in: Bach, M. (Hrsg.), Der entmachtete Leviathan, S. 125, 134, der eine plurale demokratische Legitimation über „Repräsentation, Partizipation und Deliberation“ herbeiführen will. Peuker bezieht sich hierbei allerdings nur auf den europäischen Kontext; siehe auch allgemein: *Forst, R.*, The Rule of Reasons, Ratio Juris 14 (2001), S. 345, 345 ff.

[319] *Suntrup, J. C.*, Zur Verfassung der deliberativen Demokratie, Der Staat 49 (2010), S. 605, 606.

ist hierbei das Entscheidende. Möglichst alle Bürger sollen in den politischen Entscheidungsprozess miteinbezogen werden und zudem (qualifizierte) Mehrheitsentscheidungen mit deliberativer Meinungsbildung verkoppelt werden.[320] Die beteiligten Akteure sollen im Rahmen dieses Diskurses ihre Meinungen und Standpunkte austauschen, überprüfen und gegebenenfalls auch zugunsten einer überzeugenderen Ansicht gesichtswahrend revidieren können.[321] Auch wenn ein derartiger Argumentationsvorgang kaum jemals zu Ende gebracht werden kann, das heißt kaum jemals alle Argumente ausgetauscht werden können, so wird zu Recht vermutet, dass die Vernünftigkeit der Entscheidung dadurch erhöht wurde.[322]

> „If all significantly affected by problems and their solutions are included in the discussion and decision-making on the basis of equality and non-domination, and if they interact reasonably and constitute a public where people are accountable to one another, then the results of their discussion is likely to be the most wise and just."[323]

Aus Praktikabilitätsgründen sind selbstverständlich nicht alle von einer Entscheidung Betroffenen in den Entscheidungsprozess einzubeziehen. Vielmehr kann stets nur eine geringe Auswahl an Vertretern der Betroffenen an den diskursiven Verfahren teilnehmen. Entscheidend ist daher, dass zumindest die wesentlichen Themen, Anliegen und Argumente erörtert werden – mithin die Betroffenen wenigstens in dieser Art und Weise repräsentiert sind.[324] Darin liegt auch der wesentliche Unterschied zur repräsentativen Form – nicht die Form der Partizipation ist auschlaggebend, sondern dass stets substanzielle Entscheidungen getroffen werden. Zwar können auch in der deliberativen Form andere autorisiert werden, Entscheidungen für Dritte zu treffen. Dieser Autorisation muss jedoch im Unterschied zu repräsentativen Modellen eine

---

[320] *Habermas, J.*, Zur Verfassung Europas, S. 50.

[321] *Deitelhoff, N.*, Fairness oder Demokratie?, in: Brunkhorst, H. (Hrsg.), Demokratie in der Weltgesellschaft, S. 303, 306 f.

[322] *Suntrup, J. C.*, Zur Verfassung der deliberativen Demokratie, Der Staat 49 (2010), S. 605, 609.

[323] *Young, I. M.*, Inclusion and Democracy, S. 29 f.

[324] *Deitelhoff, N.*, Fairness oder Demokratie?, in: Brunkhorst, H. (Hrsg.), Demokratie in der Weltgesellschaft, S. 303, 311.

inhaltliche Debatte über die zu treffenden Entscheidungen vorangehen.[325]

Strittig ist dabei, ob die beteiligten Akteure letztlich auch einfache Bürger sein können oder vielmehr als Experten angesehen werden sollen. In diese Richtung argumentiert Somek, da seiner Ansicht nach „Demokratie vor allem nicht das Entscheiden durch einfache Leute“[326] bedeute. Andere, vielleicht radikalere Vorschläge für deliberative Politikmodelle wollen klassische Arenen installieren, die grundsätzlich allen betroffenen Bürgern offenstehen sollen.[327] Ziel ist aber jedenfalls das Anstoßen eines kommunikativen Prozesses.

Durch diesen kommunikativen Prozess, durch Wahlen und Abstimmungen, soll die Inklusion möglichst aller Betroffenen erreicht werden und mittels einer gegenseitigen Rechtfertigung Legitimation herbeigeführt werden.[328] Der Argumentationsprozess im Vorfeld der jeweiligen Entscheidung soll dezentralisiert und problemorientiert gestaltet werden, um den jeweiligen Entscheidungsträgern die richtige Entscheidung zu ermöglichen und gleichzeitig die demokratische Legitimation derselben zu erhöhen.[329] Im Idealfall für die gesamte soziale Erfahrung zu einem „collective critical wisdom“ führen. Die Chance für nicht nur normativ und theoretisch sinnvolle, sondern auch in die Praxis implementierbare und sozialverträgliche Lösungen globaler Probleme würde sich dadurch erhöhen.[330] Weiterer Vorteil einer deliberativen Politik ist eine „rationale, verständigungsorientierte Politikgestaltung“, die durch

---

[325] *Cohen, J./Sabel, C.*, Directly-Deliberative Polyarchy, Eur Law J 3 (1997), S. 313, 321.

[326] *Somek, A.*, Demokratie als Verwaltung, in: Brunkhorst, H. (Hrsg.), Demokratie in der Weltgesellschaft, S. 323, 326.

[327] *Cohen, J./Sabel, C.*, Directly-Deliberative Polyarchy, Eur Law J 3 (1997), S. 313.

[328] *Somek, A.*, Demokratie als Verwaltung, in: Brunkhorst, H. (Hrsg.), Demokratie in der Weltgesellschaft, S. 323, 325.

[329] *Bernstorff, J. von,* Zivilgesellschaftliche Partizipation in internationalen Organisationen: Form globaler Demokratie oder Baustein westlicher Expertenherrschaft?, in: Brunkhorst, H. (Hrsg.), Demokratie in der Weltgesellschaft, S. 277, 294 f.

[330] *Young, I. M.*, Inclusion and Democracy, S. 30 f.

die Einbindung und Beteiligung möglichst vieler Bürger auch deren Rechte stärken könnte.[331]

Im Rahmen von deliberativer Politik kommt in der Regel ein zweistufiges Verfahren zur Anwendung. In der ersten Stufe werden die Akteure selbst tätig, um diejenigen institutionellen und normativen Voraussetzungen zu kreieren, die schließlich in der zweiten Stufe den Diskurs und im Ergebnis den Kompromiss möglich machen sollen. Dieser zweistufige Aufbau ist erforderlich, weil auf globaler Ebene keinerlei geeigneten Institutionen zur Verfügung stehen; die jeweiligen Akteure müssen die Bedingungen für ein faires Verfahren demnach stets aufs Neue selbst aufstellen.[332]

bb. Problemfelder deliberativer Politik

Allerdings ist strittig, ob deliberative Verfahren auf globaler Ebene wirklich zu einer höheren demokratischen Legitimation führen können, oder ob vielmehr von einem Auseinanderfallen von deliberativen und demokratischen Legitimationssträngen ausgegangen werden muss. Ergebnis wäre dann zwar eine deliberative Legitimität, aber eben keine demokratische.[333] Denn eine deliberative Teilhabe der Weltbürger den „auf Wahlen und Abstimmungen zurückgehenden Legitimationszusammenhang nicht ersetzen", sondern allenfalls ergänzen.[334] So liegt die Gefahr des Auseinanderdriftens von demokratischer und deliberativer Legitimität vor allem darin begründet, dass deliberative Politik mangels Verfahrensgarantien dazu neigen kann, nicht das wahre Meinungsbild in den Entscheidungen zu manifestieren, sondern dass dasjenige Ergebnis zustande kommt, welches von der stärksten Gruppe durchgesetzt wird.

Erforderlich ist daher eine institutionelle Unterstützung der diskursiven Verfahren, um gleiche Beteiligungschancen und fairen Austausch zu

331 *Suntrup, J. C.*, Zur Verfassung der deliberativen Demokratie, Der Staat 49 (2010), S. 605, 610.

332 *Deitelhoff, N.*, Fairness oder Demokratie?, in: Brunkhorst, H. (Hrsg.), Demokratie in der Weltgesellschaft, S. 303, 312 f.

333 Ebd., S. 305.

334 So BVerfGE, 123, 267, 272 – Lissabon; das Bundesverfassungsgericht bezog sich allerdings auf die Legitimation europäischer Hoheitsgewalt.

gewährleisten.[335] Zwingend notwendig sind daher auch Verfahrensgarantien, die gleiche Wettbewerbsbedingungen sicherstellen und auch Meinungen von Minderheiten ausreichend berücksichtigen.

aaa. Faire und transparente Verfahren

Ein Hauptproblem bei deliberativen Politikmodellen ist die Klärung der Frage, nach welchen Regeln die Entscheidungsprozesse durchgeführt werden. Dabei ist insbesondere zu erörtern, ob eine für alle zustimmungsfähige Kooperationsgrundlage zur Verfügung steht oder ob als Bedingung sogar notwendig ist, dass alle Teilnehmer dieselben Beweggründe für die (Konsens)Meinung aufweisen müssen.[336]

Weitere Kritikpunkte sind darüber hinaus mögliche Exklusionseffekte. Nach Ansicht von Suntrup ist dies vor allem auf eine grundsätzliche Skepsis zurückzuführen, Demokratie als Dialog und Konsens zu begreifen. Haupteinwand ist, dass selbst unter theoretisch angenommenen vollkommen gleichen Beteiligungs- und Zugangsbedingungen ein derart offenes und nicht strukturiertes Entscheidungsverfahren mehr zur Verfestigung bestehender Ansichten und „asymmetrischer sozialer Machtverhältnisse“[337] denn zur echten Verständigung auf neue Auffassungen führe.[338] Dies gelte hauptsächlich für Menschen mit schlecht ausgeprägtem sozialem Ansehen.[339] Oftmals stellt sich somit der Beteiligungsprozess zivilgesellschaftlicher Akteure nicht als „Wettstreit um das beste Argument“[340], sondern vielmehr als ungleicher, asymmetri-

---

[335] *Deitelhoff, N.*, Fairness oder Demokratie?, in: Brunkhorst, H. (Hrsg.), Demokratie in der Weltgesellschaft, S. 303, 306.

[336] Vgl. *Suntrup, J. C.*, Zur Verfassung der deliberativen Demokratie, Der Staat 49 (2010), S. 605, 611.

[337] Ebd.; *Deitelhoff, N.*, Fairness oder Demokratie?, in: Brunkhorst, H. (Hrsg.), Demokratie in der Weltgesellschaft, S. 303, 306.

[338] *Suntrup, J. C.*, Zur Verfassung der deliberativen Demokratie, Der Staat 49 (2010), S. 605, 610 f.

[339] Vgl. *Sanders, L. M.*, Against Deliberation, Political Theory 25 (1997), S. 347.

[340] *Bernstorff, J. von,* Zivilgesellschaftliche Partizipation in internationalen Organisationen Form globaler Demokratie oder Baustein westlicher Expertenherrschaft?, in: Brunkhorst, H. (Hrsg.), Demokratie in der Weltgesellschaft, S. 277, 295.

scher Machtkampf dar, in dem sich nur bestimmte Vertreter etwa aufgrund ihrer besonderen argumentativen Fähigkeiten durchsetzen, wie von Bernstorff am Beispiel der UN-Behindertenkonvention[341] aufzeigt.[342] Ob dazu die bereits angesprochene institutionelle Absicherung ausreicht, erscheint zweifelhaft. Je nachdem, welcher Argumentationsstil vorherrschend ist – eher rational oder mehr emotional –, werden Bürger aus unterschiedlichen sozialen Schichten oder verschiedener kultureller Prägung ihre Ansicht besser oder schlechter durchsetzen können.[343]

> „[T]he social power that can prevent people from being equal speakers derives not only from economic dependence or political domination but also from an internalized sense of the right one has to speak or not to speak, and from the devaluation of some people's styles of speech and the elevation of others.“[344]

Insofern können demokratische Vorstellungen wie die Berücksichtigung von Minderheitsmeinungen und Verfahrensgarantien bei deliberativen Entscheidungsmodellen schnell ins Abseits gedrängt werden. Auch Somek sieht die Gefahren deliberativer Prozesse für demokratische Wertvorstellungen. Insbesondere die Möglichkeit der Beeinflussung von Entscheidungsträgern durch starke Lobbygruppen sei besonders hoch. Notwendig sei daher eine hohe Aufgeklärtheit und Politikinteressiertheit der beteiligten Bürger. Er spricht in diesem Zusammenhang von einer „halbierten Demokratie“. Somek zufolge ist eine „deliberativ halbierte Demokratie (...) offen für die Assimilation der Demokratie an die Vorstellungswelt der Bürokratie.“[345]

---

[341] Übereinkommen der Vereinten Nationen vom 13.12.2006 über die Rechte von Menschen mit Behinderungen, BGBl. 2008 II, S. 1419.

[342] *Bernstorff, J. von,* Zivilgesellschaftliche Partizipation in internationalen Organisationen: Form globaler Demokratie oder Baustein westlicher Expertenherrschaft?, in: Brunkhorst, H. (Hrsg.), Demokratie in der Weltgesellschaft, S. 277, 295.

[343] *Suntrup, J. C.*, Zur Verfassung der deliberativen Demokratie, Der Staat 49 (2010), S. 605, 611.

[344] *Young, I. M.*, Communication and the Other, in: Benhabib, S. (Hrsg.), Democracy and Difference, S. 120, 122.

[345] *Somek, A.*, Demokratie als Verwaltung, in: Brunkhorst, H. (Hrsg.), Demokratie in der Weltgesellschaft, S. 323, 343.

Ein deliberatives Demokratiemodell funktioniere demnach *idealiter* in Form eines Dialoges zwischen internationalen Experten auf der einen und mündigen „moralisch aufgerüsteten" Bürgern auf der anderen Seite.[346]

Ein weiteres Problem ist der wenig transparente Auswahlprozess der beteiligten nichtstaatlichen Akteure, die zudem keinerlei demokratische Legitimation aufweisen.[347] Um diesen Bedenken zu begegnen, ist daher etwa nach Dobner eine prozeduralistische Strategie zur Gewährleistung einheitlicher und fairer Verfahren notwendig – wichtig sei dabei vor allem die begründete und nachvollziehbare prozedurale Bereitstellung gemeinsamer Normen und Werte in einer öffentlich geführten Diskussion.[348] Allerdings müsse auch im Rahmen solcher prozeduralen Absicherungen gewährleistet sein, dass alle Teilnehmer davon ausgehen könnten, dass ihr Beitrag nicht schon von vornherein und *per se* irrelevant sein werde, da sie nicht ausreichend Gehör fänden.[349]

Analog zu Habermas und seinem Diskursmodell erscheint es sinnvoll, auch ein Hauptaugenmerk auf die Sicherstellung von geeigneten Verfahren zur demokratischen Teilhabe und Artikulation sowie Durchsetzung von Interessen zu richten. Demokratische Legitimität heißt dann auch, bestimmte verfahrensrechtliche Garantien (nach Habermas Diskursprinzip) zu erschaffen – diese demokratisch entwickelten und demokratisch verfassten Prinzipien garantieren dann wiederum die Legitimität demokratischer Entscheidungen.[350]

Notwendig sind daher Verfahren und Strukturen, die die deliberative Beratung und das Entscheiden nach dem Mehrheits- oder Konsensprinzip zulassen; darüber hinaus müssen diese Verfahren abgesichert werden. Nach Ansicht von Niederberger müssen beide Komponenten

---

[346] Ebd.

[347] *Bernstorff, J. von,* Zivilgesellschaftliche Partizipation in internationalen Organisationen: Form globaler Demokratie oder Baustein westlicher Expertenherrschaft?, in: Brunkhorst, H. (Hrsg.), Demokratie in der Weltgesellschaft, S. 277, 295.

[348] *Dobner, P.*, Konstitutionalismus als Politikform, S. 193 f.

[349] Vgl. *Niederberger, A.*, Demokratie unter Bedingungen der Weltgesellschaft?, S. 385.

[350] *Zurn, C. F.*, Deliberative Democracy and the Institutions of Judicial Review, S. 230.

„distinkte Strukturen" sein, das heißt keine der beiden darf auf die andere reduziert werden oder Funktionen der anderen übernehmen.[351]

bbb. Zu hohe Anforderungen an Staatsbürger

Ein weiterer Kritikpunkt ist die mögliche Überforderung der teilnehmenden Bürger. Gerade bei Themen mit weltpolitischer Bedeutung, die jedoch nicht unmittelbar für den Einzelnen erkennbar oder spürbar sind, besteht die Gefahr der mangelhaften Sachkenntnis und damit verbunden der unvollständigen Informationsbeschaffung durch den Einzelnen aufgrund mangelnden Interesses.

Erforderlich wäre jedoch einerseits die Bereitwilligkeit, sich in irgendeiner Form am Diskurs zu beteiligen – dieses Motivationsproblem ist jedoch nur schwer zu lösen, wie die allgemeine Entpolitisierung und Politikverdrossenheit auch auf nationaler Ebene zeigt. Staatsbürger werden kaum dazu geneigt sein, sich stärker an Entscheidungsprozessen zu beteiligen, wenn die Probleme, die im Rahmen dieser Prozesse gelöst werden sollen, nach ihrer Einschätzung weiter entfernt sind als lokale oder regionale Angelegenheiten. Zudem ist die Informationsbeschaffung gerade bei hochkomplexen globalen Themen kompliziert und zeitintensiv, was abermals viele Bürger davon abhalten könnte, sich zu informieren. Ferner sind die Ansprüche an die Diskussion an sich auch recht hoch: Gefragt ist nicht nur ausreichende Sachkenntnis, sondern auch die richtige Präsentation sowie das Vermögen zur Selbstkritik und Selbstkorrektur.[352]

ccc. Fehlende Repräsentation/Legitimität

Grundlegendes Problem deliberativer Verfahren auf globaler Ebene ist und bleibt aber sicher das richtige Verhältnis zwischen Partizipation und Repräsentation.[353] Denn wie erwähnt ist eine Teilhabe aller Be-

---

[351] *Niederberger, A.*, Demokratie unter Bedingungen der Weltgesellschaft?, S. 461.

[352] *Suntrup, J. C.*, Zur Verfassung der deliberativen Demokratie, Der Staat 49 (2010), S. 605, 614.

[353] Siehe grundlegend hierzu (am Beispiel der EU): *Eriksen, E. O.*, Deliberation und demokratische Legitimität in der EU, in: Niesen, P./Herborth, B. (Hrsg.), Anarchie der kommunikativen Freiheit, S. 294, 297 ff.

troffenen aus Praktikabilitätserwägungen nicht möglich und zudem unrealistisch. Die Repräsentation durch eine Mitaufnahme der wesentlichen Standpunkte in den Diskurs ist allerdings letztlich schon mangels einer Kontrollmöglichkeit der – demokratisch nicht legitimierten Vertreter – wenig hilfreich.[354] Anderenfalls müsste sichergestellt werden, dass nicht regelmäßig und strukturell lediglich eine Minderheit am Gesetzgebungsprozess teilnimmt, was jedoch technisch kaum machbar sein dürfte.

Ein weiteres Grundproblem deliberativer Politik tritt wohl zumindest auf globaler Ebene zutage. Denn aufgrund der zahlreichen unterschiedlichen Interessen besteht die Gefahr, dass keine wirklich tragfähigen Mehrheitsentscheidungen getroffen werden können, sondern vielmehr nur nicht wirklich ernst genommene Kompromisse oder unverbindliche Stellungnahmen entstehen. In diesem Fall wären derartige Versammlungen mehr „demokratische Dekoration als Legitimation".[355]

Stein plädiert daher für die Einbindung der nationalen Parlamente in globale Entscheidungsprozesse.[356] Auch beim deliberativen Demokratiemodell stellt sich die Frage der demokratischen Legitimität von Entscheidungen. Selbstverständlich ist die Einbeziehung der Meinungen aller betroffenen Bürger nicht möglich. Die Inklusion weniger steht daher der Exklusion der allermeisten gegenüber. Die Legitimierung von Entscheidungen aufgrund eines echten *volontes de tous* ist daher kaum darstellbar. „Die direkte persönliche Partizipation eines jeden ist in Massengesellschaften genauso utopisch wie auf transnationaler Ebene und steht somit nicht als Legitimationsgrundlage zur Verfügung."[357]

Der Lösungsansatz von Habermas besteht in einem doppelseitigen Konzept im Sinne einer „höherstufigen Intersubjektivität", das auf die Vernunft „subjektloser" kommunikativer Prozesse setzt. Die Abwägungs- und Entscheidungsprozesse sollten demnach sowohl in einem institutionellen politischen Forum als auch in einer kritischen Weltöffentlichkeit, die gegenüber den jeweiligen Machthabern in der Lage ist,

---

[354] *Deitelhoff, N.*, Fairness oder Demokratie?, in: Brunkhorst, H. (Hrsg.), Demokratie in der Weltgesellschaft, S. 303, 311 f.

[355] *Stein, T.*, Demokratische Legitimierung auf supranationaler und internationaler Ebene, ZaöRV 64 (2004), S. 563, 566.

[356] Ebd.

[357] *Suntrup, J. C.*, Zur Verfassung der deliberativen Demokratie, Der Staat 49 (2010), S. 605, 620.

ihre Forderungen zu artikulieren und dies auch tut, stattfinden.[358] Allerdings überzeugt auch dieser Ansatz nicht, weil ein geeignetes politisches Forum fehlt.

cc. Schlussfolgerungen

Um deliberative Verfahren als ergänzende Legitimation globaler, weltgesellschaftlicher Hoheitsgewalt nutzen zu können, ist daher neben dem richtigen Verhältnis zwischen Repräsentation und Deliberation auch die Etablierung institutioneller Verfahren erforderlich. Die Hoffnung, deliberative Verfahren auch zur Verkürzung aufwendiger Institutionenbildungsprozesse nutzen zu können, ist unbegründet. Denn ohne institutionelle Kopplung von deliberativen Diskursen und Weltöffentlichkeit verkommt deliberative Politik zu einer Expertenherrschaft, die nicht geeignet ist, demokratische Legitimität herbeizuführen.[359]

Wichtig wären in jedem Fall auch die Sicherstellung prozeduraler Rationalitätskriterien und der hinreichenden Transparenz der Entscheidungsverfahren.[360] Auch Habermas fordert aus diesem Grund eine zusätzliche Kopplung an das demokratisch legitimierte Recht der Nationalstaaten und ein Zusammenspiel von deliberativen und repräsentativen Legitimationssträngen, da sich anderenfalls die Verbindung von Volkssouveränität und Menschenrechten vollends auflöse und der Legitimitätsbedarf auf Ebene der Weltgesellschaft nicht erfüllt werden könne.[361] Angesichts einer zu beobachtenden „Co-evolution von demokratischen Legitimationssubjekt und demokratisch-egalitären institutionellen Arrangements“ wäre es zudem möglich, „Ebenen jenseits des de-

---

[358] *Habermas, J.*, Die Einbeziehung des Anderen, S. 288.

[359] Siehe auch *Deitelhoff, N.*, Fairness oder Demokratie?, in: Brunkhorst, H. (Hrsg.), Demokratie in der Weltgesellschaft, S. 303, 315.

[360] *Sommermann, K.-P.*, Demokratie als Herausforderung des Völkerrechts, in: Tomuschat, C./Dupuy, P.-M./Fassbender, B./Shaw, M. N./ders. (Hrsg.), Völkerrecht als Wertordnung, S. 1051, 1064.

[361] *Prien, T.*, Fragmentierte Volkssouveränität, S. 145, mit Verweis auf: *Habermas, J.*, Hat die Konstitutionalisierung des Völkerrechts noch eine Chance?, in: ders. (Hrsg.), Der gespaltene Westen, S. 113, 139.

mokratischen Staates mit weiteren Handlungsbefugnissen auszustatten".[362]

Schließlich bleibt das Problem der richtigen Repräsentation. Eine Teilnahme aller oder zumindest der Mehrheit der Betroffenen ist auf globaler Ebene impraktikabel. Eine Vorauswahl von Repräsentanten würde hingegen erhebliche verfahrensrechtliche Probleme sowie Transparenz- und Fairnessbedenken aufwerfen und zudem die direktdemokratische Mitwirkungsmöglichkeit abschwächen.

Denkbar erscheint daher allenfalls ein geringer Einsatz deliberativer Prozesse und auch nur dann, wenn ein faires Verfahren garantiert und der Einfluss von Lobbygruppen begrenzt ist. Außerdem können deliberative Verfahren aufgrund der angesprochenen Probleme die nationalstaatlichen Demokratieprozesse allenfalls ergänzen. Eine echte Lösung des Inklusionsproblems sind aber auch deliberative Verfahren – zumindest unter den derzeitigen Bedingungen mit sehr schwach ausgeprägten Strukturen – nicht. Daher dürfte die Realisierung einer globalen Demokratie zumindest in absehbarer Zukunft auch unrealistisch sein; dies dürfte jedenfalls für eine wirklich substanzielle Demokratie mit einer regen und ihre Kontrollfunktion ausübenden Weltöffentlichkeit gelten.[363]

c. Alternative Modelle

Weil rein deliberative Modelle mangels Umsetzbarkeit letztlich als utopisch abzulehnen sind und für die Praxis in der Weltgesellschaft ausscheiden dürften, kommen als alternative Kombinationen dieses Modells in Betracht. Neben den demokratischen Verfahren auf nationaler Ebene könnten spezielle, den globalen Anforderungen eher entsprechende Modelle installiert werden. Cohen spricht von funktionalen Äquivalenten wie zum Beispiel zurechenbares Verhalten oder Verant-

---

[362] So auch *Möllers, C.*, Demokratische Ebenengliederung, in: Appel, I. (Hrsg.), Öffentliches Recht im offenen Staat, S. 759, 775 ff.; zitiert nach: *Habermas, J.*, Zur Verfassung Europas, S. 76.

[363] Siehe auch *Grimm, D.*, The Achievement of Constitutionalism and its Prospects in a Changed World, in: Dobner, P./Loughlin, M. (Hrsg.), The Twilight of Constitutionalism?, S. 3, 21.

wortlichkeit, Einflussmöglichkeiten für die Zivilgesellschaft, *best-practices*-Verfahren, Subsidiarität und „non-decisional parliaments".[364]

Auch Llanque sieht zwar keine globale Demokratie mit einem öffentlichen Diskurs wie im Nationalstaat als realisierbar an, welche die nationalstaatlichen Verfassungen und die jeweiligen Staatsbürgerschaften ersetzen würde. Gleichwohl hält er eine Weltverfassung mit demokratischen Elementen und eine gemeinsame Zugehörigkeit aller Menschen im Sinn einer Art Weltbürgerschaft, die neben die nationale Staatsbürgerschaft treten könnte, für verwirklichbar.[365]

Niederberger etwa vertritt ein Modell transnationaler rechtsstaatlicher Demokratie, in der einerseits genügend Freiräume für die positive, aktive Ausübung von Freiheit vorhanden sein müsse, anderenfalls der nichtbeherrschende Charakter dieser Ausübung durch ausreichend reflexive politische Strukturen sichergestellt werden müsse.[366] Er sieht als Idealmodell eine pluralistische, demokratische Ordnung an, in der Staaten und globale Institutionen zusammenwirken. Zentral ist laut Niederberger das „Kriterium der Nichtbeherrschung" – die durch das Zusammenwirken entstehende globale Ordnung hat die Aufgabe, die Staaten hierbei (bei der Garantie der positiven Ausübung von Freiheit) zu kontrollieren.[367]

Die Umgestaltung hin zum Mehrheitsprinzip wäre hierzu allerdings notwendig, da sonst nach Ansicht von Niederberger soziales Handeln nur selten legitim qua Herrschaft etabliert und kontrolliert werden könnte. Niederberger nennt drei Bedingungen, die zudem für eine Etablierung legitimer Herrschaft in einer transnationalen Demokratie vorliegen müssen. Erstens dürfe es keine strukturellen Minderheiten geben, das heißt jeder müsse bei Teilhabe an einem deliberativen Verfahren grundsätzlich davon ausgehen können, bei entsprechenden Argumenten zur Mehrheit gehören zu können. Zweitens müsse die politische Ordnung mit basalen Gütern und Fähigkeiten ausgestattet sein, die

---

[364] *Cohen, J. L.*, Sovereignty in the Context of Globalization: A Constitutional Pluralist Perspective, in: Besson, S./Tasioulas, J. (Hrsg.), The Philosophy of International Law, S. 261, 279.

[365] *Teubner, G.*, Fragmented Foundations, in: Dobner, P./Loughlin, M. (Hrsg.), The Twilight of Constitutionalism?, S. 327 ff.

[366] *Niederberger, A.*, Demokratie unter Bedingungen der Weltgesellschaft?, S. 408.

[367] Ebd.

absoluten Wert hätten und „unter Abwesenheit des Gefüges nicht zu erwarten wären“. Jeder Betroffene müsse Gewissheit haben, zur Teilhabe an Verfahren und Strukturen grundsätzlich befähigt zu sein und dies auch zu bleiben. Drittens müsse die politische Ordnung einen „relativ andauernden Kooperationszusammenhang“ aufweisen. Durch Kontinuität werde das Vertrauen in die Strukturen und Verfahren erhöht; zudem seien auch zunächst nicht vorteilhaft erscheinende Entscheidungen, die jedoch mittel- oder langfristig sinnvoll seien, akzeptabel.[368]

d. Weltöffentlichkeit

Von eminent wichtiger Bedeutung für eine globale Demokratie und für ein globales politisches System ist eine funktionierende Weltöffentlichkeit, in der Diskurse lebhaft geführt und Meinungen ausgetauscht werden können. Schon Parsons erkannte eine „world opinion“ in Form einer institutionalisierten Weltöffentlichkeit als grundlegend für das Funktionieren des Systems an.[369]

Eng verbunden mit der Notwendigkeit einer funktionierenden Öffentlichkeit ist das bereits erörterte Erfordernis der Inklusion. Schließlich weisen die beiden Konzepte einige Berührungspunkte und Ähnlichkeiten auf. Jeweils geht es um die „Publika des politischen Geschehens“. Während aber der Fall der Inklusion explizit geregelte „Rollenstrukturen des Systems“ betrifft, handelt es sich beim Konzept der Öffentlichkeit mehr um eine „kommunikative Fiktion“ und ein „Medium politischer Kommunikation“, das für eine Vielzahl von „Formbildungen“ benutzt werden kann.[370] Zentral ist eine funktionierende Weltöffentlichkeit für die Kontrolle des politischen Systems als Beobachter zweiter Ordnung – ohne eine funktionierende Kontrolle durch eine Weltöf-

---

[368] Ebd., S. 411 f.

[369] *Parsons, T.*, Order and Community in the International Social System, in: Rosenau, J. N. (Hrsg.), International Politics and Foreign Policy, S. 120, 126; zitiert nach: *Brunkhorst, H.*, Legitimationskrisen, S. 77; siehe hierzu auch stellvertretend für viele: *Albert, M.*, Einleitung: Weltstaat und Weltstaatlichkeit: Neubestimmungen des Politischen in der Weltgesellschaft, in: ders./Stichweh, R. (Hrsg.), Weltstaat und Weltstaatlichkeit, S. 9, 17; *Höffe, O.*, Demokratie im Zeitalter der Globalisierung, S. 320 ff.

[370] *Stichweh, R.*, Dimensionen des Weltstaats im System der Weltrepublik, in: Albert, M./ders. (Hrsg.), Weltstaat und Weltstaatlichkeit, S. 25, 31 f.

fentlichkeit würde das politische System der Weltgesellschaft – analog zum Nationalstaat – Gefahr laufen, in reiner Macht- und Interessensdurchsetzung zu enden.[371]

aa. Voraussetzungen

Wie Brunkhorst feststellt, ist zu einer wirklich starken Öffentlichkeit eine Kombination von egalitären Rechten und demokratischen Verfahrensnormen erforderlich, die bislang nur aus den herrschaftsbegründenden Verfassungen der Nationalstaaten bekannt sei.[372]

Immerhin würden aber massive Menschenrechtsverletzungen und zum Teil auch extreme politische und soziale Ungleichheit nicht mehr nur als entferntes Problem an der Peripherie verstanden, sondern vermehrt auch als unser aller eigenes Problem begriffen.[373] Insofern lasse sich die Entwicklung zu einem globalen Verantwortungs- und Problembewusstsein durchaus erkennen.[374] Hauptsächlich im Bereich der Menschenrechte liege daher auch eine große Chance, die Weltöffentlichkeit erstarken zu lassen. Nichtregierungsorganisationen könnten beispielsweise im Fall von Menschenrechtsverletzungen vor allem mit einer moralischen Stimme sprechen, die globales Interesse entstehen lassen könne. Der darüber erzeugte kommunikative Druck wirke wiederum auf die politische Ebene, die ihrerseits aufgrund der rechtsverbindlichen Menschenrechtsgarantien zum Handeln bewegt werde.[375] Insgesamt sieht Brunkhorst somit die Entstehung einer Weltöffentlichkeit – zu-

---

[371] Vgl. *Luhmann, N.*, Die Politik der Gesellschaft, S. 287 f., 312.

[372] *Brunkhorst, H.*, Legitimationskrisen, S. 153.

[373] *Ders.*, There Will Be Blood, in: ders. (Hrsg.), Demokratie in der Weltgesellschaft, S. 99, 110.

[374] *Ders.*, Legitimationskrisen, S. 187.

[375] *Ders.*, Globalising Democracy Without a State: Weak Public, Strong Public, Global Constitutionalism, Millennium – Journal of International Studies 31 (2002), S. 675, 690. Brunkhorst geht sogar so weit und sieht – solange keine echten demokratischen Verfahren auf globaler Ebene existierten – von einer Ersatzfunktion der Menschenrechte für die globale Demokratie auszugehen sei.

mindest in Bezug auf Menschenrechtsverletzungen – als relativ positiv und recht weit vorangeschritten an.[376]

Allerdings ist fraglich, ob eine Konsolidierung einer Weltöffentlichkeit über die „internationale Gemeinschaft“ erfolgen kann, welche die Funktionen einer Weltöffentlichkeit wahrnimmt.[377] Auch Habermas kritisiert die – mangels einer gemeinsamen politischen Kultur – schwach ausgeprägte Weltöffentlichkeit.[378] Insbesondere ist auch die Frage nach der hinreichenden Legitimität einer möglichen Weltöffentlichkeit zu stellen. Schließlich ist der Nationalstaat bei transnationalen Problemen nicht mehr der richtige Adressat der öffentlichen Meinung.[379] Ein Ersatz ist mangels Weltstaat jedoch nicht ersichtlich. Die internationale Gemeinschaft vermag diese Rolle auch nicht einzunehmen.

bb. Schwache Ausprägung

Bislang ist von einer schwachen Ausprägung einer Weltöffentlichkeit auszugehen, die zwar einzelne Probleme – etwa im Fall von Finanzkrisen oder Umweltkatastrophen – artikulieren und einen Diskussionsprozess in Gang setzen kann, letztlich aber nicht die gesamte Bandbreite der globalen Probleme, sei es im ökonomischen, sozialen, ökologischen oder technischen Bereich, adressieren kann.[380] Brunkhorst erkennt darüber hinaus eine strukturelle Schwäche der Weltöffentlichkeit, da rechtliche Normen wieder aufgrund einer moralischen Dimension befolgt würden und nicht mehr bloß aufgrund der normativen Er-

---

[376] *Ders.*, Die Legitimationskrise der Weltgesellschaft, in: Albert, M./Stichweh, R. (Hrsg.), Weltstaat und Weltstaatlichkeit, S. 63, 73.

[377] *Albert, M./Schmalz-Bruns, R.*, Antinomien der Global Governance: Mehr Weltstaatlichkeit, weniger Demokratie?, in: Brunkhorst, H. (Hrsg.), Demokratie in der Weltgesellschaft, S. 57, 59.

[378] *Habermas, J.*, Zur Verfassung Europas, S. 89.

[379] *Fraser, N.*, Die Transnationalisierung der Öffentlichkeit, in: Niesen, P./Herborth, B. (Hrsg.), Anarchie der kommunikativen Freiheit, S. 224, 252 f.

[380] *Bernstorff, J. von,* Zivilgesellschaftliche Partizipation in internationalen Organisationen: Form globaler Demokratie oder Baustein westlicher Expertenherrschaft?, in: Brunkhorst, H. (Hrsg.), Demokratie in der Weltgesellschaft, S. 277, 296.

zwingbarkeit. Deshalb drohe der „Komplexitätsgewinn funktionaler Differenzierung“ zu verschwinden.[381]

Daran änderten auch weltweite Protestbewegungen, die bereits in den 1960er-Jahren beispielsweise gegen den Vietnamkrieg stattgefunden hätten, wenig. Denn singuläre Protestbewegungen, die auf ein bestimmtes Ereignis zurückzuführen seien, führten nicht zur Entstehung einer „unberechenbar artikulationsfähigen, diskutierenden und streitenden Weltöffentlichkeit“.[382] Bryde spricht diesbezüglich immerhin von einem Stück „Weltpluralismus und Weltöffentlichkeit“, zumal der Einfluss von Nichtregierungsorganisationen zunehme und in den Protestaktionen der vergangenen Jahre stets die Einhaltung bestimmter Rechtsgrundsätze gefordert wurde. Vor allem auf dem Gebiet des Umwelt- und Menschenrechtsschutzes sei dies zu beobachten.[383]

Auch Neves ist der Ansicht, dass jedenfalls eine starke Weltöffentlichkeit nicht in Sicht sei und dadurch eine Konstitutionalisierung auf globaler Ebene schwer zu verwirklichen sei.[384] Brunkhorst erkennt zwar immerhin eine in Teilen globale Menschenrechtskultur, eine schwache Öffentlichkeit und Zivilgesellschaft, sieht aber „die schwach institutionalisierte kommunikative Macht der globalen Zivilgesellschaft“ nicht als „hinreichendes Substitut für das weitgehend fehlende, demokratische Staatsorganisationsrecht“ an.[385] Andererseits gebe es eine „globale res publica“, und die „Möglichkeiten demokratischer Partizipation oder zumindest eine „negativ-demokratische Möglichkeit der ständigen Beunruhigung“ seien durchaus vorhanden.[386]

---

[381] *Brunkhorst, H.*, Solidarität, S. 196; Brunkhorst warnt in diesem Zusammenhang auch vor einer „Remoralisierung des Rechts“, da es keine organisationsrechtlich konstitutionalisierte und daher „mit den Verfahren zur Ausgestaltung der Menschenrechte strukturell gekoppelte, starke Öffentlichkeit“ gebe.

[382] *Ders.*, Legitimationskrisen, S. 84.

[383] *Bryde, B.-O.*, Das Völkerrecht zwischen Konstitutionalisierung, Hegemonie und Renationalisierung, in: Heinrich-Böll-Stiftung (Hrsg.), Die Zukunft des Völkerrechts in einer globalisierten Welt, S. 88, 102.

[384] *Neves, M.*, Transversale Verfassungen?, in: Brunkhorst, H. (Hrsg.), Demokratie in der Weltgesellschaft, S. 75, 86.

[385] *Brunkhorst, H.*, Legitimationskrisen, S. 193.

[386] Ebd., S. 251, mit Verweis auf: *Müller, F.*, Demokratie zwischen Staatsrecht und Weltrecht. Nationale, staatlose und globale Formen menschenrechtsgestützter Demokratisierung, S. 79.

cc. Graduelle Verstärkung

Wie Brunkhorst weiter ausführt, könnte aber – selbst wenn eine wirklich starke und vitale Weltöffentlichkeit im Reich der Utopie verbleiben sollte – auch eine schwache Öffentlichkeit zumindest graduell verstärkt werden. Derartige Reformen müssten sich vor allem auf die gerichtliche Überprüfbarkeit von supra- oder transnational getroffenen bindenden Entscheidungen über rechtsstaatliche Verfahren konzentrieren sowie auf die Unterwerfung der jeweiligen Entscheidungsverfahren unter Prinzipien wie

> „Öffentlichkeit, Verantwortlichkeit (accountability), Egalität und Fairness der Staatenrepräsentanz, Prozeduralisierung organisationsrechtlicher Reformen, [...sowie] Positivierung und Legalisierung informeller Herrschaftsverhältnisse“.[387]

Auch wenn die Chancen für eine Verwirklichung eher schlecht stünden, so seien sie doch zumindest normativ begründet.[388]

Eine solche graduelle Verstärkung hätte schließlich auch positive Auswirkungen auf die Etablierung eines globalen Demokratiemodells. Denn ohne eine funktionierende Weltöffentlichkeit ist ein transparenter Meinungsbildungsprozess nicht möglich, ohne den auch ein globales Demokratiemodell nicht funktionieren kann. Ein erster wichtiger Schritt für eine Demokratisierung wäre daher, die Weltöffentlichkeit „als Schrittmacher der Demokratisierung“ einzusetzen, wie Prien zutreffend erkennt.[389]

e. Zwischenergebnis

Ist, wie die Beschreibung der Weltgesellschaft von Luhmann selbst nahelegen könnte, eine globale Demokratie aufgrund der unzähligen, anonymen und unkontrollierbaren Kommunikationen auf Ebene der Weltgesellschaft nicht mehr möglich?[390] Oder ist das Projekt des demokratischen, rechtsstaatlichen Konstitutionalismus noch verwirklichbar?

---

[387] *Brunkhorst, H.*, Legitimationskrisen, S. 251.

[388] Ebd.

[389] *Prien, T.*, Fragmentierte Volkssouveränität, S. 148.

[390] Ebd., S. 21.

Insgesamt lässt sich mit Albert und Schmalz-Bruns feststellen, dass trotz diverser Fortschritte weiterhin eine „Unterinstitutionalisierung“ von legitimationsbegründenden und inklusiven Verfahren zu erkennen ist. Daran leidet die Praktikabilität eines globalen Demokratiemodells.[391] Zunächst müsste daher jedenfalls eine Institutionalisierung von Verfahren in die Wege geleitet werden. Festzuhalten ist jedenfalls, dass demokratische Prinzipien auf globaler Ebene notwendige Voraussetzungen für die Legitimität einer konstitutionellen Ordnung sind.[392]

Zudem ist die Einhaltung rechtsstaatlicher Prinzipien oder der *rule of law* erforderlich. Denn die Forderung nach Demokratie auf globaler Ebene darf nicht durch die Forderung nach einer globalen *rule of law* verdrängt werden. Wie Dobner zutreffend ausführt, ist eine solche Substituierung gefährlich, da die *rule of law* keineswegs in sich bereits demokratisch sei, sondern selbst demokratisiert werden müsse, um den demokratischen Anforderungen gerecht zu werden.[393]

Auch die operative Schließung und Selbstreferenz des globalen politischen Systems ist ohne eine demokratisch herbeigeführte Legitimität kaum möglich. Wichtig ist allerdings, dass die Etablierung eines globalen Demokratiemodells anders als die Errichtung eines Weltstaats keineswegs eine Utopie darstellt. Vielmehr ist eine graduelle, langsam voranschreitende Umsetzung vorstellbar. Denn trotz der segmentären Zweitdifferenzierung in Nationalstaaten und der bislang nicht vorhandenen Selbstbeschreibung des politischen Systems im Sinne eines Weltstaates ist die Entstehung einer globalen Demokratie zumindest nicht strukturell gänzlich unmöglich. Dafür spricht schon allein die in den letzten Jahrzehnten erhebliche quantitative und räumliche Ausweitung demokratischer Prinzipien und der zunehmenden Institutionalisierung und der Entwicklung komplexer – wenn auch bislang undemokrati-

[391] *Albert, M./Schmalz-Bruns, R.*, Antinomien der Global Governance: Mehr Weltstaatlichkeit, weniger Demokratie?, in: Brunkhorst, H. (Hrsg.), Demokratie in der Weltgesellschaft, S. 57.

[392] Manche Autoren wie Zurn sehen beispielsweise den Konstitutionalismus (beziehungsweise die Konstitutionalisierung) insgesamt als andauernden demokratischen Prozess, der zum Ziel hat, verfassungsrechtliche Normen (höheres Recht) weiterzuentwickeln: *Zurn, C. F.*, Deliberative Democracy and the Institutions of Judicial Review, S. 225.

[393] *Dobner, P.*, More Law, Less Democracy, in: dies./Loughlin, M. (Hrsg.), The Twilight of Constitutionalism?, S. 141, 142; Laut Dobner sind aber derartige Substitutionsansätze in den letzten Jahren vermehrt zu erkennen gewesen.

scher – *governance*-Netzwerken. Eine Weiterentwicklung im Sinne eines globalen Demokratieprinzips und eine Demokratisierung dieser technokratischen Strukturen ist daher durchaus vorstellbar.

Bis diese Entwicklung allerdings so weit sein wird, scheint allein die Rückbindung der Kompetenzübertragung auf internationale Institutionen über eine Legitimationskette bis zu nationalen demokratischen Prozessen eine Milderung des eklatanten Demokratiedefizits auf globaler Ebene bewirken zu können.[394]

VI. Neue, geteilte Souveränität?

Wie im 2. Kapitel bereits angesprochen, gerät die nationalstaatliche Souveränität zunehmend unter Druck – mit möglicherweise durchgreifenden Konsequenzen.

1. Nationalstaatliche Souveränität unter Druck

Die Gründe hierfür sind vielfältig, lassen sich aber in drei Kategorien einteilen. Zum einen beeinträchtigen supranationale Strukturen und Normen in erheblicher Art und Weise. Darüber hinaus stellen die zahlreichen supranationalen Akteure, die zunehmend Autonomie für sich beanspruchen, die staatlichen Souveränitätskonzepte in Frage. Schließlich entstehen mehr und mehr transnationale Akteure und Netzwerke, die teils im Widerspruch zu vormodernen Souveränitätsvorstellungen stehen.[395] Mit Bryde lässt sich somit konstatieren, dass jedenfalls die frühere Vorstellung der nationalstaatlichen Souveränität, die lediglich eine Absicherung nach außen im Sinn einer Koexistenz mit anderen Nationalstaaten bedurfte und die Stabilität der internationalen Ordnung garantieren sollte, nicht mehr zeitgemäß ist und von der Realität längst überholt wurde.[396] Nationalstaatliche Souveränität führt viel-

---

[394] *Paulus, A. L.*, Zusammenspiel der Rechtsquellen aus völkerrechtlicher Perspektive, BDGIR 46 (2014), S. 7, 29.

[395] *Fischer-Lescano, A./Teubner, G.*, Regime-Kollisionen, S. 158 f.

[396] *Bryde, B.-O.*, Das Völkerrecht zwischen Konstitutionalisierung, Hegemonie und Renationalisierung, in: Heinrich-Böll-Stiftung (Hrsg.), Die Zukunft des Völkerrechts in einer globalisierten Welt, S. 88, 89; siehe auch *Fassbender,*

mehr auch zu einer (Schutz-)Verantwortung des Staates gegenüber seinen Bürgern. Darüber hinaus wird Souveränität mehr und mehr nicht nur im Sinn der Repräsentation der jeweiligen Staatsbürger aufgefasst, sondern auch als „Recht auf Partizipation“ der Bürger, wie Loh zutreffend feststellt.[397]

2. *Dualistische Souveränitätskonzeption*

Möglicherweise liegt der „Schlüssel“ für die Lösung der dargestellten Probleme in dieser veränderten Perzeption von „Souveränität“. Denn mit Cohen erscheint eine neue, dualistische Konzeption von Souveränität sinnvoll. Die Staaten blieben zwar weiterhin souveräne Entitäten, dennoch sei zu konstatieren, dass – schon allein aufgrund von *ius cogens*-Normen – sie nicht mehr völlig uneingeschränkt neues, zwischenstaatliches Recht erzeugen könnten.[398]

Loh schlägt beispielsweise vor, im Rahmen einer „Politisierung [des] Kollektivs“ den Souveränitätsbegriff um eine „kollektive Selbstbestimmung“ zu erweitern, um der zunehmenden Verantwortung der Staaten gegenüber ihren Bürgern gerecht zu werden und das Legitimationsdefizit, das durch die Zwischenschaltung der staatlichen Strukturen entsteht, zu beseitigen. Die jeweiligen Bevölkerungen oder Bevölkerungsgruppen würden dadurch erheblich aufgewertet; als selbstbestimmte Kollektive anerkannte Gruppen könnten beispielsweise die Mitgliedschaft in den Vereinten Nationen beantragen.[399]

Auch Habermas schlägt eine geteilte Souveränität zwischen Staaten und Bürgern vor. Er führt als Beispiel die Europäische Union an, in der sich zum einen die gewaltmonopolisierenden Mitgliedstaaten dem Unions-

B., Die Souveränität des Staates als Autonomie im Rahmen der völkerrechtlichen Verfassung, in: Mansel, H. P. (Hrsg.), Festschrift für Erik Jayme, S. 1089 ff.

[397] *Loh, W.*, Konstitutionalisierung der Selbstbestimmung, in: Pernice, I./Müller, M./Peters, C. (Hrsg.), Konstitutionalisierung jenseits des Staates, S. 97, 99.

[398] *Cohen, J. L.*, Sovereignty in the Context of Globalization: A Constitutional Pluralist Perspective, in: Besson, S./Tasioulas, J. (Hrsg.), The Philosophy of International Law, S. 261, 262.

[399] *Loh, W.*, Konstitutionalisierung der Selbstbestimmung, in: Pernice, I./Müller, M./Peters, C. (Hrsg.), Konstitutionalisierung jenseits des Staates, S. 97, 122 f.

recht untergeordnet hätten, zum anderen eine Teilung der Souveränität zwischen Bürgern und Staatsvölkern als verfassunggebende Entitäten stattgefunden habe.[400] Habermas spricht von einer kosmopolitischen Weltbürgergemeinschaft, die nicht in einer Weltrepublik münden, sondern als eine „überstaatliche Assoziation von Bürgern und Staatsvölkern" konstituiert werden solle, und zwar in dem Maß, dass die Nationalstaaten erhalten blieben und weiterhin über Mittel legitimer Gewaltanwendung verfügten. Neben den Weltbürgern würden die Nationalstaaten das andere verfassunggebende Subjekt der neuen Weltgemeinschaft formieren.[401] Somit könne eine „Weltbürgergemeinschaft"[402] entstehen. Das „Weltparlament", die Generalversammlung, würde aus beiden Subjekten zusammengesetzt und somit sichergestellt, dass die konkurrierenden Gerechtigkeitsperspektiven – Interessen der anderen Seite – ausreichend berücksichtigt und gegeneinander abgewogen würden.[403] Auch Carrozza hält ein Souveränitätskonzept, basierend auf einer Netzwerkstruktur, für sinnvoller als ein auf Hierarchie fußendes Souveränitätsmodell.[404]

Allerdings darf der Versuch, die Begründung der Souveränität auf die veränderten Bedingungen in der Weltgesellschaft anzupassen, auch nicht in einem utopischen Ideal enden. So gehen Auffassungen, die zur vollständigen Auflösung der Souveränitätsfrage insgesamt führen würden und als Idealvorstellung einen Weltstaat haben, einerseits komplett an der Realität vorbei und stören andererseits aufgrund des nicht einmal wünschenswerten Utopiebildes eine realistische, sanfte und maßvolle Veränderung des zu sehr auf eine nationalstaatliche Ordnung ausgerichteten, klassischen Souveränitätskonzeptes.[405]

---

[400] *Habermas, J.*, Zur Verfassung Europas, S. 83; auch *ders.*, Die Krise der Europäischen Union im Lichte einer Konstitutionalisierung des Völkerrechts – Ein Essay zur Verfassung Europas, ZaöRV 72 (2012), S. 1, 24 ff.

[401] *Ders.*, Zur Verfassung Europas, S. 86.

[402] *Ders.*, Die Krise der Europäischen Union im Lichte einer Konstitutionalisierung des Völkerrechts – Ein Essay zur Verfassung Europas, ZaöRV 72 (2012), S. 1, 37.

[403] *Ders.*, Zur Verfassung Europas, S. 87.

[404] *Carrozza, P.*, Constitutionalism's Post-Modern Opening, in: Loughlin, M. (Hrsg.), The Paradox of Constitutionalism, S. 171, 170.

[405] Vgl. auch *Vobruba, G.*, Die Transformation der Souveränität, in: Bach, M. (Hrsg.), Der entmachtete Leviathan, S. 71, 76, 83, der die „absolutistische Logik

Denn die klassische Souveränitätskonzeption, wie sie auch zum Beispiel Luhmann vertreten hat, müsste hierzu völlig verändert werden. Die formalrechtliche Souveränitätskonzeption des Völkerrechts wäre nicht mehr möglich. Die Souveränitätskonzeption dürfte nicht mehr als alleinige Autonomie des nationalstaatlichen Politiksystems aufgefasst werden, sondern müsste auch für das weltgesellschaftliche System generalisiert werden. In der Folge wäre sie auch nicht mehr an die segmentäre Binnendifferenzierung der Weltgesellschaft und der Differenzierungsform des Staates gebunden.[406]

In Ansätzen lässt sich eine solche Veränderung der Souveränitätskonzeption bereits erkennen. So existieren Teilbereiche des Weltrechts, in denen die staatliche Autonomie deutlich eingeschränkt ist. Allen voran ist die Möglichkeit des *Appellate Bodys*[407] der WTO zu nennen, bindende, wenn auch nicht unmittelbar anwendbare, Entscheidungen zu treffen, deren Nichtbefolgung diverse Sanktionsmaßnahmen nach sich ziehen kann. Zudem schränkt das Friedenssicherungsrecht, insbesondere mit der Möglichkeit der Zwangsmaßnahmen nach Kapitel VII der UN-Charta, die Autonomie der Nationalstaaten deutlich ein. Auch im Bereich des Menschenrechtsschutzes haben insbesondere die Anerkennung der Schutzverantwortung der Staaten und die *Responsibility-to-Protect*-Doktrin[408] zu einer Einschränkung nationalstaatlicher Autonomie geführt.

Schließlich werden über die wachsende Erkenntnis, dass globale Probleme nicht mehr allein auf nationalstaatlicher Ebene zu lösen sind, globale Strukturen des *global governance* gestärkt und ausgebaut; hier-

---

der Begründung von staatlicher Souveränität [für] nicht substituierbar" ansieht und sie nicht mehr mit Aussicht auf eine sinnvolle Antwort für beantwortbar hält. Gleichzeitig hält er statt der Frage nach der Begründung von Souveränität die Frage nach der Akzeptanz von Politik für entscheidend.

406 *Kastner, F.*, Luhmanns Souveränitätsparadox, in: Neves, M./Voigt, R. (Hrsg.), Die Staaten der Weltgesellschaft, S. 75. Wie Kastner ausführt, sieht Luhmann die Souveränität als semantisches Konstrukt mit einer spezifischen Bedeutungsvariation; beispielsweise ist die Teilnahme an der Weltpolitik nur durch die nationalstaatliche Souveränität möglich.

407 Siehe: https://www.wto.org/english/tratop_e/dispu_e/appellate_body_e.htm (zuletzt besucht am 28.03.2016).

408 Siehe hierzu: http://www.un.org/en/preventgenocide/adviser/responsibility.shtml (zuletzt besucht am 07.08.2015); auch *General Assembly*, Res. 60/1 vom 16.9.2005 (Dok. A/RES/60/1), Abs. 138, 139.

durch erfährt die nationalstaatliche Autonomie ebenfalls eine nicht unerhebliche Einschränkung.

3. Voraussetzung einer konstitutionalisierten, pluralen Weltordnung

Voraussetzung für eine konstitutionalisierte, plurale Weltordnung mit einem autopoietischen Politik- und Rechtssystem wäre jedoch die Abkehr von der Vorstellung der ungeteilten und vollumfänglichen Souveränität der Territorialstaaten. Dieses Konzept ist angesichts einer Vielzahl von Souveränitätsverlagerungen im Rahmen der Europäischen Union und hybriden Rechtsordnungen nicht mehr zeitgemäß und vermag die realen Begebenheiten nicht sinnvoll wiederzugeben.

Gäbe man dieses klassische Konzept auf, so eröffnete sich die Möglichkeit der Anerkennung verschiedener, sich zum Teil überschneidender Rechtsordnungen, die der staatlichen entweder gleichgestellt wenn nicht sogar höher angesiedelt wären.[409] In Anbetracht der momentanen Verhältnisse erscheint eine vollständige Aufgabe dieses Konzeptes jedoch nicht realisierbar. Realistischer erscheint vielmehr ein stetiges Aufweichen des Konzeptes. Nationalstaaten sehen sich bereits aktuell vermehrtem Druck ausgesetzt, auf die Globalisierung der Wirtschaft, der Kommunikation und anderer Bereiche zu reagieren. In bestimmten Bereichen erscheint daher eine teilweise Aufgabe des starren Souveränitätskonzepts als durchaus möglich. Gleichzeitig würde eine geteilte Souveränität nicht mehr als unerreichbares Ideal bezeichnet werden müssen.

Über solch eine dualistische Auffassung von Souveränität wären (strukturelle) Kopplungen zwischen dem Rechts- und Politiksystem in einer komplexeren Ausprägung möglich. Gleichzeitig könnte eine wirklich konstitutionelle, pluralistische Ordnung der Weltgesellschaft mit mehreren Rechtsebenen entstehen.[410] Die segmentäre Zweitdifferenzierung

---

[409] *Robé, J.-P.*, Multinational Enterprises: The Constitution of a Pluralistic Legal Order, in: Teubner, G. (Hrsg.), Global Law without a State, S. 45, 68; *Walker, N.*, The Idea of Constitutional Pluralism, MLR 65 (2002), S. 317, 339; in diesem Sinn auch: *Pogge, T. W.*, Cosmopolitanism and Sovereignty, Ethics 103 (1992), S. 48, 60.

[410] *Cohen, J. L.*, Sovereignty in the Context of Globalization: A Constitutional Pluralist Perspective, in: Besson, S./Tasioulas, J. (Hrsg.), The Philosophy of International Law, S. 261, 262.

in die Nationalstaaten würde zwar weiterhin bestehen bleiben; aufgrund der veränderten Souveränitätskonzeption würde die Zweitdifferenzierung die Herausbildung eines autopoietischen Politiksystems aber nicht mehr negativ beeinflussen. Entscheidend wäre zudem die konsequente Anwendung des Subsidiaritätsprinzips, um eine gegenseitige Blockierung der verschiedenen Rechtsebenen und eine Überlastung des globalen Systems (mit der Folge, dass selektives, kontingentes Handeln nicht mehr möglich wäre) zu verhindern.[411]

Erforderlich wäre hierzu allerdings zunächst weitreichendere Autonomie des politischen Systems der Weltgesellschaft, um schließlich am Ende dieses Prozesses über eine höhere Autopoiesis verfügen zu können. Die nationalstaatliche Souveränität würde dadurch auch nicht notwendigerweise ihre legitimierende und strukturierende Beschreibungsleistung für das internationale Staatensystem einbüßen. Allerdings würde der Staat nicht mehr als alleiniger Autor und Adressat politischer Kommunikation in der Weltgesellschaft fungieren, sondern müsste sich diese Rolle mit dem politischen System der Weltgesellschaft teilen. Die duale Souveränitätskonzeption würde vielmehr als Formel aller Entscheidungskompetenzen an der Spitze des Staates *und* an der Spitze des politischen Systems der Weltgesellschaft stehen.[412] Der Pluralismus der Rechtsordnungen würde somit letztlich – wie Paulus zutreffend konstatiert – zu einem Pluralismus der Legitimationsstränge führen.[413]

---

[411] Siehe bezüglich eines multilevel-Ansatzes: *Paulus, A. L.*, Subsidiarity, Fragmentation and Democracy: Towards the Demise of General International Law?, in: Shany, Y./Broude, T. (Hrsg.), The Shifting Allocation of Authority in International Law, S. 193, 212 f.

[412] Vgl. *Kastner, F.*, Luhmanns Souveränitätsparadox, in: Neves, M./Voigt, R. (Hrsg.), Die Staaten der Weltgesellschaft, S. 75, 76, die die klassische Souveränitätskonzeption von Luhmann beschreibt.

[413] *Paulus, A. L.*, Zur Zukunft der Völkerrechtswissenschaft in Deutschland: Zwischen Konstitutionalisierung und Fragmentierung des Völkerrechts, ZaöRV 67 (2007), S. 695, 715.

VII. Schlussfolgerungen

Insgesamt lässt sich festhalten, dass zwar im allgemeinen Sprachsinn sowohl von einem Rechts- als auch von einem Politiksystem der Weltgesellschaft gesprochen werden kann.

Aus systemtheoretischer Sicht ist dies jedoch aufgrund der fehlenden operativen Geschlossenheit und Selbstreferenz nur in sehr geringem Maß möglich. Eine Autopoiesis existiert im Rechtssystem nur in sehr geringem Umfang, im Politiksystem praktisch gar nicht; selbst in ausdifferenzierten Teilbereichen des Rechtssystems steht aufgrund der segmentären Zweitdifferenzierung und der nationalen Souveränität kein umfassend mit Autonomie ausgestatteter Teilbereich des Politiksystems gegenüber. Dennoch existieren analog zum Rechtssystem Teilbereiche, in denen die staatliche Souveränität zumindest teilweise derart aufgeweicht ist, dass das Treffen von verbindlichen Entscheidungen auf Ebene der Weltgesellschaft jedenfalls eingeschränkt möglich ist. Zu nennen sind auch hier der Bereich des UN-Rechts, insbesondere des Friedenssicherungsrechts, des WTO-Rechts, sowie des humanitären Völkerrechts.

Festzuhalten ist darüber hinaus zumindest, dass die beiden Systeme zumindest weitgehend voneinander getrennt sind, sodass strukturelle Kopplungen grundsätzlich möglich sind.

Wegen der fehlenden Autopoiesis ist zwar eine eindeutige und dauerhafte Unterscheidung zwischen System und Umwelt nur schwer möglich. Die Systemgrenzen laufen stets Gefahr, von der Umwelt korrumpiert zu werden. Systemfremde Kommunikation kann in die Systeme eindringen und die Systemprozesse unmittelbar und direkt beeinflussen. Weder ist die alleinige Anwendung des systemspezifischen Codes garantiert, noch können sich die beiden Systeme selbstreferenziell reproduzieren und operieren. Folglich kommt es zu direkten Beeinflussungen zwischen den beiden (und anderen) Systemen, weshalb die Systemintegrität stets gefährdet ist.

Dennoch sind beachtliche Fortschritte zu konstatieren, insbesondere im Rechtssystem der Weltgesellschaft, aber auch im politischen System. Wie Brunkhorst darlegt, muss die Weltgesellschaft aufgrund der zunehmenden Problemwahrnehmung auch durch nicht betroffene Bürger im Gegensatz zu Luhmann nicht mehr nur als funktional oder negativ integriert angesehen werden, sondern es muss vielmehr auch von einer „normativ integrierten Weltgesellschaft"[414] gesprochen werden.

So ist auch eine weitgehende Differenzierung der Systeme grundsätzlich möglich. Zudem operieren sowohl das Rechtssystem als auch das politische System jedenfalls größtenteils mit ihren binären Codes und den systemspezifischen Programmen. Auch sind strukturelle Elemente in beiden Systemen vorhanden.

Daher ist die Weltgesellschaft weiter vorangeschritten als Luhmann dies angenommen hat. Sie ist mehr als ein semantisches und theoretisches Konstrukt. Die systemspezifischen Kommunikationen haben zu einer Etablierung von gewissen Strukturen geführt, das heißt die Entwicklungen sind auch empirisch nachweisbar. Die segmentäre Zweitdifferenzierung in die Nationalstaaten sowie die erhebliche Heterogenität des Weltrechts verhindern allerdings das Entstehen einer vertieften Weltstaatlichkeit.

Ein wichtiger Schritt könnte daher zunächst die Etablierung eines internationalen Verfahrensrechts sein, das die demokratische Steuerung übernehmen könnte:

> „Erst wenn die Entwicklung einer solchen zusätzlichen Schicht internationalen Verfahrensrechts gelingt, könnte sich das Fortbestehen organisationsspezifischer Selektivität normativ als Produkt eines kollektiven Entscheidungsprozesses zweiter Ordnung – die Festlegung von Verfahrens-, Organisations- und Zuständigkeitsregeln, nach denen Sachfragen zu behandeln sind – verstehen lassen."[415]

Durch solch ein Verfahrensrecht könnte auch die Exklusionsproblematik abgeschwächt werden, da faire und transparente Regeln für die Teilhabe etabliert werden könnten. Schließlich hätte ein derartiges Verfahrensrecht auch positive Auswirkungen auf die Umsetzung einer globalen *rule of law*.

Holmes spricht angesichts der weltweiten Kommunikation, die zunehmend nicht mehr nationalstaatliche Grenzen in Bezug auf Recht und Politik beachten muss, von einer zunehmenden Dezentralisierung des Nationalstaates und infolgedessen von einer Umstellung der Weltgesell-

---

[414] *Brunkhorst, H.*, There Will Be Blood, in: ders. (Hrsg.), Demokratie in der Weltgesellschaft, S. 99, 111.

[415] *Bast, J.*, Das Demokratiedefizit fragmentierter Institutionalisierung, in: Brunkhorst, H. (Hrsg.), Demokratie in der Weltgesellschaft, S. 185, 191.

schaft von Hierarchie auf Heterarchie.[416] Dies bedeutet jedoch nicht die Abkehr von einer möglichen systemtheoretischen Konstitutionalisierung, sondern lediglich von einem hierarchischen Weltstaatsmodell.

Wie Albert festhält:

> „Zum Weltstaat fehlt der Weltstaatlichkeit noch Einiges: selbst eine noch so intensive Institutionalisierung der Global Governance, ihre rechtliche Begleitung und Absicherung, die Konsolidierung einer Weltöffentlichkeit vermittels einer globalen Medienlandschaft sowie Politiken globaler Sanktion und Redistribution machen noch keinen Weltstaat. Was fehlt, ist eine entsprechende Selbstbeschreibung des politischen Systems der Weltgesellschaft. Deren Entstehung ist gegenwärtig nicht zu beobachten."[417]

Die Möglichkeit einer Entstehung erscheint jedoch alles andere als abwegig. Denn zwar wird sich das politische System der Weltgesellschaft nicht als Weltstaat beschreiben lassen. Das bedeutet jedoch nicht das Ende jeglichen, zumindest graduell autopoietischen politischen Systems auf Ebene der Weltgesellschaft. Immerhin existiert mit der internationalen Gemeinschaft eine – wenn auch unvollkommene da letztlich immer noch auf der nationalstaatlichen Souveränität aufbauende – Formel für eine Selbstbeschreibung des politischen Systems der Weltgesellschaft. Zudem sind Elemente der Weltstaatlichkeit wie eine Weltöffentlichkeit im Begriff sich langsam herauszubilden.[418]

Auch die netzwerkartigen Strukturen der *global governance* könnten, sofern die Entwissenschaftlichung und eine stärkere Legimitierung der handelnden Akteure über eine stärkere demokratische Rückkopplung sowie die Einbindung deliberativer Verfahren gelingt, ein wichtiges Element bei der Herausbildung eines autopoietischen politischen Systems darstellen.

Problematisch sind und bleiben jedoch neben der segmentären Zweitdifferenzierung die Heterogenität des weltpolitischen Systems und die

---

[416] *Holmes Chaves, P.*, Verfassungsevolution in der Weltgesellschaft, S. 22. Zudem sei die Weltgesellschaft von Beginn an aufgrund der neben den politischen Organisationen (Staat) auch entscheidenden Rolle ökonomischer Organisationen asymmetrisch aufgebaut gewesen, S. 145.

[417] *Albert, M.*, Einleitung: Weltstaat und Weltstaatlichkeit: Neubestimmungen des Politischen in der Weltgesellschaft, in: ders./Stichweh, R. (Hrsg.), Weltstaat und Weltstaatlichkeit, S. 9, 19.

[418] Ebd.

zu starke negative Seite der Differenzen Zentrum/Peripherie und Inklusion/Exklusion. Ohne eine stärkere Homogenisierung ist die Herausbildung eines komplexen, zumindest graduell autopoietischen Systems kaum möglich; das System könnte mangels ausreichender Legitimation nicht das stetige Treffen verbindlicher und dauerhaft akzeptierter Entscheidungen gewährleisten. Es könnte somit seine Hauptfunktion nicht erfüllen. Umso wichtiger ist daher die stärkere Legitimierung des politischen Systems über die demokratische Rückkopplung und die intensive Ergänzung über strukturierte, deliberative Verfahren.

Eine transnationale Verrechtlichung mit globalen Demokratieprinzipien, die zu einer stärkeren Trennung der beiden Systeme und einer – jedenfalls graduellen – Autopoiesis des politischen Systems führen könnte, erscheint dennoch grundsätzlich verwirklichbar.[419]

B. Konstitutionalisierung auf Ebene der Weltgesellschaft?

Wie in der bisherigen Arbeit analysiert wurde, besteht derzeit weder ein den nationalstaatlichen Systemen vergleichbares, autopoietisches Rechtssystem noch ein Politiksystem auf Ebene der Weltgesellschaft. Dennoch bleibt die Annahme einer Konstitutionalisierung weiterhin möglich.[420]

Denn beide Systeme sind zumindest im Entstehen begriffen und verfügen in Teilbereichen über eine graduelle Autopoiesis, können also voneinander unterschieden werden. Folglich sind auch strukturelle Kopplungen zwischen den beiden Systemen möglich, die analog zur nationalstaatlichen Verfassung zu einer gegenseitigen Kontrolle und Einflussbegrenzung führen und somit eine Konstitutionalisierung auf globaler Ebene darstellen könnten. Festzuhalten ist jedenfalls, dass ein Bedarf an

---

[419] Vgl. *Brunkhorst, H.*, Die Legitimationskrise der Weltgesellschaft, in: Albert, M./Stichweh, R. (Hrsg.), Weltstaat und Weltstaatlichkeit, S. 63, 74.

[420] Allerdings wird eine konstitutionelle Ordnung mit einem operativ geschlossenen Politiksystem aufgrund der fehlenden Rückbindung der Kompetenzübertragung auf internationale Organisationen sowie der Etablierung eines globalen Demokratiemodells allenfalls in sehr schwacher Ausprägung möglich sein.

Willkürkontrolle der souveränen Staaten durch Verfassungen auf globaler Ebene besteht, wie Fischer-Lescano ausführt.[421]

Nach Ansicht von Solte beispielsweise sind Völkerrecht und Politik durch strukturelle Kopplungen miteinander verbunden – und zwar durch die Verfassungen der Territorialstaaten selbst, die die Geltung des Völkerrechts festsetzen, sowie durch völkerrechtliche Verträge als Ergebnisse politischer Entscheidungen.[422] Luhmann hingegen stellte fest, „dass die strukturelle Kopplung des politischen Systems und des Rechtssystems über Verfassungen auf der Ebene der Weltgesellschaft keine Entsprechung hat".[423]

Angesichts der beschriebenen Heterogenität des Weltrechts und der spezifischen, dualen Struktur des politischen Systems ist dies jedoch auch nicht verwunderlich. Denn eine Weltstaatsverfassung, die vergleichbar mit einer nationalen Verfassung ist, findet in der Tat keinen Anknüpfungspunkt in der Weltgesellschaft. Dies bedeutet jedoch nicht, dass nicht gewisse – im Entstehen begriffene – strukturelle Kopplungen zwischen dem Rechtssystem und dem Politiksystem existieren, die eine Konstitutionalisierung aus systemtheoretischer Sichtweise rechtfertigen. Die fehlende Hierarchisierung des Weltrechts stellt hierbei kein grundsätzliches Problem dar, ist doch das Recht nach Luhmann rekursiv begründet und heterarchisch, in Kreisläufen, aufgebaut.

Wie Fischer-Lescano ausführt, müssten für eine Konstitutionalisierung bestimmte Rechtsoperationen existieren, die das Verhältnis von Recht und Politik neu bestimmen, das heißt zum einen die Politik „weltrechtlich dignisieren und konstituieren", zum anderen die den „fundamentalen Zirkel des Rechts" durchbrechen.[424] Die Kopplung zwischen dem politischen System und dem Rechtssystem auf nationaler Ebene hatte laut Luhmann unter anderem auf die Flexibilität politischer Entscheidungen negative Auswirkungen, denn diese wurden von nun an „durch zwei Faktoren eingeschränkt: durch die öffentliche Meinung und durch die Gerichte".[425]

---

[421] *Fischer-Lescano, A.*, Globalverfassung, S. 197.

[422] *Solte, U.*, Völkerrecht und Weltgesellschaft aus systemtheoretischer Sicht, ARSP 89 (2003), S. 519, 532.

[423] *Luhmann, N.*, Das Recht der Gesellschaft, S. 582.

[424] *Fischer-Lescano, A.*, Globalverfassung, S. 220.

[425] *Luhmann, N.*, Die Politik der Gesellschaft, S. 390.

Global sind diese Voraussetzungen zwar nicht in einem mit nationalstaatlichen Maßstäben vergleichbaren Ausmaß vorhanden. Nicht einmal auf regionaler Ebene, zum Beispiel der der EU, kann man von einer wirklich funktionierenden öffentlichen Meinungsbildung und einer wirksamen Kontrolle politischer Entscheidungsprozesse durch eben diese sprechen. Dennoch sind die Entwicklungen auf diesem Gebiet nicht zu unterschätzen. Denn die globale Kommunikation ist durch die neuen Medien, allen voran das Web 2.0, extrem vereinfacht worden. In gewissen Bereichen – insbesondere bei internationalen Umweltkatastrophen – findet eine Meinungsbildung statt, die zumindest bei der Folgenbeseitigung die Beweglichkeit der politischen Entscheidungsgeber einschränkt und sie zwingt, die Schäden bestmöglich zu beseitigen.

Auch hinsichtlich der internationalen Gerichtsbarkeit wurden in den letzten Jahren beträchtliche Fortschritte erreicht. So sind zahlreiche internationale Spruchkörper etabliert worden, die zum Teil bindende und die Souveränität der Nationalstaaten durchbrechende Entscheidungen treffen. Nach Peters sind des Weiteren Instrumente wie Output-Legitimation, deliberative Konzepte, Expertisen und die Gewährleistung der *rule of law* auf globaler Ebene geeignet, den konstitutionellen Besonderheiten des Völkerrechts gerecht zu werden, ohne gleichzeitig die Anforderungen durch eine Eins-zu-eins Übertragung nationalstaatlicher Verfassungskonzepte und -konstrukte zu hoch anzusetzen.[426]

I. Strukturelle Kopplungen zwischen dem Rechtssystem und dem politischen System

Entscheidend ist die Frage, ob auf Ebene der Weltgesellschaft strukturelle Kopplungen zwischen dem Rechtssystem und dem politischen System auftreten, die zudem – analog zum Territorialstaat – Funktionen einer Verfassung aufweisen. Ist dies der Fall, so kann von einer Konstitutionalisierung des Völkerrechts gesprochen werden, und zwar unabhängig von etwaigen Fragmentierungstendenzen innerhalb des globalen

[426] *Peters, C.*, Informelle Anpassungsmechanismen der Gründungsverträge internationaler Organisationen und ihre Bedeutung für die Konstitutionalisierung des Völkerrechts, in: Pernice, I./Müller, M./Peters, C. (Hrsg.), Konstitutionalisierung jenseits des Staates, S. 17, 27 f.

Rechtssystems. Grundlegend ist also, dass eine Kopplung existiert, die in einer bestimmten Form die gegenseitigen Beeinflussungsmöglichkeiten des Sozialprozesses des Politiksystems und des Rechtsprozesses des Rechtssystems wechselseitig begrenzt und verhindert, dass das eine System das andere überwältigt.[427]

Problematisch ist hierbei, dass das Völkerrecht oftmals zu sehr von einer durch die einflussreichen Staaten gesteuerten Machtpolitik überlagert wird, mithin weder das politische System noch das Rechtssystem der Weltgesellschaft über einen hohen Grad an Autopoiesis verfügen. Etwaige strukturelle Kopplungen zwischen den beiden Systemen könnten daher nur teilweise ihren Sinn erfüllen, denn sie sind nicht die alleinigen Bezugspunkte der Systeme zu ihrer Umwelt. Eine Steuerung der Interpenetration und des „structural drifts" ist mithin nicht ohne die problematische direkte Beeinflussung der Systeme durch die Umwelteinflüsse möglich. Allerdings sind strukturelle Kopplungen zwischen den Systemen grundsätzlich auch unter diesen Umständen denkbar; sie können ihren Sinn aber nur eingeschränkt erfüllen.

Das Verhältnis von Recht und Macht weist daher möglicherweise nur Merkmale einer symbolischen Verfassung auf. Denn einerseits gibt es zwar auch auf Ebene der Weltgesellschaft zum Beispiel weitgehende Menschenrechtsgarantien wie die der – nicht verbindlichen – allgemeinen Menschenrechtserklärung von 1948 sowie der – verbindlichen – UN-Menschenrechtspakte.[428] Andererseits ist kaum von einer Gewaltenteilung im UN-System zu sprechen. Vielmehr ist der Sicherheitsrat, wie Neves betont, aufgrund seiner faktischen Überlegenheit in der Position, die Normtexte zu instrumentalisieren.[429] Das politische System korrumpiert mit seinem Code „Macht/Ohnmacht" somit die Selbstreferenz und alleinige Anwendung des Rechtscodes „Recht/Unrecht".

---

[427] Vgl. *Fischer-Lescano, A./Teubner, G.*, Regime-Kollisionen, S. 165.

[428] *General Assembly*, Allgemeine Erklärung der Menschenrechte, Resolution 217 A (III) der Generalversammlung vom 10.12.1948; *Internationaler Pakt über bürgerliche und politische Rechte* vom 19.12.1966, BGBl. 1973 II, S. 1534; 999 UNTS, S. 171 sowie Internationaler Pakt über wirtschaftliche, soziale und kulturelle Rechte, UN Doc. *Internationaler Pakt über wirtschaftliche, soziale und kulturelle Rechte* vom 19.12.1966; BGBl. 1973 II, S. 1570; 993 UNTS, S. 3.

[429] *Neves, M.*, Transversale Verfassungen?, in: Brunkhorst, H. (Hrsg.), Demokratie in der Weltgesellschaft, S. 75, 86.

Mit Habermas ließe sich beispielsweise – auch wenn er alles andere als ein Systemtheoretiker ist – die Frage nach Kopplungen zwischen Recht und Politik bejahen. Seiner Ansicht nach existieren „innovative Verfassungsnormen", die die beiden Bereiche auf supranationaler Ebene verkoppeln. Derartige Normen seien innovativ, weil sie in vielen Fällen eine „konstruktiv vorausgreifende, impulsgebende Wirkung" hätten, da sie bestimmte Lern- und Anpassungsprozesse in die Wege leiten würden.[430] Vergleichbar könnten diese Prozesse mit Teubners „Lernpressionen" sein. Die von Habermas beschriebenen Lern- und Anpassungsprozesse ähneln den Effekten, die strukturelle Kopplungen über den „structural drift" nach Ansicht Luhmanns bewirken, auch wenn diese Anpassungsprozesse aufgrund der direkten Umweltbeeinflussung häufig korrumpiert werden. Dennoch würde der Informationsaustausch der in dieser Form gekoppelten Systeme auf lange Sicht zu einer Annäherung und Anpassung führen können. Diese würde im Fall des Politik- und des Rechtssystems in erster Linie eine Machtbegrenzung und weitere Verrechtlichung bedeuten, mithin aufgrund der konstitutionellen Elemente zu einer – schwachen – Konstitutionalisierung führen.

Interessant ist zudem die Frage, wie es sich mit der Verfassung als mögliche Selbstbeschreibung des politischen Systems verhält. Nach Ansicht von Ziegert etwa ist sie zwar an die Selbstbeschreibung des Rechtssystems gekoppelt. Allerdings bleibt sie politische Kommunikation und wird nicht etwa zu Recht.[431]

Fischer-Lescano hingegen hält den Begriff der Konstitutionalisierung in Bezug auf die Funktion der Verfassung als strukturelle Kopplung für fehlgehend.[432] Vielmehr müsse sich die Suche auf eine mögliche strukturelle Kopplung von *global law* und *global governance* konzentrieren.[433] Nach Ansicht von Fischer-Lescano müssten die Normen einer wie auch immer gearteten „Weltverfassung" jedenfalls ähnlich wie im innerstaatlichen System die rechtliche Bindung öffentlicher Gewalt ermöglichen. Die politischen Akte der souveränen Staaten müssten

---

[430] *Habermas, J.*, Zur Verfassung Europas, S. 75; *ders.*, Die Krise der Europäischen Union im Lichte einer Konstitutionalisierung des Völkerrechts – Ein Essay zur Verfassung Europas, ZaöRV 72 (2012), S. 1, 28.

[431] *Ziegert, K. A.*, Weltrecht und regionale Differenzierung, Rechtstheorie 39 (2008), S. 453, 467.

[432] *Fischer-Lescano, A.*, Globalverfassung, S. 203 f.

[433] Ebd., S. 210.

daher verrechtlicht werden. Dies sei die grundsätzliche Aufgabe und Leistung von (nationalstaatlichen) Verfassungen.[434] Notwendig hierzu wäre also eine weitgehende Souveränitätseinschränkung der Nationalstaaten. Nach Auffassung von Fischer-Lescano sind jedenfalls die Normen an der Schnittstelle von *global law* und *global governance* deshalb letztlich verfassungsrechtlicher Natur, weil sie die Souveränitätsausübungen der Nationalstaaten zumindest zu einem gewissen Grad einschränken.[435]

Wie Fischer-Lescano weiter argumentiert, müssten, will man von einer – wie auch immer gearteten – Verfassung oder von Konstitutionalisierung auf Weltgesellschaftsebene sprechen, demnach auch auf weltgesellschaftlicher Ebene Werte oder Prinzipien bestehen, die eine rechtliche Bindung der öffentlichen Gewalt herbeiführen und die vorschreiben, wie „globale Rechtsregeln politisch gebildet werden."[436] Derartige Prinzipien könnten die im 2. Kapitel herausgearbeiteten Wertvorstellungen sein.

Wie Ziegert hingegen ausführt, könnte möglicherweise aber eine strukturelle Kopplung als Art „work-around" bestehen, die die zum Teil grundverschiedenen Rechtssysteme trotz der fehlenden Operationsmöglichkeit untereinander dergestalt miteinander verbindet, dass die Systeme über diese Kopplungen kommunizieren können. Ziegert sieht solche Kopplungen als selektivitätssteigernde Differenzierungsbedingungen an.[437] Darüber hinaus dienten diese strukturellen Kopplungen dazu, die Selektivität der rechtlichen Kommunikation zu erhöhen.[438] Eine globale *rule of law* könnte solch eine strukturelle Kopplung darstellen.[439] Diese würde als Kommunikationsplattform fungieren.[440]

---

[434] Ebd., S. 215.

[435] Ebd.

[436] Ebd.

[437] *Ziegert, K. A.*, Weltrecht und regionale Differenzierung, Rechtstheorie 39 (2008), S. 453, 467.

[438] Ebd., S. 472.

[439] Ebd., S. 467.

[440] *Brunkhorst, H.*, Constitutionalism and Democracy in the World Society, in: Dobner, P./Loughlin, M. (Hrsg.), The Twilight of Constitutionalism?, S. 179, 191.

Auch Cohen ist der Ansicht, dass sich neben dem nationalen Verfassungsrecht ein autonomes Rechtssystem herausgebildet hat, welches mit dem globalen Politiksystem gekoppelt ist. Trotz des rudimentären konstitutionellen Charakters seien bestimmte Werte und Verfahrensweisen („discourses") eines konstitutionellen Pluralismus vorhanden.[441] Brunkhorst spricht zumindest von einer funktionalen Verfassung mit strukturellen Kopplungen zwischen Weltpolitik, Weltrecht und Weltwirtschaft. In der Folge habe sich alle Politik zu Weltinnenpolitik gewandelt. Was jedoch fehle, und dies berge enormes Gefährdungspotenzial für eine globale demokratische Rechtsstaatlichkeit, sei eine postnationale Kompensierung für die fehlende Rückbindung an demokratische Prinzipien.[442]

Neves hingegen ist diesbezüglich deutlich skeptischer und spricht aufgrund der Vielzahl an Differenzen und Autonomieansprüchen der Weltgesellschaft von „transversalen Teilrationalitäten" unter den verschiedenen Kommunikationsbereichen, da ein wechselseitiges Lernen und Beeinflussen möglich sei. Derartige Teilrationalitäten seien jedoch nicht mit strukturellen Kopplungen zu verwechseln. Vielmehr umfasse eine transversale Teilrationalität – ähnlich wie bei einer nationalstaatlichen Verfassung zwischen Politik und Recht – eine strukturelle Kopplung in sich. Der Unterschied bestünde darin, dass der Austausch und das Lernen durch das zur Verfügungstellen und Zugänglichmachen der eigenen Rationalität und Komplexität ermöglicht werde.[443] Neves spricht anders als Teubner hierbei nicht von einer operativen „Interferenz"[444], sondern sieht die Überschneidung als „strukturelle Einrichtung"[445] an.

Dennoch ist zu untersuchen, wie genau die Beziehungen zwischen dem Weltrecht und der Weltpolitik ausgestaltet sind. Denn auch wenn die

---

[441] *Cohen, J. L.*, Sovereignty in the Context of Globalization: A Constitutional Pluralist Perspective, in: Besson, S./Tasioulas, J. (Hrsg.), The Philosophy of International Law, S. 261, 262.

[442] *Brunkhorst, H.*, There Will Be Blood, in: ders., Demokratie in der Weltgesellschaft, S. 99.

[443] *Neves, M.*, Transversale Verfassungen?, in: Brunkhorst, H. (Hrsg.), Demokratie in der Weltgesellschaft, S. 75, 79 f.

[444] *Teubner, G.*, Recht als autopoietisches System, S. 106.

[445] *Neves, M.*, Transversale Verfassungen?, in: Brunkhorst, H. (Hrsg.), Demokratie in der Weltgesellschaft, S. 75, 80.

strukturelle Kopplung zwischen Recht und Politik grundsätzlich nur im demokratischen Rechtsstaat auf nationalstaatlicher Ebene funktioniert, so schließt dies ein funktionales Äquivalent nicht aus – denn aus Perspektive der Systemtheorie ist grundlegend, „dass es nichts auf der Welt gibt, zu dem sich kein funktionales Äquivalent finden ließe.“[446] Zudem existiert eben nicht nur die von Luhmann als Hinderungsgrund genannte segmentäre Zweitdifferenzierung, sondern auch eine funktionale Differenzierung in Teilsysteme, die in den letzten Jahren nochmals eine deutliche Vertiefung erfahren hat. Diese Entwicklung war für Luhmann in dieser Form sicherlich nicht vorhersehbar. Allerdings wäre ein Vergleich zu den nationalstaatlichen Strukturen gewiss fehlgehend. Auch aus systemtheoretischen Gesichtspunkten gilt nichts anderes als im 2. Kapitel herausgearbeitet – jegliche verfassungsartige Struktur auf globaler Ebene wird von Struktur, Inhalt und Aufgabenbereich nicht mit nationalstaatlichen Verfassungen zu vergleichen sein. Es können maximal einzelne Funktionen von Verfassungen auf die globale Ebene übertragen werden.

Entscheidend ist vielmehr, die Existenz der Differenz „verfassungsgemäß/verfassungswidrig“ auch im globalen Rahmen herauszuarbeiten, die dem Rechtscode „Recht/Unrecht“ zu höherer Komplexität verhelfen und sowohl das politische System der Weltgesellschaft als auch das Rechtssystem in ihren Entwicklungstendenzen begrenzen würde.[447]

Diesbezüglich ähneln sich also nationale und globale Verfassungsentwicklungen. Denn auch die Entwicklung im nationalstaatlichen Bereich war im 18. Jahrhundert ein „strukturelles Wagnis der Innovation“[448], mit dem das Rechtssystem in der Lage war, die Selbstreferenz (Recht bestimmt selbst, was Recht ist) zu enttautologisieren. Sie reagiert auf die Differenzierung des Politik- und Rechtssystems und des infolge der Trennung der beiden entstandenen Verknüpfungsbedarfes und führt letztlich eine Positivierung des Rechts herbei.[449] Sie sichert Unabhängigkeit und Selbstbestimmtheit des Rechts. Infolgedessen kann man nicht mehr das politische System betrachten, um zu wissen, was Recht ist, sondern muss das Rechtssystem selbst betrachten. Die Verfassung

---

[446] *Brunkhorst, H.*, Legitimationskrisen, S. 150 f.

[447] *Luhmann, N.*, Verfassung als evolutionäre Errungenschaft, Rechtshistorisches Journal 9 (1990), S. 176, 181.

[448] Ebd., S. 183.

[449] Ebd., S. 187.

„schließt" nach Luhmann das Rechtssystem, das nun nicht mehr über Vernunftrecht oder Naturrecht begründet werden muss. Dies geschieht durch Kollisionsregeln, durch Vorschriften über die Änderbarkeit sowie durch Vorsorge für die Kontrolle der Verfassungsmäßigkeit.

Sicher sind die genannten Bedingungen nicht oder noch nicht auf globaler Ebene erfüllt. Auch gibt es kein feierlich verabschiedetes Verfassungsdokument – ein solches Dokument stellt mangels Verfassungscharakters auch nicht die UN-Charta dar.[450] Ebenso ist weder eine effektive, durchgängige Gewaltenteilung auf globaler Ebene, noch ein Weltgerichtssystem, welches dauerhaft und umfassend als Beobachter zweiter Ordnung über die Einhaltung des Rechtscodes wachen könnte, existent. Allerdings sind bestimmte Kopplungsmuster erkennbar, durch die rechtliche Kommunikation einerseits vermehrt Geltung erlangt und auch die Staatensouveränität durchdringt und andererseits politische Operationen zunehmend rechtlicher Kontrolle unterworfen und in der Folge durchsetzbar werden. Dies würde gleichzeitig zu einer höheren Legitimität sowie zu einer Begrenzung politischen Handelns führen.[451] Demzufolge wäre eine hinreichende funktionale Verbindung der beiden Teilsysteme erreicht („certain functional synthesis between politics and law is essential").[452] Derartige könnten Kopplungsmuster auch über die Verfassungen der Territorialstaaten erfolgen, mithin die segmentäre Differenzierungsebene miteinbezogen werden.[453]

Dadurch wären sie dem einfachen Code „Recht/Unrecht" entzogen und der Differenz „verfassungsgemäß/verfassungswidrig" zugeordnet. Außerdem würde somit die rechtliche Bindung öffentlicher Gewalt (das

---

[450] A.A. *Fassbender, B.*, The United Nations Charter as Constitution of the International Community, Columbia Journal of Transnational Law 36 (1998), S. 531, 579 ff.; *ders.*, „We the Peoples of the United Nations": Constituent Power and Constitutional Form in International Law, in: Loughlin, M. (Hrsg.), The Paradox of Constitutionalism, S. 269 ff.

[451] *Ziegert, K. A.*, Weltrecht und regionale Differenzierung, Rechtstheorie 39 (2008), S. 453, 400.

[452] *Luhmann, N.*, Das Recht der Gesellschaft, S. 153; siehe *Kjaer, P. F.*, The Concept of the Political in the Concept of Transnational Constitutionalism: A Sociological Perspective, in: Joerges, C./Ralli, T. (Hrsg.), Globalization – New Patterns of Conflict and their Sociological and Legal Reconstruction, S. 285, 303 f.

[453] *Solte, U.*, Völkerrecht und Weltgesellschaft aus systemtheoretischer Sicht, ARSP 89 (2003), S. 519, 532.

politische System) ermöglicht.[454] Diese Entwicklung könnte man wie oben erläutert als „from form to substance" bezeichnen.

1. Gemeinsame Prinzipien

Eine solche Kopplung könnte über bestimmte Werte erfolgen. Diese gemeinsamen Werte könnten bestimmte Grundwerte mit weltweiter Akzeptanz darstellen oder solche, die durch die universelle Ratifikation multilateraler Verträge globale Geltung beanspruchen und als globale „Ordnungsverträge"[455] einem weltweiten *ordre public* dienen beziehungsweise diesen errichten.[456]

Das mittlerweile jedenfalls im Kern weitgehend unumstrittene Konzept des *ius cogens*[457] und Normen mit Wirkung *erga omnes* könnten zumindest für eine gewisse Hierarchisierung sprechen, auch wenn der konkrete „legal effect" von *ius cogens* schwer zu bestimmen ist.[458] Dennoch sind beispielsweise die Menschenrechte im Kernbestand „grundlegende, invariante Berechtigungen"[459], die einen „fundamental, quasi-constitutional canon of values" sowie eine Art „value glue"[460] zwischen

---

[454] *Fischer-Lescano, A.*, Globalverfassung, S. 215.

[455] *Dahm, G./Delbrück, J./Wolfrum, R.*, Völkerrecht: Bd. I/2: Der Staat und andere Völkerrechtssubjekte, S. 523; 619 ff; siehe zur globalen Ordnungsfunktion *Tomuschat, C.*, Obligations Arising for States Without or Against Their Will, RdC 241 (1993), S. 195 ff.

[456] *Peters, A.*, Rechtsordnung und Konstitutionalisierung: Zur Neubestimmung der Verhältnisse, ZöR 65 (2010), S. 3, 16.

[457] Teubner und Fischer-Lescano bezeichnen zwar Art. 53 WVRK als „in struktureller Kopplung des Rechts zur Politik entstanden", meinen aber in erster Linie das in Staaten ausdifferenzierte System: *Fischer-Lescano, A./Teubner, G.*, Regime-Kollisionen, S. 100.

[458] *Simma, B./Pulkowski, D.*, Of Planets and the Universe: Self-contained Regimes in International Law, EJIL 17 (2006), S. 483, 496; *Paulus, A. L.*, Jus Cogens in a Time of Hegemony and Fragmentation – An Attempt at a Reappraisal, Nordic Journal of International Law 74 (2005), S. 297, 298.

[459] *Di Fabio, U.*, Verfassungsstaat und Weltrecht, Rechtstheorie 39 (2008), S. 399, 411.

[460] *Paulus, A. L.*, Commentary to Andreas Fischer-Lescano and Gunther Teubner, Mich J Int'l L 25 (2004), S. 1047, 1050; Teubner und Fischer-Lescano sehen einen derartigen Konsens über gemeinsame Werte kritisch; die Annahme

den einzelnen funktionalen Systemen bilden.[461] Diese Menschenrechte können nach Ansicht von Stichweh auch als die „kulturelle Komponente“[462] der Weltgesellschaft angesehen werden, die der Ausgangspunkt für eine Hierarchisierung der internationalen Gemeinschaft sind.[463]

Neben dem Prinzip des Freihandels könnten auch die zumindest dem Grunde nach universell anerkannten Verantwortbarkeitsprinzipien des Umweltvölkerrechts wie das Vorsorgeprinzip, die Verpflichtung zur Nachhaltigkeit sowie das Prinzip der Intergenerationengerechtigkeit angeführt werden.[464] Ein derartiger Prozess ist zwar sicher insbesondere im Bereich des Umweltvölkerrechts höchst fragil, wie das Scheitern der Umweltkonferenz in Kopenhagen im Jahr 2009, der Erfolg der UN-Klimakonferenz in Paris im Jahr 2015, sowie den Ausstieg der USA aus den Vereinbarungen erst kürzlich gezeigt hat. Aber davon unberührt bleiben die gemeinsamen grundsätzlichen Überzeugungen sowie grundlegende Prinzipien.

---

eines solchen Zusammenhalts bringe keine operative Mehrheit und verkenne, „dass man es jeweils nicht mit einem tatsächlichen Konsens in der internationalen Gemeinschaft zu tun hat, sondern mit autonomen, dezentralen und fragmentierten Normierungsprozessen, die jeweils mit eigenen Konsensunterstellungen arbeiten (…) und durch einen Re-entry fremder Rationalitäten in jeweils eigene Deparadoxierungsprozesse eintreten, um die Kommensurabilität des Inkommensurablen zu fingieren“; *Fischer-Lescano, A./Teubner, G.*, Regime-Kollisionen, S. 110.

[461] *Simma, B./Pulkowski, D.*, Of Planets and the Universe: Self-contained Regimes in International Law, EJIL 17 (2006), S. 483, 498.

[462] *Stichweh, R.*, Die Weltgesellschaft, S. 43.

[463] *Walter, C.*, International Law in a Process of Constitutionalization, in: Nollkaemper, A./Nijman, J. E. (Hrsg.), New Perspectives on the Divide Between National and International Law, S. 191, 209.

[464] Siehe z.B. *Koskenniemi, M.*, The Politics of International Law, S. 343; auch *Nickel, R.*, Private and Public Autonomy Revisited: Habermas' Concept of Co-originality in Times of Globalization and the Militant Security State, in: Loughlin, M. (Hrsg.), The Paradox of Constitutionalism, S. 147, 165, der zumindest eine zunehmende Verrechtlichung in diesen Bereichen feststellt; auch *Kornicker, E.*, Ius cogens und Umweltvölkerrecht.

Fraglich ist, welche Rolle der Schutz der Menschenrechte bei der Konstitutionalisierung der Weltgesellschaft spielen könnte. Luhmann selbst hat sich dezidiert zum „Paradox" der Menschenrechte geäußert.[465]

Nach Ansicht von Prien etwa sind Menschenrechte „der Schlüssel zur Verfassung der Weltgesellschaft."[466] Allerdings gebe es sowohl Probleme in ihrer Begründung als auch in ihrer Verwirklichung. Brunkhorst erkennt in der normativen Priorität von *ius cogens* und Verpflichtungen *erga omnes* sowie der autonomen Menschenrechtssysteme Elemente einer Weltstaatlichkeit. Auch in der „menschenrechtlich fundierten, kontrafaktisch-juristischen Konstruktion eines vereinigten, ja verfassunggebenden Willens der Weltbürgerschaft", die schon in der Präambel der UN-Charta zum Ausdruck gebracht wurde, seien weltstaatliche Elemente zu sehen.[467] Menschenrechte sind aufgrund der universalen Geltung auch bedeutend für die Inklusion von Personen und Gruppen. Das gilt jedenfalls für die „Kernmenschenrechte" in den beiden Sozialpakten und aufgrund der gewohnheitsrechtlichen Geltung der Allgemeinen Menschenrechtserklärung von 1948. Denn über die Menschenrechte wird der Anspruch auf allgemein geltende Inklusion erhoben. Daher ließen sich die Menschenrechte

> „als normative Erwartungen rechtlicher Inklusion von allen Personen in die (Welt-)Gesellschaft und somit normative Erwartungen verallgemeinerten Zugangs zum Recht als (autonomem) sozialem System definieren".[468]

Da gemeinsame Werte und Prinzipien in der Weltgesellschaft jedoch nicht aus dem Naturrecht abgeleitet werden können oder im Sinne einer Grundnorm bereits *a priori* bestehen, ist von zentraler Bedeutung, dass sie auf Operationen im Sinn von Kommunikationen sowohl im Zentrum als auch in der Peripherie des globalen Rechtssystems beruhen und einen Unterschied zwischen „vorher" und „nachher" herbeiführen, mithin „das Recht der Weltgesellschaft ändern". Nur wenn sich die

---

[465] *Luhmann, N.*, Das Paradox der Menschenrechte und drei Formen seiner Entfaltung, in: ders. (Hrsg.), Soziologische Aufklärung 6, S. 218.

[466] *Prien, T.*, Fragmentierte Volkssouveränität, S. 29.

[467] *Brunkhorst, H.*, Die Legitimationskrise der Weltgesellschaft, in: Albert, M./Stichweh, R. (Hrsg.), Weltstaat und Weltstaatlichkeit, S. 63, 70.

[468] *Neves, M.*, Die symbolische Kraft der Menschenrechte, ARSP 91 (2005), S. 159, 166; allerdings seien, um die Inklusion zu garantieren, demokratische Verfahren erforderlich; siehe S. 170.

Kommunikation im Recht über Recht auf bestimmte Werte oder Prinzipien in reflexiver Weise bezieht, kann eine Rechtsgeltung herbeigeführt werden.[469]

Letztlich sind bestimmte gemeinsame Werte zwar vorhanden. Insbesondere die Menschenrechte nehmen eine herausragende Stellung ein. Bislang ist allerdings die Bindungswirkung zu schwach ausgeprägt, als dass sie wirklich zu einer dauerhaften Begrenzung politischer Macht und zu einem „structural drift" zwischen dem Rechtssystem und dem politischen System führen könnte.

Festzuhalten ist zwar durchaus, dass sich die Rechtskommunikation insbesondere in Bezug auf Menschenrechte, die dem *ius cogens* zugerechnet werden können sich intensiviert hat und komplexer ausgeprägt ist. Kein Akteur auf nationaler oder internationaler Ebene verweigert die Anerkennung der Menschenrechte als Recht; es wird allgemein erwartet, dass die geschützten Normen eingehalten werden, genauso wie grundsätzlich erwartet wird, dass die Nichtbefolgung in der Regel militärische (Libyen[470]) oder zumindest diplomatische Sanktionsmaßnahmen und internationale Ächtung (Syrien[471]) zur Folge haben. Recht wird als Recht anerkannt. Die Kommunikation im Recht über Recht erfolgt daher zumindest in Teilbereichen und in relativ schwacher Ausprägung in reflexiver Weise.

Problematisch ist und bleiben jedoch die Differenzen „Inklusion/Exklusion" und „Zentrum/Peripherie", deren negative Seite aufgrund der enormen Heterogenität in der Weltgesellschaft zu groß ist. Auch die Menschenrechtsgarantien können daran nichts Grundlegendes ändern und bleiben daher beim „Anspruch auf Inklusion" verhaftet. Eine strukturelle Kopplung können gemeinsame Werte allein daher nicht darstellen.

---

[469] *Fischer-Lescano, A./Teubner, G.*, Regime-Kollisionen, S. 109.

[470] SR-Res. 1973 (2011) vom 17.3.2011; http://www.un.org/depts/german/sr/sr_10-11/sr1973.pdf (zuletzt besucht am 07.08.2015).

[471] Siehe hierzu Spiegel Online vom 4.02.2012, http://www.spiegel.de/ politik/ausland/veto-im-uno-sicherheitsrat-russland-und-china-blockieren-syrien-resolution-a-813394.html (zuletzt besucht am 15.08.2015).

2. Rule of law

Eine globale *rule of law* könnte als universell anerkanntes Prinzip die Konstitutionalisierung des internationalen Rechts befördern. Sie könnte selbst sich auseinanderdriftenden und autopoietisch differenzierenden funktionalen Systemen ermöglichen, miteinander zu kommunizieren.[472] Als eine Art Kommunikationsplattform könnte sie als ein Synonym für das „Prinzip von Nähe und Distanz zwischen zwei ausdifferenzierten Systemen fungieren"[473]. In einem weiteren Schritt könnte das Prinzip darüber hinaus auch als strukturelle Kopplung zwischen dem Rechtssystem und dem politischen System der Weltgesellschaft wirken.

Voraussetzung für das Vorhandensein einer globalen *rule of law* ist allerdings nach herkömmlichem Verständnis eine hinreichende demokratische Legitimation. Zudem ist die bereits erörterte relative Unbestimmtheit des Prinzips problematisch. Insofern ist fraglich, ob eine *rule of law* im globalen Rahmen trotz des angesprochenen demokratischen Legitimationsdefizits wirklich effektiv existieren und als Kommunikationsplattform dienen kann.

Wie Cohen ausführt, könnte die *rule of law* zumindest im Sinn einer parasitären Benutzung der Operationen anderer Systeme für die eigene Selbstbeschreibung als strukturelle Kopplung zwischen dem politischen System der Weltgesellschaft und dem Rechtssystem dienen.[474] Wichtig ist nach Ansicht von Cohen dabei, dass sich nicht nur die souveränen Territorialstaaten einer globalen *rule of law* unterordnen, sondern auch internationale Organisationen.[475] Wie Ziegert richtig bemerkt, ist allerdings fraglich, ob nicht nur die Selbstbeschreibung des Rechtssystems

---

[472] *Ziegert, K. A.*, Weltrecht und regionale Differenzierung, Rechtstheorie 39 (2008), S. 453, 466 f.

[473] *Fischer-Lescano, A.*, Globalverfassung, S. 232; vgl. auch *Ziegert, K. A.*, Weltrecht und regionale Differenzierung, Rechtstheorie 39 (2008), S. 453, 467.

[474] *Ziegert, K. A.*, Weltrecht und regionale Differenzierung, Rechtstheorie 39 (2008), S. 453, 467.

[475] *Cohen, J. L.*, Sovereignty in the Context of Globalization: A Constitutional Pluralist Perspective, in: Besson, S./Tasioulas, J. (Hrsg.), The Philosophy of International Law, S. 261, 263.

an die des politischen Systems gekoppelt ist oder darüber hinaus auch an die gesamte politische Kommunikation.[476]

Jedenfalls müssten sich eine globale *rule of law*, Konstitutionalismus und staatliche Souveränität auch keineswegs ausschließen, sondern könnten durchaus alle jeweils wichtigen Funktionen in der internationalen Ordnung übernehmen.[477] Schließlich kann mit Peters und Ulfstein zumindest ein langsamer, aber durchaus stetiger Vormarsch einer internationalen *rule of law* festgestellt werden.[478]

a. Begriffsbestimmungen

Zunächst ist zu klären, welchen Bedeutungsinhalt der Begriff *rule of law* genau hat. Die Bestimmung des genauen Inhalts der *rule of law* ist aufgrund der vielfältigen Konzepte und Variationen sowie des dynamischen Charakters nur schwer möglich. Zu divers und kontrovers sind die unterschiedlichen Ansichten.

Auch der Ursprung des Prinzips ist umstritten – teilweise wird der Grundsatz bereits auf Aristoteles zurückgeführt, andere sehen Kant als wesentlichen „Urheber".[479] Grundsätzlich lassen sich formelle Konzeptionen von inhaltsbasierten unterscheiden. Formelle Ansätze stellen auf die Umstände bei der Verkündung von Normen ab – etwa ob sie vom zuständigen Organ unter Beachtung der Verfahrensregeln verkündet wurden – sowie auf Klarheit und Verständlichkeit einer Norm.[480] Im

[476] *Ziegert, K. A.*, Weltrecht und regionale Differenzierung, Rechtstheorie 39 (2008), S. 453, 467.

[477] *Cohen, J. L.*, Sovereignty in the Context of Globalization: A Constitutional Pluralist Perspective, in: Besson, S./Tasioulas, J. (Hrsg.), The Philosophy of International Law, S. 261, 265.

[478] *Peters, C.*, Informelle Anpassungsmechanismen der Gründungsverträge internationaler Organisationen und ihre Bedeutung für die Konstitutionalisierung des Völkerrechts, in: Pernice, I./Müller, M./ders. (Hrsg.), Konstitutionalisierung jenseits des Staates, S. 17, 24; auch *Ulfstein, G.*, Institutions and Competences, in: Klabbers, J./Peters, A./ders. (Hrsg.), The Constitutionalization of International Law, S. 45, 59 ff.

[479] *Fallon, R. H. Jr.*, „The Rule of Law" as a Concept in Constitutional Discourse, Columbia Law Review 97 (1997), S. 1, 1 f.

[480] *Craig, P.*, Formal and Substantive Conceptions of the Rule of Law: An Analytical Framework, in: Oliver, D. (Hrsg.), Public Law, S. 467, 469 ff.

Gegensatz dazu stellen materielle Ansätze darauf ab, ob die jeweilige Norm bestimmten inhaltlichen Grundsätzen entspricht; sie entscheiden also, ob die Norm eine gute oder eine schlechte ist. Moralische Gesichtspunkte werden folglich in die Beurteilung einbezogen.[481] Insgesamt bestehen damit wesentliche Unterschiede hinsichtlich Inhalt, Ausgestaltung und Funktionsbestimmungen der *rule of law*, wie Craig herausarbeitet.

Gemeinsam ist den unterschiedlichen Ansätzen jedoch, dass die *rule of law* ein „central principle of constitutional governance"[482] darstellt. Wie Zurn darlegt, kann daher zumindest ein den verschiedenen Konzepten gemeinsamer Basisinhalt festgestellt werden.[483] Brunkhorst sieht beispielsweise jedenfalls einige normative Komponenten einer *rule of law* wie Normenhierarchie und Normenkontrolle verwirklicht.[484]

Abzugrenzen ist das Prinzip – als normatives Konzept – zunächst vom aus dem innerstaatlichen Recht bekannten Rechtsstaatsprinzip – schon allein deshalb, da es keinen Weltstaat gibt. *Rule of law* bedeutet daher zunächst einmal nicht mehr und nicht weniger als „Herrschaft des Rechts" oder „Rechtsunterworfenheit".[485] Historisch gesehen begann diese Herrschaft des Rechts auf nationalstaatlicher Ebene mit dem Aufkommen des Verfassungsstaates. Mit Auflösen der verfassunggebenden Versammlung musste sichergestellt werden, dass die in der Verfassung niedergelegten Prinzipien eingehalten würden – und zwar durch das Recht in Form von vorhersehbaren Entscheidungen. Willkür musste zugunsten von Rechtssicherheit und gerechten Entscheidungen weichen – nicht die *rule of man* war auschlaggebend, sondern die *rule of law*.[486] Zunächst war also die Vermeidung von Willkür die maßgebliche

[481] Ebd., S. 467; *Fallon, R. H. Jr.*, „The Rule of Law" as a Concept in Constitutional Discourse, Columbia Law Review 97 (1997), S. 1, 21 f.

[482] *Craig, P.*, Formal and Substantive Conceptions of the Rule of Law: An Analytical Framework, in: Oliver, D. (Hrsg.), Public Law, S. 467, 487.

[483] *Zurn, C. F.*, Deliberative Democracy and the Institutions of Judicial Review, S. 85 f.

[484] *Brunkhorst, H.*, Legitimationskrisen, S. 194.

[485] *Weiler, J.*, The Geology of International Law – Governance, Democracy and Legitimacy, ZaöRV 64 (2004), S. 547.

[486] *Sejersted, F.*, Democracy and the Rule of Law: Some Historical Experiences of Contradictions in the Striving for Good Government, in: Elster, J./Slagstad, R. (Hrsg.), Constitutionalism and Democracy, S. 131, 135; *Chester-*

Idee, die hinter der Errichtung eines Rechtsstaates und der Entwicklung einer *rule of law* stand. Dies implizierte, dass niemand, auch nicht die jeweils Machthabenden, in der Lage war, die aufgestellten Prinzipien allein zu ändern.[487] Im Territorialstaat wird somit durch die *rule of law* deutlich, dass auch der Ausübung des staatlichen Gewaltmonopols Grenzen gesetzt sind. Zum grundsätzlichen Erfordernis, der Vermeidung von Willkür, kommen vor allem Verfahrensgarantien, Anforderungen an die Rechtssicherheit sowie Aspekte der Gewaltenteilung.

Bezeichnend ist auch ein Bericht des Generalsekretärs der Vereinten Nationen zur *rule of law*:

> "It requires, as well, measures to ensure adherence to the principles of supremacy of law, equality before the law, accountability to the law, fairness in the application of the law, separation of powers, participation in decision-making, legal certainty, avoidance of arbitrariness and procedural and legal transparency."[488]

Allerdings ist die *rule of law* wohl nicht mehr – allerdings auch nicht weniger – als eine regulative Idee.[489] Genaue Verhaltensanforderungen oder exakte Anleitungen zum Normerlass lassen sich kaum aus der *rule of law* ableiten. Vielmehr ist das Konzept geeignet „to develop a framework within which to analyze competing claims about the *rule of law* in legal and political discourse".[490]

Auch auf globaler Ebene kann man diese Idee – wenn auch im übertragenen Sinn – mit Aufkommen der globalen *rule of law* erkennen. Durch allgemeine Rechts- und Formprinzipien, durch die Entwicklung eines quasi-konstitutionellen, universell gültigen Rechts sollte zunächst vor

---

man, S., An International Rule of Law?, AM.J.COMP.L. 56 (2008), S. 331, 346 f.

[487] Ebd., S. 147.

[488] *Report of the Secretary General*, The Rule of Law and Transitional Justice in Conflict and Post-conflict Societes, UN Doc S/2004/616, S. 4; http://www.unrol.org/files/2004%20report.pdf (zuletzt besucht am 22.02.2014).

[489] *Fallon, R. H. Jr.*, „The Rule of Law" as a Concept in Constitutional Discourse, Columbia Law Review 97 (1997), S. 1, 4.

[490] Ebd.

allem die Rechtssicherheit auf globaler Ebene forciert werden.[491] Im Idealfall sind die Nationalstaaten in eine Struktur eingebettet, die die Rechtsförmigkeit ihrer Aktionen nicht nur kontrolliert, sondern auch garantiert.[492] Insofern enthält die *rule of law* Stabilität, Vorhersehbarkeit politischer und rechtlicher Entscheidungen sowie eine gewisse Kohärenz des Rechtssystems.[493]

Diese Auffassung wird jedenfalls von einem großen Teil des Völkerrechtsdiskurses seit der zweiten Hälfte des letzten Jahrhunderts vertreten. Die globale *rule of law*, eingebettet in einer globalen Rechtsordnung, äußere sich zum einen im Primat des internationalen Rechts vor dem nationalen sowie über die Herausbildung von Institutionen (vor allem der Vereinten Nationen), welche die geeigneten Instrumente besäßen, um die *rule of law* durchzusetzen.[494]

Nach Ansicht von Peters könne jedenfalls die stetige Förderung der genannten Elemente auf Dauer zu einer Eingrenzung von Machtausübung auf globaler Ebene führen. Dadurch könnten „implementierbare, objektive Regeln" installiert werden – ein wesentliches Kennzeichen konstitutioneller Strukturen.[495] Wie diese objektiven Regeln genau auszusehen haben, vermag allerdings auch Peters nicht genau zu sagen. Wegen des Fehlens eines globalen Gewaltmonopols kann es des Weiteren im globalen Rahmen zwar weniger um die Eingrenzung des Einsatzes willkürlicher Gewaltmittel gehen – jedoch umso mehr um die rechtliche Absicherung und Eingrenzung politischer Entscheidungen sowie die Vermeidung von Willkürentscheidungen oder Entscheidungen, deren Entstehungsprozess nicht oder nicht vollständig nachvollzogen

---

[491] Vgl. *Hitzel-Cassagnes, T./Meisterhans, N.*, Konstitutionalisierungsperspektiven eines fragmentierten Weltrechts, in: Brunkhorst, H. (Hrsg.), Demokratie in der Weltgesellschaft, S. 159, 163; m.w.N.

[492] *Niederberger, A.*, Demokratie unter Bedingungen der Weltgesellschaft?, S. 365.

[493] *Zurn, C. F.*, Deliberative Democracy and the Institutions of Judicial Review, S. 86.

[494] Siehe hierzu *Niederberger, A.*, Demokratie unter Bedingungen der Weltgesellschaft?, S. 365.

[495] *Peters, C.*, Informelle Anpassungsmechanismen der Gründungsverträge internationaler Organisationen und ihre Bedeutung für die Konstitutionalisierung des Völkerrechts, in: Pernice, I./Müller, M./ders. (Hrsg.), Konstitutionalisierung jenseits des Staates, S. 17, 31.

werden kann und deren Ergebnis vom Betroffenen nicht oder nicht vollständig gerichtlich überprüft werden kann – ein Beispiel ist die Praxis des mit der Resolution 1267[496] aus dem Jahr 1999 errichteten Sanktionsregime und das – intransparente Verfahren zur Aufnahme und zum Löschen auf den Listen der Terrorverdächtigen.

Wie Chesterman ausführt, kann es bei der globalen *rule of law* – verstanden in einem formellen Sinn – angesichts der Unbestimmtheit und relativ niedrigen Entwicklungsniveau letztlich vor allem um die Rechtssicherheit und Rechtsunterworfenheit, insbesondere bei der Rechtserzeugung, aber auch bei der -anwendung, sowie der Abwesenheit von Willkür gehen.[497] In diese Richtung argumentiert auch Nollkaemper, der als Bestandteile einer – nationalen wie internationalen – *rule of law* mindestens vier Elemente ausmacht: die Rechtsbindung der politischen Entscheidungsträger; der Abwesenheit von Willkür; der Achtung von Grund- und Menschenrechten; sowie das Vorhandensein einer effektiven gerichtlichen Kontrolle der politischen Entscheidungsträger – aufgrund des Fehlens einer unabhängigen und umfassenden internationalen Gerichtsbarkeit für Nollkaemper die problematischste Anforderung.[498]

b. Praxis der UN

Mittlerweile gibt es eine umfangreiche und konsistente – wenn auch unverbindliche – Praxis der UN-Organe sowie der Mitgliedstaaten zur Stärkung einer globalen *rule of law*. So beschäftigt sich die Generalversammlung bereits seit 1992 vertieft mit der *rule of law*.[499] Auch der

---

[496] *Security Council*, Resolution S/RES/1267 (1999) vom 15.10.1999.

[497] *Chesterman, S.*, An International Rule of Law?, Am.J.Comp.L. 56 (2008), S. 331, 355 ff.

[498] *Nollkaemper, A.*, National Courts and the International Rule of Law, S. 2 ff.

[499] Siehe z.B. Praxis der Generalversammlung: *General Assembly*, The Rule of Law at the National and International Levels, 61th Session 2006, A/RES/61/39; http://www.unrol.org/files/A-RES-61-39.pdf (zuletzt besucht am 19.08.2015); *General Assembly*, The Rule of Law at the National and International Levels, 62nd Session 2008, A/RES/62/70; http://www.unrol.org/files/A-RES-62-70.pdf (zuletzt besucht am 19.08.2015); *General Assembly*, The Rule of

Sicherheitsrat hat diverse Debatten zum Thema *rule of law* geführt und mehrere Resolutionen zum Thema *rule of law* und der Relevanz im Zusammenhang mit Frauenrechten, den Schutz von Kindern und Zivilisten in bewaffneten Konflikten oder Frieden und Sicherheit allgemein verabschiedet.[500] Über die *Rule of Law Coordination and Resource Group* werden Maßnahmen zur Stärkung und Implementierung der *rule of law* sowohl auf nationaler wie auf nationaler Ebene koordiniert und ergriffen.[501] Die Vereinten Nationen fördern auf breiter Basis die Einhaltung der *rule of law*-Standards, sowohl in Bezug auf Handlungen ihrer eigenen Organe, als auch hinsichtlich anderer internationaler oder nationaler Akteure.

Nach Ansicht von Peters lasse sich allerdings die Anerkennung und Förderung einer globalen *rule of law* jedenfalls in der UN-Charta nicht auf eine konkrete Norm zurückführen. Allenfalls in der Präambel sowie in den Art. 1 Nr. 1, 13 Ziff. b UNC ließen sich sanfte Hinweise auf ein solches Vorhaben unter Verweis auf die Beachtung des Völkerrechts sowie der Förderung von materieller Gerechtigkeit finden.[502] Angesichts des unbestimmten, dynamischen Charakters der *rule of law* und der erst in den letzten Jahrzehnten gestiegenen Bedeutung ist dies je-

---

Law at the National and International Levels, 64th Session 2010, A/RES/64/116; http://www.unrol.org/files/A-64-116.pdf (zuletzt besucht am 19.08.2015).

[500] *Security Council*, Statement vom 24.09.2003, S/PRST/2003/15; Statement vom 26.01.2004, S/PRST/2004/2; Statement vom 10.09.2004, S/PRST/2004/32; Statement vom 12.07.2005, S/PRST/2005/30; Statement vom 22.06.2006, S/PRST/2006/28; Resolution 1325 vom 31.10.2000, S/RES/1325; Resolution 1820 vom 19.06.2008, S/RES/1820; Resolution 1612 vom 26.07.2005; Resolution 1674 vom 28.04.2006, S/RES/1674; auch *Security Council*, Report of the Secretary General, The rule of law and transitional justice in conflict and post-conflict societies, S/2004/616.

[501] Siehe Website der Coordination and Resource Group zur Rule of Law mit weiteren zentralen UN-Dokumenten zum Thema *rule of law* wie der United Nations Millenium Declaration (A/RES/55/2), dem „Brahimi report" (A/55/305) oder dem 2005 World Summit Outcome (A/RES/60/1); http://www.un.org/en/ruleoflaw/ (zuletzt besucht am 19.08.2015); vgl. auch *Nollkaemper, A.*, National Courts and the International Rule of Law, S. 1 ff.

[502] *Peters, C.*, Informelle Anpassungsmechanismen der Gründungsverträge internationaler Organisationen und ihre Bedeutung für die Konstitutionalisierung des Völkerrechts, in: Pernice, I./Müller, M./ders. (Hrsg.), Konstitutionalisierung jenseits des Staates, S. 17, 31.

doch kaum verwunderlich. Peters geht von einer langsamen, prozesshaften Anpassung im Sinne einer ungeschriebenen, konstitutionellen Grundregel aus. Allerdings sei dieser Prozess höchst fragil und stehe erst am Anfang – meist gebe es nur unverbindliche Absichtserklärungen. Bislang seien im UN-Recht maßgebliche Inhalte einer *rule of law* wie *checks and balances*, Rechtsklarheit und -sicherheit sowie judizielle Kontrolle wie bereits angemerkt lediglich schwach und lückenhaft ausgebildet.[503] Wie Chesterman herausarbeitet, sind insbesondere im Bereich des Menschenrechtsschutzes substantielle Elemente einer *rule of law* zu finden – so enthalte die Allgemeine Menschenrechtserklärung von 1948 bereits in der Präambel den Verweis auf die Notwendigkeit der „Herrschaft des Rechts" für den Schutz der Menschenrechte.[504] Zudem enthielten die dortigen Art. 6, 7, 10 oder 11 mit dem Gleichheitsgrundsatz oder dem Recht auf ein faires Verfahren Garantien substantieller Elemente der *rule of law*.[505] Auch beispielsweise im Bereich der Friedenssicherung – angefangen mit der Resolution 1040 aus dem Jahr 1996[506], aber auch in den Friedenseinsätzen in Guatemala[507] oder Liberia[508] – spielten die Grundsätze der *rule of law* eine wichtige Rolle, ohne jedoch dass diese Grundsätze exakt benannt wurden.[509] Darüber hinaus seien die Etablierung des Internationalen Strafgerichtshofs für das frühere Jugoslawien[510] und des Internationalen Strafgerichtshofs für Ruanda[511] sowie der hybriden Tribunale in Sierra Leone[512] und Kam-

---

[503] Ebd.

[504] *General Assembly*, Allgemeine Erklärung der Menschenrechte, Resolution 217 A (III) der Generalversammlung vom 10.12.1948; siehe *Chesterman, S.*, An International Rule of Law?, Am.J.Comp.L. 56 (2008), S. 331, 344 f.

[505] Ebd.

[506] *Security Council*, Resolution 1040 vom 29.01.1996, S/RES/1040, Ziff. 2; siehe auch *Chesterman, S.*, An International Rule of Law?, Am.J.Comp.L. 56 (2008), S. 331, 347 f.

[507] U.N. Verification Mission in Guatemala (MINUGUA).

[508] U.N. Mission in Liberia (UNMIL).

[509] *Chesterman, S.*, An International Rule of Law?, Am.J.Comp.L. 56 (2008), S. 331, 347 f.

[510] Internationaler Strafgerichtshof für das ehemalige Jugoslawien; http://www.icty.org/ (zuletzt besucht am 20.08.2015).

[511] Internationaler Strafgerichtshof für Ruanda; http://www.unictr.org/ (zuletzt besucht am 20.08.2015).

bodscha[513] – mehr oder minder – erfolgreiche Mittel zur Implementierung einer globalen *rule of law* gewesen.[514]

Trotz dieser diversen Bemühungen zur Stärkung und Implementierung einer globalen *rule of law* ist aber – wie Chesterman herausarbeitet – nicht ganz klar, ob und bis zu welchem Grad die Vereinten Nationen selbst den Standards der *rule of law* unterworfen sind; schließlich sind die Vereinten Nationen beispielsweise nicht selbst Vertragspartei der Allgemeinen Menschenrechtserklärung oder der beiden UN-Pakte.[515]

c. Funktionsbestimmungen

Über die *rule of law* könnte es möglich sein, eine Art Kommunikationsplattform – kontrolliert durch globale Institutionen – zu schaffen, in deren Bahnen funktionale und normative Anforderungen an den internationalen Rechtsverkehr zu stellen sind. Dabei würden nach Ansicht von Niederberger alle Akteure, nicht nur die Territorialstaaten, sondern auch globale Institutionen selbst und private Akteure einbezogen.[516] Wie Niederberger weiter argumentiert, werde es durch die Verrechtlichung der globalen Ordnung und durch die Benennung von Prinzipien, deren Einhaltung und Durchsetzung für das Weiterbestehen dieser Ordnung sowie für deren Legitimität essenziell sind, möglich, Verhaltensweisen von Staaten, welche gegen diese Prinzipien verstoßen, zu problematisieren und die internationale Gemeinschaft dazu zu bewegen, gegebenenfalls steuernd und kontrollierend einzugreifen.[517] Zu

---

[512] Agreement Between the United Nations and the Government of Sierra Leone on the Establishment of a Special Court for Sierra Leone, completed at Freetown, vom 16.01.2002.

[513] Agreement Between the United Nations and the Royal Government of Cambodia Concerning the Prosecution Under Cambodian Law of Crimes Committed During the Period of Democratic Kampuchea vom 6.06.2003; http://www.eccc.gov.kh (zuletzt besucht am 19.08.2015).

[514] *Chesterman, S.*, An International Rule of Law?, Am.J.Comp.L. 56 (2008), S. 331, 348 f.

[515] Ebd., S. 351.

[516] *Niederberger, A.*, Demokratie unter Bedingungen der Weltgesellschaft?, S. 366.

[517] Ebd., S. 368.

konstatieren ist dabei, dass die *rule of law* zwar eng mit dem Konzept des Konstitutionalismus verbunden, jedoch keineswegs deckungsgleich ist und ein Äquivalent darstellt. Denn die *rule of law* ist zwar ein wesentliches Teil konstitutioneller Ordnungen; das Konzept des Konstitutionalismus geht aber über die Idee der *rule of law* hinaus – schließlich bedeute Konstitutionalismus mehr als bloße Rechtsunterworfenheit, wie Zurn darlegt: „[T]he demands of the rule of law should not be confused with demands for the legal realization of various other political ideas and principles.“[518]

Fischer-Lescano ist etwa der Ansicht, dass die *rule of law* als Prinzip von Nähe und Distanz zwischen dem Politik- und dem Rechtssystem dienen könnte. Hinsichtlich der Distanz der beiden Systeme sieht Fischer-Lescano als entscheidendes Kriterium die rechtliche Willkürkontrolle an. Denn nur wenn eine rechtliche Kontrolle von politischer – nicht zwingend willkürlicher – Machtausübung ohne die Gefahr politischer Einflussnahme möglich sei, könne zum einen Willkür effektiv vorgebeugt und verhindert werden. Zum anderen werde erst dann die Trennung der beiden Bereiche oder Systeme Wirklichkeit und wahrnehmbar. Bezüglich der Nähe sei dies aufgrund des „politisch unterstützten Recht[s]“ schwieriger, jedenfalls sei Recht von Rechtsdurchsetzung zu unterscheiden.[519] Problematisch sind nach Ansicht von Fischer-Lescano beispielsweise das Gewaltverbot oder die Sanktionsmaßnahmen nach Art. 39 ff. UNC – die Rechtfertigung bleibe letztlich dem politischen Organ Sicherheitsrat überlassen. Dieses entscheide zwar über die Rechtmäßigkeit auch unter Zuhilfenahme rechtlicher Kriterien – aber eben nicht ausschließlich. Denn genauso spielten macht- und realpolitische Erwägungen wie die Frage nach Sicherheit oder Frieden eine Rolle.[520]

d. Probleme

Wie ebenfalls bereits erörtert wurde, ist zwar die Akzeptanz einer globalen *rule of law* gestiegen. Sowohl von Staaten als auch von internatio-

---

[518] *Zurn, C. F.*, Deliberative Democracy and the Institutions of Judicial Review, S. 88.

[519] *Fischer-Lescano, A.*, Globalverfassung, S. 233.

[520] *Paulus, A. L.*, The International Legal System as a Constitution, in: Dunoff, J. L./Trachtman, J. P. (Hrsg.), Ruling the World?, S. 69, 98.

nalen Organisationen wird zunehmend normativ erwartet, dass diese sich an die *rule of law* halten, sowohl bei der Rechtssetzung, als auch bei der -anwendung. Die inhaltliche Unbestimmtheit der *rule of law* führt jedoch dazu, dass nicht klar ist, woran sich die einzelnen Akteure halten sollen. Die normativen Erwartungen unterliegen einer großen Spannbreite und sind folglich ebenfalls sehr unbestimmt. Allenfalls grobe Linien wie die prinzipielle Rechtsunterworfenheit und die Notwendigkeit rechtsstaatlicher Prinzipien wie die Vermeidung von Willkür lassen sich als Gemeinsamkeiten herausarbeiten. Zudem bestehen strukturelle Ungleichgewichte in der Weltgesellschaft, die verändert werden müssten. Problematisch für die Etablierung einer globalen *rule of law* ist darüber hinaus, dass auch zahlreiche nationale Staaten eher schwach ausgeprägte rechtsstaatliche Strukturen aufweisen; ohne einen entsprechenden nationalstaatlichen Input dürfte es (noch) schwieriger sein, auf globaler Ebene Prinzipien einer *rule of law* zu implementieren.[521]

Ferner besteht die Gefahr, dass nationale Gerichte, die bei der Verbreitung der *rule of law* eine bedeutende Rolle spielen, aufgrund der nichteinheitlichen Anwendung und Interpretation internationaler Normen, die in die jeweilige nationale Rechtsordnung inkorporiert wurden[522], Urheber von „fragmenting effects“ sind, die zu einer schlechteren Vorhersagbarkeit einheitlicher Anwendung führen könnten.[523] Dies könnte schließlich wiederum negative Auswirkungen auf die Rechtssicherheit haben, jedenfalls sofern keine Sekundärnormen existieren, die beispielsweise die Interpretation und Anwendung von Normen regeln.[524]

Problematisch könnte weiterhin das Zusammentreffen von (direkt-) demokratischen Strukturen und der Etablierung rechtsstaatlicher Prinzipien auf Ebene der Weltgesellschaft sein. Auch Zurn weist auf mögliche Widersprüche hin. Denn während beispielsweise Voraussetzung für die *rule of law* eine gewisse rechtliche Stabilität ist, die dauerhaft garantiert werden muss, ist ein Wesensmerkmal der Demokratie die zumin-

---

[521] *Nollkaemper, A.*, National Courts and the International Rule of Law, S. 2.

[522] Gemeint sind somit Normen mit einem „double life“, die allerdings nicht völlig identisch sind; ebd., S. 218.

[523] Ebd., S. 217, 222.

[524] Ebd., S. 224 f.

dest grundsätzlich vorhandene Bestreitbarkeit jeglicher politischer Entscheidung.[525]

Allerdings spielt dieser Widerspruch in modernen, ausdifferenzierten Gesellschaften keine Rolle mehr. Auf Ebene der Weltgesellschaft könnte sich das Verhältnis zwar aufgrund der mangelnden Ausdifferenzierung etwas anders darstellen. Die Einführung von beispielsweise direktdemokratischen Elementen auf der Ebene des Völkerrechts ist zwar nicht als unproblematisch anzusehen – insbesondere sind „Ebenenkonflikte" nicht auszuschließen. Diese könnten jedoch durch die konsequente Anwendung des Subsidiaritätsprinzips minimiert werden.

Wegen der tiefen Verankerung des demokratischen Prinzips in – zwar nicht allen, aber doch vielen – Nationalstaaten ist daher nicht davon auszugehen, dass die *rule of law* und (direkt-)demokratische Elemente „unversöhnlich aufeinander treffen".[526] Aufgrund der erhöhten Legitimität sind demokratische Strukturen vielmehr eine Bedingung für rechtsstaatliche Prinzipien und konstitutionelle Strukturen, zumindest wenn direktdemokratische Elemente mit Verfahrensgarantien abgesichert sind und nur in Maßen eingesetzt werden.[527] Dies gilt auch und insbesondere auf Weltgesellschaftsebene.

e. Schlussfolgerungen

Zusammenfassend kann festgehalten werden, dass die Entwicklung einer globalen *rule of law* zu einer Kommunikationsplattform im Sinne einer strukturellen Kopplung bislang noch sehr schwach ausgeprägt ist.

Dies liegt nicht zuletzt daran, dass die globale *rule of law* selbst noch im Entstehen begriffen ist und ihr rechtliches Potenzial nicht ausspielen kann. Dazu ist sie zu unbestimmt und ihre Bindungswirkung zu begrenzt. So ist eine globale *rule of law* im Sinne eines konkreten Normenbündels bislang fern jeglicher Realisierung. Vielmehr geht es im

---

525 *Zurn, C. F.*, Deliberative Democracy and the Institutions of Judicial Review, S. 104.

526 So aber: *Terhechte, J. P.*, Wandel klassischer Demokratievorstellungen in der Rechtswissenschaft, in: Heinig, H. M./Terhechte, J. P. (Hrsg.), Postnationale Demokratie, Postdemokratie, Neoetatismus, S. 193, 214.

527 *Tully, J.*, The Imperial of Modern Constitutional Democracy, in: Loughlin, M. (Hrsg.), The Paradox of Constitutionalism, S. 336.

globalen Rahmen um die Rechtssicherheit, die Rechtsunterworfenheit sowie die Rechtsgleichheit – sowohl bei der Anwendung des Rechts, als auch bei der Rechtssetzung. Die konsequente Implementierung und Stärkung der *rule of law* ist daher geeignet, das Recht zu stärken und vor direkter politischer Einflussnahme zu schützen. Die rechtliche Kommunikation nimmt zu und kann an Komplexität gewinnen; Recht kann zunehmen reflexiv Recht auf Recht anwenden, was langfristig zu einer Autopoiesis des Rechtssystems bei gleichzeitiger Begrenzung politischer (willkürlicher) Macht führen könnte. Das Rechtssystem wäre in diesem Fall zunehmend in der Lage, seine Funktion – die dauerhafte, kontrafaktische Stabilisierung von Verhaltenserwartungen – zu gewährleisten.

Zudem existiert ein ständig dichter werdendes Netzwerk internationaler Abkommen und Verträge, die auch nichtstaatliche Akteure einbinden – auch hierüber könnte die globale *rule of law* gestärkt werden und langfristig zu einer Bildung eines normativen Regimes führen, welches den Einzelnen unmittelbar berechtigt und begünstigt, ohne Mediatisierung durch die Nationalstaaten.[528] Weiterhin ist die *rule of law* als dynamisches Prinzip geeignet, jedenfalls im Grunde die normativen Erwartungen an die Einhaltung des Prinzips sowohl an staatliche und von staatlichen, als auch an nichtstaatlichen und von nichtstaatlichen Akteuren zu steigern.

In diesem Zusammenhang kann ferner das Prinzip der *global governance* eine wichtige Rolle spielen – jedenfalls dann, wenn es gelingt, diese globale, technokratische „Verwaltungsrecht“ zu demokratisieren. Zum einen kann es zu einer zunehmenden Verrechtlichung und operativen Schließung des Rechtssystems beitragen. Zum anderen trägt es zu einer Bindung des politischen Systems bei und stärkt die globale *rule of law*. Allerdings ist die Funktion als Kommunikationsplattform und strukturelle Kopplung ebenfalls äußerst begrenzt. Dennoch entfaltet sie im Zusammenspiel mit den erörterten gemeinsamen Werten einen Kanalisierungs- und Ausschließungseffekt. Die politische Machtausübung wird zudem rechtlich begrenzt. Es bilden sich auch langsam und in begrenztem Umfang konstitutionelle Werte heraus, die geeignet sind, mit dem Code „verfassungsgemäß/verfassungswidrig“ zu operieren.

---

[528] Siehe hierzu *Chesterman, S.*, An International Rule of Law?, Am.J.Comp.L. 56 (2008), S. 331, 355 ff.

Dies ist zwar bislang nur in sehr geringem und wechselhaftem Maß möglich – der Prozess einer Konstitutionalisierung ist gleichwohl in Entstehung.

II. Symbolische Konstitutionalisierung

Aufgrund des nicht vollständig autopoietischen Rechts- und Politiksystems besteht allerdings die Gefahr einer bloß symbolischen Konstitutionalisierung.

Denn wie Neves herausarbeitet, sind auf nationalstaatlicher Ebene die funktionsfähigen Verfassungen in westlichen Demokratien von sogenannten symbolischen Verfassungen zu unterscheiden, wie etwa eine in der früheren DDR bestand. Das Recht ist in derartigen Verfassungen nicht vollständig positiviert, das Rechtssystem nicht ausdifferenziert und operativ geschlossen. Die politische Einflussnahme ist groß, eine Anwendung des Rechtscodes nicht dauerhaft und einwandfrei möglich. Diese symbolischen Verfassungen können daher nicht die ihnen zugedachten Funktionen übernehmen.

Einer derartigen Verfassung würde es dann an einem aus- und innendifferenzierten Rechtsteilsystem mangeln; sie wäre also keine Verfassung im modernen Sinn. Die Funktion einer solchen Verfassung ist hauptsächlich politisch-ideologisch; der Verfassungstext dient nicht in erster Linie der Rechtsnormierung politischer Handlungen, sondern der Durchsetzung machtpolitischer Erwägungen. Das Rechtssystem verliert zudem durch die mangelnde Reflexivität und die damit verbundene Vereinnahmung und Blockierung durch andere Systeme an Funktions- und Leistungsfähigkeit.

Wie Neves formuliert, würde „die autopoietische Reproduktion (...) oft gebrochen, das Recht versagt als kongruente Generalisierung von Verhaltenserwartungen und als sozialer Mechanismus für Konfliktlösung."[529]

Da das Rechtssystem der Weltgesellschaft ebenfalls noch nicht genügend ausdifferenziert ist, um ein vollständiges, autopoietisches, operativ geschlossenes System zu bilden, besteht die Gefahr des Versagens des

[529] *Neves, M.*, Transversale Verfassungen?, in: Brunkhorst, H. (Hrsg.), Demokratie in der Weltgesellschaft, S. 75, 91 f.

Rechts auch auf Ebene der Weltgesellschaft. Aufgrund des machtpolitischen Einflusses ist daher nach Ansicht von Neves auch auf Ebene der Weltgesellschaft eine lediglich symbolische Konstitutionalisierung denkbar; zumindest dergestalt, dass das Recht weiterhin stark von machtpolitischen Erwägungen beeinflusst sein könnte.[530]

Umso wichtiger ist daher die Etablierung einer funktionierenden Weltöffentlichkeit, die Weiterentwicklung der globalen *rule of law* sowie die Herausbildung eines globalen Demokratieprinzips.

---

[530] Neves spricht hingegen allenfalls von einer sogenannten transversalen Verfassung: Diese entwickele sich aber nicht auf nur einer einzigen Rechtsebene, vielmehr überschreite sie als Verfassung der Menschenrechte alle Ebenen: staatliche, internationale, supranationale, transnationale. Daher bestehe eine doppelte Transversalität, einerseits zwischen Moral und Recht, andererseits zwischen der Verflechtung der verschiedenen Rechtsordnungen. Problematisch sei hingegen die Konkretisierung dieser Verfassung, insbesondere aufgrund der Menschenrechtsfeindlichkeit einiger Staaten. Zudem müsste eine weitgehende Inklusion der Rechtsunterworfenen erfolgen, siehe ebd., S. 91 ff.

Schlussbetrachtung

Wie steht es nun um eine systemtheoretische Konstitutionalisierung? Muss man nicht eher von einer Fragmentierung und verschiedenen, zivilgesellschaftlichen Verfassungen sprechen oder zumindest von transnationalen Netzwerken? Besteht nicht vielmehr eine doppelte Fragmentierung bei gleichzeitigen funktionalen wie segmentären Differenzierungsformen, die jedoch ohne gemeinsame Verbindungen und Strukturen existieren?[1] Handelt es sich vielleicht lediglich um eine Art symbolische Konstitutionalisierung dergestalt, dass das Weltrecht noch nicht genügend positiviert ist?

Neves hält zumindest strukturelle Kopplungen oder transversale Verfassungen aufgrund der fehlenden operativen Schließung des politischen Systems durch die fehlende, Rationalität bringende demokratische Rückkopplung für nicht möglich.

> „Transversale Verfassung zwischen Recht und Politik bleibt dabei in dem Maße ein rhetorisches Artefakt, wie die irrationale Reproduktion der Politik über das Recht mit einer rationalen Verflechtung von beiden Sphären unvereinbar ist.“[2]

Auch Habermas sieht ein großes Problem, denn die notwendige, aber unwahrscheinliche Rückkopplung „seines“ Weltparlamentes an die Meinungs- und Willensbildung der zu Wahlen aufgeforderten Weltbürger ist wohl schwer umzusetzen. Denn die Weltöffentlichkeit habe erfahrungsgemäß nur eine begrenzte Leistungsfähigkeit, da die gemeinsame politische Kultur fehle.[3]

Trotz dieser erheblichen Bedenken lassen sich erste Anzeichen einer Kopplung des Rechts- und des Politiksystems der Weltgesellschaft und somit eine beginnende Konstitutionalisierung des Völkerrechts erkennen.

---

[1] *Fischer-Lescano, A.*, Globalverfassung, S. 247.

[2] *Neves, M.*, Transversale Verfassungen?, in: Brunkhorst, H. (Hrsg.), Demokratie in der Weltgesellschaft, S. 75, 87.

[3] *Habermas, J.*, Zur Verfassung Europas, S. 89.

Published by Springer-Verlag GmbH Deutschland 2018
C. Mattheis, *Die Konstitutionalisierung des Völkerrechts aus systemtheoretischer Sichtweise,* Beiträge zum ausländischen öffentlichen Recht und Völkerrecht,
https://doi.org/10.1007/978-3-662-56818-7_8

Sowohl das Rechts- als auch das Politiksystem beginnen, sich auszudifferenzieren und weisen zumindest in Teilbereichen eine graduelle Autopoiesis auf.

Die Systeme sind zwar keineswegs insgesamt operativ geschlossen oder arbeiten selbstreferenziell. Dazu sind sie noch zu großen Umwelteinflüssen ausgesetzt. Die Systemgrenzen sind nicht klar definiert, mithin ist die Differenz „System/Umwelt“ nicht einwandfrei anwendbar. Als Folge davon findet auch der systemspezifische Code keine ungestörte Anwendung. Vor allem im Rechtssystem und den Rechtsprogrammen finden systemfremde Kommunikationen Beachtung – machtpolitische Erwägungen beeinflussen die Anwendung des Rechtscodes.

Solange die segmentäre Zweitdifferenzierung in souveräne Nationalstaaten weiterhin besteht – und Anzeichen für eine Auflösung oder zumindest starke Aufweichung zugunsten eines dualen Systems sind nicht erkennbar – hat das politische System auf Ebene der Weltgesellschaft auch keine Chance, auf breiter Basis an Autonomie zu gewinnen und umfassend die Urfunktion auf nationaler Ebene – das Treffen verbindlicher und grundsätzlich akzeptierter Entscheidungen – auch auf internationaler Ebene ausüben zu können.

Hierfür wäre zumindest eine duale Souveränitätskonzeption erforderlich, über die das politische System auf Weltgesellschaftsebene sowohl an Autonomie als auch an Legitimation gewinnen könnte. Notwendig wäre hierzu eine stärkere demokratische Rückkopplung an die Territorialstaaten, als auch die – verfahrensmäßig abgesicherte – Ergänzung der Legitimation durch die Einbindung deliberativer Verfahren. Denn durch die stärkere Legitimation durch demokratische Elemente ließen sich die negativen Seiten der Differenzen Inklusion/Exklusion sowie Zentrum/Peripherie verringern. Auch müsste die globale Weltöffentlichkeit an Struktur, Kohärenz und Wirkungskraft gewinnen, um als Beobachter zweiter Ordnung fungieren und eine Disziplinierungsfunktion der Politik analog zur nationalstaatlichen Öffentlichkeit übernehmen zu können. Weiterhin müssten sich verstärkt Rollen und Ämter auf der globalen Ebene herausbilden, die nicht nur eine Machtfunktion aufweisen, sondern auch als machtvolle Positionen wahrgenommen würden. Erst dann wäre ein globales autopoietisches System, welches in heterarchischer Ordnungsweise neben die jeweiligen nationalen Systeme treten könnte, verwirklichbar.

Ähnliches gilt für das Rechtssystem der Weltgesellschaft. Auch hier stellt die segmentäre Zweitdifferenzierung neben der sehr großen Heterogenität das größte Hemmnis für die Herausbildung eines autopoietischen Rechtssystems dar. Der Rechtskommunikation ist zwar in den letzten Jahren stetig komplexer geworden; das Rechtssystem hat sich in Teilbereiche funktional differenziert und vermag zumindest in einigen dieser Teilbereiche – wie dem humanitären Völkerrecht oder dem WTO-Recht – mit einer graduellen Autopoiesis arbeiten. Dies gilt auch für Teile des UN-Rechts. Auch im Bereich des Menschenrechtsschutzes ist eine hohe Komplexität zu beobachten, die zum Teil auch einen Durchgriff durch die segmentäre Zweitdifferenzierung der Weltgesellschaft ermöglicht. Das Recht vermag seine Funktion in diesen Bereichen weitgehend zu erfüllen; auch kann es – zumindest in Ansätzen – auf die Legitimation durch Verfahren zurückgreifen und nach dem Prinzip der Varianz arbeiten, ohne sich vollständig der Willkür ausliefern zu müssen. Durch die zunehmende Zahl an internationalen Gerichten ist auch die Beobachtung zweiter Ordnung, die Überwachung ob der Rechtscode auf sich selbst angewendet wird, in verstärktem Ausmaß möglich. Allerdings erfolgt die Beobachtung zweiter Ordnung nicht umfassend und nicht in einem zur nationalen Ebene vergleichbaren Rahmen.

Insgesamt kann das Rechtssystem jedoch weder den Rechtscode ungehindert anwenden, noch selbstreferentiell arbeiten. Auch vermag es nicht seine Funktion auf nationaler Ebene, der kontrafaktischen Stabilisierung von Verhaltenserwartungen, ausüben. Hierzu ist die segmentäre Zweitdifferenzierung in Territorialstaaten mit autonomen politischen Systemen und autopoietischen Rechtssystemen zu stark ausgeprägt.

Letztlich sind die beiden Systeme jedoch getrennt und gewinnen an Komplexität. Zudem sind gewisse funktionale Verbindungen zwischen den beiden Systemen kaum zu leugnen, auch wenn diese Verbindungen aufgrund der nicht geschlossenen Systemgrenzen als äußert fragil und schwach ausgeprägt anzusehen sind.[4] Eine wechselseitige Beeinflussung, ein „structural drift" ohne ein gegenseitiges Korrumpieren ist somit noch nicht dauerhaft gewährleistet. Jedenfalls hat sich aber die Verbindung zwischen dem Rechtssystem und dem Politiksystem in den letzten Jahren erheblich gewandelt, sodass die Aussage von Luhmann, auf Ebene der Weltgesellschaft gebe es keine strukturelle Kopplung im Sinn einer Verfassung, nur noch bedingt aufrechterhalten werden kann.

---

[4] Vgl. *Kjaer, P. F.*, The Concept of the Political in the Concept of Transnational Constitutionalism: A Sociological Perspective, in: Joerges, C./Ralli, T. (Hrsg.), Globalization – New Patterns of Conflict and their Sociological and Legal Reconstruction, S. 285, 312.

So sind deutliche Kopplungsmuster erkennbar. Die *rule of law* und die zunehmende Komplexität des Rechts mit einer – beispielsweise im Menschenrechtsschutz – in Ansätzen vorhandenen Durchdringung der nationalstaatlichen Souveränität ermöglicht nicht nur verbindliche Entscheidungen des politischen Systems auf Ebene der Weltgesellschaft; sie begrenzt die Anwendung des politischen Codes auch zunehmend. Der Politik wird ein Stück weit an rechtlicher Legitimität verschafft. Gleichzeitig gewinnt auch das Recht, insbesondere die herausgearbeiteten gemeinsamen Werte, an Bedeutung und Bindungskraft.[5] Auch das Recht erfährt somit einen gewissen Zugewinn an (politischer) Legitimität.

Allerdings sind diese Kopplungsmuster äußerst begrenzt und regelmäßig auf sehr komplexe und zudem umfangreich institutionalisierte Rechtsbereiche wie das UN-Recht oder das WTO-Recht beschränkt. Denn hier ist einerseits die Möglichkeit der Beobachtung zweiter Ordnung in höherem Ausmaß gegeben; zudem wird das Recht auch institutionalisiert und ist nicht mehr ohne weiteres änderbar. Hier können die Kopplungsmuster auch ein Stück weit als Entparadoxierungskonzepte arbeiten.

Insgesamt zeigen allerdings aktuelle Beispiele wie die Annexion der Krim durch Russland oder die immer noch fehlende gemeinsame Strategie der internationalen Gemeinschaft gegen das Vorgehen des Islamischen Staates, dass die Komplexität, die Strukturen und die Aufgabenerfüllung sowohl des Rechts, als auch der Politik, im Vergleich zum nationalen Rahmen äußerst beschränkt sind – diese negativen Beispiele sprechen jedoch nicht grundsätzlich gegen einen Komplexitätsgewinn sowohl des politischen Systems auf Ebene der Weltgesellschaft als auch des globalen Rechtssystems und der Annahme einer begonnenen Konstitutionalisierung – auch aus systemtheoretischer Sichtweise.

Die hier vorgestellte Konstitutionalisierung des Völkerrechts ist somit auch nicht mit einer nationalstaatlichen Verfassung zu vergleichen. Die Idee eines „allumfassenden hierarchischen „Super-Völkerrechts“[6] muss daher auch klar und eindeutig *ad acta* gelegt werden. Zu beachten ist

---

[5] Vgl. *Ziegert, K. A.*, Weltrecht und regionale Differenzierung, Rechtstheorie 39 (2008), S. 453, 400.

[6] Siehe *Paulus, A. L.*, Zur Zukunft der Völkerrechtswissenschaft in Deutschland: Zwischen Konstitutionalisierung und Fragmentierung des Völkerrechts, ZaöRV 67 (2007), S. 695, 715.

jedoch, dass die Konstitutionalisierung auf globaler Ebene nicht mehr, aber auch nicht weniger als einen steinigen Weg, als einen sehr unsteten, langwierigen Prozess bedeutet.[7] Dieser Prozess erscheint aber in den genannten Bereichen in Gang gebracht.

Wie weit dieser Prozess gehen wird, hängt vor allem davon ab, ob die klassische Souveränitätskonzeption zugunsten einer moderneren, dualen Konzeption aufgegeben wird, die es dem politischen System der Weltgesellschaft erlauben würde, an Autonomie zu gewinnen und sich operativ zu schließen. Zudem müssten die erörterte Inklusionsproblematik sowie das Problem der mangelnden demokratischen Legitimation und der schwachen Weltöffentlichkeit gelöst werden. Ob dies gelingen wird, ist kaum zu prognostizieren. Erste weltstaatliche Elemente sind zumindest zu erkennen, und das Bewusstsein für globale Probleme und die Überforderung des Nationalstaats steigt.

Auch wenn der weitere Verlauf dieses Prozesses unsicher ist, so ist die Etablierung der angesprochenen weltstaatlichen Elemente jedenfalls einer zivilgesellschaftlichen Konstitutionalisierung vorzuziehen. Denn zum einen bringt eine derartige Konstitutionalisierung erhebliche Probleme in legitimatorischer Hinsicht mit sich. Zum anderen ist der Staat nach wie vor das wichtigste Bindeglied zwischen dem politischen System und dem Rechtssystem auf Weltgesellschaftsebene. Außerdem ist er auch weiterhin der wichtigste Normengeber. Eine transnationale, zivilgesellschaftlich gesteuerte Konstitutionalisierung in Subsystemen mag daher in Teilbereichen stattfinden, sie kann jedoch das Phänomen nicht vollumfänglich erklären.

So ist die Welt zwar ein pluralistisches, in Teilen fragmentiertes Gebilde; über gemeinsame Werte und Prinzipien und insbesondere über die *rule of law* als Kommunikationsplattform besteht aber zwischen den Systemen eine Art „value glue" oder eine sich herausbildende strukturelle Kopplung. Diese bindet – trotz einiger negativer Beispiele – die politischen Entscheidungsträger auf der einen Seite, auf der anderen Seite bestimmt sie – ähnlich wie im nationalstaatlichen Bereich der Code „verfassungsgemäß/verfassungswidrig" – das Rechtssystem und macht die Erwartungen diesbezüglich invariant. Natürlich ist Recht auf globaler Ebene auch zum größten Teil Ausfluss politischer Macht, dennoch

---

[7] *Walker, N.*, The Idea of Constitutional Pluralism, MLR 65 (2002), S. 317, 330.

wird über die gemeinsamen Werte als eine Art von „Verfassung“ der politische Einfluss auf das Recht begrenzt.

Möglicherweise ist das Weltrechtssystem auch nicht als strenge Konstitutionalisierung anzusehen, sondern als pluralistisches Gebilde, indem globales Recht nur im Zusammenhang mit lokalen, nationalen und regionalen Rechtsordnungen zu sehen ist; allerdings nicht nur transnational, sondern staatenzentriert. Schließlich müssen sich Verfassungspluralismus, Rechtspluralismus und Konstitutionalisierung auch nicht ausschließen.[8] Eine heterarchische Ordnung der Weltgesellschaft muss hierbei auch nicht gegen die Annahme einer strukturellen Kopplung zwischen dem politischen System und dem Rechtssystem der Weltgesellschaft sprechen. Denn auch im Territorialstaat war dieser Übergang zu einer heterarchischen Systemarchitektur Bedingung für die Entstehung der modernen Verfassungen.[9]

Entscheidend ist somit letztlich, ob man die zu beobachtenden Tendenzen der Pluralisierung, Heterarchisierung, Fragmentierung, aber auch eine insgesamt festzustellende Verrechtlichung auf globaler Ebene als ein

> „systemisch bedingtes polyzentrisches Ordnungsgefüge funktional differenzierter Verregulierungsregime betrachtet, oder trotz dieser Tendenzen auf die Zunahme an konstitutiven Strukturmerkmalen abstellt.“[10]

Schließlich ist auch zu beachten, dass sowohl die Fragmentierungsthese als auch die Konstitutionalisierungsthese mehr Gemeinsamkeiten aufweisen, als es auf den ersten Blick wirkt und nur scheinbar einen unüberwindlichen Gegensatz bilden. Wie Koskenniemi formuliert, kann die Entscheidung für oder gegen eine der beiden Thesen auch als „matters of narrative perspective“ angesehen werden: „What from one angle looks like a terribly distorted and chaotic image of something, may

---

[8] *Fischer-Lescano, A.*, Globalverfassung: Verfassung einer Gesellschaft, ARSP 88 (2002), S. 349, 376.

[9] *Luhmann, N.*, Verfassung als evolutionäre Errungenschaft, Rechtshistorisches Journal 9 (1990), S. 176, 203.

[10] *Hitzel-Cassagnes, T./Meisterhans, N.*, Konstitutionalisierungsperspektiven eines fragmentierten Weltrechts, in: Brunkhorst, H. (Hrsg.), Demokratie in der Weltgesellschaft, S. 159, 172.

from another appear just as a finely nuanced and sophisticated reflection of a deeper unity. E pluribus unum.“[11]

Und wie Albert und Schmalz-Bruns festhalten, beruht die „Herausbildung von Weltstaatlichkeit wesentlich auf der Gleichzeitigkeit von Konstitutionalisierungsprozessen und Fragmentierungsprozessen im politischen sowie im Rechtssystem der Weltgesellschaft.“[12]

Die zu beobachtenden Fragmentierungs- und Differenzierungsprozesse könnten daher wiederum auch nur Teil einer rechtlichen Dynamik sein, die auf die „integrative und koordinative Funktionsleistung des Rechts bezogen bleiben“[13] – denn dies ist letztlich notwendig, damit Recht auch als Recht erkennbar bleibt. Der entstehende (konstitutionelle) Pluralismus wäre dann aber auch keine Antithese zu einem universellen Rechtscode auf Ebene der Weltgesellschaft, sondern vielmehr Anzeichen einer zunehmenden Komplexität des Rechts.[14] Ein pluralistisches Gebilde würde auch nicht grundsätzlich die Herausbildung eines autopoietischen Systems verhindern.

Eine globale Verfassung kann aber im Ergebnis jedenfalls als im Entstehen begriffen angesehen werden – auch wenn sie sich wohl in der Tat eher als „Flickenteppich“[15] darstellen wird statt als ein homogenes, in jeglicher Hinsicht kohärentes Gebilde mit strengen Normhierarchen. Dies bedeutet jedoch nicht die Abkehr von einer Vorstellung einer politischen Konstitutionalisierung und das Eingeständnis, dass nur eine zivilgesellschaftliche Konstitutionalisierung möglich ist.

Denn zum einen ist die von Teubner und Fischer-Lescano vorgenommene Generalisierung und Respezifizierung des Verfassungsbegriffs fehlgehend; eine völlige Entfremdung des Verfassungsbegriffs vom Poli-

---

[11] *Koskenniemi, M.*, Global Legal Pluralism: Multiple Regimes and Multiple Modes of Thought, S. 4.

[12] *Albert, M./Schmalz-Bruns, R.*, Antinomien der Global Governance: Mehr Weltstaatlichkeit, weniger Demokratie?, in: Brunkhorst, H. (Hrsg.), Demokratie in der Weltgesellschaft, S. 57.

[13] *Hitzel-Cassagnes, T./Meisterhans, N.*, Konstitutionalisierungsperspektiven eines fragmentierten Weltrechts, in: Brunkhorst, H. (Hrsg.), Demokratie in der Weltgesellschaft, S. 159, 176.

[14] Ebd.

[15] *Klabbers, J.*, Setting the Scene, in: ders./Peters, A./Ulfstein, G. (Hrsg.), The Constitutionalization of International Law, S. 1, 23.

tischen führt zu einer letztlich völligen Sinnentleerung des Begriffs und macht den Gebrauch des Begriffs im Zusammenhang mit der von Teubner und Fischer-Lescano beschriebenen Verrechtlichung bestimmter Teilbereiche des internationalen Rechts sinnwidrig. Zum anderen entfernen sich die Teilbereiche – trotz verstärkter Rechtssetzungsaktivität privater Akteure – nicht vollständig vom „politischen" und staatsgetragenen allgemeinen Völkerrecht und sind letztlich auch auf die demokratische Legitimierung über ein globales oder zumindest die nationalen politischen Systeme angewiesen. Dies gilt zumindest dann, wenn sie nicht Gefahr laufen wollen, einerseits die Möglichkeit, verbindliche Entscheidungen zu treffen, und andererseits das Vermögen der dauerhaften und kontrafaktischen Verhaltensstabilisierung zu verlieren oder überhaupt erst gar nicht zu erlangen.

Für die Annahme einer systemischen Gesamtkohärenz sprechen schließlich auch die drei herkömmlichen Kollisionsregeln (*lex posterior, lex specialis, ius cogens*) sowie das Prinzip der systemischen Integration gemäß Art. 31 Abs. 3 Ziff. c WVRK. Über eine Kohärenzfiktion werden die unterschiedlichen Systeme mit dem allgemeinen Völkerrecht zum Ausgleich gebracht – eine ungebremste Eigenrationalitätsmaximierung wird dadurch „von oben" und nicht von den Teilsystemen selbst, verhindert und führt bei der Anwendung und Auslegung des Völkerrechts in der Regel zu brauchbaren Ergebnissen unter Berücksichtigung des Gesamtzusammenhangs und unter Anwendung des globalen Rechtscodes.

Im Ergebnis lässt sich eine Konstitutionalisierung aus systemtheoretischer Sicht mit (starken) Einschränkungen bejahen – auch wenn der „constitutional moment als mystical moment"[16] bislang verborgen geblieben ist.

[16] *Fischer-Lescano, A.*, Globalverfassung; Albert, G./Sigmund, S. (Hrsg.), Soziologische Theorie kontrovers, 209.

Summary

Constitutionalization of International Law from the Perspective of the Systems Theory

This dissertation deals with the in recent years controversial debated question whether there is a global constitutionalization in international law or contrary to that, whether one has to speak of fragmentation in international law and examines it from the perspective of the systems theory of Niklas Luhmann, the German lawyer and sociologist who lived in the 20th century.

The author describes at the beginning the systems theory and how the various autopoietic subsystems work according to Luhmann with their special code and programme. After this introduction into the concept of the systems theory the author analyzes the structural coupling between the legal and the political system at national level, which was in the 18th century according to Luhmann a "structural risk of innovation" – the modern constitution. At the domestic level, the constitution sets a special, "meta" code – constitutional/unconstitutional – which has priority over the code legal/illegal and the rest of the law.

In the following, the author examines whether there is a similar structural coupling between the legal and the political system at global level and therefore some sort of constitutionalization, non ingoring the fact that this constitutionaliziation would be rather incomplete, considering the segmentary differentiation of the "world society" into national states and the lack of key elements of domestic constitutions, as e.g. hard conflict rules, regulations about the changeability or provisions for the judicial review are either not at all fulfilled at global scale, or at least not to the same extent as at national level.

The author argues that international law is indeed a pluralistic, partly fragmented structure and that one cannot compare the the global law nor the global political systems with the systems at national level with regard to complexity and autopoiesis. Furthermore, there is no "constitutional" structural coupling at global level which can be compared with a national constitution.

C. Mattheis, *Die Konstitutionalisierung des Völkerrechts aus systemtheoretischer Sichtweise,* Beiträge zum ausländischen öffentlichen Recht und Völkerrecht,
https://doi.org/10.1007/978-3-662-56818-7_9

But even if neither the legal nor the political system at global level are fully delineated from their environment, completely independent, autonomous and self-reflective, meaning autopoietic, these systems have undergone a metamorphosis in recent decades and possess such structures at least to some exent.

Indeed, there are some coupling patterns, which lead due to a more complex legal communication both to a higher validity of legal rules and to the limitation of political action. This coupling could proceed on the basis of certain values or principles which are beyond the simple code legal/illegal and which could describe a constitutionalization from "form to substance" and from "territoriality to functionality", so to speak. It binds on the one hand policy makers in their exercise of power, on the other hand, it determines – similar to the code of constitutional/unconstitutional in the domestic area – the legal system and makes the expectations in this regard invariant. Of course, law at the global level is largely a result of political power, but given the common – constitutionalized – values, the political influence on the law is also limited.

From a system-theoretical point of view, one can therefore argue that there is due to the structural coupling an ongoing constitutionalization – at least to some extent. The author argues that such a constitutionalization from a systems theory perspective could only be driven by the political systems at national and global level. The so called Societal Constitutionalism, which refers to Luhmann by arguing that there is only a non state-centered, "civil" constitutionalization ("Zivilverfassungen") within various subsystems which exist independently and autonomously from the policital system suffers from a misunderstanding of the term "constitution" and the role of the political system as well as from lack of democratic legitimation due to the major role of private, not legitimized actors.

The author concludes that international pluralism including rising fragmentary elements and such a form of constitutionalization need not to exclude themselves mutually. This constitutionalization could not be seen one-dimensional, completely homogenous and always coherent to the same extent, but as a pluralistic structure in which global law can only be seen in relation to local, national and regional legal systems, as there is a "value glue" due to common values and principles and the rule of law.

Despite the conclusion of Luhmann himself that the structural coupling through the constitution has no equivalent in the world society because of the segmentary differentiation into nation states, the author states that one can argue that there is a sort of constitutionalization at global level due to a – weak – structural coupling between the at least partial autopoietic global law and political system.

Literaturverzeichnis

Hinweis:

Die einzelnen Nachweise sind in den Fußnoten mit einem teilweise verkürzten Titel aufgenommen. Untertitel oder Titelzusätze wurden weggelassen. Zur Vereinheitlichung wurde die Schreibweise in englischsprachigen Titeln angeglichen.

Monographien:

Baraldi, Claudio/Corsi, Giancarlo/Esposito, Elena, GLU. Glossar zu Niklas Luhmanns Theorie sozialer Systeme, Frankfurt am Main 2008.

Bellamy, Richard, Political Constitutionalism. A Republican Defence of the Constitutionality of Democracy, Cambridge 2007.

Bornschier, Volker, Weltgesellschaft. Grundlegende soziale Wandlungen, erw. Neuausg., Zürich 2008.

Brunkhorst, Hauke, Solidarität. Von der Bürgerfreundschaft zur globalen Rechtsgenossenschaft, Frankfurt am Main 2002.

ders., Legitimationskrisen. Verfassungsprobleme der Weltgesellschaft, Baden-Baden 2012.

Canaris, Claus-Wilhelm, Systemdenken und Systembegriff in der Jurisprudenz. Entwickelt am Beispiel des deutschen Privatrechts, 2. Aufl., Berlin 1983.

Christodoulidis, Emilios A., Law and Reflexive Politics, Houten 2001.

Cohen, Jean L., Globalization and Sovereignty. Rethinking Legality, Legitimacy and Constitutionalism, Cambridge 2012.

Colon-Rios, Joel I., Weak Constitutionalism. Democratic Legitimacy and the Question of Constituent Power, London, New York 2012.

Crouch, Colin, Postdemokratie, Frankfurt am Main 2008.

Dahm, Georg/Delbrück, Jost/Wolfrum, Rüdiger, Völkerrecht: Bd. I/2: Der Staat und andere Völkerrechtssubjekte; Räume unter internationaler Verwaltung, 2. Aufl., Berlin 2002.

Delmas-Marty, Mireille, Le pluralisme ordonné, Paris 2006.

C. Mattheis, *Die Konstitutionalisierung des Völkerrechts aus systemtheoretischer Sichtweise,* Beiträge zum ausländischen öffentlichen Recht und Völkerrecht, https://doi.org/10.1007/978-3-662-56818-7

Dobner, Petra, Konstitutionalismus als Politikform. Zu den Effekten staatlicher Transformation auf die Verfassung als Institution, Baden-Baden 2002.

Durkheim, Émile/König, René, Die Regeln der soziologischen Methode, 7. Aufl., Frankfurt am Main 1984.

Emmerich-Fritsche, Angelika, Vom Völkerrecht zum Weltrecht, Berlin 2007.

Fassbender, Bardo, UN Security Council Reform and the Right of Veto. A constitutional perspective, Den Haag, Boston 1998.

ders./Aust, Helmut P., Basistexte: Völkerrechtsdenken, Stuttgart 2012.

Fastenrath, Ulrich, Lücken im Völkerrecht: Zu Rechtscharakter, Quellen, Systemzusammenhang, Methodenlehre und Funktionen des Völkerrechts, Berlin 1991.

Fischer-Lescano, Andreas, Globalverfassung. Die Geltungsbegründung der Menschenrechte, Weilerswist 2005.

ders./Teubner, Gunther, Regime-Kollisionen. Zur Fragmentierung des globalen Rechts, Frankfurt am Main 2006.

Friedmann, Wolfgang, The Changing Structure of International Law, New York 1964.

Goldsmith, Jack L./Posner, Eric A., The Limits of International Law, Oxford u.a. 2007.

Habermas, Jürgen, Faktizität und Geltung. Beiträge zur Diskurstheorie des Rechts und des demokratischen Rechtsstaats, Frankfurt am Main 1998.

ders., Die Einbeziehung des Anderen. Studien zur politischen Theorie, Frankfurt am Main 1999.

ders., Die postnationale Konstellation. Politische Essays, Erstausg., (Nachdr.), Frankfurt am Main 2001.

ders., Zur Verfassung Europas. Ein Essay, Lizenzausg., Bonn 2012.

ders., Im Sog der Technokratie, Berlin 2013.

Hart, Herbert L. A., The Concept of Law, 2. Aufl., Oxford 1994.

ders./Möllers, Christoph, Der Begriff des Rechts, Frankfurt am Main 2011.

Held, David, Prospects for Democracy. North, South, East, West, Cambridge 1993.

ders., Democracy and the Global Order. From the Modern State to Cosmopolitan Governance, Cambridge 1995.

Höffe, Otfried, Demokratie im Zeitalter der Globalisierung, München 1999.

Hofmann, Hasso, Rechtsphilosophie nach 1945. Zur Geistesgeschichte der Bundesrepublik Deutschland, Berlin 2012.

Holmes Chaves, Pablo, Verfassungsevolution in der Weltgesellschaft. Differenzierungsprobleme des Rechts und der Politik im Zeitalter der Global Governance, Baden-Baden 2012.

Huber, Thomas, Systemtheorie des Rechts. Die Rechtstheorie Niklas Luhmanns, Baden-Baden 2007.

Kant, Immanuel/Eberl, Oliver/Niesen, Peter, Zum ewigen Frieden, Neuaufl., Frankfurt am Main 2009.

Kelsen, Hans, Reine Rechtslehre. Einleitung in die rechtswissenschaftliche Problematik, Neudr., Aalen 1994.

Kleinlein, Thomas, Konstitutionalisierung im Völkerrecht. Konstruktion und Elemente einer idealistischen Völkerrechtslehre, Heidelberg, New York 2012.

Kornicker, Eva, Ius cogens und Umweltvölkerrecht, Basel 1997.

Koskenniemi, Martti, The Gentle Civilizer of Nations. The Rise and Fall of International Law 1870-1960, Neudr., Cambridge 2002.

ders., The Politics of International Law, Oxford u.a. 2011.

Krisch, Nico, Beyond Constitutionalism. The Pluralist Structure of Postnational Law, Oxford 2010.

Lauterpacht, Hersch/Koskenniemi, Martti, The Function of Law in the International Community, Oxford u.a. 2011.

Lieckweg, Tanja, Das Recht der Weltgesellschaft. Systemtheoretische Perspektiven auf die Globalisierung des Rechts am Beispiel der Lex Mercatoria, Stuttgart 2003.

Luhmann, Niklas, Legitimation durch Verfahren, Frankfurt am Main 1983.

ders., Das Recht der Gesellschaft, Neuaufl., Frankfurt am Main 2010.

ders., Rechtssoziologie, 3. Aufl., Opladen 1987.

ders., Die Wissenschaft der Gesellschaft, Frankfurt am Main 1992.

ders., Die Gesellschaft der Gesellschaft, 2 Bände, Frankfurt am Main 1997.

ders., Macht, 3. Aufl., Stuttgart 2003.

ders., Grundrechte als Institution. Ein Beitrag zur politischen Soziologie, 5. Aufl., Berlin 2009.

ders., Einführung in die Systemtheorie, 6. Aufl., Heidelberg 2011.

ders., Die Politik der Gesellschaft, Frankfurt am Main 2000.

ders., Die Religion der Gesellschaft, Frankfurt am Main 2002.

MacCormick, Neil, Questioning Sovereignty. Law, State, and Nation in the European Commonwealth, Oxford 1999.

Meerpohl, Tom, Individualsanktionen des Sicherheitsrates der Vereinten Nationen. Das Sanktionsregime gegen die Taliban und Al-Qaida vor dem Hintergrund des Rechts der VN und der Menschenrechte, München 2008.

Müller, Friedrich, Demokratie zwischen Staatsrecht und Weltrecht. Nationale, staatlose und globale Formen menschenrechtsgestützter Demokratisierung, Berlin 2003.

Neves, Marcelo, Verfassung und Positivität des Rechts in der peripheren Moderne. Eine theoretische Betrachtung und Interpretation des Falls Brasilien, Berlin 1992.

ders., Symbolische Konstitutionalisierung, Berlin 1998.

Niederberger, Andreas, Demokratie unter Bedingungen der Weltgesellschaft? Normative Grundlagen legitimer Herrschaft in einer globalen politischen Ordnung, Berlin 2009.

Nollkaemper, André, National Courts and the International Rule of Law, Oxford 2012.

Nowak, Stefanie, Die Verfassung als strukturelle Kopplung von Politik und Recht. Eine Betrachtung auf der Ebene der Europäischen Union, Saarbrücken 2007.

Ooyen, Robert C. v., Politik und Verfassung. Beiträge zu einer politikwissenschaftlichen Verfassungslehre, Wiesbaden 2006.

Parsons, Talcott, Beiträge zur soziologischen Theorie, 3. Aufl., Darmstadt u.a. 1973.

Paulus, Andreas L., Die internationale Gemeinschaft im Völkerrecht. Eine Untersuchung zur Entwicklung des Völkerrechts im Zeitalter der Globalisierung, München 2001.

Prien, Thore, Fragmentierte Volkssouveränität. Recht, Gerechtigkeit und der demokratische Einspruch in der Weltgesellschaft, Baden-Baden 2010.

Reisman, W. Michael, International Law in Contemporary Perspective, New York 2004.

Renner, Moritz C., Zwingendes transnationales Recht. Zur Struktur der Wirtschaftsverfassung jenseits des Staates, Baden-Baden 2011.

Rensmann, Thilo, Wertordnung und Verfassung. Das Grundgesetz im Kontext grenzüberschreitender Konstitutionalisierung, Tübingen 2007.

Scelle, Georges, Précis de droit des gens: principes et systématique, Paris 1934.

Scheyli, Martin, Konstitutionelle Gemeinwohlorientierung im Völkerrecht. Grundlagen völkerrechtlicher Konstitutionalisierung am Beispiel des Schutzes der globalen Umwelt, Berlin 2008.

Schulte, Constanze, Compliance with Decisions of the International Court of Justice, Oxford 2004.

Schwöbel, Christine E. J., Global Constitutionalism in International Legal Perspective, Leiden u.a. 2011.

Slaughter, Anne-Marie, A New World Order, Princeton u.a. 2005.

Spencer, Herbert, The Study of Sociology, London 1873.

Spencer-Brown, George, Laws of form. Gesetze der Form, Lübeck 1997.

Stichweh, Rudolf, Die Weltgesellschaft. Soziologische Analysen, Frankfurt am Main 2000.

Teubner, Gunther, Recht als autopoietisches System, Frankfurt am Main 1989.

ders., Verfassungsfragmente. Gesellschaftlicher Konstitutionalismus in der Globalisierung, Berlin 2012.

ders./Bankowski, Zenon, Law as an Autopoietic System, Oxford 1993.

ders., Autopoiese im Recht: Zum Verhältnis von Evolution und Steuerung im Rechtssystem, Florenz 1986.

Thelen, Philip, Vergleich in der Weltgesellschaft. Zur Funktion nationaler Grenzen für die Globalisierung von Wissenschaft und Politik, Bielefeld 2011.

Thürer, Daniel/Aubert, Jean-François/Müller, Jörg P. et al., Verfassungsrecht der Schweiz, Zürich 2001.

Tully, James, Strange Multiplicity. Constitutionalism in an Age of Diversity, 8. Aufl., Cambridge 2007.

Verdross, Alfred, Die Einheit des rechtlichen Weltbildes auf Grundlage der Völkerrechtsverfassung, Tübingen 1923.

ders., Die Verfassung der Völkerrechtsgemeinschaft, Wien 1926.

ders., Universelles Völkerrecht. Theorie und Praxis, 3. Aufl., Berlin 2010.

ders./Simma, Bruno, Universelles Völkerrecht. Theorie und Praxis, Berlin 1976.

Vesting, Thomas, Rechtstheorie. Ein Studienbuch, München 2007.

Wiener, Antje, Oxford Bibliographies Online Datasets, Oxford 2012.

Wilke, Helmut, Global Governance, Bielefeld 2006.

Young, Iris M., Inclusion and Democracy, Oxford u.a. 2000.

Zurn, Christopher F., Deliberative Democracy and the Institutions of Judicial Review, Cambridge u.a. 2007.

Sammelwerke:

Albert, Gert/Sigmund, Steffen (Hrsg.), Soziologische Theorie kontrovers, Wiesbaden 2011.

Albert, Mathias/Stichweh, Rudolf (Hrsg.), Weltstaat und Weltstaatlichkeit. Beobachtungen globaler politischer Strukturbildung, Wiesbaden 2007.

Appel, Ivo (Hrsg.), Öffentliches Recht im offenen Staat. Festschrift für Rainer Wahl zum 70. Geburtstag, Berlin 2011.

Arjomand, Said A. (Hrsg.), Constitutionalism and Political Reconstruction, Leiden u.a. 2007.

Armstrong, David (Hrsg.), Routledge Handbook of International Law, London u.a. 2009.

Bach, Maurizio (Hrsg.), Der entmachtete Leviathan. Löst sich der souveräne Staat auf?, Baden-Baden 2013.

Bäuerle, Michael/Dann, Philipp/Wallrabenstein, Astrid (Hrsg.), Demokratie-Perspektiven. Festschrift für Brun-Otto Bryde zum 70. Geburtstag, Tübingen 2013.

Beckmann, Klaus/Dieringer, Jürgen/Hufeld, Ulrich (Hrsg.), Eine Verfassung für Europa, 2. Aufl., Tübingen 2005.

Benhabib, Seyla (Hrsg.), Democracy and Difference. Contesting the Boundaries of the Political, Princeton u.a. 1996.

Besson, S./Tasioulas, J. (Hrsg.), The Philosophy of International Law, New York 2010.

Birle, Peter/Dewey, Matias/Mascareño, Aldo (Hrsg.), Durch Luhmanns Brille. Herausforderungen an Politik und Recht in Lateinamerika und in der Weltgesellschaft, Wiesbaden 2012.

Bogdandy, Armin von/Bast, Jürgen (Hrsg.), Principles of European Constitutional Law, 2. Aufl., Oxford u.a. 2010.

Brenner, Michael/Huber, Peter-Michael/Möstl, Markus (Hrsg.), Der Staat des Grundgesetzes – Kontinuität und Wandel. Festschrift für Peter Badura zum 70. Geburtstag, Tübingen 2004.

Brugger, Winfried/Kirste, Stephan/Neumann, Ulfrid (Hrsg.), Rechtsphilosophie im 21. Jahrhundert, Frankfurt am Main 2008.

Brunkhorst, Hauke (Hrsg.), Demokratie in der Weltgesellschaft, Baden-Baden 2009.

ders./Kettner, Matthias (Hrsg.), Globalisierung und Demokratie. Wirtschaft, Recht, Medien, Frankfurt am Main 2000.

Búrca, Gráinne de/Scott, Joanne (Hrsg.), The EU and the WTO. Legal and Constitutional Issues, Oxford u.a. 2001.

dies./Weiler, Joseph (Hrsg.), The Worlds of European Constitutionalism, Cambridge u.a. 2012.

Calliess, Christian (Hrsg.), Verfassungswandel im europäischen Staaten- und Verfassungsverbund. Beiträge der Ersten Göttinger Gespräche zum Deutschen und Europäischen Verfassungsrecht vom 15. bis 17. Juni 2006, Tübingen 2007.

Calliess, Gralf-Peter (Hrsg.), Soziologische Jurisprudenz. Festschrift für Gunther Teubner zum 65. Geburtstag (am 30. April 2009), Berlin 2009.

Christodoulidis, Emilios A./Tierney, Stephen (Hrsg.), Public Law and Politics. The Scope and Limits of Constitutionalism, Aldershot 2008.

Crawford, James (Hrsg.), International Law as an Open System. Selected Essays, London 2002.

d'Aspremont, Jean (Hrsg.), Participants in the International Legal System. Multiple Perspectives on Non-State Actors in International Law, London 2011.

Depenheuer, Otto/Heintzen, Markus/Jestaedt, Matthias (Hrsg.), Staat im Wort. Festschrift für Josef Isensee, Heidelberg 2007.

De Wet, Erika/Vidmar, Jure (Hrsg.), Hierarchy in International Law, Oxford 2012.

Dicke, Klaus/Hummer, Waldemar/Girsberger, Daniel (Hrsg.), Völkerrecht und internationales Privatrecht in einem sich globalisierenden internationalen System: Auswirkungen der Entstaatlichung transnationaler Rechtsbeziehungen, Heidelberg 2000.

Dobner, Petra/Loughlin, Martin (Hrsg.), The Twilight of Constitutionalism?, Oxford 2010.

Drori, Gili S./Krücken, Georg/Meyer, John W. (Hrsg.), World Society. The Writings of John W. Meyer, Oxford u.a. 2010.

D'Souza, Anthony A./D'Souza, Carmo (Hrsg.), World Constitutionalism, Newcastle 2007.

Dupuy, Pierre-Marie/Fassbender, Bardo et al. (Hrsg.), Völkerrecht als Wertordnung. Festschrift für Christian Tomuschat, Kehl 2006.

Dunoff, Jeffrey L./Trachtman, Joel P. (Hrsg.), Ruling the World?, Cambridge 2009.

Elster, Jon/Slagstad, Rune (Hrsg.), Constitutionalism and Democracy Transferred to Digital Print, Cambridge 2003.

Erberich, Ingo et al. (Hrsg.), Frieden und Recht, Stuttgart u.a. 1998.

Falk, Richard A./Johansen, Robert C./Kim, Samuel S. (Hrsg.), The Constitutional Foundations of World Peace, Albany 1993.

Fox, Gregory/Roth, Brad (Hrsg.), Democratic Governance and International Law, Cambridge 2000.

Frowein, Jochen A./Wolfrum, Rüdiger (Hrsg.), Max Planck Yearbook of United Nations Law, London u.a. 1997.

ders./Scharioth, Klaus/Winkelmann, Ingo et al. (Hrsg.), Verhandeln für den Frieden, Berlin 2003.

Goldwin, Robert A./Schambra, William A. (Hrsg.), How democratic is the Constitution?, Washington D.C. 1980.

Habermas, Jürgen (Hrsg.), Der gespaltene Westen. Kleine politische Schriften, Frankfurt am Main 2004.

ders./Luhmann, Niklas (Hrsg.), Theorie der Gesellschaft oder Sozialtechnologie. Was leistet die Systemforschung?, Frankfurt am Main 1971.

ders./Wingert, Lutz/Günther, Klaus (Hrsg.), Die Öffentlichkeit der Vernunft und die Vernunft der Öffentlichkeit. Festschrift für Jürgen Habermas, Frankfurt am Main 2001.

Heinig, Hans M./Terhechte, Jörg P. (Hrsg.), Postnationale Demokratie, Postdemokratie, Neoetatismus. Wandel klassischer Demokratievorstellungen in der Rechtswissenschaft, Tübingen 2013.

Heinrich-Böll-Stiftung (Hrsg.), Die Zukunft des Völkerrechts in einer globalisierten Welt, Baden-Baden 2006.

International Law Commission (Hrsg.), International Law on the Eve of the twenty-first Century. Views from the International Law Commission = Le droit international à l'aube du XXIe siècle: réflexions de codificateurs, New York 1997.

Joerges, Christian/Petersmann, Ernst-Ulrich (Hrsg.), Constitutionalism, Multilevel Trade Governance and International Economic Law, Oxford u.a. 2011.

ders./Ralli, Tommi (Hrsg.), Globalization – New Patterns of Conflict and their Sociological and Legal Reconstruction, Oslo 2011.

ders./Sand, Inger-Johannes/Teubner, Gunther (Hrsg.), Transnational Governance and Constitutionalism, Oxford 2004.

Kadelbach, Stefan/Günther, Klaus (Hrsg.), Recht ohne Staat? Zur Normativität nichtstaatlicher Rechtsetzung, Frankfurt am Main 2011.

Keller, Stefan/Wiprächtiger, Stefan (Hrsg.), Recht zwischen Dogmatik und Theorie. Marc Amstutz zum 50. Geburtstag, Zürich 2012.

King, Michael/Thornhill, Chris J., Niklas Luhmann's Theory of Politics and Law, Houndmills u.a. 2003.

dies. (Hrsg.), Luhmann on Law and Politics. Critical Appraisals and Applications, Oxford, u.a. 2006.

Klabbers, Jan/Peters, Anne/Ulfstein, Geir (Hrsg.), The Constitutionalization of International Law, Oxford 2011.

Kötter, Matthias/Schuppert, Gunnar F. (Hrsg.), Normative Pluralität ordnen. Rechtsbegriffe, Normenkollisionen und Rule of Law in Kontexten dies- und jenseits des Staates, Baden-Baden 2009.

Ladeur, Karl-Heinz (Hrsg.), Public Governance in the Age of Globalization, Aldershot 2004.

Loughlin, Martin (Hrsg.), The Paradox of Constitutionalism. Constituent Power and Constitutional Form, Oxford u.a. 2007.

Luhmann, Niklas (Hrsg.), Soziologische Aufklärung 1. Aufsätze zur Theorie sozialer Systeme, 7. Aufl., Wiesbaden 2005.

ders. (Hrsg.), Soziologische Aufklärung 2. Aufsätze zur Theorie der Gesellschaft, 6. Aufl., Wiesbaden 2009.

ders. (Hrsg.), Soziologische Aufklärung 4. Beiträge zur funktionalen Differenzierung der Gesellschaft, 4. Aufl., Wiesbaden 2009.

ders. (Hrsg.), Soziologische Aufklärung 6. Die Soziologie und der Mensch, 3. Aufl., Wiesbaden 2008.

ders. (Hrsg.), Ausdifferenzierung des Rechts. Beiträge zur Rechtssoziologie und Rechtstheorie, Frankfurt am Main 1999.

Macdonald, Ronald St. J./Johnston, Douglas M. (Hrsg.), The Structure and Process of International Law: Essays in Legal Philosophy, Doctrine and Theory, Dodrecht u.a. 1986.

Mansel, Heinz P. (Hrsg.), Festschrift für Erik Jayme, München 2004.

Münk, Hans J. (Hrsg.), Die Vereinten Nationen sechs Jahrzehnte nach ihrer Gründung. Bilanz und Reformperspektiven, Berlin u.a. 2008.

Neves, Marcelo/Voigt, Rüdiger (Hrsg.), Die Staaten der Weltgesellschaft. Niklas Luhmanns Staatsverständnis, Baden-Baden 2007.

Niesen, Peter/Herborth, Benjamin (Hrsg.), Anarchie der kommunikativen Freiheit. Jürgen Habermas und die Theorie der internationalen Politik, Frankfurt am Main 2007.

Nollkaemper, André/Nijman, Janne E. (Hrsg.), New Perspectives on the Divide Between National and International Law, Oxford u.a. 2007.

Oliver, Dawn (Hrsg.), Public Law, London 1997.

Pernice, Ingolf/Müller, Manuel/Peters, Christopher (Hrsg.), Konstitutionalisierung jenseits des Staates. Zur Verfassung der Weltgemeinschaft und den Gründungsverträgen internationaler Organisationen, Baden-Baden 2012.

Raz, Joseph (Hrsg.), The Authority of Law, Oxford 2009.

Rosenau, James N. (Hrsg.), International Politics and Foreign Policy. A Reader in Research and Theory, Nachdr., New York 1969.

Schätzel, Walter/Schlochauer, Hans J. (Hrsg.), Rechtsfragen der internationalen Organisation: Festschrift für Heinz Wehberg zu seinem 70. Geburtstag, Frankfurt am Main 1956.

Shany, Yuval/Broude, Tomer (Hrsg.), The Shifting Allocation of Authority in International Law. Considering Sovereignty, Supremacy and Subsidiarity, Oxford 2008.

Simma, Bruno/Khan, Daniel-Erasmus/Nolte, Georg/Paulus, Andreas, The Charter of the United Nations, 3. Aufl., Oxford 2012.

dies. (Hrsg.), Towards World Constitutionalism. Issues in the Legal Ordering of the World Community, Leiden u.a. 2005.

Teubner, Gunther (Hrsg.), Autopoietic Law. A New Approach to Law and Society, Berlin, u.a. 1988, c1987.

ders. (Hrsg.), Global Law without a State, Aldershot 1997.

Thomas, George M. (Hrsg.), Institutional Structure. Constituting State, Society, and the Individual, Newbury Park, 1987.

Tomuschat, Christian (Hrsg.), Weltordnungsmodelle für das 21. Jahrhundert. Völkerrechtliche Perspektiven, Baden-Baden 2009.

Dupuy, Pierre-Marie/Fassbender, Bardo et al. (Hrsg.), Völkerrecht als Wertordnung. Festschrift für Christian Tomuschat, Kehl 2006.

Zürn, Michael/Nollkaemper, André/Peerenboom, Randall P. (Hrsg.), Rule of Law Dynamics in an Era of International and Transnational Governance, Cambridge u.a. 2012.

Beiträge in Sammelwerken:

Albert, Mathias, Einleitung: Weltstaat und Weltstaatlichkeit: Neubestimmungen des Politischen in der Weltgesellschaft, in: ders./Stichweh, R. (Hrsg.), Weltstaat und Weltstaatlichkeit. Beobachtungen globaler politischer Strukturbildung, S. 9-23.

ders./Schmalz-Bruns, Rainer, Antinomien der Global Governance: Mehr Weltstaatlichkeit, weniger Demokratie?, in: Brunkhorst, H. (Hrsg.), Demokratie in der Weltgesellschaft, S. 57-74.

Allott, Philip, The Emerging Universal Legal System, in: Nollkaemper, A./Nijman, J. E. (Hrsg.), New Perspectives on the Divide Between National and International Law, S. 63-83.

Amstutz, Marc/Karavas, Vaios, Weltrecht: Ein Derridasches Monster, in: Calliess, G.-P. (Hrsg.), Soziologische Jurisprudenz. Festschrift für Gunther Teubner zum 65. Geburtstag (am 30. April 2009), S. 645-672.

Ashenden, Samantha, The Problem of Power in Luhmann's Systems Theory, in: King, M./Thornhill, C. J. (Hrsg.), Luhmann on Law and Politics. Critical Appraisals and Applications, S. 127-144.

Aust, Helmut P./Nolte, Georg, International Law and the Rule of Law at the National Level, in: Zürn, M./Nollkaemper, A./Peerenboom, R. P. (Hrsg.), Rule of Law Dynamics in an Era of International and Transnational Governance, S. 48-67.

Bast, Jürgen, Das Demokratiedefizit fragmentierter Institutionalisierung, in: Brunkhorst, H. (Hrsg.), Demokratie in der Weltgesellschaft, S. 185-193.

Bernstorff, Jochen von, Zivilgesellschaftliche Partizipation in internationalen Organisationen: Form globaler Demokratie oder Baustein westlicher Expertenherrschaft?, in: Brunkhorst, H. (Hrsg.), Demokratie in der Weltgesellschaft, S. 277-302.

Bessette, Joseph M., Deliberative Democracy. The Majoritarian Principle in Republican Government., in: Goldwin, R. A./Schambra, W. A. (Hrsg.), How democratic is the Constitution?, S. 102-116.

Bianchi, Andrea, Globalization of Human Rights: The Role of Nonstate Actors, in: Teubner, G. (Hrsg.), Global Law without a State, S. 179-212.

Brunkhorst, Hauke, Ist die Solidarität der Bürgergesellschaft globalisierbar?, in: ders./Kettner, M. (Hrsg.), Globalisierung und Demokratie. Wirtschaft, Recht, Medien, S. 274-286.

ders., Die Legitimationskrise der Weltgesellschaft. Global Rule of Law, Global Constitutionalism und Weltstaatlichkeit, in: Albert, M./Stichweh, R. (Hrsg.), Weltstaat und Weltstaatlichkeit. Beobachtungen globaler politischer Strukturbildung, S. 63-107.

ders., Zwischen transnationaler Klassenherrschaft und egalitärer Konstitutionalisierung. Europas zweite Chance, in: Niesen, P./Herborth, B. (Hrsg.), Anarchie der kommunikativen Freiheit. Jürgen Habermas und die Theorie der internationalen Politik, S. 321-349.

ders., There Will Be Blood. Konstitutionalisierung ohne Demokratie?, in: ders. (Hrsg.), Demokratie in der Weltgesellschaft, S. 99-126.

ders., Constitutionalism and Democracy in the World Society, in: Dobner, P./Loughlin, M. (Hrsg.), The Twilight of Constitutionalism?, S. 179-178.

ders., Co-Evolution von partikularer und kosmopolitischer Staatlichkeit in der Weltgesellschaft, in: Bach, M. (Hrsg.), Der entmachtete Leviathan. Löst sich der souveräne Staat auf?, S. 49-70.

Bryde, Brun-Otto, International Democratic Constitutionalism, in: Macdonald, R. St. J./Johnston, D. M. (Hrsg.), Towards World Constitutionalism. Issues in the Legal Ordering of the World Community, S. 103-125.

ders., Das Völkerrecht zwischen Konstitutionalisierung, Hegemonie und Renationalisierung, in: Heinrich-Böll-Stiftung (Hrsg.), Die Zukunft des Völkerrechts in einer globalisierten Welt, S. 88-103.

Buchanan, Allen, The Legitimacy of International Law, in: Besson, S./Tasioulas, J. (Hrsg.), The Philosophy of International Law, S. 79-96.

Carrozza, Paolo, Constitutionalism's Post-Modern Opening, in: Loughlin, M. (Hrsg.), The Paradox of Constitutionalism. Constituent Power and Constitutional form, S. 171-187.

Cassese, Sabino, The Global Polity, in: Bäuerle, M./Dann, P./Wallrabenstein, A. (Hrsg.), Demokratie-Perspektiven. Festschrift für Brun-Otto Bryde zum 70. Geburtstag, S. 511-547.

Chalmers, Damian, Constituent Power and the Pluralist Ethic, in: Loughlin, M. (Hrsg.), The Paradox of Constitutionalism. Constituent Power and Constitutional Form, S. 291-314.

Christiano, Thomas, Democratic Legitimacy and International Institutions, in: Besson, S./Tasioulas, J. (Hrsg.), The Philosophy of International Law, S. 119-137.

Cohen, Jean L., Sovereignty in the Context of Globalization: A Constitutional Pluralist Perspective, in: Besson, S./Tasioulas, J. (Hrsg.), The Philosophy of International Law, S. 261-280.

Craig, Paul, Formal and Substantive Conceptions of the Rule of Law: An Analytical Framework, in: Oliver, D. (Hrsg.), Public Law, S. 467-487.

Crawford, James, Democracy and International Law, in: ders. (Hrsg.), International Law as an Open System. Selected essays, S. 39-68.

ders., International Law as an Open System, in: ders. (Hrsg.), International Law as an Open System. Selected essays, S. 17-38.

ders./Watkins, Jeremy, International Responsibility, in: Besson, S./Tasioulas, J. (Hrsg.), The Philosophy of International Law, S. 283-298.

D'Aspremont, Jean, Non-state Actors from the Perspective of Legal Positivism: The Communitarian Semantics for the Secondary Rules of International Law, in: ders. (Hrsg.), Participants in the International Legal System. Multiple Perspectives on Non-State Actors in International Law, S. 23-40.

Davis, Troy, Towards a Conceptual Framework to Evaluate World Parliament Proposals, in: D'Souza, A. A./D'Souza, C. (Hrsg.), World Constitutionalism, S. 138-150.

Deitelhoff, Nicole, Fairness oder Demokratie? Zu den Chancen deliberativer Verfahren im internationalen Regieren, in: Brunkhorst, H. (Hrsg.), Demokratie in der Weltgesellschaft, S. 303-321.

Drori, Gili S./Krücken, Georg, World Society: A Theory and a Research Program in Context, in: dies./Meyer, J. W. (Hrsg.), World Society. The Writings of John W. Meyer, S. 3-35.

D'Souza, Carmo, World Constitutionalism, in: D'Souza, A. A./ders. (Hrsg.), World Constitutionalism, S. 1-16.

Dunoff, Jeffrey L., The Politics of International Constitutions: The Curious Case of the World Trade Organization, in: ders./Trachtman, J. P. (Hrsg.), Ruling the World?, S. 178-205.

ders./Trachtman, Joel P., A Functional Approach to International Constitutionalization, in: dies. (Hrsg.), Ruling the World?, S. 3-35.

Dupuy, Pierre-Marie, The Constitutional Dimension of the Charter of the United Nations Revisited, in: Frowein, J. A./Wolfrum, R. (Hrsg.), Max Planck Yearbook of United Nations Law, S. 1-33.

Eisenfeld, Alexander, „Durchgriff" als Maßstab von Verfassung. Die innerstaatliche Wirkung des Rechts der internationalen Organisationen als Ausdruck politischer Selbstbestimmung, in: Pernice, I./Müller, M./Peters, C. (Hrsg.), Konstitutionalisierung jenseits des Staates. Zur Verfassung der Weltgemeinschaft und den Gründungsverträgen internationaler Organisationen, S. 71-93.

Eriksen, Erik O., Deliberation und demokratische Legitimität in der EU. Zwischen Konsens und Kompromiss, in: Niesen, P./Herborth, B. (Hrsg.), Anarchie der kommunikativen Freiheit. Jürgen Habermas und die Theorie der internationalen Politik, S. 294-320.

Fassbender, Bardo, Grund und Grenzen der konstitutionellen Idee im Völkerrecht, in: Depenheuer, Otto/Heintzen, Markus/Jestaedt, Matthias (Hrsg.), Staat im Wort. Festschrift für Josef Isensee, S. 73-91.

ders., „We the Peoples of the United Nations": Constituent Power and Constitutional Form in International Law, in: Loughlin, M. (Hrsg.), The Paradox of Constitutionalism. Constituent Power and Constitutional Form, S. 269-290.

Fischer-Lescano, Andreas, Kritische Systemtheorie Frankfurter Schule, in: Calliess, G.-P. (Hrsg.), Soziologische Jurisprudenz. Festschrift für Gunther Teubner zum 65. Geburtstag (am 30. April 2009), S. 49-68.

ders./Viellechner, Lars, Globaler Rechtspluralismus, in: Bundeszentrale für politische Bildung (Hrsg.), Weltstaatengesellschaft?, S. 20-26.

ders./Liste, Philip, Konstitutioneller Pluralismus der Weltgesellschaft, in: Bäuerle, M./Dann, P./Wallrabenstein, A. (Hrsg.), Demokratie-Perspektiven. Festschrift für Brun-Otto Bryde zum 70. Geburtstag, S. 569-580.

ders./Teubner, Gunther, Fragmentierung des Weltrechts: Vernetzung globaler Regimes statt etatistischer Rechtseinheit, in: Albert, M./Stichweh, R. (Hrsg.), Weltstaat und Weltstaatlichkeit. Beobachtungen globaler politischer Strukturbildung, S. 37-61.

Franck, Thomas M., Is the U.N. Charter a Constitution?, in: Frowein, J. A./Scharioth, K./Winkelmann, I./Wolfrum, R. (Hrsg.), Verhandeln für den Frieden, S. 95-106.

Fraser, Nancy, Die Transnationalisierung der Öffentlichkeit. Legitimität und Effektivität der öffentlichen Meinung in einer postwestfälischen Welt, in: Niesen, P./Herborth, B. (Hrsg.), Anarchie der kommunikativen Freiheit. Jürgen Habermas und die Theorie der internationalen Politik, S. 224-253.

Gemkow, Tim/Zürn, Michael, Constraining International Authority through the Rule of Law. Legitimatory Potential and Political Dynamics, in: Zürn, M./Nollkaemper, A./Peerenboom, R. P. (Hrsg.), Rule of Law Dynamics in an Era of International and Transnational Governance, S. 68-89.

Grimm, Dieter, Die Verfassung im Prozess der Entstaatlichung, in: Brenner, M./Huber, P.-M./Möstl, M. (Hrsg.), Der Staat des Grundgesetzes – Kontinuität und Wandel. Festschrift für Peter Badura zum 70. Geburtstag, S. 145-167.

ders., The Constitution in the Process of Denationalization, in: Arjomand, S. A. (Hrsg.), Constitutionalism and Political Reconstruction, S. 261-281.

ders., The Achievement of Constitutionalism and its Prospects in a Changed World, in: Dobner, P./Loughlin, M. (Hrsg.), The Twilight of Constitutionalism?, S. 3-22.

Günther, Klaus, Rechtspluralismus und universaler Code der Legalität: Globalisierung als rechtstheoretisches Problem, in: Wingert, L./ders. (Hrsg.), Die Öffentlichkeit der Vernunft und die Vernunft der Öffentlichkeit. Festschrift für Jürgen Habermas, S. 539-567.

Gusy, Christoph, Demokratiedefizite postnationaler Gemeinschaften unter Berücksichtigung der Europäischen Union, in: Brunkhorst, H./Kettner, M. (Hrsg.), Globalisierung und Demokratie. Wirtschaft, Recht, Medien, S. 131-150.

Habermas, Jürgen, Theorie der Gesellschaft oder Sozialtechnologie? Eine Auseinandersetzung mit Niklas Luhmann, in: ders./Luhmann, N. (Hrsg.), Theorie der Gesellschaft oder Sozialtechnologie. Was leistet die Systemforschung?, S. 142-290.

ders., Hat die Konstitutionalisierung des Völkerrechts noch eine Chance?, in: *ders.* (Hrsg.), Der gespaltene Westen. Kleine politische Schriften X, S. 113-193.

ders., Konstitutionalisierung des Völkerrechts und die Legitimationsprobleme einer verfassten Weltgesellschaft, in: Brugger, W./Kirste, S./Neumann, U. (Hrsg.), Rechtsphilosophie im 21. Jahrhundert, S. 360-379.

Halberstam, Daniel, Local, Global and Plural Constitutionalism, in: Búrca, G. de/Weiler, J. (Hrsg.), The Worlds of European Constitutionalism, S. 150-202.

Herberg, Martin, Innenansichten des Weltrechts. Methodologische Überlegungen zur aktuellen Rechtspluralismusdebatte, in: Calliess, G.-P. (Hrsg.), Soziologische Jurisprudenz. Festschrift für Gunther Teubner zum 65. Geburtstag (am 30. April 2009), S. 739-752.

Hitzel-Cassagnes, Tanja/Meisterhans, Nadja, Konstitutionalisierungsperspektiven eines fragmentierten Weltrechts, in: Brunkhorst, H. (Hrsg.), Demokratie in der Weltgesellschaft, S. 159-183.

Iglesias, Ferdinand A., Global Democracy or Global Enlightened Despotism, in: D'Souza, A. A./D'Souza, C. (Hrsg.), World Constitutionalism, S. 76-98.

Jestaedt, Matthias, Der Europäische Verfassungsverbund. Verfassungstheoretischer Charme und rechtstheoretische Insuffizienz einer Unschärferelation, in: Calliess, C. (Hrsg.), Verfassungswandel im europäischen Staaten- und Verfassungsverbund. Beiträge der Ersten Göttinger Gespräche zum Deutschen und Europäischen Verfassungsrecht vom 15. bis 17. Juni 2006, S. 93-128.

Frowein, Jochen A., Konstitutionalisierung des Völkerrechts, in: Dicke, K./Hummer, W./Girsberger, D. (Hrsg.), Völkerrecht und internationales Privatrecht in einem sich globalisierenden internationalen System: Auswirkungen der Entstaatlichung transnationaler Rechtsbeziehungen. Public and private international law in a globalizing international system: effects of denationalization of transnational legal relations, S. 427-447.

Joerges, Christian/Rödl, Florian, Zum Funktionswandel des Kollisionsrechts II. Die kollisionsrechtliche Form einer legitimen Verfassung der post-nationalen Konstellation, in: Calliess, G.-P. (Hrsg.), Soziologische Jurisprudenz. Festschrift für Gunther Teubner zum 65. Geburtstag (am 30. April 2009), S. 765-778.

Johnston, Douglas M., World Constitutionalism in the Theory of International Law, in: Macdonald, R. St. J./Johnston, D. M. (Hrsg.), Towards World Constitutionalism. Issues in the Legal Ordering of the World Community, S. 3-29.

Kastner, Fatima, Luhmanns Souveränitätsparadox. Zum generativen Mechanismus des politischen Systems der Weltgesellschaft, in: Neves, M./Voigt, R. (Hrsg.), Die Staaten der Weltgesellschaft. Niklas Luhmanns Staatsverständnis, S. 75-97.

Kennedy, David, The Mystery of Global Governance, in: Dunoff, J. L./Trachtman, J. P. (Hrsg.), Ruling the World?, S. 37-68.

King, Michael/Thornhill, Chris J., Luhmann's Social Theory, in: dies. (Hrsg.), Niklas Luhmann's Theory of Politics and Law, S. 1-34.

dies., Introduction, in: dies. (Hrsg.), Luhmann on Law and Politics. Critical Appraisals and Applications, S. 1-14.

Kjaer, Poul F., The Concept of the Political in the Concept of Transnational Constitutionalism: A Sociological Perspective, in: Joerges, C./Ralli, T. (Hrsg.), Globalization – New Patterns of Conflict and their Sociological and Legal Reconstruction, S. 285-321.

ders., Law of the Worlds. Towards an Inter-systemic Theory, in: Keller, Stefan/Wiprächtiger, Stefan (Hrsg.), Recht zwischen Dogmatik. Marc Amstutz zum 50. Geburtstag, S. 159-175.

Kleinlein, Thomas, Non-state Actors from an International Constitutionalist Perspective: Participation matters!, in: d'Aspremont, J. (Hrsg.), Participants in the international legal system. Multiple Perspectives on Non-State Actors in International Law, S. 41-53.

Kumm, Mattias, The Cosmopolitan Turn in Constitutionalism: On the Relationship between Constitutionalism in and beyond the State, in: Dunoff, J. L./Trachtman, J. P. (Hrsg.), Ruling the World?, S. 258-324.

ders., The Best of Times and the Worst of Times: Between Constitutional Triumphalism and Nostalgia, in: Dobner, P./Loughlin, M. (Hrsg.), The Twilight of Constitutionalism?, S. 201-219.

Lindahl, Hans, Democracy, Political Reflexivity and Bounded Dialogues: Reconsidering the Monism-Pluralism Debate, in: Christodoulidis, E. A./Tierney, S. (Hrsg.), Public Law and Politics. The Scope and Limits of Constitutionalism, S. 103-115.

Loh, Wulf, Konstitutionalisierung der Selbstbestimmung, in: Pernice, I./Müller, M./Peters, C. (Hrsg.), Konstitutionalisierung jenseits des Staates. Zur Verfassung der Weltgemeinschaft und den Gründungsverträgen internationaler Organisationen, S. 97-127.

Loughlin, Martin, What is Constitutionalisation?, in: Dobner, P./ders. (Hrsg.), The Twilight of Constitutionalism?, S. 47-69.

Lübbe-Wolff, Gertrud, Die Internationalisierung der Politik und der Machtverlust der Parlamente, in: Brunkhorst, H. (Hrsg.), Demokratie in der Weltgesellschaft, S. 127-142.

Luhmann, Niklas, Closure and Openness: On the Reality in the World of Law, in: Teubner, G. (Hrsg.), Autopoietic Law. A New Approach to Law and Society, S. 335-348.

ders., Die Funktion des Rechts: Erwartungssicherung oder Verhaltenssteuerung?, in: ders. (Hrsg.), Ausdifferenzierung des Rechts. Beiträge zur Rechtssoziologie und Rechtstheorie, S. 73-91.

ders., Positivität des Rechts als Voraussetzung einer modernen Gesellschaft, in: ders. (Hrsg.), Ausdifferenzierung des Rechts. Beiträge zur Rechtssoziologie und Rechtstheorie, S. 113-153.

ders., Das Paradox der Menschenrechte und drei Formen seiner Entfaltung, in: ders. (Hrsg.), Die Soziologie und der Mensch, S. 218-225.

ders., Inklusion und Exklusion, in: ders. (Hrsg.), Soziologische Aufklärung 6. Die Soziologie und der Mensch, S. 226-251.

ders., Die Unterscheidung von Staat und Gesellschaft, in: ders. (Hrsg.), Soziologische Aufklärung 4. Beiträge zur funktionalen Differenzierung der Gesellschaft, S. 69-76.

ders., Die Zukunft der Demokratie, in: ders. (Hrsg.), Soziologische Aufklärung 4. Beiträge zur funktionalen Differenzierung der Gesellschaft, S. 131-138.

ders., „Distinctions directrices“. Über Codierung von Semantiken und Systemen, in: ders. (Hrsg.), Soziologische Aufklärung 4. Beiträge zur funktionalen Differenzierung der Gesellschaft, S. 13-32.

ders., Enttäuschungen und Hoffnungen. Zur Zukunft der Demokratie, in: ders. (Hrsg.), Soziologische Aufklärung 4. Beiträge zur funktionalen Differenzierung der Gesellschaft, S. 133-147.

ders., Gesellschaftliche Grundlagen der Macht: Steigerung und Verteilung, in: ders. (Hrsg.), Soziologische Aufklärung 4. Beiträge zur funktionalen Differenzierung der Gesellschaft, S. 121-130.

ders., Machtkreislauf und Recht in Demokratien, in: ders. (Hrsg.), Soziologische Aufklärung 4. Beiträge zur funktionalen Differenzierung der Gesellschaft, S. 148-158.

ders., Partizipation und Legitimation: Die Ideen und die Erfahrungen, in: ders. (Hrsg.), Soziologische Aufklärung 4. Beiträge zur funktionalen Differenzierung der Gesellschaft, S. 159-168.

ders., Staat und Politik. Zur Semantik der Selbstbeschreibung politischer Systeme, in: ders. (Hrsg.), Soziologische Aufklärung 4. Beiträge zur funktionalen Differenzierung der Gesellschaft, S. 77-107.

ders., Widerstandsrecht und politische Gewalt, in: ders. (Hrsg.), Soziologische Aufklärung 4. Beiträge zur funktionalen Differenzierung der Gesellschaft, S. 169-179.

ders., Die Weltgesellschaft, in: ders. (Hrsg.), Soziologische Aufklärung 2. Aufsätze zur Theorie der Gesellschaft, S. 71-88.

ders., Was ist Kommunikation?, in: ders. (Hrsg.), Soziologische Aufklärung 4. Die Soziologie und der Mensch, 109-120.

ders., Interaktion, Organisation, Gesellschaft, in: ders. (Hrsg.), Soziologische Aufklärung 2. Aufsätze zur Theorie der Gesellschaft, S. 9-24.

ders., Funktionale Methode und Systemtheorie, in: ders. (Hrsg.), Soziologische Aufklärung 1. Aufsätze zur Theorie sozialer Systeme, S. 39-68.

ders., Funktion und Kausalität, in: ders. (Hrsg.), Soziologische Aufklärung 1. Aufsätze zur Theorie sozialer Systeme, S. 11-38.

ders., Soziologie des politischen System, in: ders. (Hrsg.), Soziologische Aufklärung 1. Aufsätze zur Theorie sozialer Systeme, S. 194-223.

ders., Funktionale Methode und Systemtheorie, in: ders. (Hrsg.), Soziologische Aufklärung 1. Aufsätze zur Theorie sozialer Systeme, S. 39-67.

ders., Positives Recht und Ideologie, in: ders. (Hrsg.), Soziologische Aufklärung 1. Aufsätze zur Theorie sozialer Systeme, S. 224-255.

Marauhn, Thilo, The United Nations and Political Democracy, in: Bäuerle, M./Dann, P./Wallrabenstein, A. (Hrsg.), Demokratie-Perspektiven. Festschrift für Brun-Otto Bryde zum 70. Geburtstag, S. 659-673.

McDougal, Myres S./Reisman, W. Michael, International Law in Policy-Oriented Perspective, in: Macdonald, R. St. J./Johnston, D. M. (Hrsg.), The Structure and Process of International Law: Essays in Legal Philosophy, Doctrine and Theory, S. 103-129.

Mertens, Hans-Joachim, Lex Mercatoria: A Self-applying System Beyond National Law?, in: Teubner, G. (Hrsg.), Global Law without a State, S. 31-43.

Meyer, John W., The World-Polity and the Authority of the Nation-State, in: Thomas, G. M. (Hrsg.), Institutional Structure. Constituting State, Society, and the Individual, S. 41-70.

Doyle, Michael W., The UN Charter – A Global Constitution?, in: Dunoff, J. L./Trachtman, J. P. (Hrsg.), Ruling the World?, S. 113-147.

Michelman, Frank, Constitutionalism as Proceduralism: A Glance at the Terrain, in: Christodoulidis, E. A./Tierney, S. (Hrsg.), Public Law and Politics. The Scope and Limits of Constitutionalism, S. 141-161.

Möllers, Christoph, Pouvoir Constituant – Constitution – Constitutionalisation, in: Bogdandy, A. von/Bast, J. (Hrsg.), Principles of European Constitutional Law, S. 183-226.

ders., Demokratische Ebenengliederung, in: Appel, I. (Hrsg.), Öffentliches Recht im offenen Staat. Festschrift für Rainer Wahl zum 70. Geburtstag, S. 759-778.

Nanz, Patricia/Steffek, Jens, Zivilgesellschaftliche Partizipation und die Demokratisierung internationalen Regierens, in: Niesen, P./Herborth, B. (Hrsg.), Anarchie der kommunikativen Freiheit. Jürgen Habermas und die Theorie der internationalen Politik, S. 87-110.

Neves, Marcelo, Die Staaten im Zentrum und die Staaten an der Peripherie: Einige Probleme mit Niklas Luhmanns Auffassung von den Staaten der Weltgesellschaft, in: ders./Voigt, R. (Hrsg.), Die Staaten der Weltgesellschaft. Niklas Luhmanns Staatsverständnis, S. 181-222.

ders., Transversale Rechtsvernetzungen und Asymmetrien der Rechtsformen in der Weltgesellschaft, in: Calliess, G.-P. (Hrsg.), Soziologische Jurisprudenz. Festschrift für Gunther Teubner zum 65. Geburtstag (am 30. April 2009), S. 841-856.

ders., Transversale Verfassungen? Konstitutionalismus: Vom Staat zur Weltgesellschaft, in: Brunkhorst, H. (Hrsg.), Demokratie in der Weltgesellschaft, S. 75-98.

ders./Voigt, Rüdiger, Einleitung: Die Staaten der Weltgesellschaft, in: dies. (Hrsg.), Die Staaten der Weltgesellschaft. Niklas Luhmanns Staatsverständnis, S. 9-17.

Nickel, Rainer, Private and Public Autonomy Revisited: Habermas' Concept of Co-originality in Times of Globalization and the Militant Security State, in: Loughlin, M. (Hrsg.), The Paradox of Constitutionalism. Constituent Power and Constitutional Form, S. 147-167.

ders., Verwaltungsrecht und Rechtsverwaltung in der Weltgesellschaft, in: Brunkhorst, H. (Hrsg.), Demokratie in der Weltgesellschaft, S. 143-158.

Niederberger, Andreas, Wie „demokratisch" ist die transnationale Demokratie? Paradigmatische Überlegungen zur Form der Demokratie in der Weltgesellschaft, in: Albert, M./Stichweh, R. (Hrsg.), Weltstaat und Weltstaatlichkeit. Beobachtungen globaler politischer Strukturbildung, S. 109-131.

Nolte, Georg, Kommentar: Gibt es eine völkerrechtliche Demokratietheorie?, in: Heinig, H. M./Terhechte, J. P. (Hrsg.), Postnationale Demokratie, Postdemokratie, Neoetatismus. Wandel klassischer Demokratievorstellungen in der Rechtswissenschaft, S. 185-189.

Noortmann, Math, Towards an Interdisciplinary Approach to non-state Participation in the Formation of Global Law and Order, in: d'Aspremont, J. (Hrsg.), Participants in the International Legal System. Multiple Perspectives on Non-State Actors in International Law, S. 76-81.

Oeter, Stefan, Internationale Organisation oder Weltföderation? Die organisierte Staatengemeinschaft und das Verlangen nach einer Verfassung der Freiheit, in: Brunkhorst, H./Kettner, M. (Hrsg.), Globalisierung und Demokratie. Wirtschaft, Recht, Medien, S. 208-239.

ders., Kommentar: Fragmentierung und Segmentierung der internationalen Ordnung als Herausforderung prozeduraler Gemeinwohlorientierung, in: Heinig, H. M./Terhechte, J. P. (Hrsg.), Postnationale Demokratie, Postdemokratie, Neoetatismus. Wandel klassischer Demokratievorstellungen in der Rechtswissenschaft, S. 159-168.

Parsons, Talcott, Order and Community in the International Social System, in: Rosenau, J. N. (Hrsg.), International Politics and Foreign Policy. A Reader in Research and Theory, S. 120-129.

Paulus, Andreas L., Fragmentierung und Segmentierung der internationalen Ordnung als Herausforderung prozeduraler Gemeinwohlorientierung, in: Heinig, H. M./Terhechte, J. P. (Hrsg.), Postnationale Demokratie, Postdemokratie, Neoetatismus. Wandel klassischer Demokratievorstellungen in der Rechtswissenschaft, S. 139-158.

ders., The Emergence of the International Community and the Divide Between International and Domestic Law, in: Nollkaemper, A./Nijman, J. E. (Hrsg.), New Perspectives on the Divide Between National and International Law, S. 216-250.

ders., Subsidiarity, Fragmentation and Democracy: Towards the Demise of General International Law?, in: Shany, Y./Broude, T. (Hrsg.), The Shifting Allocation of Authority in International Law. Considering Sovereignty, Supremacy and Subsidiarity, S. 193-216.

ders., International Law and International Community, in: Armstrong, D. (Hrsg.), Routledge Handbook of International Law, S. 44-55.

ders., The International Legal System as a Constitution, in: Dunoff, J. L./Trachtman, J. P. (Hrsg.), Ruling the World?, S. 69-109.

ders., International Adjudication, in: Besson, S./Tasioulas, J. (Hrsg.), The Philosophy of International Law, S. 207-224.

ders./Khan, Daniel-Erasmus, Gemeinsame Werte in der Völkerrechtsgemeinschaft?, in: Erberich, I. et al. (Hrsg.), Frieden und Recht, S. 217-258.

Pelfini, Alejandro, Konturen der Weltgesellschaft. Die Emerging Powers und die Grenzen des Kosmopolitismus, in: Birle, P./Dewey, M./Mascareño, A. (Hrsg.), Durch Luhmanns Brille. Herausforderungen an Politik und Recht in Lateinamerika und in der Weltgesellschaft, S. 229-241.

Pernice, Ingolf, The Global Dimension of Multilevel Constitutionalism: A Legal Response to the Challenges of Globalisation, in: Tomuschat, C./Dupuy, P.-M./Fassbender, B./Shaw, M. N./Sommermann, K.-P. (Hrsg.), Völkerrecht als Wertordnung. Festschrift für Christian Tomuschat, S. 973-1005.

Peters, Christopher, Informelle Anpassungsmechanismen der Gründungsverträge internationaler Organisationen und ihre Bedeutung für die Konstitutionalisierung des Völkerrechts, in: Pernice, I./Müller, M./ders. (Hrsg.), Konstitutionalisierung jenseits des Staates. Zur Verfassung der Weltgemeinschaft und den Gründungsverträgen internationaler Organisationen, S. 17-43.

Peters, Anne, The Globalization of State Constitutions, in: Nollkaemper, A./Nijman, J. E. (Hrsg.), New Perspectives on the Divide Between National and International Law, S. 251-308.

dies., Dual Democracy, in: Klabbers, J./dies./Ulfstein, G. (Hrsg.), The Constitutionalization of International Law, S. 296-313.

Peuker, Enrico, Verwaltung im europäischen Verbund, in: Bach, M. (Hrsg.), Der entmachtete Leviathan, S. 125-138.

Philippopoulos-Mihalopoulos, Andreas, Dealing (with) Paradoxes: On Law, Justice and Cheating, in: King, M./Thornhill, C. J. (Hrsg.), Luhmann on Law and Politics. Critical Appraisals and Applications, S. 217-233.

Preuß, Ulrich K., Disconnecting Constitutions from Statehood. Is Global Constitutionalism a Viable Concept?, in: Dobner, P./Loughlin, M. (Hrsg.), The Twilight of Constitutionalism?, S. 23-46.

ders., Gibt es eine völkerrechtliche Demokratietheorie?, in: Heinig, H. M./Terhechte, J. P. (Hrsg.), Postnationale Demokratie, Postdemokratie, Neoetatismus. Wandel klassischer Demokratievorstellungen in der Rechtswissenschaft, S. 169-184.

Raffeiner, Steffen, Wege der Konstitutionalisierung im Völkerrecht: Vorrang der UN-Charta und ius cogens, in: Pernice, I./Müller, M./Peters, C. (Hrsg.), Konstitutionalisierung jenseits des Staates. Zur Verfassung der Weltgemeinschaft und den Gründungsverträgen internationaler Organisationen, S. 45-69.

Raz, Joseph, The Rule of Law and its Virtue, in: ders. (Hrsg.), The Authority of Law, S. 210-230.

Regan, Donald H., International Adjudication: A Response to Paulus – Courts, Custom, Treaties, Regimes, and the WTO, in: Besson, S./Tasioulas, J. (Hrsg.), The Philosophy of International Law, S. 225-244.

Risse, Thomas, Global Governance und kommunikatives Handeln, in: Niesen, P./Herborth, B. (Hrsg.), Anarchie der kommunikativen Freiheit. Jürgen Habermas und die Theorie der internationalen Politik, S. 57-86.

Robé, Jean-Philippe, Multinational Enterprises: The Constitution of a Pluralistic Legal Order, in: Teubner, G. (Hrsg.), Global Law without a State, S. 45-77.

Rosas, Allan, Globaler Konstitutionalismus, Menschenrechte und staatliche Souveränität. Die Meilensteine von 1945 und 1948, in: Brunkhorst, H./Kettner, M. (Hrsg.), Globalisierung und Demokratie. Wirtschaft, Recht, Medien, S. 151-176.

Scelle, Georges, Le phénomène juridique de dédoublement fonctionnel, in: Schätzel, W./Schlochauer, H. J. (Hrsg.), Rechtsfragen der internationalen Organisation: Festschrift für Heinz Wehberg zu seinem 70. Geburtstag, S. 324-342.

Schmidt, Rainer, Verfassung und Verfassungskultur, in: Bach, M. (Hrsg.), Der entmachtete Leviathan. Löst sich der souveräne Staat auf?, S. 281-300.

Schütz, Anton, The Twilight of Global Polis: On Losing Paradigms, Environing Systems and Observing World Society, in: Teubner, G. (Hrsg.), Global Law without a State, S. 257-293.

Sejersted, Francis, Democracy and the Rule of Law: Some Historical Experiences of Contradictions in the Striving for Good Government, in: Elster, J./Slagstad, R. (Hrsg.), Constitutionalism and Democracy, S. 131-152.

Sombetzki, Janina, Politische Mitverantwortung für den Prozess der Konstitutionalisierung. Öffentliche Erklärungsfähigkeit und Partizipation der politischen Akteure, in: Pernice, I./Müller, M./Peters, C.

(Hrsg.), Konstitutionalisierung jenseits des Staates. Zur Verfassung der Weltgemeinschaft und den Gründungsverträgen internationaler Organisationen, S. 129-160.

Somek, Alexander, Demokratie als Verwaltung. Wider die deliberativ halbierte Demokratie, in: Brunkhorst, H. (Hrsg.), Demokratie in der Weltgesellschaft, S. 323-348.

Sommermann, Karl-Peter, Demokratie als Herausforderung des Völkerrechts, in: Tomuschat, C./Dupuy, P.-M./Fassbender, B./Shaw, M. N./Sommermann, K.-P. (Hrsg.), Völkerrecht als Wertordnung. Festschrift für Christian Tomuschat, S. 1051-1065.

Stichweh, Rudolf, Dimensionen des Weltstaats im System der Weltpolitik, in: Albert, M./ders. (Hrsg.), Weltstaat und Weltstaatlichkeit. Beobachtungen globaler politischer Strukturbildung, S. 25-36.

ders., Dimensionen einer Weltrepublik, in: Münk, H. J. (Hrsg.), Die Vereinten Nationen sechs Jahrzehnte nach ihrer Gründung. Bilanz und Reformperspektiven, S. 127-148.

ders., Funktionale Differenzierung der Weltgesellschaft, in: Albert, G./Sigmund, S. (Hrsg.), Soziologische Theorie kontrovers, S. 299-307.

Terhechte, Jörg P., Wandel klassischer Demokratievorstellungen in der Rechtswissenschaft, in: Heinig, H. M./ders. (Hrsg.), Postnationale Demokratie, Postdemokratie, Neoetatismus. Wandel klassischer Demokratievorstellungen in der Rechtswissenschaft, S. 193-223.

Teubner, Gunther, Global Private Regimes: Neo-Spontaneous Law and Dual Constitution of Autonomous Sectors?, in: Ladeur, K.-H. (Hrsg.), Public Governance in the Age of Globalization, S. 71-88.

ders., Societal Constitutionalism: Alternatives to State-Centered Constitutional Theory?, in: Joerges, C./Sand, I.-J./ders. (Hrsg.), Transnational Governance and Constitutionalism, S. 3-28.

ders., Global Bukowina: Legal Pluralism in the World-Society, in: ders. (Hrsg.), Global Law without a State, S. 3-28.

ders., Globale Zivilverfassungen: Alternativen zur staatszentrierten Verfassungstheorie, in: Neves, M./Voigt, R. (Hrsg.), Die Staaten der Weltgesellschaft. Niklas Luhmanns Staatsverständnis, S. 117-146.

ders., Fragmented Foundations. Societal Consitutionalism beyond the Nation State, in: Dobner, P./Loughlin, M. (Hrsg.), The Twilight of Constitutionalism?, S. 327-341.

ders., Verfassungen ohne Staat? Zur Konstitutionalisierung transnationaler Regimes., in: Kadelbach, S./Günther, K. (Hrsg.), Recht ohne Staat? Zur Normativität nichtstaatlicher Rechtsetzung, S. 49-101.

ders./Korth, Peter, Zwei Arten des Rechtspluralismus: Normenkollisionen in der doppelten Fragmentierung der Weltgesellschaft, in: Kötter, M./Schuppert, G. F. (Hrsg.), Normative Pluralität ordnen. Rechtsbegriffe, Normenkollisionen und Rule of Law in Kontexten dies- und jenseits des Staates, S. 137-169.

Thürer, Daniel, „Citizenship" und Demokratieprinzip: „Föderative" Ausgestaltungen im innerstaatlichen, europäischen und globalen Rechtskreis, in: Brunkhorst, H./Kettner, M. (Hrsg.), Globalisierung und Demokratie. Wirtschaft, Recht, Medien, S. 177-207.

Tomuschat, Christian, International Law as the Constitution of Mankind, in: International Law Commission (Hrsg.), International Law on the Eve of the twenty-first Century. Views from the International Law Commission = Le droit international à l'aube du XXIe siècle: réflexions de codificateurs, S. 37-50.

ders., Weltordnungsmodelle für das 21. Jahrhundert, in: ders. (Hrsg.), Weltordnungsmodelle für das 21. Jahrhundert. Völkerrechtliche Perspektiven, S. 15-23.

Tully, James, The Imperial of Modern Constitutional Democracy, in: Loughlin, M. (Hrsg.), The Paradox of Constitutionalism. Constituent Power and Constitutional Form, S. 315-338.

Ulfstein, Geir, Institutions and Competences, in: Klabbers, J./Peters, A./ders. (Hrsg.), The Constitutionalization of International Law, S. 45-80.

Verschraegen, Gert, Systems Theory and the Paradox of Human Rights, in: King, M./Thornhill, C. J. (Hrsg.), Luhmann on Law and Politics. Critical Appraisals and Applications, S. 101-125.

Vesting, Thomas, Politische Verfassung? Der moderne (liberale) Verfassungsbegriff und seine systemtheoretische Rekonstruktion, in: Calliess, G.-P. (Hrsg.), Soziologische Jurisprudenz. Festschrift für Gunther Teubner zum 65. Geburtstag (am 30. April 2009), S. 609-626.

Vobruba, Georg, Die Transformation der Souveränität. Politische Leistungsfähigkeit und Legitimationsprobleme der Europäischen Union, in: Bach, M. (Hrsg.), Der entmachtete Leviathan. Löst sich der souveräne Staat auf?, S. 71-90.

Wahl, Rainer, In Defence of „Constitution", in: Dobner, P./Loughlin, M. (Hrsg.), The Twilight of Constitutionalism?, S. 220-242.

Walker, Neil, The EU and the WTO: Constitutionalism in a New Key, in: Búrca, G. de/Scott, J. (Hrsg.), The EU and the WTO. Legal and Constitutional Issues, S. 31-58.

Walter, Christian, International Law in a Process of Constitutionalization, in: Nollkaemper, A./Nijman, J. E. (Hrsg.), New Perspectives on the Divide Between National and International Law, S. 191-215.

Weiler, Joseph, Prologue: Global and Plural Constitutionalism – some Doubts, in: Búrca, G. de/ders. (Hrsg.), The Worlds of European Constitutionalism, S. 8-18.

Wiener, Antje, Demokratischer Konstitutionalismus jenseits des Staates? Perspektiven auf die Umstrittenheit von Normen, in: Niesen, P./Herborth, B. (Hrsg.), Anarchie der kommunikativen Freiheit. Jürgen Habermas und die Theorie der internationalen Politik, S. 173-198.

Wilke, Helmut, Politische Strukturbildung der Weltgesellschaft. Symbolordnung und Eigenlogik lateraler Weltsysteme, in: Albert, M./Stichweh, R. (Hrsg.), Weltstaat und Weltstaatlichkeit. Beobachtungen globaler politischer Strukturbildung, S. 133-156.

ders., Das Recht der Weltgesellschaft, in: Calliess, G.-P. (Hrsg.), Soziologische Jurisprudenz. Festschrift für Gunther Teubner zum 65. Geburtstag (am 30. April 2009), S. 887-900.

Young, Iris M., Communication and the Other. Beyond Deliberative Democracy, in: Benhabib, S. (Hrsg.), Democracy and Difference. Contesting the Boundaries of the Political, S. 120-135.

Zürn, Michael/Nollkaemper, André/Peerenboom, Randall P., Conclusion: From Rule of Law Promotion to Rule of Law Dynamics, in: dies. (Hrsg.), Rule of Law Dynamics in an Era of International and Transnational Governance, S. 305-324.

dies., Introduction: Rule of Law Dynamics in an Era of International and Transnational Governance, in: dies. (Hrsg.), Rule of Law Dynamics in an Era of International and Transnational Governance, S. 1-17.

Zeitschriftenaufsätze:

Allott, Philip, The Emerging Universal Legal System, International Law Forum du Droit International 3 (2001), S. 12-16.

Àlvarez, Alejandro, Sondervotum zum Gutachten des Internationalen Gerichtshofs in der Sache Conditions of Admission of a State to Membership in the United Nations (Article 4 of the Charter) vom 28. Mai 1948, ICJ Reports (1948), S. 67-72.

Andersen, Simon C., How to Improve the Outcome of State Welfare Services. Governance in A Systems-Theoretical Perspective, Public Administration 83 (2005), S. 891-907.

Aust, Helmut P., Through the Prism of Diversity – The Articles on State Responsibility in the Light of the ILC Fragmentation Report, GYIL 49 (2006), S. 165-200.

Backer, Larry C., From Constitution to Constitutionalism: A Global Framework for Legitimate Public Power Systems, Penn State Law Review 113 (2008-2009), S. 671-732.

Baquero Cruz, Julio, The Legacy of the Maastricht-Urteil and the Pluralist Movement, Eur Law J 14 (2008), S. 389-422.

Besson, Samantha, Human Rights, Institutional Duties and Cosmopolitan Responsibilities, Oxford Journal of Legal Studies 23 (2003), S. 507-523.

Böckenförde, Markus, Zwischen Sein und Wollen – Über den Einfluss umweltvölkerrechtlicher Verträge im Rahmen eines WTO-Streitbeilegungsverfahrens, ZaöRV 63 (2003), S. 971-1005.

Bodansky, Daniel M., Is There an International Environmental Constitution?, Indiana Journal of Global Legal Studies 16 (2009), S. 565-584.

Bogdandy, Armin von, Demokratie, Globalisierung, Zukunft des Völkerrechts – eine Bestandsaufnahme, ZaöRV 63 (2003), S. 853-878.

ders., Constitutionalism in International Law: Comment on a Proposal from Germany, Harv Int'l LJ 47 (2006), S. 223-242.

ders., Pluralism, Direct Effect, and the Ultimate Say: On the Relationship between International and Domestic Constitutional Law, Int'l J Const L 6 (2008), S. 397-413.

ders./Venzke, Ingo, Zur Herrschaft internationaler Gerichte: Eine Untersuchung internationaler öffentlicher Gewalt und ihrer demokratischen Rechtfertigung, ZaöRV 70 (2010), S. 1-49.

Brans, Marleen/Rossbach, Stefan, The Autopoiesis of Administrative Systems: Niklas Luhmann on Public Administration and Public Policy, Public Administration 75 (1997), S. 417-439.

Brown, Garrett W., The Constitutionalization of what?, Glob. Con. 1 (2012), S. 201-228.

Brunkhorst, Hauke, Globalising Democracy Without a State: Weak Public, Strong Public, Global Constitutionalism, Millennium – Journal of International Studies 31 (2002), S. 675-690.

Bryde, Brun-Otto, Konstitutionalisierung des Völkerrechts und Internationalisierung des Verfassungsrechts, Der Staat 42 (2003), S. 61-75.

Buchanan, Allen/Powell, Russell, Survey Article: Constitutional Democracy and the Rule of International Law: Are They Compatible?, Journal of Political Philosophy 16 (2008), S. 326-349.

Búrca, Gráinne de, The European Court of Justice and the International Legal Order After Kadi, Harv Int'l LJ 51 (2010), S. 1-50.

Burke-White, William, International Legal Pluralism, Mich J Int'l L 25 (2003), S. 963-979.

Buzan, Barry, From International System to International Society: Structural Realism and Regime Theory meet the English School, International Organization 47 (1993), S. 327-352.

Calliess, Christian, Subsidiaritäts- und Solidaritätsprinzip als rechtliches Regulativ der Globalisierung von Staat und Gesellschaft – dargestellt am Beispiel von EU und WTO, Rechtstheorie 33 (2002), S. 371-400.

Calliess, Gralf-Peter/Renner, Moritz C., From Soft Law to Hard Code: The Juridification of Global Governance, Ratio Juris 22 (2009), S. 260-280.

Chanos, Antonis, Demokratie in der Weltgesellschaft – Inklusion/Exklusion als neuer Metacode?, Rechtstheorie 39 (2008), S. 383-397.

Chesterman, Simon, An International Rule of Law?, AM.J.COMP.L. 56 (2008), S. 331-361.

Cohen, Joshua/Sabel, Charles, Directly-Deliberative Polyarchy, Eur Law J 3 (1997), S. 313-342.

Combacau, Jean, Le droit international: bric-à-brac ou système?, Archives de Philosophie du Droit 31 (1986), S. 85-105.

Cremer, Hans-Joachim, Völkerrecht – Alles nur Rhetorik?, ZaöRV 67 (2007), S. 267-296.

Danilenko, Gennady, International *Jus Cogens*: Issues of Law-Making, EJIL 2 (1991), S. 41-65.

D'Aspremont, Jean/Dopagne, Frédéric, Two Constitutionalisms in Europe: Pursuing an Articulation of the European and International Legal Orders, ZaöRV 68 (2008), S. 939-977.

Di Fabio, Udo, Verfassungsstaat und Weltrecht, Rechtstheorie 39 (2008), S. 399-418.

Diggelmann, Oliver/Altwicker, Tilmann, Is There Something Like a Constitution of International Law? A Critical Analysis of the Debate on World Constitutionalism, ZaöRV 68 (2008), S. 623-650.

Dolzer, R., Good Governance: Neues transnationales Leitbild der Staatlichkeit, ZaöRV 64 (2004), S. 535-546.

Dupuy, Pierre-Marie, Some Reflections on Contemporary International Law and the Appeal to Universal Values: A Response to Martti Koskenniemi, EJIL 16 (2005), S. 131-137.

Dyzenhaus, David, Constitutionalism in an Old Key: Legality and Constituent Power, Glob. Con. 1 (2012), S. 229-260.

Fallon, Richard H. Jr.: „The Rule of Law" as a Concept in Constitutional Discourse, Columbia Law Review 97 (1997), S. 1-56.

Fassbender, Bardo, The United Nations Charter as Constitution of the International Community, Columbia Journal of Transnational Law 36 (1998), S. 531-619.

Fischer-Lescano, Andreas, Globalverfassung: Verfassung einer Gesellschaft, ARSP 88 (2002), S. 349-379.

ders., Die Emergenz der Globalverfassung, ZaöRV 63 (2003), S. 717-760.

ders./Liste, Philip, Völkerrechtspolitik. Zu Trennung und Verknüpfung von Politik und Recht der Weltgesellschaft, ZIB 12 (2005), S. 209-249.

Forst, Rainer, The Rule of Reasons. Three Models of Deliberative Democracy, Ratio Juris 14 (2001), S. 345-378.

Franck, Thomas, The Emerging Right to Democratic Governance, AJIL 86 (1992), S. 46-91.

Friedmann, Wolfgang, Some Impacts of Social Organization of International Law, AJIL 50 (1956), S. 475-513.

Goldsmith, Jack L., Liberal Democracy and Cosmopolitan Duty, Stanford Law Review 55 (2003), S. 1667-1696.

Goldstein, Judith/Kahler, Miles/Keohane, Robert O. et al., Introduction: Legalization and World Politics, International Organization 54 (2000), S. 385-399.

Gupta, Joyeeta, The Role of Non-State Actors in International Environmental Affairs, ZaöRV 63 (2003), S. 459-486.

Habermas, Jürgen, Die Krise der Europäischen Union im Lichte einer Konstitutionalisierung des Völkerrechts – Ein Essay zur Verfassung Europas, ZaöRV 72 (2012), S. 1-44.

Hafner, Gerhard, Pros and Cons Ensuing from Fragmentation of International Law, Mich J Int'l L 25 (2003), S. 849-863.

Halberstam, Daniel, Systems Pluralism and Institutional Pluralism in Constitutional Law: National, Supranational, and Global Governance, University of Michigan Public Law Working Paper No. 229 (2011), S. 1-44.

Halfmann, Jost, Nationalstaat und Recht der Weltgesellschaft, Rechtstheorie 39 (2008), S. 279-300.

Herdegen, Matthias, Asymmetrien in der Staatenwelt und die Herausforderungen des „konstruktiven Völkerrechts", ZaöRV 64 (2004), S. 571-582.

Holzer, Boris, Wie „modern" ist die Weltgesellschaft? Funktionale Differenzierung und ihre Alternativen, Soziale Systeme 13 (2007), S. 357-368.

Isiksel, Turkuler, Global Legal Pluralism as Fact and Norm, Glob. Con. 2 (2013), S. 160-195.

Jodoin, Sébastien, International Law and Alterity: The State and the Other, LJL 21 (2008), S. 1-28.

Kadelbach, Stefan, Ethik des Völkerrechts unter Bedingungen der Globalisierung, ZaöRV 64 (2004), S. 1-20.

ders., Völkerrecht als Verfassungsordnung? Zur Völkerrechtswissenschaft in Deutschland, ZaöRV 67 (2007), S. 599-621.

ders./Kleinlein, Thomas, Überstaatliches Verfassungsrecht. Zur Konstitutionalisierung im Völkerrecht, AVR 44 (2006), S. 235-266.

ders./Kleinlein, Thomas, International Law ... a Constitution for Mankind? An Attempt at a Reappraisal with an Analysis of Constitutional Principles, GYIL 50 (2007), S. 303-347.

Kemmerer, Alexandra, Conference Report: Global Fragmentations. A Note on the Biennial Conference of the European Society of International Law, GLJ 7 (2006), S. 729-734.

dies., Kelsen, Schmitt, Arendt, and the Possibilities of Constitutionalization in (International) Law: Introduction, LJL 23 (2010), S. 717-722.

Kennedy, David, The Move to Institutions, Cardozo Law Review 8 (1987), S. 841-988.

Kjaer, Poul F., The Societal Function of European Integration in the Context of World Society, Soziale Systeme 13 (2007), S. 369-380.

ders., Constitutionalizing Governing and Governance in Europe, Comparative Sociology 9 (2010), S. 86-119.

Knauff, Matthias, Konstitutionalisierung im inner- und überstaatlichen Recht – Konvergenz oder Divergenz?, ZaöRV 68 (2008), S. 453-490.

Kokott, Juliane, Souveräne Gleichheit und Demokratie im Völkerrecht, ZaöRV 64 (2004), S. 517-533.

Kolb, Rainer, Does Article 103 of the Charter of the United Nations Apply only to Decisions or also to Authorizations Adopted by the Security Council?, ZaöRV 64 (2004), S. 21-35.

Koskenniemi, Martti, The Politics of International Law, EJIL 4 (1990), S. 1-32.

ders., Constitutionalism as Mindset. Reflections on Kantian Themes about International Law and Globalization, Theoretical Inquiries in Law 8 (2007), S. 9-36.

ders., International Law in Europe: Between Tradition and Renewal, EJIL 16 (2005), S. 113-124.

Kotzur, Markus, Weltrechtliche Bezüge in nationalen Verfassungstexten. Die Rezeption verfassungsstaatlicher Normen durch das Völkerrecht, Rechtstheorie 39 (2008), S. 191-216.

Kumm, Mattias, The Legitimacy of International Law: A Constitutionalist Framework of Analysis, EJIL 15 (2004), S. 907-931.

Ladeur, Karl-Heinz, Der Staat der Gesellschaft der Netzwerke. Zur Notwendigkeit der Fortentwicklung des Paradigmas des Gewährleistungsstaates, Der Staat 48 (2009), S. 163-192.

ders., Ein Recht der Netzwerke für die Weltgesellschaft oder Konstitutionalisierung der Völkergemeinschaft?, AVR 49 (2011), S. 246-275.

ders./Viellechner, Lars, Die transnationale Expansion staatlicher Grundrechte. Zur Konstitutionalisierung globaler Privatrechtsregimes, AVR 46 (2008), S. 42-73.

Lawrence, Jessica C., Contesting Constitutionalism: Constitutional Discourse at the WTO, Glob. Con. 2 (2013), S. 63-90.

Lieckweg, Tanja, Strukturelle Kopplungen von Funktionssystemen „über" Organisationen, Soziale Systeme 7 (2001), S. 267-289.

Linderfalk, Ulf, Normative Conflict and the Fuzziness of the International ius cogens Regime, ZaöRV 69 (2009), S. 961-977.

ders., The Creation of Jus Cogens – Making Sense of Article 53 of the Vienna Convention, ZaöRV 71 (2011), S. 359-379.

Luhmann, Niklas, Politische Verfassungen im Kontext des Gesellschaftssystems. 1. Teil, Der Staat 12 (1973), S. 122.

ders., Politische Verfassungen im Kontext des Gesellschaftssystems. 2. Teil, Der Staat 12 (1973), S. 165-182.

ders., Verfassung als evolutionäre Errungenschaft, Rechtshistorisches Journal 9 (1990), S. 176-220.

ders., Die Einheit des Rechtssystems, Rechtstheorie 14 (1983), S. 129-154.

ders., Positivität als Selbstbestimmtheit des Rechts, Rechtstheorie 19 (1988), S. 11-27.

ders., Globalization or World Society: How to Conceive of Modern Society?, International Review of Sociology 7 (1997), S. 67-79.

Martineau, Anne-Charlotte, The Rhetoric of Fragmentation: Fear and Faith in International Law, LJL 22 (2009), S. 1-29.

Mosler, Hermann, The International Society as a Legal Community, RdC 140 (1974), 1-320.

Murphy, Sean D., Deconstructing Fragmentation: Koskenniemi's 2006 ILC Project, GW Legal Studies Research Paper 109 (2013), S. 1-17.

Neves, Marcelo, Die symbolische Kraft der Menschenrechte, ARSP 91 (2005), S. 159-185.

ders., Grenzen der Autonomie des Rechts in einer asymmetrischen Weltgesellschaft: Von Luhmann zu Kelsen, ARSP 93 (2007), S. 363-395.

Nickel, Rainer, Missing Link in Global Law: Regime Collisions, Societal Constitutionalism, and Participation in Global Governance. A Comment on Gunther Teubner's Systems Theory Approach towards Transnational Law, in López Calera, N. (Hrsg.), Proceedings of the XXII. IVR World Conference Granada 2005, Vol. 4. Globalisation Law and Economy, ARSP-B 109 (2007), S. 237-250.

Nollkaemper, André, Internationally Wrongful Acts in Domestic Courts, AJIL 101 (2007), S. 760-799.

Paulus, Andreas L., Commentary to Andreas Fischer-Lescano and Gunther Teubner: The Legitimacy of International Law and the Role of the State, Mich J Int'l L 25 (2004), S. 1047-1058.

ders., Jus Cogens in a Time of Hegemony and Fragmentation – An Attempt at a Reappraisal, Nordic Journal of International Law 74 (2005), S. 297-333.

ders., Zur Zukunft der Völkerrechtswissenschaft in Deutschland: Zwischen Konstitutionalisierung und Fragmentierung des Völkerrechts, ZaöRV 67 (2007), S. 695-719.

ders., Zusammenspiel der Rechtsquellen aus völkerrechtlicher Perspektive, BDGIR 46 (2014), S. 7-42

Payandeh, Mehrdad, Rechtskontrolle des UN-Sicherheitsrates durch staatliche und überstaatliche Gerichte, ZaöRV 66 (2006), S. 41-71.

Pernice, Ingolf, La Rete Europea di Costituzionalità – Der Europäische Verfassungsverbund und die Netzwerktheorie, ZaöRV 70 (2010), S. 51-71.

Peters, Anne, Compensatory Constitutionalism: The Function and Potential of Fundamental International Norms and Structures, LJL 19 (2006), S. 579-610.

dies., Rechtsordnung und Konstitutionalisierung: Zur Neubestimmung der Verhältnisse, ZöR 65 (2010), S. 3-63.

Petersen, Niels, Der Wandel des ungeschriebenen Völkerrechts im Zuge der Konstitutionalisierung, AVR 46 (2008), S. 502-523.

Petersmann, Ernst-Ulrich, The WTO Constitution and Human Rights, Journal of International Economic Law 3 (2000), S. 19-25.

ders., Human Rights, Constitutionalism and the World Trade Organization: Challenges for World Trade Organization Jurisprudence and Civil Society, LJL 19 (2006), S. 633-667.

Pogge, Thomas W., Cosmopolitanism and Sovereignty, Ethics 103 (1992), S. 48-75.

Rao, Pemmaraju Sreenivasa, Mulitple International Judicial Forums: A Reflection of the Growing Strength of International Law or its Fragmentation?, Mich J Int'l L 25 (2004), S. 929-961.

Reich, Johannes, Direkte Demokratie und völkerrechtliche Verpflichtungen im Konflikt. Funktionellrechtlich differenzierte Herstellung praktischer Konkordanz zwischen der Beachtung des Völkerrechts und konfligierenden Volksinitiativen im schweizerischen Bundesverfassungsrecht, ZaöRV 68 (2008), S. 979-1025.

Reisman, W. Michael, The Constitutional Crisis in the United Nations, AJIL 83 (1993), S. 83-100.

Ress, Georg, Supranationaler Menschenrechtsschutz und der Wandel der Staatlichkeit, ZaöRV 64 (2004), S. 621-639.

Sanders, Lynn M., Against Deliberation, Political Theory 25 (1997), S. 347-376.

Scheyli, Martin, Der Schutz des Klimas als Prüfstein völkerrechtlicher Konstitutionalisierung?, AVR 40 (2002), S. 273-330.

Schiff Berman, Paul, A Pluralist Approach to International Law, Yale L J 32 (2007), S. 301-329.

Schröder, Rainer, Globalisierung des Internetrechts, Rechtstheorie 39 (2008), S. 231-253.

Schulte, Martin, Weltrecht in der Weltgesellschaft. Prolegomena zu einer Selbst- und Fremdbeschreibung des Rechtssystems als Weltrechtssystem, Rechtstheorie 39 (2008), S. 143-164.

Shany, Yuval, No Longer a Weak Department of Power? Reflections on the Emergence of a New International Judiciary, EJIL 20 (2009), S. 73-91.

Simma, Bruno, Comments on Global Governance, UN Reform and the Place of Law, FYIL 9 (1998), S. 61-81

ders./Pulkowski, Dirk, Of Planets and the Universe: Self-contained Regimes in International Law, EJIL 17 (2006), S. 483-529.

Singh, Sahib, The Potential of International Law: Fragmentation and Ethics, LJL 24 (2011), S. 23-43.

Solte, Ulrich, Völkerrecht und Weltgesellschaft aus systemtheoretischer Sicht, ARSP 89 (2003), S. 519-537.

Stein, Eric, Lawyers, Judges, and the Making of a Transnational Constitution, AJIL 75 (1981), S. 1-27.

Stein, Torsten, Demokratische Legitimierung auf supranationaler und internationaler Ebene, ZaöRV 64 (2004), S. 563-570.

Steinforth, Charlotte, Demokratie lite? Möglichkeiten und Grenzen des Demokratisierungsbeitrags der Vereinten Nationen in Postkonflikt-Gesellschaften, ZaöRV 71 (2011), S. 475-491.

Stichweh, Rudolf, Das Konzept der Weltgesellschaft: Genese und Strukturbildung eines globalen Gesellschaftssystems, Rechtstheorie 39 (3008), S. 329-355.

Stone Sweet, Alec, A Cosmopolitan Legal Order: Constitutional Pluralism and Rights Adjudication in Europe, Glob. Con. 1 (2012), S. 53-90.

Suntrup, Jan C., Zur Verfassung der deliberativen Demokratie. Strukturelle Probleme und Perspektiven, Der Staat 49 (2010), S. 605-629.

Talmon, Stefan, The Security Council as World Legislator, AJIL 99 (2005), S. 175-193.

Teubner, Gunther, Reflexives Recht, ARSP 69 (1982), S. 13-59.

ders., Substantive and Reflexive Elements in Modern Law, Law & Society Review 17 (1983), S. 239-285.

ders., Des Königs viele Leiber. Die Selbstdekonstruktion der Hierarchie des Rechts, Soziale Systeme 2 (1996), S. 229-256.

ders., Economics of Gift – Positivity of Justice: The Mutual Paranoia of Jacques Derrida and Niklas Luhmann, Theory, Culture & Society 18 (2001), S. 29-47.

ders., Globale Zivilverfassungen: Alternativen zur staatszentrierten Verfassungstheorie, ZaöRV 63 (2003), S. 1-28.

ders., Transnationaler Verfassungspluralismus: Neun Variationen über ein Thema von David Sciulli, ZaöRV 76 (2016), S. 661-685.

ders./Fischer-Lescano, Andreas, Reply to Andreas L. Paulus. Consensus as Fiction of Global Law, Mich J Int'l L 25 (2004), S. 1059-1073.

Thürer, Daniel, Modernes Völkerrecht: Ein System im Wandel und Wachstum – Gerechtigkeitsgedanke als Kraft der Veränderung?, ZaöRV 60 (2000), S. 557-604.

Tietje, Christian, Internationalisiertes Verwaltungshandeln, Rechtstheorie 39 (2008), S. 255-276.

Tomuschat, Christian, Obligations Arising for States Without or Against Their Will, RdC 241 (1993), S. 195-374.

ders., Die Internationale Gemeinschaft, AVR 33 (1995), S. 1-20.

ders., International Law: Ensuring the Survival of Mankind on the Eve of a New Century, General Course on Public Law, RdC 281 (1999), S. 1-438.

Tyrell, Hartmann, Universalgeschichte, Weltverkehr, Weltgesellschaft. Begriffsgeschichtliche Anmerkungen, Soziale Systeme 16 (2010), S. 313-338.

Voigt, Rüdiger, Weltrecht – Entsteht eine „Dritte Rechtsordnung"?, Rechtstheorie 39 (2008), S. 357-380.

Vranes, Erich, Lex Superior, Lex Specialis, Lex Posterior – Zur Rechtsnatur der „Konfliktlösungsregeln", ZaöRV 2005 (65), S. 391-405.

Walker, Neil, The Idea of Constitutional Pluralism, MLR 65 (2002), S. 317-359.

Walter, Christian, Die Europäische Menschenrechtskonvention als Konstitutionalisierungsprozeß, ZaöRV 59 (1999), S. 961-983.

ders., Constitutionalizing (Inter)national Governance – Possibilities for and Limits to the Development of an International Constitutional Law, GYIL 44 (2001), S. 170-201.

Weiler, Joseph, The Geology of International Law – Governance, Democracy and Legitimacy, ZaöRV 64 (2004), S. 547-562.

Wellens, Karel, Fragmentation of International Law and Establishing an Accountability Regime for International Organizations: The Role of the Judiciary in Closing the Gap, Mich J Int'l L 25 (2003), S. 1159-1182.

Wet, Erika de, The Emergence of International and Regional Value Systems as a Manifestation of the Emerging International Constitutional Order, LJL 19 (2006), S. 611-632.

dies., Zur Zukunft der Völkerrechtswissenschaft in Deutschland, ZaöRV 67 (2007), S. 777-798.

Wiener, Antje/Lang, Anthohny F./Tully, James et al., Global Constitutionalism: Human Rights, Democracy and the Rule of Law, Glob. Con. 1 (2012), S. 1-15.

Ziegert, Klaus A., Weltgesellschaft im Wandel – globale Wege, Verbindungen und Vergleiche, Soziale Systeme 13 (2007), S. 395-406.

Ziegert, Klaus A., Weltrecht und regionale Differenzierung, Rechtstheorie 39 (2008), S. 453-475.

Zumbansen, Peer, Transnational Legal Pluralism, Transnational Legal Theory 10 (2010), S. 141-189.

Sachregister

C. Mattheis, *Die Konstitutionalisierung des Völkerrechts aus systemtheoretischer Sichtweise,* Beiträge zum ausländischen öffentlichen Recht und Völkerrecht,
https://doi.org/10.1007/978-3-662-56818-7

Max-Planck-Institut für ausländisches öffentliches Recht und Völkerrecht

Beiträge zum ausländischen öffentlichen Recht und Völkerrecht

Hrsg.: A. von Bogdandy, A. Peters

Bde. 27–59 erschienen im Carl Heymanns Verlag KG Köln, Berlin (Bestellung an: Max-Planck-Institut für Völkerrecht, Im Neuenheimer Feld 535, 69120 Heidelberg); ab Band 60 im Springer-Verlag GmbH

---

276 Clemens *Mattheis*: **Die Konstitutionalisierung des Völkerrechts aus systemtheoretischer Sichtweise.** 2018. XXIV, 557 Seiten. Geb. € 109,99

275 Aydin *Atilgan*: **Global Constitutionalism.** 2018. X, 312 Seiten. Geb. € 114,99 zzgl. landesüblicher MwSt.

274 Andreas *Kolb*: **The UN Security Council Members' Responsibility to Protect**. 2018. XXI 624 Seiten. Geb. € 199,99 zzgl. landesüblicher MwSt.

273 Matthias *Goldmann*, Silvia *Steininger* (eds.): **Democracy and Financial Order: Legal Perspectives**. 2018. V, 230 Seiten. Geb. € 114,99 zzgl. landesüblicher MwSt.

272 Jochen *Rauber*: **Strukturwandel als Prinzipienwandel.** 2018. XXXIV, 970 Seiten. Geb. € 159,99

271 Anja *Höfelmeier*: **Die Vollstreckungsimmunität der Staaten im Wandel des Völkerrechts.** 2018. XX, 356 Seiten. Geb. € 89,99

270 Rudolf *Bernhardt*, Karin *Oellers-Frahm*: **Das Max-Planck-Institut für ausländisches öffentliches Recht und Völkerrecht.** 2018. XII, 344 Seiten. Geb. € 89,99

269 Philine *Wehling*: **Wasserrechte am Nil.** 2018. XVI, 351 Seiten. Geb. € 84,99

268 Katharina *Berner*: **Subsequent Agreements and Subsequent Practice in Domestic Courts.** 2018. XLV, 298 Seiten. Geb. € 114,99 zzgl. landesüblicher MwSt.

267 Josephine *Asche*: **Die Margin of Appreciation.** 2018. XII, 255 Seiten. Geb. € 84,99

266 Nele *Yang*: **Die Leitentscheidung.** 2018. XI, 362 Seiten. Geb. € 84,99

265 Roya *Sangi*: **Die auswärtige Gewalt des Europäischen Parlaments.** 2018. XV, 179 Seiten. Geb. € 69,99

264 Anna *Krueger*: **Die Bindung der Dritten Welt an das postkoloniale Völkerrecht.** 2018. XII, 434 Seiten. Geb. € 89,99

263 Björnstjern *Baade*: **Der Europäische Gerichtshof für Menschenrechte als Diskurswächter.** 2017. XVIII, 543 Seiten. Geb. € 99,99

262 Felix *Lange*: **Praxisorientierung und Gemeinschaftskonzeption.** 2017. XIV, 403 Seiten. Geb. € 94,99

261 Johanna Elisabeth *Dickschen*: **Empfehlungen und Leitlinien als Handlungsform der Europäischen Finanzaufsichtsbehörden.** 2017. XIX, 277 Seiten. Geb. € 84,99

260 Mohamed *Assakkali*: **Europäische Union und Internationaler Währungsfonds.** 2017. XV, 516 Seiten. Geb. € 99,99

259 Franziska *Paefgen*: **Der von Art. 8 EMRK gewährleistete Schutz vor staatlichen Eingriffen in die Persönlichkeitsrechte im Internet.** 2017. XV, 220 Seiten. Geb. € 69,99

258 Tim René *Salomon*: **Die internationale Strafverfolgungsstrategie gegenüber somalischen Piraten.** 2017. XXXII, 743 Seiten. Geb. € 129,99

257 Jelena *Bäumler*: **Das Schädigungsverbot im Völkerrecht.** 2017. XIX, 379 Seiten. Geb. € 89,99

256 Christopher *Peters*: **Praxis Internationaler Organisationen - Vertragswandel und völkerrechtlicher Ordnungsrahmen.** 2016. XXVIII, 498 Seiten. Geb. € 99,99

255 Nicole *Appel*: **Das internationale Kooperationsrecht der Europäischen Union.** 2016. XVIII, 608 Seiten. Geb. € 109,99

254 Christian *Wohlfahrt*: **Die Vermutung unmittelbarer Wirkung des Unionsrechts.** 2016. XIX, 300 Seiten. Geb. € 84,99

253 Katja *Göcke*: **Indigene Landrechte im internationalen Vergleich.** 2016. XVII, 818 Seiten. Geb. € 139,99

252 Julia *Heesen*: **Interne Abkommen.** 2015. XXI, 473 Seiten. Geb. € 94,99

251 Matthias *Goldmann*: **Internationale öffentliche Gewalt.** 2015. XXIX, 636 Seiten. Geb. € 109,99

250 Isabelle *Ley*: **Opposition im Völkerrecht.** 2014. XXIII, 452 Seiten. Geb. € 94,99

249 Matthias *Kottmann*: **Introvertierte Rechtsgemeinschaft.** 2014. XII, 352 Seiten. Geb. € 84,99

248 Jelena *von Achenbach*: **Demokratische Gesetzgebung in der Europäischen Union.** 2014. XVI, 522 Seiten. Geb. € 94,99

247 Jürgen *Friedrich*: **International Environmental "soft law".** 2014. XXI, 503 Seiten. Geb. € 94,99 zzgl. landesüblicher MwSt.

246 Anuscheh *Farahat*: **Progressive Inklusion.** 2014. XXIV, 429 Seiten. Geb. € 94,99

245 Christina *Binder*: **Die Grenzen der Vertragstreue im Völkerrecht.** 2013. XL, 770 Seiten. Geb. € 119,99

244 Cornelia *Hagedorn*: **Legitime Strategien der Dissensbewältigung in demokratischen Staaten.** 2013. XX, 551 Seiten. Geb. € 99,99

243 Marianne *Klumpp*: **Schiedsgerichtsbarkeit und Ständiges Revisionsgericht des Mercosur.** 2013. XX, 512 Seiten. Geb. € 94,99

242 Karen *Kaiser* (Hrsg.): **Der Vertrag von Lissabon vor dem Bundesverfassungsgericht.** 2013. XX, 1635 Seiten. Geb. € 199,99

241 Dominik *Steiger*: **Das völkerrechtliche Folterverbot und der "Krieg gegen den Terror".** 2013. XXX, 821 Seiten. Geb. € 139,99

240 Silja *Vöneky*, Britta *Beylage-Haarmann*, Anja *Höfelmeier*, Anna-Katharina *Hübler* (Hrsg.): **Ethik und Recht - Die Ethisierung des Rechts/Ethics and Law - The Ethicalization of Law.** 2013. XVIII, 456 Seiten. Geb. € 94,99

239 Rüdiger *Wolfrum*, Ina *Gätzschmann* (eds.): **International Dispute Settlement: Room for Innovations?** 2013. XIV, 445 Seiten. Geb. € 94,95 zzgl. landesüblicher MwSt.

238 Isabel *Röcker*: **Die Pflicht zur rahmenbeschlusskonformen Auslegung nationalen Rechts.** 2013. XXIII, 410 Seiten. Geb. € 89,95

237 Maike *Kuhn*: **Die Europäische Sicherheits- und Verteidigungspolitik im Mehrebenensystem.** 2012. XIII, 325 Seiten. Geb. € 79,95

236 Armin *von Bogdandy*, Ingo *Venzke* (eds.): **International Judicial Lawmaking.** 2012. XVII, 509 Seiten. Geb. € 94,95 zzgl. landesüblicher MwSt.

235 Susanne *Wasum-Rainer*, Ingo *Winkelmann*, Katrin *Tiroch* (eds.): **Arctic Science, International Law and Climate Change.** 2012. XIX, 374 Seiten. Geb. € 84,95 zzgl. landesüblicher MwSt.

234 Mirja A. *Trilsch*: **Die Justiziabilität wirtschaftlicher, sozialer und kultureller Rechte im innerstaatlichen Recht.** 2012. XIX, 559 Seiten. Geb. € 99,95

233 Anja *Seibert-Fohr* (ed.): **Judicial Independence in Transition.** 2012. XIII, 1378 Seiten. Geb. € 169,95 zzgl. landesüblicher MwSt.

232 Sandra *Stahl*: **Schutzpflichten im Völkerrecht - Ansatz einer Dogmatik.** 2012. XXX, 505 Seiten. Geb. € 94,95

231 Thomas *Kleinlein*: **Konstitutionalisierung im Völkerrecht.** 2012. XLII, 940 Seiten. Geb. € 149,95

230 Roland *Otto*: **Targeted Killings and International Law.** 2012. XVIII, 661 Seiten. Geb. € 109,95 zzgl. landesüblicher MwSt.

229 Nele *Matz-Lück*, Mathias *Hong* (Hrsg.): **Grundrechte und Grundfreiheiten im Mehrebenensystem - Konkurrenzen und Interferenzen.** 2012. VIII, 394 Seiten. Geb. € 89,95

228 Matthias *Ruffert*, Sebastian *Steinecke*: **The Global Administrative Law of Science,** 2011. IX, 140 Seiten. Geb. € 59,95 zzgl. landesüblicher MwSt.

227 Sebastian *Pritzkow*: **Das völkerrechtliche Verhältnis zwischen der EU und Russland im Energiesektor.** 2011. XXIV, 304 Seiten. Geb. € 79,95

226 Sarah *Wolf*: **Unterseeische Rohrleitungen und Meeresumweltschutz.** 2011. XXIII, 442 Seiten. Geb. € 94,95

225 Clemens *Feinäugle*: **Hoheitsgewalt im Völkerrecht.** 2011. XXVI, 418 Seiten. Geb. € 89,95

224 David *Barthel*: **Die neue Sicherheits- und Verteidigungsarchitektur der Afrikanischen Union.** 2011. XXV, 443 Seiten. Geb. € 94,95

223 Tilmann *Altwicker*: **Menschenrechtlicher Gleichheitsschutz.** 2011. XXX, 549 Seiten. Geb. € 99,95

222 Stephan *Bitter*: **Die Sanktion im Recht der Europäischen Union.** 2011. XV, 351 Seiten. Geb. € 84,95

221 Holger *Hestermeyer*, Nele *Matz-Lück*, Anja *Seibert-Fohr*, Silja *Vöneky* (eds.): **Law of the Sea in Dialogue.** 2011. XII, 189 Seiten. Geb. € 69,95 zzgl. landesüblicher MwSt.

220 Jan *Scheffler*: **Die Europäische Union als rechtlich-institutioneller Akteur im System der Vereinten Nationen.** 2011. XXXV, 918 Seiten. Geb. € 149,95

219 Mehrdad *Payandeh*: **Internationales Gemeinschaftsrecht.** 2010. XXXV, 629 Seiten. Geb. € 99,95

218 Jakob *Pichon*: **Internationaler Strafgerichtshof und Sicherheitsrat der Vereinten Nationen.** 2011. XXVI, 399 Seiten. Geb. € 89,95

217 Michael *Duchstein*: **Das internationale Benchmarkingverfahren und seine Bedeutung für den gewerblichen Rechtsschutz.** 2010. XXVI, 528 Seiten. Geb. € 99,95

www.ingramcontent.com/pod-product-compliance
Ingram Content Group UK Ltd.
Pitfield, Milton Keynes, MK11 3LW, UK
UKHW022047051026
15623UKWH00001B/327
* 9 7 8 3 6 6 2 5 6 8 1 7 0 *